Lutherjahrbuch

Organ der internationalen Lutherforschung

Im Auftrag der Luther-Gesellschaft herausgegeben von
Christopher Spehr

86. Jahrgang 2019

Vandenhoeck & Ruprecht

Bibliografische Information der Deutschen Bibliothek:
Die Deutsche Nationalbibliothek verzeichnet diese Publikation in der
Deutschen Nationalbibliografie; detaillierte bibliografische Daten
sind im Internet über https://dnb.de abrufbar.

Satz: Dörlemann Satz, Lemförde
Druck und Bindung: Hubert & Co. BuchPartner, Göttingen
Printed in the EU

Vandenhoeck & Ruprecht Verlage | www.vandenhoeck-ruprecht-verlage.com

ISSN 0342-0914
ISBN 978-3-525-87495-0

Anschriften

der Mitarbeiter:

Dr. Patrick Bahl, Westfälische Wilhelms-Universität, Evangelisch-Theologische Fakultät, Seminar für Kirchengeschichte II, Universitätsstraße 13–17, D-48143 Münster; patrickbahl@uni-muenster.de; Dr. Gudrun Bamberger, Eberhard Karls Universität Tübingen, Deutsches Seminar, Wilhelmstraße 50, D-72074 Tübingen; gudrun-ingeborg.bamberger@uni-tuebingen.de; Prof. Dr. Albrecht Beutel, Erich-Greffin-Weg 37, D-48167 Münster; beutel@uni-muenster.de; Dr. Michael Beyer, Pfarrer i.E., Schönbach / Kirchweg 14, D-04680 Colditz; michaelbeyer@t-online.de; Dr. Daniel Bohnert, Universität Duisburg-Essen / Campus Essen, Fakultät für Geisteswissenschaften, Institut für Evangelische Theologie, Universitätsstraße 13, D-45141 Essen; daniel.bohnert@uni-due.de; Dr. Claas Cordemann, Leiter der Fortbildung in den ersten Amtsjahren der Ev.-luth. Landeskirche Hannovers, Münchehäger Str. 6, D-31547 Rehburg-Loccum; claas.cordemann@evlka.de; Prof. Dr. Thorsten Dietz, Evangelische Hochschule TABOR, Dürerstraße 43, D-35039 Marburg; TT.Dietz@gmx.de; Dr. Volkmar Joestel, Wöhlerstr. 57, D-06886 Lutherstadt Wittenberg; joestel@t-online.de; Prof. Dr. Martin Keßler, Johann Wolfgang Goethe-Universität, Fachbereich Ev. Theologie, Norbert-Wollheim-Platz 1, D-60323 Frankfurt am Main; Martin.Kessler@em.uni-frankfurt.de; Prof. Dr. Dietrich Korsch, Wilhelmshöher Allee 173, D-34121 Kassel; korsch@uni-marburg.de; Prof. Dr. Andreas Lindner, Am Stollberg 36, D-99085 Erfurt; andreas.lindner@uni-erfurt.de; Prof. Dr. Johannes von Lüpke, Jean-Leppien-Straße 22, D-21339 Lüneburg; johannes.vonluepke@kiho-wuppertal-bethel.de; Prof. Dr. Cornelia Richter, Rheinische Friedrich-Wilhelms-Universität Bonn,

Evangelisch-Theologische Fakultät, Abt. für Systematische Theologie und Hermeneutik, Am Hof 1, D-53113 Bonn; cornelia.richter@uni-bonn.de; Prof. Dr. Wolf-Friedrich Schäufele, Philipps-Universität Marburg, Fachbereich Evangelische Theologie, Lahntor 3, D-35037 Marburg; wf.schaeufele @uni-marburg.de; Rev. Dr. Maurice Schild, 41 Myrtle Street, Prospect, South Australia 5082 AU; mauriceschild@bigpond.com; Prof. Dr. Dr. Dr. h.c. Johannes Schilling, Esmarchstr. 64, D-24105 Kiel; jschilling@kg. uni-kiel.de; Prof. Dr. Christopher Spehr, Fritz-Krieger-Str. 1, D-07743 Jena; christopher.spehr@uni-jena.de; Dr. Martin Treu, Kupferstr. 10, D-06886 Lutherstadt Wittenberg; karl.thust@arcor.de; PD Dr. Christian Volkmar Witt, Leibniz-Institut für Europäische Geschichte, Alte Universitätsstr. 19, D-55116 Mainz; witt@ieg-mainz.de; Dr. Johann Peter Wurm, Leiter des Landeskirchlichen Archivs am Standort Schwerin, Am Dom 2, D-19055 Schwerin; Peter.Wurm@archiv.nordkirche.de

für Rezensionsexemplare, Sonderdrucke, Mitteilungen sowie Anfragen:

Prof. Dr. Christopher Spehr, Lehrstuhl für Kirchengeschichte, Theologische Fakultät, Friedrich-Schiller-Universität Jena, Fürstengraben 6, D-07743 Jena; Tel.: (03641) 942730; Fax: (03641) 942732; E-Mail: christopher. spehr@uni-jena.de

der Geschäftsstelle der Luther-Gesellschaft in der Leucorea:

Collegienstr. 62, D-06886 Lutherstadt Wittenberg; Tel.: (03491) 466233; Fax: (03491) 466278; E-Mail: info@luther-gesellschaft.de; www.luther-gesellschaft.de

Vorwort des Herausgebers

Der 86. Jahrgang des Lutherjahrbuches erinnert mit seinem diesjährigen Schwerpunkt an die Gründung der Luther-Gesellschaft vor 100 Jahren. Aus diesem Anlass veranstaltete die Luther-Gesellschaft vom 28. bis 30. September in Wittenberg die Tagung »1918 Auf-Bruch 2018. Zukunft der Kirche – Zurückschauen, Innehalten und Weiterdenken«, deren wissenschaftliche Vorträge hier wiedergegeben werden. *Cornelia Richter*, welche die Tagung zusammen mit *Claas Cordemann* inhaltlich vorbereitete, führt in das Tagungsthema orientierend ein. *Martin Keßler* untersucht sodann aus theologiehistorischer Perspektive das Luthertum um 1918 im Spiegel seiner Zeit, bevor *Dietrich Korsch* aus systematisch-theologischer Fragestellung Karl Holls Lutherdeutung nachspürt und *Thorsten Dietz* Friedrich Gogarten als eigenständigen Lutherforscher und dialektischen Theologen präsentiert. *Claas Cordemann* entfaltet schließlich Überlegungen zur Transformation des Lutherischen in der spätmodernen Gegenwartskultur und bietet somit Anknüpfungspunkte für »eine Gesellschaft der Singularitäten«.

Neben diesem Schwerpunkt dokumentiert *Johann Peter Wurm* erstmals einige unbekannte Tischreden Luthers aus der Friedländer Sacon-Bibel. Der interdisziplinäre Facettenreichtum des Lutherjahrbuches wird durch weitere Aufsätze unterstrichen. So entmythologisiert *Volkmar Joestel* die im Wittenberger Lutherhaus seit 1983 gezeigte »letzte Kutte Luthers«, indem er alle historischen Überlieferungen zu Luthers Mönchskutten auswertet und analysiert. *Patrick Bahl* vergleicht umsichtig Luthers Obrigkeitsschrift mit Erasmus Schrift »Querela Pacis« und die Germanistin *Gudrun Bamberger* vertieft im Horizont der zeitgenössischen Fabeltheorien Luthers Interesse an den Fabeln des Äsops. Die Rezeptionsgeschichte Luthers und der

9

Reformation, genauer: die Topik des Protestantismus, pointiert *Albrecht Beutel* exemplarisch für die erste Hälfte des 18. Jahrhunderts anhand Zedlers »Universal-Lexicon«. Mit der Aufgabe und dem Gegenstand der Theologie nach Luthers Auslegung des »Magnificats« befasst sich *Johannes von Lüpke* in seinem gegenwartsorientierten Beitrag.

Abgerundet wird das Jahrbuch 2019 durch die Rezension einzelner Werke sowie durch die Lutherbibliographie, an welcher die nach 2017 abebbende Literaturflut beobachtet werden kann.

Zuletzt gilt es Dank zu sagen: Allen Autorinnen und Autoren, die durch ihre gehaltvollen und forschungsrelevanten Aufsätze und Buchbesprechungen zum Gelingen des Bandes beigetragen haben. Meinen Jenaer Mitarbeiterinnen und Mitarbeitern *Karl-Christoph Goldammer*, *Gesa Lienhop*, *Maja Menzel*, *Petra Richter* und ganz besonders *Maria Poppitz*, welche die redaktionellen Arbeiten stets motiviert, zügig und umsichtig durchführten. *Michael Beyer*, der sich erneut durch die mühevolle Kleinarbeit bei der Erstellung der Lutherbibliographie verdient gemacht hat. Sowie den Mitarbeiterinnen und Mitarbeitern des Verlages Vandenhoeck & Ruprecht für die verlässliche Herstellung dieses Traditionsproduktes, dessen erster Band die Jahreszahl 1919 führt.

Jena, den 15. Juli 2019   Christopher Spehr

»Apophthegmata aliquot Lutheri«

Tischreden Luthers in der Friedländer Sacon-Bibel von 1521

Von Johann Peter Wurm

Das im Osten Mecklenburgs gelegene Friedland wurde schon früh und in turbulenter Weise von der Reformation erfasst.[1] Es verwundert daher nicht, dass auch Sammlungen von Luthers Tischreden ihren Weg nach Friedland fanden. Bemerkenswert ist jedoch, dass eine Auswahl von 23 Tischreden dort Eintrag in eine illustrierte Bibel fand, und mehr noch, dass sich acht

[1] 1525 predigte in Friedland zuerst ein namentlich nicht überlieferter Augustinermönch aus Anklam gegen die Anbetung der Heiligen, gegen die Werkfrömmigkeit und für das Priestertum aller Christen. Als der bischöfliche Offizial die Predigten zu unterbinden suchte, führte dies zu ersten Tumulten, welche dem Offizial sogar Prügel von Seiten der aufgebrachten Bürger einbrachten. Die Übergriffe auf Priester, namentlich die Offizialen, hielten bis 1526 an. Fenster wurden eingeworfen, Zäune umgestürzt, Häuser und Gärten gestürmt, verwüstet und verunreinigt. Der Rat, obwohl noch der alten Lehre anhängend, verhielt sich weitgehend passiv zu diesen Vorgängen. Anfang 1532 erschien der erste lutherische Prädikant in Friedland, Jürgen Berenfeld. Berenfeld stammte aus brandenburgischem Adel und suchte und erhielt nach eigenen Angaben brieflichen Rat von Luther und Bugenhagen. Als erstes entfernten er und sein Anhang die Reliquien aus den Altären der Nikolaikirche, was nun tatsächlich den Rat auf den Plan rief. Friedland war vom Neubrandenburger Hausvertrag ausgenommen, in dem sich die herzoglichen Brüder die Herrschaft im Lande teilten. Die Stadt geriet nun in das Hickhack zwischen den beiden Brüdern. Nach Anzeige durch den Friedländer Rat ließ Herzog Albrecht VII. am 16. 2. 1532 Berenfeld und die lutherischen Bürger aus der Stadt verbannen. Doch sofort intervenierte der lutherisch gesinnte Herzogsbruder Heinrich V. Keine vier Wochen später ließ er die Bürger höchstpersönlich wieder in die Stadt ein und setzte auch Berenfeld wieder in sein Amt. Auch 1534 setze sich Heinrich gegen seinen altgläubigen Bruder durch, indem er Günther von Wangelin auf die frei gewordene Propstei Friedland berief; G.Ch.F. LISCH, Geschichte der Reformation in Friedland (Jahrbücher des Vereins für meklenburgische Geschichte und Alterthumskunde 12, 1847, 142–169), 147–156.

dieser Tischreden in den Editionen Ernst Krokers und seiner Nachfolger in der Weimarana weder über das Verzeichnis der Satzanfänge noch über das Wort- und Sachregister nachweisen lassen.[2]

Die Eintragungen in die Bibel zeugen von der hohen Bedeutung, die den Texten beigemessen wurden. Bibeln waren für die Zeitgenossen von vielfachem Wert. Dies galt nicht nur in materieller und ideeller Hinsicht, vielmehr kam ihnen auch ein hoher bleibender Wert in Verbindung mit einem hohen lokalen Bezug zu: Sie blieben am Ort. Darüber hinaus besaßen sie einen hohen Gebrauchswert: Sie wurden oft in die Hand genommen.

Bei der Friedländer illustrierten Bibel handelt es sich um ein Exemplar der *Biblia cum concordantijs veteris et novi testamenti et sacrorum canonum* von Jacobus Sacon, Lyon 1521.[3] Sie gehört zu einem Teilbestand der Friedländer Kirchenbibliothek, welcher die ca. 50 wertvollsten Bände umfasst, zum größten Teil Inkunabeln.[4] Der Teilbestand wurde im November 2017 vom Landeskirchlichen Archiv Schwerin als Depositum der Kirchengemeinde Friedland in die Universitätsbibliothek Rostock überführt.

Der Druck stammt aus einer Reihe von Bibelausgaben, welche seit 1512 für den bekannten Nürnberger Drucker und Großverleger Antonius Koberger sen. (gest. 1513) und seine Nachfolger bei Jacobus Sacon in Lyon gedruckt wurde. Am 24. Juli 1521 hatte er die Presse von Magister Sacon verlassen.

Die Bibel enthält neben den Tischreden noch weitere Eintragungen[5]: Im Vorsatz und auf eingebundenen fliegenden Blättern der Bibel finden sich

---

2 Vgl. WAT 6; 389–482.513–705. Auch Recherchen in der Online-Ausgabe der WA blieben ergebnislos.

3 Vgl. Biblia cum concordantijs veteris et noui testamenti et sacrorum canonum [...], Lyon: Jacobus Sacon für Antonius Koberger in Nürnberg 1521 (VD16 ZV 26610); Kirchenbibliothek Friedland, 32; jetzt UB Rostock, noch ohne Signatur.

4 Vgl. Katalog der Inkunabeln in: Die Inkunabeln der Universitätsbibliothek Rostock mit den Inkunabeln der Landesbibliothek Mecklenburg-Vorpommern in Schwerin und der Kirchenbibliothek Friedland (Kataloge der Universitätsbibliothek Rostock 2), beschrieben v. N. KRÜGER, 2003, 48–51.478–503.

5 Für eine ausführlichere Beschreibung der Bibel und ihrer Eintragungen s. J.P. WURM, Eine unbekannte Sammlung von Tischreden Martin Luthers und andere Eintragungen in der Friedländer Altarbibel von 1521. Vom Unikatcharakter alter Drucke (in: Historische Kirchenbibliotheken in Mecklenburg-Vorpommern. Tagungsband zum Abschlusskollo-

Einträge zu den verschiedensten Gegenständen. Auf dem angeklebten Spiegel und dem fliegenden Vorsatzblatt zunächst Zeichnungen: heraldische Federübungen (Hausmarke und Wappenschild, stehender Löwe) und Nachzeichnungen des Wasserzeichens (bekrönter Stierkopf)[6]; auf dem hinteren Schmutztitel ein Kalender mit den Zeiten von Sonnenauf- und -untergang im Halbstundentakt nach Friedländer Ortszeit in humanistischer Schrift. Daneben und darunter in gotischer Schrift und wohl von anderer Hand zwei Rezepte für Arzneien: eine Salbe gegen eitrige Entzündungen »Wen einer ein verborgen etter hette« und ein »gut beweret wundtdranck«.[7]

Die nun folgenden drei Seiten (fliegendes Blatt und angeklebter Spiegel) mit den Abschriften der Tischreden werden am Fuße der vorausgehenden Seite mit dem unscheinbaren Vermerk eingeführt: »Sequuntur apophthegmata aliquot Lutheri«; es folgen einige Tischreden Luthers. *Apophthegmata Lutheri* war eine häufige Bezeichnung insbesondere der frühen Tischredensammlungen, welche den lehrhaften Gehalt, der den Tischreden von den Zeitgenossen beigemessen wurde, unterstrich.[8] Seit 1531 verbreiteten sich die Tischreden in zahlreichen Sammlungen handschriftlich. Sie wurden von Hand zu Hand weiter gereicht, abgeschrieben und exzerpiert.[9] Die Friedländer Abschriften sind ein beredtes Zeugnis für die rege handschriftliche Verbreitung der Tischreden und ihre Verwendung.

---

quium des Projektes [Veröffentlichungen der Universitätsbibliothek Rostock 145], hg. v. R. ZEPF, 2019, 79–85).

6 Die Herkunft des Wasserzeichens ließ sich in den vorhandenen Datenbanken nicht ermitteln. In den Datenbanken finden sich häufig vergleichbare bekrönte Stierköpfe aus den verschiedensten Regionen. Eine Herkunft des Papiers aus Mecklenburg, die eine Bindung der Bibel in Mecklenburg vermuten ließe, ist daher nicht zwingend.

7 Transkription und Übertragung der Rezepturen in J. P. WURM, Die Bibel als Spiegel ihrer Zeit. Eine Ausstellung von Landeskirchlichem Archiv und Oberkirchenratsbibliothek (Jahrbuch für Mecklenburgische Kirchengeschichte 6, 2003, 34–58), 56 f.

8 K. BÄRENFÄNGER / V. LEPPIN / ST. MICHEL, Luthers Tischreden von der Bestandssicherung zu neuen Perspektiven (in: Martin Luthers Tischreden. Neuansätze der Forschung [SMHR 71], hg. v. DENS., 2013, 1–6), 5; B. MÜLLER, Die Tradition der Tischgespräche von der Antike bis in die Renaissance (in: aaO., 63–78), 76–78.

9 Vgl. W.-F. SCHÄUFELE, Zur handschriftlichen Überlieferung der Tischreden Martin Luthers und ihrer Edition (in: BÄRENFÄNGER / LEPPIN / MICHEL, Tischreden [s. Anm. 8], 113–125), 114–123.

Die Abschriften in humanistischer Minuskel respektive gotischer Kurrentschrift, je nach verwendeter Sprache, stammen vermutlich von einer Hand, erfolgten aber eventuell nicht in einem Zuge. Ab Tischrede [17] vermitteln die Einträge den Eindruck von Nachträgen. Füllen bis dahin die Eintragungen wie ein Buch die Seite ganzzeilig oder in Zweierspalten ökonomisch aus, werden sie jetzt, wohl in der Annahme, dass weitere Eintragungen nicht mehr hinzukämen, großzügig über die Seite verteilt. Die sehr individuelle Positionierung auf dem eingeklebten Spiegel lässt es sogar möglich erscheinen, dass sie einzeln nachgetragen wurden.

Betrachten wir die zeitliche Einordnung der 15 Tischreden, welche, wenn in Einzelfällen auch stark verändert, in der WA enthalten sind. Elf, [1] bis [4], [9], [11], [12], [15], [19], [20] und [22], finden sich in der Sammlung von Veit Dietrich und Nikolaus Medler von Tischreden aus der ersten Hälfte der 1530er Jahre wieder. Aus Veit Dietrichs Nachschriften stammen [8], vom Herbst 1531, und [10], vom Frühjahr 1533. [23] findet sich in der WA in der auf Konrad Cordatus zurückgehenden Handschrift Cordatus B wieder und ist nicht näher als auf die 1530er und ggf. 1540er Jahre zu datieren. Haben wir es bis hierin, von der nicht näher zu datierenden [23] abgesehen, nur mit Tischreden aus der ersten Hälfte der 1530 Jahre zu tun, fällt die Tischrede [16] zeitlich aus dem Rahmen. Sie stammt aus einem Tagebucheintrag Anton Lauterbachs vom 5. Januar 1538. Damit ist Tischrede [16], das Spottgedicht an Satan, ihrem Ursprung nach die jüngste der auch in der WA wiedergegebenen Tischreden. Mit der Interpolation von »ein furcz« weist die Friedländer Abschrift jedoch einen bemerkenswerten Zusatz auf, den ich in veränderter Form erst in einem Abdruck durch Christophorus Irenaeus von 1589 wiederfinde, der das derbe Wort durch das besser klingende »Bombart« ersetzt.[10]

Unter den acht Tischreden [5] bis [7], [13], [14], [17], [18] und [21], für die kein Nachweis in der WA existiert, liefert nur Rede [7] einen Datierungshinweis. Die Tischrede geht wahrscheinlich auf die von Nikolaus von Amsdorf in der ersten Januarhälfte 1537 kolportierte Falschmeldung zurück,

10 CHRISTOPHORUS IRENAEUS, Spiegel Des ewigen Lebens. Der Artickel vnsers Christlichen Glaubens. Jch gleube Ein ewiges Leben, Vrsel 1589 (VD16 ZV 8594), m2ᵛ.

14

wonach Papst Paul III. gestorben sei, was bei Lauterbach und Hieronymus Weller überliefert ist.[11]

Trotz des zeitlichen Schwerpunkts auf Tischreden der ersten Hälfte der 1530er Jahre ergibt sich aus den Tischreden [7] und [16] für die Friedländer Abschriften somit eine Entstehungszeit von nach Januar 1538. Die thematische Auswahl der übrigen Stücke spricht allerdings dafür, dass die Friedländer Abschriften nicht allzu lange danach entstanden sein dürften. So hat der Schreiber mit [3], [4], [10] und [11] Tischreden ausgewählt, in denen Luther seine Feindschaft zu Erasmus Desiderius von Rotterdam zum Ausdruck bringt. Tischrede [10], in welcher Luther Erasmus als Bösewicht und Epikureer bezeichnet, stammt aus Dietrichs Nachschriften vom Frühjahr 1533. Die auch bei Dietrich und Medler überlieferten Tischreden [3], [4] und [11] dürften wie diese in den Kontext von Erasmus' Schrift *De sarcienda ecclesiae* gehören, in welcher dieser den Vorschlag, die Kircheneinheit durch maßvolle Reformen und gegenseitiges Entgegenkommen wiederherzustellen, unterbreitete, was Luther strikt ablehnte. Auch die nicht in der WA nachgewiesene Tischrede [14] nimmt auf Begebenheiten Bezug, welche schon ca. zehn Jahre zurück liegen. Sie wendet sich gegen den Bildersturm. Genannt wird Kaspar von Schwenkfeld, für Luther der Prototyp des ›Schwärmers‹, der durch alle Lande laufe und gegen die Bilder predige. Tatsächlich spielten Schwenkfelds Anhänger auf Grund seiner moderaten Haltung in den Bilderstürmen keine herausragende Rolle. Mit »d. M. Michael« meint die Tischrede Magister Michael Cellarius, Prädikant an der Barfüßerkirche in Augsburg, der am 14. März 1529 den ersten Augsburger

---

11 Vgl. WAT 3; 372,16f, Nr. 3518. Kroker vermutet Liborius Magdeburg als Quelle der Falschmeldung. Das Gerücht kursierte noch bis Juli 1537. Vgl. WAB 8; 96,8f, Nr. 3160. Kurz vor Luthers Tod kursierte erneut das Gerücht, Paul III. sei am 3. 1. 1546 gestorben, wie einem Brief, den Luther am 14. 2. 1546 in Eisleben an Philipp Melanchthon schrieb, zu entnehmen ist, WAB 11; 10f, Nr. 4208: »Papa Paulus tertius tertia Januarii mortuus et sepultus est, id quod certo huc scribitur esse verum«. Für den Hinweis danke ich Herrn Rudolf Conrades, Schwerin. Dass diese Falschmeldung noch Gegenstand einer Tischrede des bereits von seiner Krankheit stark geschwächten Luther wurde, ist jedoch auszuschließen.

Bildersturm entfachte, indem er vor der Gemeinde ein goldenes Kruzifix zerschlug und die Trümmer Reliquiensammlern anbot.[12]

14 der 23 Friedländer Tischredenabschriften, die Stücke [2], [5], [6], [8], [9], [12], [13], [15], [17] bis [19] und [21] bis [23], enthalten Sprichwörter, Merksprüche, Gedichte und ähnliche Kurzzitate. Bei Tischrede [2] handelt es sich um eine einprägsame Kurzfassung der Tischrede WAT 1114 aus Dietrichs und Medlers Sammlung. Tischrede [8] mit abwertenden Etikettierungen der Kirchenväter weist bemerkenswert viele Varianten zu Dietrichs Nachschrift vom Sommer/Herbst 1531 auf, während [9], [12], [15], [19], [22] und [23] nur geringe Varianten zu Dietrich und Medler bzw. Cordatus aufweisen. [5], [6], [13], [18] sind nicht in der WA enthalten. Tischrede [5] gibt an, ein römisches Sprichwort zu sein, welches Augustin zu seinen Büchern *De civitate Dei* veranlasst habe. Doch ließen sich weder ein solches Sprichwort noch ein entsprechender Hinweis bei Augustin ermitteln. Tischrede [6] bezieht sich wahrscheinlich auf die starke Ablehnung, auf die der Apostel Paulus auf seinen Missionsreisen mitunter stieß. Tischrede [13] zitiert einen Merkspruch für Pastoren, der von Justus Jonas stammen soll. [17] gibt lediglich einen seit dem Mittelalter verbreiteten Sinnspruch wieder und [18] rekurriert auf Menander, während es im Falle des so griffig klingenden »Lutherus«-Zitats in Tischrede [21] überrascht, keinen Nachweis zu finden.

Die Eintragungen zeugen von einem interessierten und gebildeten, offensichtlich streng lutherisch gesinnten Seelsorger, der die theologischen Auseinandersetzungen seiner Zeit verfolgte. Sie belegen einmal mehr die weite handschriftliche Verbreitung der Tischreden, aus denen der Schreiber das, was ihm bedeutend oder interessant erschien, exzerpierte. Als Schreiber kommen der seit 1534 amtierende lutherische Propst Günther von Wangelin[13] oder einer der beiden seit ca. 1536 und bis mindestens 1542 in Friedland amtierenden lutherischen Prädikanten, Jacob Glasow und Fa-

---

12 Vgl. F. Roth, Augsburgs Reformationsgeschichte 1517–1530, ²1901, 305. Man mag hier auch einen Bezug zur Entfernung der Reliquien aus den Altären der Friedländer Nikolaikirche durch Jürgen Berenfeld und seinen Anhang erblicken (s. Anm. 1).

13 Er war 1528/29 in Wittenberg immatrikuliert; vgl. Lisch, Geschichte der Reformation (s. Anm. 1), 154–157; G. Krüger, Die Pastoren im Lande Stargard seit der Reformation (Jahrbücher des Vereins für mecklenburgische Geschichte 69, 1904, 1–270), 40.

bian Wegener, in Frage. Der mäßige Amtseifer von Wangelins, der sich bald schon von Glasow vertreten ließ, spricht eher für einen der letzteren.[14]

Neben zahlreichen Varianten bekannter Zitate vor allem der frühen Tischredensammlungen, finden sich Zitate, die in der Tischredenabteilung der WA und auch sonst in der WA nicht nachgewiesen werden konnten. Bei den Varianten fällt die häufige Übereinstimmung mit der Tischredensammlung des Johannes Mathesius (Math. L.) auf. Die gegenwärtige Forschungslage reicht jedoch nicht aus, um aus diesem Befund bereits Rückschlüsse auf den Überlieferungszusammenhang zu ziehen. Mit der Auswertung und Edition der zahlreichen noch ungedruckten Sammlungen ist mit Aufschlüssen zu rechnen. Dann mag sich erweisen, was durchaus wahrscheinlich ist: Dass es sich bei der Friedländer Sammlung um Exzerpte aus einer oder mehreren der bisher unveröffentlichten umfangreicheren Tischredesammlungen handelt. Bis dahin ist die Liste der bisher bekannten Tischredensammlungen[15] wohl um die Friedländer Sammlung mit ihren acht neu entdeckten Tischreden zu ergänzen.

In der folgenden Edition werden nur die Varianten zum Kopftext der Weimarana angemerkt. Die Varianten zu den selben im Fußtext wurden aus Gründen der Übersichtlichkeit nicht berücksichtigt. Es ist zweckdienlicher diese direkt mit dem textkritischen Apparat in der WA abzugleichen.[16]

---

14 Vgl. LISCH, Geschichte der Reformation (s. Anm. 1), 155–157; KRÜGER, Pastoren (s. Anm. 13), 41.
15 Vgl. W.-F. SCHÄUFELE, Beständeübersicht zur handschriftlichen Überlieferung der Tischreden Martin Luthers (in: BÄRENFÄNGER / LEPPIN / MICHEL, Tischreden [s. Anm. 8], 127–180), 129–180. Die wertvolle Aufstellung führt 110 Bände auf, von denen nur 40 Eingang in die WA gefunden haben. Da zahlreiche Bibliotheken noch nicht gesichtet wurden, bzw. Zufallsfunde wie die Friedländer Exzerpte auch andernorts zu vermuten sind, ist davon auszugehen, dass noch zahlreiche weitere Sammlungen auftauchen werden. Vgl. hierzu E. KOCH, Zur Tischredensammlung in der Wissenschaftlichen Bibliothek Dessau (in: aaO., 181–189), und D. GEHRT, Tischreden in der Handschriftensammlung der Forschungsbibliothek Gotha (in: aaO., 191–219), mit ihren Funden.
16 Das Arbeitsgespräch »Luthers Tischreden als historische Quelle und editorische Aufgabe« von 2010 kommt daher zu dem Ergebnis, dass eine Neuedition der Tischreden aufgrund der Masse an Parallelüberlieferungen wohl nur digital erfolgen kann; vgl. SCHÄUFELE, Zur handschriftlichen Überlieferung (s. Anm. 9), 125; M. GLASER, Zur Editionsphilologie. Möglichkeiten einer Neuedition von Luthers Tischreden im 21. Jahrhundert (in: BÄRENFÄNGER / LEPPIN / MICHEL, Tischreden [Anm. 8], 249–258), 252–257.

17

Sequuntur apophth[17]egmata aliquot Lutheri.

[1][18]

An liceat scienter contra institutionem christi communicare sub vna specie?[19] Responditur:[20]

Si conscientia tua[21] certa est, vtramque[22] sacramenti a christo institutam[23].[24] Si vtraque non permittitur vti, melius est in totum abstinere quam erga[25] conscientiam et contra[26] insitutionem christi[27] mutata forma diuinitus tradita vna tantum uti. Nam abstinere in totum hic sine peccato fit, cum non stet per nos, sed violenter[28] ab iis[29] rapitur[30] qui ministrare debent.[31] Interim sufficit communicatio fidei[32], de qua Augustinus: »Crede et manducasti«[33].[34]

An secreto liceat suscipere sacramentum?[35] Responditur:[36]

---

17 Buchstabe über der Zeile ergänzt.
18 Vgl. WAT 1; 533f, Nr. 1058, (Dietrich / Medler 1. Hälfte 1530er Jahre) und WAB 6; 142f, Nr. 1837 (Luthers Gutachten für M. Oswald Lasan in Leipzig, Juni 1531).
19 WAB 6; 142 und WAT 1; 533: Fragesatz fehlt.
20 WAB 6; 142 und WAT 1; 533: fehlt.
21 WAB 6; 142 und WAT 1; 533: fehlt.
22 WAB 6; 142,1 und WAT 1; 533,24 folgt: »speciem«.
23 WAB 6; 142,1f: »esse Christi institutionem«.
24 WAB 6; 142,2–143,3 folgt: »quae hominibus non est arbitrio, ut pro libitu ac libere mutent.« WAT 1; 533,24 folgt: »etc.«.
25 WAB 6; 143,4 und WAT 1; 533,25: »contra«.
26 WAB 6; 143,4 und WAT 1; 533,25: fehlt.
27 WAT 1; 533,25f: »Christi institutionem«.
28 WAB 6; 143,6 und WAT 1; 534,1 folgt: »nobis«.
29 WAT 1; 534,2: »eis«.
30 WAB 6; 143,7 am Satzende und WAT 1; 534,2 am Satzende: »rapiatur«.
31 WAB 6; 143,7 und WAT 1; 534,2f folgt: »Et hic simul ad tertiam quaestionem respondetur, quod«.
32 WAB 6; 143,8 und WAT 1; 534,2f folgt: »seu spiritualis«.
33 Augustinus, Tractatus in Euangelio Ioannis, tract. 46/8.
34 WAB 6; 143,9–11 folgt: »quia non licet corporalem manducationem pastoribus tyrannice rapere aut vi extorquere. Relinquitur ergo necessarie spritualis manducatio«; WAT 1; 534,4–6 folgt: »quia non licet corporalem manducationem pastoribus tyrannicis rapere aut vi extorquere. Relinquitur ergo necessarie spritualis manducatio.«.
35 WAB 6; 143 und WAT 1; 534: Fragesatz fehlt.
36 WAB 6; 143 und WAT 1; 534: fehlt.

Cauendum[37] ne secreto suscipiatur sacramentum,[38] propter multa incommoda et peri-
cula, tum maxime propter Jnsitutionem Jesu[39] Christi, qui uult hoc sacramentum esse
publice confessionis signum[40], dicens »hoc facite jn mei commemorationem[41]«,[42] predi-
cationem et annunciationem ut P[aulus] vocat: »Rectius igitur jn totum abstinetur.«[43]
An in aliena par[o]chia liceat communicare?[44] Responditur:[45]
Si[46] qui alibi[47] vtraque specie communicantur[48], hi postea requisiti tenentur confiteri,
quanquam non est necesse, si domi in tua parochia tibi dennegetur[49], vt in aliena[50] ac-
cipias cum non sis membrum alienae parochiae,[51] satis est Tyrannidem in tua parochia
patienter ferre et silere, aut alio jnterim proficisci donec requisitus fueris de fide tua[52].
Ex ore D[octoris] Martinis Lutheri.[53]
[2][54]
Minimus diabolus fortior est toto mundo, sed vnus angelorum fortior omnibus Diabolis:
idem.
[3][55]
Iuditium Lutheri de Erasmo[56].[57]

37 WAB 6; 143,12: »Secundum cavendum«; WAT 1; 534,7: »Secundo cavendum«.
38 WAB 6; 143,13 und WAT 1; 534,7 folgt: »tum«.
39 WAB 6; 143,14 und WAT 1; 534,8f: fehlt.
40 WAB 6; 143,15 und WAT 1; 534,9: fehlt.
41 WAT 1; 534,10: »memoriam«.
42 WAB 6; 143,15 und WAT 1; 534,10 »id est«.
43 1Kor 11,26.
44 WAB 6; 143 und WAT 1; 534: Fragesatz fehlt.
45 WAB 6; 143 und WAT 1; 534: fehlt.
46 WAB 6; 143,17 und WAT 1; 534,12: »Tertio, si«.
47 WAT 1; 534,13: »aliqui«.
48 WAB 6; 143,17: »communicaverunt«.
49 WAB 6; 143,19: »tibi negetur«; WAT 1; 534,14: »negetur tibi«.
50 WAB 6; 143,20 folgt: »parochia«.
51 Ebd. und WAT 1; 534,15 folgt: »sed«.
52 WAT 1; 534,17: »tua fide«.
53 WAB 6; 143,22 folgt: »Anno 1531. Martinus Luther D.«.
54 Frei nach WAT 1; 555,28–30, Nr. 1114 (Dietrich / Medler 1. Hälfte 1530er Jahre): »Minimus Diabolus fortior est toto mundo. – Ad haec: Confide! Multi sunt apud nos Angeli,
quorum minimus fortior est omnibus Diabolis.«.
55 Vgl. WAT 1; 397, Nr. 817 (Dietrich / Medler 1. Hälfte 1530er Jahre).
56 Erasmus Desiderius von Rotterdam.
57 Überschrift fehlt in WAT 1; 397.

Erasmus sleichet[58] durch den tzuhn[59].[60] Ideo[61] et[62] eius libri sunt ualde[63] venenati. Moriens prohibebo filiis meis ne colloquia eius legant. Vbi sub fictis et alienis personis impiis[s]ime[64] loquitur ac docet ad oppugnandum Euangelium[65] et fidem Christianam data opera sic excogitata.[66] Timeo ne quandoque mala morte sit moriturus[67]. Lucianum[68] laudo prae ipso[69]. Ille enim aperto marte omnia deridet, hic vero summa specie sanctitatis ac pietatis sacra omnia[70].[71] ac totam pietatem impetit. Itaque longe nocentior est[72] Luciano.

[4][73]

Ego vehementer et ex corde odi Erasmum quia vtitur eodem argumento quo caiphas, melius est vt pereat vnus, quam totus[74] populus. Satius est perire Euangelium, quam totam germaniam, omnes principes concitari et[75] moueri totum orbem terrarum et item odi Caipham quod consilium dederat iudaeis.[76] Similiter et christus gibt Caiphae einen stos. Der sols bezalen maius peccatum fecit qui me tibi tradidit.[77]

[5][78]

Nota vox solita Romanis de Petro et Paulo dicentibus: Seindt die tzwene betteler gehn Rom sihn kommen, hatt es nie wol tzugestanden tzu Rom. Propter haec verba scripsit augustinus Libros de ciuitate Dei.[79]

58 WAT 1; 397,1: »sticht«.

59 Ebd.: »zaun«.

60 WAT 1; 397,1f folgt: »Nihil facit aperto marte«.

61 WAT 1; 397,2: »itaque«.

62 Ebd.: fehlt.

63 Ebd.: »valde sunt«.

64 WAT 1; 397,4: »impiissima«.

65 Ebd.: »ecclesiam«.

66 WAT 1; 397,5f folgt: »Rideat sane me [...] vngevexirt sein [Ps 110,1]. Proinde«.

67 WAT 1; 397,7: »sit moriturus mala morte.«.

68 Lukian von Samosata.

69 WAT 1; 397,8: »Erasmo«.

70 WAT 1; 397,9: »omnia sacra«.

71 Folgt: impetit.

72 WAT 1; 397,10 folgt: »ipso«.

73 Vgl. WAT 1; 397f, Nr. 818 (Dietrich / Medler 1. Hälfte 1530er Jahre).

74 WAT 1; 397,26: »universus«.

75 WAT 1; 398,1: »quam«.

76 WAT 1; 398,2f: »Et Iohannes etiam odit Caipham propter hoc, quod Iudaeis dederat consilium.«.

77 Joh 19,11.

78 Kein Nachweis in WAT.

79 Kein Hinweis auf dieses Sprichwort in Augustinus: De civitate Dei.

[6][80]

Non facile cuilibet credendum est quantumuis clamanti, cuius[81] occasionem sumo a Mag[istro] Paulo qui causam suam multo pessimam quam si [...][82]imam facit. Hernein Auch die argessten huren vnd buben kunnen das [meulerverenkenn][83] besten.

[7][84]

Non sunt vltima noua, cum dicitur aliquem papam esse mortuum,[85] quia alius succedit qui certe melior non erit priore, et bonus nullus expectari posse[86]. Quia papatus est malus. Dicitur autem paulum[87] esse mortuum quod si verum est, superauivet 8 papas[88].

[8][89]

Lutherus[90]

Hieronimus nec[91] theologus est neque[92] Rethor[93]. Augustinus Magnus factus est disceptatione cum pelagianis.[94] Gregorius adeo Ceremoniarius est ut statueret pecatum esse

80 Kein Nachweis in WAT.

81 Folgt: dicendi.

82 Tinte verschmiert. Hier ist ein Wort mit der Bedeutung »am inständigsten« zu vermuten.

83 Tinte verschmiert. Der Verfasser dankt Herrn Dr. Andreas Röpcke für den Transkriptionsvorschlag.

84 Kein Nachweis in WAT.

85 Bezieht sich vermutlich auf WAT 3; 372,16f, Nr. 3518 (Lauterbachs und Wellers Nachrichten vom 1. bis 14. Januar 1537): »[Nicolaus] Amsdorfius Pauli Tertii papae mentionem fecit, eum esse mortuum«.

86 Unsicher, da Tinte verschmiert.

87 Papst Paul III. (1534–1549).

88 Paul III. wurde am 29. 2. 1468 als Alessandro Farnese geboren und »überlebte« neun Päpste.

89 Vgl. WAT 1; 18,11–16, Nr. 51 (Dietrich, Sommer und Herbst 1531).

90 WAT 1; 18: fehlt.

91 WAT 1; 18,11: »neque«.

92 Ebd.: »nec«.

93 WAT 1; 18,11f folgt Vergleich mit Johannes Altenstaig von Mindelheim: »sed similis dem Alten Steyg Suevo«.

94 WAT 1; 18,12f: »Augustinus ex contentione cum Pelagianis magnus est factus et fidelis gratiae assertor.«.

21

bobum euitere.[95] Ambrosius autem[96] est simplex assertor fidei[97] contra fiduciam operum.[98] M. Lutherus Dixit.

[9][99]

Stapitius[100] dixit semel:[101] Jch wolte gerne wissen wie Hieronimus selig were[102] worden, etc.

[10][103]

Lutherus:[104] Jch wolt nicht 100000tausent[105] fl. nemen vnd jn der fahr Hieronimi stehn,[106] viel weniger Erasmi[107], qui me in uno loco maxime offendit[108] vbi ei[109] respondendum esset[110] de fide in Christum, dar saget der B.[111]: Ego illa exigua transeo. Quare Ego autoritate[112] Erasmi condemno autoritatem[113] Lutheri tanquam Epicureum.[114]

[11][115]

Hoc relinquo post me testamentum, et Vos huius[116] rei voco testes, quod Erasmum habeam pro summo hoste Christi, qualis in mille annis non fuit. D[octor] M[artinus] L[utherus].

[12][117]

---

95 WAT 1; 18,13f: »Gregorius est leprosus ceremoniis; statuit peccatum mortale esse, si quis emittat crepitum.«.

96 WAT 1; 18,14f: fehlt.

97 WAT 1; 18,15: »simplex fidei est assertor«.

98 WAT 1; 18,15f folgt: »si contradictores passus fuisset, forte omnes antecelleret«.

99 Vgl. WAT 1; 399,15f, Nr. 824 (Dietrich / Medler 1. Hälfte 1530er Jahre).

100 Johannes von Staupitz.

101 WAT 1; 399,15f: »Doctor Staupitius de eo solebat dicere in hunc modum«.

102 WAT 1; 399,16: »were selig«.

103 Vgl. WAT 1; 204,17–22, Nr. 468 (Dietrich, Frühjahr 1533).

104 WAT 1; 204: fehlt.

105 WAT 1; 204,17: »100 000«.

106 WAT 1; 204,17f: »in der fahr stehn fur vnserm Herrn Gott, da S. Hironymus inn steht«.

107 WAT 1; 204,18f: »da Erasmus in steht«.

108 WAT 1; 204,19: »offendit maxime in uno loco«.

109 Ebd.: »cum«.

110 WAT 1; 204,19f: »esset respondendum«.

111 WAT 1; 204,20: »boswicht«. Auch die Auflösung »B[ube]« denkbar; vgl. ebd., Anm. 17.

112 Folgt: »Lutheri«.

113 Folgt: »Luth.«.

114 Satz durch Verschreibung sinnentstellt. Vgl. WAT 1; 204,21f: »Quare ego Erasmum autoritate Lutherana condemno tanquam Epicurum.«.

115 Vgl. WAT 1; 407,21–23, Nr. 837 (Dietrich / Medler 1. Hälfte 1530er Jahre).

116 WAT 1; 407,22: »vos eius«.

117 Vgl. WAT 1; 417,30–32, Nr. 853 (Dietrich / Medler 1. Hälfte 1530er Jahre).

De morientibus. Luthe[rus:][118]

Morientes ubi nullum signum edunt, ist animus schon dahin, non amplius audiunt nec loquentis verba percipiunt[119], darumb ist es vmbsonst, das mahn inen inschreiet.

[13][120]

Luth[erus]

Quidam fiunt pastores in requiem habeant. (Sic enim dicit D[octor] Ionas[121]) Da wolt jch gerne wissen wi mahn die tzwei tzusamen sol reimen, pastorem esse et quietum esse. Nisi dicas infidelem in officio suo et diuitem parochiam habentem, quietum esse posse.

[14][122]

Jta dementati sunt de Swermer et nunquam in vniuersum conuenturi sint nobiscum. Circuit enim Swenkenfelt[123] omnes terras et praedicat contra jmagines, d[ominus] M[agister] Michael[124] item facit Augspurgae. Aber herr got wii ist inen so viel gelegen ahn den bilderen, tamen Papistae nunquam eos adorauerunt sed coluerunt tantum pro signis quemadmodum gregorius vocat imagines libros laicorum.[125] Vero tradito articulo Justificationis werden die bilder nichts schaden, at ipsi quoque[126] ille negligunt et ignorant.

[15][127]

Luth[erus]

Fidus Abrah[am]ae nostra condemnatio.[128]

Cum Abraham in extremo die resurget, arguet nostram incredulitatem dicens: Jch hab nicht das hunderst deil so viel promissiones gehabt als jr, hab dennoch ge[g]laubt. Soll vnser her godt nicht billig[129] Turcken vber vnns schicken? Quod d[ixit] jta.

[16][130]

Sancte Sathan ora pro nobis.

Haben wir doch, gnediger her teuffel, [nicht] wider euch gesundiget, so habt ihr vns auch nicht geschafen noch das leben geben, worumb klaget Ihr vns dan so hart[131] ahn

---

118 Überschrift fehlt in WAT 1; 417.

119 WAT 1; 417,31: »percipiunt loquentis verba«.

120 Kein Nachweis in WAT.

121 Justus Jonas.

122 Kein Nachweis in WAT.

123 Kaspar von Schwenckfeld.

124 Michael Keller (Cellar[ar]ius).

125 MPL 77, 1027/1028, vgl. WAT 3; 514,1, Nr. 3674 (Ende 1537): »Bilder Gregorius appellat laicorum libros.«.

126 Unter der Zeile eingefügt.

127 Vgl. WAT 1; 422,4–7, Nr. 859 (Dietrich / Medler 1. Hälfte 1530er Jahre).

128 Überschrift fehlt in WAT 1; 422.

129 WAT 1; 422,7: fehlt.

130 Vgl. WAT 3; 534,27–33, Nr. 3688 (Lauterbach, 5. 1. 1538).

131 WAT 3; 534,30: »dan so hart vns«.

fuhr godt, als ob[132] Ihr so gahr heilig vnd der vberster richter vber die[133] heiligen gottes weren[134]? Nihm dein stab[135] (ein furcz)[136] vnd gehe nach[137] Rom czu deinem Babst[138], des Abgott du bist.

[17][139]

Quas olim pietas aedes construxit auorum
Has nunc haeredes deuastant more luporum. 15 6H[140]

[18][141]

Luth[erus]

Ein Jgliches hauss soll nur Einen Knecht haben. Der soll der herr selber sihn, ille enim seruus est totius Familiae famulari cogens omnibus. Luth[erus].

[19][142]

Contra papam.[143]
Pestis Eram viuens, moriens ero[144] mors tua papa.[145]
Qui dum vixit erat tua pestis papa, Lutherus.
Hic tibi causa suo funere mortis erit.

[20][146]

---

132 Ebd.: »weret«.
133 WAT 3; 534,31 folgt: »rechten«.
134 Ebd.: fehlt.
135 WAT 3; 534,32 folgt: »in die hannd«.
136 Ebd.: fehlt.
137 Ebd.: »gen«.
138 Ebd.: »dyener«.
139 Kein Nachweis in WAT. Allgemein verbreiteter Sinnspruch.
140 Bezug unklar.
141 Kein Nachweis in WAT. Frei nach der Hausregel Menanders (»Unus familiae servus ipse adeo est herus; Men. Mon. 168«) in WAT 3; 454,7–18, Nr. 3611 (Lauterbach / Weller, 18. Juni bis 28. Juli 1537): »Der herr muß selber seyn der knecht, / Will ers im hause finden recht [...].« Die Anlehnung ist so frei, dass hieraus keine Schlüsse auf die Datierung gezogen werden können.
142 Vgl. WAT 1; 410,25–29, Nr. 844 (8./9. 10. 1530; Dietrich / Medler 1. Hälfte 1530er Jahre).
143 WAT 1; 410,25: »M[artinus] L[utherus]«.
144 WAT 1; 410,26: »voco«.
145 WAT 1; 410,27 folgt: »G[eorgius] S[palatinus]«; auch »G[eorgius] S[abinus]« möglich; ebd., Anm. 13.16.
146 Vgl. WAT 1; 518,10–22, Nr. 1023 (Dietrich / Medler 1. Hälfte 1530er Jahre) und WAT 2; 593f, Nr. 2666b (Cordatus 10. bis 28. September 1532) in lateinisch-deutscher Mischsprache. Ich gebe hier nur inhaltliche Varianten zu WAT 2; 593f an. Bei WAT 2; 593,19–34, Nr. 2666a handelt es sich um eine Kurzfassung, ebenfalls in Mischsprache.

An christiano liceat se defendere?[147] D[octor] M[artinus] L[utherus][148]
Si quis me inuaderat in domo mea vnd vbereilet mich, jure obligatus sum[149] me defendere[150] et si ego a principe[151] nostro uocatus[152] a latrone impeterer certe ego[153] ex officio[154] illi resistere[155], quia ibi essem minister[156] principis et non me per[157] Euangelium[158],
aut quia membrum christi, aut quia praedicator, sed tanquam membrum principis[159].
Jtaque deberem me defendere, et repurgare terram a latrociniis. Et si sic latronem occido,
impono illi gladium et libere abeo et[160] sacramentum[161] sumo. Si autem propter verbum in officio meo deprehendor tollerandum hoc est[162] et non resistendum. Dei enim
juditium[163]: Jdeo etiam gladium in suggestum mecum non fero, quo me accingo, cum
iter aliquo facio. Ceterum jn periculo[164] necessitatis debeo quemuis hominem a periculo
mortis vindicare, non solum terra[165] principis proteganda[166].[167]
[21][168]
Luth[erus]
Crux schola spiritus est, sine Cruce nemo efficitur theologus.
[22][169]

147 WAT 1; 518: Fragesatz fehlt; WAT 2; 593,35: »Christianis an liceat se defendere?«.
148 WAT 1; 518 und WAT 2; 593: fehlt.
149 Über der Zeile.
150 WAT 1; 518,11 folgt: »quanto magis in itinere«.
151 WAT 2; 594,1: »duce«.
152 WAT 2; 594,2 folgt: »do ich wol vff der straß zu greiffen were gewest, si«.
153 WAT 1; 518,12 folgt: »certe«.
154 Ebd. folgt: »deberem«.
155 Korrigiert aus: »ille resisterem«.
156 WAT 1; 518,13: »minister essem«.
157 Ebd. und WAT 2; 594,4: »propter«.
158 WAT 1; 518,14 folgt: »adoriretur«.
159 WAT 1; 518,15 folgt: »etc.«.
160 WAT 1; 518,17: »ac«.
161 Ebd. folgt: »etiam«.
162 WAT 1; 518,18: »erit«.
163 WAT 1; 518,19 folgt: »est«.
164 WAT 1; 518,20: »articulo«.
165 WAT 1; 518,21: »terram«.
166 WAT 1; 518,22: »protegere«.
167 WAT 2; 594: Satz fehlt. Stattdessen folgen in WAT 2; 593,30–34. 594,15–21 ohne deutli-
    chen Zusammenhang Aussagen gegen die Täufer.
168 Kein Nachweis in WAT.
169 Vgl. WAT 1; 490,1–3, Nr. 968 (Dietrich / Medler 1. Hälfte 1530er Jahre).

Luth[erus][170]
Musica[171] diuinum est donum. Ideo Sathanae summe contrarium, quia per eam multae et magnae tentationes pelluntur. Diabolus non expectat, cum ea exercetur.
[23][172]
Haec faciunt[173] theologum:
Gratia S[ancti][174] S[piritus]
Tentatio
Experientia
Occasio
Sedulat mediocris lectio[175]
Bonarum artium cognitio
Luth[erus]

170 WAT 1; 490: fehlt.
171 WAT 1; 490,1 folgt: »maximum, immo«.
172 Vgl. WAT 3; 312,11–13, Nr. 3425 (Cord. B). Die Tischrede fehlt im alphabetischen Verzeichnis der Textanfänge der Tischreden in WAT 6, nicht jedoch im Wort- und Sachregister: aaO., 686.
173 WAT 3; 312,1: »faciant«.
174 Ebd.: fehlt.
175 WAT 3; 312,2: »sedula lectio«.

Luthers Mönchskutte

Von Volkmar Joestel

Im Wittenberger Lutherhaus ist seit 1983 ein Kleidungsstück zu sehen, das einer Überlieferung zufolge »Luthers letzte Kutte« sein soll. Diese Tatsache ist der Anlass, im Rahmen dieses Aufsatzes die Quellen zu Luthers Mönchskleidung herauszuarbeiten, sie einzuordnen und zu bewerten.

I Der Habit der Augustiner-Eremiten

Was Luther als Mönch getragen hat, wissen wir ziemlich genau, weil es in den Konstitutionen der deutschen Reformkongregation der Augustiner-Eremiten steht.[1] Diese wurden von Johann Staupitz verfasst, der seit dem 7. Mai 1503 Generalvikar war. Am 27. April 1504, also ein reichliches Jahr vor Luthers Klostereintritt, wurden sie in Nürnberg von der jährlich tagenden Convocatio der Kongregation gebilligt. Gedruckt wurden sie wahrscheinlich 1506 in Nürnberg.[2] Sie knüpften bewusst an die Tradition der Regensburger Konstitutionen des Augustinerordens von 1290 an.

Der Kleiderordnung wird ein ganzer Abschnitt, das Kapitel 24, gewidmet, »über die Anzahl und Art der Bekleidung der Brüder«.[3]

---

1 Vgl. J. VON STAUPITZ, Constitutiones OESA pro reformatione alemanniae, bearb. v. W. GÜNTER (in: J. VON STAUPITZ. Sämtliche Schriften, Bd. 5 [SuR 17], hg. v. L. GRAF ZU DOHNA / R. WETZEL, 2001, 103–360).

2 Vgl. aaO., VIII.

3 AaO., 215–219; vgl. auch G. ZIMMERMANN, Ordensleben und Lebensstandard. Die Cura Corporis in den Ordensvorschriften des abendländischen Hochmittelalters (BGAM 32), 1973 [ND 1999], 88–117; S. HOTZEL, Luther im Augustinerkloster zu Erfurt 1505–1511, 1959, 16f.

Grundsätzlich soll die auf dem Körper getragene Kleidung aus Wolle bestehen, mit der Begründung, dass das dem Ansehen eines Bettelordens entspricht und zudem billiger ist als Leinen.[4] Aus letzterem durften nur die (Unter-)hosen (*femoralia*) sein.

Zur Mönchskleidung eines jeden Bruders gehörten folgende weiße Kleidungsstücke: Auf der Haut trugen die Brüder neben den Unterhosen Hemden (*camisiae*). Davon bekam jeder Bruder zwei, ein neues und ein älteres. Darüber trug man eine langärmlige Tunika. Davon hatte jeder Mönch ebenfalls zwei, eine lange mit einer Kragenkapuze (*cuculla*) und eine kürzere, die man – wohl in kälteren Jahreszeiten – auch unter der langen tragen durfte. Über diesem »Hauskleid«, das unbedeckt nur in der Zelle getragen wurde, trugen die Mönche innerhalb des Konvents das Skapulier (*scapulare*). Jeder Mönch hatte ein langes und ein kurzes. Das war ein halbärmliges, an der Seite geschlitztes Gewand. Es war ursprünglich aus einer Arbeitsschürze entstanden und hatte wohl auch bei den Mönchen die Funktion eines knappen Übergewands, das die Tunika bei körperlicher Arbeit enger an den Körper anschloss, aber die Arme freiließ.[5] Ohne das lange Skapulier durften die Brüder die Zelle nicht verlassen. Als Schlafgewand diente das kurze und eine kleine Nachtmütze (*caputium*).

Die eigentliche Kleidung aber, die den Orden gegenüber anderen abhob, gewissermaßen seine »Uniform«, war das auf Reisen und generell außerhalb der Klostermauern sowie zu den Gottesdiensten zu tragende schwarze[6] Obergewand, die »cappa« mit der Kragenkapuze (*cuculla*). Bereits die Bullen der Päpste Innozenz IV. *Solet annuere* von 1253 (Ordensregeln der Klarissinnen) und Alexander IV. *Licet ecclesiae catholicae* von 1256 (Gründungsbulle des Augustinerordens) hatten diese als Hauptbestandteile der

---

4 Die Mönche des Mittelalters glaubten lange Zeit, Leinen sei ein Zeichen der Verweichlichung, wohl weil Leinen vor allem für die Unterkleider verwendet wurde, die damals bereits in den gehobenen Ständen gebräuchlich waren. Im Spätmittelalter blieb die Frage, ob leinene Wäsche sich für Mönche zieme, noch lange umstritten – vgl. ZIMMERMANN, Ordensleben (s. Anm. 3), 102.

5 Vgl. aaO., 98.

6 Ursprünglich verwendeten die Benediktiner die ungefärbte Wolle schwarzer Schafe. Seit dem 11./12. Jahrhundert setzte sich die Praxis durch, die Stoffe tiefschwarz zu färben. Vgl. aaO., 103 f.

Ordenstrachten festgelegt.[7] Kappa mit Kukulle mussten zu bestimmten Anlässen auch innerhalb der Klöster getragen werden, und zwar zu den Stundengebeten (Horen), außer der Non um 15 Uhr und der Komplet um 21 Uhr. Auch bei der Abnahme der Beichte von Frauen waren sie zu tragen. Ausnahmen konnte nur ein Dispens des Generalvikars regeln.

Die genannten Vorschriften betrafen nur die Klerikermönche (*patres clerices*), also geweihte Priester. Die Oberbekleidung der Laienbrüder (*conversi*), also die Tuniken, aber auch die Skapuliere, waren von schwarzer Farbe. Auch durften Laienbrüder grundsätzlich keine Kappa tragen.[8]

An Fußbekleidung hatten die Mönche Halbschuhe aus Leder (*caligae*). Auch wenn es in den Konstitutionen nicht ausdrücklich erwähnt wird, kann man wohl davon ausgehen, dass auch die Augustiner-Eremiten darunter Socken (*pedules*) getragen haben.[9] Vor allem in der Winterzeit wurden nachts Füßlinge aus Filz (*calcei nocturnalium*) getragen, die in besonderen Kleiderkisten oder -kammern (*vestiariae*) aufbewahrt wurden. Das Tragen von Hausschuhen (*planellae*) war nur mit ausdrücklicher Erlaubnis des Generalvikars erlaubt, also wohl nur Alten und Kranken. Auch feste Stiefel (*caligae curiosae*) zu tragen, entspreche nicht der klösterlichen Sitte (war also offenbar in Ausnahmesituationen, wie Reisen, erlaubt).

In den Vestiarien lagerte man für die kalten Jahreszeiten auch Pelzkleider (*pellicei*), in der Regel aus Schaffellen.[10] Sie dienten vor allem den Brüdern, die auswärtige Dienst- oder Studiengeschäfte erledigen mussten. Die Priore und Prokuratoren wurden in den Konstitutionen ausdrücklich ermahnt, auch aus Gründen der Ehre des Ordens auf ausreichende Zahl und gute Qualität der Pelzkleider zu achten. Denn die Vorsorge für den Körper sei eine Voraussetzung für das Lob Gottes. Wenn der Winter vorbei ist, soll der Kleiderverwalter (*vestiarius*) sowohl die Pelzkleidung als auch die Nachtschuhe zurücknehmen und für die nächste Winterzeit aufbewahren. Bei Bedarf jedoch soll er sie vorher herausgeben. Das galt sicher für längere Reisen, die voraussichtlich bis in die kalte Jahreszeit hineinreichten, bezüglich Luthers also für seine Reisen nach Wittenberg 1508 und 1511, für seine

---

7 Vgl. STAUPITZ, Constitutiones (s. Anm. 1), 218, Anm. 35.
8 Vgl. aaO., 139–142.200.
9 Vgl. ZIMMERMANN, Ordensleben (s. Anm. 3), 94.
10 Vgl. aaO., 103.

Romreise 1511/12[11] sowie für seine längeren Reisen 1518 nach Heidelberg
und Augsburg.

Verboten waren grundsätzlich Kleider aus Fellen von Wildtieren. Ausnahmen mussten von Ärzten bestätigt werden. Alle Pelzbekleidung jedoch,
sei sie von Wild- oder Haustieren, soll verborgen, also unter der Kappa getragen werden.

Schmuckelemente (*preciositates*) sind an keinem Kleidungsstück erlaubt, »quae et honestati nostri paupertatis et cotidianae eleemosynarum
exigentiae non respondet« (da sie nicht unserem Ansehen entsprechen, das
Armut und das tägliche Betteln um Almosen verlangt).[12] Gleiches gilt für
weltliche Kopfbedeckungen (*birreta saecularia*), vergoldete Dolche, rotge-
flammte oder zweifarbige Scheiden, mehrfarbige Schweißtücher und andere geschenkte Accessoires (*munuscula curiosa*).

Erlaubt wurde ausdrücklich, in den Klosterräumen vor der Brust zu ver-
schließende Umhänge (*chlamydes*) zu tragen, aber ohne Seide und Schnal-
len (*metalli*). Bänder zum Halten der Kapuzen sollen aus schwarzem Leder
und in der Regel ein Zoll breit, auf keinen Fall aber breiter als zwei Zoll
sein. An anderen Stellen der Konstitutionen werden noch erwähnt: der
Gürtel (*cingulum*)[13] sowie auf Reisen eine Mütze (*pileum*) und ein Mantel
(*pallium*)[14].

Die Aufnahme in den Orden erfolgte in mehreren Stufen, in denen bestimmte Kleidungsvorschriften zu den Ritualen gehörten. Nach seinem
Eintritt ins Kloster am 17. Juli 1505 lebte Luther zunächst als Besucher im

---

11 Zur Datierung: H. SCHNEIDER, Martin Luthers Reise nach Rom – neu datiert und neu
   gedeutet (in: Studien zur Wissenschafts- und zur Religionsgeschichte [Abhandlungen der
   Akademie der Wissenschaften zu Göttingen, NF 10], hg. v. W. LEHFELDT, 2011, 1–157).
   Es gibt zwei Berichte aus dem 16. Jahrhundert, dass Luther nach seinen vergeblichen
   Verhandlungen in Rom geplant habe, mit päpstlicher Erlaubnis den Ordenshabit abzulegen, um sich in Rom für etwa zehn Jahre in weltlichen Kleidern humanistischen und
   theologischen Studien widmen zu können. Vgl. P. R. WEIJENBORG, Neuentdeckte Dokumente im Zusammenhang mit Luthers Romreise (Anton. 33, 1957, 147–202), 192–195,
   Anm. 1; A. KUNZELMANN, Geschichte der deutschen Augustinereremiten, Teilbd. 5: Die
   sächsisch-thüringische Provinz und die sächsische Reformkongregation bis zum Untergang der beiden (Cass. 26,5), 1975, 464.
12 STAUPITZ, Constitutiones (s. Anm. 1), 216,11 f.
13 Vgl. aaO., 304,54.
14 Vgl. aaO., 220,10.

Gästehaus und behielt folglich auch seine Studentenkleidung an. Hier verbrachte er einige Wochen des Wartens und der Selbstprüfung – es bedurfte zum Klostereintritt auch der Einwilligung des Vaters. Schließlich erfolgte im September die Rezeption, also die vorläufige Aufnahme als Novize für ein Probejahr. Darüber finden sich im Kapitel 15 der Ordenskonstitutionen »Über die Form der Aufnahme der Novizen« auch Bekleidungsvorschriften[15]: Zunächst muss der Kandidat im Kapitelsaal vor dem ganzen Konvent Fragen des Priors beantworten und sich von diesem über die harten Bedingungen des Klosterlebens belehren lassen, auch über die Rauheit der Kleidung (*asperitas vestium*). Nach der Antwort des Kandidaten beginnt der Kantor den Hymnus »Großer Vater Augustin«. Während des Gesangs legen die Novizen-Kandidaten mit ihrem alten Haarschnitt auch die weltlichen Kleider ab und ziehen die Ordenstracht (*habitus religionis*) an. Dann spricht der Prior: »Induat te dominus novum hominem, qui secundum deum creatus est in iustitia et sanctitate veritatis. Amen.« (Es bekleide dich der Herr mit dem neuen Menschen, den Gott in der zweiten Schöpfung in Gerechtigkeit und wahrer Heiligkeit erschaffen hat. Amen.)[16] Diese Novizenkleidung unterscheidet sich allein dadurch von der eigentlichen Ordenstracht, dass sie nicht geweiht wurde.[17]

Nach der Rezeption musste sich der Novize ein Jahr bewähren und hatte in dieser Zeit auch noch die Möglichkeit, seinen Entschluss zu revidieren. Im Kapitel 17 der Konstitutionen werden die Pflichten der Novizen aufgeführt. Der Meister soll den Novizen u.a. belehren, neben Büchern, Geschirr und Hausrat auch die Kleidung sorgfältig zu behandeln.[18] Ob die Novizen ihre Kleidung auch selbst reinigten, wie es die Benediktinerregel für alle Mönche ursprünglich vorsah, ist eher zweifelhaft. Es war üblich geworden, dass das Laienbrüder unter Aufsicht des ›Granatars‹ übernahmen.[19] In der Praxis wird es wohl so gewesen sein, dass die grobe Säuberung und

---

15 Vgl. aaO., 186–189, bes. 187,20–32; HOTZEL, Luther (s. Anm. 3), 7–10.

16 STAUPITZ, Constitutiones (s. Anm. 1), 187,30–32; vgl. Eph. 4,24.

17 Vgl. aaO., 190,18f.

18 Vgl. aaO., 193,19f.

19 Vgl. ZIMMERMANN, Ordensleben (s. Anm. 3), 108.

kleine Ausbesserungen durch die Mönche selbst erfolgten, gründliche Reinigungen aber die Aufgabe von Laienbrüdern war.[20]

Dann erfolgte mit dem Gelübde (Profess) die endgültige Aufnahme in den Orden. Luthers Profess wird also auf den September 1506 zu datieren sein. Dieser Ritus ist der Aufnahme als Novize sehr ähnlich und wird im Kapitel 18 der Konstitutionen beschrieben »Über die Form der Ablegung der Ordensgelübde sowohl der Kleriker [*fratres clerici*] als auch der Laien [*fratres conversi*]«.[21] Nachdem der Prior die Brüder zu Glockengeläut im Kapitelsaal – oder nach seiner Entscheidung in der Klosterkirche – versammelt hat, wird der Novize in seiner Novizenkleidung von seinem Meister hereingeführt. Dann folgt die entscheidende Frage des Priors, nämlich ob der Kandidat sein ganzes Leben fürderhin in den Dienst Gottes und des Ordens stellen wolle. Dann wird die neue Kleidung (*habitus professorum*) zu Füßen des Priors gelegt, der sie und den Novizen segnet, also mit Weihwasser besprengt und mit Weihrauch beräuchert. Danach zieht der Prior dem Novizen die Novizenkleidung aus unter dem Spruch: »Exuat te dominus veterem hominem cum actibus suis. Amen.« (Es ziehe der Herr dir den alten Menschen aus mit allen seinen Werken. Amen.)[22] Dann bekleidet er ihn mit dem Gewand der Professen (*veste professorum*), indem er – analog zur Rezeption der Novizen – spricht: »Induat te dominus novum hominem, qui secundum deum creatus est in iustitia et sanctitate veritatis.«[23] Unterdessen singen die Brüder den Hymnus »Großer Vater Augustin«.

Die Mönchskleidung ist Ausdruck der Einheitsspiritualität. Sie wird vom Orden gestellt, ist also kein Privateigentum der Mönche. Das Kapitel 25 der Konstitutionen regelt, »welche Art, wie viel und zu welchen

---

20 Vgl. Hotzel, Luther (s. Anm. 3), 17.

21 Staupitz, Constitutiones (s. Anm. 1), 195–200. Grundsätzlich galt die Ordensregel für alle Mönche, egal ob sie für die Laufbahn als Kleriker, also geweihte Priester, vorgesehen waren oder Laien blieben. Unterschiede gab es hinsichtlich konkreter Aufgaben: Die Kleriker hatten Messen zu lesen, sich theologisch weiterzubilden und ggf. höhere Weihen zu erlangen. Den Laien blieben im Kloster Dienstleistungen wirtschaftlicher und handwerklicher Art vorbehalten.

22 AaO., 196,42f; vgl. Kol. 3,9.

23 Staupitz, Constitutiones (s. Anm. 1), 196,44f. »Der Herr ziehe dir den neuen Menschen an, der zum zweiten Mal durch Gott geschaffen ist in Gerechtigkeit und wahrer Heiligkeit.« Vgl. Eph. 4,24.

Zeiten den Brüdern die Versorgung mit Bekleidung zusteht«.[24] Es gibt ausdrücklich keine Zeitfestlegung für die Versorgung mit Bekleidung. Die Priore sind verantwortlich, sie je nach Bedarf bereitzustellen. Wenn aber ein Bruder in einen anderen Konvent geschickt wird und in diesem Jahr noch keine Neueinkleidung erhalten hat, erhält er eine neue Kappa, eine neue Tunika, eine gute Subtunica, ein neues und ein altes Hemd, Halbschuhe (caligae breves), eine Mütze (pileum) und einen Mantel (pallium), ein Brevier und die nötigen Dokumente. Das alles muss er zurückgeben. An anderer Stelle wurde festgelegt, dass bei Erhalt neuer Kleidung sofort die alte zurückzugeben ist.[25] Jeder Konvent, der einen Bruder zum Studium particulare schickt, hat diesem neben Büchern und jährlich zwei Goldgulden auch die Kleidung bereitzustellen.[26]

Eine wichtige Funktion hatte die Kleidung auch bei den Strafritualen. Die wegen Diebstahls oder dem Besitz persönlichen Eigentums zum Karzer Verurteilten sollen für die Zeit der Haft den »habitus professorum« ablegen, also nur ungeweihte Novizenkleidung tragen.[27] Ähnlich ist es bei der in Kapitel 46 der Konstitutionen beschriebenen Bestrafung von flüchtigen Mönchen (apostatae). Wenn der Flüchtige in weltlichen Kleidern aufgegriffen wird, soll er diese an der Tür des Kapitelsaals ablegen, um sich dann, mit einer den Oberkörper bis zum Gürtel (cingulum) freilassenden Tunika bekleidet, im Kapitelsaal vor dem Prior niederzuwerfen und seine Schuld zu bekennen und zur Strafe die verordneten Schläge zu erhalten. Wenn ein Bruder ein zweites Mal abtrünnig wird, soll sich die Strafe verdoppeln, beim dritten Mal verdreifachen, ergänzt durch die Festlegung, dass er ein Jahr lang nicht den »habitus professorum«, also ebenfalls nur ungeweihte Novizenkleidung tragen darf.[28] In den Kapiteln 47 bis 50 der Konstitutionen gibt es einen Strafenkatalog für geringe Sünden (levis culpa), schwere Sünden (gravis culpa), schwerere Sünden (gravior culpa) und schwerste Sünden

24 STAUPITZ, Constitutiones (s. Anm. 1), 220.
25 Vgl. aaO., 216,12f. Gemäß der Benediktinerregel sollten die zurückgegebenen Kleider den Armen gegeben werden, weshalb sie wohl nicht völlig verschlissen wurden – vgl. ZIMMERMANN, Ordensleben (s. Anm. 3), 106. Ob das auch für die Augustiner galt, lässt sich – zumindest aus den Constitutiones – nicht belegen.
26 Vgl. STAUPITZ, Constitutiones (s. Anm. 1), 264,23–25.
27 Vgl. aaO., 301,22f.
28 Vgl. aaO., 304,52–305,69.

(*gravissima culpa*).[29] Schwerere Schuld wird u. a. dadurch sanktioniert, dass der Schuldige nach der öffentlichen Beichte die Kukulle ablegen muss, bevor er Prügel nach Erwägen des Priors erhält.[30] Für die Zeit seiner Buße soll er sich ebenfalls des »habitus professorum« enthalten.[31] Schwerste Schuld, die zudem mit einer Verletzung des Gelübdes im Herzen einherging, wird mit Verstoßung aus dem Orden bei vorherigem Ablegen des Habits geahndet. Wenn sich der Delinquent vorher keine Verfehlung erlaubt hat und sich auch sonst »sani capitis et integri sensus« (gesunden Hauptes und integren Sinnes) gezeigt habe, müsse er für die Zeit seiner Buße den »habitus professionis« ablegen.[32]

Einige Kleidungsstücke, die Kukulle, die Schuhe und der Gürtel, wurden den verstorbenen Brüdern bei der Beerdigungszeremonie auf die Bahre gelegt.[33]

Die vordringliche Aufgabe von Klerikermönchen, die die Priesterweihe empfangen hatten, war das Lesen von Messen, vor allem im Kloster, aber auch außerhalb. Unmittelbar nachdem Luther die Priesterweihe empfangen hatte, hielt er, wohl am 3. April 1507, im Erfurter Dom seine erste Messe, die Primiz.

In aller Regel zog Luther, wie alle Mönche, zum Gottesdienst außerhalb des Klosters den prächtigen Priesterornat an, wie Luther selbst berichtete. Er schilderte, dass er als junger Mönch in einem Dorfe terminieren und Messe lesen musste. »Da ich mich nu angezogen hatte und für den Altar trat in meiner Kleidung und Schmuck«, habe der Küster angefangen Laute zu spielen.[34] Den Priesterornat hatte Luther folglich wohl auch an, wenn er seit etwa 1513 als Prädikant in der Wittenberger Stadtkirche predigte.[35] Eine singuläre Aussage Luthers lässt aber auch den Schluss zu, dass die

29 Vgl. aaO., 307–314; HOTZEL, Luther (s. Anm. 3), 18f.
30 Vgl. STAUPITZ, Constitutiones (s. Anm. 1), 311,13–15.
31 Vgl. aaO., 312,40–42.
32 Vgl. aaO., 313,9–11.
33 Vgl. aaO., 185,18f.
34 WAT 4; 15,3–5. Heute wird in Memmingen noch ein Messgewand gezeigt, das Luther bei einem Gottesdienst im Memminger Augustinerkloster im November 1511 auf der Durchreise nach Rom getragen haben soll – vgl. KUNZELMANN, Augustinereremiten (s. Anm. 11), 463.
35 Die erste überlieferte Predigt stammt vom 27. Dezember 1514 – vgl. WA 1; 37,20.

»Heiligkeit« der Mönchskappa es möglich machte, dass Mönche zu den Messen auch außerhalb des Klosters nicht den prächtigen Priesterornat der Weltpriester anziehen mussten, sondern den Gottesdienst im Mönchshabit halten konnten. Mit dieser Tatsache zumindest begründete er 1542 gegenüber Johannes von Anhalt und dem Brandenburgischen Bischof Matthäus das eigene Predigen im Mönchshabit und in der Folge die Verbreitung dieser Sitte bei evangelischen Predigern, die früher Mönche waren:

> [...] das ist darum geschehen [...] daß die Kappen so heilig waren, daß die Mönche also keines Chorrocks bedurften. Da ich nu an [ohne] Chorrock Predigte, wie ich im Kloster gewont hatte [gemeint wohl: war], folgen sie mir alle nach, da es etliche sahen, trugen sie keine Chorröcke, sahen aber nicht an die Vrsach warumb ich es thete. Also ist es abgekommen [...] Ich köndte es noch wol leiden, daß solche stück in der Kirchen gebraucht würden, wenn mir Mißbrauch daruon bleibet, vnd das vertrawen nicht drauff setzet, oder ein not zur Seligkeit das Gewissen damit zu verbinden, daraus machte.[36]

Diese Aussage bezieht sich im Wesentlichen wohl auf die Zeit nach 1521, als Luther selbst die Exklusivität des Mönchtums zurückgewiesen hatte und daher die Predigt außerhalb des Klosters gelegentlich auch in seinem alten Mönchsgewand hielt.

II Luthers Kutte

Die ersten Quellen, die sich auf Luthers eigene Kutte beziehen, stammen aus den Jahren 1516 bis 1519, also aus der unmittelbaren Zeit des Beginns der Reformation.[37] Interessant ist nun (neben der Beobachtung, dass sich schon die frühneuzeitliche Bürokratie durch Kompetenzwirrwarr und Ineffizienz auszeichnete) vor allem, dass diese Quellen keinen Vorgang innerhalb des Augustinerordens beleuchten, wie man aus dem bisher Dargelegten vermuten müsste, sondern indirekte Beziehungen zwischen dem Kurfürsten Friedrich dem Weisen und Martin Luther, seinem Wittenberger Theologieprofessor und Distriktsvikar der sächsisch-thüringischen Klöster.

36 Colloquia oder Tischreden [...] durch Johann Aurifaber [...], Frankfurt/M. 1568 (VD 16 L 6753), Bl. Hhhh 5ʳ. Die Stelle ist in WAT über das Wort- und Sachregister nicht verifizierbar, auch nicht über das »Sonderregister für Aurifaber«, da dessen Eislebener Ausgabe von 1566 nicht verfügbar war.
37 Für die Zusammenstellung der Quellen danke ich Herrn Prof. Dr. Wilhelm Ernst Winterhager, Marburg.

Das erste Dokument ist ein Brief Luthers aus Wittenberg an den kurfürstlichen Sekretär Spalatin vom 14. Dezember 1516.[38] Luther berichtet u. a., dass er in einem Brief den Beichtvater des Kurfürsten, den Franziskaner Jakob Vogt, gebeten habe, dem Kurfürsten seinen Dank zu übermitteln, »dass er mich so freigiebig gekleidet hat, und zwar mit besserem Tuche, als es sich vielleicht für eine Kutte geziemt, wenn es nicht des Fürsten Geschenk wäre«[39]. Offensichtlich aber kam dieser Dank zu früh, denn ein knappes Jahr später, im Spätsommer/Frühherbst 1517,[40] erinnert Luther den Kurfürsten in einem direkten Brief daran, dass ihm »vor dißem Jar« schon durch den Hofbeamten Bernhard von Hirschfeld »eynn new Cleyd zcu gebenn« versprochen worden sei. Luther bittet nun, sich dieser Zusage zu erinnern. Sollte erneut der Kämmerer Degenhart Pfeffinger dafür verantwortlich gemacht werden, so bitte Luther, »dass er eß mit der thatt vnnd nit mit fruntlicher zcusagung auß richte. Er kann fast [sehr] gute wort spinnen, wirt aber nit gut tuch darauß.«[41] Kurz darauf, am 11. November 1517, lässt Luther in einem Brief an Spalatin dem Kurfürsten Dank sagen für das erhaltene Tuch (pannum) und dankt insbesondere Spalatin für seine Mithilfe in dieser Sache.[42] Offensichtlich aber – zumindest muss man die Quellen so interpretieren – war auch dieser Dank verfrüht, denn Anfang März 1518 sah sich Luther veranlasst, in dieser Sache erneut bei Spalatin nachzuhaken.[43] Unter Bezug auf eine von diesem brieflich erhaltene Mitteilung, wonach ihm vom Kurfürsten ein Kleid (vestis) versprochen worden sei, erbittet Luther Nachricht darüber, wen der Kurfürst in dieser Sache beauftragt habe. Erst 1521 oder 1522 sollte Luther schließlich in den Genuss des kurfürstlichen Geschenks kommen.

---

38 Vgl. WAB 1; 76–80.
39 WAB 1; 78,10–12: »quod me liberaliter vestierit et panno quidem meliore, quam forte cucullo conveniat, nisi principis donum esset«.
40 So datiert W. E. Winterhager gegen O. Clemen in WAB, der auf ca. 6. November datiert. Laut mündlicher Information von Winterhager werden diese Erkenntnisse im Rahmen des seit 2009 laufenden Marburger Projekts »Frühe Lutherbriefe« veröffentlicht.
41 WAB 1; 119,4–120,9.
42 Vgl. WAB 1; 124,4f.
43 Vgl. WAB 1; 117–119. O. Clemen datierte den Brief in WAB auf Anfang November 1517. Wir folgen auch hier der Datierung WAT 5; 78,8f: »[...] cucullum D[octoris] Linckii mutuo sumebam, cum proficiscerer Augustam.« von W. E. Winterhager (s. Anm. 40).

Luther musste also mit seiner alten Kutte im Herbst 1518 auch zum Verhör durch Kardinal Cajetan nach Augsburg reisen. Wie Luther später in den Tischreden mitteilte, lieh ihm auf der Durchreise sein Freund Wenzeslaus Linck in Nürnberg am 5. Oktober 1518 eine Kukulle, wohl damit er bei seinem bevorstehenden Verhör vom 12. bis 14. Oktober in angemessener Kleidung auftreten konnte.⁴⁴ Übergangslos schildert Luther dann, dass er bei seiner Flucht aus Augsburg ohne Waffen, also seine »Hauswehr«⁴⁵, ohne Schuhe und Beinschienen, bekleidet nur mit der Kukulle, leinener Kleidung, einer Mütze und einem Mantel losgeritten sei: »ego sine armis, sine caligis, sine ocreis, indutus cucullo et lineo indusio, tectus pileo et pallio equitavi [...]«.⁴⁶ Ob sich die Aussage auf die von Linck geliehene Kukulle oder auf seine alte bezieht, bleibt offen.

Aber auch im Jahr darauf hatte Luther vom Kurfürsten weder Stoff noch Kutte erhalten. In einem Brief von Mitte Mai 1519 schrieb er dem Kurfürsten:

> Ich bitt auch, E. F. G. wolt mir [auf] diesen Leiptzschen [Leipziger] Jarmarcht kauffen, das ist ein weis vnd schwartz Cappen. Die schwartz Cappen ist mihr E. F. G. schuldig, die weiße erbitte ich demutig. Dan vor zwey oder drey Jaren mir E. F. G. eine zugesagt, die ist mir noch nicht worden, wiewol der Pfeffinger mir willig geredet. Vnd doch villeicht geschefft halben, oder, als man ym schuldt gibt, langsam ist gelt außzugeben, verzogen, das ich von not ein andere muste mir verschaffen, Und also benugt biß hieher E. F. G. zusage gesparet [damit mich zufrieden gebend von E. F. G. Zusage bisher keinen Gebrauch gemacht habe]. Auf diese notdurfft bitt ich nu noch demutig, so der Psalter [gemeint sind die *Operationes in psalmos*] ein schwartz Cappe verdienet, wolt E. F. G. den Apostel [gemeint ist der *Galaterbriefkommentar*] auch ein weiße Cappen vordienen laßen, Vnd bitt auch nit durch den Pfeffinger aber[mals] verlaßen werden etc.⁴⁷

---

44 Vgl. WAT 5; 78,8f: »[...] cucullum D[octoris] Linckii mutuo sumebam, cum proficiscerer Augustam.«

45 Luther besaß eine »Hauswehr«, die heute noch in der Rüstkammer der Staatlichen Kunstsammlungen Dresden erhalten ist. Diese war in seinem Fall schwertähnlich, also zweischneidig. – vgl. D. KROENER, Doktor Martin Luthers Hauswehr (in: Jahrbuch der Staatlichen Kunstsammlungen Dresden 14, 1982, 85–93). Häufig waren Hauswehren auch nur größere einschneidige Dolche. Sie waren Teil des »Harnisch«, den jeder Untertan zur Selbstverteidigung von Haus, Hof und Leben, aber auch, falls er dazu verpflichtet war, zur Heerfolge, also zum Kriegsdienst besitzen musste.

46 WAT 5; 78,12–14.

47 WAB 1; 386,10–387,20.

Luther hatte sich also mittlerweile selbst eine neue Kutte besorgt. Ob das die von Linck geliehene Kukulle oder eine andere⁴⁸ war, bleibt offen. Er bittet aber nichtsdestoweniger um die versprochene schwarze und zusätzlich um eine weiße. Wenigstens Tuch für ein neues Gewand hat Luther vom Kurfürsten erhalten, wie er später in den Tischreden berichtete. Wann das war, bleibt offen, wohl aber erst 1521/22. Auf diese Datierung deuten die im nächsten Abschnitt zu referierenden Aussagen in den Tischreden hin, genauso wie die Feststellung, dass es kaum wahrscheinlich ist, dass Luther sich vor dem Wartburgaufenthalt durch das Tragen eines vom Kurfürsten geschenkten Habits demonstrativ von seinem Orden distanziert hat. Es lag zu dieser Zeit weder in Luthers Intention, die Orden anzugreifen oder zu desavouieren, noch hätte eine solche Haltung den kurfürstlichen Interessen entsprochen. Es war Friedrich dem Weisen keinesfalls darum zu tun, in der »Luthersache« neues Öl ins Feuer zu gießen. So ist es auch völlig undenkbar, dass Luther auf dem Wormser Reichstag 1521 ein anderes Gewand als einen Augustiner-Habit getragen hat. Da Luther das vom Kurfürsten versprochene Tuch erst 1521 oder 1522 erhalten hat (s. Ausführungen zu Anm. 65), wird es sich um die 1519 selbst beschaffte Kutte gehandelt haben.

Eines macht der Briefwechsel aber unmissverständlich deutlich: Sowohl der Kurfürst als auch Luther selbst hielten es zu dieser Zeit schon für selbstverständlich, dass der Mönch seinen Ordenshabit vom Landesherrn erhält – und nicht vom Orden selbst! Auch in dieser kleinen Episode zeigt sich also das Bestreben Kurfürst Friedrichs des Weisen, seine Landesuniversität Wittenberg mit ›seinem‹ Theologieprofessor Luther in den Ausbau der Landesherrschaft zu integrieren.

Dann erfahren wir erst wieder etwas über Luthers Bekleidung für die Zeit während des und nach dem Wartburgaufenthalt. Das führt schon in die Zeit hinein, in der Luther die Kutte ablegte. Das war nämlich kein einmaliger Akt, sondern ein zeitlicher Prozess zwischen 1521 und 1525, der parallel lief mit der Wittenberger Bewegung 1521/22 und ihren Folgen.

Während Luthers Wartburgaufenthalt begannen seine Wittenberger Mitstreiter – von Luther durch Briefe und Druckschriften unterstützt – mit

---

48 Luther hatte Anfang 1519 von der Familie Hieronymus Ebners aus Nürnberg eine »Kasel« geschenkt bekommen. – Vgl. J. K. SEIDEMANN, Katharina von Bora 1523. 1524. Nürnberger und Wittenberger Persönlichkeiten (in: ZHTh, 1874, 544–574), 561, Anm. 25.

Reformen, zu denen auch der Austritt von Mönchen aus den Klöstern und schließlich die Auflösung letzterer gehörte.[49] Bereits Anfang November 1521 haben 13 Wittenberger Augustiner das Kloster verlassen; einer von ihnen wurde Tischler. Die antireformatorischen Kleriker des Wittenberger Allerheiligenstifts beklagten sich am 4. November beim Kurfürsten u.a. darüber, dass lutherische Augustiner zögernde Mitbrüder drängen würden, das Kloster zu verlassen, »wie ir dan pereit ethlich ausgetreten, die kleder vorandert [...]«.[50] Ein um den 6. Januar in Wittenberg tagender Konvent der deutschen Augustinerkongregation stellte den Mönchen ausdrücklich frei, das Kloster zu verlassen. Im zweiten Punkte wurde aber auch klargestellt, dass diejenigen, die im Kloster verbleiben wollen, nach eigener Entscheidung den Mönchshabit weiter tragen dürfen, bis sie selbst durch den Geist Christi so weit gelenkt würden, den Habit abzulegen.[51] Von einem Mönch wurde bekannt, dass er in der Stadt Schreiner wurde und geheiratet hatte. Ein anderer wurde städtischer Salzhändler. Spätestens jetzt wurde auch das Ablegen der Kutte in den Augen der Zeitgenossen zu einem sichtbaren Bekenntnis zu Luthers Lehre. Vor diese Frage sah sich auch Luther selbst gestellt.

Auf der Wartburg, auf der er bekanntlich als ›Junker Jörg‹ im Kostüm eines Adligen lebte,[52] setzte er sich intensiv mit dem Mönchstum und den

---

49 Zum folgenden vgl. St. OEHMIG, Die Wittenberger Bewegung 1521/22 und ihre Folgen im Lichte alter und neuer Fragestellungen (in: 700 Jahre Wittenberg. Stadt – Universität – Reformation, hg. v. DEMS., 1995, 97–130), 121–125; N. MÜLLER, Die Wittenberger Bewegung 1521 und 1522, ²1911, 58–66 Nr. 25; U. BUBENHEIMER, Luthers Stellung zum Aufruhr in Wittenberg 1520–1522 und die frühreformatorischen Wurzeln des landesherrlichen Kirchenregiments (ZSRG 102, 1986, 147–214), 162–164.

50 MÜLLER, Wittenberger Bewegung (s. Anm. 49), 59, Nr. 25.

51 AaO., 148, Nr. 67: »Quoniam ad hanc libertatem nec obstet, nec promovet habitus aut qualiscumque extrinsecitus facies, placet nobis hunc habitum tenere, donec aliud docuerit Spiritus Domini nostri, Jhesu Christi.« (Weil nun das Mönchsgewand oder andere äußerliche Dinge dieser – christlichen – Freiheit weder hinderlich noch förderlich sind, ist es uns erlaubt, das Mönchskleid zu tragen, bis der Geist unseres Herrn Jesu Christi etwas anderes gelehrt haben würde.)

52 Auch seinen Besuch inkognito in Wittenberg vom 4. bis 9. Dezember 1521 stattete er, wie Hans von der Planitz am 28. Januar 1522 berichtete, mit drei Pferden, im Harnisch, mit zugewachsener Tonsur, langem Bart und »die cappen von sich geworffen« ab. – SEIDEMANN, Katharina von Bora (s. Anm. 48), 562, Anm. 25.

Klostergelübden und damit seinem eigenen Status auseinander. Er hatte von den Wittenberger Klosteraustritten erfahren.[53] Er freute sich über diese Entwicklung, die er nun mit einer eigenen programmatischen Schrift fördern wollte, wie er Spalatin am 11. November 1521 ankündigte. Es handelte sich um *De votis monasticis iudicium*.[54] Am 21. November war das Manuskript fertig und am folgenden Tage sandte er es an Spalatin zur Drucklegung. In einem weiteren Brief an Spalatin vom 12. Dezember 1521 machte Luther klar, dass es ihm mit praktischen Reformen ernst ist:

> Obsecro, si veritas est, istum caelibatum et monasticen divinitus damnari, sicuti non est dubium, cur non liceat diversum tentare et sequi? An perpetuo de verbis Dei disputandum solum est, et opere semper abstinendum?[55]

Bald sollte Luther Gelegenheit finden, den Reformen seinen eigenen Stempel aufzudrücken.

Der Reformator war am 6. März 1522 von der Wartburg nach Wittenberg zurückgekehrt, wie Spalatin berichtet, »recepta ut corona ita veste monastica«[56] (ohne Tonsur und Mönchskleidung). Vom 9. März an hielt er eine Woche lang täglich seine berühmten *Fastenpredigten*, mit denen er die Bewegung wieder in gemäßigte Bahnen lenkte. Luther blieb bei seiner

---

53 Am 22. November 1521 schrieb er an Spalatin: »Vaga & incerta relatione didici deposuisse apud nostros quosdam cucullam [...].« (Ich habe aus einer unbestimmten und ungewissen Erzählung vernommen, es hätten etliche bei euch die Kutte abgelegt [...].) – WAB 2; 404,6f.

54 WA 8; 564–669. In diesem Zusammenhang sprach Luther oft davon, wie und warum er die Kappa angezogen habe und sie nun wieder ausziehen wolle. Diese Aussagen sind Legion; sie müssen hier jedoch außerhalb der Betrachtung bleiben, da es sich nur um metaphorische Umschreibungen für das Eintreten in den Orden bzw. sein Verlassen handelt. – Zum Problem Luther und das Mönchswesen grundsätzlich: B. LOHSE, Mönchtum und Reformation. Luthers Auseinandersetzung mit dem Mönchsideal des Mittelalters [FKDG 12, 1963, 356–370]; Reformation und Mönchtum. Aspekte eines Verhältnisses über Luther hinaus, hg. v. A. LEXUTT / V. MANTEY / V. ORTMANN, 2008.

55 WAB 2; 412,20–23: »Ich bitte Dich, wenn es die Wahrheit ist, dass der ehelose Stand und das Mönchswesen von Gott verdammt werden, wie es ohne Zweifel ist, warum sollte es nicht erlaubt sein, das Gegenteil zu tun und dem zu folgen? Soll etwa über das Wort Gottes fortwährend nur disputiert und der Tat sich immer enthalten werden?«

56 J.B. MENCKEN, Scriptores rerum Germanicarum, praecipue Saxonicarum, Bd. 2, 1728, 612.

grundsätzlichen Ablehnung lebenslanger Klostergelübde, bekannte aber in seiner dritten Predigt am 11. März, dass die Frage, ob ein Mensch im Kloster leben wolle oder nicht, zu den ›Adiaphora‹ (Mitteldingen) gehöre, von denen die Seligkeit nicht abhänge:

> Wer es on schaden thůn kan [gemeint ist: Wer weiter im Kloster leben wolle, ohne das für ein gutes ›seligmachendes‹ Werk zu halten], und zů liebe dem nechsten ein kappe tragen oder platten [Tonsur], die weyl dirs an deinem glaüben nit schadet: die kappe erwürget dich nicht, wan du sie schon trägest.[57]

Diese Position wird auch gestützt durch einen Brief Kaspar Güttels aus Wittenberg vom 8. Januar 1522, also etwa zwei Monate vor Luthers Rückkehr: »Es schreibt auch Doctor Martinus wie er ob Goth wol in dem cleide vnd standt gedenkt tzu sterben. Dan ye keinen frommen erbarn christenn die kappen mag hindern, auch keinen verdeckten Schalk oder verborgenen gleysner mag from machen.«[58] Diese Aussagen legen mithin die Annahme nahe, dass Luther selbst noch seinen Ordenshabit trug, um diese Haltung mit dem eigenen Beispiel zu untermauern.

Über Luthers Grundhaltung in den Invokavitpredigten, und also möglicherweise auch über sein Auftreten im Mönchshabit, hatten sich zudem einige Anhänger verunsichert gezeigt. Er musste sich von Freund und Feind den Vorwurf anhören, anders zu lehren als zu leben. Das beschrieb er in den Tischreden aus rückschauender Perspektive der Jahre 1539/40: Viele Anhänger hätten sich verunsichert gefühlt, weil er anderes lehre als tue.[59] Sein Anhänger Jakob Probst, der im August 1522 von Bremen nach Wittenberg zurückgekommen war, habe ihn noch am 29. März 1523 gefragt: »Si docemus, quare non facimus?«[60] (Wenn wir es lehren, warum tun wir es nicht?). Auch die Papisten hätten ihn verspottet, weil er im Gegensatz zu seiner Lehre Kappa, Zölibat, Fasten und Fastenzeiten weiter gelten ließ.

---

57 WA 10,3; 24,6–8.
58 Zitiert nach SEIDEMANN, Katharina von Bora (s. Anm. 48), 561, Anm. 25.
59 Vgl. WAT 4; 303,24–27. Luther hatte tatsächlich mit seinen Fastenpredigten einige seiner ›radikaleren‹ Anhänger in der Bürgerschaft verunsichert. Valten Bader war im März 1522 vom Rat bestraft worden, weil er gefordert hatte, Luther und Bürgermeister Beyer aus der Stadt zu jagen. – Vgl. OEHMIG, Wittenberger Bewegung (s. Anm. 49), 125.
60 WAT 4; 303,27.

Luther hat, wie er später selbst bekannte, nach seiner Rückkehr nach Wittenberg über eine längere Zeit abwechselnd beides getragen: das alte Mönchsgewand und weltliche Kleidung: »Ego semel deposui cappam, ut indicarem libertatem eius vestis, postea indui iterum«.[61] Hieronymus Schurff, als kurfürstlicher Rechtsberater Luthers Rechtsbeistand in Worms, habe ihm Tuch bzw. »oftmals« Geld zu einem Tuch angeboten, da seine alte Kutte so zerschlissen war, »das ich sie muste lassen flicken«.[62] Im gleichen Atemzug erzählt Luther, dass er nun aber, zwar widerstrebend, aber immer wieder durch Mahnungen seines Vaters getrieben, die Kutte abgelegt habe.[63] In einer anderen Fassung der Tischreden fügte Luther an, seine alte Kutte sei »gar beschaben, kal vnd geflickt«[64] gewesen. Endlich habe er das vom Kurfürsten seit langem versprochene Tuch erhalten:

> Elector Fridericus libello de votis excitatus misit mihi optimum pannum hac conditione, ich solde mir einen rock oder kappen daraus machen, et subridens dixisse fertur: Wie, wan er ihme eine Hispaniolische kappe ließe machen?[65]

Wann Luther das Tuch erhalten hat, ob möglicherweise noch auf der Wartburg, oder aber erst in Wittenberg, ist nicht sicher. Luther hat das Manuskript von *De votis monasticis* am 22. November 1521 an Spalatin geschickt. Der hat – höchstwahrscheinlich in Absprache mit dem Kurfürsten – die Veröffentlichung verzögert. Die Schrift erschien erst kurz vor dem 25. Februar 1522 im Druck. Ob der Kurfürst – vermittelt durch Spalatin – bereits das Manuskript kannte oder erst das Druckexemplar gelesen hat, ist unbekannt. Folglich lässt sich auch die Überreichung des Tuchgeschenks

---

61 WAT 4; 624,14f. »Ich habe einmal die Kappa abgelegt, um die Freiheit von diesem Kleidungsstück zu dokumentieren, später habe ich sie erneut angezogen«.

62 WAT 4; 303,22–24; vgl. auch WAT 5; 657,20f.

63 Vgl. WAT 4; 303,10–18.

64 WAT 4; 303, Anm. 6.

65 WAT 4; 303,19–22. »Kurfürst Friedrich schickte mir, angeregt durch das Buch *De votis monasticis*, bestes Tuch [in einer anderen Fassung: ›schwarzen sammeth‹], mit der Maßgabe, ich sollte mir einen Rock oder Kappa daraus machen; und lächelnd fuhr er [der Kurfürst, an Spalatin gewandt] fort: ›Wie, wenn er sich eine spanische Kappa ließe machen?‹« Vgl. auch WAT 4; 624,15–18. »Spanische Kappa« (d.h. Spanische Tracht) war eine neue, durch Karl V. im Reich eingeführte Mode, also ein eindeutig weltliches Gewand.

an Luther nicht exakt datieren. Er dürfte es aber sicher nicht schon auf der Wartburg, sondern erst in Wittenberg erhalten haben. Luther vermerkt, dass er aus dem Tuch einen Rock habe fertigen lassen und fügt an:

> Et tandem anno 1523. deposui habitum in gloriam Dei et confusionem Sathanae multis mihi arridentibus pro libertate, dan hette ich nicht selbst die kappe abgelegt, fleisch gessen ein weib genomen, omnes papistae cavillati fuissent meam doctrinam non esse veram, quia aliter fecissem, quam docuissem. Also konde ich des heilosen kleids nirgend mit fugen[66] loß werden; kam mich sawer an, non propter meam conscientiam, sed aliorum, quibus inservire studui.[67]

Neben dem Kurfürsten machte sich aber auch der Wittenberger Rat anheischig, für die Kleidung seines Predigers zu sorgen. Die Kämmereirechnung des Wittenberger Rats für 1522 weist unter »Ausgaben für des Rats Geschenke« aus: »2 Schock [Gr.] 37 Gr. 6 Pf. Doctori Martino voehrt, do er aus dem gefeknis kham, an 8 elen drey virtell zu einer kappen, die ele für 18 Groschen bei Hans Modden genohmen und Mathes Globig«.[68] Die Eintragung selbst ist undatiert. Aus ihr lässt sich aber schließen, dass es sich bei der »Kappe« um das Ankunftsgeschenk des Wittenberger Rats bei Luthers Rückkehr von der Wartburg am 6. März handelte. Die nächsten Eintragungen sind datiert: 15. Mai, 17. Juni und 9. August. Das deutet auf eine chronologische Eintragung hin und würde die These unterstreichen. Die »Kappe« – zunächst vorfinanziert von Hans Modden und Mathes Globig – kostete den Rat also etwa 2,6 Schock Gr. Das war mit Abstand der größte Einzelposten unter »Ratsgeschenke«, der sich auf insgesamt 9

---

66 Vgl. A. GÖTZE, Frühneuhochdeutsches Glossar, 71967, 91: »Schicklichkeit, Gelegenheit, Recht«; hier im Sinne von ›Zustimmung‹.

67 WAT 4; 303,29–304,6. »Und endlich habe ich 1523 das Mönchskleid niedergelegt zum Ruhme Gottes, zur Schande des Satans und zur Freude Vieler wegen der Freiheit; denn hätte ich nicht selbst die Kappa abgelegt, Fleisch gegessen, ein Weib genommen, dann hätten die Papisten gestichelt, meine Lehre sei nicht wahr, weil ich anderes tun als lehren würde. Also konnte ich des heillosen Kleids nirgends mit Zustimmung los werden; kam mich sauer an, nicht wegen meines Gewissens, sondern dem Anderer, für die ich bemüht war, dienstbar zu sein.«

68 Städtische Sammlungen Wittenberg, Ratsarchiv: Kämmereirechnung 1522, Bl. 143ᵛ; s. K.E. FÖRSTEMANN, Mittheilungen aus den Wittenberger Kämmerei-Rechnungen in der ersten Hälfte des sechzehnten Jahrhunderts (NMHAF 3, 1837, 103–119), 111. Vgl. G. BUCHWALD, Luther-Kalendarium, 1929, 23.

Schock Gr. 45 Gr. 2 Pf. belief.[69] Mit diesem repräsentativen Geschenk unterstrich der Rat die Wertschätzung für ›seinen‹ Prediger. Der Rat war einer der entscheidenden Akteure in der Wittenberger Bewegung 1521/22 und betonte mit seinem Geschenk auch die große Übereinstimmung mit dem reformatorischen Anliegen. In dem am 9. Februar 1522 neu inthronisierten »sitzenden Rat« war die lutherische Partei stärker vertreten, u. a. durch die Wahl Christian Beyers, Christian Dörings und Lucas Cranachs d. Ä.[70] Sie waren persönliche Freunde des Reformators.

In der Folgezeit trug Luther, auch zu den Predigten, offensichtlich wahlweise sowohl seinen Mönchshabit als auch weltliche Kleidung. 1523 besuchte der Pole Johannes Dantiscus, später altgläubiger Bischof von Culm und von Ermland, Luther in Wittenberg auf der Rückreise von Spanien in seine Heimat. Er berichtet, dass der Reformator in seiner Wohnung anstelle des Mönchshabits ein Kleid trage, das von dem eines Hofbeamten nicht zu unterscheiden gewesen sei.[71] Ob es sich dabei um das Geschenk des Kurfürsten oder das des Rates handelte, bleibt offen.

Die ersten ausdrücklichen Belege, dass Luther auch in der Stadtkirche nicht mehr im Mönchshabit oder Priesterornat predigte, finden sich für Oktober 1524.[72] Am 9. Oktober predigte er in weltlicher Kleidung. Spalatin berichtet, dass Luther »cucullam monasticam, quem per septennium a coepta reformatione gestaverat, [...] hoc anno d. 9. Octobr. Dominica xx. post festum Trinitatis deposuit«.[73] Johann Apel schreibt dazu in einem Brief vom 13. Oktober 1524: »Lutherum aliquoties concionatum esse absque cucullo;

69 Vgl. Städtische Sammlungen Wittenberg, Ratsarchiv (s. Anm. 68), 144ᵛ. Die Gesamtsumme aller Ausgaben belief sich auf 1190 Schock Gr. 40 Gr. 1 Pf.
70 Vgl. Oehmig, Wittenberger Bewegung (s. Anm. 49), 125; Bubenheimer, Luthers Stellung (s. Anm. 49), 176–178.
71 Vgl. F. Hipler, Nikolaus Kopernikus und Martin Luther. Nach ermländischen Archivalien, 1868, 73.
72 Vgl. J. Köstlin / G. Kawerau, Martin Luther. Sein Leben und seine Schriften, Bd. 1, ⁵1903, 561.
73 Christian Schlegel, Historia vitae Georgii Spalatini, theologi, politici [...], 1693, 69. »Die Mönchskukulle, die er sieben Jahre lang vom Beginn der Reformation getragen hat, [...] in diesem Jahre am Sonntag dem 9. Oktober, 20 Wochen nach Trinitatis [1524: 22 Mai] abgelegt hat«.

postridie visum in foro eodem indutum.«[74] Am Sonntag, St. Galli (16. Oktober) 1524, predigte er am Vormittag noch einmal im Habit und am Nachmittag wieder in weltlicher Kleidung. Spalatin schreibt an diesem Tage aus Wittenberg: »Lutherus iterum cucullatus prodiit in concionem, sed peracto prandio excussa cuculla indutus tunica rediit in concionem«.[75] An anderer Stelle bestätigte Spalatin das:

> Doct. Martinus Dom[inica] post Francisci sine cuculla Vuittenbergae praedicavit. Domini Galli ante prandium rursus in concionem cucullatus prodiit, post prandium vero sine cuculla concionatus.[76]

Hintergrund dieser Bemerkungen war wohl die Tatsache, dass sich der Wittenberger Rat erneut auf den Plan gerufen fühlte und Luther ein weiteres Geschenk gemacht hatte. In der Wittenberger Kämmereirechnung von 1524 ist folgender Eintrag zu lesen:

> 11 Gr. 8 Pf. vor 5 elen parchent Doctori Martino vorehret
> 1 Gr 4 Pf. vor 2 dinne senckel [?]
> 1 Gr. 6 Pf. vor 1 lot seyden, Andreas Eberhart betzalt, Sonnabenth Elisabeth [19. November]
> 14 Gr Cuntz krugk von 1 rock, hosen vnd wammes doctori Martino zu machen eodem die [also auch 19. November]

---

74 SEIDEMANN, Katharina von Bora (s. Anm. 48), 561. »Luther predigte einige Male ohne Kukulle; am Tage darauf wurde er auf dem Marktplatz genauso gekleidet gesehen.«
75 SCHLEGEL, Historia (s. Anm. 73), 211f. »Luther trat wiederum mit der Kukulle bekleidet bei der Predigt auf, aber schließlich warf er die Kukulle beim Frühstück ab und kehrte, angekleidet mit einer Tunika, zur Predigt zurück.«
76 MENCKEN, Scriptores (s. Anm. 56), 637. »Doktor Martinus hat am Sonntag nach Francisci [9. Oktober] ohne Kukulle in Wittenberg gepredigt. Am 16. Oktober vor dem Frühstück trat er wieder in der Kukulle bei der Predigt auf. Nach dem Frühstück aber predigte er ohne Kukulle.« Wenige Zeilen danach beschreibt Spalatin ohne genaue Datierung wohl den gleichen Vorgang in allgemeinerem Zusammenhang, wobei er die Reihenfolge genau umgekehrt schildert: »Mense Octobri Apostolus adflictae Germaniae Doct. Mart. Lutherus exuit cucullam, tanto judicio, ut uno die dominico ante prandium extra cucullam, post prandium iterum cucullatus evangelizarit.« (AaO., 638).

3 Schock [Gr.] 20 Gr. vor 10 elen schwartz purpurianisch[77] tuch hat der Rath doctori Martino Luther zum rock geschanckt, vnd hieronymo krappen betzahlth.[78]

Es ist anzunehmen, dass sich alle diese Einträge auf Luther beziehen, obwohl die Ausgaben für »dünne Senkel« und die Seide nicht ausdrücklich den Namen des Empfängers Luther tragen. Denn vor und nach letzteren Einträgen wird Luther ausdrücklich genannt. Nicht sicher ist auch die Datierung. Das zweimal genannte Datum 19. November sagt nur aus, dass das Geld für einige der Geschenke, die Seide, Rock, Hose und Wams, an zwei Wittenberger Bürger, Andreas Eberhard und Kunz Krug, »bezahlt« worden sei. Sie hatten das Geld also wohl vorher ausgelegt. Der letzte Eintrag vor diesem Block trägt das Datum Dienstag nach Lamberti (19. September). Es ist also durchaus möglich, dass Luther diese Bekleidung bereits Anfang Oktober erhalten und folglich in ihr am 9. Oktober erstmals gepredigt haben könnte. Dann wäre auch die Vermutung zumindest fraglich, dass die weltliche Kleidung, die Luther zu dieser Predigt getragen hat, diejenige sei, die er vom Kurfürsten erhalten habe.[79] Jedenfalls belief sich diese Einkleidung des Reformators durch den Wittenberger Rat auf die beachtliche Summe von 2,8 Schock Gr., zumindest gemessen an der Gesamtsumme für »Ratsgeschenke« in Höhe von 16 Schock Gr., 29 Gr., 4 Pf.

Wenn Luther also bis zum Herbst 1524 gelegentlich noch seinen alten zerschlissenen Mönchshabit getragen hat – immerhin hatte er vorher bereits

---

77 Der Terminus »purpurianisch« steht auch in der Kämmereirechnung von 1526 (s. unten Anm. 83). Das Wort findet sich zwar in J. GRIMM / W. GRIMM, Deutsches Wörterbuch Bd. 13, 1889, 2266 und in L. DIEFENBACH / E. WÜLCKER, Hoch- und niederdeutsches Wörterbuch, 1885, 808, jedoch ohne Erläuterung. Weiterführend dürfte sein: A. SLEUMER, Kirchenlateinisches Wörterbuch, 1926, 627: »purpuratus: höherer Hofbeamter; purpureus: u.a.: glänzend, schimmernd«. ›Purpurianisch‹ könnte also im Sinne von ›vornehm‹ gedeutet werden. Das würde auch mit der Äußerung von Danticus übereinstimmen, dass Luthers Bekleidung der eines Hofbeamten geglichen habe. Jedoch gibt es in der Literatur auch die Deutung: »Tuch aus Perpignan« (vgl. W. SCHÖSSLER, Regesten der Urkunden und Aufzeichnungen im Domstift Brandenburg, Teilbd. 2, 2007, 385.592). [K. H. TH.] SCHILD, Denkwürdigkeiten Wittenbergs. Ein Führer durch die Lutherstadt, ³1892, 27, liest fälschlich »puritanisch«.

78 Städtische Sammlungen Wittenberg, Ratsarchiv. Kämmereirechnung 1524, Bl. 143ʳ; s. SCHILD, Denkwürdigkeiten (s. Anm. 77).

79 Vgl. dazu KÖSTLIN / KAWERAU, Luther (s. Anm. 72), 562; SCHILD, Denkwürdigkeiten (s. Anm. 77), 24.

eine Kutte vom Wittenberger Rat und Tuch für einen »Rock« vom Kurfürsten erhalten –, so hat er ihn nun sicher endgültig abgelegt. Der Wittenberger Rat fühlte sich nämlich auch bezüglich der Bekleidung seines Predigers weiter in der Pflicht. Schon in der – seit 1945 vermissten – Kämmereirechnung von 1525 hat sich der Eintrag gefunden: »2 Schock Gr. 20 Gr. Erhart kurschner geben, hat Doctorj Martino Eyn rogk mit schwartzen zschmasschen [Lammfelle][80] gefuttert.«[81]

Bereits im Folgejahr 1526 findet sich in der Wittenberger Kämmereirechnung ein weiterer Eintrag:

> 4 Schock [Gr.] 2 Gr. Ambrosio Reuter vor 11 Elen purpurianisch[82] tuch, hat der Rath doctor Martino zcum rogke geschanckt
> 10 Gr. Cuntzen krug denselben rogk zu machen, vnd vor 2 elen leynwandt
> [...]
> 4 Gr. 6 Pf. Andresen Eberhardt geben von 1 ½ Elen schwarzer Leywandt (sic!), ist Vuther doctor Martines rogke obgemelt komen[83]

Nun hatte Luther einen weiteren gefütterten Rock. Zwischen 1522 und 1526 hatte Luther also vier Gewänder vom Rat und dazu noch eines vom Kurfürsten erhalten. Er war also auch hinsichtlich seiner Kleidung »standesgemäß« ausgerüstet und zeigte sich seinen Mitmenschen als das, was er seinem eigenen Verständnis nach schon einige Zeit war: als kurfürstlicher Universitätsprofessor und städtischer evangelischer Prediger. Den Mönchsstand hatte er auch äußerlich hinter sich gelassen.

III Die »Luther-Kutte« im Wittenberger Lutherhaus

Wenn wir uns nun der Frage zuwenden, ob und wie sich die im Wittenberger Lutherhaus zu sehende »Luther-Kutte« in die Zusammenhänge um Luthers Mönchskleidung und ihre Ablegung einordnen lässt, muss a priori die Feststellung getroffen werden, dass wir zu der »Kutte« nur einige punk-

---

80 Die Felle halberwachsener, noch saugender Schafe werden Schmaschen oder Zmaschen genannt, im Unterschied zu den ›Schaffelle‹ genannten erwachsener Tiere. Vgl. Meyers Großes Konversations-Lexikon, Bd. 12, 1908, 81.
81 FÖRSTEMANN, Mittheilungen (s. Anm. 68), 113.
82 S. oben Anm. 77.
83 Städtische Sammlungen Wittenberg, Ratsarchiv. Kämmereirechnung 1526, 173ᵛ; s. FÖRSTEMANN, Mittheilungen (s. Anm. 68), 113 f.

tuelle Nachrichten haben, die ihrerseits wiederum zum Teil der Primärquellen ermangeln. Es gibt also noch zu viele Desiderate, um solide Aussagen treffen zu können.

Es handelt sich um ein dunkelbraunes Gewand aus Wolle. Dazu gehört eine dunkelbraune Mütze und ein zylinderförmiger Behälter dafür. Der Restaurierungsbericht von Margit Reiter von 1982 führt weiter aus:

> Bei der Kutte »handelt es sich um einen gewöhnlichen Alltagsmantel in handwerklich grober Ausführung. Kapuze und Ledergürtel fehlen. Der weite ungefütterte Mantel besteht aus sieben Stoffbahnen und ist am Stehkragen durch Haken und Ösen zu schließen. Je eine Öse befindet sich an den Schulternähten zur Befestigung der Kapuze [...]. Das Gewand ist sehr abgetragen mit einigen Ausbesserungsnähten und einem untergesetzten Flicken im Rückenteil aus der Zeit seiner Benutzung. Die beiderseitig gewalkte Oberfläche des Gewebes ist total abgenutzt [...]. Das Gewebe ist äußerst morsch und brüchig [...]. Starke Verschmutzung hat zu großen Verschleißerscheinungen geführt. In der Farbe enthaltene Beigaben haben das Material im Lauf der Zeit angegriffen [...]. Größte Verschleißerscheinungen, Ausbleichungen und Verfärbungen weist das Gewebe im Faltenverlauf auf [...]. Das ursprüngliche Braunschwarz des Stoffes zeigt Verfärbungen in mehreren Schattierungen.«[84]

Am Gewand befand sich außerdem eine alte Inventarmarke aus Pergament mit der Inventarnummer 18.[85]

Sowohl aus dem Schnitt als auch aus der Farbe lässt sich zunächst folgern, dass es sich wohl kaum um eine Augustinerkutte handeln kann. Augustinerkutten waren schwarz und ohne Knopfleiste vorn, sondern in der Regel über den Kopf zu streifen. Gemäß schriftlicher Informationen von TextilrestauratorInnen ist auch nicht anzunehmen, dass ein ursprünglich schwarzer Farbstoff im Laufe der Jahrhunderte zu einem »braunschwarz« ausgeblichen ist.[86] Man kannte und verwendete lichtbeständige schwarze Farbstoffe, so dass auch die Vermutung gegenstandslos ist, man habe in Ermangelung echter schwarzer Farbstoffe dunkelbraune verwendet und diese nur »schwarz« genannt.

---

84 Archiv der Stiftung Luthergedenkstätten in Sachsen-Anhalt, Lutherhaus Wittenberg: M. REITER, Restaurierungsbericht über eine Augustiner-Mönchskutte und eine nicht dazugehörende Mütze aus der Staatlichen Lutherhalle Wittenberg, 1982 (MS), Vf.
85 Vgl. aaO., III. Die Inventarmarke wurde in den Restaurierungsbericht eingeheftet.
86 Der Restaurierungsbericht nennt den verwendeten Farbstoff nicht. Der müsste in einer zukünftig vorzunehmenden erneuten Untersuchung ermittelt werden.

Auch die Provenienz der »Kutte« lässt sich derzeit nur bruchstückhaft nachweisen. Der früheste bekannte Hinweis findet sich im Weimarer *Repertorium über das großherzogliche Kunstcabinet*, aufgestellt 1818 von Christian August Vulpius, der seit 1800 Sekretär der herzoglichen Bibliothek und seit 1803 ihr Leiter war. Zu der Bibliothek gehörten damals auch noch die Kunstwerke und Gegenstände. In dem Repertorium steht unter der Rubrik »Kleidungsstücke«: »Eine schwarze Mönchskutte, Kapuze und Beutel«.[87] Sie wurde also – zumindest von Vulpius – noch nicht mit Luther in Verbindung gebracht.[88] Sie war offensichtlich Bestandteil des »Kunstcabinets«, das in drei Räumen des Bibliotheksgebäudes untergebracht war und auch von Besuchern besichtigt werden konnte. Die »Kutte« blieb wohl auch Bestandteil der Bibliothek, nachdem die eigentlichen Kunstwerke seit 1809 auf Initiative Goethes und Johann Heinrich Meyers separiert und dem neugegründeten Kunstmuseum einverleibt wurden.[89] Allerdings wird die »Kutte« in einer Beschreibung der Bibliothek von 1847 mit keinem Wort erwähnt, im Unterschied zu den für wichtig gehaltenen historischen Kleidungsstücken wie Goethes Hofrock, den Stiefeln des Kurfürsten Johann Friedrich oder dem Wams, das Herzog Wilhelm in der Schlacht gegen den Feldherrn Tilly trug.[90] Entweder befand sich die Kutte zu diesem Zeitpunkt nicht mehr in der Bibliothek, oder sie wurde noch nicht als Kutte Luthers angesehen und daher nicht aufgeführt. Wahrscheinlich ist wohl letzteres, denn 1939 war sie laut Heinrich Böhmer noch in der Bibliothek zu besichtigen: »Dagegen verdient die jetzt in der Weimarer Landesbibliothek neben Goethes himmelblauseidenem Schlafrock hängende sogenannte letzte

---

87 Klassik Stiftung Weimar, Herzogin Anna Amalia Bibliothek. Loc A: 58 (Mikrofiche M 2500), 47. Für diesen Hinweis danke ich Frau Dr. Bettina Werche, Weimar.

88 Nicht entschieden ist damit die Frage, ob es nicht doch eine ältere Weimarer Tradition gab, die Luther mit dieser »Kutte« in Verbindung brachte. Unter diesem Aspekt sollte die Möglichkeit nicht aus dem Auge gelassen werden, dass sie bereits 1547 nach dem Schmalkaldischen Krieg als »Luthers Kutte« zusammen mit der kurfürstlichen Bibliothek und dem kurfürstlichen Archiv nach Weimar gekommen ist.

89 Vgl. R. BOTHE, Das Kunstmuseum »vor dem Frauenthore«. Der Beginn der Kunstsammlungen zu Weimar (in: Goethes »Bildergalerie«. Die Anfänge der Kunstsammlungen zu Weimar, hg. v. R. BOTHE / U. HAUSSMANN, 2002, 11–46), 14f.22.

90 Vgl. A. SCHÖLL, Weimar's Merkwürdigkeiten einst und jetzt. Ein Führer für Fremde und Einheimische, 1847, 177.

Kutte des Reformators kein Vertrauen.«[91] Woher Böhmer die Fama kannte, dass es sich um Luthers letzte Kutte handele, bleibt vorerst offen. Genauso offen bleibt die in der Literatur ohne Quellenangabe behauptete Verbindung dieser Kutte mit der Sammeltätigkeit Maria Pawlownas, der Großherzogin von Sachsen-Weimar-Eisenach.[92] Die Durchsicht der Rechnungen der Privatschatulle Maria Pawlownas für die Jahre 1805 bis 1818, also die Zeit vor der ersten Erwähnung der »Kutte«, ergab jedenfalls keinen Hinweis auf einen Erwerb dieser Kutte durch die Großherzogin.[93]

Wohl erst nach 1945 gelangte die »Kutte« in das Goethe-Nationalmuseum. Dessen Direktor Dieter Eckardt teilte dem Wittenberger Lutherhaus am 29. November 1979 mit:

> Im Rahmen der Profilierung, wobei wir Kunstwerke und andere gegenständliche Stücke von der Bibliothek übernommen haben, ist auch die von Ihnen genannte Kutte in unseren Besitz gekommen. Ob es sich jedoch um die Kutte Luthers handelt, ist zweifelhaft. Im Inventar der ehemals Großherzoglichen Bibliothek aus dem 19. Jahrhundert ist ver-

91 H. BOEHMER, Der junge Luther, 1939, 355. Der erwähnte Schlafrock Goethes soll nach Heiner Müller in den frühen 1950er Jahren quasi im Rahmen eines kommunistischen Autodafés verbrannt worden sein (vgl. H. MÜLLER, Krieg ohne Schlacht. Leben in zwei Diktaturen, 1992, 104). Weder in der Literatur noch durch Befragungen konnte das verifiziert werden. Es handelt sich wohl um eine Legende.

92 Die Kutte wurde 2004 in der Weimarer Ausstellung »›Ihre Kaiserliche Hoheit‹. Maria Pawlowna – Zarentochter am Weimarer Hof« gezeigt – vgl. »Ihre Kaiserliche Hoheit«. Maria Pawlowna – Zarentochter am Weimarer Hof. Katalog und CD-R zur Ausstellung im Weimarer Schlossmuseum, hg. v. der Stiftung Weimarer Klassik und Kunstsammlungen, 2004, 195 (Abb. 221).239 (Nr. 25.7). Im Katalog zur Ausstellung schrieb Hartmut Reck: »Neben Goethes Hofrock und persönlichen Gegenständen von Herder, Schiller und Wieland erwarb Maria Pawlowna beispielsweise eine Augustinereremiten-Kutte, von der sie annahm, es sei Luthers letzte Kutte gewesen, was heute nicht mehr haltbar ist.« (AaO., 195 ohne Quelle. Auch die angegebene Literatur bezieht sich nicht auf die Kutte. Auch auf Nachfrage hat der Autor keine Quellen benannt).

93 Vgl. Thüringisches Hauptstaatsarchiv Weimar, Großherzogliches Hausarchiv. A XXV/ Rechnungen: Privatschatulle 1805–1818. Es müsste weiterhin der gesamte im Thüringischen Hauptstaatsarchiv befindliche umfangreiche schriftliche Nachlass Maria Pawlownas zu Rate gezogen werden, ebenso die etwa 300 Briefe von ihr im Weimarer Goethe-Schiller-Archiv. Die bereits edierten Tagebücher gehen nur bis September 1813 und erwähnen die Kutte nicht; vgl. Maria Pavlovna. Die frühen Tagebücher der Erbherzogin von Sachsen-Weimar-Eisenach, hg. v. K. DMITRIEVA / V. KLEIN, 2000.

zeichnet: »Ein schwarzwollenes Mönchsgewand mit Kapuze und Kragen.« Der Kragen fehlt derzeit [...].[94]

Ob Eckardt das erwähnte Inventar von Vulpius oder ein anderes meinte, bleibt unsicher. Die »Kutte« wurde vom Goethe-Nationalmuseum 1982 an das Lutherhaus Wittenberg abgegeben und ist dort seit 1983 in der Hauptausstellung zu besichtigen.

Wenn man nun alle Informationen zusammenfasst, lässt sich folgendes vage schlussfolgern: Um eine Augustinerkutte handelt es sich mit ziemlicher Sicherheit nicht, allein deshalb, weil diese schwarz waren. Wenigstens in Teilen ebenfalls schwarz waren sowohl das Gewand, das Luther um 1522 vom Kurfürsten (»bestes Tuch« bzw. »schwarzer Samt«) erhalten hatte, als auch die 1524, 1525 und 1526 vom Wittenberger Rat empfangenen Gewänder. Die von 1524 und 1526, beide wenigstens in Teilen schwarz und aus »purpurianisch tuch«, und die von 1525 »mit schwarzen Lammfellen« waren sicher bereits vornehme schwarze Schauben. Nur von dem Geschenk des Rats von 1522 haben wir keinerlei Informationen über die Farbe. Allein bei diesem könnte es sich also um die dunkelbraune »Luther-Kutte« aus Weimar handeln.

Jedoch lässt sich nach derzeitigem Wissensstand vermuten, dass das überlieferte Kleidungsstück mit dem historischen Luther gar nichts zu tun hat. Aber selbst dann wird es auf ewige Zeiten mit seinem Namen in Verbindung bleiben, denn es wäre ja dann zumindest Teil der Lutherlegende, also Teil der Wirkungsgeschichte des Reformators geworden.

94 Archiv der Stiftung Luthergedenkstätten Sachsen-Anhalt (s. Anm. 84): Brief von Dieter Eckardt an das Wittenberger Lutherhaus vom 29.11.1979.

»...das sie Christen und Christus eyn herr bleyben sollen«

Fürsten- und Untertanenperspektive in Luthers Obrigkeitsschrift und Erasmus' *Querela Pacis*

Von Patrick Bahl

Die Forschung hat Luthers Obrigkeitsschrift häufig aus der Perspektive der Untertanen gelesen: Es gehe – ganz im Sinne des Titels der Schrift – um den »Gehorsam« der Untertanen gegenüber der von Gott eingesetzten Obrigkeit und dessen Grenzen, womit das konzeptionelle, staatsethische und politische Anliegen der Obrigkeitsschrift und damit auch ihre zeitlose, dogmatische Bedeutung unterstrichen wird, während die Widmung und der dritte Teil der Schrift, der Fürstenspiegel, weitestgehend außer Acht gelassen werden.[1] Der untertanenzentrierte Interpretationsansatz wird nicht zu-

---

[1] Die Forschungsliteratur zu Luthers Obrigkeitsschrift ist schier unerschöpflich. Vgl. zur Entstehung und Entwicklung der Lehre von den beiden Reichen nach wie vor U. DUCHROW / H. HOFFMANN (Hg.), Die Vorstellung von Zwei Reichen und Regimenten bis Luther (TKTG 17), 1972; vgl. zur systematisch-theologischen Tragweite der Unterscheidung die Bibliographie bei O. H. PESCH, Hinführung zu Luther, 2004, 257f, Anm. 3. Vgl. zur fürsten- und untertanenzentrierten Auslegung der Obrigkeitsschrift im Einzelnen vor allem M. BRECHT, Martin Luther, Bd. 2: Ordnung und Abgrenzung der Reformation 1521–1532, 1986, 118–122, der die Schrift konsequent auf ihre Relevanz für die Untertanen zuspitzt; S. ANDERSEN, Macht aus Liebe. Zur Rekonstruktion einer lutherischen politischen Ethik (TBT 149), 2010, der hervorhebt, dass es in der Obrigkeitsschrift vor allem um die Vereinbarkeit von fürstlicher Macht und christlichem Glauben geht (vgl. aaO., 12); V. MANTEY, Zwei Schwerter – Zwei Reiche. Martin Luthers Zwei-Reiche-Lehre vor ihrem spätmittelalterlichen Hintergrund (SuR.NR 26), 2005, insb. 245–259, der die Obrigkeitsschrift vor allem als eine Auseinandersetzung Luthers mit Johann Schwarzenbergs *De Gladio* liest und sowohl die fürsten- als auch die untertanenzentrierte Interpretation berücksichtigen möchte; R. SCHWARZ, Martin Luther. Lehrer der christlichen Religion, 2015, 162–173, der die Obrigkeitsschrift auf den Konflikt um die Konfiszierung der Wittenberger Neuen Testamente zuspitzt und meint: »Luther wendet sich nun sei-

letzt dadurch gestützt, dass Luther in seinen Bauernkriegsschriften explizit auf die Obrigkeitsschrift verweist und sie auf die Untertanen zuspitzt, etwa in der *Ermahnung zum Frieden* oder dem *Sendbrief vom harten Büchlein wider die Bauern*.[2] In diesem Aufsatz soll gezeigt werden, dass – entgegen Luthers nachträglicher Zuspitzung auf die Untertanen – seine Obrigkeitsschrift sinnvoll von der Widmung und dem Fürstenspiegel aus gelesen und in deren Rahmen konsequent als Fürstenschrift verstanden werden kann, mit der Luther vor allem anderen die Verantwortlichkeit der Fürsten gegenüber der Kirche und die Notwendigkeit einer christlichen Regierweise ins Auge fasst. Es soll zudem gezeigt werden, dass die Untertanenperspektive nur an sehr wenigen Stellen der Schrift aufblitzt und auf die fürstenzentrierte Hauptlinie des Textes funktional bezogen ist, insofern Luther durch die Bezugnahme auf die Untertanen eine heilsgeschichtliche Drohkulisse hinsichtlich derjenigen Fürsten aufbaut, die ihrer genuinen Aufgabe, dem Schutz der Kirche, nicht nachkommen.[3] Diese rhetorische Strategie hat eine unmittelbare Parallele in Erasmus von Rotterdams pazifistischem Traktat *Querela Pacis*, in dem er den selbstgefälligen, habsüchtigen Fürsten vor Augen führt, dass ihre fortwährenden Kriege notwendigerweise einen gewaltsamen Umsturz durch das Volk nach sich ziehen.

nerseits an Menschen, die in ihrem Herzen der reformatorischen Lehre anhingen und sich fragen mußten, ob sie einem Obrigkeitsbefehl zur Herausgabe des Neuen Testaments Folge leisten sollten, während sie andererseits von Luther belehrt wurden, daß sie als Christen sich aktiv in die weltliche Rechtsgemeinschaft eingliedern sollten« (aaO., 171f); oder E. HERMS, Leben in der Welt (in: Luther Handbuch, hg. v.a. BEUTEL, ³2017, 471–484), der die in der Obrigkeitsschrift getroffene Unterscheidung der beiden *civitates* im Lichte von ähnlichen Äußerungen in *De Servo Arbitrio* auslegen möchte.

2 Vgl. die deutlichen Reminiszenzen an die Obrigkeitsschrift in der *Ermahnung* (WA 18; 292,14–18.293,1–8.298,13–299,14; v.a. 303,10–17.304,1–8.318,7–18.319,1–8) und im *Sendbrief* (v.a. WA 18; 390,20–391,13).

3 Vgl. vor allem CH. SPEHR, Luthers Weimarer Obrigkeitspredigten im Jahr 1522 (in: Weimar und die Reformation. Luthers Obrigkeitslehre und ihre Wirkungen, hg. v. DEMS. / M. HASPEL / W. HOLLER, 2016, 13–30).

I Eine fürstenzentrierte Lektüre der Obrigkeitsschrift

In diesem ersten Abschnitt soll gezeigt werden, dass die Obrigkeitsschrift sinnvoll als pointierte Fürstenkritik gelesen werden kann. Dabei muss vorausgeschickt werden, dass sich die Schrift durch eine bemerkenswerte, kompositionelle Ausgewogenheit auszeichnet: Die drei Hauptteile sind, wenn auch nicht exakt gleich lang, so doch im Umfang nicht so weit voneinander entfernt, dass sich der dritte Teil, der Fürstenspiegel, *a priori* als Anhang bezeichnen und aus der Interpretation ausklammern ließe.[4] Zwischen Widmung und Fürstenspiegel besteht ein kompositorischer Ringschluss: Die Frage, die sich Luther in der Widmung stellt – ob es *möglich* ist, sein Fürstenamt christlich zu versehen – erfährt im Fürstenspiegel eine konkrete Klärung, insofern Luther pointiert feststellt, dass es nicht nur *möglich*, sondern *nötig* ist, es christlich zu versehen.

a) Widmung, Einleitung und Fürstenspiegel als Leitlinien der Interpretation

Die Widmung erfüllt zwar die für die Traktatform übliche Funktion einer *captatio benevolentiae* und Situierung des Themas hinsichtlich der aktuellen Tagespolitik, hält aber darüber hinaus markante Lektüreanweisungen für die ganze Schrift bereit. So lässt die Widmung an Johann den Beständigen erkennen, dass es sich um eine Auftragsarbeit handelt, mit der Luther die Frage »von der weltlichen uberkeyt und yhrem schwerd, wie man des selben Christlich brauchen unnd wie weytt man yhm gehorsam schuldig sey«[5] behandelt. Luther möchte die Frage des Gehorsams im Folgenden aus der Sicht des Fürsten behandeln, mithin aus der Perspektive des Auftraggebers bzw. Fragestellers, der in der *paulinischen* Forderung, Gewalt- und Rechtsverzicht zu üben (Röm 12,19), und dem Auftrag *Jesu*, das Böse zu

---

4 Vgl. MANTEY, Zwei Schwerter (s. Anm. 1), der meint, die drei Teile würden »unterschiedliche argumentative Schwerpunkte« bilden (aaO., 246); vgl. BRECHT, Luther (s. Anm. 1), 121f, der den Zusammenhang zwischen zweitem und drittem Teil offen lässt; ANDERSEN, Macht (s. Anm. 1), 31f geht zwar durchaus auf die *inclusio* zwischen erstem und drittem Teil ein, der Fürstenspiegel fungiert bei ihm jedoch lediglich als Affirmation »politische[r] Nächstenliebe« (aaO., 31) und seine Besprechung klappt auffällig nach.

5 WA 11; 245,8–10.

erdulden (nach Mt 5,39f), eine kritische Anfrage an die Gewalt des christlichen Fürsten erkennen möchte.[6] Frühere, altgläubige Ansätze zur Überwindung der vermeintlich unüberbrückbaren Differenz von christlichem Gewaltverzicht und politischer Gewaltanwendung möchte Luther bereits hier zurückweisen: Die Scholastik hätte die Bestrafung des Bösen dem weltlichen und den Gewaltverzicht dem monastischen Stand zugeordnet und damit die eigentliche Komplementarität von Gewaltverzicht und Gewaltausübung zu einem kontradiktorischen Gegensatz verzerrt. Das Problem der Vermischung und gegenseitigen Durchdringung der beiden Regimente, wie es sich hier bereits andeutet, stellt nach Luther ein genuin exegetisches Problem dar: Wie kann angesichts der Botschaft Jesu, auf Recht und Gewalt zu verzichten, den Fürsten die Bestrafung des Bösen erlaubt sein, ohne sie »zů heyden« zu machen?[7] Luther geht es also nicht in erster Linie darum, das Leben jedes beliebigen Christen *in der Welt* zu verorten, d.h. in seiner doppelten Beanspruchung durch weltliches und geistliches Regiment, sondern den Fürsten *in seinem christlichen Stand zu bestätigen, obwohl er das Böse straft*:

> Ich hoff aber, das ich die fursten und welltliche uberkeyt alszo wolle unterrichten, das sie Christen und Christus eyn herr bleyben sollen und dennoch Christus gepott umb yhren willen nicht zů redten machen dŭrffe.[8]

Dass Luther auch jenseits der Widmung diese dezidierte Fürstenperspektive aufrechterhält, ist nun schon allein daran erkennbar, dass er in der eigentlichen Einleitung der Schrift, welche sich bekanntermaßen nicht ohne weiteres vom folgenden, ersten, nicht als solchen bezeichneten Teil abheben lässt, signalisiert, dass er aus der Sicht der Fürsten und hinsichtlich der in der Widmung spezifizierten theologischen Problemlage argumentiert. So sei es schlichtweg Ausdruck des göttlichen Zorngerichtes, dass die Fürsten »ja fursten bleyben und nymer Christen werden«,[9] und erst der verlorene Konnex von christlichem Glauben und fürstlicher Macht habe dazu geführt, dass die Fürsten ihrerseits in geistliche Belange eingegriffen

6 Vgl. WA 11; 245,10–16.
7 WA 11; 245,19.
8 WA 11; 246,6–8.
9 WA 11; 246,23.

und ihre Untertanen unterdrückt hätten, indem sie ihnen das Wort Gottes vorenthielten.[10] Luther möchte über diesen Missstand aufklären und ihn abstellen.[11] So eröffnet die Widmung ein Problem, das erst im Fürstenspiegel einer zufriedenstellenden Lösung zugeführt wird. Die differenzierte Amtstheologie, die Luther im ersten Teil der Obrigkeitsschrift entwickelt, wie auch die geschichtstheologische Begrenzung der obrigkeitlichen Herrschaft, die er im zweiten Teil aufzeigt, erschließen dem Fürsten die Möglichkeit, »Christ zu bleiben« und *dennoch* das Böse zu strafen, theologisch und exegetisch.

b) Erster Teil: die Möglichkeit der christlichen Versehung des Fürstenamtes

Für das Verständnis des ersten Teils ist der sechste, d.h. letzte, Argumentationsabschnitt von entscheidender Bedeutung, in dem Luther die Möglichkeit des Christen abwägt, ein Amt anzunehmen. Dieser Abschnitt weist ein deutliches Achtergewicht auf und die vorigen fünf Argumentationssegmente sind in einer Klimax auf diesen Abschnitt hin ausgerichtet. Der erste Teil der Obrigkeitsschrift sollte daher unbedingt vom sechsten Abschnitt her interpretiert werden, denn er ist konzeptionell auf den Fürstenspiegel und die Widmung nebst Einleitung bezogen.

Im ersten Abschnitt klärt Luther das theologische Problem, das er in der Widmung skizziert hat: Die unpräzise Zuordnung von Schwert und Rechtsverzicht bzw. Geboten und (evangelischen) Räten in der scholastischen Theologie. Dieses Anliegen ist dem Abschnitt, wenn auch nicht als Zwischenüberschrift, wohl aber als expliziter Leitgedanke vorangestellt: »Auffs erst müssen wyr das welltlich recht und schwerd wol gründen, das nicht yemand dran zweyffel, es sey von Gottis willen und ordnung ynn der wellt.«[12] Luthers Grundanliegen ist es, den Fürsten deutlich vor Augen zu führen, dass ihr Amt von Gott eingesetzt ist und keineswegs aus einer unsachgemäßen Differenzierung zwischen Altem und Neuem Gesetz bzw. Gebot und (evangelischem) Rat hergeleitet werden darf. Auf eine biblische

---

10 Vgl. WA 11; 247,3–5.
11 Vgl. WA 11; 247,12–20.
12 WA 11; 247,21–23.

Begründung besteht Luther daher mit Nachdruck und konstruiert die Argumentation ausgehend von Röm 13, Gen 4, Gen 9 und Ex 21.[13]

Die Einsetzung der weltlichen Obrigkeit könne nun, so Luther im zweiten Abschnitt, auch keineswegs gegen Jesu Aufruf zum Gewaltverzicht ausgespielt werden. Eine Differenzierung des *corpus christianorum* in Vollkommene und Unvollkommene sei unsachgemäß, vielmehr gelte: »Darumb müssen wyr anders datzu reden, das Christus wortt yederman gemeyn bleyben, er sey volkomen oder unvolkomen.«[14] Und Luther setzt – nicht unbedacht – hinzu:

> [...] wer mehr glewbt unnd liebt, der ist volkomen, er sey euszerlich eyn man odder weyb, furst odder baur, münch odder leye. Denn liebe unnd glawbe machen keyne secten noch unterscheyd euszerlich.[15]

Die im folgenden dritten Abschnitt vorgenommene Unterscheidung zwischen dem Reich Gottes und dem Reich der Welt kann unter dieser Voraussetzung kaum als eine theologische Grundsatzbestimmung verstanden werden, sondern ist ganz und gar auf die Frage bezogen, welche *Rechtsform* im Reich Gottes gelten könne. Luthers Antwort richtet sich auch hier unüberhörbar an die weltliche Obrigkeit:

> Nu sihe, disze leutt dürffen keyns welltlichen schwerdts noch rechts. Und wenn alle welt rechte Christen, das ist, recht glewbigen weren, so were keyn furst, könig, herr, schwerd noch recht nott odder nütze. Denn wo zü sollts yhn? die weyl sie den heyligen geyst ym hertzen haben, der sie leret unnd macht, das sie niemant unrecht thun, yderman lieben, von yderman gerne und frölich unrecht leyden, auch den todt.[16]

Bereits an dieser Stelle deutet Luther an, dass sich die Gewalt der weltlichen Obrigkeit nicht auf die Christen erstrecken könne, da diese keiner weltlichen Rechtsnorm untertan seien. Die Funktion der Fürsten erfährt damit eine deutliche Einschränkung: Gäbe es nur Christen auf der Welt, bräuchte es keine Fürsten – die Kirche i.S. der *communio sanctorum* erweist sich definitiv als ein rechts- und obrigkeitsfreier Raum. Wenn sich also die Macht der Fürsten nicht auf die Kirche erstrecken kann, wozu ist

13 Vgl. WA 11; 247.
14 WA 11; 249,17f.
15 WA 11; 249,21–23.
16 WA 11; 249,36–250,4.

sie dann von Gott eingesetzt? Luthers Antwort fällt eindeutig aus: Die Macht der Fürsten dient dem Schutz vor dem Bösen und, präziser: sie dient dem Schutz der Kirche Gottes vor dem Bösen[17] – die weltliche Obrigkeit hat also nicht in erster Linie eine schöpfungstheologische, sondern eine streng ekklesiologische Funktion.

Als *cantus firmus* zieht sich deswegen durch den folgenden vierten Abschnitt der Gedanke, dass sich die Kirche i.S. der *communio sanctorum* in einer Minderheitenposition befindet: Zwischen dem Reich Gottes und dem Reich der Welt besteht nicht nur ein kontradiktorischer Gegensatz – sie sind einander inkompatibel, inkongruent und nicht komplementär[18] –, sondern die Kirche, das Reich Gottes, ist dem Reich der Welt zahlenmäßig weit unterlegen. Folgende Äußerungen sind für diese arithmetische Gegenüberstellung beispielhaft:

> Denn syntemal wenig glewben und das weniger teyl sich hellt nach Christlicher art, das es nicht widderstrebe dem ubel [...].[19]
> [...] Syntemal alle wellt böse und unter tausent kaum eyn recht Christ ist, würde eyns das ander fressen [...].[20]
> Aber die Christen wonen (wie man spricht) fern von eynander, darumb leydet sichs ynn der wellt nicht, das eyn Christlich regiment gemeyn werde uber alle wellt, ja noch uber eyn land odder grosse menge. Denn der bösen sind ymer viel mehr denn der frumen.[21]

Die Christen erweisen sich also als Enklaven in einer ihre Existenz bedrohenden, widerchristlichen Welt – sie leben in der Diaspora. Sie zu schützen, sei wesentliche Aufgabe der Fürsten.

Im Kontext dieser Minoritätsrhetorik behandelt Luther nun auch die Frage nach der evangelischen Regierweise der Fürsten. Die Fürstenperspektive tritt besonders deutlich in den Passagen, in denen Luther ein »Du« anredet, zu Tage: Hinter diesem »Du« verbirgt sich hier und im Folgenden nicht einfach nur ein rhetorisch stilisierter, diatribischer Dialogpartner, sondern die Stimme eines skrupulösen, christlichen Fürsten, der – ähnlich

---

17 Vgl. WA 11; 250,10–20.
18 Vgl. vor allem WA 11; 251,1f: »Zum reych der wellt oder unter das gesetz gehören alle, die nicht Christen sind.«
19 WA 11; 251,2f.
20 WA 11; 251,12f.
21 WA 11; 251,37–252,3.

wie in der Widmung, nun jedoch mit großem Nachdruck – fragt, warum es nicht möglich sei, mit dem Evangelium zu regieren. Luther weist diese Frage angesichts des deutlichen Gefälles vom Bösen zum Guten in der Welt energisch zurück:

> [...] sihe zů unnd gib die welt zuvor voll rechter Christen, ehe du sie Christlich und Euangelisch regirst. Das wirstu aber nymer mehr thun, denn die wellt und die menge ist und bleybt unchristen, ob sie gleych alle getaufft und Christen heyssen.[22]

Der Abschnitt zielt freilich noch in eine andere Richtung: Luther geht es vor allem darum, die wahre Kirche, die Gläubigen, vor dem Übergriff der Fürsten zu bewahren: Die Kirche ist schutzbedürftig, die Funktion der Fürsten klar umrissen: Sie haben von Gott die Aufgabe erhalten, das Böse zu bestrafen, damit die Kirche gedeihen und das Evangelium ungehindert gepredigt werden kann, doch gerade auf diese geistliche Regierweise Gottes ist den Fürsten der Zugriff verwehrt:

> Darumb musz man dise beyde regiment mit vleysz scheyden und beydes bleyben lassen: Eyns das frum macht, Das ander das eusserlich frid schaffe und bösen wercken weret.[23]

Luther widmet sich nun voll und ganz dem Eingangsproblem, der theologisch unbefriedigenden Zuordnung von Gebot und evangelischem Rat: Es geht Luther darum, nachzuweisen, dass der Fürst das Ungerechte bestrafen darf, *auch wenn er Christ ist.* Der Rechtsverzicht, den Jesus gefordert habe, gelte nur für die Christen, also das Reich Gottes, ist aber nicht ohne weiteres auf das Reich der Welt auszuweiten:

> Nu sie aber unchristen ist, gehen sie die wortt nichts an und thutt auch nicht also, Sondern gehöret unter das ander regiment, da man die unchristen euszerlich zwingt und dringt zum frid und zum gutten.[24]

Nun greift Luther auf das alttestamentliche Beispiel Salomos – also eines Fürsten! – zurück, der als »›Fridrich‹ oder ›Fridsam‹« den Tempel Gottes erbauen durfte, weil er im Gegensatz zu seinem Vater und in typologischer Entsprechung zu Christus ein Friedensreich regierte.[25] Dieses und andere

---

22 WA 11; 251,34–37.
23 WA 11; 252,12–14.
24 WA 11; 252,31–33.
25 Vgl. WA 11; 252,34–253,8.

alttestamentliche Beispiele dienen Luther dazu, den Nachweis zu erbringen, dass der Rechts- und Gewaltverzicht *nur auf das Reich der Christen* zu beziehen sei:

> Wer dise und der gleychen sprüche wolt so weyt zihen, als Christus name genennet wirt, der würde die schrift gar verkeren; sondern sie sind gesagt alleyn von den rechten Christen: die thun gewiszlich unternander alszo.[26]

Das Friedensreich eines Salomo dürfe der Fürst also nicht leichthin auf das *corpus permixtum*, also lediglich »so weyt [...], als Christus name genennet wirt«, übertragen.

Nun könnte – so Luther im fünften Abschnitt – die Frage gestellt werden, ob die Macht der Obrigkeit an den einzelnen Christen ihre Grenze finde. Dürfen sich die Christen der fürstlichen Macht entziehen? Dem widerspricht Luther vehement, indem er behauptet, die Christen unterwürfen sich dem weltlichen Regiment gerne und aus eigenem Antrieb, weil sie nichts dabei verlieren und der Welt von Nutzen seien.[27]

Im sechsten Abschnitt, der fast so umfangreich ausfällt wie die fünf vorigen zusammen, thematisiert Luther die für die Widmung und den Fürstenspiegel zentrale Frage danach, ob und, wenn ja, inwiefern,

> auch eyn Christ müge das welltlich schwerd füren und die bösen straffen, weyl Christus wortt so harrt unnd helle lautten: ›du sollt dem ubel nicht widerstehen‹, das die sophisten haben müssen eyn ›rad‹ drausz machen.[28]

Will man – wie hier vorgeschlagen – die Widmung, die das Problem der theologischen Legitimation des christlichen Fürsten zur Bestrafung des Bösen thematisiert, und den so genannten Fürstenspiegel im dritten Teil als Horizonte der in der Obrigkeitsschrift entwickelten Amtstheologie verstehen, geht es in diesem Abschnitt nicht allein um die *theoretische* Möglichkeit der Christen, ein öffentliches Amt zu bekleiden, auch wenn Luther verschiedene öffentliche Ämter durchspielt – »henger, böttell, richter, herrn oder fursten«[29] –, sondern *vor allem* um die konkrete Versehung des Fürstenamtes, was nicht zuletzt daran erkennbar ist, dass das theologische

---

26 WA 11; 253,13–16.
27 Vgl. WA 11; 254,2–6.
28 WA 11; 254,27–30.
29 WA 11; 255,1.

Grundproblem der Widmung auch im weiteren Verlauf des sechsten Abschnitts immer wieder aufgegriffen und reflektiert wird: Die Unterscheidung von »fur dich selbs [...] an dem Euangelio«[30] und »deynem nehisten zů gůtt unnd zur halltung schutz unnd frids der andern«[31] ist ganz und gar zugespitzt auf die umstrittene Frage nach der Annahme eines öffentlichen Amtes und bereitet damit den Fürstenspiegel argumentativ vor. Der enge Bezug zwischen dem sechsten Abschnitt und der Widmung ist überaus auffällig:

> Und sey du gewisz, das disze lere Christi nicht eyn radt fur die volkomen sey, wie unszer Sophisten lestern un dliegen, sondern eyn gemeyn strengs gepott fur alle Christen, Das du wissest, wie die altzumal heyden sind unter Christlichen namen, die sich rechen odder fur gericht umb yhr gůtt und ehre rechten und zancken. Da wirt nicht anders ausz, das sag ich dyr. Und kere dich nicht an die menge und gemeynen brauch. Denn es sind wenig Christen auff erden, da zweyffel du nicht an, datzu szo ist Gottis wortt ettwas anders denn gemeyner brauch.[32]

Allerorten im sechsten Abschnitt spricht Luther dann auch die Fürsten als explizite Adressaten seiner Überlegungen an, mitunter an herausragenden Stellen, z.B. in der summarischen Passage, in der Luther die Adressaten dazu ermutigt, als Christ ein Amt anzunehmen, könne doch der Christ zwischen dem »Für mich« und dem »Für den nächsten« am besten und als einziger sachgemäß unterscheiden:

> Nu were es gar unchristlich geredet, das yrgent eyn gottis dienst were, den eyn Christen mensch nit thun solt oder mûste, szo Gottes Dienst niemant so eben eygent als den Christen. Und auch wol gůtt und nott were, das alle fursten rechte gůtte Christen weren.[33]

Das Christsein wird von Luther dann sogar *zum wesentlichen Kriterium* für die rechte Ausfüllung eines Amtes bestimmt:

> Darumb wenn sie es der meynung thun, das sie nicht sich selb drynnen suchen, sondernn nur das recht unnd gewalt helffen handhaben, da mitt die bössen gezwungen werden, ists yhn on fahr und mûgens brauchen wie eyn ander eyns andern handwercks unnd sich davon neeren. Denn, wie gesagt ist, Liebe des nehisten achtet nicht yhr eygens, sihet

30 WA 11; 255,9f.
31 WA 11; 255,8f.
32 WA 11; 259,17–24.
33 WA 11; 257,32–258,1.

auch nicht, wie groß oder geringe, szondern wie nutz und nott die werck dem nehisten oder der gemeyne sehen.[34]

Wenn er nun den ersten Teil beschließt, indem er nach einer möglichen Überschneidung des »für mich« und »für den Nächsten« fragt und das Beispiel der Bestrafung der Philister durch Simson heranzieht, zu der dieser immerhin von Gott beauftragt war, die er aber auch als seine eigene Sache betrieben hatte, antizipiert Luther eine wesentliche Pointe des Fürstenspiegels, insofern er feststellt, dass es *nur demjenigen,* der »eyn rechter Christen und voll geysts«[35] ist, gelingen könne, Eigennützigkeit und Uneigennützigkeit in ein angemessenes Verhältnis zueinander zu setzen. Luthers Mahnung »Darumb werde zuvor wie Samson, so kanstu auch thun wie Samson«[36] zielt daher unmittelbar auf den Fürstenspiegel im dritten Teil, in dem Luther die für die Untertanen nützliche Versehung des Fürstenamtes zum Glauben des Fürsten in Beziehung setzt.

c) *Zweiter Teil: die Vermischung der Regierweisen als Ausdruck des Zorns Gottes*

Wie der erste ist auch der zweite Abschnitt, ausweislich »heubtstück dieses sermons«,[37] ganz auf die Fürsten zugespitzt. Die Zwischenüberschrift greift dabei bemerkenswerterweise nicht den Titel der Schrift und das Problem des »Gehorsams« der Untertanen auf, sondern legt das Problem auf den »Erstreckungsbereich« der Obrigkeit um:

> Denn nach dem wir gelernt haben, das die welltlich uberkeyt seyn musz auff erden, und wie man der selben Christlich und seliglich brauchen solle, müssen wyr nun lernenn, wie lang yhr arm unnd wie fern yhr hand reyche, das sie sich nicht zů weytt strecke unnd Gott ynn seyn reych und regiment greyffe.[38]

Es ist beachtlich, dass es im zweiten Teil der Obrigkeitsschrift – dem Titel der Schrift völlig gegenläufig – nicht in erster Linie um die Grenze des Gehorsams der Untertanen geht, sondern vor allem um das rechte Maß und den Raum, *auf den sich die Obrigkeit erstrecken soll.* Dabei erweisen sich

---

34 WA 11; 261,2–8.
35 WA 11; 261,21.
36 WA 11; 261,24.
37 WA 11; 261,27.
38 WA 11; 261,27–31.

als zentrale Probleme die Beschränkung der Kirche durch das weltliche Regiment und die Vermischung der Obrigkeit mit dem geistlichen Regiment. Auch das weltliche Regiment müsse sich kritisch mit den Grenzen seiner Machtausübung auseinandersetzen, denn die Bestrafung des Bösen, so Luther bereits zum Auftakt des zweiten Teils, bedürfe des rechten Maßes:

> Hie strafft sie zů wenig, dort strafft sie zů viel. Wie wol es treglicher ist, das sie auff diszer seytten sundige unnd zůwenig straffe, Syntemal es alltzeytt besser ist, eyn buben leben lassen denn eyn frumen man tŏdten, nach dem die wellt doch buben hatt und haben musz, der frumen aber wenig hatt.[39]

Die zahlenmäßige Unterlegenheit der Christen, wie Luther sie im ersten Teil der Schrift immer wieder behauptet hat, findet im Problem des rechten Maßes des Herrschens ihren Widerhall: Wie kann sich die Obrigkeit sicher sein, tatsächlich das Böse zu bestrafen, und in welchem Zusammenhang stehen die *unbotmäßige* Herrschaft und das Problem der Einmischung des weltlichen in das geistliche Regiment, das für den zweiten Teil der Schrift leitend ist? Luther konstatiert:

> Das wollen wyr so klar machen, das mans greyffen solle, auff das unser iunckern, die fursten und bischofe sehen, was sie fur narren sind, wenn sie die leutt mit yhren gesetzen und gepotten zwingen wollen, sonst oder so zů glewben.[40]

Die Gewalt über die geistlichen Dinge wird den (Fürst-)Bischöfen und Fürsten rigoros abgesprochen,[41] die Kritik zielt aber vor allem auf die weltlichen Fürsten, die sich anmaßen, *christliche* Fürsten zu sein und dennoch dem geistlichen Regiment – von Papst, Bischöfen und Theologen durchaus gedeckt und gebilligt – ins Rad zu fallen:

> Noch faren itzt unter Keyszer und klůge fursten also unnd lassen sich Bapst, Bischoff und Sophisten dahyn fůren, eyn blind den andern, das sie yhren unterthanen gepieten zů glewben on Gottis wortt, wie sie es gůtt dunckt, unnd wollen dennoch Christliche fursten heyssen, da Gott fur sey.[42]

Luthers Ausführungen zur Unterscheidung der Reiche und Regimente gipfeln in der rhetorischen Frage »Nu sage myr, wie kan die hertzen sehen,

---

39 WA 11; 261,34–262,2.
40 WA 11; 262,12–15.
41 Vgl. WA 11; 262,31–263,6.
42 WA 11; 263,21–25.

erkennen, richten, urteylen und endern eyn mensch?«[43] und dem Aperçu »Gedancken sind zoll frey«.[44] Damit richtet er sich unverkennbar an die Fürsten, weniger an deren Untertanen. Bemerkenswerterweise wird nun aber in letzter Konsequenz die Verkehrung der Verhältnisse – die Vermischung der Regimente – auf Gott selbst zurückführt:

> Aber willtu wissen, warumb Gott verhenget, das die welltliche fursten alszo grwlich mŭssen anlaufen? Ich will dyrs sagen. Gott hat sie ynn verkereten synn geben unnd will eyn ende mit yhn machen gleich wie mitt den geystlichen junckern.[45]

Die Einmischung der Fürsten in das geistliche Regiment erweist sich also nicht nur als ein theologisches Fanal, sondern vielmehr als Ausdruck des Zorns Gottes: Er bestraft die Fürsten, da sie ihrer Aufgabe nicht in der Weise nachkommen, wie Gott sie ihnen zugewiesen hat. Im ersten Teil der Schrift war das weltliche Regiment ganz auf den Schutz der Kirche vor dem Bösen zugespitzt worden, nun tritt die weltliche Herrschaft aber offenkundig über ihre – von Gott gesetzten – Ufer:

> Also auch die welltlichen herrn solten land und leutt regieren euszerlich. Das lassen sie. Sie kunden nicht mehr denn schinden und schaden, eyn zoll auff den andern, eyn zinsze uber die andern setzen, da eyn bern, hie eyn wolff ausz lassen, Datzu keyn recht trew noch warheytt bey yhn lassen funden werden und handelln, das reuber und buben zŭ viel were, und yhr weltlich regiment ja so tieff darnyder ligt als der geystlichen Tyrannen regiment. Darumb verkeret Gott yhren synn auch, das sie zŭ faren widdersynnisch und wollen geystlich uber seelen regirn, gleych wie yhene wollen welltlich regirn [...].[46]

Die Einmischung in das geistliche Regiment Gottes sei angesichts der Verstockung der Fürsten nicht anders zu erwarten, so dass Luther im Folgenden dazu übergeht, das Gros der Fürsten dem Reich der Welt zuzuordnen, was sich, wenn man meint, dass es in der Obrigkeitsschrift um den Gehorsam der Untertanen gehe, nur schwerlich mit der früheren Überlegung in Einklang bringen lässt, dass das weltliche Regiment von Gott eingesetzt ist und das Reich Gottes schützt:

> Denn solch Tyrannen handelln, wie welltlich fursten sollen. Es sind welltliche fursten, Die welt aber ist Gottis feyndt, darumb mŭssen sie auch thun was Gott widder, der welt

---

43 WA 11; 263,29f.
44 WA 11; 264,28f.
45 WA 11; 265,4–7.
46 WA 11; 265,12–20.

eben ist, das sie ja nicht ehrlosz werden, sondern welltliche fursten bleyben. Darumb lasz dichs nicht wundern, ob sie wider das Euangelion toben und narren, Sie müssen yhrem tittel unnd namen gnůg thun.[47]

Luther leitet hier überaus geschickt zum Fürstenspiegel über, indem er der Masse der nicht-christlichen Fürsten die Singularität des klugen – »gar eyn seltzam vogel«! – bzw. »frumen« Fürsten – »noch viel seltzamer«! – vorhält.[48] Mit der Gegenüberstellung von schlechtem und gerechtem Fürsten fordert Luther subtil die Bereitschaft der Fürsten heraus, sich zu bessern: Was soll denn der Selbstanspruch der Fürsten sein? Wollen sie etwa »Gottis stockmeyster und hencker«,[49] also sein Zorninstrument, sein oder wollen sie sich als Gnadengeschenke Gottes an ihre Untertanen erweisen: »Geredt nu eyn furst, das er klůg, frum odder eyn Christen ist, das ist der grossen wunder eyns und das aller theurist zeychen gotlicher gnaden uber das selb landt.«[50] Der gerechte und christliche Fürst schützt die Kirche und überlässt sie ihrer Selbstorganisation. Dabei ist es in diesem Zusammenhang sicherlich kein Zufall, dass Luther die Kompetenz zur Ketzerbekämpfung – eine theologische Sachfrage, die in seiner Biografie von großer Bedeutung und im Konflikt um seine in Sachsen konfiszierten Übersetzungen des Neuen Testaments wiederum hochbrisant ist – den Fürsten mit großem argumentativen Aufwand entzieht.[51] Die angesprochenen Fürsten – »Solche fursten und tyrannen«[52] – entsprächen eben jenen Fürsten, die Luthers Bibelübersetzungen verbieten.

Während die Untertanenperspektive im ersten Teil der Schrift überhaupt nicht zum Tragen kommt – Luther zeigt dort konsequent, dass die Obrigkeit von Gott zum Schutz der Kirche eingesetzt ist –, argumentiert Luther auf der Höhe des zweiten Teils – wenn er die Einmischung der Fürsten in das geistliche Regiment als Phänomen des Zorns Gottes charakterisiert – zum ersten Mal dezidiert aus der Perspektive der Beherrschten: Die Fürsten ereilt der Umsturz, wenn sie ihre hauptsächliche Aufgabe, den Schutz der

---

47 WA 11; 267,24–29.
48 Beide Zitate stammen aus WA 11; 267,30f.
49 WA 11; 268,4.
50 WA 11; 268,11–14.
51 Vgl. WA 11; 268,19–269,14.
52 WA 11; 269,20.

Kirche, nicht wahrnehmen. Luther hinterfragt die Gehorsamsschuldigkeit derjenigen, die der Obrigkeit unterstehen: Von der Warte einer erneuten Exegese von Röm 13 aus erklärt Luther, wesentliches Erkennungsmerkmal einer guten Obrigkeit sei, dass sie das Böse bestrafe, aber eben nicht mehr:

> Item da er spricht: ›Die gewalt ist nicht zů furchten den gůtten, sondern den bôsen wercken‹, beschrenckt er aber die gewalt, das sie nicht glawben odder Gottis wortt, sondern bôsze werck meystern soll.[53]

Ausgehend von dieser Prämisse und der *clausula Petri* als biblischer Verdichtung der Gehorsamsproblematik,[54] die hier nun ganz und gar auf das Problem der Indizierung der Neuen Testamente in Meißen, Bayern und Brandenburg zugespitzt wird,[55] konstatiert Luther, dass die Vermischung geistlicher und weltlicher Macht nichts anderes als ein Zeitvertreib des Teufels sei.[56] Diesem sei freilich ein baldiges Ende beschieden, da Gottes Verachtung für die unchristlichen Fürsten – so der dräuende Ausblick des zweiten Teils – unausweichlich zu einem Aufstand ihrer Untertanen führe:

> Das macht, sie beweyszen sich auch also, und der gemeyn man wirtt verstendig, und der fursten plage (die Got contemptum heysst) geweltiglich da her gehet unter dem poffel und gemeynem man, unnd sorge, yhm werde nicht zů weren seyn, die fursten stellen sich denn furstlich unnd fahen widder an mit vernunfft und seuberlich zů regirn. Man wirt nicht, man kan nicht, man will nicht ewer tyranney und muttwillen die lenge leyden. Lieben fursten und herrn, da wisset euch nach zů richten, Gott wills nicht lenger haben.[57]

Luther möchte angesichts dieser Drohkulisse die Fürsten dazu drängen, sich auf ihre wesentliche Aufgabe zu besinnen, d.h. aber in einem ersten Schritt die Einmischung in das geistliche Regiment zu unterlassen, dann aber eben auch die Unterdrückung und die Eigennützigkeit ihrer Herrschaft abzustellen, die zu dieser Verkehrung geführt habe: Das bedeutet aber nichts anderes als Christ zu werden und die Unterscheidung des »für

---

53 WA 11; 266,6–8.
54 Vgl. WA 11; 266,32–35.
55 Vgl. WA 11; 266,36–267,29.
56 Vgl. WA 11; 270,3 f: »Was hat der teuffel sonst zů schaffen auff erden denn das er mit seynem volck also gauckele und fasznacht spiel treybe?«
57 WA 11; 270,16–23.

66

mich« und »für den Anderen« zu internalisieren, wie es jedem Christen gut zu Gesicht stünde.

Die Untertanenperspektive kommt also im Gefälle einer apokalyptisch gefärbten Geschichtstheologie im folgenden Sinne zu stehen: Weil die Fürsten ihrer von Gott klar umrissenen Funktion – dem Schutz der Kirche – nicht nachkommen, lässt Gott die Vermischung der Regimente zu, was wiederum zu einem Volksaufstand und zum Gericht über die Fürsten führt. Die Untertanenperspektive dient der Affirmation der Fürstenkritik und -ermahnung.

d) Dritter Teil: der Fürstenspiegel als Skopus der Obrigkeitsschrift

Der »Fürstenspiegel«, der dritte Teil der Obrigkeitsschrift, kann nicht als Appendix der Obrigkeitsschrift verstanden werden. Zum einen erweckt Luther selber nicht den Eindruck, als handele es sich um einen Anhang, sondern macht vielmehr darauf aufmerksam, dass erst hier die Schrift zu ihrem Ziel gelangt:

> Nu wils auch zeit sein, das nach dem wyr wissen, wie fern welltlich gewalt sich streckt, wie sich eyn furst solle drein schicken umb der willen, die gern auch Christliche fursten und herrn sein wollten und auch ynn yhenes leben zů komen gedencken, wilcher gar fast wenig sind.[58]

Zum anderen ist der Abschnitt programmatisch mit dem vorigen verflochten, insofern dieser darauf ziele, zu ergründen, unter welchen Voraussetzungen die christliche Versehung des Fürstenamtes möglich ist, auch wenn dies, wie schon zuvor deutlich geworden ist, den glücklichen Ausnahmefall darstellt: Der christliche und gerechte Fürst ist äußerst selten. Der dritte Teil der Obrigkeitsschrift speist sich aus eben derjenigen Prämisse, die im ersten und zweiten Teil im Wesentlichen erschlossen worden ist, denn Luther verankert das Ideal des christlichen Herrschers in der Hingabe »für den Nächsten«:

> Welcher nu eyn Christlicher furst sein will, der musz warlich die meynung ablegen, das er hirschen und mit gewallt faren wolle. Denn verflucht und verdampt ist alles leben, das yhm selb zů nutz und zů gůtt gelebt und gesucht wirt, verflucht alle werck, die nit ynn der liebe gehen. Denn aber gehen sie ynn der liebe, wenn sie nicht auff eygen lust,

---

58 WA 11; 271,28–31.

nutz, ehre, gemach und heyl, sondern auff anderer nutz, ehre und heyl gericht sind von gantzem hertzen.[59]

Alle vier sich anschließenden ›Ratschläge‹ stehen im Zeichen dieser zentralen, durch den ersten Teil vorbereiteten Unterscheidung »yhm selb zu nutz« und »auff anderer nutz«. Dabei entwickelt Luther zunächst die Grundlagen, aus denen sich die konkreteren politischen Ratschläge ableiten lassen: Zum einen hebt Luther den Rechtsverzicht bzw. die Infragestellung einer allzu starren Rechtsprechung hervor: Die *vernünftige* Anwendung des Rechtes müsse die Schwäche des Angeklagten zum Maß haben und wie ein Hausvater im Krankheitsfall »nicht mit der strenge faren uber die krancken wie uber die gesunden«.[60] Luther konstatiert lapidar: »Es gehõrtt mehr dazu«,[61] holt aber eine feinere theologische Differenzierung erst ganz am Ende der Schrift (in Form des Beispiels von Karl dem Kühnen) nach. Zum anderen empfiehlt Luther dem Fürsten – wie jedem Christen – sich im Fall der Ratlosigkeit an Gott zu wenden, wie es einst auch König Salomo getan habe:

> Dem Exempel nach musz eyn furst auch thun, mit furcht faren und sich wider auff todte bûcher noch auff lebendige kõpffe verlassen, sondernn sich blosz an Gott hallten, yhm ynn den oren ligen unnd bitten umb rechten verstandt uber alle bûcher und meyster, seyn unterthan weyszliche zû regirn.[62]

Die von diesen beiden Basisüberlegungen abhängigen, folgenden vier Ratschläge an den Fürsten sind damit Substrate der ganzen Obrigkeitsschrift und hier schlägt sich die Untertanenperspektive ein zweites Mal deutlich nieder: Der Fürst müsse *erstens* »seyn hertz recht schicken«,[63] indem er sich darauf konzentriere, den Untertanen »nutzlich und dienstlich«[64] zu sein. Das aber schließe den Verzicht auf diejenigen Vorrechte ein, die dem Fürsten standesgemäß zustehen: »Und nicht also dencke: ›land und leutt sind meyn, ich wills machen, wie myrs gefellet‹, szondern alszo: ›Ich byn des lands und der leutt, ich solls machen, wie es yhn nutz und gût ist.‹«[65]

---

59 WA 11; 271,35–272,5.
60 WA 11; 272,21f.
61 WA 11; 272,24.
62 WA 11; 272,33–273,1.
63 WA 11; 273,7f.
64 WA 11; 273,9.
65 WA 11; 273,9–11.

Der Fürst solle sich vor allem auf den Schutz und die Förderung der wirtschaftlichen Prosperität konzentrieren, sich dann aber auch in Selbstentsagung und Verzicht auf Prunk und privates Vergnügen üben. Dabei solle den Fürsten Christus als »der uberst furst«[66] vor Augen stehen, sei dieser doch ein leuchtendes Beispiel für die Ansehung der Bedürftigkeit des Nächsten und den Dienst an ihm.[67] Dass der Fürst im Verständnis eines dienstbaren Knechts kein besonders attraktives Amt sei, gibt Luther in diesem Zusammenhang freimütig zu. *Zweitens* soll der Fürst seine Berater kritisch hinterfragen: Die schlechte politische Beratung problematisiert Luther im Kontext der Unterscheidung des »für mich« und »für den Anderen«, insofern er darauf hinweist, dass die Berater in ihrer obrigkeitlichen Funktion ebenfalls im Interesse der Untergebenen handeln mögen und ihrem Fürsten nicht nur aus Eigennutz schmeicheln dürfen.[68] Wenn Luther konstatiert: »Denn Gott soll man trawen alleyn«,[69] richtet er sich gegen jedes Favoriten- und Günstlingstum an den Höfen, die die politische Stabilität gefährden und letztlich zum Fall des Fürsten führen können. Der Fürst solle sich *drittens* in der Bekämpfung des Bösen umsichtig und maßvoll zeigen. Auch hier geht es um die Abwägung eines größeren Übels. Sollte die Ahndung einer Straftat zu noch größerem Übel führen, solle der Fürst auf sein Recht verzichten. Luther schärft – angesichts des zweiten Teils nicht weiter überraschend – ein, dass der Fürst »seynen schaden soll er nicht achten, sondern der ander unrecht, das sie uber seynem straffen leyden müssen.«[70] Auch die Kriegsfrage bewegt sich völlig in diesem argumentativen Kontext: Krieg gegen eine übergeordnete Obrigkeit sei nicht zulässig und das eigene Unrecht müsse erduldet bleiben. Selbst das »bekentnis der warheyt«[71] dürfe nicht zu Aufruhr führen, womit das Religionsproblem noch einmal unverkennbar in den Fokus rückt. Zwischen gleichgestellten Fürsten müsse der Krieg gründlich abgewogen werden, wobei vor allem die möglichen Kriegsschäden kalkuliert werden sollten. Krieg im Verteidigungsfall sei hingegen,

66 WA 11; 273,14.
67 Vgl. WA 11; 273,13–20.
68 Vgl. WA 11; 274,28–275,12.
69 WA 11; 275,12.
70 WA 11; 276,23 f.
71 WA 11; 277,3 f.

auch gegen eine übergeordnete Obrigkeit, erlaubt,[72] müsse aber immer in Ansehung der Untertanen geschehen, »den du schutz und hilff schuldig bist, auff das solch werck ynn der liebe gehe.«[73] Bei offensichtlichem, öffentlichem Rechtsbruch des Fürsten möchte Luther – eine Wiederbelebung der Drohkulisse des zweiten Teils – den Gehorsam gegenüber der Obrigkeit aufgehoben wissen.[74] Luther zieht *viertens* ein Resümee, das den Fürstenspiegel, aber auch die ganze Obrigkeitsschrift sachgemäß zusammenfasst, insofern er das »für den Anderen« noch einmal deutlich und kontrastiv zur Sprache bringt: Der Fürst stehe in einer vierfachen Relation – er stehe vor Gott »mitt rechtem vertrawen unnd hertzlichem gepett«, vor seinen Untertanen »mitt liebe und Christlichem dienst«, vor seinen Beratern »mit freyer vernunfft und ungefangenem verstandt« und vor den Übeltätern »mit bescheydenem ernst und strenge«.[75]

Wie die Navigation zwischen diesen verschiedenen Relationen glücklich gelingen kann, bringt Luther sehr prägnant – und nur vordergründig mit dem Problem der Restitution fürstlichen Besitzes verbunden – in dem abschließenden Beispiel Karls des Kühnen zum Ausdruck: Dieser habe einen Adligen, welcher seinerseits einen Kontrahenten unter Arrest stellen ließ, dessen Frau erpresste und zum Beischlaf zwang, nur um schließlich – entgegen der Abmachung – den Ehemann hinrichten zu lassen, dazu gezwungen, die geschädigte Frau zu heiraten, bevor er ihn selber exekutierte, so dass sein Besitz der Witwe zufiel. Luther resümiert:

> Sihe, eyn solch urteyl hette yhm keyn Bapst, keyn Jurist noch keyn bůch geben mügen, Sondern es ist ausz freyer vernunfft uber aller bůcher recht gesprungen so feyn, das es yderman billichen musz und bey sich selb findet ym hertzen geschrieben, das also recht sey.[76]

Mit diesem prägnanten Beispiel macht er darauf aufmerksam, dass sich der christliche Fürst *angesichts der Bedürftigkeit* seiner Untertanen auch über die *lex scripta* und den Buchstaben hinwegsetzen und in Liebe und Ansehung des Rechtsausgleichs der Schwächeren agieren könne.

---

72 Vgl. WA 11; 277,8f.
73 WA 11; 277,10f.
74 Vgl. WA 11; 277,28–278,12.
75 WA 11; 278,19–23.
76 WA 11; 280,12–15.

e) Zwischenfazit

Hier wurde der Versuch unternommen, die Obrigkeitsschrift konsequent aus der Fürstenperspektive zu lesen. Luther versucht abzuwägen, unter welchen Bedingungen der Fürst christlicher Fürst bleiben und dennoch politisch agieren könne. Die Frage nach dem Gehorsam der Untertanen und ihrem Verhältnis zur Obrigkeit taucht – gegenläufig zum Titel der Schrift, der den Gehorsam ins Zentrum rückt – nur am Rande und zwar in zwei Zusammenhängen auf: Zum einen kann Luther den Gehorsam der Untertanen gegenüber der Obrigkeit in Frage stellen, wenn diese die ihr von Gott zugedachte Schutzfunktion hinsichtlich der Kirche nicht mehr erfüllt und das Evangelium unterdrückt, z.B. durch die Indizierung der Neuen Testamente. Dann kann Luther unter dem Schlagwort »Gott wills nicht lenger haben« darauf hinweisen, dass es sich bei der Aufkündigung des Gehorsams um einen Ausdruck des Zorns Gottes handelt, der sich aus der Missachtung der von Gott verordneten Aufgabe ergibt. Die zweite Tendenz der Untertanenperspektive kommt im Fürstenspiegel zum Tragen: Luther weist darauf hin, dass die Obrigkeit das Wohl der Untertanen sicherstellen und fördern soll und dass bei offenkundigem Rechtsbruch, vor allem im Kriegsfall, der Gehorsam aufgekündigt werden kann. Die Untertanenperspektive in der Obrigkeitsschrift hat also gewissermaßen eine *adhortative Funktion*: Die Fürsten sollen der Gehorsamsverweigerung der Untertanen zuvorkommen und die ihnen von Gott zugewiesene Schutz- und Hilfsfunktion erfüllen.

II Eine rhetorische Parallele: Erasmus' Querela Pacis

Die Frage nach der Vereinbarkeit von christlichem Glauben und politischer Verantwortung der Fürsten, das Problem der Durchdringung von kirchlicher Macht und Fürstenherrschaft und die affirmativ-konfrontative Verwendung der Untertanenperspektive, anhand derer die Gehorsamsverweigerung des Fürsten gegenüber Christus kritisiert werden kann, wird auch bei Erasmus von Rotterdam greifbar. Insbesondere in der schon zu seinen Lebzeiten breit rezipierten und vielfach wieder aufgelegten Friedensschrift *Querela Pacis* von 1517 leitet er aus dem christlichen Glauben des Fürsten dessen Verpflichtung zum Pazifismus ab. Auch wenn ungewiss ist, ob

Luther die *Querela Pacis* gelesen hat[77] und obwohl sich die Tendenzen der Obrigkeitsschrift und der *Querela Pacis* voneinander unterscheiden –, Erasmus stellt die Christlichkeit derjenigen Fürsten in Frage, die Krieg führen, während Luther das politische Handeln der Fürsten, zu dem in letzter Konsequenz auch der Krieg gezählt werden kann, als Wahrnehmung der Verantwortung für die Untertanen wie auch für die Kirche ins Recht setzen möchte – ist ein Vergleich der argumentativen Konzeptionen der Schriften äußerst lohnend, weil die Untertanenperspektive in einer ähnlichen Weise zum Tragen kommt.

Die *Querela Pacis* fügt sich in ein größeres Corpus von pazifistischen und politischen Schriften ein, in denen Erasmus zur zerrütteten weltpolitischen Lage seiner Zeit Stellung nimmt.[78] Der Abfassungszweck ist die für Ende 1516 / Anfang 1517 angesetzte Friedenskonferenz von Cambrais, die die heftigen politischen Auseinandersetzungen – insbesondere die Auswirkungen der Venezianerkriege und die Konflikte um Geldern – beenden sollte, letztlich aber scheiterte.[79] Wann genau Erasmus die *Querela Pacis* geschrieben hat, ist nicht mehr eindeutig auszumachen, in Druck ging sie aber im Dezember 1517 bei Froben in Basel, jedoch nicht – wie ursprünglich geplant – zusammen mit Thomas Morus' *Utopia*. Erasmus widmet die Schrift dem Bischof von Utrecht, Philipp von Burgund, der eine handschriftliche Ausfertigung des Textes erhielt. Dieser bekleidete nicht nur das Amt eines Bischofs, sondern auch das eines Admirals von Flandern und Gouverneurs von Geldern, verkörperte also gewissermaßen die Verquickung

77 Sie fand jedenfalls rasche Verbreitung (vgl. O. HERDING, Einleitung [in: Opera Omnia Desiderii Erasmi Roterodami, 1977, ASD 4/2, 3–56], 33–56) und lag in deutscher Übersetzung von Spalatin (Cristlich büchlein hern Erasmus Roterdamus, genannt die Klage des Frids inn allen nation vnd landen verworffen, vertrieben, vnd erlegt [...], Augsburg 1521) und Leo Jud (Ein Klag des Frydens, der in allen Nationen und Landen verworffen, vertriben und erlegt / jn Latin beschriben durch den aller gelertesten Doctor Erasmum von Roterodam [...], Zürich 1521) vor. Vgl. zu Spalatins Übersetzungsarbeit J. HAMM, Pax Erasmiana deutsch. Zu den Erasmusübersetzungen Ulrich Varnbülers und Georg Spalatins (in: Humanismus in der deutschen Literatur des Mittelalters und der Frühen Neuzeit, hg. v. N. MCLELLAN / H.-J. SCHIEWER / ST. SCHMITT, 2008, 25–51).

78 Vgl. R. STUPPERICH, Erasmus von Rotterdam und seine Welt, 1977, 100–105; G. FALUDY, Erasmus von Rotterdam, 1970, 146–154; R.H. BAINTON, Erasmus. Reformer zwischen den Fronten, 1972, 111–123.

79 Vgl. HERDING, Einleitung (s. Anm. 77), 7–21.

kirchlicher und politischer Macht und hatte enormen Einfluss auf die Niederlandepolitik der Habsburger. Er sollte mit der *Querela Pacis* für die Friedenspolitik des Erasmus gewonnen werden.[80] In die Schrift dürfte sich also beides gemischt haben: die Enttäuschung darüber, dass die Fürsten trotz des Schreckens des Krieges den Frieden nicht ernsthaft wollten, und der Optimismus, dass der Friede tatsächlich zu erreichen wäre, wenn den Fürsten, insbesondere aber der jüngeren, mehr oder minder humanistisch gebildeten Fürstengeneration, die Notwendigkeit des Friedens erst einleuchtet. Die *Querela Pacis* erweist sich daher schon allein vor dem Hintergrund ihres Abfassungszwecks in erster Linie als eine Fürstenschrift.

Der Titel der Schrift »Klage des Friedens« ist in doppelter Weise wörtlich zu nehmen: Es klagt in der Schrift der Friede selber, die Pax, durchweg in der ersten Person Singular, und will sich unter den Menschen Gehör verschaffen.[81] Sie klagt nicht in erste Linie über ihre Zurückweisung – es handelt sich nicht um eine *Anklage* des Menschen, eine *accusatio*, sondern eine *querela*, d.h. einen Klageschrei darüber, dass sich die Menschen ihres eigenen Glückes berauben, indem sie sich von ihr lossagen und sich die Vorteile des Friedens verwehren.[82] Die Schrift ist zutiefst und im besten

---

80 Vgl. die Widmung, zitiert nach B. Hannemann, Historische Einleitung (in: Erasmus von Rotterdam, Die Klage des Friedens, übers. und hg. v. B. Hannemann, 2017, 7–58), 30: »Das Büchlein widme ich dir gleichsam als gebührende kleine Erstlingsgabe zum neuen Bischof, damit Deine Hoheit den wie nur immer gewonnenen Sieg sorglich bewahre; so dulde ich nicht, dass vergessen werde, mit wie viel Mühe dieser für uns zustande gebracht sein wird.«

81 »Pax« sollte nicht einfach mit »Frieden« übersetzt werden, denn Pax verkörpert in der Schrift die lateinisch-römische Variante der griechischen Eirene, der Friedensgöttin. Als Humanist war Erasmus mit der antiken Götterwelt aufs Beste vertraut und in der Theogonie Herodots aus dem siebten vorchristlichen Jahrhundert wird von den drei Horen, den Töchtern von Zeus und Themis, erzählt: *Eunomia* (Ordnung), *Dike* (Gerechtigkeit) und die blühende *Eirene* (der Frieden), wobei *Dike* weinend durch die Landen streifen muss, weil sie von den Menschen vernachlässigt wird. Vgl. Hannemann, Einleitung (s. Anm. 80), 46–56 und R. H. Bainton, The Querela Pacis of Erasmus, Classical and Christian Sources (ARG 42, 1951, 32–48).

82 Vgl. Erasmus, Klage (s. Anm. 80), 61 f, (=ASD 4/2,61,4–17). Hannemanns Übersetzung, aus der hier und im Folgenden der deutsche Text zitiert wird, liegt die Leidener Gesamtausgabe der Schriften Erasmus' (*Opera Omnia*, 1703–1706) zugrunde. Die lateinischen

Sinne aufklärerisch: Die Menschen sehen nicht ein, was sie einsehen müssten, sind vor Wut und Zorn verblendet, – nach Erasmus – wie von Furien verhext. Die These des Traktats lautet: Nur die Pax garantiert Wohlstand, Blüte, Gerechtigkeit. Nur durch den Frieden kann menschliches Leben gedeihen.[83] Indem Erasmus den Frieden personifiziert und ihn selber zu Wort kommen lässt, kann er die politische wie theologische Unsinnigkeit des Krieges aus einer dezidiert einseitigen, die vermeintliche, weltpolitische Alternativlosigkeit ignorierenden Perspektive aufzeigen: Krieg und Frieden sind keine Begriffe, über die sich theoretisch reflektieren ließe,[84] Erasmus möchte vielmehr diejenigen Entscheidungsträger karikieren, die dem Krieg bereitwillig das Wort reden, obwohl er ihnen immensen ökonomischen und kulturellen Schaden zufügt. Die *Querela Pacis* hält daher nicht der weltpolitischen Lage oder dem Staatspolitiker, sondern dem einzelnen Menschen den Spiegel vor. Harmonie und Frieden seien überall in der belebten wie unbelebten Natur zu entdecken,[85] nur unter den Menschen, die nicht nur von Natur aus über (Mit-)Menschlichkeit verfügen, sondern sogar durch die Lehre Christi unterwiesen seien, würden Krieg und Gewalt herrschen. Im Folgenden sollen drei argumentative und konzeptionelle Parallelen zwi-

---

Parallelen stammen aus der Amsterdamer Ausgabe (ASD 4/2, 1977, 1–100), wobei die erste Zahl die Seite, die zweite den fortlaufend gezählten Vers angibt.

83 Vgl. ERASMUS, Klage (s. Anm. 80), 62f (=ASD 4/2,61,18–62,29).

84 Vgl. zur Rhetorik der *Querela Pacis* F. VIDAL, Die Querela Pacis des Erasmus von Rotterdam (in: Wege moderner Rhetorikforschung. Klassische Fundamente und interdisziplinäre Entwicklung [Rhetorik-Forschungen 21], hg. v. G. UEDING / G. KALIVODA, 2014, 651–661). Vidal legt zu Recht nahe, Erasmus wähle für die Schrift den Modus der Klage auch deswegen, um die – überaus überspitzte – Kirchen- und Fürstenkritik rhetorisch kaschieren zu können.

85 Vgl. ERASMUS, Klage (s. Anm. 80), 66–68 (=ASD 4/2,63,64–64,76): »Eingepflanzt sind das Gemeingut des Wissens und der Keim der Tugend sowie ein sanftes und friedliches Naturell, das für ein gegenseitiges Wohlwollen wichtig ist und die Liebe füreinander fördert; auch ist es liebenswert, anderen sogar gratis zu dienen, wenn nur keiner durch schlimme Habsucht verführt, wie unter Circes Drogen, vom Menschen zum Ungeheuer entarten würde. Hier ist offensichtlich, warum allgemein alles, was das gegenseitige Wohlwollen betrifft, als ›menschlich‹ bezeichnet wird, so dass das Wort ›Humanität‹ nicht schon unsere Natur darlegt, sondern die seiner Natur würdige Gesittung eines Menschen.«

74

schen der *Querela* und Luthers Obrigkeitsschrift in den Blick genommen werden.

a) Christ sein und bleiben – die Frage nach der Vereinbarkeit von christlichem Glauben und fürstlicher Gewaltanwendung

Wie Luther erörtert auch Erasmus die Vereinbarkeit des politischen Handelns der Fürsten und ihres christlichen Glaubens, setzt beides jedoch in ein kontradiktorisches Verhältnis zueinander. Unterweise schon die Natur den Menschen über die Vorzüge des Friedens, so müsse ihm doch erst recht die Lehre Christi vor Augen führen, dass Frieden und Eintracht sinnvoll, Kriegswahn und Disharmonie unter den Christen schädlich seien.[86] Das Problem von Krieg und Frieden bestimmt Erasmus konsequent in einer Zerrüttung der menschlichen Natur – es liegt nicht in den weltpolitischen Konstellationen und der realpolitischen Lage begründet, sondern im einzelnen Menschen:

> [...] [der Mensch] kämpft gleichwohl mit sich selbst, die Vernunft führt Krieg mit den Leidenschaften, und obendrein geraten die Leidenschaften untereinander in Konflikt, während zum einen das Pflichtgefühl ruft, zieht die Begierde anderswohin, wieder dagegen rät einmal die Laune, ein andermal der Zorn, einmal der Ehrgeiz, ein andermal die Habsucht.[87]

Indem er den Krieg auf einen Konflikt in der menschlichen Seele zurückführt, gelingt es Erasmus, ihn zu individualisieren und jeden Fatalismus zu bestreiten: Der Krieg ist wie der Frieden menschengemacht, Friede stellt sich nicht durch eine kluge, ausgleichende Weltpolitik ein, sondern unmittelbar durch die innerseelische Harmonie und den christlichen Glauben. Das argumentative, theologische Herzstück der *Querela Pacis* bildet daher eine eingehende Betrachtung von Jesus Christus als Friedefürst, anhand derer Erasmus dem Krieg jeden Rechtfertigungsgrund und jede religiöse Legitimation konsequent entzieht: Es gibt keinen heiligen Krieg, Christus sei nicht als Statthalter oder Kriegsherr, sondern als Friedensbringer angekündigt worden, die Trompeten der Engel haben bei seiner Geburt nicht zum Krieg gerufen, sondern zur Eintracht; Gott konnte sogar zwischen den Feinden Christi, Pilatus und Herodes, Freundschaft stiften und sie mitein-

---

86 Vgl. ERASMUS, Klage (s. Anm. 80), 74–78 (=ASD 4/2,66,131–68,202).
87 ERASMUS, Klage (s. Anm. 80), 78 (=ASD 4/2,68,196–200).

ander versöhnen;[88] durch Christus sei ein Zelot wie Paulus »zu einem Ruhigen und einem Apostel des Friedens« bekehrt worden,[89] als dessen Botin sich die Pax dezidiert ausweist: »[...] mit welchem Herzen und welcher Beredsamkeit ließ er [Paulus] meine Lobrede auf die Korinther herabtönen? Warum soll ich mich denn nicht rühmen, dass ich von einem so vortrefflichen Mann so sehr gepriesen bin?«[90] Erasmus lässt die Pax als *über*christliche Kraft in Erscheinung treten, gewissermaßen als ein natürliches Prinzip, möchte jedoch darauf hinweisen, dass sie sich *gerne* von den Zeugen Christi aufrufen lässt, seien sie und Christus doch schon nach Jesaja, der den Friedefürst ankündigt, natürliche Bundesgenossen. Erasmus kann apodiktisch feststellen:

> Jeder, der Christus verkündigt, verkündigt Frieden. Jeder, der den Krieg rühmt, rühmt denjenigen, der Christi Widersacher ist.[91]

Von dieser christologischen Prämisse aus liest die Pax die Heilige Schrift: Nirgends in der Bibel könne man von einem Gott des Krieges sprechen. Die Geschichte der Kriege Israels deute vielmehr typologisch auf die friedensstiftende Person und Botschaft Jesu[92] und natürlich ließen sich auch im Alten Testament Beispiele dafür finden, dass Gott ein friedliebender Gott ist: So habe nicht etwa der Krieger David, sondern erst sein Sohn Salomo den Tempel Gottes erbauen dürfen.[93] Wesentlicher Richtpunkt für die Friedensbotschaft Gottes sei freilich das Neue Testament: Jesu Friedensgruß und hohepriesterliches Gebet um die Einigkeit der Jünger deuten auf die zentrale Bedeutung des Friedens für die christliche Sittenlehre hin. Auch das Liebesgebot stehe allen anderen Gesetzen Gottes und der Menschen voran, während die johanneischen Ich-Bin-Worte, besonders aber das Bild

---

88 Vgl. ERASMUS, Klage (s. Anm. 80), 90 (=ASD 4/2,75,337–76,349).

89 ERASMUS, Klage (s. Anm. 80), 80 (=ASD 4/2,70,214–216).

90 ERASMUS, Klage (s. Anm. 80), 80 (=ASD 4/2,70,217f).

91 ERASMUS, Klage (s. Anm. 80), 82 (=ASD 4/2,70,237f: »Quisquis Christum annunciat, pacem annunciat. Quisquis bellum praedicat, illum praedicat, qui Christi dissimillimus est.«).

92 Vgl. ERASMUS, Klage (s. Anm. 80), 83: »Das Geschmetter der Trompeten bedeutete den Juden einen Auftakt zum Kriegführen. Dies stimmte mit den Vorzeichen überein, durch die es göttliches Recht war, Feinde zu hassen: Aber einem Frieden stiftenden Volk singen die Engel des Friedens ganz andere Lieder.« (=ASD 4/2,72,253–255).

93 Vgl. ERASMUS, Klage (s. Anm. 80), 82 (=ASD 4/2,71,241–72,245).

vom Weinstock eindrücklich zeige, dass alle Gläubigen von einem einzigen Ursprung abhängen und gegeneinander nicht Krieg führen sollten. Jesus habe mit Nachdruck darauf hingewiesen, dass der Krieg von den seelischen Dissonanzen des Menschen herrühre: Habsucht und Selbstliebe sind die Wurzeln des Streites, die Jesus ausreißt, wenn er dazu aufruft, »nach Art der Vögel und Lilien in den Tag zu leben« und eben nicht die Sorge »über den kommenden Tage auszudehnen«. Er habe gewollt, dass die Menschen »ganz dem Himmel ergeben sind.«[94] Zuletzt aber müsse die Eucharistie als das wichtigste Zeichen der Einigkeit verstanden werden, durch das Christus die Christenheit zum Frieden vermahnt.

Neben diese i. e. S. exegetische Argumentationslinie tritt nun eine weitere, i. e. S. dogmatische Beweisführung, die gerade in ihrer Kürze schlagend ist: Erasmus verbindet die Frage nach dem Frieden mit der Frage nach der Wirksamkeit des Heiligen Geistes. Zuerst übt er eine schroffe Kritik an der akademisch-theologischen, sakramentalen Lehre vom Geist:

> Der himmlische Geist wird heutzutage mit den vielen Sakramenten eingegeben, versichern die Theologen. Wenn sie die Wahrheit predigen, wo ist jenes außerordentlichen Geistes Wirkung: ›Ein Herz und eine Seele‹?[95]

Die Pax stellt hingegen fest, dass, wo Uneinigkeit, Krieg und Unfrieden herrschen, keinesfalls der Geist Gottes am Werk sein und von Kirche nicht gesprochen werden könne:

> Wenn Du dich rühmst, ein Teil der Ecclesia zu sein, was hast du mit dem Krieg zu tun? Wenn du von der Ecclesia entfernt bist, was hast Du mit Christus zu tun?[96]

Die Argumentationsstrategie des Erasmus' erweist sich gerade in dieser Zuspitzung als kongenial: Die Pax streut Zweifel über die Zugehörigkeit zur Kirche, die Teilhabe am Heiligen Geist und die Wirksamkeit des Sakraments:

> Und die Christen vermag jenes Himmelsbrot und jener mystische Kelch nicht in der Freundschaft zu vereinigen, die Christus selbst heiligt, die sie Tag für Tag erneuern und mit den Messopfern vergegenwärtigen? Wenn Christus daselbst nichts erwirkt, wozu noch heute die Mühe mit den vielen Zeremonien? Wenn er die Sache ernst nahm, wes-

---

94 ERASMUS, Klage (s. Anm. 80), 88 (=ASD 4/2,74,313–317).
95 ERASMUS, Klage (s. Anm. 80), 91 (=ASD 4/2,76,352–353).
96 ERASMUS, Klage (s. Anm. 80), 92 (=ASD 4/2,76,358f).

halb kann sie von uns so gering geschätzt werden, als ob es auf Spielerei oder Theater hinausliefe?[97]

Erasmus' Kritik am Krieg erweist sich in ihrem Zentrum also als Kirchenkritik und Kritik an einer veräußerlichten Christenheit, in der zwar alle für sich beanspruchen, Christen zu sein, etwa weil sie das Abendmahl empfangen oder getauft sind, aber keinen Frieden halten. Die Pax überführt die Christen der Heuchelei: Wo der Mensch nicht den Frieden, sondern den Streit suche, könne er nicht zu Christus und seiner Kirche gehören.

Erasmus spitzt seine Kritik nun auch pointiert auf die Fürsten zu: Ihnen diene der Krieg allein dazu, ihre Herrschaft und ihren Wohlstand zu sichern.[98] Die Pax möchte die Fürstenkriege rundweg entpolitisieren: Die Kriege dieser Zeit ließen sich nur selten auf hinreichende staatspolitische Gründe zurückführen, meistens entsprängen sie einzig dem Neid und dem Materialismus der Fürsten, die sie anzetteln:

> Ziehe Deine Maske da herab, wirf die Schminken fort, Dein eigenes Herz befrage, Du wirst entdecken, dass Zorn, Ehrgeiz und Torheit hierzu führen und nicht die Notwendigkeit. Es sei denn, Du betrachtest es etwa als Notwendigkeit, kein Gelüst unbefriedigt zu lassen. Vor dem Volk magst Du Dich brüsten, Gott wird durch Verstellung nicht getäuscht.[99]

Die Frage, ob und inwiefern der Fürst Christ sein und bleiben kann, wenn er das Schwert ergreift, erweist sich auch in der *Querela Pacis* als zentrale Frage. Erasmus beantwortet sie im Vergleich zu Luther rigoroser. Er möchte keine Unterscheidung von Christ- und Weltperson treffen: Derjenige Fürst, der Gewalt anwendet und Kriege führt, kann nach Erasmus unter keinen Umständen Christ sein.

Erasmus und Luther überschneiden sich in der Grundannahme, dass Krieg nicht nur eine politische, sondern immer auch eine theologische Dimension hat. Sie unterscheiden sich jedoch in ihrem Menschenbild und ihrer Abwägung von Ideal und Wirklichkeit. Erasmus kann in der *Querela*

---

97 ERASMUS, Klage (s. Anm. 80), 93 f (=ASD 4/2,76,372–375).
98 Vgl. ERASMUS, Klage (s. Anm. 80), 98 f: »Wenn die Christen Glieder eines einzigen Körpers sind, warum begrüßt nicht jeder freudig das Gedeihen des anderen? Jetzt wird es beinah als rechtmäßiger Beweggrund für einen Krieg angesehen, wenn im Nachbargebiet alles ein wenig blühender ist.« (=ASD 4/2,80,433–435).
99 ERASMUS, Klage (s. Anm. 80), 110 (=ASD 4/2,84,567–85,570).

Pacis den Christen nur als *einen, ganzen, unteilbaren* Menschen verstehen, der *in jeder Hinsicht* von der Pax eingenommen wird, während Luther von einer *doppelten Inanspruchnahme* des Menschen ausgeht und meint, dass der Christ, wenn es um ihn selbst gehe, Rechts- und Gewaltverzicht üben solle – ganz wie Christus es gebiete. Für den Nächsten, d.h. aber auch für die Erhaltung der öffentlichen wie auch der Schöpfungsordnung soll der Christ sich aber, wenn nötig, auch mit Gewalt und Krieg einsetzen. Eine vergleichbare staatspolitische Verantwortung des einzelnen Christen nimmt Erasmus nicht in den Blick. Luther entscheidet in letzter Konsequenz die Frage, ob der Christ sich am Krieg beteiligen darf, anhand der Unterscheidung von Amt und Person bzw. Werk und Täter. Der Christ dürfe Krieg führen, wenn dieser dem Schutz vor dem Bösen und der Bestrafung des Unrechts diene. Insofern sei nach Luther ein Krieg von Gott gewollt und von ihm verordnet.[100] Bei Luther ist der Krieg also Gegenstand einer kritischen Abwägung: *Per se* ist er nicht unchristlich, könne er doch – z.B. im Fall der Bauernaufstände – erforderlich sein, um Aufruhr zu unterbinden und die öffentliche Ordnung wiederherzustellen.[101] Luther kann dabei im Übrigen auf die gleichen biblischen Zusammenhänge wie Erasmus zurückgreifen, freilich, um den Krieg theologisch zu rechtfertigen: Die alttestamentlichen Kriegserzählungen (Abraham, Mose, Josua, die Richter und Könige), aber auch Johannes der Täufer – der die zu ihm pilgernden Soldaten zwar ge-

---

100 Vgl. WA 19; 625,20–23: »Denn weil das schwerd ist von Gott eingesetzt die bösen zu straffen die frumen zu schutzen und fride hand zu haben, Ro. 13., 1. Pet. 3. So ist auch gewaltiglich gnug beweiset, das kriegen und würgen von Gott eingesetzt ist und was kriegs laufft und recht mit bringet.«

101 Vgl. WA 19; 626,15–17: »Das man nu viel schreibt und sagt, wilche eine grosse plage krieg sey, das ist alles war. Aber man solt auch daneben ansehen, wie viel mal grösser die plage ist, der man mit kriegen weret.« Freilich neigt Luther in diesem Zusammenhang auch zu rhetorischen Überspitzungen, die – gemessen an Erasmus' feinsinniger Argumentation – überaus zynisch klingen (WA 19; 626,28–627,4): »Summa: Man mus ym kriegeampt nicht ansehen, wie es würget, brennet, schlegt und fehet etc. Denn das thun die engen, einfeltigen kinder augen, die dem arzt nicht weiter zusehen, denn wie er die hand abhewet odder das bein abseget, sehen aber odder mercken nicht, das umb den gantzen leib zuretten thun ist. Also muss man auch dem kriegs odder schwerds ampt zusehen mit menlichen augen, warum es so würget und grewlich thut; so wird sichs selbs beweisen, das ein ampt ist an yhm selbs Göttlich und der welt so nöttig und nützlich als essen und trincken odder sonst kein ander werck.«

scholten, ihr Amt aber unangetastet gelassen habe – legitimieren Luther zufolge den Krieg. Letztlich stehen sich also der Pazifist Erasmus, der den Krieg für die Christenheit kategorisch ausschließt, und der Realist Luther, der den Krieg zulässt, um die Schöpfungsordnung zu verteidigen und den Aufruhr zu unterbinden, gegenüber.

b) Die Vermischung der Regierweisen

Auch Erasmus kennt die gegenseitige Instrumentalisierung von fürstlicher Gewalt und kirchlicher Verkündigung zur Durchsetzung machtpolitischer Interessen beider Seiten. Die Kirche sei an der absurden Kriegstreiberei der Fürsten unmittelbar beteiligt, insofern Bischöfe, Kardinäle, selbst der Papst Propaganda schüren, was Erasmus angesichts der Friedensbotschaft Jesu als bodenlose Bigotterie brandmarkt:

> Du lobst mit gleichem Munde, mit dem Du den Friedensstifter Christus predigst, den Krieg und verkündest mit der gleichen Trompete Gott und den Satan?[102]

Hier zeigt sich ein weiteres Mal, dass es sich bei der *Querela Pacis* um eine dezidiert theologische Schrift handelt, in der neben den Fürsten auch die Theologen, Priester und Predigerorden im Fokus der Kritik stehen: Dominikaner und Franziskaner würden auf beiden Seiten des Ärmelkanals gegen den jeweiligen Widersacher am anderen Ufer predigen und dazu die »Gesetze der Väter, die Schriften frommer Menschen, die Worte der Bibel«[103] verdrehen. Bischöfe und Kardinäle würden militärische Oberkommandos übernehmen, Priester predigen zu Felde, tragen das Kreuz in die Schlacht und töten »einen, der durch das Kreuz errettet ist«.[104] Der Krieg erscheint aus theologischer Perspektive als nichts anderes als die Vernichtung der eigenen Glaubensbrüder, obwohl die Christen doch das »Vater unser« beten, das ja alle, auch die Feinde!, im »unser« miteinschließe.[105] Platon habe gemeint, dass man Kriege unter den Griechen nicht als Kriege, sondern als Aufruhr bezeichnen müsse – gleiches gelte, so die Pax, für das Volk der Christen: Geschwister würden sich hier gegen Geschwister er-

---

102 ERASMUS, Klage (s. Anm. 80), 103 (=ASD 4/2,82,484f).
103 ERASMUS, Klage (s. Anm. 80), 105 (=ASD 4/2,82,504–508).
104 ERASMUS, Klage (s. Anm. 80), 107 (=ASD 4/2,82,527–530).
105 Vgl. ERASMUS, Klage (s. Anm. 80), 108 (=ASD 4/2,82,541f).

heben.[106] Unter diesen Bedingungen würde selbst die Eucharistie zu einem widergöttlichen Götzendienst verkommen, seien doch die kriegstreibenden Christen von den Geistern des Streites, jedenfalls nicht vom Heiligen Geist besessen, während sie Abendmahl feiern. Das Sakrament sei, wenn es nicht zum Frieden führe, völlig wertlos, ein Dämonendienst.[107]

Auch die Instrumentalisierung der Obrigkeit durch die Kirche, die in der Propaganda eines Heiligen Krieges gipfelt, lehnt Erasmus rundweg ab. Wenn er die Pax überlegen lässt, ob es nicht klug wäre, dass, wenn man schon Krieg führen wolle, ihn am besten gegen die Türken führe, weil ja auf diese Weise immerhin unter den Christen Eintracht herrschen würde,[108] handelt es sich um blanke Satire! Es könne nur einen Weg geben, die Türken zum Christentum zu bekehren: Man müsse erst selber zum Christen werden.[109] Konkret erhebt die Pax die Forderung, dass sich Theologen und Priester auf ihre Kernaufgaben konzentrieren und die politische Predigt unterlassen. Kirche dürfe nicht politisch agieren, sondern darauf hinwirken, dass die Menschen den Frieden suchen und erhalten.[110]

c) Die Untertanenperspektive

Die Untertanenperspektive kommt in der *Querela Pacis* in zwei ähnlichen argumentativen Zusammenhängen zum Tragen wie in Luthers Obrigkeitsschrift: Zum einen erinnert Erasmus daran, dass Krieg immer eine Krise der Zivilisation ist[111] und der Fürst, erwäge er, in den Krieg zu ziehen, stets die Ruhe und den Wohlstand seines Volkes im Blick behalten müsse. Erasmus geht freilich über diese güterethische Abwägung hinaus und es mutet beherzt anachronistisch an, wenn er das antike, antimachiavellistische Ideal des Herrschafts*verzichtes* auf die politische Konstellation des 16. Jahrhun-

---

106 Vgl. ERASMUS, Klage (s. Anm. 80), 109 (=ASD 4/2,84,551–554).
107 Vgl. ERASMUS, Klage (s. Anm. 80), 110 (=ASD 4/2,84,561–564).
108 Vgl. ERASMUS, Klage (s. Anm. 80), 121: »Wenn gegenseitige Liebe jene nicht zusammenleimt, mag doch wenigstens ein gemeinsamer Feind sie verbinden, und es würde einen wie auch immer beschaffenen Synkretismus geben, da es an wahrer Eintracht fehlt.« (=ASD 4/2,90,685–687).
109 Vgl. ERASMUS, Klage (s. Anm. 80), 134 (=ASD 4/2,96,836f: »Si cupimus Turcas ad Christi religionem adducere, prius ipsi simus Christiani.«).
110 Vgl. ERASMUS, Klage (s. Anm. 80), 118f (=ASD 4/2,90,662–665).
111 Vgl. ERASMUS, Klage (s. Anm. 80), 126–132 (=ASD 4/2,92,744–94,807).

derts übertragen möchte. Das Herrschen müsse den *Verzicht auf die Durchsetzung der eigenen Interessen*, der eigenen Person, zur philosophischen
Grundlage haben: Ein Fürst könnte einwenden, dass er niemals sicher wäre,
solange er seine Feinde nicht ausgeschaltet habe, aber – fragt die Pax – ver-
leitet dieses Sicherheitsbedürfnis nicht erst zum Krieg? Erst derjenige Herrscher, der auf Gedeih und Verderb seine Macht durchsetzen wolle, mache
sich angreifbar. Sicher regiert nur derjenige, der »bereit ist, auch sein Amt
niederzulegen, weil es ihm ja um die Respublica und nicht um seine Person geht«.[112] Der Regent, der um das Wohl des Staates, des Volkes bemüht
sei, könne seine Person vom Amt trennen und lebe dadurch in Sicherheit
und Frieden, während der selbstsüchtige Herrscher wahrscheinlich gestürzt
werden würde.

Der andere Zusammenhang ist affirmativer Natur. Erasmus lässt die
Pax ihren Appell mit einer Standesliste abschließen, in der zuerst die Herrschenden angeredet werden: Sie, die ja das »Sinnbild der Herrschaft Christi«
darstellen, mögen sich auf den Ruf »des Königs zum Frieden« besinnen,[113]
das eigene Recht zurückzustellen und auf Rache zu verzichten. Die Theologen werden dazu aufgerufen, das Evangelium des Friedens zu predigen.[114]
Und die Magistrate sollen Beistand ihrer Herren sein.[115] Der umfassendste
Appell kommt allerdings am Schluss zu stehen:

> An Euch appelliere ich insgesamt, die Ihr den christlichen Namen bekennt, verschwört
> Euch darin mit einhelligem Sinn. Lasst nunmehr sehen, wie viel die Einigkeit der Menge
> gegen Tyrannenmacht vermag. Hier sollten alle in gleicher Weise all ihre Vorschläge
> einbringen. Es möge die, welche die Natur durch so viele Dinge zusammenführt, noch
> mehr Christus, zu fortwährender Eintracht verbinden. Durch gemeinsames Bemühen
> mögen alle vorantreiben, was allen gleichermaßen zum Segen dient.[116]

Und die Pax schließt ihre Klage mit einem Lob auf die Harmonie und Fried-
fertigkeit als grundchristliche Tugenden:

---

112 ERASMUS, Klage (s. Anm. 80), 133 (=ASD 4/2,96,814–821).
113 ERASMUS, Klage (s. Anm. 80), 137 (=ASD 4/2,98,872–875).
114 Vgl. ERASMUS, Klage (s. Anm. 80), 137 (=ASD 4/2,98,878f).
115 Vgl. ERASMUS, Klage (s. Anm. 80), 138 (=ASD 4/2,98,881–883).
116 ERASMUS, Klage (s. Anm. 80), 138 (=ASD 4/2,98,883–898).

Endlich wird der Einzelne dem Einzelnen und alle werden allen zugleich lieb und wert sein und vor allem Christus willkommen sein, dem zu gefallen das höchste Glück ist. Ich habe gesprochen.[117]

Erasmus konstatiert also eine offene Diastase zwischen den eigentlichen, wahren Christenmenschen und den scheinchristlichen Tyrannen. Das Christenvolk ist dazu aufgerufen, die Vorteile des Friedens gegen die Partikularinteressen der Herrscher aufzuwiegen und den Frieden einzufordern. Der Untertanenperspektive kommt also in der *Querela* eine ähnliche, adhortative Funktion zu wie in Luthers Obrigkeitsschrift: Wo die Fürstenmacht über ihre Grenzen geht, besteht die Gefahr des Aufstandes.

III Bilanz: der Wechsel von Fürsten- und Untertanenperspektive als rhetorische Strategie

Hier wurde Luthers Obrigkeitsschrift konsequent als Fürstenschrift gelesen. Zwischen Widmung und Fürstenspiegel entspinnt sich eine Argumentation bzgl. der Voraussetzungen und Notwendigkeit einer christlichen Versehung des Fürstenamts. Dem Christen ist es nicht nur erlaubt, das Fürstenamt zu versehen, eigentlich kann *nur der Christ* die saubere Unterscheidung von »für mich« und »für den Anderen« treffen. Das von Gott gegebene weltliche Regiment ist dabei jedoch keineswegs schöpfungstheologisch legitimiert, als würde der Fürst bloß dazu eingesetzt sein, um die äußere Ordnung aufrechtzuerhalten, sondern i. e. S. ekklesiologisch: Der Fürst solle die Kirche schützen und die ungehinderte Verkündigung von Gesetz und Evangelium garantieren. Wo der Fürst dieser Aufgabe nicht nachkommt und das geistliche Regiment der Kirche unterdrückt, vermischt er die beiden von Gott angeordneten Regierweisen und wird von Gottes Zorn heimgesucht. Die Untertanenperspektive dient in der Obrigkeitsschrift ganz der theologischen Demarkation fürstlicher Macht: Wo der Fürst den Schutz der Kirche vernachlässigt und seine Machtinteressen ungehemmt auslebt, erheben sich die Beherrschten gegen ihn und sind ihrer Gehorsamsverpflichtung entbunden. Bezogen auf die Fürstenzentrierung der Schrift nimmt die Untertanenperspektive also eine adhortative Funktion ein, insofern sie den

117 ERASMUS, Klage (s. Anm. 80), 141 (=ASD 4/2,100,916–918).

Fürsten ihre Pflichten unter Androhung des Aufstandes als Ausdruck des Zornesgerichts Gottes einschärft.

Auch in Erasmus' *Querela Pacis* ist das rhetorische Wechselspiel von Fürstenzentrierung und Untertanenperspektive deutlich ausgeprägt, freilich unter anderen Vorzeichen: Erasmus lehnt es konsequent ab, dass der Fürst als Christ zum Schwert greifen dürfe, denn die Zugehörigkeit zur Kirche und zu Christus ist mit Kriegs-, Territorial- und Machtpolitik völlig unvereinbar. Die Untertanen werden ähnlich wie bei Luther als Korrektiv aufgerufen: Sie haben die Politik des Fürsten am Evangelium, d. h. am jesuanischen Aufruf zum Pazifismus, zu messen und, wenn nötig, zu korrigieren.

Auch wenn Obrigkeitsschrift und *Querela* unterschiedliche Antworten auf die Frage nach den Grenzen der Ausübung fürstlicher Gewalt geben, da sie unterschiedliche Ziele verfolgen – Erasmus vertritt einen bedingungslosen Pazifismus, während Luther die Vereinbarkeit von fürstlicher Gewalt und christlichem Glauben erörtert –, erweisen sich beide Schriften in ihrer rhetorischen und konzeptionellen Disposition als ähnlich gelagert, insofern die Untertanenperspektive funktional auf die fürstenzentrierte Argumentationslinie bezogen und die Bedrohung der fürstlichen Macht als Konsequenz einer fehlgeleiteten Selbstbezogenheit und Selbstgenügsamkeit bestimmt wird. Inwiefern der Obrigkeit Gehorsam schuldig ist – so der Titel der Schrift –, erweist sich daher keineswegs als Skopus der Schrift, sondern als dräuender Adhortativ, der auf die zentrale Forderung, dass die Fürsten »Christen und Christus eyn herr bleyben sollen«,[118] unmittelbar bezogen ist.

118 WA 11; 246,7.

84

Luther, Äsop und die Fabel

Von Gudrun Bamberger

I Luther und Fabeln

> Denn wir gesehen haben, welch ein ungeschickt Buch aus dem Esopo gemacht haben,
> die den Deudschen Esopum, der fürhanden ist, an tag geben haben, welche wol wert
> weren einer grossen Straffe, als die nicht allein solch ein nützlich Buch zu schanden und
> unnütz gemacht, sondern auch viel Zusatz aus jrem Kopff hinzu gethan [...].[1]

Das Zitat stammt aus der Vorrede zu Martin Luthers fragmentarischer Fabelsammlung (1530) und macht deutlich, dass das Buch – anders als die Vorgänger – »ein wenig besser Gestalt« bekommen soll, dazu muss er den Inhalt
»fegen«, das heißt, die nicht zugehörigen Stücke wie die zotigen Fazetien
des Francesco Poggio wieder entfernen und gemäß der beabsichtigten Lehre
ordnen.[2] Gerade der Absetzungsprozess von den vorhandenen Fabelsammlungen, vor allem des Ulmer Stadtarztes Heinrich Steinhöwel von 1476/77
und eine mit Fazetien und Schwänken durchmischte Sammlung Sebastian

---

1 WA 50; 454,12–16.
2 Die Integration dieser Kleinform mag mit ihrer ausgesprochenen Bekanntheit zu tun
   haben. Wilfried Barner etwa attestiert ihr weltliterarische Bedeutung. Er macht das am
   humanistischen Gebrauch fest. Vgl. W. BARNER, Überlegungen zur Funktionsgeschichte
   der Fazetien (in: Kleinere Erzählformen im 15. und 16. Jahrhundert [Fortuna Vitrea 8],
   hg. v. W. HAUG / B. WACHINGER, 1993, 287–310), 287f; K. SCHLECHT, Fabula in situ. Äso-
   pische Fabelstoffe in Text, Bild und Gespräch (ScFr 37), 2014, 23.

Brants von 1508[3] sind hier angesprochen.[4] Dagegen wird die Funktion der Fabel vom spätantiken Kommentator Macrobius (4.–5. Jh. n. Chr.) speziell unter den Vorzeichen der Fiktion als lehrhaft bestimmt: »Fabulae, quarum nomen indicat falsi professionem, aut tantum conciliandae auribus voluptatis, aut adhortationis quoque in bonam frugem gratia repertae sunt«.[5] Diese Verortung der Fabel bleibt bis ins Spätmittelalter gültig. Erstmals behandelt Luther die Gattung quasi-theoretisch in seinen Paratexten, aber auch in den Tischreden.[6] Er sieht, so wird sich zeigen, in eben jener Bestimmung einer lehrhaften Kleingattung, die durch eine ostentative Fiktionalität charakterisiert ist, einen speziellen Mehrwert gegenüber anderen literarischen Gattungen, aber auch anderen Formen der Unterweisung. Besonderes Augenmerk liegt auf der Sprachwahl[7]: »Man bedient sich der deutschen Sprache, wenn man entweder, wie die Meistersinger, sowieso in einer rein volkssprachlichen und in diesem Fall auch bildungsfernen Tradition steht, oder wenn man vom Volk, das des Lateinischen nicht mächtig ist, verstanden werden will«.[8] Für Luther ermöglicht die spezielle Auseinandersetzung mit dem scheinbar problematischen Konzept der Fiktio-

---

3 Zur Integration von Fazetien in Fabelsammlungen vgl. J. K. KIPF, Cluoge geschichten. Humanistische Fazetienliteratur im deutschen Sprachraum (Literaturen und Künste der Vormoderne 2), 2010, 434–436.

4 Einen überlieferungsgeschichtlichen Zusammenhang bieten u. a. K. GRUBMÜLLER, Meister Esopus Untersuchungen zu Geschichte und Funktion der Fabel im Mittelalter (Münchner Texte und Untersuchungen zur deutschen Literatur des Mittelalters 56), 1977; in Hinblick auf die Prosaform vgl. DENS., Fabel, Exempel, Allegorese. Über Sinnbildungsverfahren und Verwendungszusammenhänge (in: Exempel und Exempelsammlungen [Fortuna Vitrea 2], hg. v. W. HAUG / B. WACHINGER, 1991, 58–76).

5 MACROBIUS, Commentarii in Somnium Scipionis, hg. v. JA. WILLIS, 1963, I 2,27. »Fabeln, deren Namen ihr unwahres Erzählen anzeigen, sind erfunden, um die Ohren zu erfreuen, oder zum Guten zu ermahnen.«

6 Vgl. A. SUERBAUM, Fabel (in: Kleine literarische Formen. In Einzeldarstellungen, 2008, 89–109), 89 f.

7 Vgl. WA 30,2; 637,18–22: »[...] wie man sol Deutsch reden / wie die esel thun / sondern man mus die mutter jhm hause / die kinder auff der gassen / den gemeinen man auff dem markt drumb fragen / vnd den selbigen auff das maul sehen / wie sie reden / vnd darnach dolmetzschen / so verstehen sie es den / vnd mercken / das man Deutsch mit jn redet«.

8 V. WELS, Versreform und höfisches Ideal bei Martin Opitz (in: Die ›Kunst des Adels‹ in der Frühen Neuzeit [Wolfenbütteler Forschungen 144], hg. v. C. SITTIG / CH. WIELAND, 2018, 61–90), 62.

nalität die Möglichkeit umfassender Erziehung. Das Durchdenken möglicher Handlungswege – nicht zuletzt an der Figuration und Diskussion der Äsop-Figur – bietet die Gelegenheit unterschiedlicher Ergebnisse, wie die *mouvance* der Moralabschnitte zeigen wird.

Auch wenn mit der Eigenbezeichnung ›Fabel‹ generell Erzählungen jeglicher Art gemeint sein können,[9] geht es im Folgenden um die in der Tradition gemeinhin als äsopisch bezeichneten Kurzerzählungen mit tierischem Personal. Es lässt sich beobachten, dass Luther zu verschiedenen Anlässen und in unterschiedlichen Kontexten zur Fabel greift, um Sachverhalte zu erklären und vor allem zu deuten. Die Integration der Fabel erfolgt in drei Bereiche, die für Luther entscheidend sind und Auswirkungen auf den Gebrauch haben: den häuslichen Einsatz auch der einfacheren Stände und der Jugend generell, den schulischen Bereich und den kirchlichen Bereich zur Veranschaulichung, aber auch zur Unterfütterung beispielsweise in Predigten. Zu den expliziten Äußerungen und der Integration der Gattung in andere Kontexte tritt der Aufbau als signifikantes Merkmal. Der typische Aufbau nach R. Dithmar sieht in äsopischer Tradition ein Pro- oder Epimythion als Rahmung einer kurzen Haupterzählung vor. Der kurze Lehrsatz vor oder nach dem Erzähltext verweist auf einen textexternen Sachverhalt und gleichzeitig auf die Fabelhandlung selbst, sodass der Rezipient sowohl die Fabelhandlung als auch den Bezug zur Lebenswelt im Lehrsatz erfassen soll.[10] Der Erzähltext besteht klassischerweise aus den Elementen *actio* (Auslösen der Handlung), *reactio* und *eventus* (Ergebnis der Handlung).[11] Zu Beginn wird zudem meist die Ausgangssituation entworfen. Immer wieder wurde jedoch bemerkt, dass sich Luthers Fabeln von denjenigen der Nachfolger darin unterscheiden, dass Luther keine sog. ›Moral‹ an die Fabelhandlung anschließt und lediglich mit einem oftmals recht abstrakten Satz schließt, der ohne direkten Bezug zur vorangegangenen oder nachfolgenden Handlung die Unumkehrbarkeit des Weltenlaufs beinhaltet.[12]

---

9 Vgl. K. Grubmüller, Art. Fabel (RLW[3] 1, 2007, 555–558), 555.
10 Vgl. R. Dithmar, Fabeln, Parabeln und Gleichnisse, 1995, 214.
11 Vgl. aaO., 192.
12 Vgl. Schlecht, Fabula (Anm. 2), V.

In den Tischreden wird die rhetorische Absicht hinter diesem Vorgehen deutlich, indem er sich an Cicero anlehnend über die Kunst des Redens,[13] die voraussetzt, dass der Redner die angemessenen Mittel wählt, in Bezug auf Äsop äußert. In einem Beispiel von 1538 heißt es:

> Sexta legit praefationem suam in Aesopum, quem librum mirifice commendavit, qui esset plenus doctrinae et morum et experientiae. Deinde addidit: Wer wol reden kann, der ist ein man. Nam sermo est sapientia, sapientia est sermo. Reden kombt vom raden, a consilio; sonnst heist gewaschen und nich geredt. Ita Aesopus loquitur, non garrit; proponit rem et veritatem sub forma stulti mori. Noch mus er druber verfolgt werden. [...] Also redt Aesopus, wäscht nicht; legt ein Ding und die Wahrheit für unter einer andern Gestalt, als Fabeln, wie ein Narr.[14]

Obwohl der Begriff ›Fabel‹ derart bedeutungsoffen bleibt, geht die Fabeldichtung seit der Antike mit der Reflexion über ihre Wirkungsabsicht einher. Daran schließt sich an, dass der Verwendungszusammenhang mit der Erzählweise enggeführt wird,[15] wie auch in der modernen Definition des *Reallexikon[s] der deutschen Literaturwissenschaft*: Es handle sich um eine »Gattung uneigentlichen, argumentativ funktionalisierten Erzählens«.[16] Immer geht es darum, das Verhältnis von Erzählung und Lehre, Nutzen und literarischer Aneignung zu bestimmen, wobei der Leser meistens dazu angehalten wird, das Präsentierte als Lehrdichtung wahrzunehmen. Besonderes Gewicht liegt hierbei weniger auf den Fabeln selbst als vielmehr auf den rahmenden und nachgeordneten Paratexten.[17]

Bereits Zeitgenossen stellten die Frage, weshalb sich der Theologe und Reformator Luther mit einer Gattung beschäftigt, deren Grundmodus er gemeinhin kritisch begegnet. In seiner siebten Predigt schildert Johannes

---

13 Vgl. Marcus Tullius CICERO, De oratore. Über den Redner. Lateinisch/Deutsch (übers. und hg. v. H. MERKLIN, 1991), II, 264.

14 WAT 4; 126,4–17, Nr. 4085.

15 Vgl. W. FREY / W. RAITZ / D. SEITZ, Einführung in die deutsche Literatur des 12. bis 16. Jahrhunderts. Band 3: Bürgertum und Fürstenstaat, 15./16. Jahrhundert, 1981, 165–189, hier 166.

16 GRUBMÜLLER, Art. Fabel (s. Anm. 9), 555.

17 Vgl. B. SCHWITZGEBEL, Noch nicht genug der Vorrede. Zur Vorrede volkssprachiger Sammlungen von Exempeln, Fabeln, Sprichwörtern und Schwänken des 16. Jahrhunderts (FN 28), 1996, 60.

Mathesius, der erste Biograph des Reformators, dessen Interesse an der Fabel:

> Weyl nun diß die artigest vnd subtilest weyse eine ist / bittere vnd scharpffe warheyt / die sonst feindselig vnnd vnangenem ist / also von grossen leuten auch inn die kinder / wie vberzukkerten Wurmsamen vnnd Kellershals zu bringen / vnnd hochberümpte leut offt mit solchen fabeln groß ding beyn Regenten / Vnterthanen / Kind vnd Gesind außgerichtet / Hat vnser Doctor sein mühe vnnd arbeyt an den alten vnd verunreinigten Esopum legen / vnd seinen Deutschen ein vernewertes vnd geschewertes mehrlein buch zurichten wöllen [...].[18]

Mathesius spricht das Programm der Fabelbearbeitung Luthers vollständig an: Nutzen soll es bringen, um unliebsame Wahrheiten nicht zu mildern, sondern besser an den Mann zu bringen – und das heißt in diesem Fall an den Hausvater, an das Gesinde und die Kinder ebenso wie an den Fürsten. Luther etabliert insofern eine weitere Instanz lehrhafter Unterweisung, die anders als die Bibellektüre oder die Predigt in einem Modus der Fiktion operiert und damit per se als ›Lüge‹ diffamiert werden könnte.[19] Dennoch bedient sich Luther bei seiner Bearbeitung der Fabeln des Äsop der steinhöwelschen Version ebenso wie des sogenannten Romulus-Corpus, um das Potential der Gattung freizulegen.[20]

Insgesamt lassen sich über 50 Fabeln in Luthers Schriften nachweisen, die in unterschiedlichem Maße auch für die Integration in andere Kontexte vorgesehen waren. Um der Frage nach der Stellung der Fabel im lutherschen Œuvre nachzugehen, bietet es sich an, eine kurze kontextuelle Verortung der Gattung im ausgehenden 15. Jahrhundert und frühen 16. Jahrhundert

---

18 J. MATHESIUS, Ausgewählte Werke. Bd. 3: Luthers Leben in Predigten (in: Bibliothek deutscher Schriftsteller aus Böhmen, Mähren und Schlesien, hg. v. G. LOESCHE, 1898), 140.

19 Vgl. S. GLAUCH, Fiktionalität im Mittelalter (in: Fiktionalität. Ein interdisziplinäres Handbuch, hg. v. T. KLAUCK, 2014, 385–418), 385; vgl. auch W. HAUG, Die Entdeckung der Fiktionalität (in: Die Wahrheit der Fiktion. Studien zur weltlichen und geistlichen Literatur des Mittelalters und der frühen Neuzeit, hg. v. DEMS., 2003, 128–144), 129; J.-D. MÜLLER, Literarische und andere Spiele. Zum Fiktionalitätsproblem in vormoderner Literatur (in: Mediävistische Kulturwissenschaft, hg. v. DEMS., 2010, 83–110).

20 Zur Gestaltung gehört auch, dass in der 1887 in der Vatikanischen Bibliothek von Richard Reizenstein gefundenen Handschrift sichtbar unterschiedliche Tintenfarben für Fabel und Lehre gebraucht wurden. Vgl. C.P.E. SPRINGER, Luther's Aesop, 2011, 17.

(II) anzustellen und mithilfe einer Paratextanalyse der Vorrede, aber auch im Kontext des Fabeldichtens[21] entstandener Kontexte, eine Fabeltheorie (III) abzuleiten. Zielführend ist zudem die Rolle des Äsop (IV) und ein Blick auf die praktische Umsetzung anhand der Fabel *Vom Frosch und der Maus* (V).

II Kontextuelle Verortung: Fabeln um 1500

Im Zuge der trivialschulischen Bildung mag Luther mit dem Fabelcorpus der Antike und damit auch der Sammlungen des 15. Jahrhunderts in Berührung gekommen sein.[22] Sowohl als Teil des Grammatikunterrichts, der nicht nur die lateinische Grammatik und Sprache vermitteln sollte, als auch in Form der Grundlagen der Ethik diente die Fabel im üblichen Curriculum mindestens als Anschauungsmaterial für unterschiedliche Themengebiete und Zusammenhänge.[23] Eine gängige Zusammenstellung bot die Lehrsammlung *Auctores octo morales*, aus der Luther immerhin zwei Autoren in den Tischreden anerkennend erwähnt:

> Dei providentia factum est, quod Catonis et Aesopi scripta in scholis permanserunt, nam uterque liber est gravissimus; hic verba et praecepta habet omnium utilissima, ille res et picturas habet omnium iucundissimas. Si moralia adhibeantur adolescentibus, multum aedificant. Summa, post biblia Catonis et Aesopi scripta me iudice sunt optima.[24]

Die literarisch eingängigere Form der Fabeln des Äsop sorgte dafür, dass Luther sich intensiver mit diesen als mit jenem Cato beschäftigte.[25] In

---

21 Dass Luther dieser Aufgabe jedoch zur Ablenkung und Entspannung nach der Bibelübersetzung nachgegangen sei, wird heute weitgehend bezweifelt. Vgl. R. Dithmar, Fabeln im theologischen Kontext (in: Europäische Fabeln des 18. Jahrhunderts zwischen Pragmatik und Autonomisierung. Traditionen, Formen, Perspektiven [Palmbaum 26], hg. v. D. Rose, 2010, 19–39), 21.

22 Vgl. R. Nöcker, Fabula und proverbium. Zur textkonstituierenden und didaktischen Funktion des Proverbiums im Äsop-Kapitel des ›Liber de moribus‹ (in: Dichtung und Didaxe. Lehrhaftes Sprechen in der deutschen Literatur des Mittelalters, hg. v. H. Lähnemann / S. Linden, 2009, 299–326), 309; zur generellen Fabeltradition im Spätmittelalter vgl. Grubmüller, Meister Esopus (s. Anm. 4).

23 Vgl. A. Stegmann, Luthers Auffassung vom christlichen Leben (BHTh 175), 2014, 39.

24 WAT 3; 353,22–27.

25 Vgl. Stegmann, Luthers Auffassung (s. Anm. 23), 41.

einem Brief an Melanchthon im April 1530 kurz nach seiner Ankunft auf der Veste Coburg beschreibt Luther als Vorhaben für die Zeit des Zwangsaufenthalts[26]: »Pervenimus tandem in nostrum Sinai, charissime Philippe, sed faciemus Sion ex ista Sinai, aedificabimusque ibi tria tabernacula, Psalterio unum, Prophetis unum, et Aesopo unum. Sed hoc temporale.«[27]

Dort, auf der Veste Coburg, wurde Luther vom sächsischen Kurfürsten Johann dem Beständigen auf der Reise zum Augsburger Reichstag, auf dem über den evangelischen Glauben unter Karl V. verhandelt werden sollte,[28] zurückgelassen, weil der Reformator geächtet war und der Fürst für ihn in der Weiterreise eine zu große Gefahr sah. Er verblieb dort von April bis Oktober. Die Arbeitszeit am Äsop dauerte wohl nur die ersten Wochen seines Aufenthalts an, letztmalig erwähnt er das Vorhaben in einem Brief an Melanchthon vom 12. Mai, in dem er seine schlechte Gesundheit beklagt.[29]

Mit den »tria tabernacula« ist nicht nur das Vorhaben, die Fabeln des Äsop zu übertragen, in eine bedeutsame Reihe gestellt, sondern auch deutlich markiert, dass es dabei nicht wie beim Psalter oder bei den Propheten um theologisch relevantes, sondern um für weltliche Belange nützliches Wissen geht. Auch wenn Luther auf die Wortwahl des Petrus in den Evangelien zurückgreift, um Jesus, Mose und Elia jeweils eine Hütte zu bauen (Mk 9,1–8par), macht er den Geltungsbereich der Fabeln allein durch die Wahl des heidnischen Ursprungs deutlich,[30] deren Verwendungsbereich dort endet, wo die autoritativ-christliche Theologie ansetzt.[31] Entsprechend fehlt umgekehrt in der fragmentarischen Fabelsammlung der Anspielungsbereich der Kirche und Religion vollkommen.[32] Dieser Umstand der nicht

---

26 Diese Maßnahme leuchtete Luther nicht ein (vgl. M. LUTHER, Studienausgabe. Bd. 3, hg. v. H.-U. DELIUS. In Zusammenarbeit mit H. JUNGHANS / J. ROGGE / G. WARTENBERG, 1983, 477).

27 WAB 5; 285,3–6.

28 Vgl. K. WESCHENFELDER, Veste Coburg. Geschichte und Gestalt, 2005, 42–44.

29 Vgl. DITHMAR, Fabeln im theologischen Kontext (s. Anm. 21), 20.

30 Vgl. G. DICKE / K. GRUBMÜLLER, Die Fabeln des Mittelalters und der Frühen Neuzeit (Münstersche Mittelalter-Schriften 60), 1987, 61.

31 Vgl. WA 51; 242,1–19; SCHLECHT, Fabula (s. Anm. 2), 24; A. ELSCHENBROICH (Hg.), Die deutsche und lateinische Fabel in der Frühen Neuzeit, 1990, 63.

32 Jedenfalls in den Fassungen letzter Hand. Waren in den nachweisbaren Fassungen zuvor noch vereinzelte Hinweise, werden diese in späteren Versionen getilgt. Dithmar und

existenten autoritativen Konkurrenz ermöglicht erst die Integration einzelner Fabeln in Texte kirchlicher bzw. gottesdienstlicher Praxis wie Predigten zur Veranschaulichung und Verdeutlichung des religiösen Inhalts. Zudem liegt in der konzeptuellen Mündlichkeit der Gattung Fabel die Integrationskraft in rituelle Kontexte des Gottesdienstes begründet.[33] Während andere Gattungen auf die Schriftlichkeit angewiesen sind, kann Luther die Fabel in beiden Wirkungsbereichen einsetzen, um einen Moment der vertrauten Erzählsituation im Sinne des *homo narrans* für die theologische Absicht fruchtbar zu machen.[34]

In seiner *Auslegung des 101. Psalms* (1534/35) bekräftigt er diesen Ausgangspunkt: »Darumb wer im weltlichen Regiment will lernen und klug werden, der mag die Heidnischen bücher und schriften lesen«.[35] In dem vermeintlichen Malus der fiktionalen Schriften liegt in diesem Verständnis ihr Potential, jedoch erfolgt die Trennung zwischen religiösem und weltlichem Schrifttum lehrhafter Provenienz ebenso deutlich:

> Darumb gleich wie des predigampts werck und ehre ist, das es aus sundern eitel heiligen, aus todten lebendige, aus verdampten seligen, aus teuffels dienern Gottes kinder macht, Also ist des welltlichen regiments werck und ehre, das es aus wilden thiere menschen macht und menschen erhellt, das sie nicht wilde thiere werden.[36]

Oettinger sehen hierfür die Begründung in der Zwei-Reiche-Lehre. Indem Luther die beiden Reiche in der Fabel aufeinander bezogen habe, sei er in Bedrängnis seiner eigenen Lehre gekommen, insofern war es konsequent den christlich-theologischen Horizont aus den eigentlichen Fabelerzählungen zu tilgen. Vgl. DITHMAR, Fabeln im theologischen Kontext (s. Anm. 21), 24; K. OETTINGER, Die Hoffnung des Zukünftigen gegen die Erfahrung der Vergangenheit (in: Lebendige Tradition und antizipierte Moderne. Über Johann Peter Hebel, hg. v. R. FABER, 2004, 111–127).

33 Vgl. G. TER-NEDDEN, Fabeln und Parabeln zwischen Rede und Schrift (in: Fabel und Parabel. Kulturgeschichtliche Prozesse im 18. Jahrhundert, hg. v. TH. ELM / P. HASUBEK, 1994, 67–108), 67.

34 Vgl. A. KOSCHORKE, Wahrheit und Erfindung. Grundzüge einer Allgemeinen Erzähltheorie, ³2013, 9.

35 WA 51; 242, 36f. Siehe außerdem WA 51; 243,31–35: »Und ich will ander bücher jtzt schweigen, wie kündte man ein feiner buch jnn weltlicher Heidnisscher weisheit machen, denn das gemeine, albere kinderbuch ist, das Esopus heisst? Ja, weil es die kinder lernen, und so gar gemein ist, mus nicht gelten, Und lesst sich jder düncken wol vier Doctor wird, der noch nie eine fabel drinnen verstanden hat.«

36 WA 30,2; 555,2–6.

Der Stellenwert der Fabel ist in diesem Zusammenhang wiederum gesondert zu betrachten, auch wenn das übersetzte Konvolut bruchstückhaft blieb und zu Lebzeiten nicht mehr gedruckt wurde.[37] Vor den Fabeln kommt nur noch die Bibel oder umgekehrt nach der Bibel kommen direkt die Fabeln (»wüsste ich ausser der heiligen Schrifft nicht viel Bücher, die diesem uberlegen sein sollten«),[38] die nützlicher als die schädlichen Meinungen aller Philosophen seien. Grund dafür ist, wie Luther selbst in der Vorrede (s.u.) schreibt, dass es um die weltliche Seite geht, auf der Handlungen und Taten entscheidend sind: wer handelt, erschafft Tatsachen und diese gilt es mit der christlichen Idealform des weltlichen Daseins zu verbinden. Dazu scheinen gerade die nicht als konkrete Identifikationspunkte zu verstehenden Tiere als Protagonisten der Erzählwelt geeignet.

III Eine Fabeltheorie Luthers?

Obwohl es sich um ein vortheoretisches Schreiben handelt und keine Poetik zur Gattung vorliegt,[39] äußern sich fast alle Fabelschreiber zu den Beweggründen für die literarische Produktion bzw. die spezifisch fiktionale Einkleidung ihrer lehrhaften Texte. Sebastian Brant legitimiert seine Fabeln als Bemühung, seinem Sohn die lehrhafte Unterweisung angenehmer zu gestalten,[40] und auch Luther selbst richtet einen exemplarischen Brief an seinen Sohn Hans, der eine Fabel dazu nutzt, dem Jungen das Lernen schmackhaft zu machen. Beide folgen dem Vorbild der Fabeltradition: Romulus, der als Übersetzer der äsopischen Fabeln aus dem Griechischen ins Lateinische gilt, gestaltet die Vorrede als Brief an seinen Sohn Tiberius und macht darin die didaktische Funktion des Konvoluts deutlich.[41] Besonders

---

37 Vgl. STEGMANN, Luthers Auffassung (s. Anm. 23), 42.

38 WA 50; 452,17f.

39 Vgl. J. ROBERT, Vor der Poetik – vor den Poetiken. Humanistische Vers- und Dichtungslehre in Deutschland (1480–1520) (in: Maske und Mosaik. Poetik, Sprache, Wissen im 16. Jahrhundert [P&A 11], hg. v. DEMS. / J.-D. MÜLLER, 2004, 47–74); DITHMAR, Fabeln, Parabeln und Gleichnisse (s. Anm. 10), 18.

40 Vgl. SCHLECHT, Fabula (s. Anm. 2), 35f.

41 Vgl. M. SCHILLING, Macht und Ohnmacht der Sprache. Die Vita Esopi als Anleitung zum Gebrauch der Fabel bei Steinhöwel (in: Europäische Fabeln des 18. Jahrhunderts zwi-

der Vorrede zum geplanten Fabelbuch kommt eine entscheidende Rolle zu, wenn es darum geht, Luthers Position zur Fabel zu bestimmen. Als Paratext dient eine Vorrede zum einen als Schwelle in den Text hinein, quasi als Übergangszone, die auf das Kommende vorbereitet.[42] Sie nimmt nicht nur den Inhalt vorweg, sondern dient ganz speziellen Funktionen. Der Autor kann den Paratext dazu nutzen, sich selbst, sein Werk und seine Meinungen zu präsentieren. Wird in einer Vorrede die Meinung zur Gattung und deren Nutzen dargelegt, erfolgt das nicht zufällig, nicht implizit, sondern bewusst.[43] Eben jenes Bild finden wir auch in Luthers Vorrede zu seiner Fabelsammlung, die nicht vor 1557 gedruckt vorliegt.[44] In diesem Text entwickelt er einen Standpunkt zur Fabel, der die Entstehung, die Inhalte und die Darbietungsweise enthält und, für frühneuzeitliche Texte nicht unüblich, den Nutzen des Ganzen betont: »Djs Buch von den Fabeln oder Merlin ist ein hochberümbt Buch gewesen bey den allergelertesten auff Erden, sonderlich unter den Heiden«.[45] Die allgemeine Beliebtheit der Gattung

---

schen Pragmatik und Autonomisierung; Traditionen, Formen, Perspektiven [Palmbaum 26], hg. v. D. Rose 2010, 39–53), 41.

42 Vgl. G. Bamberger, Poetologie im Prosaroman. Fortunatus – Wickram – Faustbuch (Poetik und Episteme 2), 2018, 126–130; S. Stockhorst, Dichtungsprogrammatik zwischen rhetorischer Konvention und autobiographischer Anekdote. Die funktionale Vielfalt poetologischer Vorreden im Zeichen der Reformpoetik am Beispiel Johann Rists (in: Die Pluralisierung des Paratextes in der Frühen Neuzeit. Theorie, Formen, Funktionen [P&A 15], hg. v. F. von Ammon / H. Vögel, 2008, 353–374), 354f; Schwitzgebel, Vorrede (s. Anm. 17), 3–5; H. Ehrenzeller, Die Romanvorrede von Grimmelshausen bis Jean Paul, 1955, 25; K. Schottenloher, Die Widmungsvorrede im Buch des 16. Jahrhunderts (RST 76/77), 1953, 1.

43 Vgl. S. Martus, Werkpolitik. Zur Literaturgeschichte kritischer Kommunikation vom 17. bis ins 20. Jahrhundert; mit Studien zu Klopstock, Tieck, Goethe und George (Historica Hermeneutica 3), 2007, 10–12.

44 Die Handschrift seiner begonnenen Fabelsammlung wurde 1887 in der Bibliotheca Vaticana in Rom entdeckt. Die unter Cod. Ottobonianus lat. 3029 verzeichnete Handschrift enthält die erste Niederschrift der Fabeln mit zahlreichen Korrekturen, die Fabeln 1–7 in Reinschrift und zwei Register von Georg Rörer. In der Forschung gelten die rahmenden Paratexte (Vorrede und Nachwort) oft als nachgestellt, im Sinne einer produktionsästhetischen und zeitlichen Zweitrangigkeit. Gerade dann aber zeigt sich die Bedeutung der Gattung für Luther gesondert. Vgl. M. Braun, Ehe, Liebe, Freundschaft. Semantik der Vergesellschaftung im frühneuhochdeutschen Prosaroman (FN 60), 2001, 99.

45 WA 50; 452,14f.

wird neben deren Qualität gestellt. Zugleich wird die moraldidaktische Ausrichtung bereits hier geklärt, indem der Inhalt nicht auf den theologischen Gehalt oder Ursprung hin, sondern zeitlich vor der Bibelabfassung eingeordnet wird. Weiter heißt es, das genaue Programm der Fabelsammlung zusammenfassend:

> Wiewol auch noch jtzund, die Warheit zu sagen, von eusserlichem Leben in der Welt zu reden, wüsste ich ausser der heiligen Schrifft nicht viel Bücher, die diesem uberlegen sein sollten, so man Nutz, Kunst und Weisheit und nicht hochbedechtig Geschrey wolt ansehen. Denn man darin unter schlechten Worten und einfeltigen Fabeln die allerfeinste Lere, Warnung und Unterricht findet (wer sie zu brauchen weis), wie man sich im Haushalten, in und gegen die Obrigkeit und Unterthanen schicken sol, auff das man klüglich und friedlich unter den bösen Leuten in der falschen argen Welt leben müge. [...].[46]

Im Vergleich zu den Vorgängern Ulrich Boner und Steinhöwel, die weniger die Darbietungsweise im Auge haben, diese vielmehr als gegeben betrachten und damit nicht mehr eigens zu verhandeln suchen,[47] bedenkt Luther in dieser Vorrede beide Aspekte der Fabel: Inhalt und unbedenkliche Ausführung gleichermaßen.[48] Neben der Einschätzung der irdischen Umwelt und dem richtigen Umgang mit dieser, die aus den schlichten Fabeln zu lernen sei, wird auf das Zielpublikum verwiesen:

> Nicht allein aber die Kinder, sondern auch die grossen Fürsten und Herrn kann man nicht bas betriegen zur Warheit und zu jrem nutz, denn das man jnen lasse die Narren die Warheit sagen, dieselbigen können sie leiden und hören, sonst wöllen oder können sie von keinem Weisen die Warheit leiden. Ja, alle Welt hasset die Warheit, wenn sie einen trifft. Darumb haben solche weise hohe Leute die Fabeln erticht und lassen ein Thier mit dem andern reden, Als sollten sie sagen, Wolan, es will niemand die Warheit hören noch leiden, und man kann sich der Warheit nicht emberen, So wöllen wir sie schmücken und unter einer lüstigen Lügenfarbe und lieblichen Fabeln kleiden [...].[49]

Einerseits wird die allgemeine Rezipierbarkeit unter allen Ständen betont und darauf hingewiesen, wie die Tiere zu verstehen sind: Vom zweifüßigen Wolf ist die Rede, der dem anderen zweifüßigen Wolf die Wahrheit darbringt, im Modus des Fabelerzählens. Als Kern des Erzählens bietet die

---

46 WA 50; 452, 15–23.
47 Vgl. WA 50; 453,20; SCHWITZGEBEL, Vorrede (s. Anm. 17), 60f.
48 Vgl. aaO., 63.
49 WA 50; 453,19–29.

offensichtliche Fiktion des sprechenden Wolfs eine ernstzunehmende Aussage für den Geltungsbereich des zuhörenden Menschen und wird in der folgenden Einschränkung »wer sie zu brauchen weis« nicht aufgehoben. Dass diese Äußerung nicht topisch zu verstehen ist, sondern als Aufforderung, diesen Gebrauch zu erlernen, macht die gesamte Vorrede deutlich, die als Rezeptionsanweisung gelesen werden kann.

Über die Bedeutung und Ausrichtung dieser Vorrede ist sich die Forschung jedoch nicht einig: vor allem über den Punkt, an wem Kritik geübt wird und wie sich diese in den Fabeln und deren Schlussauslegungen wiederfinden lässt, herrscht Uneinigkeit. Die angesprochene ›Wahrheit‹ der äußerlichen Welt wird als »eine allgemein-gesellschaftliche und nicht in erster Linie auf das Individuum bezogene Wahrheit« verstanden.[50] Zudem richte sich die allgemeine Gesellschaftskritik auch an die Obrigkeit.[51] Die Unsicherheit entsteht durch die Spannung zu den Aussagen in den auslegenden Sprichwörtern und Sentenzen. Dort scheint die Stoßrichtung umgekehrt: Einerseits handelt es sich dort um Anweisungen an jeden einzelnen, sich mit der eigenen Situation und dem Lauf der Welt abzufinden, andererseits sind es Handlungsappelle, die zu christlichem und tendenziell passivem Verhalten auffordern.[52] Es geht darum, »daß diese literarischen Kleingebilde nicht als sozialkritische Angriffswaffe, sondern als Anpassungs- und Ruhehalteexempel aufgefaßt werden«.[53] Gemäß dieses Dissens wird die Fabelsammlung entweder als Zusammenstellung von Lebensregeln als Morallehre verstanden oder als handfestes Aufklärungsschrifttum über die Schlechtigkeit der Welt,[54] die durch aktives Handeln nicht zum Positiven verändert werden kann. In einer auf das jenseitige Leben ausgerichteten Glaubensgemeinschaft ist beides nicht auszuschließen, jedoch

---

50 SCHWITZGEBEL, Vorrede (s. Anm. 17), 64.
51 Vgl. WA 50; 452,22; H. SIEKMANN, Wolf und Lamm. Zur Karriere einer politischen Metapher im Kontext der europäischen Fabel (Bamberger Studien zu Literatur, Kultur und Medien 21), 2017, 114–133.
52 Vgl. SCHWITZGEBEL, Vorrede (s. Anm. 17), 65.
53 K. DODERER, Über das ›betriegen zur Warheit‹. Die Fabelbearbeitungen Martin Luthers (1964) (in: Fabelforschung, hg. v. P. HASUBEK, 1983, 207–223), 213.
54 Doderer widerspricht hier entschieden Wolfgang Kayser. Vgl. DODERER, Über das ›betriegen zur Warheit‹ (s. Anm. 53), 213, bezugnehmend auf W. KAYSER, Die Grundlagen der deutschen Fabeldichtung des 16. und 18. Jahrhunderts (ASNS 86, 1931, 19–21).

geben die Fabeln in der Zusammenschau ein umfassendes Verständnis von weltlichen Belangen preis. Die Hinwendung zum Heilsversprechen nach dem Tod schließt die Notwendigkeit eines friedvollen diesseitigen Lebens ein, so dass die Handlungsanweisungen der Erzählungen auf gesellschaftliche Stabilität als moralischen Grund zielen.[55]

Besonders die Vorreden von Fabelsammlungen des 16. Jahrhunderts zeigen ein Bestreben, den didaktischen Nutzen der Fabel deutlich herauszustellen und damit die gleichermaßen unterhaltende Gattung zu legitimieren. Der ästhetische Aspekt der Dichtung wird zugunsten dieser Argumentation weitgehend vernachlässigt. Doch gerade in der oftmals an erster Stelle stehenden Fabel vom *Hahn und der Perle*[56] wird die Thematik des ›schönen Scheins‹ einer inhärenten Ästhetik präsentiert. In dieser Reflexion auf äußere Schönheit, die sich auf die Form der Fabel als Erzählgattung übertragen lässt, kommt zum Ausdruck, dass die äußere, in diesem Fall schöne, Gestalt keiner eigenen Würdigung bedarf, weil sie für sich selbst spricht, »während der darin verborgene Inhalt sich dem Betrachter nicht auf den ersten Blick offenbart«.[57] Das Erwartbare muss nicht eigens thematisiert werden, sondern wird impliziert und zudem funktionalisiert: Der gesamte Erzählkern beruht auf der Exponiertheit des schönen Gegenstandes in einer Alltagsumgebung, wo er in seiner Exponiertheit nicht als wertvoll wahrgenommen wird. Die Fabel wird zur Perle, wenn sie, wie Luther beabsichtigt, in den familiären Alltag integriert wird, bleibt aber dennoch in ihrem ästhetischen Wert erhalten.

Neben der Vorrede geben die Überarbeitungsschritte der einzelnen Fabeln und weitere Äußerungen Luthers Aufschluss über dessen Position zur Fabel und zu anderen fiktionalen Gattungen. 1536 wird die Vorrede in einer gesprächsweisen *Aesopi commendatio*[58] wieder aufgenommen und fortgeführt. Luther denkt dort über eine alternative Reihenfolge gemäß einer Abstufung nach Tragweite der Aussage und dem Grad der Kunstfertigkeit

---

55 Dagegen sieht Schwitzgebel Luthers Fabel nicht als moralische Unterweisung mit ethischem Charakter. Vgl. SCHWITZGEBEL, Vorrede (s. Anm. 17), 64.
56 Vgl. WA 50; 440,1–13; WA 50; 455,18–28.
57 SCHWITZGEBEL, Vorrede (s. Anm. 17), 61.
58 Vgl. WAT 3; 353,15–355,6, Nr. 3490.

der Fabeln nach.[59] Dabei sollten die gedanklich gewichtigeren Fabeln mit Zusammenfassungen in einem ersten Buch präsentiert werden, während die kunstvolleren in die folgenden Bücher in angemessener Länge und Amplifikation eingehen sollten.[60] Obwohl er den Terminus ›Fabel‹ auch negativ gebraucht, finden sich an weiteren Stellen und in anderen Kontexten Hinweise zur Nützlichkeit der Fabeln. Dabei wird vor allem ihr Einsatz als Schullektüre betont:

> Und es ist eine sonderliche Gnade Gottes, daß des Catonis Büchlein und die Fabeln Aesopi in den Schulen sind erhalten worden. Es sind beide nützliche und herrliche Büchlein. Der Cato hat gute Wort und Praecepta [...], aber Aesopus hat feine, liebliche res et picturas, ac si moralia adhibeantur adolescentibus, tum multum aedificant.[61]

In der Vorrede zu Melanchthons *Unterricht der Visitatoren* von 1528 beispielsweise erklärt er, sobald die Schüler lesen könnten und sich mit der im Mittelalter gängigen Elementargrammatik des Donatus auseinander gesetzt hätten, »sol der schulmeister [...] auslegen die fabulas Esopi erstlich«.[62] Daraufhin »sollen die kinder den Esopum widder exponiren. Dabey sol der Preceptor etliche nomina und verba decliniren, nach gelegenheit der kinder, viel odder wenig, leichte odder schwere, und fragen auch die kinder, regel und ursach solcher declination.«[63] Was hier als Veranschaulichung durch Verrätselung der Sprache zum Spracherwerb dient, steht gleichzeitig in gedanklichem Zusammenhang mit dem Austausch mit Melanchthon. Dieser hält Luther an, das Projekt der Fabelübersetzungen weiterzutreiben, da auch er der Meinung ist, dass die Fabel für die Charaktererziehung, das Urteilsvermögen und das Verständnis der Heiligen Schrift dienlich sein kann.[64] Zudem zeigt der Passus den Ort der Fabel im Schulunterricht und ihr historisches Erscheinen an, d.h. den Gebrauch, den sie im Mittelalter und der Frühen Neuzeit erfährt. Es geht dabei um Erziehung einerseits, aber auch um rhetorische und spracherwerbliche Zwecke, die dem Stand der

---

59 Vgl. Dicke / Grubmüller, Fabeln (s. Anm. 30), 66.
60 Vgl. R. Dithmar (Hg.), Luthers Fabeln und Sprichwörter (Insel-Taschenbuch 1094), 1989, 230.
61 WAT 3; 355,11–16.
62 WA 26; 237,30f.
63 WA 26; 238,3–6.
64 Vgl. Dithmar, Fabeln, Parabeln und Gleichnisse (s. Anm. 10), 19.

Schüler angemessen sein sollen. Der dominante, bezeugbare Kontext ist der Schulunterricht in Latein. Mit der Fabel ist somit eine Lehrsituation traditionell verbunden. Wie Luther die Gattung in der Vorrede zu seinem Äsop in den täglichen Gebrauch integriert, ist sie auch hier zum Auswendiglernen gedacht – eine gängige Praxis des Sprachunterrichts. Die Redekunst setzt voraus, dass der Redner sich dem Redeanlass wie seinem Publikum gleichermaßen anpassen können muss, um seine Botschaft zu vermitteln. Indem sich der Fabelerzähler des als uneigentlich Markierten bedient und zugleich den Vorteil des Unernstes, Scherzes und Lachens zu nutzen weiß, zeigt er sich als redegewandt und klug.[65]

IV Zur Figur des Äsop

Das Interesse Luthers an Äsop wurde einerseits zugunsten seiner theologischen Lehre und des Liedschaffens hintangestellt, andererseits, wenn es Beachtung fand, auf die Vorrede zur Fabelsammlung konzentriert. Der Rückgriff auf die antike, heidnische Literaturtradition wurde bisweilen ausgeblendet, ist Luther doch sonst kritisch in Bezug auf die Antike. Dass auch diese Sicht etwas zu kurz gegriffen ist, zeigt schon die oben erwähnte Empfehlung, nach den Fabeln sei Terenz in der Schule zu lesen. Er selbst hatte, »[a]ls er mit 22 Jahren in den Erfurter Konvent der Augustinereremiten eintrat«,[66] eine Ausgabe der Komödien des Plautus und seinen Vergil dabei. Dieses Literaturpaket erscheint passend, handelt es sich bei diesem Orden um den »humanistische[n] Bettelorden par excellence«,[67] der in Kontakt mit humanistischen Gelehrten in Erfurt stand. Die Wittenberger Universität, die jüngst gegründet worden war, galt als Brennpunkt humanistischen Gedankenguts.[68]

In den meisten Fällen spricht Luther vom *Esopus* als der Fabelsammlung, doch auch zur Figur des vermeintlichen Autors äußert er sich mit ei-

---

65 Vgl. SCHLECHT, Fabula (s. Anm. 2), 25.
66 J. WINIGER, Luthers Übersetzungskunst – klassisch und revolutionär (in: Denn wir haben Deutsch. Luthers Sprache aus dem Geist der Übersetzung, hg. v. M. L. KNOTT 2015, 31–62), 39.
67 Ebd.
68 Vgl. ebd.

niger Zurückhaltung und als einzelne Person ablehnend, was mit den konkurrierenden bildlichen Darstellungen zusammenhängt. Vermittelt wurde
das Interesse an Äsop durch die obligate Beigabe der *Vita Esopi* zu den Fabelsammlungen, die wiederum auf den anonym überlieferten griechischen
Roman aus dem 1. Jahrhundert zurückgeht. Im Laufe seiner Überlieferung
erfuhr dieser zahlreiche Bearbeitungen, Hinzufügungen und sprachliche
Anpassungen.[69] Eine gekürzte lateinische Fassung lieferte 1448 Rinuc-
cio da Castiglione, der sich ebenfalls mit der Rolle des Redners befasste
und wahrscheinlich auch von Luther rezipiert, auf jeden Fall jedoch von
Steinhöwel für seinen *Esopus* verwendet wurde.[70] Zu den zahlreichen literarischen Darstellungen traten im Überlieferungsprozess zudem bildliche
Versuche, einen konkreten Äsop greifbar zu machen. Es zeigen sich zwei
dominierende Darstellungstypen: zum einen ein kleinwüchsig-buckliger
Sklave, der sich in alltäglichen Konflikten aufgrund seiner Erzählungen zu
behaupten weiß und es dank der Fabeln zum königlichen Ratgeber bringt,
wie er sich beispielsweise in Johannes Draconites Äsop-Fabelsammlung
von 1517 als Abschlussbild findet. Demgegenüber war in Unkenntnis der
Vita die Vorstellung eines Gelehrten gepflegt worden, der in bildlichen Darstellungen als Lesender in langem Gewand mit Buch in der Hand als den
typischen Attributen zu sehen ist. Eine weitere Kritik Luthers an Stein-
höwels Sammlung, die die Vita und die Vorstellung des versklavten Äsop
aufnimmt, lautet, dass durch diese Konkretisierung die Gestalt des Äsop zu
einem Zwerg und »Tolpel« herabgewürdigt werde.[71] Zudem verleiht diese
Vita einer Figur Konturen, die Luther als Kollektiv annimmt:

> DAs mans aber dem Esopo zuschreibet, ist meins achtens ein Geticht, und vieleicht
> nie kein Mensch auff Erden Esopus geheissen, Sondern halte ich, es sey etwa durch viel
> weiser Leuthe zuthun mit der Zeit Stück nach Stück zuhauffen bracht und endlich etwa
> durch einen Gelerten in solche Ordnung gestelt, Wie jtzt in Deudscher sprach etliche
> möchten die Fabel und Sprüche, so bey und im brauch sind, samlen, und darnach jemand

69 Vgl. SCHILLING, Macht (s. Anm. 41), 42.
70 Vgl. SCHLECHT, Fabula (s. Anm. 2), 25; SCHILLING, Macht (s. Anm. 41), 42.
71 Vgl. G. DICKE, ... ist ein hochberümt Buch gewesen bey den allergelertesten auff Erden.
   Die Fabeln Äsops in Mittelalter und Früher Neuzeit (in: Von listigen Schakalen und
   törichten Kamelen. Die Fabel in Orient und Okzident; wissenschaftliches Kolloquium
   im Landesmuseum Natur und Mensch Oldenburg [Schriftenreihe des Landesmuseums
   Natur und Mensch 62], hg. v. M. FANSA / E. GRUNEWALD, 2008, 23–36), 24f.

ordentlich in ein Buch fassen, Denn solche feine Fabeln in diesem Buch, vermöcht jtzt alle Welt nicht, schweig denn ein Mensch, erfinden.[72]

Dennoch sieht auch er sich in der Pflicht eine Darstellung des Äsop-Lebens zu geben, allerdings im Modus der Fabel-Fiktion, d.h. der kenntlich gemachten Fiktion, die anstatt konkrete Anhaltspunkte für die Existenz einer historischen Gestalt zu liefern, diese vielmehr als Bestandteil einer erzählten Welt den Tierprotagonisten zur Seite stellt. Der Wert der Erzählungen liegt für ihn gerade darin, dass die weisesten Männer über mehrere Epochen hinweg Nützliches und generell Wahres gesammelt haben. Diese Annahme steht einer fabelhaften Ausgestaltung einer Figur wie Äsop nicht entgegen, sondern fügt sich schwellenlos in das Fabelcorpus. In der zitierten Passage legt Luther außerdem dar, welche literarische Sammelpraxis zeitgenössisch vorherrscht. Er kritisiert diese nicht, sondern fügt sich selbst als Autorität vielmehr mit ein, so dass er wenig später darauf zu sprechen kommen kann, welche Sammlung er ablösen möchte.

Während er den Sachverhalt der »erdichteten« Äsop-Figur nicht nur entschuldigen kann, sondern auch bereit ist, selbst aufzunehmen, sind diese erdichteten Zusätze »aus jrem Kopff« unentschuldbar. In der Durchmischung von Fabeln und Dichtung bzw. Fiktion, wird die Ablehnung unreflektierter Fiktion evident,[73] die den Wert des Ganzen schmälert und mit Strafe bedacht werden sollte.

Diese Trennung der vermeintlich vergleichbaren fiktionalen Verfahrensweisen lässt sich daraus erklären, dass jede Erzählung einerseits ihren Ursprung haben muss, den Luther auch selbst spekulierend mit Hesiod in Verbindung bringt. Andererseits wird der Wahrheitsgehalt der für Luther authentischen Sammlung durch Hinzufügung ausgedachter Geschichten gestört. Er beruft sich in seinen Überlegungen zum Ursprung der Fabel auf die *Institutio oratoria* des Quintilian (V.11,19),[74] in der der griechische

---

72 WA 50; 452,24–31.
73 Bereits C.P.E. Springer sieht die Meinung älterer Forschungsbeiträge, die sich Luthers tendenziell ablehnendem Literaturverhältnis widmen, kritisch. Vgl. SPRINGER, Aesop (s. Anm. 20), 17: Er bezieht sich auf die Darstellungen H.A. Obermans (vgl. H.A. OBERMAN, Luther: Man Between God and the Devil [Image Books], 1989) und R. Marius (R. MARIUS, Martin Luther: The Christian Between God and Death, 1999).
74 Vgl. WA 50; 453,3. Diesen erwähnt Luther dort selbst.

Geschichtsschreiber Hesiod für die Entstehung der Fabel verantwortlich gemacht wird. Damit wird nicht nur Äsop zur fiktiven Gestalt und zur in sich selbst fabelhaften Figur, sondern auch Luthers Wertschätzung gegenüber der Gattung deutlich, der er eine lange und qualitativ verbürgte Tradition bescheinigt. Durch die postulierte und real gegebene Tradition wird die Beschränkung auf ein Individuum zugunsten eines allgemeinen Weltwissens und einer Weltweisheit aufgehoben.[75] Die Vorrede gibt hierfür erneut signifikante Hinweise:

> Doch mögen die, so den Esopum zum Meister ertichtet haben und sein leben dermassen gestellet, vielleicht Ursach gnug gehabt haben, nemlich, das sie als die weisen Leute solch Buch umb gemeines Nutzes willen gerne hetten jederman gemein gemacht (Denn wir sehen, das die jungen Kindern und jungen Leute mit Fabel und Merlin leichtlich bewegt) und also mit lust und liebe zur Kunst und Weisheit gefürt würden, welche lust und liebe deste grösser wird, wenn ein Esopus oder dergleichen Larva oder Fastnachtspuz fürgestellt wird [...] das sie deste mehr drauffmercken und gleich mit lachen annemen und behalten.[76]

Etwas mit etwas Fassbarem in Verbindung bringen, um es besser behalten zu können, ist eine Strategie die im Zuge der Fabelerzählungen auf verschiedenen Ebenen eine Rolle spielt. Luther nutzt so die Bekanntheit seines Stoffs und die Präsentationsweise des Vorgängers Steinhöwel, um gezielt zu verbessern und die Lehrhaftigkeit zu unterstreichen. Die mündliche Verbreitung äsopischer und nicht-äsopischer Fabeln war im 16. Jahrhundert wohl außerordentlich groß[77] – zu entsprechender Bekanntheit dürfte die Figur des Äsop gelangt sein. Zudem liegt eine in den vorangegangenen Jahrhunderten verbreitete Sichtweise vor, Tiere als Symbole und Allegorien, für konkrete Heilige, die Evangelisten oder abstrakte Begriffe einzusetzen und damit zu veranschaulichen: Besonders die Darstellung der sieben Todsünden mithilfe von Tieren scheint ein Anknüpfungspunkt, der auf Bekanntes zielt.[78] Die Tiere verleihen dem sündhaften Tun eine äußere Gestalt

---

75 Vgl. SCHWITZGEBEL, Vorrede (s. Anm. 17), 67.
76 WA 50; 453,11–19.
77 Vgl. GRUBMÜLLER, Meister Esopus (s. Anm. 4), 411–434.
78 Vgl. KAYSER, Grundlagen (s. Anm. 54), 84; J.-D. MÜLLER, Transformation allegorischer Strukturen im frühen Prosa-Roman (in: Bildhafte Rede in Mittelalter und früher Neuzeit. Probleme ihrer Legitimation und ihrer Funktion, hg. v. W. HARMS / K. SPECKENBACH, 1992, 265–284).

und bedienen damit zwei Assoziationsbereiche: den der Allegorie, der auch auf biblisch-religiöser Kommunikation beruht, und den der Fabel als Tiererzählung.

Mit sich und der Vorstellung eines gebildeten Kollektivs garantiert der Theologe Luther jedoch eine gewisse Autorität.[79] Er präferiert einen pluralen, gelehrten Äsop-Typus, der für alle einsteht, wie die Fabel für die darin verborgene Wahrheit einsteht. Gleichzeitig lehnt er den die Wahrheit und deren Konsequenzen betreffenden Bestandteil nicht ab. Die Vorrede erwähnt daher explizit den Fabelhelden Äsop, der aufgrund der ausgesprochenen Wahrheit zu Tode kam. Der luthersche Sprachgebrauch macht außerdem deutlich, dass mit ›Esopus‹ selten eine Autoreninstanz gemeint ist. Vielmehr handelt es sich hauptsächlich um die Sammlung der Fabeln, die mit der Nennung auf eine Wissensansammlung und Haltung zur Welt weisen. Wie bereits erwähnt, reicht aufgrund der Bekanntheit die bloße Anspielung oft aus.

Luther bemächtigt sich zudem der literarischen Autorität der Äsop-Figur in der 1528 erschienenen – und frei erfundenen – Fabel: *Die neue Fabel Aesopi neulich verdeutscht gefunden: Vom Löwen und Esel*, die das falsche Selbstverständnis des Papstes als weltliches und christliches Oberhaupt behandelt. Luther nutzt die Gattung und deren Bekanntheit, um politische Aussagen in eine unverfängliche Gestalt zu bringen. Als eine mögliche Wirkung der Fabellektüre beschreibt er das Umgehen gesellschaftlicher Hierarchien, nicht aber deren Aufhebung:

> So geschichts denn, wenn man die Fabeln lieset, das ein Thier dem andern, ein Wolff dem anderen die Warheit sagt, ja zuweilen der gemalete Wolff oder Beer oder Lewe im Buch dem rechten zweifüssigen Wolff und Lewe einen guten Text heimlich lieset, den jm sonst kein Prediger, Freund noch Feind lesen dürffte. Also auch ein gemalter Fuchs im Buch, so man Fabeln lieset, so wol einen Fuchs über Tisch also ansprechen, das jm der Schweis möchte ausbrechen, und solte wol den Esopum gern wollen erstechen oder verbrennen.[80]

79 Auch wenn ich der Einschätzung Wolfgang Kaysers, es würde die Autorität mindern, handle es sich um einen einzelnen Autor, nicht zustimmen kann. Die Problematik ist differenzierter, zumal die konkurrierenden Äsop-Darstellungen und Vorstellungen unmittelbar an Luthers Widerwillen beteiligt sind. Vgl. KAYSER, Grundlagen (s. Anm. 54), 81.

80 WA 50; 453,30–454,3.

So sei es, berichtet er, dem Fabeldichter Aesop selber ergangen, der trotz oder gerade wegen seiner Fabeln umgebracht wurde. Die im Extremfall (lebens-)gefährliche Konsequenz der Fabel erscheint als unwiderlegbarer Beweis für ihre Wirksamkeit und die Tragweite dessen, was sie aussagen kann: »Denn die Warheit ist das unleidlichste Ding auff Erden«.

Verschiedentlich wurde darauf verwiesen, der Fabel komme durch das tierische Personal und die damit ostentative fiktionale Einbettung der Status des Hofnarren zu, der dem Herrscher ebenfalls durch seinen Kunstvollzug und unernsten Redegestus Kritik bedeuten kann. Sie sei eine Erzählkonstellation mit ungleichen Partnern,[81] deren Ungleichgewicht nicht wie im Schwank aufgehoben wird. Zugleich vermittelt die Fabel in ihrer Lehrhaftigkeit einen Bezug zu anderen lehrhaften Gattungen wie dem Fürstenspiegel. Die Unterweisung der zumeist jungen Fürsten im Kindesalter bereitet auf die Aufgaben des Herrschers in der Welt vor, wie Luther für die Fabel den Status als Leitfaden für das irdische Leben definiert.[82] Die Ausrichtung ist hierbei wiederum eine gesamtgesellschaftliche. Sowohl zum Schutz der Beherrschten wie zur moralischen Unterweisung derjenigen, die diesen Schutz garantieren, erfolgt eine niederschwellige Unterweisung.[83] Insbesondere in der erwähnten *Auslegung des 101. Psalms* 1534/35 finden sich nicht nur integrierte Fabeln, sondern in der Tat Anspielungen auf den kursächsischen Hof, die die politische Spitze des Textes in die Nähe des Fürstenspiegels rücken, und hier zumindest eine Absicht darlegen, auf die Obrigkeit einzuwirken.[84]

---

81 Vgl. SCHWITZGEBEL, Vorrede (s. Anm. 17), 66.
82 Vgl. SCHLECHT, Fabula (s. Anm. 2), 22; H.-J. SCHMIDT, Spätmittelalterliche Fürstenspiegel und ihr Gebrauch in unterschiedlichen Kontexten (in: Text und Text in lateinischer und volkssprachiger Überlieferung des Mittelalters [Wolfram-Studien 19], hg. v. E.C. LUTZ, 2006, 377–397), 382.
83 Vgl. SCHLECHT, Fabula (s. Anm. 2), 22.
84 Vgl. DITHMAR, Fabeln, Parabeln und Gleichnisse (s. Anm. 10), 18. Diese Funktion der Fabel beschreibt auch Grubmüller für die spätmittelalterlichen Vorgänger, v.a. Michel Beheims in einer Reimpaarfabel verborgene Mahnung an König Ladislaus von Böhmen und dessen *amptsleute*. Vgl. GRUBMÜLLER, Meister Esopus (s. Anm. 4), 430f.

V Luthers Versionen von der Fabel »Vom Frosch und der Maus«

Im letzten Schritt möchte ich nach dem erarbeiteten Hintergrund eine der Fabeln aus der lutherschen Sammlung betrachten, die gesondert als Beispiel in der behandelten Vorrede genannt wird. Diese Fabel *Vom Frosch und der Maus* findet sich bei Luther in drei Fassungen an unterschiedlichen Positionen innerhalb der Sammlung, in zwei von drei Fällen in der Kategorie »Untrew«. Die Kernerzählung der drei Varianten unterscheidet sich kaum:

> Ejne Maus were gern uber ein Wasser gewest und kundte nicht Und bat einen Frosch umb Raht und Hülffe. Der Frosch war ein Schalck und sprach zur Maus, Binde deinen Fuss an meinen Fuss, So will ich schwimmen und dich hinüber zihen. Da sie aber auffs Wasser kamen, tauchet der Frosch hinuntern und wolt die Maus ertrencken. In dem aber die Maus sich wehret und erbeitet, fleuget ein Weihe daher und erhasschet die Maus, zeucht den Frosch auch mit heraus und frisset sie beide.
> Lere
> SJhe dich für, mit wem du handelst. Die Welt ist falsch und untrew vol. Denn welcher Freund den andern vermag, der steck jn in Sack. Doch schlecht Untrew allzeit jren eigen Herrn, wie dem Frosch hie geschicht.[85]

Im Stil einer Predigt erscheinen die widerstrebenden Aussagen in der Lehre, die jedoch klar aufgeteilt auf die beiden Handelnden sind, denjenigen, der Vertrauen schenkt und denjenigen, der es missbraucht. Die Schlusspassage der zweiten Fassung unterscheidet sich hiervon deutlich:

> Diese fabel zeigt: Das die wellt ist vol bosheit vnd vntrew, Aber doch schlegt vntrew allzeit yhren herrn, vnd mus der falsche frosch ynn seiner vntrew mit der maus verderben. Sihe fur dich / trew ist mislich / Traw wol reyt das pferd weg.[86]

Der erste Teil bleibt dabei wesentlich näher am Fabelgeschehen und schlägt erst im zweiten Teil in die allgemeine Lehre um. Die Appelle sind zudem umgekehrt, die Emphase liegt darauf, dass man nicht voreilig Vertrauen schenken und sich generell vorsehen soll. *Fabula docet*, im Stil einer Predigt, was mit der Dialogizität der Fabel korrespondiert. Anders als in der steinhöwelschen Übersetzung, spricht Luther den Leser direkt mit einem

---

85 WA 50; 456,14–24.
86 WA 50; 441,28–442,5.

Handlungsappell an, der nicht allgemein gehalten bleibt. Die Lehre der dritten Version ist identisch mit der ersten Version.

In der generellen Umsetzung der Fabel wählt Luther eine relativ schlichte Präsentationsweise: Der Text beginnt ohne vorbereitende, einleitende Worte mit der eigentlichen Fabelhandlung und schließt meist mit mehreren ›auslegenden‹ Sprichwörtern, die ebenfalls in seiner Sprichwortsammlung zu finden sind. Diese Reduktion auf den Gehalt des Textes korrespondiert mit dem Vorgehen bei seiner Bibelübersetzung.[87] Während die Kürze der Kernfabel als »strukturelle [...] Präzision, die an Wert der G. E. Lessings kaum nachstehen dürfte« gesehen wurde,[88] sind es die Lehren, die von den Nachfolgern (insbesondere Burkhard Waldis, Erasmus Alberus und Lessing) als Malus beschrieben und entsprechend ausgebaut wurden. Denn hier kommen bisweilen sich widersprechende oder jedenfalls nicht unmittelbar zusammenhängende Sentenzen und Sprichwörter zum Einsatz. In den unterschiedlichen Überarbeitungsschritten variiert bisweilen diese Schlusssequenz. Auffällig ist jedoch, dass in den meisten Fällen die Möglichkeiten in der letzten Fassung nicht reduziert vorliegen. Die unterschiedlichen Auslegungsmöglichkeiten, die die verschiedenen Sprichwörter und Sentenzen bieten, können einen Hinweis darauf geben, wie der Appellcharakter der Fabeln konzipiert ist. War die Forschung bislang bemüht, entweder die gesellschaftliche Reichweite oder die auf das Individuum und dessen Innerlichkeit gerichtete Leitlinie zu betonen, zeigt sich hier, dass es sich um ein ›sowohl als auch‹ handelt. Nur in der individuellen Umsetzung der Lehren und Verhaltensnormen kann eine gesellschaftliche Stabilität erreicht werden. Das widerspricht auch nicht der generellen Tendenz, die Welt als gegeben und unumkehrbar zu identifizieren. Gerade die Fabel eignet sich für die Kombination von Verhaltenslehre und dem unveränderbaren Lauf der Welt, indem sie nicht nur die Narren »solche Warheit«[89] sagen lässt, sondern hauptsächlich in durchfiktionalisierter Natur spielt. Der Naturkomplex der Schöpfung und die kulturellen Maßnahmen

87 Vgl. D. IGNASIAK, Luthers ›Coburger Äsop‹ von 1530. Zur Tradition deutscher Fabeldichtung (in: Palmbaum. literarisches Journal aus Thüringen 17, 2009, 9–17), 12.
88 DODERER, Fabelbearbeitungen (s. Anm. 53), 210.
89 WA 50; 454,6.

zur Bewältigung verbinden sich in der Fabel als kultivierter Naturdarstellung.

Mit der offenen Adressatenansprache richtet Luther das Augenmerk auf die multible Einsetzbarkeit der Fabel. Hausvater und Familiensphäre, die Kinder wie die Eltern, zielen auf die Hausgemeinschaft als mikrostrukturelle Organisationsform der Gesellschaft, die jedoch ebenso wichtig ist, wie die ebenfalls angesprochene Obrigkeit. Das Ziel ist eine gesellschaftliche Stabilität, die durch den familiären Zusammenhalt in der gemeinsamen Lektüre und Diskussion garantiert wird. Die Fabel wird so zu einem unterschwelligen Verbindungselement in der Stabilisierung gesellschaftlicher Normen im weltlichen Bereich. So zielen die meisten Fabeln auf konkrete lebensweltliche Situationen, während die Sentenzen die Allgemeingültigkeit unterstreichen.

Luther schätzte Äsop als Moralisten im personellen Plural, auch wenn er den theologisch relevanten Autoritäten nachstand. Dennoch liegt in der äsopischen Tradition eine Form der Allgemeingültigkeit für Luther begründet, die die Gattung ›Fabel‹ aus fiktionalem Erzählgut exponiert. Mit der Vorrede liegt zudem ein dezidiert fabeltheoretischer Text vor, der die Bedeutung und Möglichkeit der Gattung und ihrer vielfältigen Funktionen herausstellt. In ihrer didaktischen, gesellschaftshinterfragenden und politischen Funktion bildet sie trotz aller Kürze eine Verdichtung an Diskursen, die für das weltliche Dasein eines Christen relevant sind. Die Fabel wird dadurch zum »Mittel der Volkserziehung« und zur »Aussageform politischer Kritik«,[90] die dennoch eine Ausrichtung auf das Jenseits enthält, indem sie auf weltliche Belange zielt und damit den Einzug in das Himmelreich durch Verhaltensnormen garantiert. Indem Luther sich nicht nur dem Äsop-Corpus zuwendet, sondern selbst zum Fabulisten wird, erkennt er dieses Potential an und macht es sich zu eigen, ohne sein generelles Misstrauen fiktionalen Erzählungen gegenüber abzulegen. Fabel bedeutet für ihn Lehre, die sich der Fiktion bedient und also von der Lüge als verwerflicher Aussagehaltung distanziert – scheinbar paradoxerweise durch die Betonung der Uneigentlichkeit.

---

90 SCHWITZGEBEL, Vorrede (s. Anm. 17), 68.

Die Topik des Protestantismus in Johann Heinrich Zedlers *Universal-Lexicon*

Vorläufige Stichproben, Bemerkungen und Analysen[1]

Von Albrecht Beutel

Christian Grethlein zum 65. Geburtstag

I Annäherung

Es gibt Namen, die längst zu Begriffen mutiert sind. Gemeinhin verweist »der Heussi« nicht auf den gleichnamigen theologischen Gelehrten aus Jena, sondern auf das klassische kirchengeschichtliche Lehrbuch des 20. Jahrhunderts.[2] Als »der Pschyrembel« firmiert seit vielen Generationen das notorische Nachschlagewerk der Mediziner, deren Mehrzahl schwerlich noch daran denken dürfte, dass der Berliner Frauenarzt Willibald Pschyrembel 1932 auf Jahrzehnte hinaus in die Herausgeberschaft des *Klinische[n] Wörterbuchs*[3] eintrat. Analog dazu galt im 18. Jahrhundert »der Zedler« als Inbegriff der größten und bedeutendsten deutschsprachigen Enzyklopädie der Epoche.

---

1 Vorgetragen am 6. Juni 2019 auf der vom »Interdisziplinäre[n] Zentrum für die Erforschung der Europäischen Aufklärung« in Halle veranstalteten internationalen Konferenz »The Place of Religion in the Enlightenment«.

2 Karl Heussi (1877–1961) verfasste sein *Kompendium der Kirchengeschichte* noch als Gymnasialprofessor in Leipzig; seit 1924 lehrte er an der Theologischen Fakultät Jena. Nachdem das Werk 1907 zunächst in Faszikeln erschienen war, kam 1909 die erste gebundene Auflage auf den Markt. Die 1960 erschienene 12. Auflage wurde letztmalig durch Heussi bearbeitet, deren unveränderter Nachdruck wurde letztmalig 1991 als 18. Auflage gedruckt.

3 Die von Otto Dornblüth besorgte erste Auflage war 1894 unter dem Titel *Wörterbuch der klinischen Kunstausdrücke. Für Studierende und Ärzte* erschienen. Bereits mit der

Im atemberaubend jugendlichen Alter von 21 Jahren eröffnete Johann Heinrich Zedler (1706–1751) in der Verlags- und Bücherstadt Leipzig eine eigene Offizin. Nach ersten, zumeist kleineren Editionen lud er am 26. März 1730 in den Leipziger *Neue[n] Zeitungen von gelehrten Sachen* mit besonderen Werbemaßnahmen zur Subskription des ehrgeizigen Großprojekts eines zunächst auf acht Folianten berechneten *Universal-Lexikon[s] Aller Wissenschafften und Künste* ein: Die ersten hundert Bestellungen würden ohne Preisaufschlag mit einer auf besonders gutem Papier gedruckten Ausgabe quittiert, und bei Abnahme von 20 Exemplaren gebe es ein Gratis-Exemplar noch dazu.[4]

In grimmiger Entschiedenheit zog die etablierte Leipziger Verlegerschaft sogleich gegen die drohende Konkurrenz des aus Breslau stammenden protestantischen Jungunternehmers ins Feld. Man unterstellte ihm unlautere Plagiatsabsichten und wusste die von Zedler beim Dresdener Oberkonsistorium beantragte Druckerlaubnis zu hintertreiben. Tatsächlich musste die Ankündigung Zedlers, er werde das Lexikon durch lediglich »neun Musen oder Mitarbeiter«[5] erstellen lassen, von denen jeder für diejenige Wissenschaft zuständig sei, »worinnen er sich vor einen Meister ausgegeben«,[6] begründete Zweifel auslösen. Anders als zunächst zugesichert,[7] gab er die Namen seiner Mitarbeiter auch später nicht preis. Die Artikel der Enzyklo-

2. Auflage (1901) wurde der Titel zu *Klinisches Wörterbuch* vereinfacht; vgl. zuletzt *Pschyrembel Klinisches Wörterbuch*, 267. Auflage 2017.

4 Vgl. Neue Zeitungen von gelehrten Sachen, 26. März 1730, 208.

5 J.P. von Ludewig, Vorrede über das Universal-Lexicon (in: Grosses vollständiges Universal-Lexicon Aller Wissenschafften und Künste, welche bishero durch menschlichen Verstand und Witz erfunden und verbessert worden [...] [nachfolgend zitiert als: Universal-Lexicon], Bd. 1, 1732, 1–16), 15.

6 AaO., 6. – Die Anspielung auf die von Hesiod für die griechische Mythologie fixierte Zahl von neun Musen dürfte kaum symbolisch gemeint sein, zumal daneben auch ganz prosaisch berichtet wird, Zedler habe »neunerley gelehrte Leute / auf seine Kosten / ausgesuchet und gedinget / an diesem Gebäude Hand anzulegen« (ebd.). Allerdings bleibt die Identität der damit bezeichneten neun Wissenschaften unklar, da die entsprechende Aufzählung zwar mit Theologie, Jurisprudenz, Medizin und Mathematik einsetzt, danach aber mit der Bemerkung »und so fort hin« (ebd.) abbricht.

7 Vgl. ebd.

pädie erschienen durchweg anonym; die gewiss sehr viel höhere Zahl sowie die Identität der Autoren liegen bis heute im Dunkeln.[8]

Indessen vermochte Zedler den Leipziger Widerständen erfolgreich zu trotzen, indem er das Unternehmen kurzerhand in den Druckort Halle auslagerte und ein kaiserliches sowie ein königlich-preußisches Druckprivileg zu erwirken verstand. Der erste Band des *Universal-Lexicon[s]*, dessen Lemmata das Feld zwischen den Anfangsbuchstaben »Aa« und »Am« abdeckten, erschien zur Michaelismesse 1731 und war, wie seinerzeit üblich, auf das Folgejahr vordatiert. Fortan wuchs das Werk kontinuierlich heran, bis es mit dem 1750 erschienenen 64. Band seinen Abschluss fand. Wenig später, am 21. März 1751, verstarb Zedler 45jährig in Leipzig.[9] An Umfang und Reputation blieb seine monumentale Enzyklopädie im deutschen Sprachraum während des ganzen 18. Jahrhunderts unübertroffen.

Insofern wird man auf die Frage, wie dieses für das Zeitalter der Aufklärung klassisch gewordene Nachschlagewerk die Topik des Protestantismus vermessen hat, repräsentative Antwort erwarten dürfen. Eine systematisch verfahrende Auswertung einschlägiger Personal- und Sachartikel würde nun freilich dem Trugschluss verfallen, das *Universal-Lexicon* sei einem konsistenten Guss und Geist entsprungen, und ließe damit den geschichtlichen Wandel, dem das Werk, aber auch die Zeit während der zwei Jahrzehnte umfassenden Produktionsdauer unterlag, außer Acht. Demgegenüber erscheint es ungleich angemessener, neben der gegenstandsbezogenen Auswertung stets auch den signifikanten Umbruch, der sich gegen Ende der 1730er Jahre in der Art der Wissenspräsentation abzeichnete, aufmerksam wahrzunehmen und gebührend in Rechnung zu stellen.

---

8 Zu den näheren Umständen vgl. etwa U. J. SCHNEIDER, Zedlers Universal-Lexicon und die Gelehrtenkultur des 18. Jahrhunderts (in: Die Universität Leipzig und ihr gelehrtes Umfeld [1680–1780], hg. v. D. DÖRING / H. MARTI, 2004, 195–213); G. QUEDENBAUM, Der Verleger und Buchhändler Johann Heinrich Zedler (1706–1751). Ein Buchunternehmer in den Zwängen seiner Zeit. Ein Beitrag zur Geschichte des deutschen Buchhandels im 18. Jahrhundert, 1977; K. LÖFFLER, Wer schrieb den Zedler? Eine Spurensuche (Leipziger Jahrbuch zur Buchgeschichte 16, 2007, 265–284). – Nicht mehr berücksichtigt werden konnte: A. MÜLLER, Vom Konversationslexikon zur Enzyklopädie. Das Zedlersche *Universal-Lexicon* im Wandel seiner Druckgeschichte (Das achtzehnte Jahrhundert 43, 2019, 73–89).

9 Nach Zedlers Tod erschienen bis 1754 noch vier Supplementbände.

II Formelle Neutralität in den 1730er Jahren

Der erste einschlägige Personalartikel, der kurz in Betracht kommen soll, widmet sich dem erfolgreichen Erbauungsschriftsteller Johann Arndt.[10] Die Struktur des nur eine halbe Spalte füllenden Eintrags ist symptomatisch: Zunächst werden Herkunft, Ausbildung sowie Berufs- und Lebensweg des Theologen knapp geschildert,[11] sodann seine Hauptwerke aufgeführt und schließlich als wesentlicher Charakterzug seine materielle Großzügigkeit genannt. Der letzte Satz, dem dann noch wenige Literaturverweise folgen, vermerkt lakonisch: »Viele haben ihn seiner Lehre wegen [...] zu tadeln, viele aber auch hinwiederum zu preisen gesuchet«.[12] Jeglicher Hinweise auf die Beschaffenheit und Besonderheit dieser Lehre, auf Sachargumente, mit denen sie getadelt bzw. gepriesen worden ist, desgleichen auf etwaige Veranlassungsgründe für die im Artikel erwähnte Vertreibung Arndts aus Ballenstedt enthält sich der Eintrag vollkommen.

In analoger Weise, jedoch immerhin auf zweieinhalb Spalten erweitert, sieht sich Johannes Calvin portraitiert.[13] Seine wechselvollen äußeren Lebensumstände, Bildungseinflüsse, Kommunikationspartner und Tätigkeiten referiert der Eintrag insgesamt zutreffend, wenngleich durchweg formell. Selbst für das magistrale Hauptwerk Calvins, seine *Institutio christianae religionis*, erfährt man lediglich, es habe ihm »keinen geringen Ruhm zuwege gebracht«,[14] bleibt aber hinsichtlich der materialen Dignität dieses Ruhms, erst recht des theologischen Profils und der reformationsgeschichtlichen Bedeutung, die das Werk auszeichnen, gänzlich im Dunkeln. Die wertneutrale Abständigkeit des Artikels, der wiederum auch die wichtigsten Schriften Calvins auflistet und ausgewählte Literaturhinweise präsentiert, geht beispielhaft aus der Bemerkung hervor, die sich an die Notiz des Todesdatums noch anschließt: »Er wird von allen aufrichtigen Scribenten als ein kluger, gelehrter, beredter, arbeitsamer und frommer Mann

---

10 Art. Arndius (Joannes) (Universal-Lexicon 2, 1732, 1573f).
11 Hübsch ist dabei die Formulierung, aufgrund seiner 1590 geschehenen Vertreibung aus Ballenstedt habe Arndt »das Land mit dem Rücken ansehen« (aaO., 1573) müssen.
12 AaO., 1574.
13 Art. Caluinus, (Joannes) (Universal-Lexicon 5, 1733, 324–326).
14 AaO., 325.

gerühmet«.[15] Allenfalls in der adjektivischen Beurteilung der bemühten, jedoch anonym bleibenden Gewährsmänner als »aufrichtig« mögen Spurenelemente einer anerkennend wertenden Beurteilung Calvins zu erkennen sein.

Demselben Strickmuster ist etwa auch der Artikel zu Johann Gerhard,[16] diesem wohl bedeutendsten Theologen aus dem Zeitalter der lutherischen Orthodoxie, eng verpflichtet. Übrigens scheint dem *Zedler* der kirchengeschichtliche Epochenbegriff »Orthodoxie« noch fremd gewesen zu sein, denn das Lemma *Orthodoxie*, das sich zwar findet,[17] verweist lediglich auf den Artikel *Rechtlehrige(r)*, der sich aber seinerseits mit Gegenständen der Alten Kirche begnügt.[18] Eine leichte strukturelle Veränderung deutet sich zumindest insofern an, als das Johann Gerhard zugedachte kleine Werturteil nicht mehr aus der Feder von »aufrichtigen Scribenten« bezogen, sondern in eigener Urteilskompetenz mitgeteilt wird: »Er war ein freundlicher und friedfertiger Mann, darbey sehr freygebig gegen die Armen«.[19] Dass dieser Einschätzung dann aber sogleich die referierende Bemerkung, er »hatte den Ruhm einer sonderlichen Frömmigkeit«,[20] beigesellt wird, mag den Eindruck erwecken, als ziehe sich der anonyme Verfasser des Artikels, durch den eigenen Freimut erschreckt, gleich wieder hinter eine fremde historische Referenzquelle zurück.

Naturgemäß erheischt der Personaleintrag zu Martin Luther besonderes Interesse. Dass ihm in den Kernlanden der Wittenberger Reformation konzentrierte, ja außergewöhnliche lexikalische Aufmerksamkeit geschenkt würde, liegt auf der Hand. Angesichts des gewaltigen Umfangs von 70 Spalten, die der ihm gewidmete Artikel beansprucht,[21] überrascht dann aber doch das die Grenzen der Ausgewogenheit weit überschreitende Maß. Den Auftakt markieren eingehende Recherchen zur familiären Genealo-

---

15 AaO., 326.
16 Art. Gerhardus, (Joannes) (Universal-Lexicon 10, 1735, 1101–1104).
17 Vgl. Art. Orthodoxie (Universal-Lexicon 25, 1740, 2047).
18 Vgl. Art. Rechtslehriger (Universal-Lexicon 30, 1741, 1415f).
19 Art. Gerhardus (s. Anm. 16), 1102.
20 Ebd.
21 Art. Luther, (Martin) (Universal-Lexicon 18, 1738, 1283–1344). – Die Abweichung der bibliographischen von der oben genannten Umfangsangabe erklärt sich daraus, dass die Paginierung des Bandes zwischen Spalten- und Seitenzählung variiert.

gie, in deren Verlauf der unbekannte Verfasser dringlich empfiehlt, das ursprüngliche Graphem des Geschlechtsnamens »Luder« auf sich beruhen zu lassen und stattdessen, »um ferner Gelegenheit zur Spötterey zu vermeiden, billig bey der einmahl eingeführten Schreib-Art *Luther*«[22] zu bleiben. Darauf folgt dann, streng chronologisch verfahrend, ein sehr ausführlicher, durchweg apologetisch orientierter und weithin verlässlicher Abriss von Luthers Biographie. Sachliche Unschärfen oder Fehler begegnen dabei nur vereinzelt, so wenn sich Luthers *Invocavit-Predigten* (1522) als dessen erste Widerlegung des Papsttums bezeichnet sehen[23] oder Erasmus' Schrift *De libero arbitrio* fälschlich in das Jahr 1534 datiert findet.[24] Während der Artikel den äußeren Lebenslauf in unermüdlicher Detailfreude nachzeichnet, kommen dabei die inneren religiösen Kämpfe, aber auch die theologischen Entscheidungen und Entwicklungen Luthers allenfalls sporadisch andeutend in den Blick. Dies macht die Gesamtabsicht des ungewöhnlich breiten Artikels unübersehbar: Nicht als ein Mann der Kirche und tiefsinniger Gottesgelehrter, sondern als deutscher Sprachschöpfer, genialer Bibelübersetzer und mutiger Freiheitskämpfer, kurzum: als ein kulturgeschichtlicher Heros sollte Luther dem Publikum präsentiert werden.[25]

Exorbitant wie der Gesamtumfang des Luther gewidmeten Artikels ist auch die Länge der Darbietung von Luthers Schriften, die in Gestalt des 31 Spalten füllenden Inhaltsverzeichnisses der kurz zuvor abgeschlossenen, 22 Foliobände umfassenden *Leipziger Ausgabe* (1729–1734) aufgeführt werden.[26] Da diese Luther-Edition, die von der durch Johann Georg Walch besorgten *Hallesche[n] Ausgabe*[27] schon bald in den Schatten gestellt wer-

---

22 AaO., 1283.

23 Vgl. aaO., 1310.

24 Vgl. aaO., 1317. – Die aaO., 1313, genannte Datierung von Luthers Gegenschrift *De libero arbitrio* (1525) ist hingegen korrekt.

25 Diese intentionale Ausrichtung stimmt mit der dominanten Lutherrezeption der Epoche überein; vgl. hierzu A. BEUTEL, Martin Luther im Urteil der deutschen Aufklärung. Beobachtungen zu einem epochalen Paradigmenwechsel (ZThK 112, 2015, 164–191).

26 Vgl. Art. Luther (s. Anm. 21), 1322–1344.

27 D. MARTIN LUTHERS [...] Sämtliche Schriften, hg. v. J. G. WALCH, 24 Bde., 1740–1753. – Vgl. CH. SPEHR, Die Jenaer Lutherrezeption im früheren 18. Jahrhundert. Johann Franz Buddeus und Johann Georg Walch als theologische Akteure (in: DERS. [Hg.], Luther denken. Die Reformation im Werk Jenaer Gelehrter [SGThFJ 2], 2019, 79–113).

den sollte, ebenfalls im Hause Zedler publiziert worden war, lässt sich der ausführliche bibliographische Nachweis unschwer als Verlagswerbung in eigener Sache durchschauen.

Nach alledem vermag der Eintrag zu Philipp Melanchthon kaum noch zu überraschen.[28] Auf fünf Spalten wird der äußere Gang seines Lebens insgesamt sachgemäß nachgezeichnet, ohne dass dabei Melanchthons spezifische theologische Positionierung, Entwicklung und Wirkung auch nur andeutend kenntlich gemacht würde. Eine als objektivierenden Fortschritt zu würdigende Besonderheit lässt sich aber insofern erkennen, als dem Personaleintrag ein 16 Spalten beanspruchendes, chronologisch geordnetes und Vollständigkeit erstrebendes Verzeichnis der Schriften Melanchthons angefügt ist, das nicht mehr als hauseigene Selbstempfehlung relativiert, sondern als eine den damaligen wissenschaftlichen Ansprüchen genügende Quellenbibliographie anerkannt werden muss.

Allem Bisherigen gegenüber durchweht den Ulrich Zwingli gewidmeten Artikel[29] ein gänzlich anderer Geist. Hier beschränkt sich die Darstellung nicht mehr auf den äußeren Lebensabriss, sondern bezieht zugleich ausführlich die relevanten theologischen Inhalte ein. Beispielsweise findet sich das von Hadrian VI. ausgestellte päpstliche Breve, das Zwingli 1523 überbracht wurde, im vollen lateinischen Wortlaut wiedergegeben,[30] wie auch zentrale Äußerungen Zwinglis teils im direkten Zitat,[31] teils in ausdrücklich zustimmender Paraphrase aufscheinen. So stellt der Verfasser explizit fest, in Abwehr der »Irrthümer der Päbstlichen Kirche« habe Zwingli »standhafftig« darauf beharrt, »daß in Glaubens-Sachen die Heil[ige] Schrifft allein der rechtmäßige Richter«[32] sei. Für den damals ausgetragenen Streit um die Frage, ob auch Heiden der Seligkeit teilhaftig würden, stellt der Autor die Pro- und Contra-Argumente säuberlich nebeneinander.[33]

Indessen zielt das Hauptanliegen des Artikels auf den qualifizierenden Vergleich Zwinglis mit Luther. Während dies schon im biographischen

---

28 Art. Melanchton, (Philipp) (Universal-Lexicon 20, 1739, 420–442).
29 Art. Zwinglius, (Hulderich oder Ulrich) (Universal-Lexicon 64, 1750, 1709–1720).
30 Vgl. aaO., 1711.
31 Vgl. etwa aaO., 1713.
32 AaO., 1710f.
33 Vgl. aaO., 1713.

Durchgang immer wieder aufleuchtet – Zwingli »erwiese sich auch Anfangs gegen D. Luthern gar geneigt, und recommendirte seinen Zuhörern dessen Schriften«;[34] »Zwinglius machte es wie D[.] Luther, und predigte scharff [...] wider den Ablaß«[35] –, wird es abschließend noch eigens thematisiert, indem sich der Verfasser der damals kontrovers diskutierten Frage zuwendet, ob man den Beginn der Reformation bei Zwingli oder bei Luther zu verorten habe. Der Aufbau dieser Erörterung erinnert überdeutlich an die Artikelstruktur der *Summa theologiae* des Thomas von Aquin. Zunächst gibt der Lexikograph die *quaestio* vor: »Es ist aber die Frage [...], ob nemlich Zwinglius eher als D. Luther reformiret?« Danach stellt er das *Videtur quod* (»Einige sagen [...]«) und *Sed contra* (»Andere geben für [...]«) referierend gegeneinander. Das abschließende *Respondeo dicendum* erscheint so eindrücklich, dass es fast insgesamt zu zitieren erlaubt sei:

> Die Sache selbst läst sich gar leicht ausmachen, wenn man nur die Beschaffenheit der Streit-Frage recht aus einander setzet. Es ist die Frage gar nicht: ob Zwinglius von Luthern ein und die andere Wahrheit wider das Pabstthum eingesehen; oder in der Stille gelehret? Auch nicht: ob Zwinglius ehe als Luther einen Abscheu und Eyfer wider die Päbstlichen Gräuel bezeuget; sondern die Sache kommt darauf an: ob Zwinglius ehe, als Luther, öffentlich und vor aller Welt das Pabstthum dergestalt angegriffen habe, daß darauf die würckliche Reformation der Kirche erfolget und man daraus schliessen können, er sey dasjenige Werckzeug so GOtt dazu ausersehen, und geschickt gemacht. Das ist es, so die Reformirten nimmermehr erweisen; die Evangelisch-Lutherischen aber das Gegentheil darthun können [...]. Die Sache ist so klar, daß auch viele unter den Reformirten frey bekennet haben, man müsse hierinne D. Luthern die Ehre laßen.[36]

Die kategoriale Differenz, die in der Darstellungsweise der ersten und späteren Zedler-Bände zutage tritt, ist unübersehbar. Waren die Autoren zunächst bemüht, ihre protestantischen Gegenstände – und dies nicht allein für Personen, sondern auch für Sachen wie die *Augspurgische Confeßion*[37] oder die *Formula Concordiae*[38] – in unbeteiligter Außenperspektive zu referieren, so hielten sie später mit eigenen, dem Geist des aufgeklärten Luthertums verpflichteten Werturteilen nicht mehr zurück. Wie sich dieser gegen

---

34 AaO., 1709.
35 AaO., 1710.
36 AaO., 1715.
37 Vgl. Art. Augspurgische Confeßion (Universal-Lexicon 2, 1732, 2166f).
38 Vgl. Art. Formula Concordiae (Universal-Lexicon 9, 1735, 1512–1514).

Ende der 1730er Jahre einsetzende Umschwung erklären lässt, ist schwer zu entscheiden. Möglicherweise spielte dabei der finanzielle Zusammenbruch Zedlers, der sich nur dank des Verlagsaufkaufs durch den Leipziger Geschäftsmann Johann Heinrich Wolf(f) abfedern ließ,[39] eine dirigierende Rolle. Zweifellos hat aber auch das um 1740 in bürgerlichen Kreisen manifest werdende aufklärerische Selbstbewusstsein den angezeigten Wandel begünstigt. Jedenfalls mag es erhellend und sachdienlich sein, sich nun für die im *Zedler* um 1740 durchbrechende qualifizierende Positionalität noch ins exemplarische Detail zu vertiefen.

III Qualifizierende Positionalität ab den 1740er Jahren

a) Deviantenschelte

Die unverblümte theologische Parteinahme, die im *Zedler* spätestens ab dem 25. Band (1740) augenfällig hervortritt, äußert sich zumal in harscher Kritik an allen Abweichungen von der durch Luther gesetzten Lehrnorm. Solche Deviantenschelte traf beispielsweise Andreas Osiander d.Ä., der als autodidaktischer Selbstdenker der Reformation alsbald in heftige Händel geraten war.[40] Der ihm gewidmete Personalartikel[41] referiert die Ausbildungsjahre in korrekter Neutralität und vermerkt, die von Osiander am 23. Februar 1522 vorgetragene erste »Lutherische Predigt« sei »mit grossem Beyfall« bedacht worden. Bald darauf habe man ihn dann aber »einer nicht gar zu richtigen Lehre« beschuldigt, und am Rande des Marburger Religionsgesprächs (1529) sei er, wie es spitzfingrig heißt, mit »besondere[n] Meynungen«[42] aufgefallen. Während diese Irritationen noch unter Verweis auf zeitgenössische Stimmen aus fremder Hand referiert werden, agiert der anonyme Verfasser danach seinerseits als das Subjekt der Kritik, die den

---

39 Vgl. QUEDENBAUM, Verleger (s. Anm. 8), 219–230.
40 Vgl. etwa G. SEEBASS, Andreas Osiander d.Ä. und der Osiandrische Streit. Ein Stück preußischer Landes- und reformatorischer Theologiegeschichte (in: D. RAUSCHNING [Hg.], Die Albertus-Universität zu Königsberg und ihre Professoren. Aus Anlaß der Gründung der Albertus-Universität vor 450 Jahren, 1995, 33–47). Für Frühjahr 2022 ist angekündigt: I. DINGEL (Hg.), Der Osiandrische Streit (1549–1552) (CoCo 7).
41 Art. Osiander (Andreas) der ältere (Universal-Lexicon 25, 1740, 2098–2100).
42 AaO., 2098.

Eintrag nun in einem fortwährenden Crescendo bis zum Ende begleitet und zusehends dominiert.

So findet sich bereits die »Disputation von der Busse«, mit der Osiander am 5. April 1549 als Erster Professor der Theologie an der Universität Königsberg debütierte, dahingehend zensiert, er habe diese kirchliche Institution nur als eine Erkenntnis und Bereuung der Sünde, mit denen sich der ernste Vorsatz zur Besserung verbinde, beschrieben »und dabey von dem Glauben gar nichts gedacht«.[43] Diese eklatante Missachtung des lutherischen Sola-fide-Prinzips, heißt es im Personaleintrag weiter, sei zwar von den Fakultätskollegen sogleich mit handfesten Gründen »des Irrthums beschuldigt« worden, doch weil Osiander bei Herzog Albrecht von Preußen »in grossen Gnaden stand«, habe er nicht nur diese heterodoxe Auffassung weiter vertreten können, sondern alsbald auch »seine andere besondere Meynungen an den Tag zu legen kein Bedencken«[44] getragen. Als Beispiele solcher weiterer Häresien werden insbesondere Osianders Sonderlehren vom göttlichen Ebenbild und von der Rechtfertigung des Sünders erläutert. Komplementär zu dieser theologischen Devianz führt der Artikel charakterliche Deformationen ins Feld, die sich zumal in Osianders »Verdrehung« herangezogener Quellenwerke und seiner notorischen Belehrungsresistenz manifestiert hätten und insgesamt zu der vernichtenden Einschätzung Anlass gäben, »daß er in seinem Leben viel an sich gehabt, so keinem Theologo anstehet, auch in Behauptung seiner Irrthümer, sich sehr trotzig, hochmütig und hartnäckig erwiesen«[45] habe. Damit hatte das *Universal-Lexicon*, anstatt seiner gattungsgemäßen Informationspflicht nachzukommen, gleichsam ein letztinstanzliches Verdammungsurteil gefällt.

Als weiteres, ungleich gravierenderes Beispiel der im *Zedler* zusehends geübten Deviantenschelte mag die lexikalische Behandlung des Pietismus dienen, dessen klassische Gestalt 1741, als der entsprechende Band erschien, bereits weithin historisch geworden war. Es könnte scheinen, als mache das *Universal-Lexicon* damit sehr kurzen Prozess: »Pietisterey«, befindet ein nur achtzeiliger Eintrag, »ist derjenige Zustand [!] eines Menschen, da er sich äusserlich fromm stellet, in der That aber und innerlich

43 AaO., 2099.
44 Ebd.
45 AaO., 2100.

nichts weniger als der wahren Frömmigkeit ergeben ist. Die in einem solchen Zustande sich befinden, werden Pietisten genennet«.[46] Dieses Pauschalverdikt muss in zweifacher Hinsicht befremden, denn einerseits werden die Hauptvertreter des lutherischen Pietismus, Philipp Jakob Spener[47] und August Hermann Francke,[48] an ihrem Ort ohne jeden Tadel, ja sogar in dezidiert freundlicher Würdigung portraitiert, und andererseits geht dem kurzen Eintrag zur »Pietisterey« eine 20 Spalten umfassende Entfaltung des Lemmas »Pietisten«[49] voraus. Allerdings findet sich darin von dem Wohlwollen, das Spener und Francke erfuhren, nicht die mindeste Spur.

Gleich der Eingang steckt unmissverständlich die Koordinaten ab:

> Pietisten [...] werden eigentlich alle diejenigen alten und neuen Fanatici genennet, welche den Schein eines gottseligen Wesens haben, dessen Kraft aber verläugnen [...]. Denn ob sie gleich von der Pietät den Namen führen, so haben sie doch nichts weniger, als die That, indem sie vielmehr unter dem Schein der Gottseligkeit allerley Gottlosigkeit in Lehr und Leben ausüben.[50]

Darauf folgt, bei schwankender Zählung, ein etwa zwei Dutzend Punkte umfassender Katalog pietistischer Schändlichkeiten, der ein religionspathologisches Schreckensszenarium sondergleichen entwirft. So würden »gründliche, förmliche, und hinlängliche Lehre und Unterricht«[51] als für ein frommes Leben entbehrlich gehalten, ferner die »Anhörungen der ordentlichen Predigten in den Tempeln (wie man sie nach heydnischer Art verhaßt nennete, an statt Kirchen)«[52] geschmäht und die lutherischen Bekenntnisschriften verachtet.[53] Auch sehe sich die Maxime der »Selbst-Verläugnung« durch »unzählige Exempel von Unmäßigung der Affecten, Geld- und Ehrgeitz, Eigenliebe, Stoltz, Verachtung anderer«[54] konterkariert und die Evangelische Kirche als »Babel«[55] verunglimpft. Der den Pietisten unterstellte

---

46 Art. Pietisterey (Universal-Lexicon 28, 1741, 130).
47 Art. Spener, (Philipp Jac.) (Universal-Lexicon 38, 1743, 1486–1494).
48 Art. Francke, (August Hermann) (Universal-Lexicon 9, 1735, 1672f).
49 Art. Pietisten (Universal-Lexicon 28, 1741, 109–130).
50 AaO., 109f.
51 AaO., 111.
52 AaO., 112.
53 Vgl. aaO., 113.
54 AaO., 114.
55 AaO., 115.

heuchlerische Geist offenbare sich ebenso in der interessegeleiteten Funktionalisierung politischer Herrscher wie in der eigenen lebenspraktischen Bigotterie: »Man recommendirte das ehelose Leben, als ein Gott sonderlich wohlgefälliges Werck; gleichwohl aber heyrathete man selbst, man zeugete fleißig Kinder«.[56]

In der zweiten Hälfte des Artikels wird dann auf wenig strukturierte Weise die Geschichte der pietistischen Bewegung erzählt. Schwerpunkte bilden dabei die auf Francke zentrierten Geschehnisse in Leipzig und die Anfänge der theologischen Fakultät an der neu gegründeten Universität Halle. Während schon dabei immer wieder die »gute Intention D. Speners«[57] als Korrektiv der verschiedenen Abwege in den Zeugenstand tritt, verstärkt sich dies im Rundblick auf manche Nebengestalten wie Gottfried Arnold, Johann Jakob Schütz oder Johann Wilhelm Petersen noch einmal beträchtlich. Der dadurch vollzogene kritische Zensurprozess kulminiert in der Aburteilung des Berliner und späteren Berleburger Dogmenkritikers Johann Conrad Dippel:

> Von allen aber, welche bißher öffters tumme Pietisten genennet, und von ihnen gesagt worden, daß sie der guten Intention D. Speners, und anderer klugen Männer, gar sehr wären hinderlich gewesen, ist ohne allen Zweiffel Christian Democritus, oder, wie sein rechter Name ist, J. C. Dippel, vor den irraisonablesten, tummesten und bey nahe rasenden Menschen zu achten, indem er selbst [...] wider die Gegen-Parthey oder Orthodoxen, einen so heßlichen Unflath von eigenen Meynungen in der Theologie, Vernunfftlehre, und Moral zusammen geschwemmet hat, daß man davor erschrecken muß.[58]

Damit klärt sich nun auch die durchaus inkonsistente Begrifflichkeit, die der *Zedler* im Zugriff auf das in Rede stehende Themenfeld zur Anwendung bringt. Unbeschadet des Umstands, dass die bekannte Definition Joachim Fellers »Was ist ein Pietist? der GOttes Wort studiert, Und nach demselben auch ein heilig Leben führt«[59] kommentarlos zitiert und Spener als ein ehrenwerter Repräsentant dieser religiösen Richtung geschätzt wird, fokussiert sich der Pietismusbegriff doch faktisch auf die »schleichenden

---

56 AaO., 116.
57 AaO., 125.
58 AaO., 129.
59 AaO., 122.

Schwarm-Geister und Fanaticos«,[60] mithin auf den radikalen, kirchenkriti-schen, inspirationstheologischen Flügel der pietistischen Frömmigkeitsbe-wegung, wohingegen Männer wie Spener oder der spätere Francke als tadel-los orthodoxe Erneuerer der lutherischen Glaubenstradition aufscheinen. Die begriffsgeschichtliche Relevanz dieses Tatbestands ist erheblich und sollte durch weitere eingehende Analysen erhellt werden.

Dass der *Zedler* in seinen späteren Bänden auch andere Spielarten des frühneuzeitlichen Protestantismus im Gestus selbstermächtigter positio-neller Wächterschaft disqualifiziert, lässt sich an der Behandlung der auf den Pentateuch beschränkt gebliebenen *Wertheimer Bibel* (1735),[61] die Jo-hann Lorenz Schmidt im Geist eines Christian Wolff verpflichteten auf-klärerischen Rationalismus erstellte und die alsbald eine außerordentlich breite, vom »pietistischen Netzwerk«[62] lancierte Debatte auslöste, exem-plarisch aufweisen. Mit 67 Spalten erreicht der dazu erstellte Lexikonarti-kel[63] fast schon monographisches Format. Im ersten Drittel werden die Per-son und das Werk Schmidts, ohne deren konstruktive Intention auch nur zu erfragen, gutachterlich diffamiert. So handle es sich dabei schlicht um eine »freche Uebersetzung«,[64] deren Produkt in der biologistisch als »Wert-heimische Mißgeburt«[65] perhorreszierten Ausgabe vorliege. Der Heraus-geber erzeige dabei »ein sehr böses Hertz«,[66] sei in »gottlose[r] und schänd-liche[r] Verwegenheit«[67] zu Werke gegangen und habe sich als »offenbahrer Feind der Heiligen Schrifft und der Christlichen Religion«[68] schlagend dis-qualifiziert. Im zweiten Drittel des Artikels werden dann nicht weniger als

---

60 AaO., 130.
61 Vgl. P.S. SPALDING, Seize the Book, Jail the Author. Johann Lorenz Schmidt and Cen-sorship in Eighteenth-Century Germany, 1998; U. GOLDENBAUM, Der Skandal der Wert-heimer Bibel. Die philosophisch-theologische Entscheidungsschlacht zwischen Pietis-ten und Wolffianern (in: DIES. [Hg.], Appell an das Publikum. Die öffentliche Debatte in der deutschen Aufklärung 1687–1796, Bd. 1, 2004, 175–508).
62 W. SPARN, Art. Johann Lorenz Schmidt (RGG⁴ 7, 2004, 934).
63 Art. Wertheimische Bibel (Universal-Lexicon 55, 1748, 595–662).
64 AaO., 607.
65 AaO., 603.
66 AaO., 602.
67 AaO., 607.
68 AaO., 609.

53 geographisch sortierte Gegenschriften, mitunter in längeren direkten Zitaten, kenntlich gemacht,[69] danach der publizistische Fortgang des Streits um die *Wertheimer Bibel* sowie etliche bibeltheologische Folgemaßnahmen geschildert.[70]

Dergestalt erweist sich der *Zedler* ab den 1740er Jahren nicht allein, wie am Beispiel des Andreas Osiander gezeigt, als unerbittlicher reformationshistorischer Zensor, sondern auch und erst recht als der zwischen radikalpietistischen und rationalistischen Abweichungen die rechtgläubige Spur haltende Gralshüter eines auf das theologische Erbe Luthers eingeschworenen frühneuzeitlichen Protestantismus. Was, jedenfalls gemäß der ursprünglichen Intention, als wertneutrale lexikographische Informationsdienstleistung begonnen hatte, scheint sich, zumindest in religiöser Hinsicht, zusehends in ein positionelles Parteiorgan verwandelt zu haben.

b) Religionsvermessung

Für eine Inspektion der in den späteren Zedler-Bänden auszumachenden Positionalität eignet sich der Cluster der Religionsartikel in besonderer Weise. Dabei können die außerchristlichen Versionen wie die jüdische,[71] mexikanische[72] oder persische Religion[73] jetzt außer Betracht bleiben, desgleichen die eher randständigen Spielarten des Christentums wie die hugenottische[74] oder armenische Religion.[75] Für das angezeigte Interesse mag eine Konzentration auf die wichtigsten mitteleuropäischen Ausprägungen des christlichen Glaubens allemal hinreichend sein.

---

69 Vgl. aaO., 617–637.
70 Vgl. aaO., 637–662.
71 Das Lemma »Religion (Jüdische)« (Universal-Lexicon 31, 1742, 497) verweist lediglich auf den Artikel »Juden« (Universal-Lexicon 14, 1735, 1497–1503).
72 Das Lemma »Religion (Mexicaner)« (Universal-Lexicon 31, 1742, 497) verweist lediglich auf den Artikel »Mexicaner Religion« (Universal-Lexicon 20, 1739, 1464).
73 Das Lemma »Religion (Persische)« (Universal-Lexicon 31, 1742, 497) verweist lediglich auf den Artikel »Persische Religion« (Universal-Lexicon 27, 1741, 649–660).
74 Das Lemma »Religion (Hugenottische)« (Universal-Lexicon 31, 1742, 497) verweist lediglich auf den Artikel »Hugenotten« (Universal-Lexicon 13, 1735, 1110f).
75 Das Lemma »Religion (Armenische)« (Universal-Lexicon 31, 1742, 452) verweist lediglich auf den Artikel »Armenier« (Universal-Lexicon 2, 1732, 1535–1537).

Der Eintrag zum Stichwort »Religion (Catholische) oder auch Römisch-Catholische Religion«[76] lässt an der konfessionellen Alterität des
Gegenstandes zwar keinen Zweifel, bemüht sich aber ersichtlich um eine
respektvolle, affektgebändigte Wahrnehmung. Zunächst werden die »vor-
nehmste[n] Lehrsätze«[77] des römischen Katholizismus benannt, darunter
das die eingeschränkte Suffizienz der Bibel ergänzende Traditionsprinzip,
die Heilsnotwendigkeit guter Werke und die spezifische römisch-katholische Sakramentenlehre. Danach richtet sich der Blick auf die frühneuzeitliche Entwicklung des europäischen Katholizismus, der, wie es fast mitfüh-
lend heißt, »nach der Reformation [...] nicht wenige Veränderung erlitten«[78]
habe. So seien etwa für die Autorität des Papstes oder die Verbindlichkeit
amtskirchlicher Anweisungen erhebliche Einbußen zu verzeichnen, und
zumal in Frankreich habe sich der Gallikanismus derart viele Freiheiten
erlaubt, »daß es heutiges Tages [...] den Päbsten zum Schrecken dienet«.[79]
Eine Skizze der Entwicklung, die der nachreformatorische Katholizismus in
den wichtigsten europäischen Ländern genommen hat, schließt sich an.[80]

In materialer Hinsicht, stellt der anonyme Verfasser daraufhin fest, habe
sich unter dem Einfluss der Reformation auch im Katholizismus »die Lehr-
art verbessert«, die katechetische Unterweisung intensiviert und zumal die
patristische Forschung modernisiert.[81] Wohl um dem frühprotestantischen
Schicksal interner Zwistigkeiten und Zerreißproben ein konfessionelles
Pendant an die Seite zu stellen, sehen sich danach die seit dem 16. Jahrhundert ausgetragenen innerkatholischen Lehrstreitigkeiten außerordentlich breit referiert.[82] Am Ende ergeht eine knappe Bestandsaufnahme zeitgenössischer katholischer Besonderheiten, gefolgt von einem Verzeichnis
derjenigen europäischen Staaten, die derzeit insgesamt oder teilweise »der
Römisch-Catholischen Religion zugethan seyn«.[83]

---

76 Art. Religion (Catholische) oder auch Römisch-Catholische Religion (Universal-Lexicon
   31, 1742, 453–465).
77 AaO., 453.
78 Ebd.
79 AaO., 454.
80 Vgl. aaO., 454–456.
81 AaO., 457.
82 Vgl. aaO., 458–464.
83 AaO., 464f.

Gegenüber der evangelisch-reformierten Konfessionsfamilie bezieht der *Zedler*, verglichen mit seiner Einschätzung des römischen Katholizismus, erkennbar größere Distanz. Zu Beginn des entsprechenden Religionsartikels[84] wird das Reformiertentum als »die Lehre, so Zwinglius um das Jahr 1519 zuerst in der Schweiz aufgebracht; Calvinus aber hernach in der Picardie und zu Genf fortgesetzt hat«,[85] formell definiert. Danach nimmt der Artikel sogleich »die Geschichte der Trennung dieser Kirche von der Lutherischen«[86] ins Visier. Die dabei obwaltende historische Konstruktion ist unverkennbar: Das Reformiertentum soll nicht als ein genuiner Ursprungsort der Reformation gewürdigt, sondern als eine Deviation vom Luthertum suspekt gemacht werden. Damit korrespondiert der apodiktische Auftakt des Zedlerschen Reformationsartikels,[87] der das Entstehen dieser epochalen kirchlichen und theologischen Erneuerungsbewegung exklusiv auf Wittenberg beschränkt: »Reformation, wird schlechthin [...] diejenige heilsame Handlung des seeligen D. Martin Luthers genennet, da er, durch göttlichen Antrieb und Beystand, die Christliche Religion von einigen überhand genommenen Irrthümern und Mißbräuchen gereiniget«.[88]

Die reformierte Abspaltung vom Luthertum habe sich, heißt es weiter, in zwei Schüben vollzogen. Zunächst sei Zwingli in der Deutung des Abendmahls, um die katholische Transsubstantiationslehre abzuwehren, »aufs andere Extremum« verfallen, indem er die Elemente auf bloße »Symbola«[89] reduzierte. Diese Differenz zu Luther wäre vielleicht noch zu entschärfen gewesen, wenn nicht »Carlstadt Zwinglii Meynung gebilliget, u[nd] dadurch Oel ins Feuer gegossen hätte«.[90] Während schon die damit präsentierte Auffassung bereits im Wissenshorizont der 1740er Jahre als fragwürdig erscheinen musste, so erst recht das parteiische Urteil, das Marburger Religionsgespräch sei allein an der Friedensverweigerung der

---

84 Art. Religion (Reformirte) (Universal-Lexicon 31, 1742, 497–508).
85 AaO., 497.
86 Ebd.
87 Art. Reformation (Universal-Lexicon 30, 1741, 1676–1693).
88 AaO., 1676.
89 Art. Religion (Reformirte) (s. Anm. 84), 498.
90 Ebd.

Schweizer Kolloquiumsteilnehmer gescheitert.[91] Den zweiten Trennungs-schub habe sodann, kurz nachdem Luther gestorben war, Calvin ausgelöst, indem er den mit der Lehre des Wittenbergers nicht kompatiblen »Artickel de Praedestinatione«[92] aufbrachte.

Nach dieser doppelt einseitigen Schuldzuweisung werden die inner-protestantischen Lehrstreitigkeiten des 16. Jahrhunderts bis zur reformier-ten Ablehnung der Konkordienformel geschildert,[93] sodann die wichtigsten institutionellen und kultischen Besonderheiten des Reformiertentums identifiziert, ferner dessen im 17. Jahrhundert einsetzende europäische Erfolgsgeschichte sowie die anhaltenden lutherisch-reformierten Ausein-andersetzungen dargestellt. Der Artikel, dessen anfängliche polemische Schärfe zusehends versiegt, mündet in eine kurze tabellarische Auflistung derjenigen »Länder, wo die Reformirte Religion floriret«.[94] Dass die Liste nicht vollständig ist, sondern mit »et cetera« schließt, mag, bedenkt man die überbordende Uferlosigkeit, in der andernorts bibliographische, chrono-logische oder geographische Listen erstellt worden sind, der Scheu des Ver-fassers, die europäische Dominanz des Reformiertentums in ihrem ganzen Umfang dem Publikum vorzuführen, entsprungen sein.

Unter den auf Mitteleuropa bezogenen Artikeln des Religions-Clusters findet sich erstaunlicherweise auch das Lemma »Religion (Evangelische)«.[95] Man könnte darin einen Dachartikel zur konfessionellen Pluralität des Pro-testantismus vermuten. Indessen verweist dieser ganze 16 Zeilen umfas-sende knappe Eintrag lediglich auf die »von Luthern im 16[.] Jahrhunderte angefangene Reformation«, deren sich »allein an die H[eilige] Schrifft, als das lautere Wort Gottes« haltende Ausrichtung durch die darin waltende Unterscheidung von Gesetz und Evangelium näher erläutert wird.[96] Und

---

91 »Der Vergleich auf dem Colloquio zu Marpurg bestund [...] darinnen, daß man Frieden halten wolte: also hätten die Schweitzerischen Theologi ihre Confeßion zugleich mit der Lutherischen ihrer vereinigen können, weil sie sehr moderat; aber sie wolten nicht« (aaO., 500).
92 AaO., 498; vgl. aaO., 501.
93 Vgl. aaO., 501–504.
94 AaO., 508.
95 Art. Religion (Evangelische) (Universal-Lexicon 31, 1742, 494f).
96 Ebd.

der Eintrag zu »Religion (Lutherische)«[97] begnügt sich mit einem schlichten Verweis auf den Artikel »Religion«. Dort aber, im Pfortenartikel des Religions-Clusters, wird eine Übersicht zu den Glaubensformationen in Afrika, Amerika, Asien und Europa geboten, ohne dass dabei das Luthertum eine exponierte Würdigung fände.[98] Sollte also ausgerechnet eine Erläuterung der lutherischen Konfessionsfamilie im *Zedler* schlichtweg vergessen worden sein?

Da man eine derart fahrlässige lexikalische Unterlassung kaum wird vermuten wollen, legt sich als Grund dieser auffallenden Leerstelle die Erwägung nahe, das hier Vermisste werde, da doch im *Zedler* das Luthertum ganz offensichtlich als die idealtypische Ausprägung christlichen Glaubens vorausgesetzt ist, in dem umfangreichen Eintrag zum Lemma »Religion (Christliche)«[99] dargestellt. Allerdings zeigt sich dieser Artikel insgesamt einer zugleich systematischen und gegenwartsdiagnostischen, dabei apologetisch zugespitzten Absicht verpflichtet, weshalb Informationen über die Geschichte des Luthertums nur unter den Lemmata *Luther*[100] und *Lutheraner*[101] zu finden sind. Gleichwohl gibt es für die unterstellte Identität christlicher und lutherischer Religion verschiedene klare Indizien. So wird die christliche Religion gleich eingangs als diejenige Gottesverehrung, »welche sich auf Christum gründet, und deren Wahrheiten allein aus dem geoffenbahrten göttlichen Wort zu erkennen« seien, erläutert und näherhin mit der Erklärung versehen, ihre »Summa« bestehe

> darinnen, daß sich der Mensch von gantzem Hertzen zu Gott bekehret; indem er den elenden Zustand, darein er durch den Sündenfall gestürzet, rechtschaffen erkennet, darüber in eine hertzliche Betrübniß kommt, aber auch durch den Glauben an Christum, indem er auf dessen Verdienst sein eintziges Vertrauen setzet, sich wieder aufrichtet, und durch die Gnade Gottes ein frommes Leben zu führen sich angelegen sein lässet.[102]

---

97 Art. Religion (Lutherische) (Universal-Lexicon 31, 1742, 497).
98 Vgl. Art. Religion (Universal-Lexicon 31, 1742, 443–452).
99 Art. Religion (Christliche) (Universal-Lexicon 31, 1742, 465–494).
100 S. oben Anm. 21.
101 Vgl. Art. Lutheraner (Universal-Lexicon 18, 1738, 1345 f).
102 Art. Religion (Christliche) (s. Anm. 99), 465 f.

Ein Übriges leisten die im Fortgang mehrfach eingestreuten Hinweise, die Anhänger der hier erläuterten christlichen Religion erwiesen sich jederzeit als »wahre Christen«[103] und »rechte Christen«.[104]

Obgleich der breit ausgreifende Artikel weder eine explizite Disposition noch auch nur Absatzeinzüge aufweist, gibt er eine klare implizite Gliederung in drei thematische Hauptblöcke zu erkennen, denen neben der erwähnten Eingangsdefinition lediglich eine knappe, formale, auf die religiöse Satisfaktionsfähigkeit fokussierte Abstufung von christlicher und natürlicher Glaubensweise vorausgeht. Der erste ausführliche Erörterungsgang betrifft den politisch-sozialen Mehrwert christlicher (faktisch also: lutherischer) Religion, der sich in dem zwischen Obrigkeiten und Untertanen herrschenden gegenseitigen Treueverhältnis manifestiere.[105] Dies wird zunächst mit dem Hinweis erläutert, eine exklusiv auf die Bibel gegründete Religion gebe den Regenten und Regierten die jeweiligen »Pflichten und Schuldigkeiten«[106] nicht allein in aller Deutlichkeit zu erkennen, sondern ermögliche dadurch auch eine fortgesetzte Erhaltung dieses Treueverhältnisses, dass sie dem natürlichen Hang zum Egoismus Einhalt gebiete und dergestalt einer dauerhaften Stabilisierung des Gemeinwohls dienlich und zuträglich sei. Nachdem diese eminente politische Gewährleistung, welche »die verderbte Eigen-Liebe [...] und mit derselben ihre drey Töchter, die Wollust, Ehr-Geitz und Geld-Geitz«,[107] zu unterdrücken vermöge, anschaulich dargestellt worden ist, schließt dieser erste Argumentationskreis mit dem bündelnden Fazit, es folge »aus diesem allen [...] so viel gantz deutlich, daß eine Republick nicht glücklicher seyn kan, als wenn Regenten und Unterthanen rechte [!] Christen sind«.[108]

Der zweite, ebenfalls breit ausgeführte Themenblock sucht den Nachweis zu führen, dass die christliche Religion »nicht nur einer bürgerlichen Gesellschafft zuträglich; sondern auch [...] für [i.e. vor] allen andern Religionen einen Vorzug habe«.[109] Dieses Postulat wird zunächst gegenüber der

103 AaO., 466 u. ö.
104 AaO., 469 u. ö.
105 Vgl. aaO., 466–470.
106 AaO., 466.
107 AaO., 467.
108 AaO., 469.
109 AaO., 470.

»heydnische[n] Religion« untermauert, die sich schon in ihrer »reinen«, mit natürlicher Religion gleichzusetzenden Ausprägung auf deutliche Weise als defizitär erzeige, erst recht aber in der Abart »als unreine oder verfälschte heydnische Religion [...] auf einen Aberglauben«[110] hinauslaufe. Nicht besser ergeht es dem als »Mahommetanische [...] Religion«[111] angesprochenen Islam, dessen ganz unzulängliches Transzendenzvergewisserungspotential ihn gesellschaftspolitisch[112] und militärisch gleichermaßen disqualifiziere:

> Ein eintziger rechtschaffen Christlicher Soldat hat in seinem Hertzen mehr wahre Courage, als wohl hundert Türcken, massen jener bey seiner Tapfferkeit wohl gegründet und weiß, daß wenn es auch an Sterben gehen solte, er in seinem Beruff sterbe, und durch diesen Tod nichts verliere; sondern ein weit bessers Gut erlange, welche Hoffnung eben das Gemüth in seinem Muth unterhält.[113]

Als weitere Spielart einer »andern Religion« wird nun nicht etwa das Judentum, von dem in diesem Zusammenhang erstaunlicher Weise überhaupt keine Rede ist, sondern die »Spaltung [...] unter denen, welche die Christliche Religion angenommen« haben, auf den Plan gerufen. Mag dieser Aspekt als vermeintlicher Fingerzeig auf die Konfessionalisierung des frühneuzeitlichen Christentums auch zunächst irritieren, so zielt er, wie der Fortgang sogleich erweist, doch auf eine ganz andere Separation, indem denen, die sich nur äußerlich zum Christentum bekennen, jedoch faktisch »von den wahren Lehren dieser Religion« abweichen, ein dem »bürgerlichen Staat« höchst abträglicher Effekt unterstellt wird, während sich die Gruppe der »wahren Christen« durch ihre unbedingte, auf Röm 13 verpflichtete ordnungspolitische Zuverlässigkeit auszeichne: »Die Lutheraner [!] bleiben bey der Heiligen Schrifft, und lehren, daß die Obrigkeit eine Ordnung von Gott, der man in billigen Dingen gehorchen müsse«.[114] Wie tendenziös der Artikel auch hierbei verfährt, macht seine Feststellung augenscheinlich,

---

110 Ebd.
111 AaO., 474.
112 Die im Islam erlaubte »Vielweiberey«, hält der *Zedler* fest, widerstreite allem Naturrecht und trage, anders als bisweilen behauptet, auch keinesfalls »zur Vermehrung der Leute« bei, da es doch nur natürlich sei, »daß die Kräffte des Mannes, wenn er so offt den Beyschlaff ausübet, geschwächet, und er dadurch zur Zeugung der Kinder untüchtig gemacht werde« (aaO., 476).
113 AaO., 475.
114 AaO., 476.

Luther habe die Herrschenden seiner Zeit theologisch durchweg und vorbehaltlos legitimiert, wohingegen die »harte[n] Redens-Arten wider die weltliche Obrigkeit«,[115] deren er sich mitunter bediente, als blinde, affektgeleitete Fehlschläge zu erklären und zu entschuldigen seien.

Die dritte ausführliche Argumentationseinheit setzt sich zur Aufgabe, »von der Christlichen Religion zu zeigen, daß sie höchst vernünfftig sey«,[116] und verhandelt damit, auf den Begriff gebracht, das historische und gegenwärtige Verhältnis von Theologie und Philosophie. Dabei räumt der Artikel umstandslos ein, »daß viele Kirchen-Lehrer gar übel auf die Philosophie zu sprechen gewesen, und sie zum Theil mit verächtlichen Namen beleget«.[117] In mehrfacher Hinsicht wird diese patristische Frontstellung dann aber sogleich entschärft. So müsse man, heißt es hermeneutisch belehrend, bei den Kirchenvätern stets »auch ihre andere Aussprüche von der gegenwärtigen Materie aufsuchen«. Zudem habe sich deren antiphilosophischer Affekt auf diejenigen Heiden, die dem Christentum in offener Feindseligkeit entgegentraten, beschränkt. Dass sie selbst dabei »zuweilen […] theils unrecht gethan, theils gar schlecht raisonniret«, sei ihrer zeitbedingten logisch-dialektischen Beschränktheit geschuldet, und hätten sie »jetzo nach dem heutigen Fuß die Philosophie studiren« können, so würde ihr Urteil zweifellos anders ergangen sein. Jedenfalls aber folge aus den Irrtümern und Kurzschlüssen mancher Kirchenväter noch keineswegs, »daß sie die Philosophie an sich selbst, und den Gebrauch der Vernunfft in der Religion gäntzlich verworffen«[118] hätten.

Die breit dargelegte Problemgeschichte der theologisch-philosophischen Denk- und Argumentationsnachbarschaft mündet in die apodiktische Feststellung: »Die Christl[iche] Religion ist vernünfftig, oder es ist eine Übereinstimmung des Glaubens mit der Vernunft«.[119] Dieser abstrakte Leitsatz wird, nachdem die historische Aufarbeitung der Materie geleistet ist, nun auch noch unter der systematischen Fragestellung erörtert, »ob die Christl[iche] Religion, oder der Glaube Wahrheiten in sich leide, welche

115 Ebd.
116 AaO., 477; ähnlich aaO., 479.
117 AaO., 480.
118 AaO., 481.
119 AaO., 490.

den Grundwahrheiten der Vernunft entgegen«[120] sind. In unausgesproche-
ner, doch ersichtlicher Anknüpfung an die Rationalität des theologischen
Wolffianismus[121] stellt der anonyme Verfasser fest, das Licht der Vernunft
sei ebenso wie die Offenbarung ein Gottesgeschenk, und darum würde die
Annahme, Vernunft und Offenbarung könnten sich widersprechen, auf das
blasphemische Postulat eines Selbstwiderspruchs Gottes hinauslaufen.[122]
Die Voraussetzung, es sei »ein jeder von der Endlichkeit seiner Vernunfft
überzeuget«, schaffe der Dimension des Geheimnisses Raum, weil man
bei Dingen, welche die Grenzen menschlicher Vernunft übersteigen, »keinen demonstrativen, keinen unauflöslichen Einwurff dawider machen«[123]
könne. Dergestalt »begreift der Glaube viele Dinge in sich, die über die
Vernunfft [sind], welches einem nicht anstössig seyn darff, weil nicht nur
in der Natur selbst Geheimnisse fürkommen; sondern eben dieselben ein
Kennzeichen, daß die Quelle der christlichen Religion göttlich seyn müsse,
abgeben«.[124]

So erweist sich, was der *Zedler* im Artikel zur christlichen Religion
ausführt, in mehrfacher Hinsicht als instruktiv. Es verbindet sich dabei
eine gegenwartsaffine Apologetik der als lutherisch ausgewiesenen wahren
christlichen Religion mit dem frühaufklärerischen Versuch einer religions-
philosophischen Fundierung protestantischer Theologie, und dies beides in
der deutlichen Absicht, die politische, gesellschaftliche und intellektuelle
Relevanz christlicher Religion einem offensiven, modernitätsträchtigen,
positionell gebundenen Klärungsprozess auszusetzen. Wer diesen Artikel
in seinem Erscheinungsjahr 1742 studiert hat, der dürfte ihn als den Infor-
mationsbeitrag eines Lexikonbandes erwartungsvoll zur Hand genommen
und nach der Lektüre als ein religionsphilosophisches Affirmationspapier
verwundert ins Regal zurückgestellt haben.

---

120 AaO., 492.
121 Vgl. A. BEUTEL, Kirchengeschichte im Zeitalter der Aufklärung. Ein Kompendium,
   ²2009, 104–109.
122 Vgl. Art. Religion (Christliche) (s. Anm. 99), 493.
123 AaO., 493f.
124 Ebd.

IV Zwischenbilanz

Mit den vorstehenden Bemerkungen und Analysen konnte die in Zedlers *Universal-Lexicon* aufscheinende Topik des Protestantismus noch längst nicht flächendeckend vermessen, sondern anhand ausgewählter Stichproben allenfalls andeutend kenntlich gemacht werden. Unbeschadet dieses stark fragmentierten Zugriffs dürften sich immerhin drei vorbehaltliche Zwischenergebnisse festhalten lassen.

Auffallend ist zunächst, dass der *Zedler* alle lexikologischen Selbstauskünfte verweigert. Dies erscheint umso bedauerlicher, als sich aus der Streuung und Bemessung der religionsrelevanten Artikel weder eine zugrundeliegende Systematik der Lemmatisierung noch eine nach Grundsätzen verfahrende Umfangsgewichtung erkennen lässt. Des Weiteren dürfte der Eindruck nicht abwegig sein, es liege dem *Zedler* eine absichtsvolle materiale Schwerpunktbildung zugrunde, die sich, ohne Anderes auszublenden, geographisch auf den sächsischen oder mitteldeutschen Raum, zeitlich auf die jüngere und jüngste Vergangenheit und konfessionell auf den Protestantismus zu konzentrieren scheint. Überdies erzeigte die exemplarische Analyse eine sich seit den frühen 1740er Jahren manifestierende Tendenz zu positioneller Parteilichkeit, die unverkennbar einem zeitgemäß modifizierten Luthertum zuneigt und sich demgemäß von radikalpietistischen Spielarten des frühneuzeitlichen Protestantismus ebenso entschieden distanziert wie von den Ansätzen einer konsequent rationalistischen Umformung des überkommenen Traditionsbestands. Damit einhergehend lassen die entsprechenden materialen Werturteile eine zunehmende Verlagerung von zitathaft objektivierten zu selbstverantwortet subjektiven Qualifizierungen deutlich werden.

Mit Bedacht weist der Untertitel dieser Studie die eingebrachten Bemerkungen und Analysen als *vorläufig* aus. Diese Vokabel verbindet sich, wie das bewährte *Deutsche Wörterbuch* Hermann Pauls festhält, »immer mit dem Nebensinn, daß eine genauere Behandlung einer Sache nachfolgen soll«.[125] Tatsächlich dürfte es lohnend und für ein tiefenscharfes Gesamtbild sogar unerlässlich sein, das hier angestoßene Forschungsinteresse in drei Hauptrichtungen ausgreifend zu vertiefen.

125 H. PAUL, Deutsches Wörterbuch, ⁷1976, 765.

Zum einen wäre die textuelle Basis sehr viel breiter zu fassen. Dabei müssten insbesondere auch Artikel zu religionspolitischen Entscheidungen, Ereignissen und Institutionen Berücksichtigung finden, desgleichen Einträge zu kirchenhistorisch bedeutsamen Gebäuden und Orten sowie zu dem quantitativ deutlich vermehrten theologischen Personal, aber auch zu Repräsentanten benachbarter Fachgebiete wie der Pädagogik, Geschichtswissenschaft, Kirchenrechtslehre oder Religionsphilosophie. Darüber hinaus wäre die bisherige Fokussierung auf Personen und Themen, die vorwiegend im deutschsprachigen Raum siedeln, in eine gesamteuropäische Dimension zu entgrenzen.

Zum anderen gilt es, die Primärtexte des Zedlerschen *Universal-Lexicon[s]* durch entsprechende archivalische Spurensuche und -deutung zu kontextualisieren. Ausgehend von der vor mehr als vier Jahrzehnten maschinenschriftlich publizierten Untersuchung Gerd Quedenbaums[126] müsste vordringlich geprüft werden, inwiefern auf die Fragen, ob sich die Identität der anonymen Artikelverfasser ergründen lässt, wer neben Zedler die materiale und formale Richtlinienkompetenz dieser magistralen Enzyklopädie wahrnahm, welchem Autoritäts- und Einflusswandel der Verleger ausgesetzt war und welche unternehmerischen, inhaltlichen und redaktionellen Kompromisse, Einschränkungen oder Rücksichtnahmen den Fortgang des *Universal-Lexicon[s]* beeinflussten, weiterführende Antworten zu erarbeiten sind.

Schließlich bedürfte auch die Erkundung möglicher Rezeptionswege umsichtiger Inspektion. So wäre ausgreifend zu prüfen, welche Quellen sich zu der Frage aufspüren lassen, wie zeitgenössische Nutzer des *Universal-Lexicon[s]* die dort gebotene enzyklopädische Kost goutiert, kommentiert oder kritisiert haben. Da zumal die aufklärerischen Spielarten des protestantisch-theologischen Tableaus in den 1740er Jahren eine rasante, von der sog. Übergangstheologie und dem theologischen Wolffianismus in die neologischen Aufbrüche weisende Entwicklung vollzogen, dürfte von einer diesbezüglichen Fahndung nach möglichen Einflüssen und Wechselwirkungen ein erheblicher theologiegeschichtlicher Erkenntnisgewinn zu erwarten sein.

---

126 S. oben Anm. 8.

Die repräsentative Bedeutung des *Zedler* wird nicht zuletzt durch dessen ungewöhnlich lange Gebrauchsdauer belegt. Diese lässt sich beispielhaft damit illustrieren, dass Johann Wolfgang von Goethe das *Universal-Lexicon* noch 1820 in literarischen Gebrauch nahm[127] und »dieses bedeutende [...] bändereiche Werk, welches bey mir bereit steht«,[128] erst am 19. Juni 1831, wenige Monate vor seinem Tod, dem Lesemuseum zu Weimar vermachte.

---

127 Vgl. J. W. VON GOETHE, Nicolai de Syghen Chronicon Thuringicum, 4.11.1820 (in: Goethes Werke, hg. im Auftrage der Großherzogin SOPHIE VON SACHSEN, Bd. i.42/1, 1904, Nachdruck 1987, 12–15), 14.
128 J. W. VON GOETHE an den Vorstand des Lese-Museums zu Weimar, 19.7.1831 (aaO., Bd. IV.48, 1909, Nachdruck 1987, 246f), 247.

Magnificare Deum

Aufgabe und Gegenstand der Theologie nach Luthers Auslegung des *Magnificat**

Von Johannes von Lüpke

Oswald Bayer zum 80. Geburtstag am 30. September 2019

I Theologie als konstruktive Wissenschaft?

Was tun wir, wenn wir Theologie treiben? Die mit der Titelformulierung gegebene Antwort, die wir Luthers Auslegung des *Magnificat*[1] entnehmen, ist im gegenwärtigen Theologiebetrieb alles andere als selbstverständlich. Gott »groß zu machen«, ihn zu erheben, gehört zur Sprache und zu den Handlungen des Gottesdienstes, aber – so das weithin geteilte Vorurteil – nicht zur Aufgabe der Theologie als Wissenschaft. Als wissenschaftliche Reflexion bewegt sich die Theologie in einer von der Praxis des Gottesdienstes grundsätzlich unterschiedenen Sphäre. Sie bezieht sich auf Religion, von der sie sich als Theorie zugleich kategorial unterscheidet. Spätestens seit der Aufklärung des 18. Jahrhunderts, namentlich seit Johann Salomo

---

* Eine erste Fassung dieses Beitrags wurde im Rahmen der Frühjahrstagung der Luther-Akademie Sondershausen-Ratzeburg am 24. Februar 2019 in Sondershausen vorgetragen. Mit der Widmung sei vor allem Dank zum Ausdruck gebracht. Oswald Bayer hat die Arbeit der Luther-Akademie Sondershausen-Ratzeburg als deren wissenschaftlicher Leiter maßgeblich geprägt, insbesondere durch seine Praxis der Theologie, die intensives Quellenstudium mit der Bereitschaft zur Verantwortung verbindet. Dem Anliegen, Luthers Theologie in ihren Grundentscheidungen heute im Kontext der Moderne zu verantworten, weiß sich auch der vorliegende Beitrag verpflichtet.

1 WA 7; 544–604 (*Das Magnificat verdeutschet und ausgelegt*, 1521); jetzt auch in der zweisprachigen Deutsch-Deutschen Studienausgabe, hg. v. J. Schilling (abgekürzt: DDStA), Bd. 1: Glaube und Leben, hg. v. D. Korsch, 2012, 366–483.

Semler gehört diese Unterscheidung zu den grundlegenden Voraussetzungen einer sich als Wissenschaft verstehenden Theologie.[2] Sie zu beachten und geltend zu machen, fordert eine Enthaltsamkeit auf beiden Seiten: Wer Theologie im universitären Kontext studiert und lehrt, sollte hier weder beten noch singen, noch predigen. Und wer eben dieses im Gottesdienst tut, sollte auf wissenschaftliche Lehre mit ihrer Fachsprache verzichten.

Aber auch die so verstandene Theologie ist als Theorie eine Weise menschlichen Tuns, eine Praxis des Denkens. Die Frage ist also auch an sie zu stellen: Was tun wir, wenn wir wissenschaftliche Theologie treiben? Eine Antwort, wie sie insbesondere von Seiten der Systematischen Theologie gegeben wird, lautet: Wir urteilen und wir konstruieren.[3] Mit beiden Verben verbinden sich Forderungen an die Theologie, wie sie sich auch in Studien- und Examensordnungen niederschlagen sowie auch in öffentlichen Debatten an Theologinnen und Theologen adressiert werden. Sie sollten urteilsfähig und in der Lage sein, die christliche Glaubenslehre im Zusammenhang zu entfalten, also so etwas wie ein Lehrgebäude zu errichten. Beides bedarf der Erläuterung.

Zum einen: »Urteilen« ist hier in einem weiten Sinn verstanden. Gemeint ist ein Ensemble von gedanklichen Vollzügen, die über die bloße Äußerung von Meinungen und Gefühlen hinausgehen oder auch tiefer auf sie eingehen, indem sie diese als begründet ausweisen. Urteilskompetenz zeigt sich darin, dass Theologinnen und Theologen nicht nur über Grund-

---

2 Vgl. dazu M. Laube, Die Unterscheidung von Theologie und Religion. Überlegungen zu einer umstrittenen Grundfigur in der protestantischen Theologie des 20. Jahrhunderts (ZThK 112, 2015, 449–467), insbes. 454.

3 Auf diese beiden Tätigkeiten läuft auch die Antwort zu, die Christoph Schwöbel auf die Frage nach der Praxis der systematischen Theologie gibt (in: Ch. Schwöbel, Doing Systematic Theology – Das Handwerk der Systematischen Theologie [in: Ders., Gott in Beziehung. Studien zur Dogmatik, 2002, 1–24]). Indem er Kriterien angibt, nach denen sich der christliche Glaube seiner Wahrheit vergewissert, ist ja vorausgesetzt, dass die spezifisch theologische »Selbstexplikation des christlichen Glaubens« wesentlich eine Praxis des Urteilens ist. Und sofern zu den Kriterien insbesondere auch solche der Kohärenz, der Konsistenz und der Kompatibilität gehören, ist dem Anliegen der systematischen Ordnung Rechnung getragen. Dabei betont Schwöbel (aaO., 3f) allerdings zu Recht, dass »die Arbeit der Systematischen Theologie nie rein konstruktiv« ist, sondern sich vielmehr als »die rationale Rekonstruktion dessen, was in den vielen Formen des christlichen Glaubens [...] zum Ausdruck kommt«, vollzieht.

kenntnisse im Archiv kirchlicher Lehrmeinungen verfügen, sondern dass sie diese miteinander vergleichen, ihre Vereinbarkeit prüfen, Missverständnisse aufweisen, das Gemeinte klarstellen, mithin Lehrsätze sich zu eigen machen, selbst formulieren und als wahre Sätze behaupten können. Nicht zuletzt gehört dazu die Bereitschaft und Fähigkeit zur Verantwortung. So wie im Gerichtssaal weltlicher Justiz müssen auch im Verfahren theologischer Lehre Urteile begründet, d.h. anhand von Kriterien als berechtigt ausgewiesen werden. Kurz: Urteile sind Sätze, die als wahr behauptet werden.[4]

Zum anderen: Theologie, so wird gern gesagt, ist eine kritische, aber auch konstruktive Wissenschaft. Als eine solche hat sie im Jahr des Reformationsjubiläums 2017 Thies Gundlach, der Vizepräsident im Kirchenamt der EKD, gefordert und zugleich beklagt, dass die gegenwärtige wissenschaftliche Theologie weithin das schuldig bleibt, was sie liefern sollte: »eine konstruktive Interpretation des Glaubens« sowie »die Entfaltung eines weiterführenden Gedankens, einer tragenden Idee, einer Perspektive, die überlieferten Glauben und gegenwärtiges Weltbewusstsein ineinander denkt und verschränkt.«[5] Dass und wie das gelingen kann, ließe sich an großen Entwürfen der Theologiegeschichte zeigen. Beispielhaft nennt Gundlach die Werke von Friedrich Schleiermacher und Karl Barth. Sie gelten ihm als »Meilensteine theologischer Konstruktion, die Glauben und Denken, Gottesbewusstsein und Gegenwartsrationalität in eindrücklicher Weise aufeinander beziehen.«[6]

Nehmen wir diese Herausforderung an, so ist freilich noch einmal nachzufragen: Was ist gemeint, wenn die Theologie als konstruktive Wissenschaft verstanden wird? Geht man zurück auf die lateinische Grundbedeutung, die auch im deutschen Sprachgebrauch präsent, aber wohl auch verblasst ist, so geht es beim Konstruieren um die Herstellung eines Bauwerks, dessen Teile zusammengefügt, aufgeschichtet, aufgetürmt werden.

---

4 Zum Verständnis der Urteilskraft im Sinne der Theologie Luthers: O. BAYER, Urteilskraft als theologische Kompetenz. Was macht einen Theologen zum Theologen? (in: DERS., Zugesagte Gegenwart, 2007, 303–312).

5 TH. GUNDLACH, Perspektiven vermisst. Die akademische Theologie verstolpert das Reformationsjubiläum (zeitzeichen 3/2017, 47–49), 47.

6 Ebd.

Bezogen auf die Tätigkeit der menschlichen Verstandeskräfte heißt das: sie errichten Gedankengebäude, Systeme, die freilich – das gehört zum Begriff des Systems – ihre Bestandteile nicht nur aufschichten, aufhäufen, sondern organisch miteinander verbinden. Sie erstellen einen gedanklichen Zusammenhang, eine Ordnung, innerhalb deren die einzelnen Elemente ihren je besonderen Ort und ihre Bedeutung gewinnen.

Diese Ordnung ist nicht einfach durch die sinnliche Wahrnehmung vorgegeben; sie wird ›gemacht‹ im Zusammenwirken des Verstandes und der Einbildungskraft, wobei es durchaus fragwürdig bleibt, ob und wie weit die Konstrukte der Wirklichkeit, die es zu erkennen gilt, entsprechen. Die Gefahr, dass die Wirklichkeit unter dem Zugriff der menschlichen Erkenntnisbemühungen verfehlt oder auch verkehrt und misshandelt wird, ist nicht von der Hand zu weisen. Schon die Erkenntnis dessen, was uns durch Vermittlung der Sinne und der experimentellen Erfahrung als Welt erschlossen werden kann, ist ein gefährliches, riskantes Unterfangen; erst recht ist es die Erkenntnis Gottes, dessen Wirklichkeit nicht ohne weiteres am Leitfaden der sinnlichen Wahrnehmung festgestellt werden kann. Ist hier die Vernunft ganz auf sich zurückgeworfen, um den Gottesgedanken als ihr »Projekt«[7] zu entwickeln? Und ist sie dazu überhaupt ›von Natur aus‹ in der Lage?

Wenn Kant gelegentlich die menschliche Vernunft als »baulustig« bezeichnet, ist eine gewisse Skepsis mitzuhören, könnte es doch sein, dass die

---

7 Programmatisch: U. BARTH, Gott als Projekt der Vernunft, 2005; vgl. insbes. 241 die zusammenfassende Charakterisierung der durch Kant vollzogenen Wende, der Barth selbst grundlegende und maßgebende Bedeutung für die Theologie in der Moderne zuerkennt: Man möge »erahnen, was für eine epochale Neuorientierung des Denkens vorliegen muß, wenn mit Gründen gezeigt werden kann, daß der Gottesbegriff ›ein bloßes Selbstgeschöpf‹ (B 611 [sc. Kritik der reinen Vernunft]) der Vernunft darstellt, bei dem letztere ›mit nichts als sich selbst beschäftigt‹ (B 708) ist, und wenn gleichfalls mit Gründen gezeigt werden kann, daß die Vernunft notwendigerweise diesen Gedanken denken muß, wenn anders sie sich nicht selbst mißverstehen will. Damit hat Kant im Prinzip den Haupteinwand der Feuerbachschen Religionskritik vorweggenommen – und zugleich überholt. Denn der bloße Projektionsverdacht als solcher ist solange keine echte Widerlegung des Gottesgedankens, als dargelegt werden kann, daß die in ihm ›projektierte‹ (B 675) absolute Einheit und deren Status als ›Fiktion‹ [vgl. B 799] keineswegs aus einer kontingenten Bestimmtheit der menschlichen Natur, sondern aus der internen Verfaßtheit der Vernunft resultieren.«

Vernunft sich zu viel zutraut. In den Worten Kants: Sie ist »so baulustig, daß sie mehrmalen schon den Turm aufgeführt, hernach aber wieder abgetragen hat, um zu sehen, wie das Fundament desselben wohl beschaffen sein möchte.«[8] In der Konstruktion eines alles umfassenden Systems neigt die Vernunft dazu, sich über die Bedingungen der ihr möglichen Erkenntnis hinwegzusetzen. Da »geht es zuerst auf neu erdachte Kräfte in der Natur, bald hernach auf Wesen außerhalb der Natur, mit einem Wort auf eine Welt, zu deren Errichtung es uns an Bauzeug nicht fehlen kann, weil es durch fruchtbare Erdichtung reichlich herbeigeschafft, und durch Erfahrung zwar nicht bestätigt, aber auch niemals widerlegt wird.«[9]

Noch schärfer hat Johann Georg Hamann, Kants Königsberger Zeitgenosse, die auf das Ganze ausgreifenden Bemühungen der baulustigen Vernunft als »Abgötterei« kritisiert. Diese besteht eben »in dem systematischen Bau eines Thurms von unabsehbarer Spitze« und erweist sich als ein Produkt »philosophisch-poetischer Einbildungskraft«[10]; nachdrücklich warnt Hamann vor einer »babylonischen Architektonik«[11], die einseitig, vom Menschen ausgehend, die Wirklichkeit Gottes zu erfassen und sich ihrer zu bemächtigen sucht, dabei aber von der gegenläufigen Selbstmitteilung Gottes in seinem Wort abstrahiert.[12]

Es ist in dieser kritischen Betrachtung gerade die Philosophie, die sich seit Platon gern den Dichtern entgegensetzt, die aber dann doch in ihren eigenen Produktionen der Einbildungskraft folgt und fiktionale Gebilde hervorbringt. Zugleich ist damit auch eine Anfrage an die Theologie for-

---

8 I. KANT, Prolegomena zu einer jeden künftigen Metaphysik die als Wissenschaft wird auftreten können (1783), (in: DERS., Werke in zehn Bänden, hg. v. W. WEISCHEDEL, ⁴1975, Bd. 5), 114.

9 AaO., 186.

10 J. G. HAMANN, Sämtliche Werke, hg. v. J. NADLER, Bd. 3, 1951, 158,8–12 (*Hierophantische Briefe, 5. Brief*).

11 AaO., 240,1 f (*Zwey Scherflein*).

12 Vgl. dazu auch Hamanns *Letztes Blatt*, dazu den Kommentar von O. BAYER / CH. KNUDSEN, Kreuz und Kritik. Johann Georg Hamanns Letztes Blatt. Text und Interpretation (BHTh 66), 1983, insbes. 69–82; in Kürze: J. VON LÜPKE, Gott in seinem Wort wahrnehmen. Überlegungen zu einem nachmetaphysischen Gottesverständnis im Anschluss an Anselm von Canterbury und Martin Luther, in: K. HELD / TH. SÖDING (Hg.), Phänomenologie und Theologie (QD 227), 2009, 74–105, insbes. 74–79.

muliert. Ist auch sie von einer »babylonischen Architektonik«[13] getrieben? Auch wenn man diese Gefahr selbstkritisch im Auge behält, bleibt die grundsätzliche Rückfrage: Können wir, die wir mit den Mitteln des uns gegebenen Sprach- und Denkvermögens Theologie treiben, es überhaupt vermeiden zu konstruieren? Ist es nicht notwendig, dass wir Begriffe bilden, denen einzelne Phänomene untergeordnet werden, und mit Hilfe von Begriffen wiederum ein Gedankengebäude, das uns ermöglicht, eine zusammenhängende Auffassung der Wirklichkeit von Welt und Gott im Ganzen zu gewinnen? Und wenn Erkenntnis nicht nur reproduziert, was uns die sinnliche Wahrnehmung an Daten liefert, dann gehören zu ihr immer auch Akte der Konstruktion. »Nichts ist [...] einfach ›gegeben‹, überall sind vielmehr konstruktive Einschübe mit im Spiel.«[14] Damit ist freilich nur eine Seite benannt. Die andere Seite ist die der Rezeption. Jede Konstruktion ist angewiesen auf vorhandene Materialien, die es wahrzunehmen, aufzunehmen und zu verarbeiten gilt. Erkennt man in dem Verhältnis von Konstruktion und Rezeption eine »Grundpolarität«, empfiehlt sich zumindest »eine gleichgewichtige Berücksichtigung« beider Faktoren, und das wohl nicht nur »im Aufbau der religiösen Einstellung«[15], sondern auch im Aufbau theologischer Erkenntnis.

Wie ist dieses Verhältnis genauer zu bestimmen? Das ist die Frage, mit der wir uns nun der Theologie Luthers zuwenden. Von welchen Vorgaben, gleichsam von welchem Baumaterial geht er aus? Und wie ist mit diesen Vorgaben umzugehen, um das zu erkennen, was nach Luther der Theologie als »Gegenstand«[16] aufgegeben ist? Was also gilt es zu tun, wenn wir im Sinne Luthers Theologie treiben?

13 HAMANN, Werke (s. Anm. 11), 240,1f.
14 So in Bezug auf den Begriff der Deutung in erkenntnistheoretischer Hinsicht U. BARTH, Theoriedimensionen des Religionsbegriffs, in: DERS., Religion in der Moderne, 2003, 29–87, Zitat 75.
15 Ebd.
16 Vgl. WA 40,2; 328,1f (1532): »[...] ut proprie sit subiectum Theologiae homo reus et perditus et deus iustificans vel salvator.«

II Der Basissatz theologischer Erkenntnis: »Magnificat anima mea Dominum«

Bekanntlich hat Luther in der *Vorrede zum ersten Band der Wittenberger Ausgabe seiner deutschen Schriften* (1539)[17] die »rechte weyse jnn der Theologia zu studirn« auf die »rechte weyse ynn der Heyligen schrifft zu studirn«[18] zurückgeführt. Diese Weise findet im Psalter und hier insbesondere im 119. Psalm ihren Grundtext, ihr Regulativ, das zusammenfassend in den drei Regeln *oratio*, *meditatio* und *tentatio* zum Ausdruck kommt.[19] Dieses Regelwerk sollte man präsent halten, wenn wir im Folgenden einen anderen biblischen Leittext aufnehmen, dem Luther ebenfalls eine grundlegende und maßgebende Bedeutung für die Art und Weise, in der Theologie zu treiben ist, zuerkannt hat: Das *Magnificat* als neutestamentlicher Psalm schließt sich dem alttestamentlichen Psalter an, und die Jungfrau Maria tritt dem König David als Lehrerin der Theologie zur Seite. »[...] die zartte Mutter Christi, leret unsz mit dem Exempel yhrer erfarung, und mit wortten, wie man got erkennen, lieben und loben sol [...].«[20] Wir können also diese Auslegung, die ja primär an den jungen Fürsten Johann Friedrich adressiert ist, nicht nur als Fürstenspiegel, sondern auch als ›Theologenspiegel‹ lesen, als eine Unterweisung in der rechten Weise Theologie zu treiben. Dabei ist der Adressatenkreis weit gefasst und schließt insbesondere auch die »einfältigen« Christen ein.[21]

Marias Lehre der Theologie, so wie Luther sie zu verstehen gibt, ist beides: Anleitung zur Gotteserkenntnis und zum Gotteslob. Ausdrücklich ist sie darauf bedacht, »Frömmigkeit zu fördern«; die moderne Forderung, »Theologie an der Universität müsse als wissenschaftliche Disziplin Distanz zur Predigt wahren«, ist Luther und seinen Zeitgenossen noch

---

17 WA 50; 657–661; gut zugänglich in: DDStA 1; 657–669.

18 WA 50; 658,29f; hier zitiert nach: DDStA 1; 662,24–27.

19 Zur Bedeutung der Trias für Luthers Theologieverständnis vgl. O. Bayer, Theologie (HST 1), 1994, 55–105; Ders., Martin Luthers Theologie. Eine Vergegenwärtigung, ⁴2016, 28–34.

20 WA 7; 548,29–31 (DDStA 1; 374,20–22).

21 Vgl. Ch. Burger, Marias Lied in Luthers Deutung. Der Kommentar zum Magnificat (Lk 1,46b–55) aus den Jahren 1520/21 (SuR.NR 34), 2007, 10–14; Ders., Tradition und Neubeginn. Martin Luther in seinen frühen Jahren (SMHR 79), 2014, 110–128.

»unbekannt«.[22] »Theologia« meint die Rede, »die dem Menschen zum wahrheitsgemäßen Gottesverhältnis verhelfen will.«[23] Zusammenfassend kommt dieses umfassende, auf den Gottesdienst ausgerichtete Verständnis der Theologie[24] in dem einen Verb zum Ausdruck, das im griechischen Urtext sowie auch in der lateinischen Vulgata den Auftakt des Psalms bildet: *magnificare*. Dieses Verb will im Zusammenhang des Satzes verstanden werden, in dem es dem Subjekt »meine Seele« und dem Objekt »Gott, der Herr« zugeordnet ist. Wie sich beide, Subjekt und Objekt, zueinander verhalten und was beide als Substantive, als Nomina, bedeuten, wird noch zu bedenken sein. Wir beginnen aber – durchaus im Sinne der von Luther an anderer Stelle empfohlenen theologischen Grammatik[25] – mit einer Besinnung auf das Verb (1.) und werden am Ende noch einmal darauf zurückkommen (4.).

1. Das Verb: magnificare

Magnificare ist eine besondere, durch den Bezug auf Großes bestimmte Weise des *facere*. Es geht um ein Tun oder auch ein Machen. Welche Größen auch immer als Subjekt und Objekt einzusetzen sind, beide werden im Tun, im Machen aufeinander bezogen. Sie haben miteinander zu tun. Sie haben, um eine beliebte Formulierung Luthers aufzunehmen, Umgang miteinander.[26] Ausgeschlossen ist damit eine Vorstellung, die von zwei ru-

---

22 BURGER, Marias Lied (s. Anm. 21), 13.

23 R. SCHWARZ, Martin Luther. Lehrer der christlichen Religion, ²2016, 3.

24 Zur Einheit von Theologie und Gottesdienst vgl. die grundsätzlichen, an Luther anschließenden Bemerkungen bei BAYER, Theologie (s. Anm. 19), 403–407.

25 Vgl. J. VON LÜPKE, Theologie als »Grammatik zur Sprache der heiligen Schrift«. Eine Studie zu Luthers Theologieverständnis (NZSTh 34, 1992, 227–250), insbes. 241–246; DERS., Sprachgebrauch und Norm. Luthers theologische Grammatik in Grundzügen (in: C. DAHLGRÜN / J. HAUSTEIN [Hg.], Anmut und Sprachgewalt. Zur Zukunft der Lutherbibel, 2013, 69–83).

26 Lateinisch: *commercium*; vgl. die berühmte Formulierung in *De servo arbitrio* (WA 18; 685,11f): »[...] verbum et cultum quo Deus nobis cognitus est et nobiscum habet commercium«. Zu fragen ist mithin, wo und wie wir mit Gott zu tun haben, in dem doppelten Sinn, dass wir uns auf sein Tun einstellen und unser Tun auf ihn ausrichten; entscheidend ist dabei die Frage, wo uns der Wille Gottes erkennbar wird (vgl. WA 18; 685,27–686,3); vgl. zum *commercium* auch J. RINGLEBEN, Gott im Wort. Luthers Theologie von der Sprache her (HUTh 57), 2010, 448–453.

henden, in sich abgeschlossenen Größen ausgeht, von denen die eine, das Subjekt, vom anderen, dem Objekt, unberührt und unbewegt bliebe und dieses aus sicherer Distanz betrachten könnte. Kurz: Das *magnificare* gehört nicht in den Raum der reinen Theorie, sondern der Praxis.

Die Rede von einem »machen« mag gleichwohl irritieren, zumal dann, wenn wir es auf die mit »Gott« benannte Größe beziehen. Bekanntlich hat Luther durchaus von einem Machen auch in Bezug auf Gott gesprochen. Erinnert sei nur an seine Auslegung des 1. Gebots im *Großen Katechismus*, wo es heißt: »allein das trauen und gleuben des hertzens macht beide, Gott und Abgott.«[27] Im Lateinischen stehen hier die Verben *facere* und *constituere*.[28] Dass Abgötter und Idole vom Menschen gemacht werden, ist ein Grundmotiv der alttestamentlichen Religionskritik und wird auch von Luther eindrücklich vor Augen gestellt: Die Menschen betätigen sich dann als »gottmecher und gotmeyster, was yhrm dunckel [Dünkel] recht ist, das soll gott und gottis sein.«[29] Noch plastischer: »Sie zimmern und hoffeln [hobeln] einen Gott, wie sie jhn gerne hetten.«[30] So haben sie, wie es in einer der letzten Predigten Luthers kurz vor seinem Tod heißt, »nicht mehr denn einen ledigen, nichtigen schemen jrer eigen gedancken«, nicht aber den »warhafftigen Gott«.[31]

Gibt es somit ein »Machen«, das sich am »wahrhaftigen Gott« vergreift, bedarf es offenbar der Näherbestimmung im Sinne eines Gott gemäßen »Machens«. Eine solche Näherbestimmung geschieht, wenn das *facere* als *magnificare* weitergeschrieben und dem *magnum* der Begriff der Größe Gottes beigelegt wird. Menschen können zweifellos große Dinge herstellen. Sofern sie aber selbst über die Macht der Herstellung verfügen, in diesem Sinn also die Macher sind, beanspruchen sie für sich selbst die Stellung eines noch Größeren, der über den Dingen steht und sie beherrschen kann oder auch nur sollte. Gott, den auch die menschliche Vernunft als den, über den hinaus nichts Größeres gedacht werden kann, kennt, lässt sich jedoch

27 BSELK 930,16f.
28 Vgl. BSELK 931,20.
29 WA 10,1,1; 242,17f (1522).
30 WA 31,1; 175,18f (1530); vgl. auch WA 40,2; 253,2–4 (1532): »Omnis speculator est formator dei, fingit sibi idolum in corde suo de deo, quod revera non est, sed tantum suum somnium.«
31 WA 51; 152,16f (1546).

weder beherrschen noch beschränken. Im Blick auf die Größe Gottes gibt es keinen Standpunkt darüber, von dem aus sie als Ganze überschaut, betrachtet, definiert und analysiert werden könnte. Als der unendlich Große entzieht sich Gott allen Versuchen, ihn in diesem Sinn gegenständlich zu erfassen. Werden solche Versuche gleichwohl unternommen, sucht der Mensch also doch den Standpunkt des absoluten Überblicks zu gewinnen, kann er das nur um den Preis der Verkürzung. Indem er gleichsam die Jakobsleiter nach oben zu besteigen sucht, um dem Gott, der ganz oben ist, gleichzukommen, verliert er den Blick für das Naheliegende, Gegenwärtige. Er übersieht, dass zur Größe Gottes auch das Kleine, ja das Kleinste gehört.[32]

Gottes Größe kann nichts hinzugefügt werden. Ein Größermachen ist *per definitionem* ausgeschlossen, zumindest dann, wenn man hier den von Anselm als rational einleuchtend angesehenen Gottesbegriff voraussetzt. Ein Großmachen kann dann nur ein zweifaches bedeuten: zum einen Gott in seiner Größe, die durch nichts und keinen anderen überschritten werden kann, in seiner Unerreichbarkeit und Unbegreiflichkeit stehen zu lassen, ihn also groß sein zu lassen. Und es bedeutet zum anderen, unter dieser Voraussetzung Gott an sich herankommen zu lassen, ihn zu empfangen, ihn als den wahrzunehmen, der mir, dem je individuellen Menschen im Innersten und im Kleinsten gegenwärtig ist und je neu gegenwärtig werden will. In dieser Hinsicht gibt es nun doch auch ein Größermachen, und zwar ein Größermachen in dem Maße, in dem ein Mensch, so wie es Maria exemplarisch vorführt, sich kleiner macht, sich zurücknimmt. Dass diese Selbstzurücknahme, die bei Luther mit dem Begriff der Demut bezeichnet wird, nicht ins Werk zu setzen, nicht ohne weiteres machbar ist, sollte dabei von vornherein bedacht werden. Zwischen »gemachte[r] demut« und wahrer Demut als Tugend des Herzens ist strikt zu unterscheiden.[33] Stellt sie sich

---

32 Zur Einheit von *maximum* und *minimum* in Gott vgl. von Lüpke, »… größer als unser Herz«. Eine Besinnung auf den theologischen Komparativ (ZThK 116, 2019, 98–114), 106–109; J. Ringleben, Der lebendige Gott. Gotteslehre als Arbeit am Begriff (DoMo 23), 2018, 680–685.

33 WA 7; 561,32f (DDStA 1; 400,8–405,37). Vgl. insgesamt WA 7; 561,21–564,5.

jedoch ein, ist ein Mensch wirklich von Herzen demütig, dann kann gesagt werden, dass er die Gottheit dort ›herstellt‹, wo sie vorher nicht war.[34]

Ist dieses *magnificare* ein schöpferischer Akt? Eine berühmte Formulierung Luthers in der *Großen Galatervorlesung* behauptet es explizit: der Glaube sei Schöpferin der Gottheit, »fides est creatrix divinitatis«, fügt freilich präzisierend hinzu: »non in substantia Dei, sed in nobis.«[35] Achten wir auch an dieser Stelle auf die Verben, mit denen Luther das schöpferische Tun des Glaubens umschreibt. Was also tut der Glaube? Er gibt Gott Herrlichkeit: »Dare gloriam deo.«[36] Er gibt ihm »omnia divina«, also alles, was Gott zusteht, was ihm gehört: seine Weisheit, seine Güte, seine Allmacht und, wie in der Druckfassung weiter ergänzt wird: seine Gerechtigkeit, seine Wahrheit, seine Barmherzigkeit. Weitere Verben verdeutlichen das Tun des Glaubens: *tribuere*, *reputare* – also Gott für wahrhaftig, weise, gerecht, barmherzig, allmächtig halten, *agnoscere* – also Gott als Urheber und Geber alles Guten anerkennen.[37] Das so verstandene Geben gründet im Empfangen und in der Anerkennung dessen, was Gott und Gott allein wirken kann und will. Der Mensch überlässt Gott, was von Gott immer schon herkommt, sofern Gott so ist, wie der Glaube ihn anerkennt, sein und wirken lässt.

Durch eine scharfe Abgrenzung, also *per negationem* lässt sich das Tun des Glaubens nochmals verdeutlichen. Anders als im gegenwärtigen Sprachgebrauch, in dem die Eigenschaft der Kreativität menschlichen Werken zugeschrieben wird, ist es hier bei Luther gerade kein Machen, kein *facere*. Genauer gesagt: Es ist kein *facere* der menschlichen Vernunft. Die Vernunft »kan nit anderß thun« als »abgotter machen«.[38] Von diesem *facere* unterscheidet sich das *magnificare* des Glaubens fundamental. Was der Glaube Gott »gibt«, »macht« er ja nur insofern, als er es empfängt. Er kann

---

34 Mit N. Slenczka, Fides creatrix divinitatis. Zu einer These Luthers und zugleich zum Verhältnis von Theologie und Glaube (in: J. von Lüpke / E. Thaidigsmann (Hg.), Denkraum Katechismus. Festgabe für Oswald Bayer zum 70. Geb., 2009, 171–195), insbes. 186. Zur Kritik an Slenczka s. unten Anm. 44f, 65 und 100f.
35 WA 40,1; 360,5 (Hs). 25 (Dr).
36 WA 40,1; 360,3f.
37 Vgl. WA 40,1; 360,20–23.
38 WA 10,1,1; 240,22 (1522).

es nicht selbst machen und braucht es gar nicht zu machen, weil Gott ja schon »hat«, was ihm der Glaube zukommen lässt.[39]

In einem anderen Zusammenhang, aber gleichfalls in der Auslegung eines biblischen Textes, hat Luther die »Kunst« des Glaubens am Beispiel des Dankopfers, zu dem das Abendmahlswort »Das tut zu meinem Gedächtnis« auffordert, verdeutlicht. Grundsätzlich unterscheidet hier Luther das Dankopfer vom »Werkopfer« und lässt Gott sagen:

> Dankopffer gibt mir meine Gottliche ehre, Es macht mich zum Gott und behelt mich zum Gott, Gleich wie widderumb die Werckopffer nemen jhm seine Gotliche ehre und machen ihn zum Götzen und lassen jhn nicht Gott bleiben, Denn wer nicht danckt, sondern verdienen wil, der hat keinen Gott und macht jnnwendig jnn seinem herztzen und auswendig jnn seinen wercken einen andern Gott aus dem rechten Gott [...]. Wiltu nu ein Gott macher werden, so kom her, hore zu, Er wil dich die kunst leren, das du nicht feilest und einen Gotzen, sondern den rechten Gott zum rechten Gott machest, Nicht das du sein Gottliche natur machen sollest, denn dieselbige ist und bleibt ungemacht ewiglich, Sondern, das du jhn kanst dir zum Gott machen, das er dir, dir, dir, auch ein rechter Gott werde, wie er fur sich selber ein rechter Gott ist, Das ist aber die kunst, kurtz und gewis dargegeben: Das thut zu meinem gedechtnis, Lerne sein gedencken, das ist [...]: Predigen, preisen, loben, zuhoren und dancken fur die gnade jnn Christo erzeigt. Thustu das, sihe, so bekennestu mit hertzen und munde, mit ohren und augen, mit leib und seele, das du Gott nichts gegeben habest, noch mugest, Sondern alles und alles von jhm habest und nemest, sonderlich das ewige leben und unendliche gerechtigkeit jnn Christo, Wo aber das geschicht, So hastu jhn dir zum rechten Gott gemacht und mit solchem bekentnis seine Gottliche ehre erhalten.[40]

Man kann diesen Text als Kommentar sowohl zu Luthers Auslegung des 1. Gebots im *Großen Katechismus* als auch zur zitierten Stelle aus dem *Großen Galaterbriefkommentar* lesen. Das »Machen« ist streng als Antwort im Sinne des Gottesdienstes zu verstehen. Was der Mensch hier tut: »predigen, preisen, loben, zuhören und danken«, das tut er, indem er dessen »gedenkt«, was Gott für ihn tut, und empfängt, was Gott ihm gibt.

---

39 Dass mit der Formel »fides creatrix divinitatis« gerade die Logik des Werkes grundsätzlich bestritten wird, hat Walter Mostert in aller Schärfe herausgearbeitet; vgl. seinen Aufsatz: W. Mostert, »Fides creatrix«. Dogmatische Erwägungen über Kreativität und Konkretion des Glaubens (1978), (in: W. Mostert, Glaube und Hermeneutik. Gesammelte Aufsätze, hg. v. P. Bühler / G. Ebeling, 1998, 200–214).

40 WA 30,2; 602,30–603,12 (*Vermahnung zum Sakrament des Leibes und Blutes Christi*, 1530).

Unter diesem Gesichtspunkt lässt sich noch einmal die Brücke schlagen zu Luthers Auslegung des *Magnificat*. Auch hier geht es ja um ein Lob- und Dankopfer, durch das Maria Gott, den Herrn erhebt, groß macht. Großmachen heißt hier Großes von Gott halten. Eben damit verbindet sich »die erfarung gotlicher werck«[41]:

> [...] got wirt nit ynn seiner natur grosz von unsz gemacht, der unwandelbar ist, sondernn ynn unszerm erkentnisz und empfindung, das ist, szo wir viel von yhm haltenn unnd yhn grosz achten zuvor nach seiner gutte und gnadenn; darumb spricht die heilig mutter nit: mein stymme odder mein mund, auch nit mein hand, auch nit mein gedancken, auch nit mein vornunfft oder wille macht grosz den herrnn. Denn yhr viel sein, die got mit grosser stymme preissen, mit kostlichen wortten predigen, viel von yhm reden, disputieren, schreiben und malen, viel die von yhm gedencken unnd durch die vornunfft nach yhm trachten unnd speculirn, datzu viel die mit falscher andacht und willen yhn heben, szondernn alszo sagt sie: ›Mein seel macht yhn grosz‹, das ist, mein gantzes leben, weben, synn und krafft halten viel von yhm, alszo das sie gleich ynn yhn vorzuckt und empor erhebung fuelet ynn seinen gnedigen gutten willenn [...]. Auff die weisze sehen wir, szo unsz yemant etwas szonderlichs guttes thut, das gleich all unszer leben sich gegen yhn bewegt, und sprechen: O ich halt viel von yhm, das heisset eygentlich: mein sell macht yhn grosz. Wie viel mehr wirt solch lebendig bewegung sich regen, szo wir gottes gutte empfinden, die uberschwenglich grosz seind ynn seinen werckenn, das unsz alle wort und gedancken zu wenig werdenn, und das gantz leben und Seele mussen sich bewegen lassen, alsz wolts allisz gerne singen und sagen, was ynn unsz lebet.[42]

Die Größe, auf die sich der Lobpreis Marias bezieht, übersteigt alles, was Menschen mit ihren eigenen Kräften machen können. Noch einmal wird deutlich: die Gottheit ist in keiner Weise Gegenstand menschlicher Werke; sie ist nicht machbar.[43] Der Mensch kann sie jedoch in der Tiefe seiner Seele empfinden und sich von ihr in seiner ganzen Existenz bewegen lassen.

---

41 WA 7; 554,7 (DDStA 1; 384,27f).
42 WA 7; 554,10–29 (DDStA 1; 384,31–40.386,1–12).
43 Luther kann an dem Nicht-gemacht-Sein die Differenz Gottes als des Schöpfers im Unterschied zu den Geschöpfen festmachen. Vgl. WA 10,1,1; 151,15–20: »denn allis, was nit gemacht ist und ist doch ettwas, das muß gott seyn. Widderumb allis, was gemacht ist, das muß creatur und nit gott seyn; denn es hatt seyn weßen nit von yhm selber, ßondernn von dem, derß gemacht hatt. Aber nu sind alle ding durch Christum gemacht, unnd er ist durch keyniß gemacht; ßo hatt er gewißlich seyn weßen von und ynn yhm selbs unnd von keynem gemachten ding, auch von keynem mecher.«

2. Das Subjekt: die Seele des Menschen als Objekt des Wirkens Gottes

Nachdem wir bislang vor allem das Verb *magnificare* interpretiert haben, geht es nun um das dem Verb im Lateinischen folgende Subjekt des Satzes: Magnificat *anima mea* Dominum. Eben damit begeben wir uns auf das Feld anthropologischer Fragen, die Luther auf der Grundlage biblischer Rede vom Menschen zu klären sucht. Auf diesem Feld dürfte es sich auch entscheiden, ob Luther und Schleiermacher so übereinstimmen, wie Notger Slenczka es versucht hat zu zeigen.[44]

Für eine solche Zusammenschau spricht zweifellos, dass Luther ähnlich wie Schleiermacher den Glauben auf Erfahrung und Empfindung zurückführt, ihn mithin aus einem empfindsamen Herzen entspringen lässt. Und was bei Schleiermacher das Gefühl schlechthinniger Abhängigkeit heißt, kann man zumindest angedeutet finden, wenn Luther die »Niedrigkeit« der Magd Maria im Sinne eines Sich-der-Allmacht-Gottes-ausgeliefert-Fühlens deutet. Hier wie dort kommt dem Gefühl, den Affekten eine entscheidende Bedeutung für die Gottesbeziehung und Gotteserkenntnis zu. Gerade wenn man darin eine Gemeinsamkeit erkennt, fallen jedoch auch Differenzen auf, Differenzen, die damit zusammenhängen, dass Schleiermacher auf eine Verankerung des frommen Selbstbewusstseins in der Natur des Menschen bedacht ist, während Luther in seiner Auslegung des *Magnificat* konsequent Gnadentheologie betreibt und somit bestreitet, dass der Glaube schon in der Natur des Menschen impliziert sei.[45] Wie aber

---

44 Siehe den oben Anm. 34 genannten Aufsatz.
45 Vgl. WA 57,3; 233,12–14 (1517): »Haec [...] fides non ex natura, sed ex gratia venit. Natura enim formidat et fugit a facie Dei, non Deum, sed thyrannum et tortorem et iudicem eum credens [...].« These 17 der *Disputatio contra scholasticam theologiam* (WA 1; 225,1f; auch in der Lateinisch-Deutschen Studienausgabe [abgekürzt LDStA], Bd. 1: Der Mensch vor Gott, hg. v. W. Härle, 2006, 22,1f) lässt sich auch als Einspruch gegen subjektivitätstheoretische Konzeptionen neuprotestantischer Theologie lesen. Klar herausgestellt ist die Differenz bei I. U. Dalferth, God first. Die reformatorische Revolution der christlichen Denkungsart, ²2019, 15, Anm. 2: Während auf der Linie neuprotestantischer Theologie »die *cognitio dei* [...] zum Implikat der *cognitio suiipsius* und das Denken Gottes subjektivitätstheoretisch fundiert und entfaltet« wird, war es für Luther »gerade umgekehrt: Die cognitio hominis ist immer ein Explikat der cognitio

bezieht sich in dieser Deutung die Gnade auf die Natur des Menschen? Was ist der Mensch?

Luthers Antwort auf diese Frage ist auf weite Strecken eine Antwort in Bildern. Die »drey teil« des Menschen nach 1Thess 5,23, Geist, Seele und Leib, werden mit den drei Räumen des Tempels verglichen.[46] Der dunkle Innenraum des Allerheiligsten steht hier für den Ort des Geistes, für das Innerste des Menschen, wo der Glaube und Gottes Wort »wohnen«; das Heiligtum gilt als Bild der Seele und ihrer Kräfte, durch die sie den Leib regiert, der wiederum mit dem Hof des Tempels verglichen wird. Die Einzelzüge dieses Bildes, die Luther allegorisch ausdeutet, können hier außer Betracht bleiben. Wichtig ist zunächst das Gebäude als solches, eine Metaphorik, die an anderen Stellen noch einmal aufgenommen und variiert wird, wenn Maria sich als »ein frolich herberg«[47] oder auch als »werckstat«[48] ansieht. Es handelt sich um Gebäude, um Räume, die bewohnt und gefüllt werden wollen. Die Frage, wer sie bewohnt, wer in ihnen wirkt, wer sie zu beherrschen vermag, kurz: die Frage nach dem Subjekt wird in diesen Bildern zunächst offen gelassen. Eine Antwort deutet sich freilich schon an, wenn Maria sich als »willige wirttinn« bezeichnet und sich in dieser Rolle von dem »gast« unterscheidet,[49] der in ihre Herberge einkehren soll, aber offenbar nicht immer schon in ihr zu Hause ist.

Wie Maria sich selbst versteht und wodurch sie zum Vorbild des glaubenden Menschen wird, zeigt sich in ihrer Rede, genauer: in den Sprechakten, mit denen sie sich von sich selbst unterscheidet. Sie sagt nicht: »Ich erhebe got [...].«[50] Das wäre wohl allzu vollmundig geredet. Maria würde sich selbst mehr zutrauen, als dieses »ich« aus eigenen Kräften leisten kann. Weil ihr Leben und alle Sinne »ynn gottis lieb« schweben, ist sie ihrer selbst »nit mechtig«,[51] ist sie als Person vielmehr exzentrisch verfasst. »Groß-

dei. Allerdings so, dass diese nicht richtig verstanden wird, wenn sie nicht zugleich als cognitio hominis entfaltet wird.«

46 Vgl. WA 7; 550,20; 551,13–24 (DDStA 1; 378,5.378,39.380,1–11).
47 WA 7; 555,27 (DDStA 1; 388,12f).
48 Vgl. WA 7; 575,8f (DDStA 1; 426,28–30): »Ich byn nur die werckstat, darynnen ehr wirckt, aber ich hab nichts zum werck than [...].«
49 WA 7; 555,27 (DDStA 1; 388,13).
50 WA 7; 550,4 (DDStA 1; 376,26).
51 WA 7; 550,5f (DDStA 1; 376,27f).

machen« kann sie den Herrn nur durch Kräfte, die ihr gegeben werden. Auch aus diesem Grund »spricht die heilig mutter nit: mein stymme odder mein mund, auch nit mein hand, auch nit mein gedancken, auch nit mein vornunfft oder wille macht grosz den herrnn.«[52] Bezogen auf diese ›Teile‹ könnte Maria sich selbst als Subjekt in der Stellung der 1. Person im Nominativ behaupten. »Ich« kann »meine Stimme«, »meinen Mund«, »meine Hand« und dann auch »mein« Denk- und Willensvermögen gleichsam als Werkzeug einsetzen. In dieser Hinsicht gleicht die menschliche Seele in der Tat einer Werkstatt, in der dem »Ich« die Stelle des Meisters zugetraut wird. Hier kann und soll er seine Handlungen beherrschen und verantworten. Hier ist jene Freiheit zu verorten, die Luther mit der These vom *servum arbitrium* keineswegs bestritten hat.

Die Seele ist jedoch noch mehr und anderes als diese »Werkstatt«. Zu ihr gehört auch jener Raum, den Luther im Bildfeld des Tempels als Allerheiligstes vom Heiligtum unterscheidet. Beide Räume gehören gerade in ihrer Unterschiedenheit zusammen. Und das heißt: Es handelt sich hier nicht um in sich abgeschlossene Kammern – die Rede von einer dichotomischen oder trichotomischen Anthropologie ist insofern irreführend, als sie eine Teilbarkeit suggeriert, wo Luther gerade die Verwiesenheit aufeinander und damit die kommunikative Einheit betont.[53] Das gilt für die leib-seelische Einheit ebenso wie auch für die innerseelische Einheit von Seele und Geist. Von einer innerseelischen Einheit ist insofern zu sprechen, als es die Seele als ganze ist, die in der Selbstunterscheidung existiert. Indem sie in sich den Raum ›einräumt‹, wird sie dessen inne, dass sie sich selbst gerade nicht vollkommen beherrschen und durchdringen kann. Die Seele weiß in der Unterscheidung vom Geist darum, dass sie sich selbst entzogen ist, dass sie zu beschränkt ist, um sich als ganze zu durchdringen, sich selbst durchsichtig zu werden.[54] So weiß sie um ihre Angewiesenheit auf den Geist, über den

---

52 WA 7; 554,13–15 (DDStA 1; 384,34–37).
53 Vgl. zu »Luthers Auseinandersetzung mit den Konstitutionstrichotomien« den so überschriebenen Paragraphen in: W. JOEST, Ontologie der Person bei Luther, 1967, 163–195, hier zur Magnificatauslegung insbes. 183–187.
54 Vgl. dazu die Einsicht Augustins: »animus ad habendum se ipsum angustus est« (Confessiones X, 8,15).

sie nicht aus eigenen Kräften verfügen kann, für dessen Kommen sie sich aber als »willige wirttinn«[55] bereit halten kann.

Indem Maria ihr Lied mit dem Auftakt: »Meine Seele erhebt den Herrn« beginnen lässt, vollzieht sie eine solche Selbstunterscheidung. Und zugleich setzt sie damit das Vorzeichen, unter dem alles Folgende verstanden werden will. »Meine Seele«, die Gott zu loben und ihn großzumachen vermag, ist jener Gastraum oder auch jene Werkstatt, in dem oder in der ein anderer wirkt. Sie gehört dem Ich des Menschen nur insofern, als es sich versetzen lässt. In der Sprache der Grammatik gesagt: Das Ich lässt sich aus der Stellung des Nominativs, die es in dem einen Raum der Seele einnehmen kann und soll, in die Stellung des Genitivs, des Dativs und des Akkusativs versetzen.[56] Es wird dekliniert, gebeugt, in die Haltung versetzt, die mit dem Wort »Demut« bezeichnet ist, eine Haltung, die ein Mensch gerade nicht aus eigenen Kräften machen, ins Werk setzen kann. Das Ich wird hier zum Eigentum und zum Objekt in der »Werkstatt« Gottes. Hier geht es in der Tat um schöpferische Prozesse. Hier ist der Mensch im Werden, oder wie Hamann es einmal formuliert hat, »noch in der Mache«.[57] Kurz: »Der Mensch ist das Wesen, an dem Gott baut.«[58]

»Meine Seele« steht im Gefüge des Satzes an der Stelle des grammatischen Subjekts, erweist sich nun aber, im Sinne einer theologischen Tiefengrammatik verstanden, als Objekt. Und das grammatische Akkusativobjekt »Herr« gibt sich als das die Seele im Innersten regierende Subjekt zu erkennen. Was das für die Gotteserkenntnis und für die Gotteslehre bedeutet, wird gleich noch weiter ausgeführt. Zuvor und abschließend zu den anthropologischen Überlegungen noch ein Gedanke. Der in theologischer

---

55 S. oben Anm. 49.

56 Vgl. WA 48; 203 (*Bibel- und Bucheinzeichnungen*, Nr. 273); dazu VON LÜPKE, Theologie (s. Anm. 25), 238–241.

57 J. G. HAMANN, Briefwechsel, hg. v. W. ZIESEMER / A. HENKEL, Bd. 5, 1965, 265,26–29: Gott »schuf den Menschen sich zum Bilde, zum Bilde Gottes schuf Er ihn – Wir sind seines Geschlechts – die Differentia specifica liegt blos darinn, daß wir noch in der Mache sind, und unser Leben noch verborgen mit Christo in Gott.«

58 DALFERTH, God first (s. Anm. 45), 72; schon Gerhard Ebeling hat seine Interpretation von Luthers Thesen *De homine* (Thesen 35–40) unter die Überschrift gestellt: »Das Sein des Menschen als Gottes Handeln an ihm« (G. EBELING, Disputatio de homine, Teil 3: Die theologische Definition des Menschen [Lutherstudien II,3], 1989, 472–544).

Perspektive entworfenen Lehre vom Menschen geht es um den »ganzen Menschen«. In den Thesen *De homine* von 1536 hat Luther diesen Aspekt betont an den Anfang seiner theologischen Thesen, gewissermaßen als Überschrift, gestellt: »Die Theologie [...] definiert aus der Fülle ihrer Weisheit den ganzen und vollständigen Menschen.«[59] Von solcher Weisheit zeugt auch schon Luthers Auslegung des *Magnificat*. Wenn er hier so entschieden und konsequent den Glauben auf das Wirken Gottes hin ausrichtet und damit von allem, was der Mensch aus eigenen Kräften tun und machen kann unterscheidet, geht es ihm gerade darum, den Punkt auszumachen, von dem her der Mensch seine Ganzheit und seine Leib und Seele umspannende Lebendigkeit gewinnt. Ein Glaube, der um die »großen Taten Gottes« weiß, sie aber nicht auf sich bezieht, nicht an sich und in sich selbst geschehen lässt, ist »nichts und gar todt gleich einem wahn von einer fabeln empfangen, szondernn du must on allisz wancken, on allisz zweiffeln seinen [sc. Gottes] willen uber dich dir furbildenn, das du fest glewbist, er werd und wolle auch mit dir grosse ding thun: der selb glaub lebt und webt, der dringt durch und endert den gantzen menschen [...].«[60]

3. Das Objekt: Gott als sich selbst mitteilendes Subjekt

Ohne diesen Glauben will Gott nicht erkannt werden. Wir kommen damit noch einmal zurück auf den Satz aus Luthers Auslegung des 1. Gebots im *Großen Katechismus*, von dem ausgehend immer wieder auch die Brücke zu Schleiermachers *Glaubenslehre* geschlagen wird: »[...] die zwey gehören zu hauffe, Glaube und Gott. Worauff du nun (sage ich) dein Hertz hengest und verlessest, das ist eigentlich dein Gott.«[61] Ist das so zu verstehen, dass im Akt des Glaubens immer schon die Wirklichkeit Gottes »mitgesetzt« ist? Das hat bekanntlich Schleiermacher in der Einleitung seiner *Glaubenslehre* behauptet.[62] Für Luther jedoch ist es keineswegs selbstverständlich, dass der Glaube des Menschen den »wahren Gott« trifft. Ein solches Treffen

---

59 LDStA 1; 667,9f (These 20); vgl. WA 39,1; 176,5f (LDStA 1; 666,7f): »Theologia vero de plenitudine sapientiae suae Hominem totum et perfectum definit.«

60 WA 7; 553,30–34 (DDStA 1; 384,14–18).

61 BSELK 932, 1–3.

62 F. SCHLEIERMACHER, Der christliche Glaube nach den Grundsätzen der evangelischen Kirche im Zusammenhange dargestellt, 2. Aufl. 1830/31, hg. v. R. SCHÄFER, 2008, Bd. 1, 38–40 (§ 4.4); vgl. dazu SLENCZKA, Fides (s. Anm. 34), 181f.

kommt nur zustande, sofern die Gemeinschaft von Gott vermittelt wird. Entscheidend dafür ist, dass es Worte gibt, durch die Gott als der Gott für uns erfahren und erkannt werden kann.

Magnificat anima mea Dominum. »[...] das letste wortle [ist] zu mercken ›Got‹«.[63] Wer oder was ist Gott, wenn wir uns von der Rede Marias leiten lassen? »Maria sagt nit ›mein seele macht grosz sich selb, oder helt viel von mir‹. Sie wolt auch gar nichts von yhr gehalten habenn. Szondernn alleyn got macht sie grosz, dem gibt sie es gar allein.«[64] Sie hält sich also in letzter Konsequenz und Radikalität an das erste Gebot: »Gott allein« will sie ehren.[65] In dieser Ausrichtung verliert sich jegliches Interesse an sich selbst, ist der Mensch gerade nicht in der Weise der Selbstreflexion auf sich bezogen.[66] Gewiss kann ein Mensch auf dem Weg der Selbsterkennt-

---

63 WA 7; 555,12f (DDStA 1; 386,35).

64 WA 7; 555,13–15 (DDStA 1; 386,35–38).

65 Eben um das Motiv des *solus deus*, das in der *Magnificatauslegung* mehrfach vorkommt, geht es auch Ingolf U. Dalferth, wenn er es – allzu plakativ, aber im aktuellen Diskussionszusammenhang vermutlich wirkungsvoller – mit »God first« übersetzt; vgl. DAL-FERTH, God first (s. Anm. 45), insbes. 35–38.44f.

66 Das gilt, wie auch Notger Slenczka betont, für den Glaubensvollzug, schließt aber nach seiner Interpretation nicht aus, dass dieser Glaubensvollzug »von außen«, von seiten der Theologie, die auf ihn reflektiert, sich als ein vom Selbstbewusstsein geleiteter, schöpferischer Vorgang darstellt (vgl. SLENCZKA, Fides [s. Anm. 34], 187). Glaubensbewusstsein und theologisch aufgeklärtes Bewusstsein treten hier in Widerspruch zueinander. Während der Glaube im Vollzug »sich als gänzlich passiv weiß«, klärt ihn die Theologie darüber auf, dass er gerade so »Schöpfer der Gottheit« ist. »Der Glaube schafft also gleichsam hinterrücks und im Widerspruch gegen sich selbst; nur indem er sich als reine Passivität und reines Leersein weiß, ist er höchste Kreativität und setzt in dieser Passivität den Inbegriff aller Wirklichkeit mit.« Dass der Glaube als Geschöpf des Wortes für Luther durch Rezeptivität und Spontaneität, durch Bereitschaft zum Hören und Antworten charakterisiert ist und in diesem Sinn Passivität und Aktivität miteinander verbindet, ist bekannt. Slenczka behauptet jedoch mehr, wenn er dem Glauben eine schöpferische Kraft im Blick auf das Sein Gottes attestiert. Aber was heißt hier »schöpferisch«, wenn doch der Akt des Glaubens nur in »reiner Passivität« als ein Wirken- und Kommenlassen Gottes vollzogen wird und also nicht in einem eigenen, anthropologisch zu begreifenden Vermögen des Menschen begründet ist? Der Glaube des Menschen ist zweifellos die dem Sein Gottes entsprechende Einstellung, indem er Gott in seinem Wort, in seinem Für-uns-Sein wahrnimmt, aber damit fügt er dem Sein Gottes doch nichts zu, was nicht von Gott selbst herkommt. Der Gottesbegriff oder, wie Slenczka auch sagen kann, »der semantische Gehalt

nis auch zu der Einsicht kommen, dass er ein endliches, abhängiges Wesen ist, das in seiner Abhängigkeit auf ein letztes Woher seiner Abhängigkeit verweist. Dieser Gottesgedanke schließt jedoch noch nicht jene Gotteserkenntnis ein, die ein Menschen im christlichen Glauben und das heißt in der Vermittlung durch die Verkündigung des Wortes Gottes gewinnt. Der allmächtige Gott, von dem alle Menschen nach Luther ein ungefähres Wissen haben, wird hier zum Geber alles Guten, zum »ewige[n] Quellbrunn [...], der sich mit eitel Güte ubergeusset und von dem alles, was gut ist und heisset, ausfleust.«[67]

Die Größe Gottes ist somit gleichzusetzen mit seiner Güte. Im Sinne der Theologie Luthers ist der Gottesbegriff, der bei Anselm als Inbegriff rationaler Gotteserkenntnis dient, so zu präzisieren: Gott ist nicht nur jenes »etwas«, über das hinaus Größeres nicht gedacht werden kann;[68] er ist vielmehr der (!) schöpferische Geber, über den hinaus kein freigiebigerer Geber zu denken ist.[69] Seine einzigartige Größe und Güte erweist sich darin, dass er nicht nur etwas, einzelne Gaben und Güter, gibt, sondern dass er sich selbst so rückhaltlos mitteilt, dass der Mensch sich ganz auf ihn hin verlassen kann. »Gott allein groß [zu] machen«, heißt, ihm alles zu überlassen, also »kein Ding« für sich zu beanspruchen.[70] Es heißt gerade nicht, »sich selb [zu] suchen«.[71] Maria wird gerade darin zum Vorbild, dass sie nicht auf das sieht, was für sie gut ist, sondern allein auf die Güte, die Gott selbst ist. Sie lehrt uns, »wie wir sollen got blosz und recht ordenlich [in rechter

von ›Gott‹« ist daher keineswegs im Selbstbewusstsein gleichsam eingelagert, als könne er aus ihm heraus entwickelt und letztlich als Selbstbewusstsein gefasst werden.

67 BSELK 938,16f; vgl. auch Luthers *Bekenntnis* von 1528 (WA 26; 505,38f [DDStA 1; 562,11f]): »Das sind die drey person und ein Gott, der sich uns allen selbs gantz und gar gegeben hat mit allem, das er ist und hat.«

68 ANSELM VON CANTERBURY, Proslogion. Lateinisch-deutsche Ausgabe von P.F. S. SCHMITT, ³1995, 86: »id quo maius cogitari nequit« (cap. III).

69 Vgl. WA 41; 754,35.754,15–18 (Predigt über Joh 3,16 vom 25. 5. 1534): Gott ist »der höchste und gröst geber«; »um solchs gebers willen« soll »alles, was nur zuerdencken ist, da gegen klain und nichts [...] geachtet werden, Denn was kan man grössers und herlichers nennen oder erdenckenn, denn Gott der almechtig selber ist?«

70 Vgl. WA 7; 555,28–30 (DDStA 1; 388,14–16): »Sihe, das heisset got alleyn grosz machen, nur von yhm alleyn grosz haltenn und unsz keynisz dings annemen.«

71 WA 7; 558,3 (DDStA 1; 392,26).

Ordnung] lieben und loben, und ja nichts das unszer an ihm suchenn; der liebt aber und lobet blosz und recht got, der ihn nur darumb lobet, das er gut ist, und nit mehr denn seine blosze guticke yt ansihet, und nur ynn der selben sein lust und freude hat«.[72] So sehr Maria »mitten ynn den grossen uberschwencklichen gutternn« schwebt, so wenig sucht sie »yhren geniesz darynn«,[73] so wenig ist sie in ihrem Glauben abhängig von dem Maß dieser Güter. Vielmehr ist sie bereit, das, was sie von Gott empfängt, auch wieder loszulassen. Sie lässt »got seine gutter frey, ledig und eigen«.[74] Glaube ist in diesem Sinn Gelassenheit. Er lässt Gott Gott sein. »[...] einfeltig vnd gelassen«[75] »lessit« Maria »got ynnn yhr wirckenn nach seinen willenn«.[76]

Indem Maria Gott »nach seinem Willen« wirken lässt, räumt sie ihm Macht im Sinne der Allmacht ein.[77] Sie achtet Gottes Souveränität, seine absolute, unumschränkte Freiheit. Allmacht heißt hier Allwirksamkeit[78] und Alleinwirksamkeit: »Allein got wirckt alle ding, in allen dingen [...].«[79] Damit ist gesagt, *dass* »alle Dinge«, also alles was in der Welt geschieht, von Gottes Wirken umfasst und durchdrungen ist; nichts fällt letztlich aus seiner Macht heraus. Es ist aber noch nicht gesagt, *wie* Gott seine Macht ausübt und in welchem Verhältnis sie zu den Mächten steht, die in dieser Welt um Herrschaft ringen. Dass es sich um durchaus vielfältige Machtverhältnisse handelt, deutet sich schon an, wenn Luther zur Erläuterung mehrere präpositionale Bestimmungen einsetzt: »Almechtig ist er, das in allen

---

72 WA 7; 556,18–22 (DDStA 1; 390,4–8).

73 WA 7; 558,11 f (DDStA 1; 392,34f).

74 WA 7; 555,26f ((DDStA 1; 388,11f).

75 WA 7; 555,34 (DDStA 1; 388,21).

76 WA 7; 556,8 (DDStA 1; 388,31f); vgl. parallel WA 7; 595,34f (DDStA 1; 466,27f: »[...] niemant dienet [...] got, denn wer yhn lessit sein got sein und seine werck in yhm wircken [...].«

77 Zur mehrschichtigen Bedeutung des Allmachtsbegriffs bei Luther vgl. O. BAYER, Gottes Allmacht (in: DERS., Zugesagte Gegenwart [s. Anm. 4], 111–125). »Allmacht« ist demnach ein »mehrdeutiges Metaprädikat« (119), das seine theologisch entscheidende Bedeutung dadurch gewinnt, dass es vom Wirken des Wortes Gottes her verstanden wird. Kurz: »Gottes Allmacht ist die Allmacht seines Wortes« (113).

78 Vgl. zur Erläuterung WA 7; 574,27–30 (DDStA 1; 426,12–15): Gottes Macht ist keine »still rugende macht [...], Szondern ein wirckende macht und stettige tettickeit, die on unterlasz geht ym schwanck und wirckt.«

79 WA 7; 574,10 (DDStA 1; 424,32f).

unnd durch allen unnd ubir allen nichts wirckt, denn allein seine macht.«[80] Erst recht wird es deutlich an der Art und Weise, wie der Allmächtige nach Auskunft des *Magnificat*[81] seine Macht ausübt: nämlich so, dass er »seine geringe magd« ansieht (Lk 1,48), »alle die hoffertigen ym gemut yhrs hertzenn« aber »zurstoret« (Lk 1,51). »Er wircket geweltiglich« in Auseinandersetzung mit weltlichen Gewalten, indem er »die groszen herrnn von yhrer herschafft« absetzt, sowie auch in der Weise schöpferischer Macht, die »erhohet die da nydrig und nichts seynn« (Lk 1,51f).

Es ist insbesondere diese Allmacht, von der sich Maria in ihrem Glauben bewegt weiß und auf die hin sie sich ganz verlässt. Während Gottes Wirken in jener Allgemeinheit, in der er »Leben, Tod und alles in allem«[82] wirkt, nicht auf den Willen Gottes hin durchsichtig ist, lässt Maria sich gesagt sein, was Gott an ihr und mir ihr wirken will. Sie weiß sich »ynn seinen gnedigen gutten willenn«, so wie er sich in der an sie gerichteten Zusage mitteilt, »empor« gehoben.[83] Mit der Ausrichtung auf Gottes Willen gewinnt der Glaube eine Qualifikation, die ihn von einer allgemeinen Erfahrung der Abhängigkeit von anonymen Schicksalsmächten unterscheidet. Es gilt nicht nur zu glauben, dass Gott in seiner Allmacht Gutes wirken kann und alles im Sinne einer letzten Ursache von ihm bewirkt wird; vielmehr nimmt der Glaube Gott bei seinem Wort, dass er »dir« helfen »wolle«.

> Nu mags nit seinn, das yemant erschrecke oder sich troste ausz solchen grossen thatten gottes: Es sey denn, das er nit allein glawbe, got vormuge und wisse grosse that zu thun, Szondernn musz auch glawben, das er wolle alszo thun und eyne liebe hab solchs zu thun. Ja ist auch nit gnug, das du glewbist, er wolle mit andernn und nit mit dir grosse that thun, und alszo dich solcher gotlicher that euszernn [dich von solcher göttlichen Tat ausnehmen], wie die thun, die got nit furchten ynn yhrer gewalt unnd die kleinmutig vorzagen ynn yhrem gedrenge.[84]

80 WA 7; 574,12f (DDStA 1; 424,34–36).
81 Im Folgenden zitiert nach Luthers Übersetzung WA 7; 546,4–13 (DDStA 1; 368,37, 370,5–8).
82 Vgl. WA 18; 685,21–23 (*De servo arbitrio*): »Deus absconditus in maiestate [...] operatur vitam, mortem et omnia in omnibus.«
83 WA 7; 554,21f (DDStA 1; 386,3f).
84 WA 7; 553,22–29 (DDStA 1; 384,6–13; vgl. auch WA 7; 565,2f (DDStA 1; 406,31f): »Ein iglicher sol drauff acht haben, was got mit yhm wirckt, fur allen wercken, die er mit andernn thut«.

Beides ist hier zu betonen: das Personalpronomen der zweiten Person oder auch in anderer Beziehung das Personalpronomen der ersten Person. Gott ist der *deus pro nobis, pro te*. Und er ist dies in seiner Freiheit: er *will* es, und ist in solcher Zuwendung unabhängig von dem, was Menschen mit ihren »Werken«, nicht zuletzt auch mit ihren gedanklichen Konstruktionen, aufbauen oder immer wieder auch verbauen. Als Gott der Gnade, als Gott, der Liebe ist, ist er allerdings nur zu erkennen, wenn man seinem Wort folgt und sich dadurch ins rechte Verhältnis setzen lässt.

Dass dieses rechte Verhältnis sich dort einstellt, wo ein Mensch sich auf Gottes Zusage verlässt und ihn im Glauben wirken lässt, dürfte deutlich geworden sein. Wir haben damit das *magnificare* als Tun des Menschen erläutert, freilich als ein solches, das seine Pointe darin hat, die »großen Dinge«, die Gott tut (Lk 1,49), zu loben und damit den Werken Gottes Raum zu geben. Dieses Tun Gottes am Menschen ist nun abschließend noch einmal genauer zu bedenken.

4. Das größte Werk in der Beziehung zwischen Gott und Mensch

Gottes Tun unterscheidet sich vom Tun des Menschen wesentlich durch das Prädikat schöpferischer Allmacht. Gleich zu Beginn seiner Auslegung des *Magnificat* stellt Luther die Differenz scharf heraus:

> [So wie Gott] ym anfang aller Creaturn [...] die welt ausz nichts schuff, davon er schepffer und almechtig heysset, szo bleibt er solcher art zu wircken unvorwandelt, unnd sein noch alle seine werck bisz ansz ende der welt alszo gethan, das er ausz dem, das nichts, gering, voracht, elend, tod ist, etwas, kostlichs, ehrlich, selig und lebendig macht, Widderumb allesz was etwas, kostlich, ehrlich, selig, lebendig ist, zu nichte, gering, voracht, elend und sterbend macht. Auff wilche weisze kein Creatur wircken kan, vormag nit ausz nicht machen icht.[85]

Die traditionelle Kennzeichnung des göttlichen Schöpfungshandelns als *creatio ex nihilo* wird hier auf »alle seine werck« bezogen und mit dem entgegengesetzten Handeln des Zunichtemachens verbunden. Allein Gott ist in diesem zweifachen Sinn Herr über Leben und Tod. Bemerkenswert ist an dieser Charakterisierung des göttlichen Handelns nicht nur die Exklusivität gegenüber allem kreatürlichen Wirken – was Gott zu tun vermag, kann keine Kreatur tun –, sondern auch die Weite ihrer Anwendung, die über das

---

85 WA 7; 547,1–8 (DDStA 1; 370,31–39).

Schöpfungshandeln im engeren Sinn hinaus auch jenes Handeln umfasst, das in der Dogmatik unter dem Begriff der Rechtfertigung gefasst wird. Große Werke hat der Schöpfer nicht nur getan, indem er »das, was nicht ist« einmal ins Sein gerufen hat (Röm 4,17); er tut sie vielmehr in jedem Augenblick neu, indem er seine Werke »ex nihilo« erhält[86] und sich ihnen »aus lauter Veterlicher, Göttlicher güte und barmhertzigkeit«[87] zuwendet.

In dieser Verbindung von Schöpfung und Rechtfertigung lässt sich auch eine Steigerungsfigur erkennen. Im Vergleich zu den Schöpfungswerken, die als Ensemble von Gütern und Gaben wahrgenommen werden und in ihrer Gesamtheit die gute Schöpfung bilden, ist es das noch größere »Werk«, dass der Schöpfer selbst mit seinen Geschöpfen beständig kommuniziert und ihnen in seiner Güte gegenwärtig bleibt. Dass Gott sich selbst in der Menschwerdung seines Sohnes auf seine Schöpfung einlässt, kann Luther als das »heubtgrosse werck aller werck gottis«[88] bezeichnen. In diesem Werk beweist Gott die wahre Größe seiner Macht, die eben nicht eine der Welt enthobene, sich selbst genügende Vollkommenheit ist, sondern in ›überfließender‹ Weise sich selbst mitteilen kann, ohne sich selbst zu verlieren. Nicht der Welt enthoben, ist sie doch der Welt überlegen, und zwar so überlegen, dass sie auch ganz unten, im Innersten und Tiefsten der Welt zu wirken vermag.

Es entspricht dieser ›Logik‹ der Menschwerdung Gottes, dass sie mit einem Akt der Wahrnehmung einsetzt: Gott, den Maria als ihren »Heiland« preist, hat »seine geringe Magd angesehen« (Lk 1,48). In diesem Sehen Gottes erkennt Luther das »erst werck gottis […], wilchs auch das grost ist, daryn die andern alle hangen und ausz yhm alle fliessenn. Den wo es dahynn kumpt, das got seinn angesicht zu yemandt wendet, yhn antzusehen, da ist eytel gnad und selickeit, da mussen alle gaben unnd werck folgen.«[89]

---

86 Vgl. WA 38; 373,33f (1535): »durch Gottes gute« sind wir »aus nichts geschaffen« und werden wir »aus nichts teglich erhalten«; WA 43; 233,24f (*Genesisvorlesung*, 1535–1545): »[…] apud Deum idem est creare et conservare.«

87 BSELK 870,15f. Dass und wie Schöpfungs- und Rechtfertigungsglaube einander wechselseitig qualifizieren, zeigt BAYER, Luthers Theologie (s. Anm. 19), 87–97.

88 WA 7; 595,30 (DDStA 1; 466,22f).

89 WA 7; 567,24–28 (DDStA 1; 412,13–17). Der Vorrang des Ansehens als des ersten Werkes Gottes wird hier mit denselben Prädikaten umschrieben, die Luther sonst auch in der Auslegung des Dekalogs verwendet: am ersten Gebot hängen alle übrigen, aus ihm

Der Vorrang dieses Werks gründet zum einen darin, dass es ein schöpferisches Werk ist.[90] So wie Gott seine Geschöpfe anschaut, gibt er ihnen Ansehen. Am Beispiel der Maria zeigt sich, wie das Ansehen Gottes den Status eines Menschen verändern kann; es konstituiert ihn geradezu als Person. Gleicht die Natur des Menschen einer »Werkstatt«, so ist mit dem Sehen Gottes ein Tun gemeint, das genau hier, im Innersten und von daher im Ganzen der menschlichen Existenz erneuernd und verwandelnd eingreift. Der Herr sieht das Herz an (1Sam 16,7), das heißt: sein Blick fällt in eine Tiefe, die dem Menschen selbst verborgen ist, die aber den Quellgrund aller seiner seelischen und leiblichen Kräfte bildet. Indem Maria sich in dieser Tiefe von Gott angesehen erfährt, fühlt sie die verwandelnde, schöpferische Kraft der Liebe Gottes.[91] Da »wirt er szo hertzlich lieb, da geht das hertz uber fur freudenn, hupfft und springet fur grossem wolgefallen, den es ynn got empfangen.«[92]

Die Auszeichnung des Ansehens als des größten Werkes rechtfertigt sich nicht nur unter dem Gesichtspunkt der Wirkung auf den Menschen, sondern zum anderen auch unter einem theologischen, die Wirklichkeit Gottes betreffenden Gesichtspunkt: In den Gütern und Gaben geht es um Zeitliches; die Gnade aber »ist das ewige leben« (mit Röm 6,23).[93] »In den guttern gibt er [sc. Gott] das seyne, ym ansehen und gnaden gibt er sich selb; in den guttern empfehet man seyne hand, aber in der gnaden ansehen empfehet man sein hertz, geist, mut unnd willen: drumb gibt die selige

fließen alle Werke, die in den anderen Geboten gefordert werden; vgl. z. B. WA 6; 209,35–210,3 (DDStA 1; 118,25–31, 1520).

90 Vgl. dazu die eindringliche Interpretation und systematisch-theologische Reflexion im Sinne einer »theologischen Sehschule« von E. THAIDIGSMANN, Gottes schöpferisches Sehen. Elemente einer theologischen Sehschule im Anschluss an Luthers Auslegung des Magnificat (1987) (in: DERS., Einsichten und Ausblicke. Theologische Studien, hg. v. J. VON LÜPKE, 2011, 3–22).

91 Vgl. dazu die These 28 der *Heidelberger Disputation* (WA 1; 365,1–20; LDStA 1; 60,6–26); zur grundlegenden Bedeutung der in der Heidelberger Disputation entwickelten Erkenntnistheorie THAIDIGSMANN, Gottes schöpferisches Sehen (s. Anm. 90), 12–18.

92 WA 7; 548,8–10.

93 WA 7; 571,4f (DDStA 1; 418,30); zur Unterscheidung zwischen Gabe und Gnade vgl. auch die einschlägigen Ausführungen in *Rationis Latomianae confutatio* (»Antilatomus«, 1521) (WA 8; 105,39–107,36 [LDStA 2; 342,2–347,23]).

junpfraw das grossist und erste dem ansehen [...].«[94] Im Ansehen zeigt sich das Gesicht Gottes, und im Gesicht, in seinem Antlitz, äußert sich Gott selbst; er gibt sich so zu erkennen, wie er im Innersten seines Herzens gesonnen ist.[95] Insofern führt die Wahrnehmung des göttlichen Ansehens zur Erkenntnis des ganzen Gottes. Indem er den Menschen anschaut, wird er ihm ganz gegenwärtig.

So verstanden ist das »Werk« des göttlichen Ansehens in der Tat das größte Werk, also das Werk, über das hinaus kein Größeres gedacht werden kann. In beiderlei Richtung sind nochmalige Steigerungen ebenso unmöglich wie unnötig. Tiefer und ganzheitlicher als er von Gottes Gnade gesehen wird, lässt der Mensch sich nicht verstehen. Und gegenwärtiger und ganzheitlicher als er sich im Blick seiner Gnade zu erkennen gibt, kann Gott nicht erfahren werden. Wo Gott dem Menschen gnädig ist, da nimmt er »als Ganzer den ganzen [Menschen]« an. Anthropologische und theologische Entwürfe, die von dieser zweifachen Ganzheit[96] abstrahieren, indem sie ein Sein Gottes an und für sich oder auch ein Sein des Menschen an und für sich zu begreifen suchen, erweisen sich vor diesem Hintergrund als Reduktionen.

Von einem reduktiven Gottesverständnis ist dabei insofern zu sprechen, als die Fülle des sich selbst mitteilenden, in vielfältigen Erscheinungen und Beziehungen wirksamen Seins Gottes auf eine zugrundeliegende, in sich identische Wirklichkeit zurückgeführt, so aber gerade beschränkt gedacht wird. Die Relationalität des göttlichen Seins als das vermeintlich ontologisch Mindergewichtige[97] wird hier zugunsten der reinen Substanz, die dann mit dem Wesen Gottes identifiziert wird, übersprungen oder, um

94 WA 7; 571,5–8 (DDStA 1; 418,30–34).

95 Im *Antilatomus* (1521) nennt Luther mehrere biblische Beispiele für solche Zuwendung des Herzens, u. a. Gen 4,4 (WA 8; 86,20f; vgl. LDStA 2; 292;15f): »›Respexit deus ad Abel‹, id est, hoc faciens animum appulit ad eum.«

96 Vgl. WA 8; 107,18f (LDStA 2; 344,31–33): »Quid enim ibi peccati, ubi deus favet et nullum nosse vult peccatum, totusque totum acceptat et sanctificat?«

97 Vgl. dazu die klassische Zurückstufung des Relativen in der *Metaphysik* des ARISTOTELES, Buch XIV (1088a.b); demgegenüber die Aufwertung der Kategorie der Relation in der Trinitätslehre bei AUGUSTINUS, *De trinitate*, Buch V (in der lateinisch-deutschen Ausgabe von J. KREUZER, 2001, 370–395; dazu der erhellende Kurzkommentar in der Einleitung des Herausgebers, XLVf).

es nochmals im Sprachspiel des Sehens zu sagen, über-sehen. Indem Menschen von unten in die Höhe schauen und dort die Wirklichkeit Gottes, abgelöst von allem Kreatürlichen zu fassen suchen, setzen sie sich über den Blick Gottes hinweg, der, gerade »weil er der aller hohist und nichts uber yhn ist«[98], in die äußerste Tiefe zu schauen vermag und dort dem Menschen ganz nahe kommen kann und will. Ein Gottesbegriff, der von dieser Zuwendung, von diesem Für-uns-Sein Gottes abstrahiert, verfehlt mit dem Angesicht Gottes zugleich dessen Herz. Ein solcher Gott, der in all seiner Vollkommenheit doch »nur sich selbst betrachtet«, weil der Blick nach außen, hinunter zum irdischen Elend seine Glückseligkeit beeinträchtigen würde, ist in den Augen Luthers »ein überaus armseliges Wesen«, ein »miserrimum ens«.[99]

Von diesem Gottesverständnis kann mit Recht gesagt werden, dass hier die Wirklichkeit Gottes allzu gegenständlich vorgestellt wird, als eine Sache, über die Aussagen gemacht werden, ohne dass dabei mitbedacht wird, wie Gott und Mensch miteinander zu tun haben.[100] Wird hier die Beziehungswirklichkeit zwischen Gott und Mensch zugunsten einer gegenständlich, substantiell gefassten Wirklichkeit Gottes ausgeblendet, so ist es freilich nicht weniger problematisch, wenn im Gegenentwurf alle Rede von Gott auf die Subjektivität des Menschen zurückgeführt, das Gottesverhältnis mithin in ein Selbstverhältnis überführt wird.[101] Von Gott ist dann

---

98 WA 7; 547,13 f (DDStA 1; 372,5).

99 Vgl. WAT 1; 73,23 f.31 f, Nr. 155: »Qui videt calamitates extra se, multa videt tristia et non est beatus; Deus autem est beatus, ergo non videt extra se.« Gegen dieses Gottesverständnis, das Aristoteles in Buch XII der *Metaphysik* vorträgt, setzt Luther die Antithese: »Si Deus se solum intuetur, est miserrimum ens.«

100 S. oben Anm. 26.

101 Ausdrücklich als Reduktionsprogramm im Sinne einer Konzentration und Fokussierung aller gegenständlichen Aussagen des christlichen Glaubens auf ihre anthropologische oder auch existentielle Relevanz wird die reformatorische Theologie verstanden von CH. DANZ, Einführung in die evangelische Dogmatik, 2010, insbes. 14.31–35.40–42.89f.156; N. SLENCZKA, Cognitio hominis et Dei. Die Neubestimmung des Gegenstandes und der Aufgabe der Theologie in der Reformation (in: H. SCHILLING [Hg.], Der Reformator Martin Luther 2017. Eine wissenschaftliche und gedenkpolitische Bestandsaufnahme, 2014, 205–229); vgl. auch DENS., Reformation und Selbsterkenntnis. Systematische Erwägungen zum Gegenstand des Reformationsjubiläums (GlLern 30, 2015, Heft 1, 17–42), 38: »Die gegenständlichen Aussagen des christlichen Glaubens – alle,

nur noch in dem Maße zu reden, in dem diese religiöse Rede dem Menschen zur Selbsterkenntnis verhilft. Liest man Luthers Auslegung des *Magnificat* durch die Brille dieser spezifisch neuprotestantischen Lesart, fällt freilich auf, wie wenig Maria als das Exempel des glaubenden, aus der Gnade lebenden Menschen an sich selbst interessiert ist. Entscheidend ist die Erfahrung des Angesehen*werdens*, eine Erfahrung, die gebunden ist an die Begegnung mit dem Anderen und sich gerade nicht in die Selbstreflexion einholen lässt. Der Begriff der Selbstdurchsichtigkeit, der in der jüngeren evangelischen Theologie als Zielbestimmung theologischer Erkenntnis vielfach die Stelle besetzt, die in der alten Dogmatik der Begriff der *glorificatio Dei* einnimmt,[102] erweist sich von daher als irreführend. Und das nicht nur deswegen, weil er eine Abkehr vom Augenblick der Begegnung bedeutet, eine Reflexion auf sich selbst, wo der Glaube sich allein auf das Wirken Gottes hin ausrichtet und öffnet. Irreführend ist der Begriff der Selbstdurchsichtigkeit

auch die Rede von einem [!] Gott – sind, recht verstanden, übersetzbar in eine Phänomenologie des vorrationalen Selbstverständnisses.« Dabei will Slenczka durchaus daran festhalten, »dass ein Mensch nicht durch sich selbst, sondern durch einen anderen er selbst ist«, mithin »außerhalb seiner selbst begründet« wird (aaO., 36). Die Frage ist allerdings, ob dieser Beziehung auf den externen Grund des eigenen Lebens noch eine eigenständige, konstitutive und kritische Bedeutung zukommt, wenn doch – und das scheint die Hauptlinie der Argumentation bei Danz und Slenczka zu sein – umgekehrt der Glaube des Menschen als konstitutiv für Begriff und Sein Gottes ausgegeben und alle Rede von Gott kritisch daran zu messen ist, ob sie dem Menschen zum Verständnis seiner selbst im Sinne der »Selbstdurchsichtigkeit« (so der von Danz favorisierte Begriff) verhilft. Dann kommt es in der Tat zu einer Schwerpunktverlagerung auf der Ebene des Gegenstandes der Theologie: »Gegenstand der Theologie ist in erster Linie der Mensch und nicht Gott« sowie auch »das entscheidende Ziel der Theologie [...] nicht die Gotteserkenntnis, sondern die Selbsterkenntnis« ist (SLENCZKA, Cognitio hominis et Dei, 213). Unter dem Primat der Selbsterkenntnis gehört zwar auch die Gotteserkenntnis noch zum Gegenstand der Theologie, aber sie gilt hier nicht mehr als Hauptsache, sondern eher als ein mitlaufendes, mitgesetztes Thema.

102 Vgl. z.B. J. GERHARD, Loci theologici, hg. v. E. PREUSS, Bd. 1, 1863, 7 (*Prooemium de natura theologiae*, 26): »Principalis ac summus [finis theologiae] est Dei glorificatio, ideo enim Deus in verbo suo sese revelavit, ac theologicam sapientiam eo fine hominibus communicat, ut ab illis recte agnitus in hac et futura vita celebretur, colatur, invocetur.« Der Begriff der Selbstdurchsichtigkeit als Leitbegriff findet sich vor allem im Werk von Ch. Danz, passim, sowie auch bei SLENCZKA, Fides (s. Anm. 34) und bei F. WITTEKIND, Theologie religiöser Rede, 2018, insbes. 58f.

auch insofern, als er dem Missverständnis Vorschub leistet, der Mensch könne sich selbst auf den Grund kommen. Dagegen ist noch einmal an die innere Unendlichkeit und Abgründigkeit zu erinnern, wie sie schon Augustin eindrücklich zur Sprache gebracht hat.[103] Selbsterkenntnis weist hier über sich hinaus auf die Erkenntnis, die allein Gott möglich ist und an der der Mensch allenfalls Anteil gewinnen kann, wenn er sich nicht in sich selbst, sondern »in der Quelle selbst, die Gott ist, sieht«.[104]

Gegen beide Reduktionen ist kritisch zur Geltung zu bringen, was Luther, wohl nicht zufällig im Kontext seiner Psalmenauslegung, als Grundsatz der recht verstandenen theologischen Dialektik so formuliert: »Wir müssen uns aus der einfachen und absoluten Kategorie der Substanz hinüberbegeben in die Kategorie der Relation.«[105] Im Sinne der damit konzipierten Dialektik ist der Begriff des Seins konsequent als »Beziehungsbegriff«[106] auszulegen, mithin sowohl das Sein Gottes als auch das Sein des Menschen als ein Sein in Beziehungen zu fassen. Die Beziehung freilich bedarf der Vermittlung, wie sie nach Luthers Überzeugung wesentlich durch Sprache geschieht.

Auch das Sehen Gottes und die Erfahrung des Angesehenwerdens auf Seiten des Menschen stellen sich nicht unmittelbar ein. Dass und wie sie sich durch das in biblischen Texten zu vernehmende Wort Gottes erschließen, hat Luther später, herausgefordert durch spiritualistische Bewegungen, noch nachdrücklicher herausgestellt als in der *Magnificat-Auslegung*, in der zumindest an einer Stelle noch von dem unmittelbaren Wirken des Geistes die Rede ist.[107] Beispielhaft sei hier nur eine Passage aus der Auslegung des 118. Psalms (*Das schöne Confitemini*) zitiert. Zu dem Vers 6 (»Der

103 Vgl. insbes. Buch X der *Confessiones*, daraus das Zitat, s. Anm. 54.

104 Vgl. These 17 der *Disputatio de homine* (WA 39,1; 175,36f [LDStA 1; 666,1f]): »Nec spes est, hominem in hac praecipua parte [sc. anima] sese posse cognoscere quid sit, donec in fonte ipso, qui Deus est, sese viderit.«

105 Vgl. WA 40,3; 334,23–26 (Dr): »Sed debemus esse Dialectici et, quando adversus hostes pugnandum est, nos debemus nos ex simplici et absoluto substantiae praedicamento transferre in praedicamentum relationis [...].« Für weitere Belege vgl. WA 40,2; 354,3f.421,6f (22–24); WA 40,3; 62,38–63,20; WA 42; 634,20–22.635,19; WA 46; 4f (27f).

106 THAIDIGSMANN, Gottes schöpferisches Sehen (s. Anm. 90), 5.

107 Vgl. WA 7; 546,24f (DDStA 1; 370,19–21); zur Problematik vgl. BURGER, Marias Lied (s. Anm. 21), 29f.

HERR ist mit mir, darum fürchte ich mich nicht; was können mir Menschen tun?«) führt Luther aus:

> Wer ist der? Ah, Es ist der HERR selber, den ich anrieff, Der füllet mir mein hertz, durch sein ewiges wort und geist, mitten jnn der not, das ich sie kaume füle, Denn wir müssen nicht, wie die rotten geister, uns fur nemen, das uns Gott on mittel und on sein wort jm hertzen tröste, Es gehet on eusserlich wort nicht zu, welchs der heilige geist wol weis jm hertzen zu erinnern und auff zublasen [...]. Aus solchem trost, sihe, wie keck und mütig er wird [...], Denn es ist wol da fur handen, trübsal und jamer, die mich saur ansehen, und wollten gern, das ich mich solt fur jhn fürchten, und sie bitten umb gnade, Aber ich [...] spreche: Lieber pötz man [Butzemann], fris mich nicht, Du sihest warlich scheuslich genug, wer sich fur dir fürchten wolt. Aber ich habe einen andern anblick, der ist deste lieblicher, der leucht mir, wie die liebe sonne, bis jns ewige leben hinein, das ich dich kleines, zeitlichs, finsters wölcklin und zorniges windlin, nicht achte.[108]

Der »andere Anblick« ist allem, was Menschen in Furcht und Schrecken versetzen kann, himmelhoch überlegen – so wie die Sonne hier als das höchste und mächtigste Gestirn vorgestellt wird. Der Sache nach handelt es sich um »das größte Werk«, das Werk der Gnade, das sich gegen die Mächte der Sünde und des Todes durchzusetzen vermag, diese Wirkung aber nur entfalten kann, wenn der Mensch es, vermittelt durch das Wort, in sein Innerstes hineinwirken lässt. Dieses Gott-wirken-Lassen ist freilich nicht ein solches Leiden, das den Menschen zur Untätigkeit verdammte. Vielmehr ist hier ein bestimmtes Tun auch auf Seiten des Menschen gefordert: »dass Gottes Werke groß, wunderbar und herrlich sind«, gilt es zu »lernen«.[109] Dazu gehört das *magnificare gratiam* ebenso wie auch das *magnificare peccatum*.[110] So ist zu »lernen, nicht Gottes Gnade klein zu machen mit unseren klein gemachten Bosheiten (indem wir dank menschlicher Glossen leugnen, dass sie Sünden sind), sondern dass wir sie groß machen und hervorheben, so sehr wir können, damit ans Licht komme,

---

108 WA 31,1; 99,31–34.100,17–29 (Dr) (1530).
109 Vgl. WA 8; 115,3 (LDStA 2; 364,25): »[...] disce opera dei magna, mirifica et gloriosa esse«.
110 Vgl. dazu zusammenfassend die These 28 der 4. Disputation über Röm 3,28 in WA 39,1; 86 (LDStA 2; 432,30f): »Ut ergo iustificatio, quantum potest fieri, magnificetur, peccatum est valde magnificandum et amplificandum.«

dass das Bekennen und Großmachen Gottes Werk ist [...].«[111] Was damit zu lernen aufgegeben ist, können Menschen vor allem dadurch lernen, dass sie mit der Sprache der Heiligen Schrift umgehen. Die dazu erforderlichen und hilfreichen Regeln hat Luther mit der Trias von *oratio, meditatio* und *tentatio* klar benannt.

III Theologie als Grammatik und Dialektik

Was also tun wir, wenn wir im Sinne Luthers Theologie treiben? Indem wir uns hier von dem Satz der Maria »Magnificat anima mea dominum« haben leiten lassen, haben wir eine erste Antwort bereits gegeben: Wir haben einen biblischen Text als Vorgabe akzeptiert. Wir haben die Mutter Maria sowie auch die übrigen Propheten und Apostel auf ihrem »Pult« sitzen lassen, damit wir »hie nieden zu jren Fůssen hŏren, was sie sagen und nicht sagen, was sie hŏren mŭssen.«[112]

Indem wir dieser Ortsanweisung folgen, also Theologie »unterhalb«[113] der biblischen Schriften treiben, räumen wir diesen eine besondere Autorität ein, verzichten aber keineswegs auf den Gebrauch der Vernunft. »Hören«, was die Verfasser biblischer Schriften zu sagen haben, ist ein Akt intensi-

---

111 Vgl. WA 8; 124,28–31 (LDStA 2; 388,21–24): »[...] ut discamus dei gratiam non extenuare, extenuatis nostris malis, negando ea peccata esse, per humanas glossas, sed ea magnificando et exaggerando quantum possumus, ut elucescat, confessionem et magnificentiam esse opus dei«.

112 WA 50; 657,28–30 (DDStA 1; 660,29–31).

113 Karl Barth hat es der evangelischen Theologie ins Stammbuch geschrieben, ohne wohl zu ahnen, wie schnell das von ihm behauptete »ein für allemal« wieder in Vergessenheit geraten ist (K. BARTH, Einführung in die evangelische Theologie, 1962, 40f): »Die Theologie hat ihren Ort [...] ein für allemal *unterhalb* dessen der biblischen Schriften. Sie weiss und bedenkt, dass es sich in diesen wohl um menschliche und menschlich bedingte, aber wegen ihres unmittelbaren Verhältnisses zu Gottes Werk und Wort um *heilige,* d.h. um ausgesonderte, Respekt und Aufmerksamkeit ausserordentlicher Art verdienende und fordernde Schriften handelt. Sie ihrerseits hat in der Schule der prophetisch-apostolischen Menschen – entscheidend *nur* bei ihnen, und bei ihnen immer *neu* – nicht diese und jene Richtigkeiten und Wichtigkeiten, sondern das Eine, worauf es ankommt, zu lernen. Sie hat es sich gefallen zu lassen, dass jene *ihr* über die Schulter blicken, *ihre* Hefte korrigieren, weil sie hinsichtlich des Einen, worauf es ankommt, *besser* Bescheid wissen als sie.«

ver, geschärfter Aufmerksamkeit, die darauf achtet, worin und wodurch diese Schriften sich als Wort Gottes erweisen. Es geht nicht, mit Karl Barth geredet, um »diese oder jene Richtigkeiten und Wichtigkeiten«, sondern um »das Eine, worauf es ankommt«.[114] Im Anschluss an die altprotestantische Schriftlehre lässt sich dieses »Eine« als *medium salutis* bestimmen. Wort Gottes ist die Heilige Schrift nicht in statischer Identität, sondern in jener *dynamis*, kraft deren sie die heilvolle Gottesbeziehung herzustellen vermag, eine Beziehung, die nicht immer schon im Selbstbewusstsein des Menschen gegeben ist, sondern der konkreten sprachlichen Vermittlung durch die biblischen Sprachformen im Spanungsverhältnis von Gesetz und Evangelium bedarf.

Biblische Texte daraufhin zu lesen, erfordert eine spezifisch theologische Urteilskraft, theologisch insofern, als beständig danach zu fragen ist, wer Gott ist und wie er wirkt, wenn er dem Menschen so nahekommt, wie es in der Menschwerdung des Sohnes Gottes in Jesus Christus und den von der Menschenfreundlichkeit Gottes zeugenden biblischen Schriften geschieht. In ihrer Gesamtheit als Doppelkanon des Alten und Neuen Testaments bilden sie das Drama, in dem es entscheidend um das Kommen Gottes zum Menschen und das Kommen des Menschen zu Gott geht. Gegenstand der Theologie ist dieses dramatische Geschehen, das sich weder aus einer Erkenntnis Gottes an und für sich deduzieren noch aus dem Grund des menschlichen Selbstbewusstseins extrapolieren lässt. Wer Gott für den Menschen und wer der Mensch vor Gott ist, klärt sich nur im sprachlich vermittelten Zusammenhang, in einem menschlichen Reden zu Gott, das Gott zur Sprache kommen lässt.

Eben ein solcher Sprachzusammenhang wird konkret als Satz, d.h. in der Verknüpfung von Subjekt und Objekt durch ein Prädikat, in dem und durch das beide in Beziehung zueinander gesetzt werden und sich wechselseitig bestimmen.[115] Wie am Beispiel des Verbs *magnificare* zu zeigen war, ist

114 Ebd.
115 Aufzunehmen ist hier Hegels Begriff des »spekulativen Satzes«; dazu die Erläuterung von J. RINGLEBEN, Sätze über Gott und spekulativer Satz, in: DERS., Arbeit am Gottesbegriff, Bd. 2: Klassiker der Neuzeit, 2005, 192–209; vgl. auch die prägnante Zusammenfassung in DERS., Der lebendige Gott (s. Anm. 32), 599: »[...] ein wahrer und wirklicher Begriff von Gott [kann] nicht ein ›Begriff‹ im formallogischen Sinne sein [...], weil ein solcher nämlich von der genuinen Sprachlichkeit des Gottesbegriffs immer schon abs-

das Prädikat im Sinne einer zweifachen, gegenläufigen Bewegung zu lesen: als Näherbestimmung des Satzobjekts, dem der Status des Subjekts eingeräumt wird, und von daher dann auch als verändernde Bestimmung des Satzsubjekts, das sich als Objekt des Wirkens Gottes zu verstehen lernt. So verstanden geht es um eine Umstellung im Verhältnis von Subjekt und Objekt, gleichsam um einen Rollentausch. Das Gegenüber von Subjekt und Objekt, so wie es auf der Ebene der Grammatik als ein Reden des Menschen zu und über Gott zum Ausdruck kommt, wird im Sinne einer spekulativen Grammatik auf die Begegnung hin verstanden, in der Gott den Menschen ansieht und zu ihm redet. Unter Aufnahme der klassischen Unterscheidung von Grammatik und Dialektik lässt sich auch sagen: Der Weg der Erkenntnis von Gott und Mensch führt von der Grammatik, verstanden als die Lehre von den Sprachformen und der Fügungen im Satz, hin zur Dialektik als der Erkenntnis dessen, wie es sich in der Sache, wirklich und in Wahrheit, verhält.[116]

Verstehen wir in dem skizzierten Sinn Theologie als »Grammatik zur Sprache der heiligen Schrift«[117], so ist sie primär und konsequent als Schriftauslegung zu vollziehen. Dabei erschöpft sich die Aufgabe der Interpretation nicht in der Erhebung dessen, was die Texte im Sinne der Semantik bedeuten und was in ihnen über Gott, Welt und Mensch ausgesagt wird. Überdies geht es darum, biblische Texte als Sprachhandlungen zu lesen, die zugleich bewirken, was sie sagen, indem sie Gott, Welt und Mensch zueinander ins Verhältnis setzen. Sofern dieses Verhältnis nicht einfach gegeben, vielmehr tiefgreifend gestört, wenn nicht gar zerrüttet ist, bedarf es hier in der Tat einer Vermittlung, die das Getrennte erneut zusammenkommen

---

trahiert hat. Entsprechend gilt vom Wort ›Gott‹, dass es ein leerer Name bleibt, solange er nicht in der sprachlichen Bewegung eines ganzen Satzes dialektisch seine Bestimmtheit gewinnt und so Gott wirklich als das Subjekt ausspricht, das er in solchem Sprechen selber ist.«

116 Zum Verständnis der Dialektik bei Luther vgl. RINGLEBEN, Gott im Wort (s. Anm. 26), 364–370; zum Vorrang der Grammatik vgl. O. BAYER, Geistgabe und Bildungsarbeit (in: DERS., Gott als Autor, 1999, 266–279), 278f; DERS., Gottes Allmacht (s. Anm. 77), 119f.
117 Siehe dazu die oben Anm. 25 genannten Beiträge.

lässt und damit eine Wirklichkeit schafft, die ohne die Sprache, die sie hervorruft, nicht besteht.[118]

Zur Interpretation dieser sprachlich vermittelten Wirklichkeit gehören gewiss auch konstruktive Akte. Freilich handelt es sich um eine Konstruktion, die von der Rekonstruktion eines im biblischen Zeugnis vorgegebenen Sprach- und Sachzusammenhangs ausgeht und sich diesem ein- und unterordnet. Das Ziel der Theologie ist dann kein anderes als das der biblischen Schriften, sofern es auf beiden Ebenen darum geht, »dem Menschen zum wahrheitsgemäßen Gottesverhältnis [zu] verhelfen«.[119] Gefordert ist dann eine ebenso »nützliche« wie »gründliche« Auslegung, der es darum zu tun ist, dem Text einen »heylsamen vorstand unnd loblichs lebenn« zu entnehmen.[120] Indem die Theologie ein solches Gottesverhältnis aufzubauen hilft, kann und soll sie durchaus erbaulich wirken. Das allerdings kann nur gelingen, wenn die Texte in dem Geist ausgelegt werden, in dem sie ursprünglich gesagt oder auch, wie das Lied der Maria, gesungen worden sind.[121] Das Ziel der theologischen Schriftauslegung besteht hier darin, die Leser und Hörer der Schrift zu befähigen, das Lied der Maria, das sie aus einem geistbewegten Herzen heraus gesungen hat, ihr »nach[zu]singen«[122] und so aus dem eigenen Herzen einzustimmen in das »ewige Magnificat«.[123]

Theologie und Religion sind hier sehr wohl zu unterscheiden, aber nicht voneinander zu trennen. Vielmehr sind sie zuinnerst aufeinander bezogen. Biblische Texte sind als Dokumente religiöser Erfahrung auch Lehrstücke theologischer Erkenntnis, wenn denn in ihnen deutlich wird, »wie man got

---

118 Darauf hat Oswald Bayer nachdrücklich aufmerksam gemacht, zuerst in *Was ist das: Theologie?* (1973) und in der Folge immer wieder; vgl. BAYER, Theologie (s. Anm. 19), 438–453.487; DERS., Martin Luthers Theologie (s. Anm. 19), 46–53.

119 SCHWARZ, Martin Luther (s. Anm. 23), 3.

120 WA 7; 545,27–30 (DDStA 1; 368,23–27).

121 Vgl. ebd. die Bitte um den Geist als Voraussetzung der Auslegung sowie den Grundsatz der Schriftauslegung in WA 7; 97,1–3 (*Assertio omnium articulorum*, 1520), demzufolge »die Schriften nur durch denjenigen Geist zu verstehen sind, in dem sie geschrieben worden sind. Dieser Geist kann nirgendwo gegenwärtiger und lebendiger gefunden werden als eben in seinen Heiligen Schriften, die er geschrieben hat« (übers. nach LDStA 1; 79,11–15).

122 WA 7; 553,22 (DDStA 1; 384,6).

123 WA 7; 545,31 (DDStA 1; 368,28).

erkennen, lieben und loben sol [...].«[124] Gotteserkenntnis, Gottesliebe und Gotteslob sind hier eins. In dieser Einheit liegt der Ursprung der Theologie sowie auch ihr letztes Ziel, auf das hin sie als *theologia viatorum* unterwegs ist. Als Lehre unterscheidet sie sich von den Vollzügen gottesdienstlicher Praxis, weiß sie sich jedoch der einen gemeinsamen Aufgabe verpflichtet: *magnificare deum.*[125]

---

124 WA 7; 548,30f (DDStA 1; 374,20–22).
125 Dass die so verstandene Theologie in ihrem Kern als Lehre der Gotteserkenntnis keine Wissenschaft ist, hat Ingolf U. Dalferth jüngst noch einmal klargestellt (DALFERTH, God first [s. Anm. 45], 171f): »Theologie handelt von Gott, indem sie den Glauben an Gott expliziert und durchdenkt, aber sie ist keine Wissenschaft wie andere Wissenschaften, auch wenn sie wissenschaftlich arbeitet, wo immer das möglich und nötig ist.« Sie ist »eine Anleitung zur Neuorientierung menschlichen Lebens in der bewussten Ausrichtung an Gottes Gegenwart, wie diese sich im Glauben selbst erschließt [...]. Sofern Theologie sich darauf ausrichtet, wenn sie vom Glauben an Gott handelt, gehört es zu ihrer ›Wissenschaftlichkeit‹ zu sagen, dass sie keine Wissenschaft ist, wenn sie von Gott spricht.«

1918 Auf-Bruch 2018

Eröffnung der Tagung der Luther-Gesellschaft e. V.
zum hundertjährigen Bestehen

Cornelia Richter

Das Jahr 1918 markiert nicht nur in historisch-politischer, sondern auch in genuin theologischer Perspektive einen Umbruch, dessen Konstellationen und Wirkungsgeschichte wir in der Evangelischen Theologie bis heute mit gutem Grund diskutieren. Zum einen, weil die konflikthaften Weichenstellungen dieser Zeit die gesamte Theologie des 20. Jahrhunderts bestimmt haben, vor allem der Streit zwischen der sogenannten »Liberalen Theologie« um Ritschl, Harnack, Hermann und Troeltsch einerseits und der »Dialektischen Theologie« um Barth, Thurneysen, Gogarten, Brunner und Merz andererseits.[1] Die zu diesem Zeitpunkt längst breit etablierte und für die Schulbildung ebenfalls prominente Luther-Renaissance ist darüber vergleichsweise in den Hintergrund getreten und erst wieder mit der Problematik der Barmer Theologischen Erklärung von 1934 markant geworden. Zum anderen, weil die mit dem Umbruch von 1918 verbundenen Folgewirkungen für die Analyse unserer eigenen Gegenwart zu einer leider höchst dringlichen Angelegenheit geworden sind. Zwar unterscheiden sich die politisch und soziologisch erfassbaren Rahmenbedingungen zwischen dem beginnenden 20. und dem beginnenden 21. Jahrhundert so sehr, dass sich jede direkte Parallelisierung verbietet. Aber die Nervosität und Dringlichkeit, mit der in Kirche und Gesellschaft Identitäts- und Abgrenzungsbedürfnisse artikuliert werden, die Dreistigkeit, mit der soziopolitische, ökonomische

---

1 Zu Begrifflichkeit und theologiegeschichtlichen Abgrenzungen vgl. J. LAUSTER, Liberale Theologie. Eine Ermutigung (NZSTh 50, 2007, 291–307); D. KORSCH, Die Kommunikation des Wortes Gottes. Eine Theologie des 20. Jahrhunderts (in: Karl Barth, Schriften, hg. u. komm. v. DEMS., 2009, 1039–1066).

und kulturhermeneutische Sachanalysen ignoriert werden und die daraus erwachsende Stimmung von Angst und Aggressivität fördern gegenwärtig den bewussten Einsatz destabilisierender und destruktiver Mittel.[2] Dieser Tendenz müssen wir an den Universitäten und in unseren öffentlichen Gesellschaften mit umso höherem Nachdruck entgegentreten: Durch das öffentliche Wort, vor allem aber durch die beharrliche Analyse derjenigen Faktoren, die Umbruchsituationen vorantreiben und für ihre Dynamik eine bedeutende Rolle spielen. Das gilt nicht nur für die großen, plakativ sichtbaren Faktoren, sondern ebenso für die kleineren, nur scheinbar unwichtigen Konstellationsänderungen, denn auch sie tragen in erheblicher Weise zu geistesgeschichtlichen und gesellschaftspolitischen Dynamiken bei. In diesem Sinne stellen wir uns mit unserer Tagung dem selbstreflexiven Rückblick auf unsere eigene Schultradition, nehmen einige markante Konstellationspunkte genauer unter die Lupe und wagen schließlich einen Ausblick auf mögliche Konsequenzen für unsere eigene Zeit.

Wenn wir uns also hier in Wittenberg mit der Luther-Renaissance beschäftigen, dann haben wir uns auch deren Entstehungsdynamik zunächst zu vergegenwärtigen. In der Theologiegeschichte sprechen wir ab 1850 von der beginnenden Kulturkrise, also von einem allmählich wachsenden Bewusstsein für die Schattenseite des ökonomischen, technischen und industriellen Fortschritts in die Moderne hinein, von der Brüchigkeit der großen politischen Reichsbildungen und damit auch von den möglichen Untiefen, die sich in der aufklärerischen Idee der Gesellschaft des autonomen bürgerlichen Subjekts verbergen.[3] In der Philosophie ist dieses wachsende Unbehagen vor allem mit dem Namen Søren Kierkegaard verbunden, der als einer der ersten und sicherlich scharfsinnigsten Denker den drohenden

---

2 Vgl. exemplarisch die Darstellung der Debatten in: Rechtspopulismus und Rechtsextremismus in Europa. Die Herausforderung der Zivilgesellschaft durch alte Ideologien und neue Medien (International Studies on Populism 2), hg. v. F. DECKER / B. HENNINGSEN / K. JAKOBSEN, 2015; C. KOPPETSCH, Die Gesellschaft des Zorns. Rechtspopulismus im globalen Zeitalter, 2019; H.-G. SOEFFNER, Bedrohliche Attraktivität. Charisma der Gewalt (in: Gewalt – Vernunft – Angst, hg. v. J. ECARIUS / J. BILSTEIN, 2019 [im Erscheinen]).

3 Die diskursprägende Schrift ist nach wie vor M. HORKHEIMER / TH. W. ADORNO, Die Dialektik der Aufklärung. Philosophische Fragmente (Gesammelte Schriften, Bd. 3, hg. v. R. TIEDEMANN), 1981; vgl. H. FISCHER, Protestantische Theologie im 20. Jahrhundert, 2002.

Abgrund der aufgeklärten Subjektivität gesehen hat. Während Immanuel Kant zwar hochgradig realistisch war bezüglich des menschlichen Unvermögens, sich und andere auf einen geraden Weg zu bringen, war er dennoch überzeugt von der Kraft subjektiver Selbstaufklärung für die Idee der bürgerlichen Gesellschaft.[4] Während Schleiermacher zwar um die wachsende Distanzierung zwischen Gesellschaft und Religion wusste, war er dennoch überzeugt von der religiös-ästhetischen Kraft des bürgerlichen Subjekts und hat von ihr her die nötige Sensibilität für die Balance zwischen den ethisch-kulturellen Ausprägungen erwartet.[5] Während schließlich Hegel zwar keineswegs blind war gegenüber den gesellschaftlichen Höhen und Tiefen, war er dennoch davon überzeugt, in eben diesen kulturellen Gestaltungen nichts weniger als den absoluten Geist selbst zu sehen, weil der sich – gut heilsgeschichtlich begründet – nirgend anders als in der Geschichte des Menschen realisiere.[6] Während all diese Denker also zwar problem- und krisenbewusst, aber letztlich doch ungeheuer zuversichtlich von der Kraft subjektiver Vernunft und Freiheit überzeugt waren, hat Kierkegaard als einer der ersten deren Abgrund erkannt: 1844 schrieb er das epochale Werk *Der Begriff Angst*, 1849 folgt *Die Krankheit zum Tode*.[7] Zwar basiert sein

---

4 Vgl. I. KANT, Grundlegung zur Metaphysik der Sitten (1785) (in: Werke in zehn Bänden, Bd. 3, hg. v. W. WEISCHEDEL, 1983); I. KANT, Die Religion innerhalb der Grenzen der bloßen Vernunft (1793) (in: Werke in zehn Bänden, Bd. 7, hg. v. W. WEISCHEDEL, 1983). Als Einleitung empfehlenswert: V. GERHARDT, Immanuel Kant. Vernunft und Leben (Universal-Bibliothek 18235), 2002.

5 Vgl. F.D.E. SCHLEIERMACHER, Über die Religion. Reden an die Gebildeten unter ihren Verächtern (1799); Studienausgabe hg. v. G. MECKENSTOCK, 2001. Als Einleitung empfehlenswert: K. NOWAK, Schleiermacher. Leben, Werk und Wirkung, 2001; C. RICHTER, Friedrich Daniel Ernst Schleiermacher (in: Kleine Philosophiegeschichte. Eine Einführung für das Theologiestudium [UTB 4746], hg. v. M. BREUL / A. LANGENFELD, 2017, 161–167).

6 Vgl. G.W.F. HEGEL, Vorlesungen über die Philosophie der Religion, 3 Bde., hg. v. W. JAESCHKE (PhB 459–461), 1993–1995; bes. empfehlenswert ist die Vorlesung von 1827; als Einleitung darin empfehlenswert: W. JAESCHKE, Bd. 1, XI–XLVIII und Bd. 3, IX–XXXIV; J. DEIBL, Georg Wilhelm Friedrich Hegel (in: BREUL / LANGENFELD, Kleine Philosophiegeschichte (s. Anm. 5), 168–177).

7 Vgl. S. KIERKEGAARD, Der Begriff Angst (1844) (PhB 340), 2005; DERS., Krankheit zum Tode (1849) (PhB 470), 2005. Als Einleitung empfehlenswert: A. GRØN, Angst bei Søren Kierkegaard. Eine Einführung in sein Denken, 1999.

Werk auf den aufklärerischen Subjektivitätstheorien und auf Hegels Wertschätzung der Freiheit des Subjekts, aber Kierkegaard hatte verstanden, dass es gerade die unausweichliche und unbedingte Freiheit des Subjekts ist, die uns Menschen überfordert: Denn wir können als Menschen nicht *nicht* frei handeln, wir können unsere subjektive Freiheit nie verleugnen, wir können zu keinem einzigen Zeitpunkt auf sie verzichten, wir können nie *nicht* entscheiden, denn immer – selbst dann, wenn wir uns vom Leben überrannt und überwältigt fühlen – selbst dann bleibt es uns nicht erspart, dass wir uns zu dem, was uns widerfährt verhalten müssen, so die bleibend relevante These Kierkegaards. Er hatte erkannt, dass wir unserer subjektiven Freiheit ausgeliefert sind. Das war die philosophische Einsicht, die sich mit dem Begriff der Kulturkrise verbindet und die uns heute in kritischer Weise über Singularität nachdenken lässt.[8]

Von Kierkegaard her sind die folgenden Philosophien zu lesen: Feuerbach, Nietzsche und Marx erkannten in unmissverständlicher Schärfe den genealogischen Zusammenhang von Subjektivität und Sozialität, Moralität und Religion.[9] Husserl und Heidegger erkannten die nur scheinbare Erfassbarkeit von Realität und Existenz und prägten den Begriff der Phänomenologie neu.[10] Die Liberale Theologie rang darum, die Stellung der Religion in dieser aufgewühlten Wahrnehmung der Kultur zu halten und ihre enge Bezogenheit auf Wissenschaft und Technik, Politik und Wirtschaft, Kunst und Kirche zum Ausdruck zu bringen.[11] Die Religionsgeschichtliche Schule um Troeltsch suchte mit Max Weber das Verhältnis von Soziologie und Religion genealogisch genauer zu verstehen.[12] Es ist also dieses wirre, in sich höchst widersprüchliche Konglomerat unterschiedlichster geistesgeschichtlicher Strömungen und Schultraditionen, vor deren Hintergrund wir sowohl die Luther-Renaissance mit ihrer Akzentuierung von Gewissen

---

8 Vgl. C. RICHTER, Selbstbescheidung des Geistes. Gedankensplitter zu Status und Funktion von Subjektivität (in: Krisen der Subjektivität. Problemfelder eines strittigen Paradigmas [RPT 18], hg. v. I. U. DALFERTH / PH. STOELLGER, 2005, 175–190).

9 Vgl. zur Bedeutung dieser Denker für die Religionstheorie und Theologie: F. WAGNER, Was ist Religion? Studien zu ihrem Begriff und Thema in Geschichte und Gegenwart, ²1991, bes. § 5.

10 Vgl. zur Phänomenologie: D. ZAHAVI, Phänomenologie für Einsteiger (UTB 2935), 2018.

11 S. oben Anm. 1.

12 Vgl. Ernst Troeltsch Lesebuch (UTB 2452), hg. v. F. VOIGT, 2003.

und Gebet, von der Hermeneutik des Wortes Gottes und ihrem kirchlich-li-
turgischen Ausdruck, als auch die Ausbildung der Dialektischen Theologie
am Eingang ins 20. Jahrhundert zu verstehen haben. Vor diesem Hintergrund haben wir das folgende Programm für Sie zusammengestellt.

Den Auftakt macht der Kirchenhistoriker *Martin Keßler* unter dem Titel »Das Luthertum um 1918 im Spiegel seiner Zeit«, um den historischen
Kontext der Debatte aufzuzeigen und die komplexen, keineswegs unprob-
lematischen soziopolitischen Rahmenbedingungen der Gründung der Luther-Gesellschaft zu verdeutlichen. Denn die theologischen Schulen und
Positionen einer Zeit fallen ja nie vom Himmel, sondern sind Ausdruck ihrer jeweiligen Zeit. Jede von ihnen trägt die Spur ihrer eigenen Tradition in
sich, jede von ihnen muss sich eigenständig ins Verhältnis setzen zur Theologie ihrer Schultradition und ihrer Lehrer, jede von ihnen muss in ihrer
eigenen Zeit ihren Platz und Standpunkt finden. Auf die kirchengeschichtliche Einführung folgen zwei systematisch-theologische Beiträge zu besonders markanten, die theologische Debatte bis weit in das 20. Jahrhundert
hinein bestimmenden Positionen. Den Anfang macht hier *Dietrich Korsch*
mit dem Beitrag »Das Gewissen als Weg zur Religion. Die Spur von Karl
Holls Lutherdeutung«. Der Name Karl Holls ist bis heute der erste Name,
der zu nennen ist, wenn es um die Lutherdeutung um 1918 geht, und er ist
bis heute einigermaßen umstritten. Nicht nur wegen seiner späteren, nicht
eindeutigen politischen Haltung gegenüber dem Nationalsozialismus, sondern auch wegen seiner sehr markanten Lutherauslegung. Dietrich Korsch
zeichnet sie in den philosophiegeschichtlichen Kontext ein, der für den Gewissensbegriff besonders mit dem Namen Kants verbunden ist und deren
konsequente Fortführung in unsere eigene Gegenwart die kritische Auseinandersetzung mit dem Naturalismus erfordert, um Modi der Selbstentfaltung und Selbststeuerung verstehen zu können. Vor dem Hintergrund der
Kulturkrise und Kierkegaards erschütternder Einsicht in die unvermeid-
bare Überforderung subjektiver Freiheit nimmt sich die reformatorische
Rede von Freiheit und Sünde geradezu als leichtgängige Reflexionsgestalt
menschlicher Grundverfasstheit aus, weshalb man es in systematisch-theologischer Manier fast für eine dialektisch-theologische Übersetzung halten könnte, wenn *Thorsten Dietz* unter dem Titel »Krisis und Geschick«
auf Friedrich Gogartens Lutherlektüren eingeht. Der Plural der »Lutherlektüren« ist dabei entscheidend, weil Dietz zeigt, inwiefern Gogarten kei-

neswegs nur einer historisch festschreibenden Lutherrezeption verhaftet war, sondern sich im Gespräch mit Luthers Theologie in einen aktiven Prozess des Suchens und Verstehens der säkularen Neuzeit bzw. Moderne begeben hat. Gewissen und Geschick – beide systematisch-theologischen Positionsmarkierungen tragen sowohl zur Schärfung unseres theologischen Basisvokabulars bei als auch zum Bewusstsein für die mit jedem Umbruch verbundene Chance zum neuen Aufbruch. Mit dieser, bereits nach vorne gelenkten Perspektive ergibt es Sinn, den Blick auf unsere Gegenwartskultur zu richten. *Claas Cordemann* eröffnet daher unter dem Titel »Luthers Theologie in einer Gesellschaft der Singularitäten« den Ausblick auf jüngere Transformationen des Lutherischen. Er tut dies, indem er lutherische Theologie als eine spezifische Deutungs- und Symbolisierungskultur verstehen möchte und nach deren gegenwartshermeneutischer Deutungskraft fragt. Dabei zeigt sich, dass es gerade der Kern der Lutherischen Theologie, die Rechtfertigungslehre, ist, die sich konstruktiv in den aktuellen Diskurs um Singularität und Selbstdeutung einzeichnen lässt. *Allen Beiträgen gemeinsam* ist damit die klare Analyse der geistesgeschichtlichen, wissenschaftstheoretischen, soziopolitischen und kulturtheoretischen Transformationen, die die Geschichte der Luther-Gesellschaft bestimmt haben und in deren Konstellationen wir selbst die Geschichte der Luther-Gesellschaft für die nächsten 100 Jahre fortschreiben wollen.

Das Luthertum um 1918 im Spiegel seiner Zeit

Von Martin Keßler

Das Anliegen, das Luthertum um 1918 im Spiegel seiner Zeit mehr oder minder klar zu erblicken, speist sich aus zwei Motiven. Zum einen besteht zu Beginn das berechtigte Interesse, ein etwas breiter angelegtes Gesamtbild der Ausgangssituation kennenzulernen, von dem sich, zweitens, die Impulse abheben lassen, die zur Gründung und frühen Gestaltung der Luther-Gesellschaft führten. Eine Aufgabe ist es daher, grundierende Überblicksinformationen zu bieten, eine andere, damit die Entwicklungen in Wittenberg vor einhundert Jahren zu verknüpfen. Diesem würdigen und lohnenden Vorhaben steht ein Problem entgegen, das sich in der Frage verdichtet: Was ist das Luthertum? Der Frage gilt es, in einem ersten Schritt nachzugehen. Auf dieser Grundlage werden, zweitens, Kriegsdynamiken zwischen 1914 und 1918 skizziert, um darin einzelne Repräsentanten eines deutschen Protestantismus oder evangelischen Christentums zu positionieren, die zu einer Geschichte des Luthertums gehören könnten. Drittens und letztens ist auf die Anfänge der Luther-Gesellschaft einzugehen und teils personal, teils organisationsgeschichtlich nachzuzeichnen, welche Sammlung und Scheidung der Geister sich in den Jahren um 1918 vollzog.

I Was ist das Luthertum?

In der spezifischen Frage nach der Gegenstandsbestimmung spiegeln sich die Debatten um das vorauszusetzende Verständnis der Kirche in der Kirchengeschichte oder des Christentums in der Christentumsgeschichte wider. Setzt man zunächst mit Gerhard Ebeling und dessen Konzept »Kirchengeschichte als Geschichte der Auslegung der Heiligen Schrift« an,[1] könnte man die Geschichte des Luthertums als die Geschichte einer Auslegung Luthers begreifen. Luthers Worte und sein Wirken sollen damit in keine ungebührliche Nähe zur »Heiligen Schrift« gerückt werden, nur das hermeneutische Strukturelement der Auslegungsgeschichte gilt es zu erproben. Hinsichtlich der Frage nach dem Luthertum legt sich ein spontaner Protest nahe: Gehört zur Geschichte des Luthertums damit jede sachlich noch so abwegige, ja persönlich ablehnende Bezugnahme auf Luther? Ebeling selbst arbeitet in seinem Konzept an dieser Stelle mit einem kritischen Korrektiv. Mit Blick auf Christus, dessen geschichtliche Offenbarung im Zentrum der vielgestaltigen Auslegungsprozesse steht, erklärte Ebeling es zur Pflicht des Theologen, »alles [...], was sich im Laufe der Geschichte zwischen uns und Christus gestellt hat, ohne auf ihn hinweisende Auslegung der Heiligen Schrift zu sein«, »radikal« und »kritisch« zu »[d]estru[ieren]«.[2] Ist es nun die Aufgabe des lutherischen Theologen, wie mit einem Flammenschwert zu scheiden, was »auf« Luther »hinweisende Auslegung« ist und was nicht? Die Grenzen eines empirisch beschreibbaren Luthertums wären damit klar definierbar, zugleich aber in einem hohen Maße perspektiven- oder positionsabhängig.[3]

In seiner scharfsinnigen Analyse Ebelings votierte Albrecht Beutel dafür, den Gegenstand der Kirchengeschichte »nicht mehr positionell, son-

---

1 G. EBELING, Kirchengeschichte als Geschichte der Auslegung der Heiligen Schrift (in: DERS., Wort Gottes und Tradition. Studien zu einer Hermeneutik der Konfessionen [KiKonf 7], 1964, 9–27).

2 AaO., 27.

3 In diese Richtung tendiert auch die Bestimmung von A. SCHUBERT, Art. Luthertum/ Lutheraner (RGG⁴ 5, 2002, 608–614), 608: »Als Luthertum [...] bez.[eichnet] man den Teil des Christentums, der sich auf die Reformation Martin Luthers als hist. Anfang und dogmatische Grundlage bezieht«, wobei die wichtige Einschränkung folgt, ebd.: »Das L.[uthertum] als Konfession ist keine dogmatisch unveränderliche und hist. stets eindeutig identifizierbare Größe.« Wie Schubert als ein quantifizierendes Kriterium den Begriff der »dogmatischen Grundlage« einbezieht, arbeitet auch Elert mit einer Qualifizierung direkter und indirekter Wirkungen: W. ELERT, Art. Luthertum (RGG² 3, 1929, 1779–1787), 1780: »Der Begriff L.[uthertum] bezeichnet sowohl die von Person und Theologie Luthers unmittelbar ausgehende Motivreihe der Theologie- und Kirchengeschichte wie den Gesamtbereich der dadurch hervorgebrachten ideellen und soziologischen Wirkungen wie auch ihren Niederschlag in organisierten Kirchenbildungen.«

dern strukturell zu fassen«.[4] Im Anschluss an Beutels Formulierung könnte man überlegen, die Geschichte des Luthertums »*als die Geschichte der Inanspruchnahme der christlichen Religion zu verstehen*«,[5] soweit sich diese auf Luther bezieht. Auch hier mag Protest laut werden: Gehört demnach ein Katholik zum Luthertum, der sich ablehnend zu Luther äußert? Wird gar Leo X. nun zum Lutheraner? Wohl kaum, aber er gehört in die Geschichte des Luthertums, das man – wiederum in einem Dialog mit Beutel – als »auf die Bibel gegründete Auslegungs- und Traditionsgemeinschaft, sodann [...] [in der] Pluralität der institutionellen Kirchentümer, weiterhin [...] in seiner dreifachen Gestalt, nämlich als kirchlich, öffentlich und privat wahrzunehmendes Christentum« sowie »schließlich« in den »davon zu unterscheidenden säkularen Wirkungs- und Transformationsgestalten des Christlichen« verstehen könnte.[6] Beutels umfassendes Modell basiert auf einer wichtigen Entscheidung: Die Bestimmung des positionellen Propriums liegt im Auge des jeweiligen Betrachters oder der Betrachterin. Überträgt man dies auf das Luthertum, könnte es ebenso als affirmative Selbstzuschreibung und damit als empirisch-soziale Größe begegnen wie in einer theologischen oder theologiegeschichtlichen Konstruktion, die das Subjekt verhängnisvoller Entscheidungen und Entwicklungen benennen möchte.

Nicht im Sinne einer weiterführenden Über- oder Unterbietung, sondern als schlichte Zusammenfassung eines sich meines Erachtens abzeichnenden Forschungskonsenses erscheint es mir angemessen, Kirchengeschichte als Geschichte christlicher Identitäten zu verstehen. Schematisierend könnte man zwischen Selbst- und Fremdzuschreibungen unterscheiden, und davon ausgehend ließe sich in einer Geschichte des Luthertums die Grenze zwischen Lutheranern und Nichtlutheranern beschreiben. Auch eine solche Bestimmung erfolgt naturgemäß perspektivisch gebrochen; die sich daraus ergebende Vielfalt wird jedoch strukturell sowie hermeneutisch erfasst und in einen deskriptiven[7] Gesamtrahmen eingefügt.

4 A. Beutel, Vom Nutzen und Nachteil der Kirchengeschichte. Begriff und Funktion einer theologischen Kerndisziplin (ZThK 94, 1994, 84–110), 88.
5 Ebd.
6 AaO., 89.
7 Dieses Anliegen verfolgt auch A. Dörfler-Dierken, Luthertum und Demokratie. Deutsche und amerikanische Theologen des 19. Jahrhunderts zu Staat, Gesellschaft und Kirche (FKDG 75), 2001, die auf die Begriffsbestimmung des Luthertums nicht eigens

Was bedeutet dies für das Luthertum um 1918? Der Versuch, es in Einzelaspekten zu beschreiben, weiß um die Größe und Grenze des Vorhabens. Er weiß um den auslegungsgeschichtlichen Zusammenhang einer Geschichte des Luthertums, der wie ein schwarzes Loch unendlich viel Materie anziehen und bis zur Unkenntlichkeit verdichten kann. Er weiß um die identitätsgeschichtlichen Strukturen der Selbst- und Fremdzuschreibung. Und er weiß um die Spannung zwischen kirchlich verfassten, »konfessionelle[n] [...] Verein[en]«[8] und einem gleichermaßen »anonymen Luthertum«, auf das gerade in der Frühphase der Luther-Gesellschaft die Person und das Werk des ersten Präsidenten, Rudolf Eucken[9], verweisen mögen.

II Kriegsdynamiken zwischen 1914 und 1918

Blickt man auf den zeitgeschichtlichen Rahmen der Jahre 1914 bis 1918, werden für den Kriegsbeginn 1914 meist das »August-Wunder«, das »Augusterlebnis« oder der »Geist von 1914« hervorgehoben, welche die verschiedensten »Parteiungen überwunden« und national geeint haben.[10] Relativiert wurde dies in jüngeren Arbeiten für die Arbeiterschaft,[11] während die zeitgenössischen »Kriegspredigten« die öffentliche Unterstützung des Krieges seitens kirchlicher Amtsvertreter belegen[12] und von der Forschung im Sinne

eingeht, in ihren Danksagungen aber – möglicherweise im Anschluss an »Einwände« von Gottfried Seebaß – den eigenen Ansatz als »deskriptiv-genetische Verwendung der Kategorie Luthertum« zusammenfasst; aaO., 6.

8 Zum begriffsgeschichtlichen Hintergrund s. a. RAFFELT, »Anonyme Christen« und »konfessioneller Verein« bei Karl Rahner. Eine Bemerkung zur Terminologie und zur Frage der Interpretation seiner frühen Theologie (ThPh 72, 1997, 565–573).

9 Für Eucken wird in diesem Beitrag auf die historischen Erstdrucke und Separata rekurriert; soweit einschlägig wird auch auf die Olms-Reprint-Ausgabe verwiesen, die sich bei überarbeiteten Ausgaben jedoch in der Regel an der letzten Fassung zu Lebzeiten des Autors orientiert, womit sie für den Zeitraum bis 1918 nicht immer einschlägig ist: R. EUCKEN, Gesammelte Werke. Mit einer Einleitung hg. v. R.A. BAST (Historia Scientiarum), 14 Bde., 2005–2011.

10 Zusammenfassend hierzu s. B. BESSLICH, Wege in den ›Kulturkrieg‹. Zivilisationskritik in Deutschland 1890–1914, 2000, 99.

11 Ebd.

12 Zuletzt dazu in einer internationale Vergleiche eröffnenden Perspektive: M. ARNOLD / I. DINGEL (Hg.), Predigt im Ersten Weltkrieg. La prédication durant la »Grande Guerre«

einer »geistige[n] Mobilmachung«[13] interpretiert werden. Die verbreiteten Deutungsmuster und einzelne kirchliche Anlässe lassen sich auf frühe politische Initiativen zurückführen. So wurde schon nach der Kriegserklärung an Russland am 1. August und vor derjenigen an Frankreich am Tag des Einmarschs in Belgien durch einen kaiserlichen Erlass ein außerordentlicher, allgemeiner Bettag für den 5. August angeordnet, an dem »unsere Waffen« gesegnet werden sollten.[14] Der kaiserliche Erlass schildert erstmals die Veranlassung zum Krieg, der als Verteidigungskrieg stilisiert wird:

> Ich bin gezwungen, zur Abwehr eines durch nichts gerechtfertigten Angriffs das Schwert zu ziehen und mit aller Deutschland zu Gebote stehenden Macht den Kampf um den Bestand des Reiches und unsere nationale Ehre zu führen. [...] Reinen Gewissens über den Ursprung des Krieges, bin Ich der Gerechtigkeit unserer Sache vor Gott gewiß.[15]

Auf den 6. August 1914 ist Wilhelms II. Aufruf *An das deutsche Volk!* datiert, der ein zweites Deutungsmuster integrierte, welches für die nächsten Jahre bestimmend wurde: das des Kulturkrieges. Die Bestimmung des Kriegsgrundes lautet darin: »die Feinde neiden uns den Erfolg unserer Arbeit«.[16] »Sein und Nichtsein deutscher Macht und deutschen Wesens«

(VIEG 109), 2017. Zuvor s. für den deutschen Sprachraum bes. W. PRESSEL, Die Kriegspredigt 1914–1918 in der evangelischen Kirche Deutschlands (APTh 5), 1967, und H. MISSALLA, ›Gott mit uns‹. Die deutsche katholische Kriegspredigt 1914–1918, 1968. Zu Paul Althaus' d. J. Predigten s. R. LIEBENBERG, Der Gott der feldgrauen Männer. Die theozentrische Erfahrungstheologie von Paul Althaus d. J. im Ersten Weltkrieg (AKThG 22), 2008, 194–221.304–325.

13 Vgl. kurz mit guten Literaturreferenzen dazu M. GAILUS, Protestantismus und Nationalismus in der Kriegs- und Zwischenkriegszeit 1914–1945 (in: Spielräume des Handelns und der Erinnerung. Die Evangelisch-Lutherische Kirche in Bayern und der Nationalsozialismus [AKlZ 50], hg. v. B. HAMM / H. OELKE / G. SCHNEIDER-LUDORFF, 2010, 19–41), 22.

14 E.R. HUBER / W. HUBER (Hg.), Staat und Kirche im 19. und 20. Jahrhundert. Dokumente zur Geschichte des deutschen Staatskirchenrechts Bd. 3: Staat und Kirche von der Beilegung des Kulturkampfs bis zum Ende des Ersten Weltkrieges, 1983, 809, Nr. 352.

15 Ebd.

16 Vgl. hierzu und zu dem ursprünglich schöpfungstheologischen Rahmen der Ausführungen TH. KAUFMANN, Die Harnacks und die Seebergs. »Nationalprotestantische Mentalitäten« im Spiegel zweier Theologenfamilien (in: Nationalprotestantische Mentalitäten in Deutschland (1870–1970). Konturen, Entwicklungslinien und Umbrüche eines Weltbildes [VMPIG 214], hg. v. M. GAILUS / H. LEHMANN, 2005, 165–222), 197.

stünden auf dem Spiel, weshalb nationale Einigkeit geboten sei: »Noch nie ward Deutschland überwunden, wenn es einig war.«[17] Berühmt wurde auch die integrationsideologische[18] Formel des sog. »Burgfriedens« vom 4. August 1914, die Wilhelm vor Vertretern der im Reichstag repräsentierten Parteien verlas:

> Ich kenne keine Parteien mehr, ich kenne nur noch Deutsche! Zum Zeichen dessen, daß Sie fest entschlossen sind, ohne Parteiunterschied, ohne Stammesunterschied, ohne Konfessionsunterschied durchzuhalten mit mir durch dick und dünn, durch Not und Tod, fordere ich die Vorstände der Parteien auf, vorzutreten und mir das in die Hand zu geloben.[19]

Die drei Elemente Verteidigungskrieg, Kulturkrieg und nationale Einigkeit wurden von prominenten Theologen vorbereitet: Der Bettagserlass stammte von Gustav Kawerau,[20] profilierter lutherischer Theologe, Probst in Berlin und damaliger Vorsitzender des »Verein[s] für Reformationsgeschichte«, das Konzept für den Aufruf »An das deutsche Volk!« bekanntlich von Adolf von Harnack.[21]

Wichtiger als die rückwirkende Frage nach der Konfessionszugehörigkeit und die Bestimmung eines lutherischen Anteils an der Kriegspublizistik oder Kriegspropaganda ist der Umstand, dass der deutsche Protestantismus im In- und Ausland als in sich geschlossen wahrgenommen werden wollte, ja sich bemühte, als die Stimme des deutschen Christentums zu erscheinen. Schon einen Monat nach Kriegsbeginn, am 4. September 1914, folgte ein »Aufruf deutscher Kirchenmänner und Professoren: An die

---

17 An das Deutsche Volk, 1914 [Separatdruck o.P.].
18 Der Begriff verdankt sich in diesem Zusammenhang K. Nowak, Geschichte des Christentums in Deutschland. Religion, Politik und Gesellschaft vom Ende der Aufklärung bis zur Mitte des 20. Jahrhunderts, 1995, 200.
19 Zitiert nach G. Besier, Die protestantischen Kirchen Europas im Ersten Weltkrieg. Ein Quellen- und Arbeitsbuch, Göttingen 1984, 11. Vgl. auch Huber / Huber, Staat und Kirche (s. Anm. 14), 831 mit Anm. 1 und 832. Vgl. ferner G. Maron, Luther 1917. Beobachtungen zur Literatur des 400. Reformationsjubiläums (ZKG 93, 1982, 177–221), 207 mit Anm. 253. Zum Kontext der Ereignisse vgl. M. Schian, Die deutsche evangelische Kirche im Weltkriege 2: Die Arbeit der evangelischen Kirche in der Heimat, 1925, 28. Vgl. ebenso Nowak, Geschichte (s. Anm. 18), 198.
20 Vgl. Huber / Huber, Staat und Kirche (s. Anm. 14), 808 mit Anm. 2.
21 Zu der Redaktion des Konzeptes vgl. Kaufmann, Die Harnacks (s. Anm. 16), 197f.

evangelischen Christen im Ausland«[22], der die drei bereits vorgestellten Deutungsmuster wiederholt.[23] Interessant ist, dass der Text in den Selbstidentifizierungen keine konfessionellen Einschränkungen bietet, sondern allenfalls von den »deutschen Christen«[24] spricht, während das Ausland diese auf den »Protestantismus«[25] oder den »germanischen Protestantismus«[26] zu reduzieren suche. Ungleich stärker betont der Aufruf die nationenübergreifendenden Verbindungen im Christentum, die den gemeinsamen Missionsauftrag in Afrika und Asien begründen sowie kriegsbedingt gefährden. Der aufgezwungene[27] Krieg richtete sich damit auch gegen die gemeinsame christliche Mission. Das Dokument wurde von 29 Männern unterzeichnet, zu denen wiederum Harnack und weitere Vertreter der akademischen Theologie gehören, aber auch der Münchner Oberkonsistorialpräsident Hermann von Bezzel, einer der einflussreichsten Vertreter einer lutherischen Landeskirche, und prominente Leiter von Missionseinrichtungen. Neben anderen Namen, die in ihren persönlichen oder institutionellen Verbindungen unklar bleiben, stößt man bereits hier auf den Jenaer Philosophen Eucken,[28] dessen Unterschrift entsprechend des Selbstverständnisses die Stimme des deutschen Christentums mit trägt. Sowohl in England als auch in Frankreich erfuhr der Aufruf klare Zurückweisungen und differenzierte Antworten hinsichtlich der vorausgegangenen politischen Entwicklungen.[29] Bezeichnend für den Brückenschlag über die theologischen Differenzen hinweg ist, dass mit Martin Rade in *Christliche Welt* einer der

---

22 Abgedruckt in BESIER, Die protestantischen Kirchen (s. Anm. 19), 40–45, Nr. 4.

23 Zum Verteidigungskrieg s. aaO., 40: »Nur unter dem Zwange der Abwehr frevelhaften Angriffs hat es [das deutsche Volk] jetzt das Schwert gezogen.« Zum Kulturkrieg s. ebd.: »Es hat zu dem besten Kulturbesitz der modernen Menschheit sein ehrliches Teil beigetragen.« Zur Einigkeit s. aaO., 42: »Gerade weil dieser Krieg unserem Volke frevelhaft aufgezwungen ist, trifft er uns als ein einiges Volk, in dem die Unterschiede der Stämme und Stände, der Parteien und der Konfessionen verschwunden sind.«

24 AaO., 43.

25 AaO., 42.

26 AaO., 43.

27 Vgl. dazu das erste Zitat oben in Anm. 23.

28 Vgl. BESIER, Die protestantischen Kirchen (s. Anm. 19), 44.

29 Vgl. bes. aaO., 45–52, Nr. 5 und 58–68, Nr. 7.

führenden liberalen Theologen auf die auswärtigen Voten reagierte, nicht aber einer der Unterzeichner.[30]

Berühmter und berüchtigter[31] als diese international breit wahrgenommene Positionierung ist der Aufruf *An die Kulturwelt* vom Oktober 1914.[32] Karl Barth machte an ihm in einem etwas unscharfen Rückblick des Jahres 1957 den Moment eines theologischen Erwachens fest.[33] Auch der Aufruf wiederholt den Anspruch, einen Verteidigungskrieg zu führen, mit dem die europäische Kultur beschützt würde: »Sich als Verteidiger europäischer Zivilisation zu gebärden, haben die am wenigsten das Recht, die sich mit Russen und Serben verbünden und der Welt das schmachvolle Schauspiel bieten, Mongolen und Neger auf die weiße Rasse zu hetzen.«[34] Abermals findet sich Eucken[35] unter den nun 93 Wissenschaftlern, die den Text – zum Teil ohne dessen genaue Kenntnis – unterstützten. Zu den unterzeichnenden Theologen gehörte auch Harnacks Berliner Kollege Reinhold Seeberg, der zu diesem Zeitpunkt bereits eine »Erklärung der Hochschullehrer des Deutschen Reichs« initiiert hatte,[36] die mit mehr als 3.000 Dozierenden der 53 deutschen Hochschulen breite Unterstützung fand und Ende Oktober erschien.[37] Der knappe Text betont ebenfalls den Kulturkrieg, den die Wissenschaftler, zu denen wiederum Eucken zählt,[38] in Solidarisierung mit dem Volk und Heer unterstützen: »Unser Glaube ist, daß für die ganze Kultur Europas das Heil an dem Sieg hängt, den der deutsche ›Militarismus‹

---

30 Vgl. aaO., 52–57, Nr. 6.

31 Vgl. KAUFMANN, Die Harnacks (s. Anm. 16), 199.

32 Vgl. J. VON UNGERN-STERNBERG / W. VON UNGERN-STERNBERG, Der Aufruf ›An die Kulturwelt!‹. Das Manifest der 93 und die Anfänge der Kriegspropaganda im Ersten Weltkrieg. Mit einer Dokumentation, 1996.

33 Vgl. dazu W. HÄRLE, Der Aufruf der 93 Intellektuellen und Karl Barths Bruch mit der liberalen Theologie (ZThK 72, 1975, 207–224).

34 M. GRESCHAT / H.-W. KRUMWIEDE (Hg.), Das Zeitalter der Weltkriege und Revolutionen (KTGQ 5), 1999, 1–3, Nr. 1, hier: 2.

35 Vgl. ebd.

36 Vgl. K. KUPISCH, Die deutschen Landeskirchen im 19. und 20. Jahrhundert (KIG 4, R/2), ²1975, 94.

37 Vgl. Erklärung der Hochschullehrer des Deutschen Reichs. Déclaration des professeurs des Universités et des Écoles supérieures de l'Empire allemand, 1914.

38 Vgl. aaO., 18.

erkämpfen wird, die Manneszucht, die Treue, der Opfermut des einträchtigen freien deutschen Volkes.«[39]

Zeitgleich wurde auch der Briefwechsel zwischen Karl Barth und Martin Rade veröffentlicht, in dem Barth jede Kriegsbegeisterung als unchristlich abgelehnt hatte,[40] während Rade differenziert mit seinen eigenen Worten als »Lutheraner« reagierte,[41] indem er sich von Luthers politischer Ethik zwar – nach entsprechender Kritik von Barth[42] – distanzierte und ein grundsätzliches christliches Streben nach Frieden betonte, den Krieg zugleich aber in einer göttlichen »Verantwortung« sah, weshalb es »*auch* fromm [sei], aus dem Kriege herauszuholen an Gutem, was man nur kann.«[43] Barth dagegen übte prinzipielle theologische Kritik und deutete den Krieg als »furchtbaren Ausbruch menschlicher Schuld«,[44] auf den man allenfalls mit »*Schweigen*«[45] und »Buße«[46] reagieren könne. Die Publizität dieses Austausches ist gegenüber derjenigen der vorherigen Aufrufe eingeschränkt: Der Briefwechsel erschien in *Neue Wege*, einem Schweizer religiös-sozialen Periodikum, und könnte in der Nähe der für Deutschland einleitend hervorgehobenen Kriegskritik innerhalb der Arbeiterschaft gesehen werden, würden sich die Argumentationen nicht deutlich voneinander unterscheiden. Betrachtet man übrigens den statistischen Anteil von Arbeitnehmerinnen und Arbeitnehmern, die sich in christlichen Gewerkschaften organisierten, nahm dieser gegenüber dem der freien Gewerkschaften im Laufe des Ersten Weltkrieges zu, bevor die absoluten Mitgliederzahlen in beiden Organisationsstrukturen ab 1918 neue Höhen erreichten.[47]

---

39 AaO., 1.

40 Vgl. Briefwechsel von Karl Barth und Martin Rade (Neue Wege. Blätter für religiöse Arbeit 8/10, 1914, 429–438), 429f. Ediert auch in: Karl Barth – Martin Rade. Ein Briefwechsel. Mit einer Einleitung hg. v. CH. SCHWÖBEL, 1981, 95–99; 105–113. Im Folgenden wird zunächst der Erstdruck und dann die Edition zitiert.

41 Vgl. Neue Wege (s. Anm. 40), 436f; SCHWÖBEL, Briefwechsel (s. Anm. 40), 110.

42 Vgl. Neue Wege (s. Anm. 40), 431; SCHWÖBEL, Briefwechsel (s. Anm. 40), 97.

43 Neue Wege (s. Anm. 40), 438; SCHWÖBEL, Briefwechsel (s. Anm. 40), 112.

44 Neue Wege (s. Anm. 40), 431; SCHWÖBEL, Briefwechsel (s. Anm. 40), 97.

45 Neue Wege (s. Anm. 40), 430; nochmals: 431; SCHWÖBEL, Briefwechsel (s. Anm. 40), 96f.

46 Neue Wege (s. Anm. 40), 431; SCHWÖBEL, Briefwechsel (s. Anm. 40), 97.

47 Vgl. dazu die Übersicht von M. SCHNEIDER, Die christlichen Gewerkschaften 1894–1933 (RPGG10), 1982, 366, Tabelle 35.

Quantitativ breiter aufgestellt als die christlichen Gewerkschaften war der »Evangelische Bund«, der 1914 über eine halbe Million Mitglieder besaß und damit der »größte ev.[angelische] Verein und [der] drittgrößte d[eu]t.-[sche] Verein«[48] war. Er reagierte auf den Kriegsbeginn, indem er die »kontrovers-konfessionelle Arbeit« »[u]nterbr[ach]«[49] und »die Abwehr nach der katholischen Seite« aussetzte, um »sich ganz in den Dienst vaterländischer und kirchlicher Hilfsarbeit«[50] zu stellen. Eine zeitgenössische Zusammenfassung schränkt ein, dass »[d]iese Organisation [...] wie jede andere auf die Kriegsarbeit als solche [erst] eingestellt werden« musste, dann aber »über viele Einrichtungen, Mittel und Kräfte zum vaterländischen Hilfsdienst«[51] beitrug und »*Kriegsarbeit*« »*durch das Wort*«[52], »*durch Schrift*« und »*durch die Tat*«[53] leistete. Als Multiplikator hat der »Evangelische Bund« stark gewirkt. Er selbst bezifferte die Anzahl seiner Periodika während des ersten Kriegsjahres auf ca. 20 Millionen, zu denen weitere 20 Millionen »Schriften jeder Art« kamen.[54] Der Rückblick des Jesuiten Grisar aus dem Jahr 1924 ist konfessionell ernüchternd:

Hat [...] der Evangelische Bund seine Kämpfe gegen die katholische Kirche im Weltkriege aufgegeben? Keineswegs; es lag ihm allzunahe, alsbald die Losung vom deutschen Luther im Kriege eifrig aufzugreifen, sie polemisch auszunützen und sie mit einer besonderen Spitze gegen die Katholiken zu versehen.[55]

Für die von Grisar beigebrachten Beispiele ist jedoch bezeichnend, dass sie teilweise aus der Zeit vor dem Ersten Weltkrieg stammen[56] und überwie-

---

48 W. FLEISCHMANN-BISTEN, Art. Evangelischer Bund (RGG⁴ 2, 1999, 1728–1732), 1729. Vgl. dazu auch C. FRICK, Vereine (KJ 41, 1914, 397–468), 413.
49 FLEISCHMANN-BISTEN, Evangelischer Bund (s. Anm. 48), 1730.
50 Die Zusammenfassung aus dem Jahr 1925 zitiert MARON, Luther 1917 (s. Anm. 19), 207 mit Anm. 254.
51 C. FRICK, Vereine (KJ 44, 1917, 340–393), 351.
52 Dies und das folgende Zitat ebd.
53 AaO., 354.
54 AaO., 353: »Wird aus 1914 nur ein Drittel für die Kriegszeit in Anspruch genommen, so sind wohl rund 17½ Millionen periodischer Blätter in den Kriegstagen vom Bunde versandt und insgesamt 23½ Millionen Schriften jeder Art verbreitet worden.«
55 H. GRISAR, Der Deutsche Luther im Weltkrieg und in der Gegenwart. Geschichtliche Streifzüge, 1924, 72; mit detaillierten Bezügen vgl. aaO., 72–82.
56 Vgl. aaO., 73.

gend die Jahre ab 1917[57] betreffen. Die detaillierten Belege sprechen damit mehr für als gegen die Annahme eines konfessionellen Burgfriedens seitens des »Evangelischen Bundes«. Als positive Gesamttendenz steht dies auch für Grisar außer Frage: »Eine Annäherung der Konfessionen hatte der Krieg trotz aller oben genannten Hindernisse unstreitig gebracht.«[58]

Das zweite Kriegsjahr legte Differenzen hinsichtlich der Kriegsziele gegenüber der Regierung offen. 1915 durchbrach Reinhold Seeberg das bisherige Tabu einer Benennung von Kriegszielen, indem er sich mit über 1.340 Unterstützern,[59] darunter »352 Professoren« und »158 Schulmänner und Geistliche«,[60] mit einer »streng vertrauliche[n]«[61] Petition an den Reichskanzler wandte.

> [N]ur eine Furcht [... bestünde demnach] in allen Schichten des Volkes: [...] nämlich, es könnte aus falschen Versöhnungsillusionen oder gar aus nervöser Ungeduld ein vorzeitiger und deshalb halber und nimmermehr dauerhafter Friede geschlossen werden; es könnte, wie vor hundert Jahren, abermals die Feder der Diplomaten verderben, was das Schwert siegreich gewonnen.[62]

Wie hier geht die Petition insgesamt fest von einem Sieg aus, mit dem das Reich im Osten und im Westen (einschließlich Belgiens und »*der nordfranzösischen Kanalküste*«)[63] massiv ausgeweitet werden solle, womit auch die Seemacht, der Welthandel und die Kolonien gestärkt würden. Für die zu erwartenden Reparationen gibt der Text zu bedenken, dass diese auch »von

57 Vgl. aaO., 74–82.
58 AaO., 166.
59 Vgl. Petition der Professoren an den Reichskanzler (in: S. GRUMBACH, Das annexionistische Deutschland. Eine Sammlung von Dokumenten, die seit dem 4. August 1914 in Deutschland öffentlich oder geheim verbreitet wurden. Mit einem Anhang: Antiannexionistische Kundgebungen, 1917, 132–140). Die Zahlen der Unterstützer variieren leicht; aaO., 140 nennt 1.341, M. JUNG, Der Protestantismus in Deutschland von 1870 bis 1945 (KGE 5), 2002, 106, 1.346 Personen. Die genaueste, da auf archivalischer Grundlage beruhende Zahl von 1.347 Unterstützern bietet und differenziert nach sozialen Gesichtspunkten H. HAGENLÜCKE, Deutsche Vaterlandspartei. Die nationale Rechte am Ende des Kaiserreichs, 1997 (Beiträge zur Geschichte des Parlamentarismus und der politischen Parteien 108), 69 mit Anm. 103.
60 GRUMBACH (s. Anm. 59), 140.
61 Ebd.
62 AaO., 133.
63 AaO., 138.

der finanziellen Leistungskraft unserer Feinde« abhängig seien; für England könne jedoch »kein Geldbetrag hoch genug sein«.[64] Eucken gehörte nicht zu den Unterzeichnern des Dokumentes;[65] er setzte auf eine Destabilisierung Russlands nicht durch Ostexpansion, sondern durch Unterstützung nationalstaatlicher Unabhängigkeitsbewegungen.[66] Gegen die Seeberg-Adresse wandten sich Theologen wie Harnack, Rade, Otto Baumgarten und Ernst Troeltsch, die mit Max Weber und etwa 140 anderen eine Gegenschrift verantworteten, welche für einen *status quo* der zu Kriegsbeginn deutschen Gebiete eintrat.[67] Für Harnack bedeutete dies eine Kontinuität: Schon in seinem Entwurf zu dem Aufruf *An das deutsche Volk!* hatte er »gebietspolitisch« nur Elsass-Lothringen berührt.[68] Auch die Gegenadresse ging von einem sog. »Siegfrieden« aus: »Wir alle sind, mit dem ganzen Volke, fest überzeugt, daß dieser Krieg mit einem vollen Siege Deutschlands enden wird.«[69] Zu betonen ist, dass diese Adressen nicht öffentlich verfügbar waren, da sie sonst »das direkt nach Kriegsausbruch erlassene Verbot öffentlicher Kriegszielerörterungen« verletzt hätten.[70] Erst 1917 wurden die betreffenden Texte in Berlin[71] und Lausanne[72] gedruckt.

64 AaO., 139.
65 Vgl. U. DATHE, Der Philosoph bestreitet den Krieg. Rudolf Euckens politische Publizistik während des Ersten Weltkrieges (in: Zwischen Wissenschaft und Politik. Studien zur Jenaer Universität im 20. Jahrhundert, hg. v. H. GOTTWALD / M. STEINBACH, 2000, 47–64), 54.
66 Vgl. ebd. S. auch DERS., Ein ›dilletantischer‹ Ausflug in die Außenpolitik? Rudolf Eucken und die deutsche Ukrainepublizistik im Ersten Weltkrieg (in: Tradition und Umbruch. Geschichte zwischen Wissenschaft, Kultur und Politik [Hain Wissenschaft], hg. v. W. GREILING / H.-W. HAHN, 2002, 181–192).
67 [In der Zusammenstellung »Mitunterzeichnete Eingaben und Aufrufe«] Gegenadresse zur sogenannten »Seeberg-Adresse« [27. Juli 1915] (in: M. WEBER, Schriften und Reden 1914–1918, hg. v. W.J. MOMMSEN in Zusammenarbeit mit G. HÜBINGER, 1984, 762f.) Zu den oben aufgeführten Personen vgl. aaO., 760.
68 KAUFMANN, Die Harnacks (s. Anm. 16), 198. Zu Harnack und der »Kriegsziel-Problematik« vgl. insgesamt J. JANTSCH (Hg.), Der Briefwechsel zwischen Adolf von Harnack und Martin Rade. Theologie auf dem öffentlichen Markt, 1996, 112–116.
69 WEBER, Schriften (s. Anm. 67), 763.
70 Vgl. aaO., 759.
71 AaO., 761.
72 S. oben Anm. 59.

Betrachtet man Seeberg auf der einen und Harnack sowie Baumgarten auf der anderen Seite außerhalb dieser inhaltlichen Differenzen, stehen sie nicht nur für verschiedene theologische Richtungen, sie repräsentieren auch unterschiedliche Organisationen. Baumgarten hatte Harnack 1912 im Vorsitz des »Evangelisch-sozialen Kongresses« abgelöst. Seeberg wiederum war seit 1909 Nachfolger von Stoecker, der nach seiner Abkehr vom »Evangelisch-sozialen Kongreß« die »Freie kirchlich-soziale Konferenz« gegründet hatte. Mitgliederstatistisch und finanziell stärker war übrigens die »Freie kirchlich-soziale Konferenz«, die zu Kriegsbeginn 46.657 Mitglieder zählte,[73] von denen nicht weniger als 120 dem Vorstand[74] angehörten, während der »Evangelisch-soziale Kongress« knapp 2.000 Mitglieder besaß und seine Jahresausgaben sich auf 10.000 Mark beschränkten, was die »Freie kirchlich-soziale Konferenz« um mehr als das Dreifache überbot.[75] Mit Kriegsbeginn verzichteten beide Organisationen zunächst auf die jährlichen Konferenzen.[76] 1916 und 1917 gingen sie zur Abhaltung sog. »Kriegstagungen« über.[77] Schon für Zeitgenossen war »interessant«, dass sich die Einnahmen des »Evangelisch-soziale[n] Kongress[es]« im dritten Kriegsjahr mehr als versiebenfachten und den Spitzenwert in der bisherigen Organisationsgeschichte erreichten,[78] was sich nicht anders als durch Spendenaufkommen erklären lässt, da die Mitgliederzahl einigermaßen konstant blieb.[79]

Nachdem das Jahr 1916 von anhaltenden und verlustreichen Schlachten gekennzeichnet war – alleine die Schlacht von Verdun erstreckte sich von Februar bis Dezember –, ließ das Folgejahr die sich in den Kriegszieladressen schon 1915 abzeichnenden Differenzen offen hervortreten. Konkret entzündete sich dies an der Frage des Friedens. Ende 1916 hatten die sog.

---

73 Vgl. R. MUMM, Kirchlich-soziale Chronik (KJ 42, 1915, 496–512), 496.
74 Vgl. F.W. GRAF, Ein konservativer Kulturlutheraner. Ein Lebensbild Reinhold Seebergs (in: DERS., Der heilige Zeitgeist. Studien zur Ideengeschichte der protestantischen Theologie in der Weimarer Republik, 2011, 211–263), 241.
75 Vgl. MUMM, Kirchlich-soziale Chronik 1915 (s. Anm. 73), 496.
76 Vgl. ebd. und R. MUMM, Kirchlich-soziale Chronik (KJ 43, 1916, 412–421), 412.
77 Vgl. R. MUMM, Kirchlich-soziale Chronik (KJ 44, 1917, 394–410), 395–399.
78 Vgl. aaO., 398: »Interessant ist, daß die Jahreseinnahmen der Kirchlich-sozialen Konferenz nie so groß waren wie im Kriege (1916: 74 206,92 M. Einnahmen).«
79 So die statistische Annahme von Mumm. Vgl. ebd.

Mittelmächte ihren Willen zum Frieden bekundet,[80] was nach der Eroberung Rumäniens eher von strategischer Bedeutung war. 1917 überstürzten sich die Ereignisse: Das Frühjahr sah die Februarrevolution in Russland, den Kriegseintritt der Vereinigten Staaten und beginnende Streiks u.a. in Berlin und Leipzig.[81] Im Mai formulierte Nathan Söderblom, der Erzbischof von Uppsala und vormalige Leipziger Ordinarius, einen Friedensappell, dem sich weitere skandinavische Bischöfe und niederländische sowie schweizerische Kirchenvertreter anschlossen.[82] Söderbloms erste entsprechende Initiative vom September 1914[83] hatte in Deutschland Zurückweisung und im Ausland Zustimmung[84] erfahren. Sein dritter Appell im Oktober 1917 zielte auf konkrete organisatorische Strukturen eines länderübergreifenden Austausches.[85]

Für den deutschen Protestantismus – und mit diesem das Luthertum – könnten im Jahr 1917 zwei Entwicklungen hervorgehoben werden. Zum einen stand das Jahr im Zeichen des Reformationsjubiläums. Wie weit dies ausstrahlte, illustriert bereits der zweite Friedensappell Söderbloms, der auf den Anlass abhebt: »Das Jubeljahr 1917 ist für uns eine erneute, ernste Aufforderung, uns selbst und unsere Mitchristen in allen Ländern an die unschätzbare Wohltat zu erinnern, die uns durch Gottes Gnade in dem grossen Werk der Erneuerung der Kirche geworden ist.«[86] Auf Söderblom im Zusammenhang des Reformationsjubiläums zuerst hinzuweisen, hat

---

80 Vgl. Die deutsche Friedensnote vom 12. Dezember 1916 (in: Friedenskundgebungen der Welt und ihr Echo, [1918], 3 f).

81 Für eine chronologische Übersicht vgl. G. BRAKELMANN, Der deutsche Protestantismus im Epochenjahr 1917 (PoKi 1), 1974, 348. Für das Folgejahr vgl. M. GRESCHAT, Der deutsche Protestantismus im Revolutionsjahr 1918–19 (PoKi 2), 1974, 201 f.

82 Abgedruckt in BESIER, Die protestantischen Kirchen (s. Anm. 19), 172–174, Nr. 55.

83 Abgedruckt aaO., 94 f, Nr. 19. Ebenso ediert in HUBER / HUBER, Staat und Kirche (s. Anm. 14), 830, Nr. 369a.

84 Vgl. insgesamt BESIER, Die protestantischen Kirchen (s. Anm. 19), 95–106, Nr. 20–30. Für Otto Dibelius' Reaktion vgl. HUBER / HUBER, Staat und Kirche (s. Anm. 14), 831, Nr. 369b.

85 Vgl. BESIER, Die protestantischen Kirchen (s. Anm. 19), 178–182, Nr. 58; hier: 181. Für weitere Reaktionen vgl. aaO., 182–200, Nr. 59–67. In diesen Zusammenhang gehört auch HUBER / HUBER, Staat und Kirche (s. Anm. 14), 851, Nr. 386; vgl. auch GRESCHAT / KRUMWIEDE, Zeitalter (s. Anm. 34), 7–9, Nr. 3.

86 BESIER, Die protestantischen Kirchen (s. Anm. 19), 173.

seine Berechtigung auch darin, dass in Uppsala tatsächlich Feierlichkeiten stattfanden,[87] während man in Deutschland darauf verzichtete. Zwar gab es zahlreiche Anlässe, die sich mit Festreden verbanden;[88] berühmt wurde besonders die Berliner Universitätsrede von Karl Holl: »Was verstand Luther unter Religion?«.[89] An keiner der Veranstaltungen nahm jedoch der Kaiser teil und die zentrale Feier, die am Reformationstag für Wittenberg geplant war, wurde »kurzfristig abgesagt bzw. auf 1918 verschoben«.[90] Gottfried Maron, der sich am eingehendsten mit der Luther-bezogenen Publizistik des Jahres 1917 auseinandergesetzt hat, fasst vor diesem Hintergrund zusammen: »Nicht die Feiern, sondern *die literarische Produktion ist das eigentliche Charakteristikum dieses Gedenkjahres.*«[91] Einen Überblick über die Literatur wagte bereits 1924 der Jesuit Hartmann Grisar, der unter dem Titel »Der Deutsche Luther im Weltkrieg und in der Gegenwart«[92] den nationalen Grundzug hervorhob, den auch Maron mit den Worten bestätigte: »Kein Thema aber, das damals so häufig traktiert worden wäre wie das Thema ›*Luther und Deutschland*‹. Kaum eine Schrift, die dieses Thema überhaupt nicht berührt, zahlreiche Schriften, die es zum einzigen Inhalt machen.«[93] Grisar differenzierte noch stärker: »[D]er eigentlich wichtigste« »Gesichtspunkt« »für das Wirken des deutschen Luther« sei die »während des Krieges entfaltete [...] Seelsorge« gewesen;[94] »dem Betrachter« erschließe sich aber »zuerst der *patriotische Gesichtspunkt* [...], schon wegen der eigentümlich starken Betonung des Patriotismus im Krie-

---

87 Vgl. MARON, Luther 1917 (s. Anm. 19), 177 mit Anm. 4.
88 Vgl. aaO., 179 mit Anm. 16a.
89 Zu den Universitätsreden vgl. aaO., 183–185.
90 AaO., 179. Zu den Wittenberger Feierlichkeiten, die dennoch stattfanden, vgl. umfassend und mit Literaturreferenzen G. BRAKELMANN, Lutherfeiern im Epochenjahr 1917 (Studienreihe Luther 16), 2017, 69–117. Zu der Entscheidung, auf weitere Veranstaltungen zu verzichten vgl. aaO., 60. Vgl. ferner S. REICHELT, Der Erlebnisraum Lutherstadt Wittenberg. Genese, Entwicklung und Bestand eines protestantischen Erinnerungsortes (Refo500. Academic Studies 11), 2013, 117–121.
91 MARON, Luther 1917 (s. Anm. 19), 179.
92 GRISAR, Der Deutsche Luther (s. Anm. 55).
93 MARON, Luther 1917 (s. Anm. 19), 190.
94 GRISAR, Der Deutsche Luther (s. Anm. 55), 52.

ge.«[95] Eine der auflagenstärksten Schriften der damaligen Jahre[96] war Hans Preuß' *Unser Luther*, ein gut 100 Seiten umfassendes Büchlein, das innerhalb eines Jahres 125 Auflagen zu jeweils 1000 Exemplaren erlebte und von der »Allgemeinen Evangelisch-Lutherischen Konferenz« als »Jubiläumsausgabe« vertrieben wurde.[97] In den lutherischen Landeskirchen wird der Band 1917 eine der verbreitetsten Monographien zu Luther gewesen sein.[98] Das Luther-Bild entspricht der zeittypischen Stilisierung zum »deutschen Propheten«[99] und »größte[n] deutsche[n] Mann«[100]:

> Weil aber Luther die echte Offenbarung deutscher Art war, eben darum konnte er auch, aus der Tiefe seiner Seele schöpfend, diesem seinem Volk Gaben schenken wie kein anderer.[101]
> Wenn wir Deutschen sagen, daß Gott den Luther in erster Linie *uns* geschenkt hat, so ist das keine törichte Selbstüberhebung, sondern nur eine dankbare Anerkennung dessen, was Gott dem Herrn nun einmal an uns zu tun gefallen hat. Gewiß, Luthers Glaube gehört der Welt an, aber nur das deutsche Wesen mit dem *Vertrauen* als seinem Grundzug konnte die Frohbotschaft des *Glaubens* wieder entdecken und *hat* sie allein entdeckt. Und das sollen wir dankbar ohne Wenn und Aber aus Gottes Hand hinnehmen, und nicht immer wieder einmal nach dem italienischen Papst oder nach dem französischen

---

95 AaO., 52f.

96 Für weitere auflagenstarke Werke des betreffenden Zeitraums vgl. Maron, Luther 1917 (s. Anm. 19), 181–183.

97 Vgl. aaO., 181. Maron verweist mit der Angabe von 100 Auflagen auf Grisar, Der Deutsche Luther (s. Anm. 55); die Angabe ist zu präzisieren durch ein mir vorliegendes Exemplar H. Preuss, Unser Luther. Eine Jubiläumsausgabe der Allgemeinen Evangelisch-Lutherischen Konferenz, [121–125]1917, das laut Titelblatt jede Auflage mit 1000 Exemplaren ansetzt. Zutreffend benennt die letzte Auflage auch F.W. Graf, Die Erlanger Theologie 1870–1918 (in: Handbuch der Geschichte der evangelischen Kirche in Bayern 2, hg. v. G. Müller / H. Weigelt / W. Zorn, 2000, 121–135), 135. Ich zitiere im Folgenden H. Preuss, Unser Luther. Eine Jubiläumsausgabe der Allgemeinen Evangelisch-Lutherischen Konferenz, [6–10]1917, wobei die Auflagen druckidentisch zu sein scheinen.

98 Nicht berücksichtigt ist der Text in: H. Bornkamm, Luther im Spiegel der deutschen Geistesgeschichte. Mit ausgewählten Texten von Lessing bis zur Gegenwart, [2]1970. Kurz zu der Veröffentlichung vgl. H. Lehmann, Hans Preuß 1933 über »Luther und Hitler« (in: Ders., Protestantisches Christentum im Prozeß der Säkularisierung, 2001, 52–80), 53f.

99 Preuss, Unser Luther (s. Anm. 97), 98, zuvor auf: 86; vgl. vor allem das entsprechende Kapitel aaO., 74–86.

100 AaO., 109.

101 AaO., 77.

Calvin oder einem russischen Tagesapostel oder gar nach einem englisch-amerikani-
schen Sektenhäuptling hinüberschielen und unser Erstgeburtsrecht verschleudern.[102]

Luther wird damit »mehr [...] als ein Heiliger, nämlich [...] der stärkste,
tiefste und reichste Geist der christlichen Kirche seit der Apostel Tagen,
der Retter des christlichen Glaubens.«[103] Die wahrscheinlich höchste Auflage erzielte ein Buch, das vom »Evangelischen Bund« vertrieben wurde. In
Stückzahlen von jeweils 100.000 Exemplaren wurden 1917 fünf Auflagen
abgesetzt – und die Nachfrage hielt an, wie die Folgeauflagen der zwanziger Jahre belegen, mit denen bis 1929 weitere 150.000 Bücher erschienen. Es handelt sich um Georg Buchwalds *Martin Luther. Eine Erzählung
von seinem Leben und Wirken*, das als Kinderbuch konzipiert ist und in
der Erstauflage den entsprechenden Zusatz trägt: »den deutschen evangelischen Kindern dargeboten«; die Anzeige einer Zielgruppe öffnet sich in
späteren Auflagen der »deutschen evangelischen Jugend«, bevor eine Al-
terseinschränkung auf dem Titelblatt gestrichen wird, im Vorwort aber erhalten bleibt.[104] In elementarer Sprache erschließt sich ein Erzählrahmen

---

102 AaO., 75–77.
103 AaO., 109.
104 Vgl. G. BUCHWALD, Martin Luther. Eine Erzählung von seinem Leben und Wirken. Den
     deutschen evangelischen Kindern dargeboten, 1917; vgl. sodann: DERS., Martin Luther.
     Eine Erzählung von seinem Leben und Wirken. Den deutschen evangelischen Kindern
     dargeboten, 1917; DERS., Martin Luther. Eine Erzählung von seinem Leben und Wirken.
     Der deutschen evangelischen Jugend, 1917 (»401.–500. Tausend«); zuletzt: DERS., Martin
     Luther. Eine Erzählung von seinem Leben und Wirken, 1929 (»649.-653. Tausend«). Ich
     zitiere im Folgenden: DERS., Martin Luther. Eine Erzählung von seinem Leben und Wir-
     ken, 1921; s. dort aaO., 3 (»Zum Geleit!«): »An euch, ihr lieben evangelischen Christen,
     wendet sich dieses Büchlein. Es ist im Jahre 1917 vielen Hunderttausend evangelischen
     Kindern in die Hand gegeben worden als eine Erinnerungsgabe an die 400. Wiederkehr
     des 31. Oktober«. Ebenfalls nicht erfasst ist das Buch in BORNKAMM, Luther im Spiegel (s.
     Anm. 97). Dass Buchwald für die Gelegenheitsschrift wohl vom Verlag angefragt wurde,
     dürfte sich seinem 1902 erschienenen populären Vorläuferwerk verdanken: G. BUCH-
     WALD, Doktor Martin Luther. Ein Lebensbild für das deutsche Haus, 1902/²1914/³1917
     [ND 1924]. Letztlich erweist sich das Bändchen von 1917 in weiten Teilen als Substrat
     des »Lebensbild[es]«. Vor diesem Hintergrund ist auch auf die erheblichen inhaltlichen
     und konzeptionellen Übereinstimmungen zwischen BUCHWALD 1917 (s. Anm. 104) und
     PREUSS, Unser Luther (s. Anm. 97) hinzuweisen. Für das Jahr 1917 sind die literarischen
     Abhängigkeiten schwer zu klären; eindeutig ist jedoch, dass Buchwald an sein frühe-
     res Werk anschloss, was für Preuß direkt oder indirekt somit wahrscheinlich ist. Sogar

von Luthers Geburt bis Tod. Buchwald selbst spricht von einem »schlichte[n] Lebensbild«.[105] Das gezeichnete Bild ist vielschichtig. Es schildert die Geschichte eines einfachen Jungen aus armen Verhältnissen, der in einem Fleiß und Pflichtbewusstsein geschuldeten Bibelstudium »die Wahrheit« »entdeckt«[106] und im »Kampf« »erstritten und behauptet hat«.[107] Nationale Charakterzüge sind ebenfalls bestimmend: »Luther war ein echter deutscher Mann. Er fühlte und lebte mit der deutschen Volksseele.«[108] Mit seinem Tod wird Luther – bei Buchwald wie Preuß – als »Deutschlands größter Mann« gewürdigt.[109] »Was Luther unserer Kirche geschenkt hat«[110], benennt Buchwald entsprechend der katechetischen Erziehungssituation mit Bibel, Gesangbuch und Katechismus.[111] Ein abschließender Appell zielt darauf, »in Luthers Geist« den »Nächsten und das Vaterland« zu lieben.[112] Konkreter als andere arbeitet Buchwald einem Tourismus der Luther-Gedenkstätten vor: Seine Illustrationen reichen vom Geburts- bis zum Sterbehaus, und Bahnreisenden nach Berlin empfiehlt er, in Wittenberg Station einzulegen und dort das Wichtigste zu sehen: »Aber versäumt ja nicht, einmal in das Haus einzutreten, in dem der Reformator gewohnt hat.«[113] Buchwald steht für ein didaktisch vermittelndes Format, das nationale Deutungsmuster aufnimmt und weniger konfrontativ als Preuß aktualisiert. Vor allem wird dies der erzieherischen Situation geschuldet sein, in Teilen aber auch dem konfessionellen »Burgfrieden«, der keineswegs so brüchig war, wie dies bisweilen angenommen wird.[114] Für die katholi-

für den Titel von Preuß »Unser Luther« legt sich dies nahe; die Formulierung ist in dem Schlusssatz von BUCHWALD, Doktor Martin Luther, 1902 (s. oben), 517, angelegt: »Wir werden, jedes an seinem Teile, diese Aufgabe erfüllen, wenn wir uns wahren den Glauben und die Liebe, das Gewissen und den Mut unseres *D. Martin Luther.*«

105 BUCHWALD, Martin Luther, 1921 (s. Anm. 104), 3.
106 AaO., 9.
107 AaO., 12. Für die Wiederaufnahme der Kampfes-Motive s. aaO., 30.
108 AaO., 18.
109 AaO., 42. Für die entsprechende Formulierung bei PREUSS, Unser Luther (s. Anm. 97), s. oben im vorliegenden Aufsatz Anm. 100.
110 BUCHWALD, Martin Luther 1921 (s. Anm. 104), 22.
111 Vgl. aaO., 22–29.
112 AaO., 42.
113 AaO., 35.
114 Vgl. MARON, Luther 1917 (s. Anm. 19), 209.

sche Publizistik nicht nur des Jubiläumsjahres wurde eine außerordentliche Zurückhaltung festgestellt.[115] Und selbst konfessionelle Aufpeitscher wie Hermann Kremers, der Vorsitzende des Rheinischen Hauptvereins des Evangelischen Bundes, begannen erst Ende 1917, die formalen Auflagen zu umgehen, indem Schriften mit dem Zusatz versehen wurden: »Vertraulich! Als Handschrift gedruckt.«[116]

Dass es überhaupt so weit kommen konnte, hängt mit der zweiten Entwicklung des Jahres 1917 zusammen. Der Kriegseintritt der Vereinigten Staaten und die Intensivierung des Seekriegs zum einen und die Destabilisierung Russlands zum anderen ließen die Frage eines Friedens mit neuer Dringlichkeit stellen. Unterscheiden könnte man zwischen einer prinzipiellen und einer parteipolitischen Ebene, die sich mit konfessionellen Differenzen verbindet. Eine grundsätzliche Diskussion zum Pazifismus wurde 1917 in evangelischen Periodika eröffnet.[117] Noch vor Kriegsbeginn, 1913, hatte ein Aufruf gegen das Kriegsrüsten wenig Unterstützung unter deutschen Theologen und Hochschullehrern gefunden.[118] Auch wurde die von religiös-sozialen Theologen geplante Basler Konferenz zum Thema »Christentum und Weltfriede« aufgrund der Zeitereignisse abgesagt.[119] Rades Zurückweisung des Protestes von Barth erschien in den Tagen, in denen der Basler Kongress stattgefunden hätte.[120] Dennoch war es Rade, der seit 1916 wieder auf das Thema des Pazifismus abhob und in *Christliche Welt* eine Reihe von Stellungnahmen, Briefen und anderen Beiträgen veröffentlichte, die das »Problem des Pazifismus« nicht nur ablehnend »erörter-

---

115 Vgl. ebd.
116 Für eine Illustration des Titelblattes seiner Schrift »Die Einkreisung des deutschen Protestantismus« mit dem gedruckten Zusatz vgl. BESIER, Die protestantischen Kirchen (s. Anm. 19), 180. Zu dem Text vgl. MARON, Luther 1917 (s. Anm. 19), 209.
117 Vgl. dazu insgesamt die inhaltliche Zusammenfassung und materiale Dokumentation von BRAKELMANN, Der deutsche Protestantismus (s. Anm. 81), 144–231.
118 Vgl. SCHIAN, Die deutsche evangelische Kirche (s. Anm. 19), 22.
119 Vgl. dazu kurz M. MATTMÜLLER, Leonhard Ragaz und der religiöse Sozialismus. Eine Biographie, Bd. 1: Die Entwicklung der Persönlichkeit und des Werkes bis ins Jahr 1913, 1957, 144, und ausführlicher DERS., Bd. 2: Die Zeit des Ersten Weltkriegs und der Revolutionen, 1968, 17–23.
120 Vgl. oben Anm. 40–46.

[te]n«.[121] Deutlich sprach sich der Berliner Pfarrer, Harnack-Schüler und spätere Kieler Kirchenhistoriker Karl Aner für die christliche »Heiligkeit der Friedensidee« aus.[122] Zusammen mit vier weiteren Pfarrern veröffentlichte er auch »[i]m Gedächtnismonat der Reformation« eine »Erklärung«, die für einen »Frieden der Verständigung und Versöhnung« eintrat und es als eigene »Gewissenspflicht« beschrieb, »im Namen des Christentums fortan mit aller Entschiedenheit dahin zu streben, daß der Krieg als Mittel der Auseinandersetzung unter den Völkern aus der Welt verschwindet.«[123] Bereits an diesem wohl von Friedrich Rittelmeyer[124] verfassten Votum ist zu erkennen, wie sich die prinzipielle Positionierung mit der politischen zugunsten eines sog. »Verständigungsfriedens« verbindet. In der von dem Leiter der Berliner Stadtmission, Wilhelm Philipps[125], initiierten Gegen-

---

121 Zusammenfassend vgl. BRAKELMANN, Der deutsche Protestantismus (s. Anm. 81), 144; zu dem Zitat s. aaO., 172.

122 AaO., 174. Zu Aners Lebens- und Werkgeschichte vgl. am besten M. WOLFES, Art. Aner, Karl August (BBKL 18, 2001, 70–87). In zeitlicher Nähe vgl. auch Aners Monographie K. ANER, Das Luthervolk. Ein Gang durch die Geschichte seiner Frömmigkeit, 1917. Das aaO., III, »Otto Baumgarten [...] in Dankbarkeit und Verehrung« gewidmete Werk bietet am Ende, aaO., 155–158, eine kurze Auseinandersetzung mit dem Weltkrieg, der Friedensfrage und eine Wesensbestimmung des Luthertums. Aner tritt in diesem Zusammenhang einerseits vermittelnd auf, indem er »natürliche Religiosität« und neue »Höhen« der religiösen Erfahrung in der »Lutherreligion« im Zusammenhang sehen möchte, womit er liberale Impulse in verschiedene Richtungen anschlussfähig zu machen sucht. Andererseits hebt er auf eine prinzipielle Differenz zwischen »der evangelischen Kirche« und den »Dinge[n] der Welt« ab, die es »höchst töricht« erscheinen lasse, wolle man von kirchlicher Seite Entwicklungen wie Krieg und Frieden »entscheidend beeinflussen«. Weithin unbestimmt erklärt er dazu: »Langsam reift die Saat der Edlen durch die Geschichte der Jahrhunderte, der Jahrtausende.« AaO., 157.

123 BRAKELMANN, Der deutsche Protestantismus (s. Anm. 81), 174. Der Text findet sich auch bei BESIER, Die protestantischen Kirchen (s. Anm. 19), 177f, Nr. 57; GRESCHAT / KRUMWIEDE, Zeitalter (s. Anm. 34), 9, Nr. 4a; HUBER / HUBER, Staat und Kirche (s. Anm. 14), 850, Nr. 384.

124 Vgl. aaO., 850, Anm. 4; ausführlicher mit Quellenverweisen vgl. BRAKELMANN, Der deutsche Protestantismus (s. Anm. 81), 145.

125 Zu seiner Beteiligung vgl. auch hier HUBER / HUBER, Staat und Kirche (s. Anm. 14), 850, Anm. 5 und BRAKELMANN, Der deutsche Protestantismus (s. Anm. 81), 145.

erklärung[126], der sich 160 Berliner Pfarrer anschlossen, lässt sich etwas strukturell Vergleichbares in argumentativer Gegenläufigkeit beobachten. Die Alternative bewegt sich zwischen einem »Siegfrieden« und der vollständigen Niederlage: »Es gibt jetzt nur zweierlei für das deutsche Volk: Sieg oder Untergang! [...] Einstweilen haben wir noch ein Recht zum heiligen Zorn. Dieses Recht haben uns die Feinde vor Gott und den Menschen in vollem Maße gegeben.«[127] Die hier von Theologen vertretenen Positionen begegnen bereits zuvor. Schon im Juli erklärten Berliner Professoren, darunter Seeberg und Holl, dass man sich einzig und allein auf einen Sieg konzentrieren müsse und keine innenpolitischen Reformen bedenken dürfe.[128] Für soziale Reformen hatte sich u. a. Harnack in einer Denkschrift an den Reichskanzler Bethmann Hollweg ausgesprochen,[129] aber auch Baumgarten war im April 1917 vor dem »Evangelisch-soziale[n] Kongress« für ein »soziales Königtum«[130] eingetreten. Sie lagen damit auf einer Linie mit den Befürwortern einer Wahlreform, zu denen auch Bethmann Hollweg gehörte. Bereits zu diesem Zeitpunkt bestanden große Differenzen zwischen der Regierung und der Heeresleitung über den U-Bootkrieg und im Reichstag über das päpstliche Vermittlungsangebot von Friedensgesprächen. Am 13. Juli 1917 trat Bethmann Hollweg zurück, und am 19. Juli sprach sich eine Mehrheit im Reichstag für einen Verständigungsfrieden aus.[131] Gegen die beteiligten Parlamentarier und Parteien erhoben Anhänger der schroffen Alternative zwischen Siegfrieden und Niederlage nun den Vorwurf, die vaterländischen Interessen verraten zu haben und gründeten im September 1917 eine sich überparteilich verstehende »Sammelbewegung«[132] oder

---

126 Den Text bieten Huber / Huber, Staat und Kirche (s. Anm. 14), 850f, Nr. 385 und Brakelmann, Der deutsche Protestantismus (s. Anm. 81), 219f, Nr. 28. Einen verkürzten zeitgenössischen und damit hier nicht zitierbaren Wortlaut präsentiert Besier, Die protestantischen Kirchen (s. Anm. 19), 178, Nr. 57 (»Gegenerklärung«).

127 Huber / Huber, Staat und Kirche (s. Anm. 14), 851, Nr. 385; Brakelmann, Der deutsche Protestantismus (s. Anm. 81), 220.

128 Vgl. Huber / Huber, Staat und Kirche (s. Anm. 14), 847, Nr. 381.

129 Vgl. aaO., 844–846, Nr. 380.

130 AaO., 843f, Nr. 379; hier: 844.

131 Vgl. E. Müller, Der Reichstag und der Friedensschluß. Beiträge zur Friedensresolution, dem »Selbstbestimmungsrecht der Völker«, 1918, 15.

132 Vgl. dazu: Brakelmann, Der deutsche Protestantismus (s. Anm. 81), 341f.

»Sammelpartei«[133], die »Deutsche Vaterlandspartei«[134]. Ihr traten Männer wie Philipps, Seeberg und Holl, aber auch liberale Theologen wie Gottfried Traub[135], der Geschäftsführer des Protestantenvereins, bei.[136] Lutherische Organe wie die *Allgemeine Evangelisch-lutherische Kirchenzeitung* machten sich für die Vaterlandspartei stark; das *Deutsche Pfarrerblatt* positionierte sich entsprechend.[137] Zu den Mitgliedern zählte auch Eucken,[138] der 1917 und 1918 sogar den Vorsitz in Jena übernahm.[139] Die Vaterlandspartei wuchs schnell und wird in der Literatur häufig als die größte deutsche Partei mit »800.000 Einzelmitgliedern und 450.000 korporativ angeschlossenen Mitgliedern«[140] gehandelt. Nach den präzisen Erhebungen von Hagenlücke ist dies maßlos übertrieben: Einschließlich der durch andere Vereine korporierten Personen wurden 1918 wohl kaum 800.000 Gesamtmitglieder erreicht, was aber immer noch eine gewaltige Mobilisierung darstellte.[141] Gegen die Vaterlandspartei formierte sich der »Volksbund für Freiheit und Vaterland«[142], für den sich nur wenige Theologen, darunter Baumgarten

133 GAILUS, Protestantismus und Nationalismus (s. Anm. 13), 22.
134 Maßgeblich zu ihr vgl. HAGENLÜCKE, Deutsche Vaterlandspartei (s. Anm. 59).
135 Vgl. ANON., Art. Traub, Gottfried (in: Deutsche Biographische Enzyklopädie der Theologie und der Kirchen (DBETh) 2, hg. v. B. MOELLER / B. JAHN, 2005, 1339f).
136 Zu Seeberg und Traub vgl. TH. NIPPERDEY, Deutsche Geschichte 1866–1918, Bd. 1: Arbeitswelt und Bürgergeist, 1994, 491; zu Holl vgl. D. KORSCH, Religionsbegriff und Gottesglaube. Dialektische Theologie als Hermeneutik der Religion, 2005, 170, Anm. 77; zu Philipps vgl. BRAKELMANN, Der deutsche Protestantismus (s. Anm. 81), 276.
137 Vgl. aaO., 277. Für weitere Beispiel deutsch-evangelischer Publizistik vgl. NOWAK, Geschichte (s. Anm. 18), 203.
138 Vgl. P. HOERES, Krieg der Philosophen. Die deutsche und britische Philosophie im Ersten Weltkrieg, phil. Diss., 2004, 217. DATHE, Krieg (s. Anm. 65), 58.
139 Vgl. M. SCHÄFER, Die Sammlung der Geister. Euckenkreis und Euckenbund 1900–1943 (in: Kreise – Bünde – Intellektuellen-Netzwerke. Formen bürgerlicher Vergesellschaftung und politischer Kommunikation 1890–1960 [Histoire 96], hg. v. F.-M. KUHLEMANN / M. SCHÄFER, 2017, 109–135), 122.
140 H.-U. WEHLER, Deutsche Gesellschaftsgeschichte. 1914–1949, ²2003, 126.
141 HAGENLÜCKE, Deutsche Vaterlandspartei (s. Anm. 59), 180f; 181 verweist auf den »größte[n] nationale[n] Verband«, den »Flottenverein, der über 1,1 Millionen Mitglieder zählte.«
142 Vgl BRAKELMANN, Der deutsche Protestantismus (s. Anm. 81), 345f, vgl. ausführlicher aaO., 276f. Vgl. zusammenfassend NOWAK, Geschichte (s. Anm. 18), 204.

und Troeltsch[143], öffentlich engagierten. Rade zögerte, sich auf die eine oder andere Weise zu binden, kritisierte aber einen Anschluss an die Vaterlandspartei unter Berufung auf die Überparteilichkeit des Burgfriedens.[144] Noch Mitte 1918 trat Rudolf Bultmann dem Volksbund bei.[145] Im Oktober 1918 besaß der Volksbund nur 2800 Einzelmitglieder, die Zahl der über weitere Vereine inkorporierten Mitglieder wird mit »etwa 4 Millionen« angegeben.[146] Im Vorstand des Volksbundes arbeitete auch Ferdinand Avenarius,[147] der Herausgeber des *Kunstwart* und Mitgründer des Dürerbundes, der 1901 als eine bildungs-, kunst- und kulturfördernde Vereinsstruktur entstanden war.[148] Wichtig für das Jahresende 1917 ist, dass sich mit der Vaterlandspartei und dem Volksbund eine politische Spaltung – auch des Protestantismus – vollzog. Harnack unternahm nach einem Jahr, am 10. Oktober 1918 noch einen Vermittlungsversuch, indem er Vertreter der beiden Gruppierungen und des seit 1916 bestehenden, annexionistisch ausgerichteten »Unabhängigen Ausschusses für einen Deutschen Frieden«[149] in Räumlichkeiten der Königlichen Bibliothek zu Gesprächen einlud. Das Protokoll der Begegnung dokumentiert auf erschütternde Weise, wie gering die Bereitschaft zu einem konstruktiven Austausch war.[150] Troeltsch meldete sich erst spät zu Wort und schloss seine Einschätzung mit den Worten: »Immerhin ist das Ziel der Einberufer erreicht: Wir treffen uns wieder, wenn es nötig wird.«[151]

Zu diesem Zeitpunkt war viel passiert: Russland war mit dem Friedensvertrag von Brest-Litowsk im März 1918 als kriegsführende Nation ausge-

---

143 Zur Arbeit von Troeltsch im Vorstand vgl. F.W. GRAF / H. RUDDIES (Hg.), Ernst Troeltsch. Bibliographie, 1982, 248, Nr. D 1918/3. Vgl. ferner BRAKELMANN, Der deutsche Protestantismus (s. Anm. 81), 277.

144 Vgl. aaO., 277.294f.

145 Vgl. K. HAMMANN, Rudolf Bultmann. Eine Biographie, ³2012, 96.

146 NOWAK, Geschichte (s. Anm. 18), 204.

147 Vgl. CH. KÖNIG, Zwischen Kulturprotestantismus und völkischer Bewegung. Arthur Bonus (1864–1941) als religiöser Schriftsteller im wilhelminischen Kaiserreich (BHTh), 2018, 485.

148 Vgl. im Ganzen G. KRATZSCH, Kunstwart und Dürerbund. Ein Beitrag zur Geschichte der Gebildeten im Zeitalter des Imperialismus, 1969, bes. 43–158.

149 Kurz dazu vgl. NOWAK, Geschichte (s. Anm. 18), 202. Ausführlich vgl. HAGENLÜCKE, Deutsche Vaterlandspartei (s. Anm. 59), 73–89.

150 Erstmals ediert von BRAKELMANN, Der deutsche Protestantismus (s. Anm. 81), 297–308.

151 AaO., 306. Zu dem Ereignis vgl. auch NOWAK, Geschichte (s. Anm. 18), 204.

schieden.[152] Das mit Deutschland alliierte Bulgarien war am 15. September 1918 zusammengebrochen und selbst Ludendorff, Stabschef der Obersten Heeresleitung, drängte seit Ende September 1918 auf »die sofortige Einleitung von Waffenstillstandsverhandlungen«[153], wofür er keinen Monat später den Rücktritt erklären musste – wenige Tage vor der Flucht Wilhelms II. nach Holland. Das Jahr 1918 sah im November das Ende der Kampfhandlungen mit dem Waffenstillstand von Compiègne und den radikalen, revolutionären und parlamentarischen Initiativen, die Um- oder Aufbrüche, die Kirche, Politik und Gesellschaft in der Folgezeit gleichermaßen betrafen.[154] Die zeitgenössischen Herausforderungen bilden die Matrix für zahlreiche reformationsgeschichtliche Studien und Luther-Beiträge. Gerade aufgrund der Offenheit der politischen Situation ist die Gründung der Luther-Gesellschaft im September 1918 um so bemerkenswerter. Wie war es dazu gekommen?

III Eucken und Luther

Die spannenden Einsichten der Festschrift zum Jubiläum der Luther-Gesellschaft sollen hier nicht wiederholt werden. Jeder Leserin und jedem Leser sind für die Frühzeit besonders die erhellenden Ausführungen von Stefan Rhein zu empfehlen, der an die Akteure vor Ort – die tatkräftigen Wittenberger Bürger – erinnert, die sich den organisatorischen, sehr praktischen

152 Für einen chronologischen Überblick vgl. abermals BRAKELMANN, Der deutsche Protestantismus (s. Anm. 81), 201 f.
153 AaO., 201.
154 Für strukturelle und statistische Übersichten für die Zeit nach 1918 vgl. Handbuch der deutschen evangelischen Kirchen. 1918 bis 1949, 2 Bde., hg. v. H. BOBERACH u. a., 2010/2017. Zur staatskirchenrechtlichen Umbruchzeit insgesamt, mit einem Schwerpunkt aber auf Preußen vgl. V. KRUK, Kirchliche Verfassungsgebung in der Weimarer Zeit, jur. Diss., 1998. Zuvor vgl. u. a. W. TEBBE, Das Bischofsamt in den lutherischen Landeskirchen Deutschlands nach dem Hinfall des landesherrlichen Kirchenregiments (1918) bis zum Vorabend der nationalsozialistischen Machtergreifung (1933), theol. Diss., 1957. J. JACKE, Kirche zwischen Monarchie und Republik. Der preußische Protestantismus nach dem Zusammenbruch von 1918 (Hamburger Beiträge zur Sozial- und Zeitgeschichte 12), 1976. Zum Thema des Religionsunterrichtes vgl. zuletzt S. MÜLLER-ROLLI, Evangelische Schulpolitik in Deutschland 1918–1958. Dokumente und Darstellung, 1999.

Arbeiten annahmen, die aus Euckens großer Idee erwuchsen, eine Luther-Gesellschaft zu gründen.[155] Lange hielt die Verbindung zwischen Eucken und der Luther-Gesellschaft nicht, was man im Rückblick sehr unterschiedlich darstellen und deuten kann.[156] Um so mehr stellt sich die Frage, weshalb ausgerechnet Eucken den Vorschlag unterbreiten konnte und welche Position Luther in seinem eigenen Denken einnahm.[157]

In Euckens Werk wird man verschiedene Phasen und Schwerpunkte unterscheiden können.[158] Das Göttinger Studium, die Qualifikationsschrift

---

155 Vgl. ST. RHEIN, Wittenberg und die Anfänge der Luther-Gesellschaft (in: Die Luther-Gesellschaft 1918–2018. Beiträge zu ihrem hundertjährigen Jubiläum, hg. v. J. SCHILLING / M. TREU, 2018, 9–33).

156 Vgl. RHEIN, aaO., 10.25 interpretiert nicht die Trennung, sondern die anfängliche Nähe als »ein großes Missverständnis«. Wohl nur einem formalen Versäumnis dürfte sich der Umstand verdanken, dass Euckens Präsidentschaft in der sonst vollständigen Auflistung der Vorgänger unerwähnt bleibt in: J. SCHILLING, Art. Luther-Gesellschaft (RGG⁴ 5, 2002, 602). Aus der Wirkungsmacht des Artikels ist zu erklären, dass Eucken in Übersichten vormaliger Präsidenten wiederholt fehlt; exemplarisch vgl. F. MÜHLBAUER, Religionskontroversen in der Friedensstadt. Evangelisch-katholische Beziehungen in Osnabrück 1871–1918 (SKGNS 48), 2014, 252, Anm. 799. Um so wertvoller ist der von SCHILLING / TREU, Luther-Gesellschaft (s. Anm. 155) gestaltete Sammelband, der nicht nur die Darstellungsintensität der wichtigen Beiträge von Düfel um ein Vielfaches übertrifft, sondern auch die von diesem nicht mehr berücksichtigte Zeit nach 1948 erstmals grundlegend und vielschichtig erschließt. Zuvor vgl. H. DÜFEL, Voraussetzungen, Gründung und Anfang der Luther-Gesellschaft. Lutherrezeption zwischen Aufklärung und Idealismus (LuJ 60, 1993, 72–117); DERS., Luther-Gesellschaft und Lutherrenaissance. Die Tagungen der Luther-Gesellschaft von 1925 bis 1935 (LuJ 64, 1997, 47–86); DERS., Die Luther-Gesellschaft von 1936 bis 1948 (LuJ 67, 2000, 61–94).

157 Vgl. dazu auch U. DATHE, Reform des Glaubens? Reform der Kirche? Reform des Lebens! Rudolf Euckens lebensphilosophische Luther-Interpretation (in: Luther denken. Die Reformation im Werk Jenaer Gelehrter [Schriften zur Geschichte der Theologischen Fakultät Jena 2], hg. v. CH. SPEHR, 2019, 221–237). Dathes und mein Beitrag entstanden unabhängig voneinander, waren indirekt oder direkt aber beide von dem Jubiläum der Luther-Gesellschaft motiviert, indem die Jenaer Ringvorlesung von einem Mitglied des Vorstandes und Mitarbeiter an der Festschrift der Luther-Gesellschaft (vgl. SCHILLING / TREU, Luther-Gesellschaft [s. Anm. 156]) organisiert wurde.

158 Die beste Gesamtdarstellung eines Theologen liefert F.W. GRAF, Die Positivität des Geistigen. Rudolf Euckens Programm neoidealistischer Universalintegration (in: Kultur und Kulturwissenschaften um 1900, vol. 2: Idealismus und Positivismus, hg. v. G. HÜBINGER / R. VOM BRUCH / F.W. GRAF, 1997, 53–85). Ein jüngeres Portrait und ak-

bei Gustav Teichmüller und die erste Professur in Basel als dessen Nachfolger stehen im Zeichen der Aristotelesstudien. In diese Zeit fällt auch der Grußauftrag des Alttestamentlers Wellhausen über den gemeinsamen philosophischen Lehrer Teichmüller: »Bitte grüßen Sie von mir die ganze aristotelische societät, besonders aber Euken (oder Oiken; ich weiß nicht, wie er seinen tollen namen schreibt)«.[159] Katholische Hoffnungen, von Aristoteles aus die Hochscholastik mit neuer Wertschätzung erschließen zu können, enttäuschte Eucken 1885 mit seinem Büchlein *Die Philosophie des Thomas von Aquino und die Kultur der Neuzeit*.[160] Thomas markiert darin den »Höhepunkt« der »Philosophie des Mittelalters«[161], ist genau deshalb aber für die Neuzeit kein Gewährsmann mehr. Thomas sei kein »schaffender« sondern ein »ordnende[r] [...] Geist«[162], der »seine Zeit gehabt«[163] habe: »Denn unter den gänzlich abweichenden Verhältnissen der Gegenwart von neuem eingreifende Macht erlangen kann Thomas nimmermehr.«[164] Gegenüber dem auf Vermittlung und Harmonie zwischen Offenbarung und Vernunft angelegten Modell von Thomas wird Luther nur kurz erwähnt, »der sich nicht genug darin tun kann, den schroffen Gegensatz von Natur und Gnade hervorzukehren.«[165] Luther tritt damit hinter eine neuzeitliche Gegenwartstheorie unbestimmt zurück. Die Abgrenzung gegen katholische Ansätze war jedoch deutlich; drei Jahre später, 1888, schloss sich Eucken auch »demonstrativ« dem zwei Jahre zuvor gegründeten »Evangelischen Bund« an.[166] Zu seinen vertrauten privaten Korrespondenzpartnern, denen

tuelle Literaturangaben bietet U. Dathe, Rudolf Eucken. Philosophie als strenge Wissenschaft und weltanschauliche Erbauungsliteratur (in: Die höchste Ehrung, die einem Schriftsteller zuteil werden kann. Deutschsprachige Nobelpreisträger für Literatur, hg. v. K. Ruchniewicz / M. Zybura, 2017, 37–60).

159 R. Smend (Hg.), Julius Wellhausen. Briefe, 2013, 4, Nr. 2.
160 Mit Rückblicken auf die Entstehungszeit vgl. R. Eucken, Die Philosophie des Thomas von Aquino und die Kultur der Neuzeit, ²1910.
161 AaO., 7.
162 AaO., 8.
163 AaO., 46.
164 Ebd.
165 AaO., 12.
166 Vgl. Graf, Eucken (s. Anm. 158), 74. Zur Gründung vgl. zusammenfassend mit Dokumenten Huber / Huber, Staat und Kirche (s. Anm. 14), 540–542 mit Nr. 219. Vgl. auch

er in jenen Jahren mit großer Offenheit von seinen persönlichen und akademischen Entwicklungen berichtete, zählte übrigens auch der Leipziger Lutheraner Christoph Ernst Luthardt.[167] Wie sich der Kontakt ergeben hatte, ist unklar. Da der erste vorauszusetzende Bezugsbrief von Luthardt ein Kondolenzschreiben zum Tod der Mutter ist,[168] könnten freundschaftliche Verbindungen zur Familie mütterlicherseits eine Rolle gespielt haben.[169] Euckens betreffender Großvater, Dr. Rudolf Christoph Gittermann,[170] war ein lutherischer Prediger und vielseitiger populärer Schriftsteller.[171] Eucken selbst verfolgte in seiner Jenaer Zeit zunächst philosophiehistorische und terminologische Interessen.[172] Schon früh gewannen auch seine umfangreichen Gesamtdarstellungen einen Zug ins Populäre. So verzichtet sein erstmals 1890 erschienenes, zu Euckens Lebzeiten 18 Auflagen erzielendes und bis 1950 noch zweimal verlegtes Werk *Die Lebensanschauung der grossen Denker. Eine Entwicklungsgeschichte des Lebensproblems der Menschheit von Plato bis zur Gegenwart*[173] auf jeden Ausweis von Zitaten, Literatur-

D. VON REEKEN, Kirchen im Umbruch zur Moderne. Milieubildungsprozesse im nordwestdeutschen Protestantismus 1849–1914 (RKM 9), 1999, 116–124.

167 Erstmals mit Auszügen aus diesen Briefen: Vgl. GRAF, Eucken (s. Anm. 158), 57 mit Anm. 15; 58 mit Anm. 16; 61 mit Anm. 30–32; 67 mit Anm. 55; 68 mit Anm. 57f; 69 mit Anm. 65f, 68; 70 mit Anm. 69. Vgl. auch die Übersicht in EUCKEN, Werke 13 (s. Anm. 9), 213f, Nr. 1024.

168 Vgl. GRAF, Eucken (s. Anm. 158), 57 mit Anm. 15.

169 Gegenseitige wissenschaftliche Bezugnahmen lassen sich erst ab 1877 beobachten; vgl. dazu eine erste Rezension Euckens zu einer Schrift von Luthardt im Schriftenverzeichnis, EUCKEN, Werke 13 (s. Anm. 9), 73, Nr. 149; später s. aaO., 83, Nr. 207/III (1888) und 88, Nr. 244 (1893).

170 Vgl. dazu R. EUCKEN, Lebenserinnerungen. Ein Stück deutschen Lebens, 1921, 6f.

171 Zu ihm vgl. ANON., Dr. philos. Rudoph Christoph Gittermann (NND 26, 1848, [gedruckt 1850], 362–375, Nr. 79). Dessen anonym veröffentlichtes Werk: Die schöne Blandine und ihre Freyer, 1803, wurde auf Anfrage freundlicherweise von der Eutiner Landesbibliothek digitalisiert veröffentlicht unter: http://digital.bib-bvb.de/webclient/DeliveryManager?pid=13995766&custom_att_2=simple_viewer (Zugriffsdatum: 2. 1. 2019).

172 In diesen Zusammenhang gehören mit Blick auf Luther die Ausführungen in R. EUCKEN, Geschichte der Terminologie im Umriss, 1879, 123–125.175.197.200.206.209; im seitenidentischen ND EUCKEN, Werke 9 (s. Anm. 9), II.

173 R. EUCKEN, Die Lebensanschauungen der grossen Denker. Eine Entwicklungsgeschichte des Lebensproblems der Menschheit von Plato bis zur Gegenwart, 1890; ²1896; ⁴1902; ¹¹1917; ¹²1918; ¹⁷,¹⁸1922 [ND in EUCKEN, Werke 9 (s. Anm. 9)]; ²⁰1950.

angaben und einen Anmerkungsapparat. Der Titel deutet den Ansatz an, der auch den späteren Darstellungen zugrunde gelegt wird: Nicht etwa um thematische Teile soll es gehen, sondern den gesamten und genetischen Zusammenhang: das Leben. Bemessen werden die einzelnen Denker somit daran, wie eingeschränkt oder erschöpfend sie diesen Gesamtrahmen erfasst haben und wie zeitgebunden ihre Perspektive war. Es ist dieses Werk, in dem sich Eucken am ausführlichsten zu Luther äußert. Gerade das eigene Kapitel zur Reformation und Luther zeigt jedoch, wie weitreichend die Überarbeitung Euckens von Auflage zu Auflage waren. Anfangs begegnen die Renaissance und die Reformation zu »Beginn der Neuzeit« und damit nach dem Mittelalter.[174] Schon 1896 und damit noch vor einem literarisch

---

174 Vgl. EUCKEN, Denker 1890 (s. Anm. 173), VIIf. Die begegnende Verhältnisbestimmung zwischen Mittelalter, Renaissance und Reformation erhellt werkgenetisch eine eigenhändige Vorlesungsmit- oder -nachschrift, die in Euckens frühe Göttinger Studienzeit fallen dürfte. Sie befindet sich archivalisch in der ThULB Jena, Nachlass Rudolf Eucken II,39, Werkmanuskripte, Nr. 2.9, Bl. 1504–1515; im Nachlassverzeichnis vgl. EUCKEN, Werke 14 (s. Anm. 9), 348 (»Geschichte des deutschen Volkes im Reformationszeitalter. Fragment einer eigenh. Vorlesungnachschrift. 12 Bl., o.O., o.D., Ohne Angabe des Dozenten«). Interessant an dem Manuskript ist die ausführliche Darstellung der vorreformatorischen Entwicklungen, in denen der auch in späteren Werken Euckens prononciert hervorgehobene Meister Eckhart mit einem eigenen Kapitel bedacht wird; aaO., Bl. 1507v–1508v. Das Manuskript dürfte mit Euckens Studienbeginn auf 1863 oder später zu datieren sein. In Göttingen versah ab 1861 Julius August Wagenmann die neuzeitliche Kirchengeschichte. Die gedruckten Vorlesungsverzeichnisse der Georgia Augusta verzichten in dem betreffenden Zeitraum auf einen präzisen Ausweis der deutschen Lehrveranstaltungstitel und fassen in zum Teil stereotypen Wiederholungen die von den jeweiligen Dozenten in öffentlichen Vorlesungen vertretenen Fachgebiete zusammen; für Wagenmann vgl. exemplarisch: Index scholarum publice et privatim in academia Georgia Augusta per semestre aestivum A.D. XV. m. Aprilis usque A.D. XV. m. Augusti A. MDCCCLXIII habendarum, 1863, 18. Die in dem Manuskript zu beobachtende Schilderung der Renaissance verdankt sich einer frühen Rezeption Jacob Burckhardts. Unter den Literaturangaben des Manuskriptes begegnet aaO., Bl. 1506v: »Burkhard: Cultur d. Renaissance«, die in eine ausführliche Darstellung des Humanismus übergeht. Burckhardts 1860 erschienenes Werk wurde damit zügig rezipiert und durch den Lehrvortrag musterbildend für Euckens spätere Deutung. Auch die bei Eucken wiederholt begegnende Betonung Eckharts verdankt sich einer frühen Empfehlung, indem Eckhart aaO., Bl. 1507v: »[e]rst in d[en] letzten Jahrzehnten näher bekannt geworden« sei. In der Reformationsgeschichte ist der inhaltliche Anschluss an Ranke bestimmend. Die überraschend ausführliche Schilderung der Reformationsgeschichte Lübecks etwa,

ausweisbaren Einfluss von Troeltsch wählt Eucken eine bemerkenswerte Zwischenstellung: Zusammen mit der Reformation wird Luther nach dem Kapitel zum Mittelalter und vor dem zur Neuzeit behandelt.[175] Eine massive Ausweitung erfährt das Lutherkapitel in den Gründungsjahren der Luther-Gesellschaft: Der Text der elften Auflage von 1917 wird mit der zwölften Auflage von 1918 erweitert und inhaltlich sowie formal aufgewertet.[176] In Zwischenüberschriften wird Luther mit den Schlagworten versehen, die auch in den Gründungs- und Werbeaufrufen zur Luther-Gesellschaft eine Rolle spielen: Luther begegnet darin nicht nur als »Reformator der Kirche«[177], sondern auch als »Reformator des Lebens«[178]. Hier, 1918, wird auch trotz der formal beibehaltenen epochalen Zwischenstellung erklärt: »Eine Wendung dahin [in Richtung der Innerlichkeit] ist auf der Höhe der Neuzeit erfolgt, ihr sehr kräftiger und bedeutender Beginn liegt aber bei keinem anderen als bei Luther.«[179] Mit ihm werden »alle Grundbegriffe der Religion« und »vornehmlich der Gottesbegriff« »von allem Äußeren und Fremden« gereinigt.[180] Abermals: Literarische Anleihen bleiben bei Eucken meist unausgewiesen; nur einmal bezog er sich noch 1918 in dem betreffenden Kapitel beiläufig auf Troeltsch.[181] 1918 ist ein Einfluss von Holl denkbar, auch wenn er nominell unerwähnt bleibt.[182] Aufschlussreich ist nun folgendes: Der zweite *Aufruf zur Gründung einer Luther-Gesellschaft*, für den Stefan Rhein die Wittenberger Akteure und als Autor den dritten

---

aaO., Bl. 1512[v] und 1513[r], lässt sich als eine in Teilen wörtliche Verarbeitung der betreffenden Ausführungen aus: L. RANKE, Deutsche Geschichte im Zeitalter der Reformation 3, 1840, 572f, erklären.

175 Vgl. EUCKEN, Denker [2]1896 (s. Anm. 173), VIf.

176 Vgl. EUCKEN, Denker [11]1917 (s. Anm. 173), 263–280 mit EUCKEN, Denker [12]1918 (s. Anm. 173), 265–284.

177 EUCKEN, Denker [12]1918 (s. Anm. 173), 270.

178 AaO., 278.

179 AaO., 279.

180 Ebd.

181 Vgl. EUCKEN, Denker [12]1918 (s. Anm. 173), 273.

182 Zu beachten ist, dass die Überarbeitung von EUCKEN, Denker [12]1918 (s. Anm. 173), VI, ausweislich des Vorwortes »im Mai 1918« abgeschlossen wurde, was nicht für literarische Bezüge auf den jüngsten Beitrag des zu diesem Zeitpunkt immerhin schon ein Jahrzehnt zu Luther publizierenden Holl spricht.

Wittenberger Stadtpfarrer Theodor Knolle wahrscheinlich macht,[183] korrespondiert inhaltlich bis in die thematische Einzelformulierung der von einer Luther-Gesellschaft zu verfolgenden Themen (einschließlich Luthers »Verhältnis zum Kind und Kindesleben«, »sein[em] Verhältnis zur Kunst«, »sein[em] Verhältnis zur Natur«, seinen zukunftsweisenden Beiträgen zur »wirtschaftlichen Theorie« und dem konservativen Umgang mit »einer Wandlung der politischen Verhältnisse im Sinne einer Demokratie«)[184] mit den Aspekten, die Eucken an Luthers Werk würdigt. Dies spricht nicht gegen die Annahme einer Autorschaft Knolles, im Gegenteil: Es verdeutlicht, wie gezielt wahrscheinlich Knolle Formulierungen aus zwei von Eucken stammenden Texten – den *Lebensanschauungen der grossen Denker* und dem ersten *Aufruf*[185] – ineinander verarbeitete und wie weitreichend sich

---

183 Vgl. RHEIN, Wittenberg (s. Anm. 155), 13. Der vorzüglichen Hilfsbereitschaft und persönlichen Unterstützung von Dr. Stefan Rhein verdanke ich die Einsichtnahme in die Archivalien der Stiftung Luthergedenkstätten in Sachsen-Anhalt, Archiv Lutherhaus, hier: StLU, Nr. 17. Alte Bezeichnung: A 17 Luther-Gesellschaft. Gründung der Luther-Gesellschaft e.V. 1918. A 17 Luther-Gesellschaft 1966–1963 [handschriftlicher Zusatz] (–1967). Auf die betreffende Sammlung von Unterlagen geht RHEIN, Wittenberg (s. Anm. 155), 13 mit Anm. 6 ein. Zu unterscheiden ist zudem zwischen einer kurzen Übersichts- und längeren Prosafassung (s. dazu unten Anm. 186). Rhein bezieht sich auf die Kurzfassung, die im Typoskript überschrieben ist: »Aufruf zur Gründung einer Luther-Gesellschaft. Entwurf von Pfarrer Knolle«. Da für diese Fassung keine weiteren Varianten begegnen, ist in der Tat von Knolles Autorschaft auszugehen, wobei die literarische Verhältnisbestimmung zu der längeren Version (s. dazu unten Anm. 186) schwierig ist. Auch bei dieser spricht alles für eine Autorschaft Knolles. Beizubringen ist noch ein weiteres Indiz. Im Nachlass von Knolle hat sich die beidseitig bedruckte Einblattversion des Texts unter dem Titel »Aufruf zum Beitritt zur Luther=Gesellschaft« erhalten, s. dazu Landeskirchliches Archiv Kiel (fortan unter dem Siglum: LKAK), 98.11, Nr. 69, o.P. Ein weiteres Exemplar befindet sich im Archiv der Luther-Gesellschaft, Wittenberg (abgekürzt ALGW), 148, o.P. Es setzt die Gründungsversammlung und die Wahl der Vorstandesmitglieder voraus, die auf der Rückseite namentlich aufgeführt werden.

184 Vgl. dazu die Abbildung RHEIN, Wittenberg (s. Anm. 155), 13f mit den obigen Zitaten in der Reihenfolge ¹²1918 (s. Anm. 173), 281.280.280.281f.

185 Vgl. darin u.a. die Formulierungen »Verhältniß zur Natur«, »seine [...] Stellung zum Recht und zu staatlichen wie wirtschaftlichen Fragen«; s. R. EUCKEN, Aufruf zur Gründung einer Luthergesellschaft (Deutscher Wille. Des Kunstwarts 31. Jahr [i.e.: »Kriegsausgabe« des Kunstwart] 31, 1917, 182–184), 183. Vgl. dazu auch das Schriftverzeichnis, EUCKEN, Werke 13 (s. Anm. 9), 153, Nr. 681f, das zudem auf den Druck in der Weser-Zei-

damit auch der zweite *Aufruf* Vorarbeiten von Eucken verdankt.[186] Des Weiteren lässt sich beobachten: Luther wirkte natürlich im »Protestantismus«[187], nicht einer demgegenüber eingeschränkteren Größe wie etwa dem Luthertum. Darüber hinaus eröffnete er die Neuzeit im Ganzen; und er sprach mit dem gesamten Lebenszusammenhang den Menschen als solchen an. Dennoch, 1918, steht Luther bei Eucken für eine »nationale

tung vom 23. Dezember 1917 verweist. In einer Abbildung findet sich der oben benannte Aufruf in SCHILLING / TREU, Luther-Gesellschaft (s. Anm. 155), 335–337; für die relevanten Zitate s. aaO., 336.

186 Die Textkritik weiter zu vertiefen, ist weder möglich noch wünschenswert. Zum Abschluss der redaktionellen Überarbeitung von EUCKEN, Denker [12]1918 (s. Anm. 173) im Mai 1918 s. oben Anm. 182. Nur der Vollständigkeit halber ist anzuzeigen, dass sich in der archivalischen Sammlung des Lutherhauses (wie oben Anm. 183) zudem eine ausformulierte Prosafassung des Wittenberger Gründungsaufrufes befindet, von der entweder ein Probedruck erhalten ist oder die vor oder neben der Plakatform als gefaltete Broschüre verbreitet wurde (s. dazu das erste Dokumente in der benannten Sammlung). Ein Exemplar des Broschürendrucks befindet sich auch im Nachlass von Knolle, LKAK (s. Anm. 183), 98.11, Nr. 69, o.P. Auf die Vorbereitung dieses »Zur Begründung der Luther=Gesellschaft« überschriebenen Textes dürften sich die von Rhein geschilderten Entwürfe beziehen; vgl. RHEIN, Wittenberg (s. Anm. 155), 13, Anm. 6. Aufgrund der weitreichenden wörtlichen Übereinstimmungen der längeren, ausformulierten Entwürfe von Jordan, Orthmann und einer dritten, namentlich nicht ausgewiesenen Person muss es eine gemeinsame Vorlage für die Prosafassung gegeben haben. Irritierend ist, dass die einzelnen Entwürfe auf jeweils unterschiedlichen Schreibmaschinen getippt wurden. Die redaktionelle Aufgabe muss darin bestanden haben, den grundlegenden Referenztext abzuschreiben, mit eigenen, formal nicht ausgewiesenen Änderungen zu versehen und wahrscheinlich in Durchschlägen den weiteren Beteiligten verfügbar zu machen. Denkbar ist, dass sich aus diesem redaktionell aufwendigen Verfahren die Kurzfassung des Wittenberger Aufrufs entwickelt hat. Da dieser über einen (in der Abbildung bei SCHILLING / TREU, Luther-Gesellschaft [s. Anm. 155], 14, nicht gedruckten) mehr als eine Druckseite umfassenden Anhang von Unterstützern verfügt, halte ich es für wahrscheinlich, dass die längere Prosafassung der kürzeren vorausgeht und für postalische Anfragen im Vorfeld der Drucklegung des Wittenberger Aufrufs genutzt wurde. Dass die längere Prosafassung auf einem Text von Eucken basiert, ist denkbar; weder in Wittenberg noch im Jenaer Eucken-Nachlass finde ich dafür jedoch Anhaltspunkte. Einzig plausibel ist es daher, die Vorlage der längeren Fassung ebenfalls Knolle zuzuweisen und möglicherweise sogar mit der dritten, namentlich nicht ausgewiesenen Fassung zu identifizieren.

187 Zu dem Begriff vgl. etwa EUCKEN, Aufruf (s. Anm. 185), 281.

Gestaltung« der Religion und Gesinnung des Lebens, »für eine Versenkung in das Wesen seines Volkes und dessen Sprache [...], ohne dabei je einem überspannten Nationalismus zu verfallen.«[188] »So darf sein Verhalten zu seinem Volk als ein vorbildliches gelten, in Wahrheit hat niemand das deutsche Leben in seinen innersten Zügen so sehr gefördert, und schulden wir daher niemandem so viel Dank als Martin Luther.«[189] Daher müsse er, »zum mindesten dem deutschen Volke, als Reformator des Lebens gegenwärtiger sein als er es heute in Wirklichkeit ist.«[190] Distanzierungen von Luther und seinem Werk sucht man in dem Kapitel von 1918 vergebens.

Bemerkenswert ist dies auch vor dem Hintergrund seines ersten Beitrags zum Reformationsjubiläum. Im Novemberheft der Kriegsausgabe des *Kunstwart* hatte der Herausgeber Avenarius eine erstaunliche Zusammenstellung von Autoren aufgeboten, die sich alle zu Luther äußerten: Gogarten stellte *Lutherworte* zusammen; der in das engste Umfeld von Rittelmeyer gehörige Christian Geyer präsentierte *Luther vor uns!*; Troeltsch veröffentlichte mit seinen *Ernste[n] Gedanken zum Reformationsjubiläum* erstmals im *Kunstwart*; mit Heinrich Weinel und Eucken waren zwei Autoren aus Jena vertreten; mit Peter Rosegger und Johannes Mumbauer wurden zwei Katholiken einbezogen, mit Reinhard Planck ein evangelischer Pfarrer und mit Wilhelm Wundt ein weiterer prominenter Philosoph und Psychologe.[191] Euckens kurzer Beitrag ist in dreifacher Hinsicht kritisch. Zunächst mahnt er an, sich der Flüchtigkeit historischer Jubiläen bewusst zu sein, soweit diese nicht in »dauerhafte Anregungen« überführt würden.[192] Sodann zeiht er »[d]ie Lutherforschung«, darin versagt zu haben, »im Durchschnitt der öffentlichen Meinung« ein angemessenes Bild Luthers vermittelt zu haben[193]: »Die [...] ganze Seite des Lutherischen Wesens« gelte es darzu-

188 AaO., 283.
189 Ebd.
190 AaO., 284.
191 Ohne entsprechende Aufschlüsselung der Zusammenstellung vgl. Deutscher Wille (s. Anm. 185), 77–108.
192 R. EUCKEN, Zum Bilde Luthers (Deutscher Wille [s. Anm. 185], 86f), 86. Vgl. dazu auch im Schriftverzeichnis, EUCKEN, Werke 13 (s. Anm. 9), 158, Nr. 724.
193 EUCKEN, Zum Bilde (s. Anm. 192), 86.

stellen, ohne zu »einseitig« und ohne »viel zu summarisch« zu sein.[194] Drittens zeigt er an, an welchem Punkt seines Erachtens eine theologische Kritik ansetzen müsse: »den meisten von uns [ist] Luthers theologische Gedankenwelt, seine Lehre von dem durch unsere Sünden erzürnten, nun aber durch das Blutopfer seines Sohnes versöhnten Gott, schlechterdings unhaltbar geworden.«[195] Ein Monat später folgte ebenfalls im *Kunstwart* sein *Aufruf zur Gründung einer Luthergesellschaft*[196] – und hier fehlt nun jede theologische Kritik. Gleiches gilt auch für Euckens programmatische Beiträge zur Gesellschaftsgründung, die zu den frühen Veröffentlichungen im ersten Band des *Luther-Jahrbuchs* führten: *Weshalb bedürfen wir einer Luther-Gesellschaft* und *Luther und die geistige Erneuerung des deutschen Volkes*.[197] Dass Eucken seine massiven Bedenken gegenüber der Satisfaktionslehre innerhalb eines Monats ausgeräumt haben sollte, ist unwahrscheinlich. Sehr schnell hatte er damit auf einen integrativen Kurs umgeschaltet, der seine eigene Distanz zu Elementen der dogmatischen Lehrtradition unerwähnt ließ, womit er gegenüber Theologen und Vertretern einer kirchlich sozialisierten Öffentlichkeit weniger konfrontativ auftrat. Was für einen Spagat dies bedeutete, zeigt sich, wenn man vorherige Äußerungen von Eucken hinzuzieht. So gilt ihm zwar Luther schon früh als ein »[s]chaffende[r] [...] Geist«[198], womit er sich grundlegend von dem Aquinaten unterscheidet, doch bereits 1911 zielt seine populäre Schrift *Können wir noch Christen sein?* zwar auf eine prinzipielle Zustimmung, benennt aber sehr konkret, welche dogmatischen Elemente aufgegeben werden müssten.[199] Dazu zählt nicht nur die Versöhnungslehre; auch »das Zentraldogma des Christentums von der Menschwerdung Gottes« und die Zweinaturenlehre[200] fallen oder wanken.[201] Von Luthers Theologie bleibt

194 Ebd.

195 AaO., 87.

196 EUCKEN, Aufruf (s. Anm. 185).

197 R. EUCKEN, Weshalb bedürfen wir einer Luther-Gesellschaft (LuJ 1, 1919, 5–8); DERS., Luther und die geistige Erneuerung des deutschen Volkes (LuJ 1, 1919, 27–34).

198 R. EUCKEN, Der Wahrheitsgehalt der Religion, 1901, 395. Für den ND der vierten Auflage von 1920 vgl. EUCKEN, Werke 5 (s. Anm. 9), 379.

199 Vgl. R. EUCKEN, Können wir noch Christen sein?, 1911.

200 AaO., 31 f.

201 Zu den beiden Begriffen vgl. aaO., 34.

vor einem solchen Hintergrund wenig übrig. Euckens Plädoyer kann so auch nur in Richtung »eines neuen Christentums«[202] gehen, das sich von allen bisherigen Deutungsangeboten unterscheidet. Erkennbar schließt Eucken an Inhalte der liberalen Theologie an, doch legt er dies seinen Leserinnen und Lesern nicht offen. Harnack etwa bleibt namentlich unerwähnt, doch lässt sich ein Abschnitt identifizieren, der historisierend und ablehnend auf diesen Bezug nimmt:

> Von der Erschütterung dieses Komplexes metaphysischer Behauptungen flüchtete das moderne Christentum gern zu dem anderen, der, als innerhalb der Geschichte gelegen, so viel näher und einfacher ist, so viel unbestreitbarer schien, zu der Persönlichkeit und zum Lebenswerk Jesu, zu seiner Lehre vom nahen Reiche Gottes und von der Gotteskindschaft des Menschen. [...] Allerdings stoßen wir auch hier auf Bedenken der geschichtlichen Kritik. Es läßt sich heute nicht daran zweifeln, daß in die Berichte von Jesus viel Späteres eingeflossen ist [...]. Nun meinen wir freilich, daß auch die schärfste Kritik einen Kern reinmenschlichen Wesens unberührt lassen muß [...]. Freuen wir uns also jenes Lebens als eines kostbaren Besitzes der Menschheit, als einer unversiegbaren Quelle echter Kraft und Gesinnung.[203]

Für einen Harnack-Kenner sind diese Ausführungen empörend: Im Gestus einer Kritik schließt sich Eucken dessen Positionen an, einschließlich des Harnack eigenen konservativen Grundzugs im Umgang mit der biblischen Überlieferung. Der Appell eines Aufbruchs zu neuen Ufern bedient sich munter der Argumente von Autoren, die vermeintlich abgelehnt werden und namentlich nicht einmal Erwähnung finden.

Der *Aufruf zur Gründung einer Luther-Gesellschaft* vom Dezember 1917 stellt aufmerksame Leserinnen und Leser vor ähnliche Herausforderungen hinsichtlich der inhaltlichen Stringenz. Hatte sich Eucken noch im November für eine theologische Kritik stark gemacht, votierte er einen Monat später dafür, dem »*deutsche[n] Volk [...] Luther im Ganzen seines Wirkens und Wesens*« zu vermitteln.[204] Die Formulierung wurde bedeutsam, da sie in die Satzung der Luther-Gesellschaft übergenommen wurde und dort viele Jahrzehnte erhalten blieb.[205] Auch hier richtet sich Eucken

---

202 AaO., 223.
203 AaO., 36.
204 EUCKEN, Aufruf (s. Anm. 185), 183.
205 Vgl. DÜFEL, Voraussetzungen (s. Anm. 156), 93, 97; vgl auch REICHELT, Der Erlebnisraum (s. Anm. 90), 178.

scheinbar gegen Theologen wie Harnack, der abgelehnt hatte, »den ›ganzen Luther‹ zu repristinieren«.[206] Bei Eucken schöpft die Formel, »*Luther im Ganzen*« zu vermitteln, seine suggestive Wirkungsmacht aus der Unterstellung, alle Anderen würden nur Teile bieten und damit einer Parteilichkeit erliegen. Mit Blick auf Luther steht Eucken jedoch nicht in einer etwa forschungsgeschichtlich zu erhellenden Tradition; seine Formulierung verdankt sich einer in zahlreichen Schriften und an anderen Themenfeldern erprobten rhetorischen Strategie. Was Eucken selbst als »Philosophie des Geisteslebens«[207] oder »des Lebens«[208] bezeichnete, basiert stets auf dem Anspruch, den vorauszusetzenden Gesamtzusammenhang so umfassend wie möglich einzubeziehen und dies übergreifender als andere, die sich auf Teilaspekte und parteiische Einzelperspektiven beschränken,[209] tatsächlich zu können. Eucken selbst sah sich mit diesem Anliegen – als Nachfolger auf Fichtes Jenaer Lehrstuhl – in der Tradition des »deutschen Idealismus«[210], der eine ideale Einheit von Theorie und Praxis, von Gedanke und Tat sei. 1919 formulierte er so appellativ, dass »der Idealismus des Gedankens und der Idealismus der Tat bei uns Deutschen zu einem festen Bündnis zusammengehen müsse [...], wenn unser Volk mit gutem Vertrauen in die Zukunft blicken« wolle.[211] Friedrich Wilhelm Graf fasst

---

206 Mit sehr guten Hinweisen zur Quellen- und Forschungslage vgl. dazu TH. KAUFMANN, Konfession und Kultur. Lutherischer Protestantismus in der zweiten Hälfe des Reformationsjahrhunderts, 2006, 71 f mit Anm. 20.

207 R. EUCKEN, Einführung in eine Philosophie des Geisteslebens, 1908.

208 R. EUCKEN, Mensch und Welt. Eine Philosophie des Lebens, 1918.

209 Vgl. R. EUCKEN, Deutsche Freiheit. Ein Weckruf, 1919, 26f: »Parteien sind unentbehrlich, um das staatliche Leben im Fluß zu halten und seinen Bewegungen Macht über die Menschen zu verleihen; sie sollen uns willkommene Mittel und Hilfen sein. [...] Parteien muß es geben, Parteimenschen aber sind ein Unglück. Ein solcher Parteimensch betrachtet alles nur von seinem Standpunkt aus, er dünkt sich nicht nur klüger, sondern auch besser als seine Gegner. [...] So kann jeder Parteimann getrost seine Netze ausbreiten, die Menschen, sie sich darin fangen, sind stets in großer Mehrzahl. Dies alles war von altersher eine große Gefahr, heute aber droht es uns ganz und gar in einen Stand der Unfreiheit zu versetzen.«

210 R. EUCKEN, Die Träger des deutschen Idealismus, 1915; ²1919. Vgl. exemplarisch auch R. EUCKEN, Zur Sammlung der Geister, [1913], 80; [1914], 80.

211 EUCKEN, Idealismus ²1919 (s. Anm. 210), 248.

Euckens Ansatz mit dem Begriff einer »neoidealistischen Universalintegration« zusammen.[212] Für Euckens literarische Produktivität der Kriegsjahre und frühen Nachkriegszeit möchte ich von einer holistischen Ratgeberliteratur sprechen.[213] Die argumentative Strategie, Einzelinteressen in einen universalen Deutungsrahmen einzuordnen und erst durch die Berufung auf das »Ganze« als legitim anzusehen, lässt sich auf zahlreiche Themen übertragen und etwa an Euckens Auseinandersetzung mit dem Sozialismus illustrieren. 1920 schließt er in *Der Sozialismus und seine Lebensgestaltung* in seiner geschichtlichen Schilderung »des Problems« durch Paraphrase an Strukturelemente der Entfremdungstheorie an,[214] schildert dann erst die vermeintlichen Antworten des Sozialismus und schließt mit seiner Kritik am parteiischen Partikularismus: »Der Sozialismus erstrebt eine Gemeinschaft, aber er erreicht nur eine Gesellschaft. So steht es hier mit der Einheit und dem Zusammenhang des Lebens recht schlecht.«[215] Vergleichbares ließe sich auch an Euckens Umgang mit dem sog. Monismus beobachten, der naturgesetzlich immanenten Betrachtungsweise seines Jenaer Kollegen Haeckel.[216] Zu dem Gesamtzusammenhang gehört für Eucken auch die Religion. Auf sie hebt er in zahlreichen Büchern entwe-

---

212 GRAF, Eucken (s. Anm. 158), 53.
213 Dies berührt sich in Teilen mit dem Selbstverständnis Euckens. BESSLICH, Wege (s. Anm. 10), 95 zitiert für den September 1914 ein Schreiben Euckens an Elisabeth Förster-Nietzsche: »ich habe die Philosophie für diese Zeit fast ganz zurückgestellt und bin Publizist geworden. Fast jeden Tag wird ein Artikel für Inland oder Ausland fabriziert.«
214 R. EUCKEN, Der Sozialismus und seine Lebensgestaltung, [1919], hier: 7; 15: »Denken wir nur an die Umwälzung der Arbeit durch technische Nutzung der Naturkräfte, an ihre Ablösung von der Persönlichkeit des Menschen und an ihr Hervorbringen selbständiger Komplexe riesiger Art, an den schroffen Gegensatz zwischen Kapitel und Arbeit, an das Zusammenballen der Massen zu unübersehbaren Großstädten und die Steigerung ihres Selbstbewußtseins«.
215 AaO., 81.
216 Vgl. dazu EUCKEN, Sammlung [hier druckidentisch: 1913 und 1914] (s. Anm. 210), 131f. Zu Euckens Verhältnis zu Haeckel vgl. auch U. DATHE, Rudolf Eucken – ein Gegner des Monismus und Freund *des* Monisten (in: Monismus um 1900. Wissenschaftskultur und Weltanschauung [Ernst-Haeckel-Haus-Studien 4], hg. v. P. ZICHE, 2000, 41–59).

der grundlegend[217] oder klimaktisch[218] ab. Ebenfalls hier von Bedeutung ist, dass die Religion rein und wesentlich, nicht partikular erfasst werden solle:

> Beim Überblick der gegenwärtigen Lage der Religion fällt als bemerkenswert die Tatsache ins Auge, daß zwischen der überkommenen kirchlichen Form der Religion und einer universalen Bewegung zur Religion aus dem eigenen Streben der Zeit eine schroffe Spannung besteht; es gibt heute viele, welche religiös, aber durchaus nicht kirchlich sein wollen, welche sich ebenso sehr von der Kirche abgestoßen als von der Religion angezogen fühlen.[219]

Die der Gegenwart nach Euckens Erachten angemessene Religiosität erwächst am ehesten aus einem Christentum protestantischer Provenienz und Prägung, kann darin aber wiederum nicht an den bestehenden kirchlichen Formen oder theologischen Vertretern anschließen, da diese ihrerseits Partei seien. Ohne Autorennennungen und wiederum in Paraphrase hebt Eucken auf die Unterscheidung zwischen Alt- und Neuprotestantismus ab und folgert, dass man das Alte nicht kirchlich mit dem Neuen verbinden könne:

> Bei so großer Verschiedenheit beider Arten muß ihre weitere Aneinanderkettung in einem kirchlichen Organismus mehr Schaden als Nutzen bewirken, der Kampf der einen gegen die andere verzehrt viel Kraft und fördert innerlich wenig; der Anhänger des Alten wird nicht ohne Grund das Neue als einen unberechtigten Eindringling betrachten und

---

217 Vgl. dazu etwa R. EUCKEN, Der Sinn und Wert des Lebens, ³1911, 6–11. Für den ND der Auflage von 1920 vgl. EUCKEN, Werke 6 (s. Anm. 9), I / 4–10. R. EUCKEN, Grundlinien einer neuen Lebensanschauung, ²1913, 3–8. ND in EUCKEN, Werke 3 (s. Anm. 9), 3–8.

218 S. dazu das folgende Beispiel und R. EUCKEN, Der Kampf um einen geistigen Lebensinhalt. Neue Grundlegung einer Weltanschauung, ³1918, 313–320; für ⁵1925 in ND vgl. EUCKEN, Werke 8 (s. Anm. 9), 322–338. Mit nationalem Vorzeichen s. auch Ende 1916 in R. EUCKEN, Die geistesgeschichtliche Bedeutung der Bibel, 1917, 39: »Nichts gibt einem Volk mehr Stärke als eine enge Verbindung von Religiösem und Nationalem: möchte höchste Stärke auch unserem deutschen Volke beschieden sein!«

219 R. EUCKEN, Geistige Strömungen der Gegenwart. Der Grundbegriffe der Gegenwart vierte umgearbeitete Auflage, 1909, 398 f. Entsprechend s. R. EUCKEN, Geistige Strömungen der Gegenwart. Der Grundbegriffe der Gegenwart fünfte umgearbeitete Auflage, 1916, 394. Die sechste Ausgabe von 1920 findet sich im ND von EUCKEN, Werke 4 (s. Anm. 9), 405.

behandeln, das Neue mag solchem Vorwurf sein weltgeschichtliches Recht entgegenhalten, und auch das mit gutem Grund. Aber warum bindet er sich dann an die alten Formen und sucht nicht aus eigner Kraft sich neue zu schaffen?[220]

So trivial diese Ausführungen erscheinen mögen und so unspezifisch sie in ihrer Konkretion sind, weshalb man sie nicht nur einer holistischen, sondern auch einer visionären Ratgeberliteratur zuordnen könnte: Sie stießen auf eine hohe und anhaltende Nachfrage. Alleine die Schrift *Die Träger des Idealismus* erschien 1915 »in einer Auflage von 30000 Exemplaren«.[221] Bevor 1919 eine zweite Auflage folgte,[222] hatte sich Eucken noch 1918 mit seiner Schrift *Was bleibt unser Halt? Ein Wort an ernste Seelen* zur Situation der Niederlage geäußert. Wer hatte diese zu verantworten? Für Eucken war sie beides: »Schicksal und Schuld«.[223] Ein »Mangel an geistiger Kraft« und ein »Mangel an moralischer Haltung« hatten die bestehende »äußere [...] Überlegenheit« entscheidend geschwächt.[224] Personalpolitische Fehler seien auf militärischer wie politischer Führungsebene unterlaufen: »Hindenburg mit seinen glänzenden Waffentaten« hätte »sofort an die leitende Stelle« berufen werden müssen[225] und »warum suchte man« keine »bedeutende[ren] Staatsmänner«? Bei der Fülle der in Deutschland verfügbaren – auch literarischen! – Talente hätte man doch fündig werden müssen: »gern hätte das Volk sich solche Führer gefallen lassen!«[226]

Dachte Eucken hier an sich? Seinen eigenen Klassifizierungen nach wird man antworten müssen: Natürlich. Er wollte nicht nur ein Mann »des Gedankens«, sondern »der Tat« sein.[227] Entsprechend stimmig war es auch, dass 1919 – vorangetrieben von Euckens Gattin Irene und dem Chemnitzer

220 EUCKEN, Christen (s. Anm. 199), 221.
221 SCHÄFER, Die Sammlung (s. Anm. 139), 121.
222 Vgl. oben Anm. 210.
223 R. EUCKEN, Was bleibt unser Halt? Ein Wort an ernste Seelen, 1918.
224 AaO., 9.
225 AaO., 6.
226 AaO., 7.
227 S. oben Anm. 211. Vgl. ferner EUCKEN, Idealismus ²1919 (s. Anm. 210), 247.

Vertrauten Otto Günther[228] – ein »Eucken-Bund«[229] gegründet wurde, dessen Periodikum seit 1925 unter dem Titel *Die Tatwelt* stand und der 1920 seinen Führer begrüßte:

> Der dringende Ruf nach einem Führer geht [...] weit hinaus über die Grenzen des einzelnen Volkes, er durchhallt die ganze Kulturwelt. Um nichts Geringeres handelt es sich als um die Rettung unserer Wesensart vor dem Untergang [...]. Wir [...] sind der Überzeugung, daß [der Führer] [...] bereits mitten unter uns weilt: *Der geistige Führer unserer Zeit ist Rudolf Eucken.*[230]

228 Mit instruktiven Quellenverweisen vgl. dazu DATHE, Luther-Interpretation (s. Anm. 157), 235. Zu Günthers forcierten, letztlich aber zu seinem persönlichen Austritt führenden Bemühungen, den Eucken-Bund 1933 nationalsozialistisch auszurichten, s. archivalisch in der ThULB Jena, Nachlass Rudolf Eucken VI,12 Akten des Sekretariats des Euckenbundes, Verz.-Nr. 6.2 (16), Bl. 1f; im Nachlassverzeichnis vgl. EUCKEN, Werke 14 (s. Anm. 9); hier: 486 (»Dokumente aus der Gründungsphase des Euckenbundes [...] [.] Austritt Otto Günther. Briefe und Dokumente zum Austritt Otto Günthers aus dem Euckenbund 1933–1934«).

229 Für die Anfänge im Jahr 1919 vgl. u.a. den Bericht über die »Erste Tagung des Euckenbundes am 14. Oktober 1919« archivalisch in der ThULB Jena, Nachlass Rudolf Eucken VI,12 Akten des Sekretariats des Euckenbundes, Verz.-Nr. 6.2 (10:1), Bl. 1f; im Nachlassverzeichnis vgl. EUCKEN, Werke 14 (s. Anm. 9); hier: 485 (»Dokumente aus der Gründungsphase des Euckenbundes«).

230 Unser Führer und unser Ziel (Der Euckenbund. Nachrichtenblatt für die Mitglieder des Euckenbundes, 1 [1. November 1920] [1]). Zitiert wird der Text auch (mit kleinen Abweichungen im Wortlaut) von GRAF, Eucken (s. Anm. 158), 84. S. den Text im Wortlaut ferner im »Dokumentenanhang« von L. FEYL, Briefe aus dem Nachlaß des Jenaer Philosophen Rudolf Eucken (1900–1926). Zeitüberlegenheit und historisch-politische Wirklichkeit eines idealistischen Philosophen (WZ[J].GS 10 [1960/1961/2], 249–294), 292 f. Für eine frühere Identifikation in den Vorbereitungen des Euckenbundes vgl. die namentlich nicht gezeichneten und im Nachlass von Eucken in verschiedenen handschriftlich ergänzten maschinenschriftlichen Fassungen verwahrten »Richtlinien für den Ausbau«, in denen es heißt: »Wir fordern zu einem Euckenbund auf, weil Rudolf Eucken der Mann in Deutschland ist, der am klarsten die zur Katastrophe treibende Krisis erkannt hat, der am eindringlichsten gewarnt hat, und der den Weg zur Rettung gezeigt hat: nämlich durch die innere Erneuerung des Menschen zu einer neuen Lebensordnung. Für den Weg brauchen wir nicht sowohl Denker früherer Zeiten, die doch innerhalb der Zusammenhänge ihrer Zeit stehen und dadurch bedingt sind, sondern Führer sei uns der Mann unserer eigenen Zeit, der gerade aus der Verwicklung dieser den Weg zeigt.« ThULB Jena, Nachlass Rudolf Eucken VI,12 Akten des Sekretariats des Euckenbundes, Verz.-Nr. 6.2 (10:2), o.P.; im Nachlassverzeichnis vgl. EUCKEN,

Mit den Erwartungen identifizierte sich Eucken zumindest darin, dass er den Vorsitz des »Eucken-Bundes« übernahm. Einzelne Formulierungen der benannten Passage hatte er in seinen früheren Veröffentlichungen durch Negativbestimmungen schon vorbereitet. So erklärte er etwa: »Kant wird oft als der geistige Führer unserer Zeit gepriesen, und man übersieht, wie viel uns von dem unsicher geworden ist, was ihm feststand«.[231] Für Eucken war es konsequent, dass andere die Identifikation seiner Person mit den Idealen vornahmen, die in seinem Werk angelegt waren. Eine eigene Identifizierung mit dem Werk Luthers schloss dies nicht aus. Luther war für ihn – wie er 1919 formulierte – »ein religiöse[r] Führer«.[232] Als solcher stand er natürlich nicht für das Ganze, aber in seiner Gänze konnte ihn Eucken getrost fordern, um ihn in seiner nationalen sowie geistigen Bedeutung ebenso zu würdigen wie in seinen Einschränkungen auszuweisen. Der von Eucken in seinem *Aufruf zur Gründung einer Luthergesellschaft* gebotene Hinweis »auf [die] [...] geistige[n] Führer unseres Volkes«, unter denen »Luther, Kant [...] [und] Goethe die größten sein« dürften,[233] ist ebenfalls in seinem Werk angelegt.[234] Gleichfalls 1918 konnte Eucken in seinem umfangreichen Werk *Mensch und Welt* erklären: »Dem, was Luther in der Religion, Kant in der Erkenntnislehre und Moral geleistet haben, schloss sich an, was wir für das Verhältnis von Kunst und Seele Goethe verdanken.«[235] Ungemein schnell, im Juni 1918, bietet Eucken auch schon ein Kompensationsmodell für die anstehende Nieder-

---

Werke 14 (s. Anm. 9); hier: 485 (»Dokumente aus der Gründungsphase des Eucken-bundes«).

231 R. EUCKEN, Grundlinien einer neuen Lebensanschauung, 1907, 287f.

232 EUCKEN, Freiheit (s. Anm. 209), 11.

233 EUCKEN, Aufruf (s. Anm. 185), 183.

234 Für einen früheren, ausführlichen Bezug auf den Zweischritt von Luther zu Kant vgl. EUCKEN, Grundlinien (s. Anm. 217), 43; EUCKEN, Strömungen, ND in EUCKEN, Werke 4 (s. Anm. 9), 144, 293. Vgl. auch R. EUCKEN, Gesammelte Aufsätze zur Philosophie und Lebensanschauung, Leipzig 1903, 11–13, 222; ND in: EUCKEN, Werke 2 (s. Anm. 9), I / 11–13, 222. Für den Dreischritt Luther, Kant, Goethe vgl. etwa aaO., 83; Eucken, Strömungen, ND in EUCKEN, Werke 4 (s. Anm. 9), 340f.

235 R. EUCKEN, Mensch und Welt, 1918, 388. Ausführlicher sodann in ³1923, ND in EUCKEN, Werke 6 (s. Anm. 9), 333–338. Vgl. kurz R. EUCKEN, Prolegomena und Epilog zu einer Philosophie des Geisteslebens, 1922, 145; ND in EUCKEN, Werke 11 (s. Anm. 9), 145: »Bei

lage:

> Hier [im Bereich des Geistigen] liegen die großen Eroberungen der Menschheit, als Erweiterungen ihres Lebensbereiches unvergleichlich wichtiger als alle kriegerischen Eroberungen. Mit besonderer Deutlichkeit zeigt uns das die deutsche Geistesgeschichte an ihren Haupthelden Luther, Kant, Goethe.[236]

Weitere »treffliche Leistungen« großer Deutscher, die »ganze Lebenswelten eröffnet[en]«, konnte Eucken leicht hinzufügen; im Bereich der Musik gehörten dazu »mit ihren gewaltigen und seelenerschütternden Werken« Bach und Beethoven.[237]

Das von Eucken in der Frühzeit der Luther-Gesellschaft etablierte Format der »Luther-Abende«, an denen »womöglich in Kirchen«[238] »markige

---

Luther geschah das von der Religion aus, bei Kant von der Moral aus, bei Goethe von der Kunst aus«.

236 EUCKEN, Mensch (s. Anm. 235), 387. Vergleichbar lässt sich auch für das Jahr 1922 beobachten in EUCKEN, Sinn (s. Anm. 217), ND in EUCKEN, Werke 4 (s. Anm. 9), 155: »da wir das Bewußtsein haben dürfen, für die innere Freiheit der Geister mehr getan zu haben als irgendein anderes Volk der Neuzeit, in Luther für die religiöse, in Kant für die philosophisch-menschliche, in Goethe für die künstlerische Freiheit, so dürfen wir hoffen, daß es uns gelingen wird, auch für die unentbehrliche Freiheit im menschlichen Zusammensein eine Form zu finden, die unserer eigenen Art entspricht.«

237 EUCKEN, Halt (s. Anm. 223), 21. Vergleichbar bereits 1913 mit EUCKEN, Grundlinien (s. Anm. 9), 223: »Dem Volk eines Luther und eines Bach, eines Kant und eines Goethe kann es an wahrer Größe nicht fehlen, wenn es nur sein eigenes Wesen ins Ganze faßt und diesem Ganzen die Treue wahrt.«

238 In der Zeitschrift *Die Stimme. Centralblatt für Stimm- und Tonbildung, Gesangsunterricht und Stimmhygiene* konnte man im Dezember 1918 eine Meldung lesen, die sich offenkundig der Öffentlichkeitsarbeit Knolles verdankt: »In der Luthergesellschaft wird die Pflege der Musik eine große Rolle spielen. Es sollen über ganz Deutschland Ortsgruppen gegründet werden; diese werden Lutherabende einrichten, welche womöglich in den Kirchen veranstaltet werden. Umrahmt von guter Musik sollen Lesungen aus Luthers Schriften und Vorträge, die sich mit der ganzen Umwelt Luthers zu beschäftigen haben, gehalten werden. Bei der Musik denkt man an erster Stelle an *Bach*, dann aber sollen auch seine Vorgänger und Nachfolger berücksichtigt werden, später hofft man auch Aufführungen von Kompositionen moderner Komponisten bringen zu können.« ANON., Umschau (Die Stimme. Centralblatt für Stimm- und Tonbildung, Gesangsunterricht und Stimmhygiene, 13/3, Dezember 1918, 65–68), 65f. Die Nähe der Auskunft zu Knolle deutet sich in dem Nachsatz an, aaO., 66: »Alles Nähere ist zu erfahren bei *Herrn Pfarrer Knolle*, Wittenberg; auch können dort Mitglieder und Ortsgruppen ange-

Lutherworte verlesen«[239] und mit »Bachscher Musik«[240] gerahmt wurden, führte schöpferische Leistung großer Deutscher zusammen und schuf in einer Formulierung, die sich wohl der Öffentlichkeitsarbeit Knolles und wiederum dem Duktus Euckens verdankt, »im Urton des deutschen Idealismus [...] seltene Weihestunde[n]«.[241] So irritierend diese Luther-Pflege wirken mag, vor dem Hintergrund der Euckenschen Heldenverehrung, der berührten Familieninteressen[242] und des holistischen Gesamtansatzes kann man sie als stimmig ansehen.[243]

Im Rahmen der Luther-Gesellschaft stieß das Format auf anhaltende Resonanz. Allein 1919 fanden in der Wittenberger Schlosskirche zwei

meldet werden.« Die Verbindungen zu der Zeitschrift dürfte das von RHEIN, Wittenberg (s. Anm. 155), 22f, so lebendig erhellte »Fräulein Eucken« hergestellt haben, das sich möglicherweise auch an der betreffenden Öffentlichkeitsarbeit und Berichterstattung beteiligte.

239 Den Verbindungen zu dieser Zeitschrift verdankt sich auch die Schilderung des ersten Luther-Abends. So liest man im März 1919 ANON., Umschau, (Die Stimme. Centralblatt für Stimm- und Tonbildung, Gesangsunterricht und Stimmhygiene, 13/6, März 1919, 135–139), 135: »Die *Luther-Gesellschaft* trat mit ihrem ersten Luther-Abend am 10. Januar in der überfüllten Schloßkirche zu Wittenberg hervor. Im Rahmen Bachscher Musik, dargeboten von der Sopranistin Ida Maria Eucken-Jena, Professor Havemann (Geige) und dem Berliner Orgelmeister Professor Egidi, wurden markige Lutherworte verlesen, die einen tiefen Eindruck machten. Dieser Abend, der mit seinem Urton des deutschen Idealismus eine seltene Weihestunde schuf, soll auch in anderen Städten wiederholt werden.« Ein gedrucktes Programm dieses Abends hat sich im Nachlass von Th. Knolle erhalten. Es besteht aus einem einseitig bedruckten Blatt, das nach den Mitwirkenden eine kurze Übersicht der Programmpunkte bietet (beginnend mit »Praeludium und Fuge C=moll für Orgel« und schließend mit »Praeludium Es=dur für Orgel«); LKAK (s. Anm. 183), 98.11, Nr. 69, o.P.

240 ANON., Umschau (s. Anm. 239), 135.

241 Ebd.

242 Vgl. neben oben Anm. 239 nun besonders RHEIN, Wittenberg (s. Anm. 155), 22–24.

243 Eucken verzichtet in seinen Lebenserinnerungen auf eine Erwähnung der Luther-Gesellschaft; erwähnenswert sind ihm die Gründungen von Eucken-bezogenen Vereinen wie der »Eucken-Assoziation in New York« und des »Eucken-Klub[s] in Gettysburg am Lutheran College« bereits 1912; vgl. dazu EUCKEN, Lebenserinnerungen (s. Anm. 170), 90. Für weitere Quellen zu dem betreffenden Aufenthalt vgl. GRAF, Eucken (s. Anm. 158), 76 mit Anm. 96. Kurz vgl. auch E. KOCH, Jenaer Beiträge zum Lutherverständnis (in: Luther – zwischen den Zeiten, hg. v. CH. MARKSCHIES / M. TROWITZSCH, 1999, 1–15), 11.

»Luther-Abende« statt, der erste im Januar[244] und der zweite im Oktober.[245] Die »Lesung« der Lutherworte übernahm in beiden Fällen Knolle. Seine Redebeiträge stellte er im Januar 1919 unter die Überschriften: »Zu Trost und Trotz«, »Deutschland!« und »Führer«.[246] Im Oktober 1919 wählte er für seine »Lesung[en] von Luther=Worten« drei Aufrufe: »Nicht verzweifeln!«, »Wachet auf!« und »Glaubensfroh!«[247] Mit dem Programm des ersten Abends ging Knolle auch bald auf Tournee: Im Mai 1919 wurde es im Magdeburger Dom als »Luther-Bach-Abend« geboten.[248] Vergleicht man die Akteure der ersten Wittenberger und der Magdeburger Veranstaltung, zeigt sich, dass Knolle und die Berliner Musiker das Interesse an einer Fortsetzung verband.[249] Die sakrale Verlesung von Luther-Worten integrierte Knolle auch in andere Formate. So wurde das Konzept des »Luther=Abend[s]« in der Schlosskirche 1920 zu dem einer »Luther=Weihefeier« in der Stadtkirche ausgeweitet. Zu der den beiden vorherigen Programmpunkte, den von

244 S. dazu oben. Anm. 238f.
245 Von dem zweiten Wittenberger »Luther-Abend« hat sich ein gedrucktes, sehr detailliertes Programm im Nachlass von Knolle erhalten. Es steht unter dem Titel »Zur ersten Jahrestagung der Luther=Gesellschaft[.] Luther=Abend in der Schloßkirche zu Wittenberg am 7. Okt. abends 8 Uhr«. Die Liste der Aufführenden umfasst: »Ida Maria Eucken, Jena (Sopran)[.] Gerhard Jekelius, Berlin (Baß)[.] Fritz Heitmann, Berlin, Organist an der Kaiser=Wilhelm=Gedächtniskirche (Orgel)[.] Paul König, Wittenberg (Tenor)[.] Musikdirektor Willy Straube, Wittenberg (Leitung)[.] Der Kirchenchor der Stadtkirche[.] Das Städtische Orchester[.] Pfarrer Theodor Knolle, Wittenberg (Lesung).« Für die terminliche Identifizierung mit den Aktivitäten das Jahres 1920 s. die im ALGW (s. Anm. 183), 146, verwahrte »Niederschrift zu den Vorstandssitzungen der Luther=Gesellschaft«, hier: 14f.: »Die Veranstaltungen am 7. Oktober [1919] sind folgende: [...] Abends 8 Uhr in der Schloßkirche – Lutherabend (Vorlesung von Luther-Worten – Aufführung zweier Bach=Kantaten) gegen Eintrittsgeld von M – 1 pro Person.«. Das betreffende Protokoll datiert laut aaO., 13, auf den »10. Juli 1919«.
246 Vgl. dazu das gedruckte Programm vom 10. Januar 1919 (s. Anm. 239).
247 Vgl. dazu das gedruckte Programm vom 7. Oktober 1919 (s. Anm. 245).
248 Vgl. dazu das gedruckte Programm vom 18. Mai 1919, das sich im Nachlass von Th. Knolle erhalten hat, LKAK (s. Anm. 183), 98.11, Nr. 69, o.P.
249 Nicht beteiligt war Ida Maria Eucken, wohl aber der Berliner Violinist Havemann, auf den wohl auch die Auswahl der Sängerin und des zweiten Musikers zurückging, die beide aus Berlin stammten; vgl. dazu ebd.: »Ausführende: Frau Werner-Jensen, Berlin (Alt)[.] Hofkonzertmeister Prof. Havemann, Dresden (Violine)[.] Walter Fischer, Organist vom Berliner Dom (Orgel)[.] Pfarrer Knolle, Wittenberg (Lesung)«.

Knolle verlesenen »Luther=Worte[n]« und orchestral gerahmter Musik, trat ein Festvortrag, der als »Weiherede« gleichermaßen kultisch aufgewertet wurde.[250] 1920 wurde dafür Johannes Ficker (Halle) gewonnen.[251] 1921 behielt Knolle das Format bei, im Frühjahr ohne und im Herbst mit »Weiherede«, diesmal von Hans Lietzmann (Jena) in der Stuttgarter Hospitalkirche.[252] Ohne dessen Beitrag debütierte Knolle mit dem Programm zwei Tage später in Jessen.[253] In den Folgejahren integrierte Knolle die Elemente der Luther-Worte und klassischen Musik immer stärker in als solche ausgewiesene und angekündigte gottesdienstliche Formate. Dazu zählten Andachten und Festgottesdienste.[254] Ebenso setzte Knolle das von Eucken teils initiierte, teils intendierte Spiel mit säkularen und sakralen Elementen einer kultisch aufgeladenen Kulturpflege fort.[255]

Zudem erhielt sich das Konzept der »Luther-Abende« an anderen Orten. 1920 fand die Jahresversammlung der Luther-Gesellschaft in Berlin statt. Damit verband sich eine »Liturgische Reformationsfeier« im Berliner Dom, in deren Rahmen der »Hof= und Domprediger D. Doehring« die »Verlesung von Luther=Worten« übernahm.[256] Im Mai 1927 organisierte die Berliner Ortsgruppe der Luther-Gesellschaft, wiederum im Berliner Dom, eine Abendveranstaltung »Luther und Bach«, zu der Doehring abermals »Lutherworte« verlas und der Organist, der schon den ersten Wittenberger Luther-Abend begleitet hatte, Werke von Bach vortrug.[257] Die Überschriften zu Doehrings Textauswahl lauten: »An dem Glauben ist alles gelegen«,

250 Vgl. dazu den als Programmheft fungierenden »Sonder=Abdruck aus der Festschrift: Wittenbergs Lutherfeier 1920«, erhalten in LKAK (s. Anm. 183), 98.11, Nr. 69, o.P.

251 Ebd. Ficker wurde auch 1922 nochmals für ein entsprechendes Format eingeladen, s. dazu ebd.: »Weihefeier in der Stadtkirche am Sonntag Invocavit 1922, abends um 8 Uhr«.

252 Für beide Programme (vom 17. April und 16. September 1921) s. LKAK (s. Anm. 183), 98.11, Nr. 69, o.P.

253 S. dazu die »Ordnung der gottesdienstlichen Luther=Weihefeier in Jessen am Sonntag, den 18. September 1921«, erhalten im LKAK (s. Anm. 183), 98.11, Nr. 69, o.P.

254 Ich verweise summarisch auf Sammlung in Th. Knolles Nachlass in LKAK (s. Anm. 183), 98.11, Nr. 69, o.P.

255 Vgl. dazu etwa ebd.: »Begrüßungs=Feier in der Schloßkirche am Sonnabend den 4. März 1922 abends um 8 Uhr«.

256 »Einladung zur Jahresversammlung der Luther=Gesellschaft am 30.–31. Oktober 1920 in Berlin«, erhalten in LKAK (s. Anm. 183), 98.11, Nr. 69, o.P.

257 Das Titelblatt des Programmheftes hat sich im ALGW (s. Anm. 183) 148, o.P., erhalten.

»Gott ist allein der Mann« und »Fürchte sich denn der Teufel, wir wollen uns nicht fürchten«.[258]

Euckens Initiative der »Luther-Abende« markiert einen öffentlichen Rahmen der Vereinsarbeit. In der Jenaer Ortsgruppe wurden der innere und inhaltliche Austausch an »Luther-Besprechungsabend[en]« gepflegt. Ausweislich zweier im Eucken-Nachlass erhaltener Protokolle fanden nur drei Veranstaltungen statt, von denen die beiden letzten in den Juli 1919 fielen und sich terminlich (8. Juli und 29. Juli) und thematisch erschließen lassen.[259] Nach den Niederschriften boten die »Luther-Besprechungsabend[e]« keinen einzigen Bezug auf Luther. Jeder Abend verband den Vortrag wohl eines Mitgliedes mit einer Aussprache. Im Juli referierte zunächst »Dr. Kormann [...] über das <u>Problem des deutschen Menschen</u>«. Es dürfte sich dabei um Friedrich Kormann gehandelt haben, einen Schüler Euckens, der 1914 mit einer Arbeit über Schopenhauer in Jena promoviert worden war[260] und mit dem Eucken auch später noch korrespondierte.[261] Kormann sollte sich 1933 dafür starkmachen, den sog. Arierparagraphen auf die Leitung der Schopenhauer-Gesellschaft anzuwenden.[262] Möglicherweise war er auch jener Friedrich Kormann, der 1935 seinen SS-Ausweis verlor und sich um einen Missbrauch des Dokumentes sorgte.[263] An dem »Luther-Besprechungsabend« des Jahres 1919 kam es zu Differenzen zwischen Kormann und Eucken, der hinterfragte, ob »die Rassenfrage aus dem physiologischen auf das geistige

---

258 Ebd.
259 Für die Protokolle zum 8. und 29. Juli 1919 vgl. ThULB Jena, Nachlass Rudolf Eucken VI,12 Akten des Sekretariats des Euckenbundes, Verz.-Nr. 6.2 (10:1), o.P.; im Nachlassverzeichnis vgl. EUCKEN, Werke 14 (s. Anm. 9); hier: 485 (»Dokumente aus der Gründungsphase des Euckenbundes[.] Sitzungsprotokolle der Jenaer Luther-Besprechungsabende 1919«). Auf dieses Material bezieht sich auch DATHE, Luther-Interpretation (s. Anm. 157), 235, der als Veranstaltungsort Euckens Villa benennt.
260 Vgl. F. KORMANN, Schopenhauer und Mainländer. Philosophische Studien als Beitrag zur Würdigung Schopenhauers, 1914.
261 Vgl. DATHE, Nachlassverzeichnis (in: EUCKEN, Werke 14 [s. Anm. 9]), 142.
262 Vgl. A. HANSERT, Schopenhauer im 20. Jahrhundert. Geschichte der Schopenhauer-Gesellschaft, hg. v. d. Schopenhauer-Gesellschaft e.V., 2010, 108.171.207.
263 Vgl. dazu http://www.tenhumbergreinhard.de/1933-1945-taeter-und-mitlaeufer/1933-1945-biografien-k/kormann-friedrich.html (Zugriffsdatum: 31. Oktober 2018).

Gebiet übertragen werde[n]« dürfe.[264] Am 29. Juli 1919 sprach sodann der Jenaer Pfarrer Richard Kade[265] über »Die Kirche und die Gebildeten«. Kade gehört zu dem erweiterten Schüler-Kreis von Eucken, indem er 1912 mit einer Monographie zu »Rudolf Euckens noologische Methode in ihrer Bedeutung für die Religionsphilosophie« hervorgetreten war.[266] Kade sollte 1929 Oberpfarrer des Kirchenkreises Weimar und 1944 als Weimarer Superintendent zu einem der Amtsnachfolger Herders werden.[267] 1919 erbat Kade um »rückhaltlose [...] Aussprache« über »nützliche Anregungen für die Kirche und die Geistlichen«, wie Kirche und Religiosität in allen Schichten stärker befördert werden könnten.[268] Eucken erneuerte daraufhin seine Kritik an einer Soteriologie,[269] und einer der Teilnehmer, »Prof. Naumann[,] gab der Meinung Ausdruck, unsere Zeit sei tief religiös, das zeige sich in der modernen Dichtung.«[270] Er moderierte damit seinen Vortrag für den nächsten Abend an, der am 16. September »Das Religiöse in der modernen Dichtung« behandeln sollte.[271] Zu dieser Veranstaltung kam es nicht mehr.

Am 14. Oktober 1919 – genau eine Woche, nachdem Ida Maria Eucken in Wittenberger Schlosskirche gesungen und Knolle dazu »markige Lu-

264 Nachlass Rudolf Eucken (s. Anm. 259), o.P. [Bl. 1ʳ]: »2. Lutherbesprechungsabend am 8. Juli 1919«.
265 Die Identifizierung basiert auf der erhaltenen Korrespondenz, vgl. DATHE, Nachlassverzeichnis, in: EUCKEN, Werke 14 (s. Anm. 9), 129.
266 R. KADE, Rudolf Euckens noologische Methode in ihrer Bedeutung für die Religionsphilosophie, 1912, erklärt einleitend, [V]: »Die im Folgenden gebotene Arbeit war ursprünglich dafür bestimmt, in einer theologischen Zeitschrift zu erscheinen und so in den dem Verfasser theologisch nahestehenden Kreisen für ein tieferes Verständnis Euckens zu wirken.«
267 Für die amtlichen Daten vgl. kurz M. BEGAS, Tagebücher zum Kirchenkampf. 1933–1938 (VHKTh.GR 19), hg. v. H.-W. KOCH / F. RICKERS / H. SCHNEIDER, 2016, 991. Kade wurde 1945 mit »hundete[n] Bewohnern« Weimars »zu einer Besichtigung des Konzentrationslagers Buchenwald aufgefordert«; in einer Kanzelabkündigung erklärte er »vor Gott, [...] daß wir keinerlei Mitschuld an diesen Greueln haben.« V. KNIGGE, Buchenwald (in: Das Gedächtnis der Dinge. KZ-Relikte und KZ-Denkmäler. 1945–1995, hg. v. D. Hoffmann, 1998, 92–173), 161, Anm. 63.
268 Nachlass Rudolf Eucken (s. Anm. 259), o.P. [Bl. 1ʳ]: »3. Luther-Besprechungs-Abend am 29. Juli 1919«.
269 Vgl. aaO., Bl. 2.
270 AaO., Bl. 3.
271 Ebd.

therworte verlesen« hatte[272] – fand stattdessen die »Erste Tagung des Euckenbundes« statt.[273] Der Übergang vollzog sich nahtlos: »Am Beginn des Besprechungsabend[s] [...] teilte Herr Meyer mit, dass sich der Euckenbund konstituiert habe. [...] Den Vortrag des Abends hielt Herr Prof. Naumann über das Religiöse in der modernen Dichtung«.[274] An der Diskussion beteiligten sich frühere Teilnehmer. Eucken sprach sich für eine »Abkehr vom Materiellen und Hinkehr zum Idellen [sic]« aus; und Kade suchte »auch unter abstossender Oberfläche in jedem Menschen den guten Kern zu entdecken«.[275] Für die Jenaer Ortsgruppen sind damit Kontinuitäten zwischen der »Luther-Gesellschaft« und dem »Eucken-Bund« bestimmend. Das Konzept der Jenaer »Besprechungsabende« wird in den »Richtlinien für den Aufbau« des »Eucken-Bundes« für die Ortsgruppen insgesamt konstitutiv:

> In ihren Zusammenkünften hält ein Teilnehmer einen kurzen Vortrag. Eine Aussprache schließt sich an. Niederschriften werden geführt. Es sollen sowohl grundsätzliche Ueberzeugungen erörtert, als auch lebendige Fragen der Gegenwart erörtert werden. [...] Die grundlegenden Werke Rudolf Euckens, aber auch neue Bücher, die sich mit unseren Bestrebungen berühren, sind durchzunehmen.[276]

So wenig der »Eucken-Bund« in seinem Aufnahmeritual, das eine handschriftliche Unterzeichnung der »Ethischen Richtlinien« vorsah, eine persönliche Verpflichtung auf Eucken voraussetzte,[277] so eng und direkt waren doch die zehn Einzelpunkte mit Eucken als deren namentlich benannten Autor verknüpft. Zu den Inhalten zählten auch politische Maßgaben, wie sie im sechsten Punkt zum Ausdruck kamen: »Wir fordern *Vaterlandsliebe und Staatsgesinnung*, ohne sie wird das Leben matt und schlaff; wir verwerfen einen weichlichen Pazifismus.«[278] Der »Eucken-Bund« betrieb in allem Bemühen um die persönliche Entwicklung seiner Mitglieder doch stets ei-

272 Zu dem Termin s. oben Anm. 245, für das Zitat s. Anm. 239.

273 S. oben Anm. 227.

274 AaO., Bl. 1.

275 Ebd.

276 S. oben Anm. 230.

277 ThULB Jena, Nachlass Rudolf Eucken VI,12 Akten des Sekretariats des Euckenbundes, Verz.-Nr. 6.2 (3–19); hier: 6.2 (9): »Euckenbund«; für eine Beschreibung im Nachlassverzeichnis vgl. EUCKEN, Werke 14 (s. Anm. 9); hier: 485 (»Mappe mit unterzeichneten Beitrittserklärungen [...] 1923–1926«).

278 Ebd.

nen mehr oder minder direkten Personenkult Euckens.[279] Auch sammelten sich die Ortsgruppen um einzelne Personen. Ausweislich der frühen Mitgliederlisten, die zum einen alphabetisch und zum anderen geographisch geführt wurden,[280] bildeten sich schnell geographische Schwerpunkte heraus. Zugleich verblieben zahlreiche Städte und Gebiete, in denen der »Eucken-Bund« keine Mitglieder fand. Zu diesen zählte Wittenberg. Keiner der frühen lokalen Akteure der »Luther-Gesellschaft« fühlte sich bemüßigt, der neuen Organisation beizutreten. Tatsächlich hatte sich schon in den allerersten Monaten des gemeinsamen Aufbruchs in Richtung einer Luther-Gesellschaft eine gewisse Unzufriedenheit in Wittenberg bemerkbar gemacht. Bis zum 15. Februar 1918 hatte Eucken »ein paar Abendstunden« für gemeinsame Planungen versprochen.[281] Am 1. Februar fragte man vorsichtig bei ihm an, ob er seine Ideen nicht vielleicht schriftlich entwickeln wolle.[282] Sehr früh begann auch eine Ablösung des Organisatorischen von dem Ideellen. So erinnerte Knolle ebenfalls im Februar:

> Sie schrieben [...]: W.[ittenberg] solle die Führung haben – das dürfen wir doch nur in Bezug auf unsere Vorortstellung so verstehen; im übrigen muß die eigentliche geistige Führung doch von außen kommen, d.h. von Ihnen, hochverehrter Herr Geheimrath.[283]

279 Mit Blick auf Euckens Gattin Irene votiert Dathe differenziert in diese Richtung. Vgl. DATHE, Luther-Interpretation (s. Anm. 157), 235: »Spielte vor allem bei Irene Eucken auch eine Art Personenkult um ihren Mann eine Rolle, so dürfte der von Schülern und Anhängern Rudolf Euckens unterzeichnete Gründungsaufruf das generelle Anliegen derjenigen zum Ausdruck bringen, die den Euckenbund gründeten: ›Wir Unterzeichneten bekennen uns zu dem vorstehenden Geistesprogramm Rudolf Euckens. [...]‹«

280 Vgl. ThULB Jena, Nachlass Rudolf Eucken VI,12 Akten des Sekretariats des Euckenbundes, Verz.-Nr. 6.2 (3–19); hier: 6.2 (3): »Alphabetische Mitgliederliste«; für eine Beschreibung im Nachlassverzeichnis vgl. EUCKEN, Werke 14 (s. Anm. 9); hier: 484 (mit der Datierung »[vor November 1923]«); ThULB Jena, Nachlass Rudolf Eucken VI,12 Akten des Sekretariats des Euckenbundes, Verz.-Nr. 6.2 (3–19); hier: 6.2 (4): »<u>Mitglieder</u> des <u>Euckenbundes</u> nach <u>Städten</u> eingetragen. 1922«; für eine Beschreibung im Nachlassverzeichnis vgl. EUCKEN, Werke 14 (s. Anm. 9); hier: 484.

281 Vgl. TH. KNOLLE an R. Eucken, 1. Februar 1918, handschriftlich in: ThULB Jena, Nachlass Rudolf Eucken I,15, K. 410; aufgeführt im Nachlassverzeichnis vgl. EUCKEN, Werke 14 (s. Anm. 9), 138; aaO., Bl. 1ʳ.

282 Vgl. aaO., Bl. 1ᵛ.

283 Ebd.

Das Vorgehen mochte von Pragmatik bestimmt gewesen sein; die Formulierung der »geistigen Führung« berührte sich jedoch eng mit Euckens Selbstverständnis und bietet – bei allen Unterschieden, die gerade für Jena und Wittenberg bezeichnend sind – ein weiteres Bindeglied zwischen der Luther-Gesellschaft und dem Eucken-Bund. Immerhin einmal kam es zur persönlichen Teilnahme eines Wittenbergers an einem der Jenaer »Luther-Besprechungsabend[e]«. Die zweite und vorletzte Veranstaltung besuchte Knolle. Er eröffnete den Abend, indem er als »Geschäftsführer der Luther-Gesellschaft [...] ein in diesen Tagen von Jena aus versandtes Werbe=Rundschreiben« verlas.

> Es knüpfte sich eine kurze Erörterung an den in dem Rundschreiben gewählten Ausdruck Luther=Offiziere, den einige der Anwesenden ersetzt zu sehen wünschten durch eine andere Bezeichnung. Als solche wurde dann vorläufig und unverbindlich das farblosere Wort ›Lutherfreunde‹ angenommen.[284]

Das aus der Ortsgruppe stammende Protokoll verdeutlicht, dass die Unzufriedenheit spätestens nun auch Jena erreicht hatte und die Bereitschaft Euckens zu einer kollegial abgestimmten und sachlich austarierten Kooperation begrenzt war. In Anbetracht des ideellen, für das Überleben der Menschheit essentiellen und darin zutiefst humanen Kulturkrieges, den Eucken zu führen gedachte, mag dies nachvollziehbar und in der Konsequenz eines Rückzugs aus dem operativen Geschäft der Luther-Gesellschaft verständlich sein. Seine Truppen mobilisierte Eucken fortan auf anderen, direkteren Wegen.

IV Schluss

Zusammenfassend sind die drei Perspektiven »Luthertum«, »Kriegsdynamiken« und »Eucken und Luther« mit Blick auf die Gründung der Luther-Gesellschaft zu bündeln. Ich formuliere dazu drei Thesen. Die erste These trägt einen zurückblickenden Charakter auf die Jahre bis 1918; die zweite nimmt die Jahre 1917 sowie 1918 näher in den Blick, bevor die Schlussthese nach Impulsen und Personalkonstellationen fragt, die schon

---

284 S. oben Anm. 264.

im Gründungsjahr vorhanden waren und für die Folgezeit prägend werden sollten.

1. *Eucken mochte weder in seiner Selbst- noch zahlreichen Fremdzuschreibung als Lutheraner angesehen worden sein – und dennoch konnte er weite Teile eines deutschen Luthertums repräsentieren.* So wenig Selbstzuschreibungen als Lutheraner sich bei Eucken finden lassen, so deutlich identifizierte er sich doch mit Luthers freiem Bekennermut, seiner geistigen Größe, der nationalen Verbundenheit und dem gemeinsamen Kampf um eine dem eigenen Wesen entsprechende Religion. Das daraus erwachsende Lutherbild ist weithin anschlussfähig an den »deutschen Luther«, der die populäre Publizistik der Kriegsjahre bestimmt. Politisch bewegte sich Eucken in einem nationalkonservativen Spektrum, das ihn mit Seeberg verband, mit dem er auch persönlich korrespondierte.[285] Theologisch nahm er sich liberaler Positionen an, erhob jedoch den Anspruch einer eigenen, parteiübergreifenden Perspektive. Für zeitgenössische Missouri-Lutheraner war es 1918 einfach, über Eucken und Harnack gleichermaßen zu urteilen: »Diese Männer sind beide keine Lutheraner, sind auch nie solche gewesen. Sie sind Feinde der rechtgläubigen Theologie und gehören zur preußischen Unionskirche. Eucken ist in Jena nicht Professor der Theologie, sondern der Philosophie.«[286] Die konfessionellen Selbst- und Fremdzuschreibungen decken sich durchaus; dessen ungeachtet konnte Eucken sowohl für positive wie liberale Theologen und kirchlich sozialisierte wie kirchenferne Bevölkerungsschichten zu einer Identifikationsfigur werden. Ein Autor wie Hans Pöhlmann verdeutlichte dies schon 1903, als er *Rudolf Euckens Theologie mit ihren philosophischen Grundlagen* gerade in ihrer Offenheit als zukunftsweisend ansah: »Rechnen wir uns also getrost mit *Eucken* zu den

---

285 Vgl. dazu U. DATHE, Der Nachlaß Rudolf Euckens. Eine Bestandsübersicht (ZNThG 9/2, 2002, 269–301), 301. Zu dem Nachlass vgl. nun umfassend U. DATHE, Nachlassverzeichnis (in: EUCKEN, Werke 14 [s. Anm. 9]); hier: 211; vgl. weiter BESSLICH, Wege (s. Anm. 10), 84.101. Zusammenfassend dazu vgl. das Schriftenverzeichnis in EUCKEN, Werke 13 (s. Anm. 9), 216, Nr. 1028.

286 E. P., Zur kirchlichen Chronik. [Beginn:] »Beweist nicht der lutherischen Kirche Vollkommenheit« (Der Lutheraner, hg. v. der Deutschen Evangelisch-Lutherischen Synode von Missouri, Ohio u.a. Staaten, 74/6, 12. März 1918, 99). Der Berichterstatter schließt sich darin wohlwollend dem Urteil eines weiteren Periodikums, des »United Presbyterian«, an.

Suchenden!«[287] Auch wurde Eucken in der *Theologischen Literaturzeitung* von 1879 bis 1925 mit nicht weniger als 34 Rezensionen besprochen.[288] Kritische Monographien von Theologen zu Eucken, darunter eine Gießener Dissertation von 1920, finden sich vergleichsweise spät.[289] Für die Jahre zwischen 1914 und 1918 ist nochmals zu betonen, dass konfessionelle Selbst- und Fremdzuschreibungen gegenüber nationalen Identitätsmustern massiv zurücktraten, womit ein deutsches Luthertum auch weniger profiliert begegnete als in der Vor- und Nachkriegszeit.

2. *Die Anregung zur Gründung einer Luther-Gesellschaft ergab sich aus kontingenten Jubiläums- und allgemeinen Zeitdynamiken.* Die Idee, Eucken für das Novemberheft der Kriegsausgabe des *Kunstwart* anzufragen, mag nahegelegen haben. Der Herausgeber Avenarius bezog erkennbar Personen ein, die mit ihm im Gesamtvorstand des Dürerbundes zusammenarbeiteten: Zu diesen zählte mit Eucken, Troeltsch, Rosegger und Mumbauer fast die Hälfte der betreffenden Autoren.[290] Euckens Beitrag war von einer grundsätzlichen Kulturkritik bestimmt, in diesem Fall: der Jubiläumskultur, die er jedoch konstruktiv umzudeuten versuchte. Sein erster Impuls blieb der Kritik verhaftet, indem er die »Lutherforschung« für unfähig erklärte, ein angemessenes Lutherbild zu popularisieren,[291] und den Vertretern einer kirchlichen oder akademischen Theologie vorwarf, im kritiklosen Anschluss an Luther unzeitgemäße Inhalte zu verbreiten.[292] Der Gedanke zur Gründung einer Luther-Gesellschaft kam Eucken erst im

---

287 H. Pöhlmann, Rudolf Euckens Theologie mit ihren philosophischen Grundlagen, 1903, 92. Zu Euckens zeitnaher und späterer Korrespondenz mit Pöhlmann vgl. Graf, Eucken (s. Anm. 158), 73f mit Anm. 83; 79 mit Anm. 110; 80 mit Anm. 114–117; 83 mit Anm. 130f. Für eine Übersicht der von Graf erschlossenen Pöhlmann-Korrespondenz vgl. das Schriftenverzeichnis in Eucken, Werke 13 (s. Anm. 9), 213f.

288 Im Einzelnen vgl. dazu die hervorragende Recherchemöglichkeit: http://www.thlz.com/recherche/.

289 Vgl. dazu H. Simon, Die erkenntnistheoretische Grundlegung der Metaphysik Rudolf Euckens, 1920.

290 Für die Autoren insgesamt s. oben Anm. 191; zu den im Haupttext benannten Vorstandsvertretungen vgl. für das Jahr 1912 Kratzsch, Kunstwart (s. Anm. 148), 463 (Eucken).466 (Troeltsch).465 (Rosegger und Mumbauer).

291 S. oben Anm. 193.

292 S. oben Anm. 195.

Nachgang.[293] Mit dem betreffenden Aufruf wählte er eine andere, integrativere und weniger konfrontative Strategie, die er auch in seinen Folgepublikationen beibehielt. Ein Geniestreich war die Veröffentlichung im *Kunstwart* jedoch nicht. Sie verdankte sich einer anlassbezogenen Verlags- oder Herausgeberanfrage und ergab sich mit einem gewissen zeitlichen Verzug aus einer Jubiläumsmiszelle. In der Literatur begegnet häufig die Annahme, der Dürerbund habe »300 000« Mitglieder umfasst.[294] Die Zahl bietet auch die einschlägige Dissertation von Kratzsch. Vor diesem Hintergrund könnte man die publizistische Genialität von Eucken preisen. Die Zahl ist jedoch falsch.[295] Überprüft man die zeitgenössischen Angaben, auf die sich Kratzsch bezieht, stellt man eine fehlerhafte Quelleninterpretation fest. Avenarius erhob nie den Anspruch, der Dürerbund besitze eine entsprechende Anzahl von Mitgliedern; aufgrund des »Eintritt[s] großer Verbände« meinte er nur, »im Namen von mehr als 300000 deutschen Kulturfreunden« sprechen zu dürfen, womit er sich auf korporativ angeschlossene Mitglieder bezog. Die Zahl der Einzelmitglieder betrug »im ersten Weltkrieg« »etwa 8000«.[296] Der *Kunstwart* selbst erschien 1912 »in einer Auflage von 20–22 000« Exemplaren.[297] Dass Eucken seine Anregung einer Luther-Gesellschaft hier veröffentlichte, verdankt sich keinem publizistischen Kalkül, sondern einem kontingenten äußeren Vorgang.

Zu den zeitspezifisch allgemeinen und für Euckens persönliches Engagement bezeichnenden Entwicklungen zählt sein publizistisches Eintreten für eine dem Wesen des Menschen und der Nation entsprechende Religionskultur. Bevölkerungsstatistisch ist zu bemerken, dass nach der allgemeinen Volkszählung von 1910 knapp 65 Millionen Menschen im

---

293 Für die konkreten Umstände vgl. Rhein, Wittenberg (s. Anm. 155), 19.
294 Vgl. Kratzsch, Kunstwart (s. Anm. 148), 336 mit Anm. 12.
295 Vgl. ebd. mit F. Avenarius, Zum vierundzwanzigsten Jahrgang (Der Kunstwart. Halbmonatsschau für Ausdruckskultur auf allen Lebensgebieten 23/24, September 1910, 423 f), 424. Entsprechend differenziert vgl. auch Anon., Einige Zahlen über die Verbreitung (aaO. 25/24, September 1912, 428 f), 429: »Dem Dürerbund sind gegenwärtig 335 Vereine angeschlossen, mit denen zusammen er mehr als 300 000 Deutsche vertreten dürfte.«
296 Kratzsch, Kunstwart (s. Anm. 148), 336.
297 Anon., Einige Zahlen (s. Anm. 295), 428.

Reich lebten;[298] 1916 sank die Zahl auf gut 62 Millionen.[299] Die Gebietsver-
luste nach 1918 betrafen nach zeitgenössischer statistischer Wahrnehmung
»rund 6 Millionen Bewohner«.[300] Betrachtet man die Konfessionswechsel
in Deutschland, ist bezeichnend, dass zwischen 1910 und 1918 jedes Jahr
etwa zehn mal mehr Katholiken in evangelische Landeskirchen eintraten
als evangelische Christen zum Katholizismus konvertierten.[301] Die absoluten Zahlen nehmen in den Kriegsjahren ab und sinken von ca. acht- auf
etwa fünftausend pro Jahr.[302] Dem stehen jedoch die Kirchenaustritte entgegen. Vor dem Kriegsbeginn bewegten sich diese auf einem hohen Niveau
von ca. 20 Tausend pro Jahr, die sich schon mit dem ersten Kriegsjahr auf
ein knappes Zehntel reduzierten.[303] Die Kirchenaustritte stiegen während
des Krieges jedoch wieder stetig an und explodierten in der Nachkriegszeit.
Allein Berlin verzeichnete 1919 mehr als 30 Tausend Austritte aus evangelischen Kirchen und Leipzig fünftausend.[304] Die Gründung der Luther-Gesellschaft fällt in genau diese Zeit. Euckens Eintreten für die Religion und
ein zeitgemäßes Christentum verband sich mit seiner Identifizierung von
Luther mit dem zentralen deutschen Heros einer religiösen Autonomie, deren gesellschaftliche Form erst noch zu finden sei. Die Luther-Gesellschaft
lieferte ihm ein Instrument, um alternative Formen und Formate religiöser
Kulturpflege – auch im Vergleich mit und in Konkurrenz zu Weltanschau-
ungs-Bünden[305] – praktisch zu sondieren.

298 Vgl. dazu D. SCHNEIDER, Kirchliche Statistik (KJ 47, 1920, 66–153), 79.
299 Vgl. ebd.
300 AaO., 84.
301 Vgl. aaO., 131.
302 Vgl. ebd.
303 Vgl. aaO., 138.
304 Vgl. aaO., 139.
305 Für Euckens frühere und spätere organisatorische Unternehmungen, einschließlich des
    Eucken-Bundes (s. dazu u.a. oben Anm. 139 und 243), vgl. DATHE, Krieg (s. Anm. 65),
    57. Eine instruktive Übersicht zu weiteren Vereins- und Bundbildungen im Jenaer Um-
    feld Haeckels bietet H. WEBER, Monistische und antimonistische Weltanschauung. Eine
    Auswahlbibliographie (Ernst-Haeckel-Haus-Studien. Monographien zur Geschichte der
    Biowissenschaften und Medizin 1), 2000, 4–9.14.18f. Vermuten ließe sich, dass – bei
    aller Freundschaft im persönlichen Umgang zwischen Eucken und Haeckel – der Eu-
    cken-Bund auch eine vereinsorganisatorische Antwort auf das evolutionäres Denken
    verbreitenden Monistenbund darstellt. Einen Anhaltspunkt für diese Annahme liefert

3. *Die Luther-Gesellschaft stand von Anfang an einer Vielfalt von Impulsen, Initiativen und Interessenten offen.* Die Festschrift zum Jubiläum der Luther-Gesellschaft betont zu Recht, dass es neben Eucken auch andere »Mitbegründer«[306] gab, für die Stefan Rhein aufschlussreich und anschaulich auf die Wittenberger Bürger und kirchlichen Amtsträger abhebt. Archivalisch lässt sich dies bestätigen und vertiefen: So geht die schon frühe Kontaktaufnahme und Abstimmung mit dem »Verein für Reformationsgeschichte« auf eine Anregung Julius Jordans und eine briefliche Vermittlung Knolles zurück.[307] Knolle brachte auch die Anregung ein, »die Kreise der Bibliophilen für die Sache zu interessieren und dadurch Geldmittel zu gewinnen« sowie »[zwecks] volkstümlichen Wirkens der Gesellschaft [...] an Aufführungen guter Luther=Festspiele [zu] denken.«[308] Zugleich sind neben Eucken und den Wittenbergern noch weitere Akteure zu benennen. Schon zu Beginn, bei der Gründungversammlung vor einhundert Jahren, gab es eine Achse zwischen Reinhold Seeberg, Hans Lietzmann und Karl Holl,[309]

die Korrespondenz des Eucken-Bundes, die belegt, wie früh – vor dem 8. Januar 1920, auf den das erste einschlägige Dokument datiert – mit dem Kepler-Bund, der sich gegenüber dem Monistenbund formiert hatte, eine Kooperation sondiert wurde. Bezeichnenderweise war es der Eucken-Bund, der eine organisatorische Unabhängigkeit bevorzugte, indem er Doppelmitgliedschaft anregte (s. dazu das Schreiben vom 18. Januar 1920); der Kepler-Bund reagierte inhaltlich entsprechend mit einem »Aufruf und [einer] Mitteilung« an seine Mitglieder, die gezielt auf die bestehenden Ortsgruppen des Eucken-Bundes verwiesen. Archivalisch vgl. dazu ThULB Jena, Nachlass Rudolf Eucken VI,12 Akten des Sekretariats des Euckenbundes, Verz.-Nr. 6.2 (3–19); hier: 6.2 (15); für eine Beschreibung im Nachlassverzeichnis vgl. EUCKEN, Werke 14 (s. Anm. 9); hier: 486 (»Keplerbund. Schriftgut betreffend die Beziehung des Euckenbundes zum Keplerbund 1920«).

306 RHEIN, Wittenberg (s. Anm. 155), 18.

307 Entsprechend s. TH. KNOLLE an R. Eucken (s. Anm. 281): »D. Jordan, mit dem ich sprach, empfahl Fühlungnahme mit den verwandten Bestrebungen wie dem Verein bez. Archiv für Reform[ations]=Geschichte u[nd] dem Corpus Reformatorum zwecks Abgrenzung des Arbeitsgebietes. Würden Sie wohl die Freundlichkeit haben sich mit den betr. Herren in Verbindung zu setzen, für den ersten kommt Geh. Oberkons.-R. D. Kawerau, Berlin, für das zweite Geh. Archivrat Dr. D. Friedeburg, Magdeburg in Betracht, von dem Corpus kenne ich nur den Verlag; M. Heinsius Nachf.[olger]«.

308 Ebd.

309 Zu dem an sich »reservierten Verhältnis« zwischen Holl und Reinhold sowie Erich Seeberg vgl. H. ASSEL, Der andere Aufbruch. Die Lutherrenaissance – Ursprünge, Aporien und Wege: Karl Holl, Emanuel Hirsch, Rudolf Hermann (1910–1935) (FSÖTh 72), 1994,

die auf eine Förderung der akademischen Theologie und des wissenschaftlichen Nachwuchses hinwirkten.[310] Konzeptionell bestimmten auch sie das Programm der Gesellschaft und sahen dafür erhebliche finanzielle Mittel vor. Weitere Kreise und Personen dürften sich in dem damaligen Aufbruch identifizieren lassen, mit dem die Luther-Gesellschaft zu der Größe wurde, die sie heute ist.

19 mit Anm. 10. Nach der im ALGW (s. Anm. 183), 146, verwahrten »Niederschrift zu den Vorstandssitzungen der Luther=Gesellschaft« wirkten Holl und Lietzmann seit dem 9. Oktober 1918 im Beirat der Luther-Gesellschaft; s. aaO., 6: »In den Beirat werden gewählt die Herren [...] v. Hase, Holl, Loofs, Berger, Lenz, Buchwald-Rochlitz, Lietzmann-Jena, Mosapp.«

310 Vgl. dazu Hans Lietzmann an Reinhold Seeberg, 26. Februar 1919 (in: Glanz und Niedergang der deutschen Universität. 50 Jahre deutscher Wissenschaftsgeschichte in Briefen an und von Hans Lietzmann (1892–1942), hg. v. K. ALAND, 1979, 410f, Nr. 418), 411: »Unsere Pläne für die Evangelische Studentenstiftung sind natürlich nun auch zur Ruhe gekommen. Ich war zur Gründungsversammlung der Luthergesellschaft in Wittenberg – Holl wird Ihnen davon wohl gesprochen haben – und habe dort die Aufnahme unseres Planes in das Programm der Gesellschaft mit Erfolg vertreten. Sobald also die Gesellschaft mal wieder sich regen kann – ich arbeite mit Holl Hand in Hand – dürfte auch diese Frage endgültig geklärt werden. Dann könnte die bereits gesammelte Summe speziell für unsern Zweck der Luther-Gesellschaft überwiesen werden.« Zu dem Hintergrund vgl. aaO., 1085, Kommentar zur Nr. 418 und Hans Lietzmann an Reinhold Seeberg, 15. Juli 1917 (in: aaO., 387f, Nr. 379).

Das Gewissen als Weg zur Religion

Die Spur von Karl Holls Lutherdeutung

Von Dietrich Korsch

Am 31. Oktober 1917 hielt der Berliner Kirchenhistoriker Karl Holl die Festrede auf der Reformationsfeier der Königlichen Friedrich-Wilhelms-Universität zu Berlin unter dem Titel: »Luthers Auffassung der Religion«. Sie erschien selbständig und leicht überarbeitet im selben Jahr als Separatdruck unter dem Titel *Was verstand Luther unter Religion?* und wurde dann in den 1921 erschienenen Sammelband von Holls Luther-Aufsätzen aufgenommen, in dessen zweiter und dritter Auflage 1923 sie schließlich auf einen Umfang von 110 Seiten anwuchs.[1]

»Was verstand Luther unter Religion?« Der Titel mutet anachronistisch an, denn die Frage nach ›Religion‹ hätte nicht in Luthers eigenem Sinn gelegen. Vielmehr sind es die Erfordernisse der auf die Reformation folgenden Moderne, also der Aufklärung des 18. Jahrhunderts und des Historismus des 19. Jahrhunderts, die nach einer Antwort auf die Frage nach der Eigenart von ›Religion‹ bei Luther suchen lassen.

Schon der Titel des Aufsatzes gibt also den methodischen Zugang zu erkennen, dem Holl folgt, und lässt die inhaltliche Zuspitzung ahnen, auf die seine Ausführungen hinauslaufen: Wenn man sich aus der modernen Perspektive auf Luther zurückbesinnt, dann bekommt man dort einen grundlegenden Begriff von Religion geboten; einen, der nicht nur den neuesten

---

1 Eine hervorragende Analyse der Umstände von Holls Rede findet sich jetzt bei Ch. Nottmeier, »Eine Lutherrede in der Zeit des Burgfriedens«. Karl Holls Reformationsrede »Was verstand Luther unter Religion?« von 1917 im theologischen und zeitgeschichtlichen Kontext (ZThK 115, 2018, 156–184).

Anforderungen an Religion standhält, sondern sie gleichsam überholt und korrigiert.

Es ist diese Verknüpfung von aktueller Frage und genauer historischer Forschung, die Holls Luther-Deutung ausgezeichnet haben; nicht ohne Grund sieht man in ihm den herausragenden Vertreter der sog. »Luther-Renaissance«, die eben alles andere als ein bloßes Revival eines spätmittelalterlich-frühneuzeitlichen Theologen darstellt.[2]

Wenn man sich heute, 2018, auf die nun einhundert Jahre zurückliegende Luther-Interpretation Holls bezieht, muss man die Frage aufwerfen, ob Holls methodisches Verfahren immer noch trägt. Holl hatte die Wahl des Titels für seinen Aufsatz damit begründet, dass es nicht mehr theologische Einzelfragen sind, die die Öffentlichkeit beschäftigen, sondern dass die Grundfrage nach dem Ganzen der Religion gestellt wird. Dieser Herausforderung müssen wir uns unter heutigen Bedingungen annehmen.

I Wozu Religion?

Wenn man sich die möglichen Antworten auf diese Frage vor Augen stellt, dann bewegen sie sich heute zwischen zwei Extremen. Auf der einen Seite wird gesagt: Religion hilft zum Leben. Und das auf verschiedene Weise. Erstens dient Religion als Verstärker für ein sittlich anständiges Leben, das nicht allein aus eigener Anstrengung zu erringen ist; zweitens fügt sie das Leben in einen übergreifenden Sinnhorizont ein und vermag darum Trost für alle Bedrängnisse zu stiften, die sich aus der Erfahrung der menschlichen Endlichkeit ergeben. Auf der anderen Seite steht die Überzeugung, dass die Religion von den eigentlichen Aufgaben und Freuden des Lebens ablenkt. Weder nimmt sie die Situation ernst, dass wir ein Teil des umfassenden Lebens sind, noch nimmt sie die Möglichkeiten wahr, die unser endliches Leben bietet.

Lebenssteigerung – oder Lebensminderung: das ist die Alternative. Lebensdienlichkeit: damit wird für Religion geworben; Lebensfeindschaft: damit wird vor Religion gewarnt. Diese Debatte durchzieht nicht nur die Öffentlichkeit der Gesellschaft, sie findet ihren Ort auch in den Kirchen.

---

2 Vgl. H. ASSEL, Der andere Aufbruch. Die Lutherrenaissance – Ursprünge, Aporien und Wege: Karl Holl, Emanuel Hirsch, Rudolf Hermann (1910–1935) (FSÖTh 72), 1994.

Wer glaubt, lebt besser, womöglich sogar: länger. Oder aber: Wer religiös ist, verdirbt sich den Spaß am Leben.

Für diese widersprüchlichen Urteile gibt es freilich eine gemeinsame Grundlage, nämlich die Verbindung von Religion und der Vorstellung von gutem Leben. Was freilich gutes Leben ausmacht, das ist damit noch nicht gesagt. Vielmehr hängen die Auffassungen über Religion von Voreinstellungen über das Leben ab; zugespitzt müsste man sagen, dass sie in aller Gegensätzlichkeit demselben Muster folgen, nämlich Religion als eine nützliche oder schädliche Begleiterscheinung des Lebens zu verstehen. Religion ist ein Epiphänomen des Lebens – und darum wie das Leben selbst den Gesetzmäßigkeiten unterworfen, die für alles Leben gelten. Diese aber werden heutzutage wesentlich aus einer evolutionären Perspektive gedeutet. Das Leben will sich selbst fortsetzen – und nimmt in Gebrauch, was ihm dient. Das Schicksal der Religion entscheidet sich im Prozess der Evolution. Insofern finden heute diejenigen die stärkste Resonanz, die diesen Zusammenhang einschärfen. Die Vorstellung, Religion verdanke sich einem eigenen Recht, erscheint demgegenüber als ein evolutionär noch unaufgeklärtes Vorurteil traditioneller Herkunft.

»Was verstand Luther unter Religion?« fragte Karl Holl 1918, und er wollte Luthers Sicht der Religion in die aktuelle Debattenlage seiner Zeit einführen. Lässt sich Holls Absicht auch heute noch erfolgreich durchführen? Das hängt von zwei Faktoren ab; einmal davon, wie tiefgreifend Holls Rekonstruktion der Theologie Luthers angelegt ist; sodann, wie man den Zusammenhang zwischen der geistigen Lage um 1918 und heute beurteilen muss.

Wir wenden uns zunächst der Luther-Darstellung Holls zu, die sich nicht nur durch einen souveränen historischen Zugriff auf die Quellen, sondern darüber hinaus durch eine nicht minder ausgeprägte systematische Urteilsperspektive auszeichnet. Als Ausgangspunkt kann uns Holls Formulierung dienen, auf die er in der längeren Aufsatzfassung seines Vortrags seine These bringt: »Luthers Religion ist *Gewissensreligion* im ausgeprägtesten Sinne des Worts.«[3] Was hat es, demnach, mit dem Verhältnis

---

3 K. HOLL, Was verstand Luther unter Religion (in: DERS., Gesammelte Aufsätze zur Kirchengeschichte. I. Luther, [4 und 5]1927, 35).

von Gewissen und Religion auf sich – und inwiefern erörtert Luther dieses Verhältnis im ausgeprägtesten Sinn?

II Luthers Gewissensreligion

a) Kants Gewissensreligion

Für Holls Zeitgenossen drängte sich beim Stichwort ›Gewissen‹ zweifellos die Perspektive Immanuel Kants auf, und in der Tat stoßen wir auch bei Kant auf ein sehr enges Verhältnis von Religion und Gewissen. Wir heute müssen uns diesen Zusammenhang erst einmal gründlicher vor Augen führen.

Kant hatte ja, wie wir wissen, das menschliche Wesen zweistämmig aufgefasst, geprägt durch Natur und Vernunft, aber darin so verfasst, dass es die Besinnung auf die Leitlinien der Vernunft ist, die die Menschen zu sich selbst bringt. Die Argumente im Hintergrund sind ganz klar. Einerseits sind alle Menschen in den großen Kreislauf der Natur eingebunden. Ihr Körper besteht aus natürlichem Stoff, er entsteht und vergeht, wie alles in der Natur. Diese Verflochtenheit ist aber nicht nur äußerlich, sie spiegelt sich gleichsam im Inneren. Denn wenn der menschliche Organismus überleben soll, muss er sich in seiner Umwelt, genauer: in wechselnden Umwelten, steuern können. Dazu bedarf es einer instinktiven Wahl des jeweils nützlichen, das Leben fördernden Verhaltens. Die Organisation unserer Sinnlichkeit, unser Wahrnehmen und die damit verbundenen Reaktionen von Lust und Unlust, geben den Takt für dieses Verhalten vor, und unsere bewussten Handlungsweisen neigen dazu, diesen Impulsen zu folgen. Allerdings, so meinte Kant, wird damit, wenn wir uns allein dieser Sicht- und Handlungsweise überlassen, ein wichtiges Moment unseres Lebens unterschlagen. Denn wenn wir uns nur in diesen Mechanismus einfügen, dann übersehen wir, dass wir unseren Handlungen ja immer auch zustimmen. Zustimmen aber ist etwas anderes, ist mehr als nur zu reagieren. Es gibt daher, so könnte man sagen, eine Unterbrechung des Reiz-Reaktionsschemas; und diese Unterbrechung ist nicht nur eine neuronale Phasenverzögerung zwischen aufnehmender Wahrnehmung und aktiver Äußerung, sondern ist mit einem Bewusstsein verbunden, das ein Urteil erlaubt. Denn Zustimmen, das kann nur auf einem Urteil beruhen.

Wenn wir uns also nun auf dieses Phänomen beziehen, das wir ganz schlicht an uns selbst entdecken, dann geraten wir in eine neue Situation der Besinnung auf uns selbst. Denn dann müssen wir uns fragen, worauf wir denn unser Urteil über das jeweils richtige Handeln gründen wollen. Dass wir es nicht vom einfachen Lauf der Natur herleiten können, liegt zunächst auf der Hand. Denn ›richtig‹ ist ein Handeln nur dann, wenn wir es in Übereinstimmung mit uns selbst ausüben. Dazu müssen wir aber etwas Beständiges in uns annehmen, und das ergibt sich gerade nicht aus der Natur, in der sich alles immer ändert. Wir müssen vielmehr so etwas wie eine Beharrlichkeit unserer selbst ausbilden, und das können wir nur, wenn wir in der Reihe unserer Handlungen eine Spur finden oder eine Spur in sie legen können, die es uns erlaubt, unser eigenes Leben als solches empfinden zu können. Anders gesagt: Die Identität unserer selbst baut sich durch das Urteil über unsere Handlungen auf.

Diese unsere Handlungen sind nun aber nicht nur auf die Natur bezogen, sondern, seit unserem ersten Augenaufschlag, auf andere Menschen, mit denen und unter denen wir leben. Da stellt sich das Problem des richtigen Handelns auf einer neuen Ebene. Denn wir haben ja immer schon nicht nur unsere eigene Selbsterhaltung im Blick, sondern berücksichtigen auch das Zusammensein mit anderen. Und nun baut sich auf dieser sozialen Schiene dieselbe Anforderung auf wie im individuellen Leben: Das Menschsein überhaupt gewinnt seine Beständigkeit und seine Zuverlässigkeit nicht aus seiner Natürlichkeit, sondern aus seiner reflektierten Verlässlichkeit, also der sittlichen Verantwortung des Menschseins. Darum müssen wir uns eben, wenn wir unser Handeln planen und beurteilen wollen, am kategorischen Imperativ ausrichten, der die Maxime unseres individuellen Handelns am vorgestellten Allgemeinen ausrichtet, also an dem, was alle Menschen vernünftigerweise wollen können.

Soweit, so gut. Nun kommt aber ein Moment ins Spiel, das wir noch weiter berücksichtigen müssen. Nämlich die Tatsache, dass wir, die wir Urteile über unser Handeln treffen, ja immer noch Menschen sind, die im Naturzusammenhang leben. Wir haben es also nicht nur mit dem moralischen Urteilen zu tun, sondern auch mit der Frage, wie sich denn unsere Handlungen in der empirischen Wirklichkeit ausnehmen; ob sie, ob wir selbst, darin erfolgreich sind, die Sittlichkeit auch unter den Bedingungen der Natürlichkeit durchzuhalten. Da freilich fällt die Beobachtung kritisch aus, denn wir erleben es immer wieder, dass das gute Wollen scheitert, weil sich doch Neigungen und Begierden in den Vordergrund schieben. Dass wir uns so beurteilen, in diesem Zwiespalt, dies macht nach Kant das Gewissen aus. Gewissen ist die unvermeidliche Selbstbeurteilung, der »innere Gerichtshof«, wie Kant sich ausdrückt.[4] Und das Gewissen ist mit unserem Menschsein selbst gegeben. Darum hat jeder Mensch ein Gewissen, und das Urteil des Gewissens stimmt immer. Meist freilich fällt es kritisch, negativ aus.

Dieses Gewissen nun ist zugleich der Ort der Religion. Denn wenn wir sittlich einwandfrei handeln sollen und handeln wollen, dann müssen wir auch erwarten, dass das richtige Handeln erfolgreich ist. Diese Erwartung können wir nicht auf das eigene Handeln gründen, denn das scheitert ja regelmäßig. Als das universelle Symbol des schließlichen Gelingens kann allein Gott in Betracht kommen. Insofern sind Gewissen und Gott auf das engste miteinander verbunden, ineinander verwoben, könnte man sagen. Auch für Kant – sogar für Kant, den kritischen Philosophen – sind Gewissen und Religion miteinander verknüpft.[5] Auch bei Kant finden wir »Gewissensreligion«. Freilich auch schon im »ausgeprägtesten Sinne des Worts«?

b) Luthers Vertiefung der Gewissensreligion

Was wir uns eben in diesen Grundzügen bei Kant klargemacht haben, ist eine Haltung, die sich über Kants eigene Philosophie hinaus im 19. Jahrhundert verbreitet hat, dass nämlich die menschliche Sittlichkeit die Eingangspforte zur Religion ist. Wer sittlich ordentlich leben will, muss religiös sein oder religiös werden. Religion ist eine Funktion der Sittlichkeit, Religion ist also von der Sittlichkeit abhängig. Das setzt aber voraus, dass man sich zur Sittlichkeit – und zwar gerade in dieser von Kant inspirierten

---

4 I. KANT, Die Metaphysik der Sitten. Von der Pflicht des Menschen gegen sich selbst, als dem angebornen Richter über sich selbst (in: Kant. Werke in zehn Bänden, hg. v. W. WEISCHEDEL, Bd. 7, 1968, 303–634) 573; Tugendlehre, § 13: »Das Bewußtsein eines *inneren Gerichtshofes* im Menschen (›vor welchem sich seine Gedanken einander verklagen oder entschuldigen‹) ist das *Gewissen*.« So auch in: Metaphysik der Sitten. Einleitung zur Tugendlehre XII.b.: »Das Gewissen ist die dem Menschen in jedem Fall eines Gesetzes seine Pflicht zum Lossprechen oder Verurteilen vorhaltende praktische Vernunft.« AaO., 531.

5 Vgl. I. KANT, Die Religion in den Grenzen der reinen Vernunft. Von der Wiederherstellung der ursprünglichen Anlage zum Guten in ihre Kraft (in: Kant. Werke in zehn Bänden, hg. v. W. WEISCHEDEL, Bd. 7, 1968, 694–705). Vgl. auch aaO., 859f.

Fassung – verpflichtet weiß. Was Holl nicht explizit thematisiert, wohl aber implizit im Blick hat, ist die Tatsache, dass, ebenfalls im 19. Jahrhundert, andere Formen humaner Sittlichkeit aufgekommen sind und sich verbreitet haben. Diese nehmen ihren Ausgangspunkt bei der Tatsache, bei der unsere kleine Analyse vorhin endete, dass nämlich die eigentlich zu erwartende sittliche Realisierung ausbleibt bzw. auf unabsehbare Zeit verschoben wird. Im Blick auf diese Alternative kann man von einer Krise im Verständnis der Sittlichkeit reden – und genau diese veranlasst Holl, seinen Blick auf Luther noch einmal schärfer einzustellen.

Es ist an dieser Stelle nicht überflüssig, sich einen kurzen Überblick über Holls Reformationsvortrag zu verschaffen, wie er ihn in seiner ausführlichen Form an die erste Stelle seines Luther-Buches von 1921 gestellt hat.[6] Dann kann man nämlich gut sehen, wie es ihm gelungen ist, systematische und historische Perspektiven ineinanderzuschieben.

Die erste wichtige Ausgangsbemerkung besteht darin, Luther auf die Grundlegung von Religion hin zu befragen. Man beachte: Es geht nicht nur um das Christentum, sondern um die Religion überhaupt. Und es geht um eine solche Grundlegung, die sich nicht mehr des Vorlaufs der Sittlichkeit bedient.

Die zweite Voraussetzung Holls liegt darin, Luthers eigene Lebensgeschichte, seine religiöse und intellektuelle Erfahrung, als Schlüssel für seine Theologie zu verwerten. Luther taucht so nicht als akademischer Gelehrter auf, der dies und das an der kirchlichen Lehre verändert hätte, sondern als Individuum, das seine eigene religiöse Erfahrung theologisch verantwortet. Diese Konzentration auf das individuelle Leben ist natürlich nur dann berechtigt, wenn sich die theologisch gefundene Deutung als aufschlussreich für jeden anderen Menschen erweist, also tatsächlich die Grundfrage der Religion beantwortet. Genau das ist Holls Auffassung, »daß Luthers Deutung der Religion, wie sie aus seinem Innersten geschöpft war, so auch den Menschen als Menschen ergreift.«[7] Damit aber gibt er »die Begründung einer ›Autonomie‹, die sich zu der der Aufklärung nicht nur als eine unvollkommene Vorstufe verhält.«[8] Wie ist ein solcher Anspruch nun einlösbar?

---

6 Vgl. dazu auch NOTTMEIER, Eine Lutherrede (s. Anm. 1), 171–177.
7 HOLL, Was verstand Luther unter Religion? (s. Anm. 3), 110.
8 AaO., 109f.

Holls großer Aufsatz ist von ihm selbst in dem ausführlichen Inhaltsverzeichnis des Aufsatzbandes in drei große Abschnitte gegliedert. Der Text beginnt mit einer Darstellung der Religion im mittelalterlichen Katholizismus, um sich dann im zweiten Teil Luthers innerer Entwicklung zuzuwenden. Der dritte und weitaus längste Teil widmet sich der Auffassung Luthers von Religion als Gewissensreligion, die auf den Gottesgedanken ausgerichtet ist, wobei Begründung und Verwirklichung des Gottesverhältnisses unterschieden werden. Man kann nun, und das wollen wir im Folgenden tun, diesen Aufbau als eine systematische Abfolge verstehen.

Das mittelalterliche Religionsverständnis im Katholizismus sieht Holl zwischen einem abstrakten und absoluten Gottesbegriff einerseits und einem vertragsförmigen und menschliches Handeln einschließenden Gottesverhältnis andererseits schwanken. Dadurch wird durchaus die menschliche Anstrengung befeuert, Gott gegenüber etwas für das eigene Heil zu tun, doch wird diese graduelle Anstrengung durch das letztliche Entzogensein Gottes wieder entwertet. Man kann diese Ausgangsstellung, trotz der zeitlichen und religiösen Differenzen, der Struktur nach ohne große Mühe auf das Ergebnis abbilden, das wir an Kants Ethik erzielt hatten. Danach ist Gott das schließliche Symbol der weltlich nicht zu erreichenden Einheit von Sittlichkeit und Glückseligkeit, für uns wird aber immer nur der Unterschied erfahrbar.

In die Falle dieses andauernden Unterschiedes ist nun Luther biographisch geraten. Er hat mit seinem Klostereintritt das anspruchsvolle religiöse Leben eines Mönchs gewählt, mit dem Versprechen, durch einen Lebenswandel nach den evangelischen Räten von Armut, Keuschheit und Gehorsam Gott näher zu kommen – und hat stattdessen das Gegenteil erlebt, dass er sich als Sünder Gott gegenüber in immer größere Verzweiflung fallen sah.

Die besondere Wendung in Luthers biographischem Erleben bestand nun darin, dass er an beidem entschlossen festhielt: an der strengen göttlichen Forderung, das unbedingt Gute zu tun, und der Verfassung des eigenen Lebens, dieses grundsätzlich nicht vollbringen zu können. Naheliegend, ja unvermeidlich ist dann der innere Konflikt zwischen göttlicher Forderung und menschlichem Unvermögen. Man muss das Festhalten an und Ausharren in dieser Lage als individuelle Gabe, als biographische Eigenart Luthers verstehen. Gewiss genährt und angeleitet durch die kirchliche Verkündigung vom strengen Willen Gottes, aber eigentümlich in seiner Konsequenz, aus dieser Situation nicht fliehen zu können und zu wollen. Zu dieser Einsicht, kann man sagen, ist eigentlich jeder Mensch verpflichtet. Denn dieses Urteil, Gottes Willen nicht erfüllen zu können, sondern immer wieder in das eigene Sichselbstwollen zurückzufallen, das zeichnet grundsätzlich jeden Menschen aus.

In dieser Lage zu verharren freilich ist die Bedingung dafür, eine ganz besondere Erfahrung zu machen. Sie stellt sich dann ein, wenn dem in die Verzweiflung geratenen Menschen das Bewusstsein aufgeht, dass auch dies – man muss sagen: gerade dies – eine Situation ist, in die Gott selbst geführt hat. Dann nämlich taucht auf einmal, unerwartbar, die Einsicht auf, dass dem göttlichen Willen, wie er sich in Gottes Gebot fasst, die göttliche Gegenwart zugrunde liegt, mit der er sich dem Menschen zuwendet. Damit differenziert sich sozusagen Gott in seinem Verhältnis zum Menschen. Im Gegenüber zur göttlichen Forderung, die den Menschen verzweifeln lässt, wird Gott selbst, sein Dasein für den Menschen, seine der Forderung vorausliegende Zuwendung, bewusst, auf die der Mensch keinen Anspruch hat. Das bedeutet aber die Wende im eigenen Empfinden, nämlich in der äußersten Tiefe der verzweifelten Gottferne die größte Nähe Gottes zu sich selbst als Sünder zu erfahren.

Was Holl hier beschreibt, ist natürlich nichts anderes als das, was wir in traditionellen Worten, von Luther oft gebraucht, als ›Gesetz und Evangelium‹ bezeichnen. Aber Holls Darstellung besticht durch die innere Logik, mit der er diese Grundworte evangelischer Frömmigkeit einander zuordnet. Er geht nämlich nicht, wie das Luther auch tun kann, von Redeformen der Bibel aus, die nun einmal Forderungen und Zusagen enthalten. Nicht die Autorität der Bibel ist es, die Gesetz und Evangelium verbindlich macht, sondern die Selbsterfahrung des Menschen, der mit sich selbst angesichts der Forderungen an sein Leben umgehen muss. Ohne die Verpflichtung zur Sittlichkeit würde auch die religiöse Erfahrung in der Luft hängen. Man muss sich als Mensch in seiner Verantwortlichkeit ernst nehmen, um überhaupt in die Situation zu geraten, es ernsthaft mit Gott zu tun zu bekommen. Ist das nun nicht auch so etwas wie ein konstitutiver Vorlauf der Sittlichkeitsverpflichtung für den Zugang zur Religion? So könnte es aussehen – und es verhält sich doch anders. Diesem Aspekt wenden wir uns jetzt zu.

Dazu betrachten wir zunächst noch einmal die Situation der sittlichen Pflicht. Ihr unterliegt jeder Mensch. Aber ihr ist auch ein zweites Ziel, ob ausgesprochen oder verschwiegen, eingeschrieben, nämlich die humane Selbsterhaltung. Als leiblich-sinnliches Lebewesen will der Mensch sich erhalten; das ist sein natürlicher Antrieb. Nun lässt sich dieser Antrieb – als spezifisch menschlicher – freilich nur so verwirklichen, dass er sich sittlich verantwortbarer Mittel bedient. Dass es nun jedoch stets zu dem uns bekannten Konflikt zwischen Sollen und Vollbringen kommt, hat damit zu tun, dass auch in der sittlichen Verpflichtung immer noch das Moment der unmittelbaren Selbsterhaltung lebendig ist. Die ist nun keineswegs einfach ein fremder, aus der Natur stammender Einfluss. Der natürliche Impuls der Selbsterhaltung ist vielmehr in die innere Verfassung des menschlichen Willens eingegangen als moralische Selbstsucht. Und wenn es dann zu einem Verfehlen des Guten kommt, wie wir es stets erleben, dann ist es am Ende diese in unser eigenes Urteilen übergegangene Selbstsucht, die uns das Schlechte zu realisieren anstiftet.

Wenn wir in der Einsicht so weit vorangeschritten sind, dann liegt der entscheidende Schritt nicht mehr fern. Er besteht darin, dass uns aufgeht: Diese Situation, in der wir uns befinden, ist nicht einfach das mehr oder weniger zufällige Resultat unseres Daseins in der Welt, auf das wir nun irgendwie reagieren müssen – noch am besten auf dem Weg der Sittlichkeit, auch wenn sie am Ende kraftlos bleibt. Sondern dass wir uns in dieser Lage vorfinden, das geht auf ein unserem natürlichen Dasein zugrundeliegendes Verhältnis zu Gott zurück, der uns in seiner Forderung angesprochen hat und anspricht. Denn das Selbstsein, das wir sittlich als Selbstsucht erfahren, ist ja selbst nicht Ursprüngliches, sondern das Resultat und Abbild der Beziehung Gottes zu uns. Gott als unser ursprüngliches Gegenüber hat uns in unserem Selbstsein gegründet; nur darum sind und bleiben wir ihm auch in unserem weltlichen Sein verbunden, mit dem wir auf seine Anrede uns gegenüber reagieren.

An dem Ort, an dem sich unser eigenes Unvermögen erwiesen hat – und zwar nicht nur hier und da und zufälligerweise, auch nicht aufgrund unserer natürlichen Erdenschwere, sondern aufgrund der in allem Handeln mitlaufenden und bestimmenden Selbstsucht – an diesem Ort tut sich die wahre Reichweite des Gottesverhältnisses auf. Gott liegt am Grund auch des Sollens, und das Verhältnis zu ihm wird durch unsere Selbstbezogenheit, die sich in unserem Handeln als Selbstsucht ausprägt, nicht aufgelöst.

Daraus aber ergibt sich eine neue Sicht auf das menschliche Dasein – im Blick auf Gott und im Blick auf uns selbst.

Das Verhältnis zu Gott wird dann nämlich als absolut grundlegend aufgefasst. Bei Kant hatten wir gesehen, dass für ihn, wie überhaupt für die Aufklärung, das Naturverhältnis des Menschen die große Herausforderung für die Sittlichkeit darstellte. Zweifellos ist für Kant nicht die natürliche Situation der Geburtsort der sittlichen Reflexion und des urteilenden Gewissens, aber man wird auch nicht mehr darüber sagen können, als dass die Natur- und die Vernunft-Seite des Menschen ihn zugleich prägen. Das ist für Luther, nach Holls Interpretation, anders. Hier tritt Gott nämlich als absoluter Grund ein. Und zwar so, dass diese Absolutheit nicht nur behauptet wird, auch nicht aus den lebensweltlichen Umständen des Menschen erschlossen werden kann. Gott kommt gerade am Ort humanen Lebens so ins Spiel, dass er die humane Selbsterfahrung neu strukturiert. Gottes Absolutheit wird nicht unmittelbar zugänglich, sondern als Kritik der menschlichen Vermittlungsversuche zwischen Natur, Vernunft und Gott. Darum, so kann Holl Luther interpretieren, ist das Verhältnis zu Gott »Pflicht«. Es handelt sich ersichtlicherweise nicht um eine moralische Pflicht, wie man das für Kant sagen könnte, sondern um eine existentielle Pflicht. Schon mit dem ersten Augenaufschlag, schon vor jedem anfänglichen Handeln, ist das Verhältnis zu Gott im Spiel.[9]

Dieser Rang des Gottesverhältnisses spiegelt sich nun auch im Menschen selbst. Um das genau zu verstehen, müssen wir noch einmal auf die Situation zurückblicken, in der es zur neuen Erkenntnis Gottes kam. Was dort zugrunde lag, war die Einsicht in das eigene Unvermögen zum Guten; nicht nur aus mangelnder Kraft, sondern entscheidend aufgrund des von Selbstsucht bestimmten Willens. Das war eine Einsicht, die von jedem Menschen verlangt werden kann. Damit sind aber auch alle Möglichkeiten des Menschen ausgereizt. Noch die ätherischste Fassung humaner Sittlichkeit wird das Moment der Selbstsucht, sublimiert bis in höchste Höhen, nicht los. Fast könnte man sagen: Je erdenferner sich ein Konzept der Sittlichkeit versteht, um so ungeschminkter setzt sich in ihm das Sichwollen

9 Vgl. aaO., 52f.

durch. Demgegenüber kommt das Gottesverhältnis nicht und niemals als bloße Ergänzung und Verstärkung des Selbstverhältnisses in Betracht. Gott kommt vielmehr als reines Gegenüber ins Spiel. Selbstverständlich nicht als sinnlich Gegebenes, viel stärker, stattdessen: als dasjenige Gegenüber, das das menschliche Selbstsein erst zu sich kommen lässt. Die menschliche Position gegenüber Gott: das ist das, was nach Holls Lutherdeutung das Gewissen ausmacht. Und das ist ein großer Unterschied zu Kant. Denn für Kant ist sozusagen Gott im Gewissen mitgegeben. Es gibt schon immer diese Idee. Ihrer bedarf der Mensch, um an seiner Sittlichkeit nicht zu verzweifeln. Bei Luther dagegen ist das Gewissen zunächst und grundlegend der Ort des Gottesverhältnisses; erst aus dem Gottesverhältnis ergeben sich dann das Selbstverhältnis und Weltverhältnis und die Sittlichkeit, die beides ins Verhältnis zueinander setzt. Das ist nun tatsächlich eine entscheidende Vertiefung des Gewissensbegriffs. Luthers »Gewissensreligion« ist nur so Gewissensreligion »im ausgeprägtesten Sinne des Worts«.

Es muss jetzt noch darum gehen, die Konsequenzen dieses Religionsverständnisses für das Gottesverständnis und seine theologischen Bestimmungen sowie für das menschliche Leben zu skizzieren, nach innen wie nach außen, im Blick auf das eigene Glauben und Denken und im Blick auf die soziale und natürliche Welt.

Dem Grundgedanken der Absolutheit Gottes, die sich in der Kritik des sündigen Menschen als grundlegend erweist, vermag Holl wichtige theologische Gedanken Luthers systematisch zuzuordnen, die – sonst manchmal argwöhnisch beurteilt – in dieser Betrachtung eine hohe Geschlossenheit gewinnen. Ich hebe drei Motive heraus: Luthers Auffassung von der Alleinwirksamkeit Gottes, seine Lehre von der Prädestination und seine Erfahrungen der Anfechtung. Erstens also zur Alleinwirksamkeit.[10] Gott kommt, so hatten wir gesehen, nicht als Moment des menschlichen Bewusstseins ins Spiel, sondern als reine Grundlegung des Bewusstseins. Das bedeutet, konsequent gedacht: Gott selbst ist der Grund aller Wirklichkeit, denn im menschlichen Bewusstsein gewinnt die Wirklichkeit überhaupt ihre Vollendung. In allem, was dem Menschen natürlich vorausgeht, und in allem, was ihn als geistiges Wesen betrifft, ist allein Gott, ohne irgendeine Mitwirkung der Menschen am Werke. Darum ist Gott zugleich Schöpfer der Welt

10 Vgl. aaO., 44–46.

und Erlöser der Menschen, und keine menschliche Handlung trägt dazu bei. So wenig der Mensch die Schöpfung geschaffen hat (darum kann er sie auch nicht zerstören!), so wenig schafft er sein eigenes Heil. Vielmehr stellen Schöpfer- und Erlösermacht Gottes nur zwei Seiten desselben Vermögens dar, aufgrund dessen sich Gott auf Welt und Mensch einlässt. Es liegt in der Folge dieses Gedankens, dass dann auch Gott allein für die Aufnahme der Menschen ins Heil seiner erlösenden Gegenwart zuständig ist, wie sie die Prädestinationslehre beschreibt.[11] Diese ist daher keine ängstigende Drohung, sondern Sicherstellung der Verheißung. Und diese Verheißung wird auch nicht dadurch eingeschränkt, dass es Gott selbst überlassen bleibt, an wen er sich rettend wendet. Gewiss mit der Tendenz, sich aller Menschen anzunehmen – aber diese Erwartung als Wissen zu bezeichnen, würde ihre Kraft auch schon wieder entwerten und zu einer allgemeinen Bestimmung des Menschseins herabstufen. Weil nun aber alles von Gottes Wirken allein abhängt, gibt es auch keine stabile innere Kohärenz des Menschseins. Nicht einmal das stets präsente Selbstbewusstsein, dessen Existenz man ja nicht leugnen kann, würde dafür einstehen können. Stattdessen ist die lebendige Beziehung zu Gott beständig nötig – und der Ausfall der Gottesbeziehung wird als lebensbedrohende Anfechtung erlebt.[12] In gewisser Weise verweist die Anfechtung sogar, wenn auch in negativer Weise, auf die darin verschwiegen vorhandene Gottesbeziehung. Darum wäre ein Ausfall der Anfechtung schlimmer als diese selbst, träte doch darin die Gefahr falscher Selbstsicherheit an ihre Stelle.

Soweit einige theologische Gesichtspunkte, wie sie sich aus Luthers Grundstellung nach Holl ergeben. Auch für das subjektive Gottesverhältnis lassen sich wichtige Merkmale daraus herleiten.[13] Die erste und fundamentale Einsicht betrifft den Glauben. Denn wir verstehen jetzt, warum der Glaube, wie er sich angesichts der Gottespräsenz jenseits des eigenen Vermögens einstellt, anthropologisch fundamental ist: Der Glaube verbindet das Sein bei Gott mit dem Sein bei uns selbst. Das ist der Gehalt der Rechtfertigungslehre. Glaube als Sein bei Gott: Damit partizipiert der Glaube an Gottes Wirklichkeit, ja an Gottes Allmacht. Und zwar in dem

11 Vgl. aaO., 49–52.
12 Vgl. aaO., 67–73.
13 Vgl. aaO., 79–84.

Sinne, dass nun Gott durch den Menschen im Glauben wirkt. Doch das bedeutet nicht eine Selbstentfremdung des Menschen, im Gegenteil. Denn durch den Glauben baut sich ja gerade ein solches Selbstverhältnis auf, das nicht mehr den prekären Schwankungen in der eigenen inneren Stabilität unterworfen ist, wie wir das vom sittlichen Handeln her kennen. Im Glauben vielmehr lebt der Mensch in der Einheit mit Gott und handelt aus der Einheit mit Gott, oder, was dasselbe sagt: Gott handelt in ihm und durch ihn. Sein und Handeln werde also von selbst und von der Sache her miteinander verbunden, sie sind gar nicht zu trennen. Daher verliert die manchmal geäußerte Frage, wie man denn vom Glauben zum Handeln komme (gerade kontroverstheologisch beliebt), rundweg ihren Sinn.

Ich hatte anfangs, als wir über die Kantische Ausgangsstellung nachdachten, auf die Intersubjektivität verwiesen, die für die Leitlinien des Handelns prägend ist. Das gilt natürlich auch für Holls Rekonstruktion von Luthers Ekklesiologie und Ethik.[14] Denn von dem nun hinreichend skizzierten Grundgedanken her lässt sich leicht erkennen, dass es zwei unterschiedliche Zugehörigkeitsformen gibt, welche Menschen beieinander halten. Da ist einmal, wie in einem engeren Kreis, die Gemeinschaft derjenigen, die sich durch das Verständnis ihres eigenen Daseins vor Gott miteinander verbunden wissen. Dieses Verständnis ist nicht ihre eigene Errungenschaft, sondern stellt sich im Glauben als vorgegeben ein. Gott versammelt Menschen zu seiner Kirche – das ist die Erscheinungsform dieser Gemeinschaft. Aber die Menschen sind nicht nur unter dem Gesichtspunkt ihrer Erlösung, also im Blick auf die von Gott her gegebene Vollständigkeit ihres Selbstbewusstseins, miteinander verbunden, sondern auch in ihrer natürlichen Stellung zueinander in der Welt; sie sind gemeinsam Geschöpfe Gottes, und zwar unabhängig davon, wie es um ihren Glauben bestellt ist. Daraus ergeben sich auch die nötigen Einsichten für das Verhältnis dieser beiden Sozialgestalten menschlichen Lebens, die sich, wie man sofort sieht, ja nicht ausschließen. Die Menschen, die durch Gottes Handeln in der Kirche vereint sind, leben aus demselben Grund ihres Daseins – in der Welt. Sie bekunden damit ihre Herkunft von Gott; sie lassen ihr eigenes Handeln als Gottes Handeln durch sie zur Darstellung kommen. Die Menschen in der Schöpfung sind von Gott her zur Gestaltung ihrer Sozialform in Frieden

14 Vgl. aaO., 84–107.

und Gerechtigkeit aufgefordert, auch unabhängig von dem Bewusstsein, das sie über den Grund ihrer Existenz haben. Man sieht: Auch die Lehre von den zwei Regimenten Gottes, also seiner bestimmenden Macht im Reich der Welt und im Reich des Glaubens, ergibt sich schlüssig aus dem von Holl gefassten Grundgedanken.

Damit verlassen wir Holls großen Aufsatz, zu dem natürlich viele weitere Einzelheiten beizutragen wären. Glücklicherweise lässt er sich – Holl schreibt einen erstklassigen Stil – auch ohne wissenschaftlich-theologische Vorbildung lesen; die Belege sind ausführlich, aber elegant in die Anmerkungen verwiesen.

III Gewissen als Weg zur Religion – heute?

»Was verstand Luther unter Religion?«, fragte Holl 1917 und 1921, und er verwertete die Erkenntnisse seiner historisch-kritischen Luther-Lektüre, um systematisch auf die seinerzeit aktuellen Debatten um die Selbständigkeit der Religion einzugehen. Diese Debatten verliefen vor einhundert Jahren wesentlich entlang der Verbindung von Religion und Sittlichkeit, und die überwiegende Auffassung bestand darin, Religion als Ergänzung von Sittlichkeit zu verstehen, die ihrerseits auf die Frage der humanen Selbsterhaltung konzentriert war. Holls Analyse dieser Verbindung, die man bereits hochrangig und modelltypisch bei Kant finden kann, besagte, dass dem unmittelbaren Sittlichkeitsinteresse immer schon ein massives Selbstinteresse unterlegt ist, das dann das Gottesverhältnis für den Aufbau der eigenen Persönlichkeit zu nutzen bestrebt ist. Demgegenüber lässt sich bei Luther ein Modell des Menschseins finden, das im Gegenüber zu Gott an der Verfolgung sittlicher Ziele zum Zwecke der eigenen Vervollkommnung nicht nur faktisch scheitert, sondern daran prinzipiell verzweifelt – und darüber ein neues Verständnis für das Gegebensein der eigenen Subjektivität durch Gott findet. Es ist dieser Vorgang, auf den sich das Gewissen bezieht – und in dieser Funktion der Begründung der eigenen Subjektivität gewinnt das Gewissen einen existentialen Status. Also eine Bedeutung, die für das Menschsein überhaupt ausschlaggebend ist, sofern erst sie die menschliche Existenz erschließt. Holl hat damit das Gewissen als eine solche existentiale Figur im Menschen beschrieben – und insofern einen ethischen Gewissensbegriff abgelöst. Es ist dieser Gewissensbegriff, der auch die Luther-Forschung nach Holl, etwa bei Gerhard Ebeling, nachdrücklich bestimmt hat.[15]

Wie verhält es sich heute, einhundert Jahre nach Holls Analyse? Selbstverständlich ist die geistige Situation anders als 1918, auch wenn natürlich Zusammenhänge bestehen. Ich hebe einen Haupttrend heraus, der nun auch schon einige Jahrzehnte das Bewusstsein mitbestimmt, was das Verhältnis von humanem Selbstsein und Religion angeht.

Nach meiner Beobachtung ist es die offene Flanke im klassischen Konzept Kants, die für die Um- und Fortbildung des menschlichen Selbstverständnisses gesorgt hat. Diese offene Flanke besteht in der von Kant mit größter Schärfe festgehaltenen Einsicht in die Unmöglichkeit, das humane Selbstsein auf dem Weg des sittlichen Handelns zu realisieren. Unter den bürgerlich-idealistischen Voraussetzungen Kants und seiner Zeit konnte man sich mit der festgehaltenen Pflicht zum sittlichen Verhalten trösten, auch wenn man die objektive Erfüllung erst einmal aufschieben musste. Wenn sich aber die Unfähigkeit zur sittlichen Realisierung nicht aufheben lässt, ja, wenn es so scheint, dass die Geschichte des 19. und beginnenden 20. Jahrhunderts alle Gedanken an eine erfolgreiche Humanisierung der Welt durchkreuzt, dann stellt sich die Realisierungsfrage in einem neuen Horizont.

Als Ausgangspunkt muss dabei insbesondere der Aspekt festgehalten werden, der für die idealistische Betrachtung nur den Rahmen abgab, nämlich Verschränkung von Natur und Vernunft unter dem Gesichtspunkt der wirklichen Integration beider. Wenn denn nun der Akzent nicht auf die Sittlichkeit als Bewegungskraft der Geschichte gesetzt werden kann, dann muss er eben, so schlussfolgert man, in der Natur selbst liegen. Und nun unterscheidet es den Naturalismus früherer Epochen vom gegenwärtigen, dass die Interpretation der Natur mit der Evolutionstheorie über ein Instrument verfügt, das den Anspruch erheben kann, auch geistige Steuerungsprozesse natürlich zu erklären. Denn das an der Naturgeschichte gewonnene Modell der Evolution besagt, dass es eine dem natürlichen Leben eingeschriebene Tendenz zur Selbsterhaltung gibt, die aufgrund interner Rückkopplungs-

---

15 Vgl. G. EBELING, Theologische Erwägungen über das Gewissen (in: DERS., Wort und Glaube 1, 31967, 429–446). Vgl. auch DENS., Das Gewissen in Luthers Verständnis (in: DERS., Lutherstudien III, 1985, 108–125).

prozesse dazu in der Lage ist, das eigene Ziel in wechselnden Umwelten zu verfolgen. Die innere Selbststeuerung ist flexibel genug, sich auf das umgebende Andere einzustellen und dadurch sich – nicht als Individuum, aber als Art oder Genpool – fortzusetzen. Diese Interpretation der Wirklichkeit ersetzt eine normative Geltungs- oder Sollensethik; sie beschränkt sich auf wirklichkeitsangepasste Steuerungsprozesse. Dazu braucht es keine Religion; und wenn sie doch vorkommt, dann wird sie entweder als gedankenstrategischer Umweg dechiffriert für Intentionen, die noch nicht direkt durchgeführt werden können – oder sie wird als hinderlich gebrandmarkt, weil sie die natürliche Selbstentfaltung und Selbststeuerung beeinträchtigt. Die damit umrissene Weltanschauung eines dynamischen Naturalismus versteht sich grundsätzlich als monistisch; sie benötigt nach eigener Überzeugung keine Über- oder Hinterwelt mehr. Diese Weltanschauung ist nicht nur auf dem Hintergrund erfolgreicher theoretischer Naturwissenschaft weitverbreitet; auch viele Vorgänge im interaktionellen Wirtschaftsleben scheinen diesem Modell zu entsprechen, nach dem sich die Wirklichkeit selbst um- und übergreifend vollzieht, so dass wir als humane Subjekte allenfalls in diese Abläufe eingegliedert sind.[16]

Wie soll man Holls Frage, was Luther unter Religion verstand, auf diese Situation beziehen? Da gilt es zunächst, die innere Logik dieser naturalistischen Weltanschauung zu betrachten. Dann wird sich zeigen, wo die existentiale Dimension des Gewissens und die mit ihm gegebene Interpretation des Menschseins anzusiedeln ist.

Die Logik des Naturalismus ist so schlüssig nicht, wie sie gern tut. Die elementare Schwierigkeit liegt darin, dass Beobachtungs- und Urteilsperspektive ineinander verschliffen werden. In der Beobachtungsperspektive gilt nämlich, dass die Prozesse, die sich vollziehen, sich eben so und nicht anders vollziehen. Sie könnten auch anders sein, dazu ist es aber nicht gekommen. Dabei hat das Geschehen gar kein Ziel gehabt; das Resultat hat sich nun einmal so ergeben, wie es gerade vorliegt. In der Urteilsperspektive aber geht es zumindest darum, den Ablauf dieser Prozesse richtig zu beschreiben; hier gilt also nicht das Faktum, sondern die Alternative von

16 Vgl. zu diesem Thema G. KEIL, Kritik des Naturalismus, 1993. Vgl. auch P. JANICH / M. WEINGARTEN, Wissenschaftstheorie der Biologie. Methodische Wissenschaftstheorie und die Begründung der Wissenschaften, 1999.

richtig und falsch. Darum muss auch über das Zutreffen oder das Nichtzutreffen von Theorien mit einem Wahrheitsindex debattiert werden; Debatten aber sind, so wenig sie zielgerichtet verlaufen müssen, an Kohärenz und Zustimmungsfähigkeit orientiert.

Dieser Unterschied von Beobachten und Urteilen geht nun, und das ist entscheidend, auf einen tiefer liegenden Unterschied von Menschen und Weltzuständen zurück. So sehr man nämlich sagen muss, dass wir in der Beobachterperspektive allem Lebendigen in der Natur eine Tendenz zur Selbsterhaltung unterstellen, so sehr gilt, dieser Feststellung vorausgehend, dass in uns Menschen das Selbsterhaltungsinteresse ins Bewusstsein tritt – dass wir also darüber zu urteilen vermögen. Und weil wir das können, nämlich urteilen, darum können wir auch darauf nicht verzichten. Damit aber kommt eine eigentümliche Unwucht in das doch eigentlich als monistisch unterstellte natürliche Untersuchungsfeld. Wir Menschen haben, ob wir wollen oder nicht, ein spezifisches Durchsetzungsinteresse, weil wir darum wissen und dieses Wissen auch reflektieren und beurteilen müssen. Das soll aber, nach strengen naturalistischen Vorgaben, nicht sein; danach sind wir ja nichts anderes als ein Stück Natur, das nach denselben Gesetzen funktioniert wie alles, was es gibt. Diese Feststellung nun führt in ein argumentatives Dilemma. Denn einerseits soll alles, sollen wir selbst auch nichts anderes als Natur sein; auf der anderen Seite ist doch dieses »nichts anderes« ein Urteil, das wir fällen. Was gilt denn nun? Der behauptete Monismus – oder die faktische Differenzierung in der Wirklichkeit? Aus diesem Dilemma ist nicht herauszukommen.

Genau dieses Dilemma ist nun der Bezugspunkt dessen, was Holl als humanes Gewissen bei Luther analysiert hatte. Das verstehen wir recht gut, wenn wir uns nur die Abwandlung gegenüber 1918 klarmachen, die nun nötig ist. Die Position des Naturalismus besagt, dass es für alles, was lebt, ein unmittelbares Interesse an Selbsterhaltung gibt, also auch für uns; wir haben aber gesehen, dass diese eindimensionale Auffassung in ein Dilemma verstrickt. Wenn wir nun den existentialen Gewissensbegriff darauf anwenden, können wir sagen: Es ist, erstens, gar nicht überraschend, dass es auch für uns ein solches unmittelbares Interesse an Selbsterhaltung gibt. Das gehört sozusagen zu unserem Wesen als natürliche Menschen, unabhängig davon, wie wir uns selbst darüber hinaus verstehen. Zweitens gibt es aber durchaus so etwas wie ein bewusstes und reflektiertes Selbstinteresse, das uns in der Natur als unserem Lebensraum auszeichnet, und das liegt in dem Angesprochensein durch Gott, der unsere Gemeinschaft sucht. Das humane Selbstinteresse in unbedingt, aber nicht aufgrund seiner Stellung in der natürlichen Welt, sondern aufgrund seiner Beziehung zu Gott. Drittens nun zeigt der Blick, der vom Gegebensein des Bewusstseins im Menschen ausgeht, dass man die Grundintuition des Naturalismus, nach der alles, was ist, zusammengehört, durchaus bejahen muss. Nur gehört es nicht aus natürlichen Gründen allein zusammen, sondern aufgrund der Tatsache, von Gott geschaffen zu sein. Das religiöse Bewusstsein, welches weiß, dass es sich Gott verdankt, auf den es doch keinen Anspruch hat, sieht sich stets im Zusammenhang des Ganzen, das von Gott her – von wem sonst? – bestimmt ist.

Wenn wir den Menschen als Wesen des Gewissens verstehen, in welchem sich das Gottesverhältnis eröffnet und ereignet, sind wir in der Lage, sowohl das Anliegen des Naturalismus aufzunehmen, nach dem alles Wirkliche zusammengehört, als auch das Dilemma, in das er uns als Urteilende führt, aufzulösen. Beides im Blick auf Gott, den wir als Schöpfer der Welt verstehen und als Erlöser der Menschen. Das Gewissen gewinnt, in dieser Weise im Blick auf die naturalistische Weltanschauung betrachtet, einen neuen Aspekt seiner anthropologischen Grundlagenfunktion hinzu.

Wer heute mit Bewusstsein Mensch ist, seine Lage im Gesamtleben der Natur nicht verleugnen, seine Sonderstellung in der Natur aber auch nicht verraten will, kann sich als Wesen des Gewissens verstehen, in welchem Gottes Gegenwart, das eigene Leben bestimmend und verändernd, erlebt wird. Sich selbst so zu erschließen, gibt Luthers Verständnis von Religion immer noch hinreichend Aufschluss. Um mit Holls letzten Worten seines großen Aufsatzes zu schließen: »Luther gehört nicht nur uns, sondern der Menschheit an. Und darum sind wir der getrosten Zuversicht, daß sein Werk der Menschheit bleiben wird.«[17]

---

17 K. HOLL, Was verstand Luther unter Religion? (s. Anm. 3), 110.

Krisis und Geschick

Friedrich Gogartens Lutherlektüren

Von Thorsten Dietz

Der 100. Geburtstag der Luthergesellschaft (1918 bis 2018) bietet einmal mehr die Gelegenheit, das Phänomen des Erinnerns an Martin Luther grundsätzlich zu erörtern. Die Feierlichkeiten zum Reformationsjubiläum haben mehr denn je dazu geführt, dass nicht nur Erinnerung an die Reformation betrieben wurde, sondern auch Erinnerung an die bisherige Erinnerungskultur und Reflexion ihrer heutigen Notwendigkeit. Dabei wurden einmal mehr unterschiedliche Möglichkeiten sichtbar, wie solche Erinnerung zu Werke gehen kann. Lässt sich heute noch von »Luther heute«[1] reden? Ist es eine sinnvolle Frage, was Luther heute sagen würde, oder ist es höchste Zeit, diese Frage endgültig zu verlernen?[2] Wie kann sich gegenwartsorientierte theologische Verantwortung überhaupt beziehen auf die theologischen Reflexionen vergangener Zeitalter?[3]

In diesem Beitrag soll an einem konkreten Beispiel erprobt werden, wie sich die Erinnerung an Luther in einer längeren Denkgeschichte entwickelt. Für Friedrich Gogarten war Martin Luther stets mehr als ein Theologe der Vergangenheit. Ausgerechnet an seinem Todestag erschien Gogartens letztes Buch über »Luthers Theologie«.[4] Gleich in der Einleitung hebt Gogarten hervor, welche Bedeutung er Luther für sein eigenes Denken zuschreibt:

1 Vgl. den Sammelband: Luther heute. Ausstrahlungen der Wittenberger Reformation, hg. v. U. HECKEL u. a., 2017.
2 Vgl. J. LAUSTER, Der ewige Protest. Reformation als Prinzip, 2017.
3 Vgl. CH. TIETZ, Der ›garstige Graben‹ zwischen Geschichte und Gegenwart. Systematisch-theologische Überlegungen zum verantwortlichen Umgang mit Luthers Theologie heute (LuJ 85, 2018, 296–312).
4 Vgl. F. GOGARTEN, Luthers Theologie, 1967.

248

Unser Interesse an Luther ist nicht eigentlich ein historisches, sondern ein systematisch-theologisches. Er gehört für uns, um es noch deutlicher, allerdings auch etwas mißverständlich zu formulieren, viel mehr mit der Bibel zusammen als die anderen Theologen, die uns in der Geschichte und in der Theologie bedeutsam sind.[5]

Luther ist für Gogarten kein Gesprächspartner, geschweige denn Gegenstand kritischer Reflexion: »[W]ir gehen vor allem zu ihm, um uns von ihm helfen zu lassen, die Bibel als Gottes Wort verstehen zu lernen.«[6] Luther ist für Gogarten nicht weniger als ein Schicksal: Wir müssen uns der »weltgeschichtlichen und schicksalsschweren Bedeutung dieses Mannes« bewusst werden, er bedeutet für die Weltgeschichte ein einschneidendes »Schicksal«.[7]

In einer Spurensuche in der über fünfzigjährigen Geschichte seiner Luthererinnerungen werden sich uns drei unterschiedliche Weisen des Umgangs mit Luther zeigen: ungeschichtliche Aktualisierung (I), geschichtliche Konkretion (II) und schließlich geschichtsbewusste Reflexion (III).

I Theologie der Krisis – Theologie des Schicksals

In Gogartens Einleitung zu seinem Lutherbuch werden Motive sichtbar, die sich durch seine Theologie insgesamt ziehen. Da ist zum einen ein Bewusstsein der Krise, in der wir Hilfe und Orientierung nötig haben. Zum anderen ist es der Gedanke des Schicksals, das uns betrifft und herausfordert. Wir werden diese Motive der Krise und des Schicksals durch Gogartens Wandlungen hindurch verfolgen. Dabei beginnen wir mit dem Gogarten der Wort-Gottes-Theologie und den geistigen Voraussetzungen dieser Phase im und nach dem 1. Weltkrieg.

Krise und Schicksal waren in den Jahren nach dem Weltkrieg allgegenwärtige, ja überstrapazierte Grundbegriffe der Zeitdeutung. In den beiden berühmtesten Texten des frühen Gogarten wird dies schnell sichtbar: Sein Wartburg-Vortrag vom 1. Oktober 1920 trug den Titel: *Die Krisis unserer*

---

5 AaO., 9.
6 Ebd.
7 Ebd.

Kultur.[8] Der zweite berühmte Text dieser Monate, die in *Die Christliche Welt* veröffentlichte Meditation *Zwischen den Zeiten*, beginnt mit den Worten: »Das ist das Schicksal unserer Generation, dass wir zwischen den Zeiten stehen.«[9] In der Verwendung dieser beiden Begriffe verdichten sich zentrale Anliegen des theologischen Denkens Gogartens, und dies durch alle seine theologischen Wandlungen hindurch.

a) Religiöse Individualität und ihre Krise

In der Weimarer Zeit ist Gogarten neben Karl Barth der wirkmächtigste Denker der Wort-Gottes-Theologie, eine Bewegung, die nicht zuletzt durch gemeinsame Gegner zusammengehalten wurde, vor allem durch die gemeinsame Abgrenzung von der liberalen Theologie. In gewisser Hinsicht ist das bei Gogarten am erstaunlichsten. Gogarten wurde durch den Dortmunder Pfarrer Gottfried Traub dazu motiviert, Theologie zu studieren.[10] Traub, einer der bekanntesten Pfarrer der Kaiserzeit, stand für eine sozialliberale Ausrichtung der Kirche und konsequente Kritik konservativer Mirakelfrömmigkeit. Er vertrat seine Überzeugungen so entschieden, dass ihm in einem aufsehenden Prozess von der Kirche vorübergehend gekündigt wurde, inklusive Aufhebung seiner Pensionsberechtigung. Im Theologiestudium wurde Gogarten Schüler von Ernst Troeltsch. Er hatte eine Dissertation über Fichte eingabefertig – als er ein Angebot vom Diederichs Verlag erhielt, dieses Buch dort zu veröffentlichen. Troeltsch wies ihn darauf hin, dass er eine schon veröffentlichte Arbeit nicht mehr als Dissertation einreichen könne, aber das war Gogarten gleichgültig: Ein Buch im Diederichs Verlag war für ihn in dieser Lebensphase sehr viel mehr wert als ein theologischer Doktortitel. Wie konnte ein solch liberaler, progressiver Geist Wortführer einer antiliberalen theologischen Bewegung werden?

Mit seinem Biographen Timothy Goering kann man Gogarten (im Anschluss an Thomas Nipperdey) verorten in den Strömungen vagierender Religion, den neureligiösen Such- und Sehnsuchtsbewegungen der Kai-

---

8 Vgl. F. GOGARTEN, Die Krisis unserer Kultur (in: Anfänge der dialektischen Theologie. Teil 2, hg. v. J. MOLTMANN, 1963, 101–121).

9 F. GOGARTEN, Zwischen den Zeiten (in: Anfänge der dialektischen Theologie. Teil 2, hg. v. J. MOLTMANN, 1963, 95–101), 95.

10 Vgl. T. GOERING, Friedrich Gogarten (1887–1967). Religionsrebell im Jahrhundert der Weltkriege (Ordnungssysteme 51), 2017, 1f.

serzeit.[11] Anders als in den positiven oder erwecklichen Strömungen des Protestantismus sah man sich geschieden vom dogmatischen bzw. biblischen Christentum der Vergangenheit. Dieser Bruch mit der Vergangenheit verband einen Denker wie Gogarten mit der liberalen Theologie, mit der Kritik eines traditionellen Christentums, das Religion mit der Affirmation unverstandener Formeln und Gebräuche verwechselt. Zugleich gab es von Anfang an auch gewichtige Unterschiede. Liberale Theologie setzte auf wissenschaftliche Aufklärung der Religion, auf eine Versöhnung des christlichen Erbes mit dem modernen Wissenschaftsdenken. Die religiösen Sucher misstrauten dieser Synthese nicht selten als bürgerlicher Illusion. Sie waren skeptisch gegen alle Organisationen und setzten auf radikale Individualisierung der Religion. Statt rationalem Ausgleich erwartete man mehr von radikaler Erlebnisoffenheit, auch über die Grenzen des Christentums hinaus. Insofern kann man den jungen Gogarten auch nicht einfach als typisch liberalen Theologiestudenten verbuchen.

Martin Luther wurde für den jungen Gogarten eine Entdeckung der Kriegsjahre. Gogarten berichtet in Briefen und Rückblicken von seinen »Lutherstudien [in der Einsamkeit des Dorfpfarramts] in Stelzendorf«[12], die sich auch in einer populären Reihe von Zeitungsartikeln niederschlugen. In seiner zweiten Diederichs-Veröffentlichung *Religion weither*[13] zeigen sich deutliche Spuren der Beschäftigung mit Luther, denen wir im Folgenden nachgehen.

Die Beschäftigung mit Luther führte nicht sogleich zu einer grundstürzenden Revolution seines Denkens. Für Gogarten lag die Stärke der Liberalen Theologie ja gerade darin, dass sie jede unverstandene Affirmation vergangener religiöser Bewusstseinszustände ablehnte. Luther wird nicht als Gegensatz individueller Religion gesehen, sondern als Vorläufer derselben in Anspruch genommen.[14] Religion, so ist Gogarten überzeugt, ist nicht etwas gedanklich konstruiertes, sondern ein Lebensakt. »Religion haben heißt, sein Leben und sein Tun durchglühen lassen von dem ewigen

---

11 Vgl. aaO., 23.
12 AaO., 80.
13 Vgl. F. GOGARTEN, Religion weither, 1917.
14 Vgl. aaO., 11.

Licht.«[15] Sie kann niemals in der Nachahmung fremder Gemütszustände bestehen, sondern erweist sich stets im individuellen Erleben. Im Sinne einer von Denkern wie Nietzsche und Dilthey inspirierten Lebensphilosophie kritisiert Gogarten die theoretische Deformation der modernen Lebenseinstellung und verweist auf die Macht der Religion, die sich in unmittelbaren und echten Stimmungen und Gefühlen zeige. Für eine solche echte Religion hat sich Luther dem jungen Pfarrer als Vorbild aufgedrängt.[16]

Die Besinnung auf Luther führt mehr und mehr auch zur Erkenntnis der Ambivalenz des modernen Individualismus.[17] Zunächst ist ihm Individualismus ein durchaus positives Konzept, er ist die Bedingung aller echten Religion. Es sei eine Fälschung, »wenn uns statt einer Religion, die unser Heute, unsere Gegenwart erlöst, eine Religion von gestern oder ehegestern gepredigt wird.«[18]

Und zugleich ist der moderne Individualismus gefährdet, dem Missverständnis einer Religion als Privatsache zu erliegen. Die freien Suchbewegungen des religiösen Individuums können zu Entwurzelung führen. Die sich von aller Tradition losreißende individuelle Religiosität befördert im schlimmsten Fall gerade das Gegenteil dessen, was sie sucht, einen Verfall an die allgemeine Vermassung statt echte Entfaltung der Persönlichkeit. Religion kann scheitern. Sie kann sich als inkompetent erweisen, der jeweiligen Wirklichkeit standzuhalten. Echte Individualisierung ist immer ein sich Einlassen auf die Wirklichkeit in ihrer ganzen Härte, ein Weg in die Wüste.[19] Weder Repristination überkommener Bekenntnisfrömmigkeit noch Privatisierung individueller Suchbewegungen erwiesen sich als tragfähig.

Angesichts dieser Wahrnehmung einer doppelten Gefährdung leuchtet Luther als Vorbild ein. Die menschliche Bestimmung zur Freiheit, Verantwortung will angenommen werden, und zugleich wird der Mensch nicht Herr über sich und sein Leben; er muss einwilligen in die »tiefe Gebunden-

---

15 AaO., 58.
16 Vgl. aaO., 15.
17 Vgl. auch F. W. Graf, Friedrich Gogartens Deutung der Moderne. Ein theologiegeschichtlicher Rückblick (in: Ders., Der heilige Zeitgeist. Studien zur Ideengeschichte der protestantischen Theologie in der Weimarer Republik, 2011, 265–328), 271.
18 Gogarten, Religion (s. Anm. 13), 5.
19 Vgl. aaO., 23.

heit an die innere Wesenheit und an ihre Gesetze«.[20] Dafür bräuchte es etwas, das Gogarten als »jenseitige Individualität«[21] bezeichnet. Der Mensch ist nur da bei sich, wo er sich einlässt auf Erfahrungen, die ihn außer sich führen. Religion habe daher notwendig eine Ausrichtung auf das Jenseits, Ewigkeit, weil sie »von dort ihr Gesicht und ihre Gestalt erhält.«[22] Als Verkörperung einer solchen nicht nur authentischen, sondern zugleich auch wirklichkeitsgesättigten und krisenresistenten Religion gewinnt Luther in diesen Jahren zentrale Bedeutung.

b) Zwischen den Zeiten – Kulturpessimismus und Glaubenspathos

Zwei Texte machen Gogarten nach dem Ersten Weltkrieg schlagartig berühmt: die meditative Besinnung *Zwischen den Zeiten* in *Die Christliche Welt* und der Wartburg-Vortrag *Die Krisis unserer Kultur*. In beiden Texten geht es nicht nur um theologische Besinnung, sondern um eine umfassende Selbstfindung inmitten der Zeitkrise:

> Das ist das Schicksal unserer Generation, dass wir heute zwischen den Zeiten stehen. Wir gehörten nie zu der Zeit, die heute zu Ende geht. Ob wir je zu der Zeit gehören werden, die kommen wird? Und wenn wir von uns aus zu ihr gehören könnten, ob sie je so bald kommen wird? So stehen wir mitten dazwischen. In einem leeren Raum. Wir gehören nicht zu den Einen, nicht zu den Anderen.[23]

Das Generationsbewusstsein war nach diesem historischen Einschnitt des Krieges in Deutschland besonders stark ausgeprägt und wird an dieser Stelle auch von Gogarten aufgegriffen. Mehr und mehr spitzt sich diese Auseinandersetzung zu auf den ganz spezifischen Generationskonflikt einer Sondergruppe, der theologischen Schüler der klassisch-liberalen Theologie der Vorkriegszeit. Direkt spricht Gogarten die Lehrer an:

> Wir sehen heute [...] keine Formung des Lebens, die nicht zersetzt wäre. Habt ihr uns nicht gelehrt, in allem und jedem das Menschenwerk zu sehen? Habt ihr uns nicht selbst die Augen für das Menschliche geschärft, indem Ihr uns alles in die Geschichte und in die Entwicklung einstelltet? Wir danken Euch, dass Ihr es tatet, Ihr schufet uns das Werkzeug, laßt es uns nun gebrauchen. Nun ziehen wir den Schluss: Alles, was irgend-

---

20 AaO., 22 f.
21 AaO., 33.
22 Ebd.
23 GOGARTEN, Zeiten (s. Anm. 9), 95.

wie Menschenwerk ist, entsteht nicht nur, es vergeht auch wieder. Und es vergeht dann, wenn das Menschenwerk alles Andere überwuchs.[24]

Die Suche nach dem eigenen Weg führt zur kritischen Auseinandersetzung mit der Lehrergeneration, die bei allem Respekt die Züge einer Abrechnung nicht verleugnen kann. Denn trotz aller Anerkennung für die erlernte wissenschaftliche Befähigung zum kritischen Denken erhebt Gogarten einen elementaren Vorwurf: Angesichts der Krise erwies sich die liberale Theologie als religiös bodenlos:

> Wir sind alle so tief in das Menschsein hineingeraten, daß wir Gott darüber verloren. Ihn verloren. Ja, wirklich verloren, es ist kein Gedanke mehr in uns, der bis zu ihm reicht. [...] Ist es ein Wunder, daß wir bis in die Fingerspitzen hinein mißtrauisch geworden sind gegen alles, was irgendwie Menschenwerk ist? Ja, uns selbst ist es ein Wunder. Denn wenn das Mißtrauen gegen das Menschliche auch noch das ist, was unser Gefühl am, meisten bestimmt, so ist dieses Mißtrauen, das vor nichts zurückscheut, doch nur möglich, weil ein Keim von Wissen des Anderen, der Nicht-Menschlichen in uns sein muß. Noch können wir Gott nicht denken. Aber wir erkennen immer deutlicher, was Er nicht ist, was Er nicht sein kann.[25]

Es handelt sich nicht nur um eine Krise Deutschlands oder der europäischen Nachkriegsordnung. Die allgemein empfundene Krise ist eine Krise des Menschen insgesamt. Und diese Krise an der bisherigen Kultur erstreckt sich nicht zuletzt auch auf ihre Wissenschaft, die »längst am Ende«[26] sei. In all dem zeigt sich auch eine Krise der aufgeklärten Religion: Die wissenschaftliche Entzauberung der Welt führt in der Theologie zu nicht weniger als zum Gottesverlust. Für den umfassenden Selbstzweifel des modernen Individuums vermochte die liberale Theologie keine religiösen Stabilisierungsressourcen zur Verfügung stellen. Was sich in *Religion weither* als zunehmendes Krisenbewusstsein individueller Religiosität ankündigt, wird nun radikal zu Ende gedacht. Die bisherigen Bemühungen aufgeklärt-frommer Lebensbewältigung gelten Gogarten als Gestalten gescheiterter Religion. Der Gottesverlust ist die Bilanz eines Religionsversagens.

So sehr eine Fortsetzung des bisherigen Weges unmöglich ist, erscheint am Grund der umfassenden Krise zumindest die Idee einer Negation der

24 AaO., 97f.
25 AaO., 98.
26 AaO., 96.

Negation: Das umfassende Verlustgefühl als Indiz, dass ein »Keim von Wissen des Anderen, des Nicht-Menschlichen in uns sein muss.«[27] Diese Wörter sind Platzhalter für den verlorenen und noch nicht wiedergefundenen Gott, mehr nicht, aber eben doch – für Gott.

> Hüten wir uns in dieser Stunde vor nichts so sehr, wie dabei, zu überlegen, was wir tun sollen. Wir stehen in ihr nicht unserer Weisheit, sondern wir stehen vor Gott. Diese Stunde ist nicht unsere Stunde. Wir haben jetzt keine Zeit. Wir stehen zwischen den Zeiten.[28]

Auf der Wartburgkonferenz hielt Gogarten am 1. Oktober 1920 seinen Vortrag *Die Krisis unserer Kultur*. Gegenüber den versammelten Freunden der Zeitschrift *Die Christliche Welt*, dem Flaggschiff damaliger liberaler Publizistik, ist Gogartens kulturpessimistischer Vortrag ein kalkulierter Affront. Die in *Zwischen den Zeiten* begonnene Kritik am liberalen Christentum wird konsequent fortgeschrieben. Für die umfassende Kritik alles Bestehenden verwendet Gogarten eine ganz von Luther durchdrungene Sprache. »Nach einem Worte Luthers«, leitet Gogarten ein, muss ein Mensch, der völlig glauben will, »allen Dingen gestorben sein, dem Guten und Bösen, dem Tod und Leben, der Höll und dem Himmel und von Herzen bekennen, dass er aus eigenen Kräften nichts vermag.«[29]

Es ist bemerkenswert, wie Gogarten Lutherzitate oder -gedanken einleitet. Luther wird nicht zitiert als eine Quelle der Vergangenheit. Lutherworte werden regelrecht rezitiert: »Ich lasse wieder Luther reden.«[30] Immer wieder heißt es: »Luther sagt«[31], niemals »sagte« oder gar »schrieb« bzw. »dachte«. Stattdessen geht es darum, hier und jetzt »Luthers Stimme [zu] vernehmen«.[32] Luther ist Gegenwart, und das ist er als Gegenmacht gegen eine als gescheitert empfundene Theologie und Kirchlichkeit.

Mit welchen Gedanken kommt Luther zu Wort? Angesichts der Krisenszenarien der Nachkriegszeit ist es die Verkündigung des Gerichts, die als unmittelbare Zeitansage einzuleuchten scheint.

---

27 AaO., 98.
28 AaO., 101.
29 GOGARTEN, Krisis (s. Anm. 8), 107.
30 AaO., 109.
31 AaO., 116.
32 AaO., 118.

Also tut Gott in allen seinen Werken: wenn er lebendig machen will, so tötet er uns, wenn er uns fromm machen will, trifft er uns das Gewissen und macht uns erst zu Sündern; wenn er uns will gen Himmel aufrücken, stößet er uns zuvor in die Hölle.[33]

Es ist bemerkenswert, wie wenig konkret Gogarten solche Lutheraussagen auf die eigene Zeit beziehen zu müssen glaubt. Die unmittelbar erhellende Kraft solcher Aussagen ist ihm völlig selbstverständlich. Luther ist zu gegenwärtig, um der Aktualisierung zu bedürfen. Die Krise der Kultur ist ja handgreiflich: als politische Krise, ebenso wie als gesellschaftliche, soziale, ökonomische.

In den Jahren der Weimarer Zeit war der Krisendiskurs fast omnipräsent. Von Hause aus steht der Begriff der Krise ja für eine noch offene Situation der Ungewissheit, in der die endgültige Entscheidung über den Ausgang einer Sache (z. B. Krankheit) noch nicht gefallen ist. Gogarten redet jedoch von einer »totale[n] Krise«, die er zugleich mit dem Ende bzw. Untergang einer Sache gleichsetzt.[34] Daher geht es ihm auch nicht darum, die realgeschichtlichen Krisen zu verstehen oder sich Gedanken über ihre Bewältigung zu machen. Vielmehr werden die zeitaktuellen Krisen eingezeichnet in ein umfassenderes Narrativ: »Die Welt, so wie sie da ist, ist ein Abfall von Gott [...]. Das ist – um das vorweg zu nehmen – die Krisis der Kultur.«[35]

Dieser umfassenden Krise ist nichts entnommen. Diese Krise betrifft auch die Religion – und ist zugleich die Chance der Religion. Die Religion wird mit der menschengemachten Kultur untergehen, oder sich radikal auf einen Standpunkt außerhalb aller Kultur besinnen. Denn die Religion ist entweder Seele der Kultur oder Krise der Kultur: »Das ist das Gericht, das die Religion an der Kultur vollzieht, das die Krisis der Kultur, die die Religion selber ist.«[36]

Diesem Ruf zur Entscheidung müsse sich jeder stellen. Es könne an dieser Stelle auch keine wohlmeinende Vermittlung geben. »Die religiöse Betrachtung hat nur Sinn, wenn in ihr nichts bleibt als Gott, wenn alles Menschliche verschwindet.«[37] Natürlich tritt Religion immer in Kultur ein

---

33 Ebd.
34 AaO., 114.
35 AaO., 111.
36 AaO., 121.
37 AaO., 104.

und äußert sich in ihren Ausdrucksformen. Ihre Lebendigkeit erweist sich darin, dass sie sich in und trotz ihrer jeweiligen Inkulturation radikal von jeder Kultur unterschieden weiß.

Ohne mit diesem Krisenszenarium vermittelbar zu sein, erscheint die Transzendenz Gottes als Einbruch einer Gegenwelt:

> Und dann leuchtet Gottes Licht wieder rein über dieser Welt und über uns selbst, nicht mehr gebrochen durch unser menschliches Wesen. [...] Hier ist freilich alles Gnade, alles Wunder. [...] Es kommt alles darauf an, dass wir hier, wo alles weggeräumt ist, was uns von Gott trennt, und wo wir in Nacktheit vor ihm stehen, wo wir nichts für uns bewahren, dass wir da nicht wieder uns selbst zwischen uns und Gott stellen. Hier gibt es nur eine Verdeutlichung, nur Eine Offenbarung, Jesus Christus.[38]

Angesichts des Schicksals, dass diese Welt heimsucht, gibt es für Gogarten offenbar eine Grundbedingung, die jede Rede von Gott erfüllen muss: Gott muss stärker als die Zeit sein, härter als das Schicksal, gewisser als das, was vor Augen geschieht. Denn das, was geschieht, ist Gottes Handeln und Gottes Richten; und nur wer im irdischen Geschehen erkennt, dass es göttliches Geschick ist, dem werden gleichzeitig die Augen geöffnet für die Offenbarung Gottes: »Jesus Christus ist selbst die Gottes-Tat, ist selbst die Vernichtung dieser Welt, ist selbst die ursprüngliche Schöpfung.«[39]

Mit seiner Artikulation eines umfassenden Krisenbewusstseins hinterließ Gogarten bei seinen Zeitgenossen ungeheuren Eindruck. Gogartens Inszenierung von Luther als einem Sprachereignis, als performativer Vollzug seiner Aussagen, ist bei vielen genauso in diesem Sinne verstanden und aufgenommen worden. In einer Zeitung wurde Gogartens Auftritt so beschrieben:

> Wenige in Deutschland werden seinen Namen gekannt haben, doch dürfte der Pfarrer Gogarten bald unter denen genannt werden, die für unser Schicksal bestimmend sind. Mit ihm trat Martin Luther in den Festsaal der Wartburg und war wieder der Junker Jörg, dem Teufel sein Tintenfass an den Kopf zu werfen.[40]

Nicht zuletzt Rudolf Bultmann zeigte sich von diesem Vortrag zutiefst beeindruckt. Bei seiner direkt anschließenden Schweizer Reise hinterließ Gogarten auch bei Eduard Thurneysen und Karl Barth tiefsten Eindruck, u.a.

---

38 AaO., 118.
39 Ebd.
40 GOERING, Gogarten (s. Anm. 10), 111.

bei Barth die Gewissheit, seinen Römerbrief nicht nur zu überarbeiten, sondern völlig neu schreiben zu müssen.[41] In diesen Wochen wurde Gogarten selbst zum Schicksal.

Die Erinnerung an Luther begründet in dieser Zeit bei Gogarten einen neuen Typus von Theologie: eine handlungsorientierte, performative Gestalt von Theologie. An die Stelle der Reflexion tritt die Inszenierung von Sprachereignissen. Ohne dass diese Begriffe fallen, erkennt man in dieser Ingebrauchnahme von Luther unschwer eine eigenständige Applikation der reformatorischen Unterscheidung von Gesetz und Evangelium. Religion als Krise, das ist die Religion als Gesetz, die sich als Gericht erweist über jede Religion als Teil humaner Kultur, so sehr, dass der Religionsbegriff fortan als unbrauchbar ausgeschieden wird. Das Evangelium wird im Sinne der frühen Rechtfertigungslehre der Römerbriefvorlesung nur in Tateinheit mit dem Gesetz zur befreienden Botschaft: Das Nein als Ja, das Gericht als Gnade. So lässt sich die zeitgeschichtliche Krisenerfahrung theologisch unter dem Zeichen des Gesetzes als Gericht verstehen. Und gleichzeitig steht die Kategorie des Wortes Gottes für ein Widerfahrnis bzw. ein Geschick, das nicht weniger wuchtig ist als die Zeiterfahrungen der Gegenwart.

II Gogartens Luther und die Suche nach geschichtlichen Positivierungen

a) Historismuskritik und Personalismus

Wie die anderen Vertreter des Dialektischen Aufbruchs steht auch Gogarten unter der Herausforderung, diesen Aufbruch in irgendeiner Form verstetigen zu müssen. Dabei gewinnt vor allem die vertiefte Aneignung der lutherischen Kategorie des Gesetzes eine zentrale Bedeutung. Vor allem im Bereich der Schöpfung, der Anthropologie wie der Geschichte, sucht Gogarten nach Möglichkeiten, die Haltung des Glaubens nicht nur eine reine Antithese sein zu lassen.

Ernst Troeltsch konnte Gogartens Ausführungen nicht anders denn als Lossage empfinden. Troeltschs Einordnung der jungen Wilden als »Apfel

---

41 Vgl. aaO., 104–114.

vom Baume Kierkegaards«[42], als Vertreter einer neuen Romantik, die in einer Flucht in Antihistorismus und Irrationalismus einen Ausweg aus den Anstrengungen aufgeklärter Religion suchen, ist bekannt. Bemerkenswert ist, dass Troeltsch seinem ehemaligen Schüler in einer Sache durchaus Recht gibt: Es sei nicht möglich, diese Auseinandersetzung rein wissenschaftlich zu erörtern. Gogarten ziehe sich auf eine rein religiöse Position zurück, der man selbst nur die »einem selbst gewachsene religiöse Position entgegenstellen«[43] könne.

Aus Barths Sicht bestand genau darin die Stärke Gogartens für die sich formierende Dialektische Theologie: Gogarten sei zu keiner Phase seines Lebens ein Positiver bzw. konservativer Theologe gewesen, sondern zutiefst der liberalen Theologie entwachsen und habe ihr Versagen an sich selbst erfahren. Für Gogarten jedoch war die Auseinandersetzung mit der Theologie seiner Studienzeit keineswegs erledigt. Die Auseinandersetzung mit seinem ehemaligen Lehrer Troeltsch durchzieht Gogartens Schriften in der Mitte der 1920er Jahre. Wir machen uns das anhand seines Werkes *Ich glaube an den dreieinigen Gott* klar.[44]

Wie viele Denker dieser Zeit beklagt Gogarten, dass der moderne Individualismus nicht in der Lage gewesen sei, den Schicksalsschlägen der wirklichen Geschichte standzuhalten. Die moderne Weltanschauung habe versucht, die Wirklichkeit mit immer neuen Deutungen zu bewältigen. Glaube kann jedoch nicht von Deutungen leben. »Offenbarung und Glaube aber sind selbst ein Geschehen, oder sie sind nicht.«[45]

Aus heutiger Sicht scheint Gogarten einen merkwürdig verzweifelten Kampf auszufechten, wenn er die unentrinnbare Einbettung aller Wirklichkeitswahrnehmung in Deutungsakte bestreitet. Müssen wir uns Friedrich Gogarten mit seinem pathetischen Reden von der »Wirklichkeit« bzw. der »Geschichte« etc. als naiven Denker vorstellen?

---

42 E. TROELTSCH, Ein Apfel vom Baume Kierkegaards (in: Anfänge der dialektischen Theologie 2 [TB 17,2], hg. v. J. MOLTMANN, 1963, 134–140).

43 AaO., 138.

44 Vgl. F. GOGARTEN, Ich glaube an den dreieinigen Gott. Eine Untersuchung über Glaube und Geschichte, 1926.

45 AaO., 17f.

Nun, wir sollten ihn uns zumindest nicht vorstellen als einen, der nicht wusste, was er tat. Kurt Nowaks und Friedrich Wilhelm Grafs Diktum von der antihistorischen Revolution trifft etwas Wesentliches.[46] Gogarten vollzieht seine antikonstruktivistischen Tabubrüche im vollen Bewusstsein, indem er die ausführliche Auseinandersetzung mit den Historismus-Forschungen von Ernst Troeltsch aufnimmt. Dabei nimmt Gogarten seinen ehemaligen Lehrer höchst ernst: Ausdrücklich unterstreicht er, dass Troeltschs Auffassung von der modernen Geschichtsbetrachtung nicht einfach nur verfehlt sei. Die allgemeine Historisierung »ist keine Theorie Troeltschs, sondern eine Tatsache.«[47] Diese so überzeugend herausgearbeitet und als unentrinnbar erwiesen zu haben, sei seine Leistung, die allergrößte Bedeutung habe.

Und zugleich ist es diese konsequente Historisierung der Theologie und die damit verbundene Vergegenständlichung und Objektivierung des Glaubens, die notwendig zum Gottesverlust führe. Darum sei es die Schicksalsfrage der Theologie, wie sie einen echten Zugang zur Geschichte finden könne. Der antihistorischen Revolution im Sinne Gogartens geht es um eine Wiedergewinnung eines Geschichtsumgangs, der für eine Möglichkeit des Glaubens in der Moderne offen sei.

Hatte Gogarten um 1920 noch versucht, den Religionsbegriff zu öffnen dahingehend, dass er nicht nur als Teil der Kultur, sondern als Krise der Kultur verstanden wird, so verabschiedet sich Gogarten nun (wie Barth, Bultmann u.a.) vom Religionsbegriff insgesamt und überträgt die Krisenkompetenz konsequent auf den Begriff der Offenbarung Gottes. Offenbarung ist kein Akt neben anderen weltförmigen Akten, sondern gewissermaßen die transzendentale Voraussetzung des gläubigen Bewusstseins, diesem unverfügbar, aber zugleich auch etwas, von dem nicht abstrahiert werden kann. Dass Gott sich offenbart, dass er redet und mich anspricht, ist gewis-

---

46 Vgl. K. Nowak, Die »antihistorische Revolution«. Symptome und Folgen der Krise *historischer* Weltorientierung nach dem Ersten Weltkrieg in Deutschland (in: H. Renz / F. W. Graf, Umstrittene Moderne. Die Zukunft der Neuzeit im Urteil der Epoche Ernst Troeltschs [Troeltsch-Studien 4], 1987, 133–171); F. W. Graf, Die antihistorische Revolution in der protestantischen Theologie der zwanziger Jahre (in: Ders., Der heilige Zeitgeist, 2011, 111–137).

47 F. Gogarten, Historismus (in: Moltmann, Dialektische Theologie [s. Anm. 42], 171–190), 181.

sermaßen eine Art neue transzendentale Apperzeption, die alle Akte des gläubigen Bewusstseins begleitet und bedingt.

Bis dahin verläuft der Denkweg Gogartens in ziemlicher Parallele zum frühen Barth. Im Unterschied zu diesem entwickelt Gogarten in den Folgejahren zunehmend Ansätze, die an einer »Außenstabilisierung«[48] dieses Angesprochenseins durch das Wort Gottes arbeiten. Ein entscheidender Anknüpfungspunkt für Gogartens mittlere Jahre wird dabei die an Buber, Ebner und andere anschließende Ich-Du-Philosophie.

In der Begegnung mit dem Du wird mir die Wirklichkeit erschlossen als etwas, das wesentlich nicht durch mich konstituiert ist. Die Erfahrung der Begegnung mit einem Anderen wird zur entscheidenden Analogie, Offenbarung Gottes denken zu können. Gogarten kann die intersubjektive Erfahrung und das Wesen des Glaubens eng miteinander verzahnen: »Der erlöste Mensch, das ist der, der den Anspruch des Anderen deutungslos und verantwortlich zu hören vermag, und der im Glauben weiß, dass dieser Anspruch durch Jesus Christus erfüllt ist«.[49]

War in der unmittelbaren Nachkriegszeit der Abfall der Welt das Krisenszenarium, so tritt nun eine stetigere Schöpfungstheologie bzw. Anthropologie an die Seite des reinen Krisenbewusstseins. Darin zeigt sich ein zunehmendes Plausibilisierungs- oder auch Positivierungsbedürfnis im Blick auf das Ereigniswerden der Offenbarung. Die Berufung auf den Personalismus ist in den 1920er Jahren eine breite Tendenz innerhalb der Theologie, lebensweltliche Evidenz gegen den drohenden Wirklichkeitsverlust der Gottesrede zu setzen.

b) »Eine unwirklich gewordene Welt hungert nach Wirklichkeit!«[50]
   Gogartens Politische Theologie

Die Krisenanalyse des modernen Individualismus wird von Gogarten ausgeweitet auf die gesamtgesellschaftliche Ebene des liberalen Rechtsstaates

---

48 G. Pfleiderer, Karl Barths praktische Theologie. Zu Genese und Kontext eines paradigmatischen Entwurfs systematischer Theologie im 20. Jahrhundert (BHTh 115), 2000, 456. Vgl. insgesamt 110–136.454–457.

49 Gogarten, Gott (s. Anm. 44), 201.

50 F. Gogarten, Protestantismus und Wirklichkeit. Nachwort zu Martin Luthers »Vom unfreien Willen«, München 1924 (in: Moltmann, Dialektische Theologie [s. Anm. 42], 1963, 191–218), 199.

und die der Weimarer Demokratie. In seiner *Politischen Ethik* von 1932 versucht Gogarten die Grundzüge seiner personalistischen Anthropologie und Ethik auf die Politik zu übertragen. Dabei geht er zunächst von der Relation des Gläubigen zu Gott als Hörigkeit aus: »Das Gute, das darin geschieht, dass Gott mir ein Gott ist, und das, wie wir früher sagten, im Glauben geschieht, das heißt also, dass es sich im Glauben erweist, und zwar im Vollzug, dass ich Gott hörig bin.«[51]

Gogarten bleibt dabei Offenbarungstheologe. Gottes Offenbarung sei der Maßstab für das Gute. Gottes Güte zeige sich allein in Jesus Christus.[52] An dieser Stelle konkretisiert Gogarten nun: Christus selbst hat das Gesetz erfüllt, in seinem Leben und Sterben. Dies ist die Haltung des Glaubens, die Entsprechung zu diesem Sein Christi: sich Gott völlig ergeben. Gott ergebe ich mich aber dann völlig, wenn ich ihm in der Schöpfung und ihren Ordnungen diene. Nur von einem solchen Glauben her ergibt sich das richtige Verständnis von Obrigkeit.

Wieder wird Luther eingeführt als autoritativer Aufweis eines gläubigen Weltverhältnisses: »Es geht mir in dieser Arbeit darum zu zeigen, dass das, was Luther davon sagt, dass es gottgefällig und allein recht sei, wenn einer in seinem Stand Gott dient, und nicht in selbstgewählten Werken, auch heute noch die Grunderkenntnis christlicher Ethik«[53] ist.

Nach 1933 identifiziert sich Gogarten (vorübergehend) in starkem Maße mit dem nationalsozialistischen Aufbruch. Er stellt in seiner Schrift *Einheit von Evangelium und Volkstum* von 1933 die Wende in einen großen geistesgeschichtlichen Horizont. Die Weimarer Demokratie sei durch ihre Gründung auf die Werte des modernen Individualismus kaum noch in der Lage gewesen, wirkliche Obrigkeit zu verkörpern.

> Der neue Staat indessen, der sein Wesen als Staat erfüllt, steht nicht mehr einem privaten Menschen gegenüber; er lässt ihn, wenn er das weiter bleiben will, gar nicht gelten. Er beansprucht den Menschen ganz und gar und läßt ihn nur gelten, insofern er sich als völkisch bestimmter Mensch mit seiner ganzen Existenz dem Staate zur Verfügung stellt.[54]

51 F. GOGARTEN, Politische Ethik. Versuch einer Grundlegung, 1932, 71.
52 Vgl. aaO., 98.
53 AaO., 166.
54 F. GOGARTEN, Einheit von Evangelium und Volkstum, 1933, 8f.

Die Idee des autonomen Subjekt, wie sie in der Aufklärung betont wird, wie sie Grundlage wird der modernen Freiheits- und Grundrechte des Einzelnen, wird nun auch politisch als Verirrung denunziert. Die Logik des Gottesverhältnisses wird zum Grund lebensermöglichender Verhältnisse. Das Verhältnis von Vater und Sohn bildet eine Entsprechung von Autorität und Bindung ab. So wie sich der Mensch zu Gott halten soll und sich Gott zum Menschen verhält, so soll es im zwischenmenschlichen Bereich sein und umgekehrt. Und dabei wird eine solche Analogie nicht nur aus einer theozentrischen Bindung abgeleitet, mehr noch: auch Gott kann nicht an diesen innerweltlichen Beziehungen vorbei anerkannt werden.

Man kann darüber diskutieren, ob Gogarten in seiner *Politischen Ethik* von 1932 nicht zumindest dadurch, dass er das Gewusstwerden dieser wahren Bestimmung des Staates exklusiv der Kirche zuschreibt, eine unaufhebbare Begrenzung der Totalität des Staates denknotwendig macht.[55] Faktischen Gebrauch hat Gogarten von dieser Einsicht in den Jahren nach 1933 nicht wirklich gemacht. Mit seiner politischen Theologie der frühen dreißiger Jahre verfällt Gogarten im Bestreben, dem individualistischen Zeitgeist zu widersprechen, auf tragische Weise dem totalitären Ungeist dieser Zeit.

III Auf dem Weg zu einer geschichtsbewussten Anknüpfung an Luther

a) Theologie der Säkularisierung

Wie wenigen anderen gelingt es Gogarten, nach dem Zweiten Weltkrieg noch einmal ganz neue und andere Bedeutung zu gewinnen als in der Vorkriegszeit. Das glückte ihm nicht zuletzt durch eine völlige Neuausrichtung der eigenen Zeitdeutung. In einer Zeit, als Romano Guardini mit seinem Bestseller *Das Ende der Neuzeit* (1950) einen Klassiker neuzeitkritischer Kulturkritik verfasste, setzte Gogarten mit seiner Monographie *Verhängnis und Hoffnung der Neuzeit* (1953) neue Akzente. Viele Jahre, bevor Hans Blumenberg mit seinem epochalen Werk *Die Legitimität der Neuzeit* (1966) dem Verfallsgeraune der letzten Jahrzehnte eine neue Zukunftsof-

---

55 Vgl. PFLEIDERER, Barth (s. Anm. 48), 134.

fenheit entgegenstellte, entzog sich Gogarten dem allgemeinen Tonfall der nachkriegszeitlichen Neuzeitkritik.

Mehr denn je erscheint in Gogartens Denken Martin Luther und seine Reformation als weltbewegendes Schicksal. Nicht nur Theologie und Kirche, auch die gesamtgesellschaftliche Tendenz zur Säkularisierung gilt Gogarten nun als mindestens mittelbare Folge der Reformation. Wenn aber die Säkularisierung als Konsequenz der Reformation zu gelten hat, kann ihre undifferenzierte Verurteilung nicht mehr angemessen sein.

> Wenn das, was wir bisher über die Säkularisierung gesagt haben, auch nur einigermaßen richtig ist, dann kann diese Aufgabe auf keinen Fall den Sinn haben, dass der Glaube die Säkularisierung irgendwie zurückhalten und von außen beschränken müßte. [...] Meinte der Glaube, der Säkularisierung etwas von dem, was sie ergriffen hat, vorenthalten zu müssen, so hörte er damit auf, Glaube zu sein. Und umgekehrt: machte sich die Säkularisierung daran, das, was des Glaubens ist, für sich in Anspruch zu nehmen, so bliebe sie nicht in der Säkularität, sondern würde zum Säkularismus.[56]

Gogarten sieht Säkularisation nicht nur als Verhängnis, sondern als Schicksal in der uns vertrauten doppelten Bedeutung. Natürlich bedeutet das Auseinandertreten von Glauben und Weltverfassung eine Krise in dem Sinne, dass die bisherige Gestalt christlicher Weltdurchdringung zunehmende Auflösung erfährt. Aber in dieser Krise steckt eine ungleich größere Chance. Insgesamt handelt es sich um eine Entwicklung, die vom christlichen Glauben selbst hervorgebracht wurde. Der christliche Glaube bringt eine Entmythologisierung aller Weltmächte mit sich. »Alles ist euer, ihr aber seid Christi« (1Kor 3,23): Lutherisch gelesene paulinische Gedanken werden in ihrem revolutionären Gehalt gewürdigt. Der Christ steht der Welt frei gegenüber. Politik, Wirtschaft, Wissenschaft etc. werden durch und durch menschliche Betätigungsfelder ohne jede kirchlich-religiöse Bevormundung. Somit kann eine gute Säkularisierung von schlechtem Säkularismus unterschieden werden. Die Neuzeit kann positiv gesehen werden als legitime Folge des Glaubens. Sie wird da verhängnisvoll, wo der Mensch jede Bindung verliert, wo die Atomisierung des Daseins alles in einen Strudel der Technisierung und der Entfremdung verstrickt. Demgegenüber ist die Bindung des Glaubens an Gott der Grund der Freiheit gegenüber der Welt.

---

56 F. GOGARTEN, Verhängnis und Hoffnung der Neuzeit. Die Säkularisierung als theologisches Problem, ²1958, 144.

Gogarten legt mit dieser Bejahung der neuzeitlichen Situation keine Wende um 180 Grad hin. Denn die Denkstruktur bleibt hintergründig autoritär. Der umfassenden Krise des Glaubens kann man nicht anders begegnen denn durch eine Einwilligung in dieses Geschick und in einer vertieften Bindung an Gott. Die kleine aber wesentliche Veränderung ist nun: Gogarten verzichtet auf jede direkte Verkörperung der Autorität Gottes im Irdischen. Friedrich Wilhelm Graf hat das so formuliert:

> Der späte Gogarten unterscheidet sich vom Gogarten der späten zwanziger und dreißiger Jahre theologisch letztlich nur durch einen einzigen neuen Schritt: Er verzichtet darauf, den göttlichen Grund der Freiheit, den Ort der Bindung des Menschen, noch einmal in innerweltlichen Strukturen zu positivieren.[57]

Das unausweichliche Schicksal, dass diesen Rückbezug notwendig macht, ist nun die Säkularisierung als solche. Das ist die Wirklichkeit, der wir uns nicht entziehen können. Auch diese Wirklichkeit bedeutet eine Krise des Glaubens. Sie kann zur Aufhebung des Glaubens führen in einem konsequenten Säkularismus; oder zu einer Betätigung des Glaubens, der dieses Schicksal bejaht und es zum Ort der Entdeckung der Zusage des Glaubens macht.

Aus der autoritären Theologie der späten Weimarer Zeit kann damit eine Theologie relativer Freiheit werden. Gerade für progressive Geister war das ein Ansatzpunkt, Gogarten als theologischen Modernisierer wahrzunehmen, der sich gegen einen konservativen gesellschaftlichen Trend als Theoretiker neuzeitlicher Theologie erwies.

b) Jesus Christus als Geschick der Welt

Nach dem Ersten Weltkrieg stand Gogartens Berufung auf Martin Luther für einen theologischen Gegenentwurf zur liberalen Moderne. Das Ereignis des Wortes Gottes wurde zur Erlösung aus der intellektuellen Selbstverstrickung in bloßen Deutungsakten. Wort Gottes statt Historismus, Luther und eben nicht Troeltsch – lautete Gogartens Losung. Diese antihistorische Revolution setzte die absolute Vergewisserung durch das christliche Kerygma gegen die Zumutungen des neuzeitlichen Geschichtsbewusstseins.

---

57 GRAF, Deutung (s. Anm. 17), 326.

Was wird aus dieser eindeutigen Konstellation in einer Phase, in der Gogarten selbst mehr und mehr eine Theologie der Neuzeit betreiben möchte? Von *Die Verkündigung Jesu Christi* (1948) bis *Jesus Christus Wende der Welt* (1967) zieht sich das Bemühen durchs Spätwerk, diese Grundfragen neu zu durchdenken. In seinen Spätschriften arbeitet Gogarten mehr und mehr biblisch-exegetische wie auch christologische Konkretionen aus, in denen das Ereignis des Wortes Gottes grundlegende Gestalt gewinnt – ein Weg, auf dem Gogarten sich weitgehend seinem aus dialektischen Anfängen verbliebenen Freund Rudolf Bultmann anschließt. Und dabei kommt er zugleich nicht umhin, die internen Debatten der Bultmannschule für sein eigenes Denken aufzuarbeiten. Gogarten folgt den Einwänden, die innerhalb der Bultmannschule gegenüber einer reinen Kerygmatheologie gemacht worden sind. Die christliche Botschaft muss vor dem Verdacht geschützt werden, eine bloße ungeschichtliche Konstruktion zu sein. Die historische Frage nach Jesus einfach abzuweisen, würde mit Recht als Flucht vor der Wirklichkeit empfunden werden. Die kerygmatische Verkündigung Jesu darf nicht mit der historisch rekonstruierbaren Gestalt des Jesus von Nazareth und seiner Verkündigung unvereinbar sein. Der Ausgang vom historischen Jesus ist daher auch für die dogmatische Theologie der Gegenwart um ihrer intellektuellen Redlichkeit willen unverzichtbar.

Nun ist Gogarten überzeugt, dass sich der christliche Glaube in seinen Grundzügen auch vom historischen Jesus her rekonstruieren lässt. Die durch und durch eschatologische Verkündigung Jesu ist ja ihrerseits auf eine geschichtliche Wende ungeheurer Tragweite eingestellt. In ungeheurer Radikalität geht Jesus von der Verlorenheit der Welt aus, nicht nur im Blick auf die vermeintlichen Gebotsverstöße der sprichwörtlichen Sünder und Zöller; bis in die engagierteste Frömmigkeit hinein geht der Bruch des Menschen mit Gott. Diese jesuanische Krisendiagnose bündelt Gogarten immer wieder im Begriff des Verhängnisses.[58]

Genauso radikal stellt Jesus dieser verlorenen Welt das unbedingte Ja der göttlichen Zuwendung entgegen. Und mehr noch: Diese Weltzuwendung realisiert sich nicht zuletzt darin, dass Jesus von Nazareth in Wort und Tat den Verlorenen ein Nächster wird.

---

58 Vgl. F. GOGARTEN, Jesus Christus Wende der Welt. Grundfragen zur Christologie, ²1967, 67.159.165.168.198.204 u.ö.

Neben der Krisendiagnose spielt auch das andere in diesem Aufsatz verfolgte Leitmotiv von Gogartens Theologie für seine Jesusdarstellung eine entscheidende Rolle. Gogarten verwendet in diesem Buch nicht mehr den einst so modischen Begriff des Schicksals; allenfalls »Schicksalsbrüche«[59] werden erwähnt. Vielmehr sind es nun zwei Begriffe, mit denen Gogarten seine entscheidenden Einsichten verdichtet: Schickung und Geschick. In der Welt zu leben, heißt Schickungen ausgesetzt zu sein; Widerfahrnissen, Erfahrungen, die uns betreffen, ohne dass wir sie verursacht haben oder vermeiden können. Treten die Schickungen an die Stelle des früheren Schicksals, so ist Geschick der eigentliche theologische Zentralbegriff. Gogarten definiert ihn folgendermaßen:

> Mit dem Wort ›Geschick‹ wollen wir ein Geschehen bezeichnen, worin sich nicht nur dieses oder jenes im Leben des Menschen ereignet, sondern eines, wodurch es ihm widerfährt, daß er mit seinem Leben als ganzem zu tun bekommt. Wenn ihm dergleichen geschieht, stellt sich ihm die Frage nach dem Sinn seines Lebens und damit auch die nach dem Sinn der Welt, in der er lebt.[60]

Jesu Verkündigung des göttlichen Gerichts hat darin ihre Zuspitzung, dass alle Menschen sich dem Geschick, ihr Leben ganz von Gott her zu verstehen, verweigert haben – und gerade dies ihr Verhängnis ausmacht. Da Jesus von Nazareth die Weltzuwendung Gottes zu seinem Lebensprogramm macht, bekommt er Anteil an diesem Verhängnis.

> Da für das Leben Jesu nur die eine Schickung bestimmend ist, nämlich seine Wahrnehmung des abgöttischen Weltseins der bestehenden Welt, und da es diese Schickung ist, in der ihm sein Geschick begegnet [...] so wird er dieser in der Not des über sie verhängten Verhängnisses durch die Hinnahme des ihm bestimmten Geschickes in der ihm je eigenen Welt der Nächste.[61]

Dass ihm in dieser Annahme des Weltverhängnisses sein Geschick widerfährt und er darin zugleich Gottes Handeln an sich erfährt, ist die Botschaft des christlichen Glaubens. Dieses Handeln Gottes wird nicht greifbar im Horizont des modernen Geschichtsverständnisses. Aber diese Gottesgewissheit war der Inbegriff des Glaubens, den Jesus gelebt und verkündigt hat. In der Begegnung mit der Botschaft von Christus wird dem Menschen

59 AaO., 135.
60 AaO., 148.
61 AaO., 205.

bis heute eine Entscheidung eröffnet für diese Haltung des Glaubens, eine vom Menschen her nicht herstellbare Haltung, so dass Gogarten auch vom »Widerfahrnis des Glaubens«[62] reden kann. Was dem Menschen hier widerfahrend gewiss wird, ist nicht weniger als das gnädige Handeln Gottes an ihm – in dem sich das menschliche Geschick erfüllt: »[S]o bedeutet ›Geschick‹ in dem Zusammenhang, in dem wir hier von ihm sprachen, die Weise, in der Gott das Leben des Menschen ›ins Werk setzt‹.«[63]

In den letzten Abschnitten dieses Buches kommt Gogarten noch einmal ausführlich auf Luther und Troeltsch zu sprechen. Troeltsch steht nun nicht mehr einfach für den Irrweg historischer Theologie, den man verlassen kann, um in den sicheren Mauern eines lutherischen Wort-Gottes-Glaubens geschützt zu sein. Vielmehr erkennt Gogarten vorbehaltlos an, dass die Historisierung der wissenschaftlichen Bibelexegese unverzichtbar ist. Geschichte ist im neuzeitlichen Bewusstsein allein zugänglich, soweit wir sie als den vom Menschen ausgehenden und gestalteten Raum begreifen.

Eine unausweichliche Konsequenz dieser Einsicht lautet auch: eine direkte theologische Anknüpfung an Luther ist uns nicht mehr möglich. Das Programm kann daher nicht mehr lauten, sich unter Berufung auf Luther den Zumutungen der Neuzeit zu verweigern. Damit wird die Lutherlektüre selbst zum krisengeschüttelten Ort. Denn aus dieser Perspektive wird Luthers Denken etwas ungeheuer Spannungsvolles. Luther macht in seinem Umgang mit der Bibel beständig Gebrauch von Voraussetzungen, die zutiefst vormodern und für uns heute unwiederholbar sind. Luthers Ausgang von der historischen Tatsächlichkeit aller biblischen Erzähltexte oder seine Anknüpfung an die metaphysischen Formeln der antiken Trinitätslehre und Christologie sind uns heute unerschwinglich. Auch wenn Luther immer wieder zugestehen kann, dass sich in diesen Formeln nicht das Eigentliche das Glaubens ausspricht, ist sein Denken zuletzt doch tief geprägt von den ungeschichtlichen und metaphysischen Voraussetzungen der klassischen Theologie.

Und zugleich findet Gogarten bei Luther Ansätze, über diese Grenze hinaus zu denken in einer Weise, die das Schicksal der neuzeitlichen Seinserfahrung im christlichen Glauben bewältigungsfähig erscheinen lässt.

62 AaO., 72.
63 AaO., 149.

Luthers durch und durch soteriologische Betonung der Menschlichkeit Christi wird für Gogarten zur Brücke für den Gedanken: die Berufung auf Jesus Christus kann nicht mehr absehen von dessen ursprünglicher Verkündigung, die die moderne historische Jesusforschung herausgearbeitet hat. Und Luthers Entdeckung des Glaubens lässt sich gerade auch anhand der Verkündigung Jesu wiederholen. Gogarten ist sich bewusst, damit andere und neue Wege als Luther zu gehen, zugleich könnte man auch sagen, dass es auf diesen Wegen gilt, mit Luther über Luther hinaus zu denken. Gogartens Lutherrezeption ist nicht mehr länger ein antimoderner Gegenentwurf zum liberalen Historismus, sondern auf dem Weg zu einer eigenen Gestalt hermeneutischer Theologie, vergleichbar mit Bultmann oder Gerhard Ebeling. Dabei sah Gogarten selbst seine Überlegungen nicht schon als Durchführung eines neuen christologischen Denkens an, wohl aber als Beiträge zu einem solchen Weg.

IV Luther als Auf-Bruch-Ereignis

Im Programm der Tagung der Luthergesellschaft von 2018 heißt es über den Auftrag der Luther-Gesellschaft:

> Die Gesellschaft hat seitdem darauf hingewirkt, Luthers Gestalt und Werk der Gegenwart zu erschließen und nahezubringen sowie aus reformatorischer Perspektive am wissenschaftlichen, gesellschaftlichen und kirchlichen Diskurs teilzunehmen.[64]

Das ist ein anspruchsvolles Geschäft, gerade wenn beides gelten soll: historische Erschließung des einst Gedachten – und zugleich die Einnahme einer von Luther her geprägten reformatorischen Perspektive inmitten der Diskurse der Gegenwart. Vor allem Letzteres ist eine Zielsetzung, der sich Gogarten stets verpflichtet wusste. Wie immer man zu Gogartens Variationen der Erinnerung an Luther steht: Man wird sich dem Eindruck seiner ungeheuren Zeitgenossenschaft nicht entziehen können. Diese Fähigkeit, sich jeweils ganz einzulassen auf die Fragen der Stunde, war nicht wenig begünstigt dadurch, dass Gogarten selbst nur in geringem Maße eine eigene theologische Systematik entfaltet hat, was ihm Anpassungen an neue zeit-

---

64 Vgl. das Programm der Tagung: https://www.luther-gesellschaft.de/assets/pdf/tagungen/ Programm_Wittenberg_2018.pdf [Stand: 20.03.2019].

geschichtliche Kehren erleichterte. Dabei ist der durchgängige Lutherbezug ab 1917 die größte Konstante seines theologischen Weges. Anfänglich bekommt Luther eine Autorität zugeschrieben, wie sie die Bibel nach einem Jahrhundert historisch-kritischer Auslegung nicht mehr besaß. Im historischen Rückblick ist unverkennbar, dass Gogarten natürlich nicht einfach nur Luthers Stimme hören ließ, sondern uns schon durch seine Auswahl ›seinen‹ Luther präsentierte. Diese Problemlage ist Gogarten mit der Zeit zunehmend bewusster geworden. Und zugleich hat er unter den Bedingungen geschichtlich-hermeneutischer Reflexion daran festgehalten, dass Luther zumindest für jede evangelische Theologie mehr ist als ein rein historischer Gegenstand. Das muss weder konfessionalistisch noch doktrinär überhöht werden. Letztlich ereignet sich an Luther etwas, was exemplarisch zur Christentumsgeschichte wie zur Religionsgeschichte insgesamt gehört. Kein religiöses Bewusstsein ist schlechthin gegenwärtig. Stets erschließt sich Sinn in der Aufnahme, Erschließung und Fortführung von vorgegebenem Sinn. Gogartens Umgangsweisen mit Luther illustrieren Gefährdungen und Chancen eines solchen Anschlusses an eine historische Gestalt. Vor allem in Sachen Krisenbetroffenheit wurde für Gogarten (wie für viele andere) Luther als eine Gegenmacht erfahrbar, an dessen Sprache man sich inmitten vieler Zusammenbrüche aufrichten konnte.

Als Lebensthema Gogartens lässt sich die Herausforderung durch die kopernikanische Wende der Neuzeit ausmachen, die Einsicht in die Unentrinnbarkeit des Bewusstseins, dass all unser Denken der Bedingung unterliegt, stets von *uns* Gedachtes zu produzieren, also letztlich nie nur deutungslos Anerkanntes. Wie aber lässt sich da der Erfahrung standhalten, im Leben von Widerfahrnissen betroffen zu sein, denen wir schlechthin ausgesetzt sind in einer Weise, wie es für die Gehalte unseres Denkens und Deutens nicht gilt? Inmitten der Schicksalszumutungen des Lebens bedarf es eines Glaubens, der seinerseits als Geschick erfahren und verantwortet werden können muss. Nur als Geschick ist Glaube robust genug, den Schickungen des Lebens standhalten zu können.

Gogartens theologischer Weg lässt sich lesen als kultureller Seismograph der Erschütterung seiner Zeit. In allen Wendungen seiner Epoche hat Gogarten versucht, Theologie angesichts der Gottesfrage zu betreiben, und zwar so, dass die Krisen der jeweiligen Zeit religiös thematisiert werden konnten (als Verhängnis, Schickung etc.), aber auch so, dass sie als Ort der

Gottesentdeckung erfahrbar wurden. Darin ist er ein durch und durch pathetischer Theologe. Dass er dabei Luthers Denken stets als anregender und herausfordernder empfand als die Theologien seiner Zeitgenossen, ist kein Zufall.

Lutherische Theologie in einer Gesellschaft der Singularitäten

Überlegungen zur Transformation des Lutherischen in der spätmodernen Gegenwartskultur[1]

Von Claas Cordemann

I Erwägungen zum Vorverständnis

»Ein Titel muß kein Küchenzettel sein. Je weniger er vom Inhalte verrät, desto besser ist er.«[2] Diese Maxime Lessings aus seiner *Hamburgischen Dramaturgie* mag ihr Recht im Reiche der Poetik haben, für einen theologischen Fachvortrag kann sie wohl kaum auf Zustimmung hoffen. Zumal Lessing selbst für einen poetischen Titel fordert, dass dieser wenigstens nicht in die Irre führen dürfe.

Titel wecken Erwartungen. Wenn wir einen Titel hören oder lesen, tragen wir umgehend unser Vorverständnis ein, wenn denn eines da ist, und haben mindestens eine implizite Idee, was uns nun erwartet. Damit die Erwartungshaltung etwas präzisiert werden kann, will ich einführend den Titel meines Vortrags etwas erläutern.

Lutherische Theologie ohne einen Artikel ist noch relativ unverfänglich. Das mag noch gehen. Hat doch vermutlich jede und jeder von uns ein Vorverständnis davon, was lutherische Theologie ausmacht, das er oder sie jetzt unwillkürlich einträgt. Aber der Untertitel: Transformation *des* Lutherischen. Schwierig, sehr schwierig. Als gäbe es das: »das« Lutherische, so eindeutig fest umrissen im Singular. Und dann noch das Lutherische,

---

1 Es handelt sich hier um eine überarbeitete Fassung meines Vortrags, den ich anlässlich des hundertjährigen Jubiläums der Luther-Gesellschaft am 29. September 2018 in Wittenberg gehalten habe. Der Vortragsstil wurde beibehalten.

2 G. E. LESSING, Hamburgische Dramaturgie, 21. Stück (in: G. E. LESSING, Werke in drei Bänden, Bd. 2, hg. v. H. G. GÖPFERT, 1982, 29–506), 125.

das sich in »Transformation« befindet. Etwas, das es so einfach nicht gibt, verändert sich auch noch. Das macht die Sache nicht leichter.

Im Begriff der *Gegenwartskultur* schwingt, selbst wenn ein bestimmter Artikel davor stünde, immer schon Pluralität mit, weil der Kulturbegriff in sich selbst ein Pluralitätsbegriff ist. Kultur gibt es nur in Kulturen. Dass es so etwas wie Kultur gibt, wurde der Menschheit überhaupt erst bewusst, als man eben auf andere Kulturen als die eigene stieß. Der Kulturbegriff schließt die Relativität in Bezug auf andere und anderes immer schon in sich ein. Ich verwende den Begriff der Gegenwartskultur dabei nicht in einem engen Sinne – etwa in Hinblick auf bildende Kunst oder Literatur. Gegenwartskultur ist im Folgenden in einem denkbar weiten Sinne verstanden als der geistig-sozialgeschichtliche Horizont, in dem sich Theologie vollzieht, von dem sie selbst ein Teil ist und auf den sie sich immer bezieht – unabhängig davon, ob sie das im Modus der Affirmation, der Indifferenz oder der Negation tut.[3]

In diesem Sinne will ich im Folgenden den Begriff des Lutherischen auch als einen Kulturbegriff verstehen, als den Begriff einer Deutungskultur – genauer ist hier auch der Plural: Es geht um Deutungskulturen. Wenn wir hier miteinander darüber ins Gespräch kommen, an was wir denken, wenn wir an »lutherische Theologie« denken, so werden wir recht schnell merken, dass wir da durchaus nicht dieselben Anschauungen haben. Von populären und eher kulturgeschichtlichen Vorstellungen über dezidiert liberale bis hin zu ebenso dezidiert konservativen Deutungen werden wir hier vermutlich alles im Raum haben. Ich will im Folgenden »lutherische Theologie« als eine *Deutungs- und Symbolisierungskultur* verstanden wissen, die in sich selbst noch einmal plural verfasst ist. Es ist eine theologische Kultur, die nur in Kulturen besteht, die miteinander um Deutungshoheit ringen.

Indem ich die Gegenwartkultur unter das Signum der *Spätmoderne* stelle, mache ich deutlich, dass ich die Auffassung von Andreas Reckwitz teile, dass die von ihm jüngst so analysierte *Gesellschaft der Singularitäten* nicht als ein Phänomen der klassischen Moderne, aber auch nicht als Ausdruck der Postmoderne zu verstehen ist, sondern metaphorisch gesprochen

---

3 D.h. ich verstehe Kultur zunächst auch nicht wie Andreas Reckwitz als einen Valorisierungsbegriff, worauf ich später noch eingehen werde.

»dazwischen« zu stehen kommt.[4] Als spätmodern ist die mitteleuropäische Gesellschaft insofern zu charakterisieren, als dass zwar die für die Moderne typische Logik des Allgemeinen so etwas wie die zugrunde liegende Struktur sozialer Prozesse bietet und insofern noch in Geltung steht, diese aber durch die gesellschaftlich dominierende Logik der Singularitäten auf eine Hintergrundfunktion zurück gedrängt wird.[5]

Damit bin ich auch schon bei meiner letzten Vorbemerkung. Die Stoßrichtung meines Vortrags zielt darauf, nach der gegenwartshermeneutischen Deutungskraft lutherischer Theologie in der spätmodernen westlichen Kultur zu fragen.[6] Diese Perspektive werde ich in der Auseinandersetzung mit Reckwitz' kultursoziologischer These von der Gesellschaft der Singularitäten entfalten. Dabei werde ich folgendermaßen vorgehen.

Zunächst werde ich die Grundlinien der Gegenwartsdeutung von Reckwitz skizzieren. Sodann gehe ich der Frage nach, wovon eigentlich die Rede ist, wenn von »lutherischer Theologie« gesprochen wird. Diese beiden Gedankengänge werden so aufeinander bezogen, dass ich in einem weiteren Schritt die Ambivalenzen der Gegenwartskultur beschreibe und schließlich danach frage, was lutherische Theologie in einer Gesellschaft der Singularitäten im Hinblick auf die Selbstdeutung spätmoderner Subjekte zu leisten vermag.

---

4 A. Reckwitz, Die Gesellschaft der Singularitäten. Zum Strukturwandel der Moderne, ⁴2017.

5 Postmodern in diesem Sinne wäre eine Gesellschaft, die völlig auf die Logik des Allgemeinen mit ihren Prozessen gesellschaftlicher Standardisierung, Rationalisierung und Versachlichung verzichten würde. Davon kann aktuell aber (noch) keine Rede sein. Insofern scheint mir die hier vorgenommene Kategorisierung als Spätmoderne angemessen.

6 Es ist wichtig wahrzunehmen, dass Andreas Reckwitz die Reichweite seiner Gesellschaftsanalyse vor allem auf die westlichen Gesellschaften Europas und Nordamerikas fokussiert.

II Gegenwartshermeneutik –
die Gesellschaft der Singularitäten

Der Kultursoziologe Andreas Reckwitz hat 2017 seine viel beachtete Studie *Die Gesellschaft der Singularitäten* veröffentlicht.[7] Die These von Reckwitz ist es, wie der Untertitel der Studie – *Zum Strukturwandel der Moderne* – verdeutlicht, dass es in der Gegenwart im Vergleich zur industriellen Moderne zu Verschiebungen hinsichtlich der Rationalisierung sozialer Prozesse kommt. Er formuliert seine These wie folgt: »In der Spätmoderne findet ein gesellschaftlicher Strukturwandel statt, der darin besteht, dass die soziale Logik des Allgemeinen ihre Vorherrschaft verliert an die *soziale Logik des Besonderen*.«[8] Diese Umstellung von einer Logik des Allgemeinen auf eine Logik des Besonderen kann nach Reckwitz in ihrer Reichweite kaum überschätzt werden, stellt sie doch einen grundlegenden Paradigmenwechsel im Vergleich zur industriellen Moderne dar. Die klassische Moderne der Industriegesellschaft, wie sie exemplarisch von Max Weber analysiert wurde, wurde wesentlich durch Standardisierung, Formalisierung, Rationalisierung und Versachlichung aller Lebensbereiche geprägt. Die Abweichung vom Standard wurde dementsprechend sanktioniert.

In der Spätmoderne kommt es hier nach Reckwitz zu einer grundlegenden Umwertung. Zwar verschwindet die Logik des Allgemeinen nicht einfach, sondern bleibt in Formen institutioneller Hintergrundserfüllung erhalten,[9] aber das Ziel der gesellschaftlichen Praxis ist nicht mehr die Einordnung in das Allgemeine, sondern die Aufwertung und Stärkung der Prozesse der Singularisierung, die darauf aus sind, das Einmalige und Besondere zu generieren. Die Abweichung vom Standard wird nicht nur geduldet, sondern stellt geradezu die neue Norm dar. Es kommt darauf an, betont Reckwitz, *gesehen* zu werden und zwar in seiner *Einmaligkeit* und *Beson-*

---

7 RECKWITZ, Gesellschaft (s. Anm. 4). Es kann hier nicht darum gehen, die Studie von Reckwitz in Gänze zu rekonstruieren. Vielmehr will ich einige Grundlinien herausstellen, die für unsere Fragestellung relevant sind.

8 AaO., 11, HiO.

9 Der Begriff ›Hintergrundserfüllung‹ wurde von Arnold Gehlen geprägt. Vgl. hierzu die Studie von F. LEY, Arnold Gehlens Begriff der Religion. Ritual – Institution – Subjektivität (RPT 43), 141. Wenn RECKWITZ, Gesellschaft (s. Anm. 4), 19, von »Hintergrundstruktur« spricht, knüpft er damit sachlich an Gehlen an, ohne explizit auf ihn zu rekurrieren.

derheit. Die spätmoderne Gesellschaft ist in diesem Sinne eine große Maschine des Auf- und Entwertens. Reckwitz spricht hier von Valorisierungseffekten. Es ist keinesfalls festgestellt, was als Singularität einzustufen ist, sondern dies kann sich in dem fortwährenden Prozess der Wertzuschreibungen und Wertabschreibungen ändern. Singularisierung und Entsingularisierung gehen in der Spätmoderne Hand in Hand.

Grundlegend ist die Beobachtung von Reckwitz, dass es sich bei Singularitäten um Produkte *sozialer Praxis* handelt. D.h. eine Singularität beschreibt keinen wesenhaft-ontischen Wert, der einer Person oder einer Sache von sich aus zukäme, sondern der Singularitätswert wird in komplexen Prozessen gesellschaftlicher Interaktion je und je neu generiert. Singularitäten existieren mithin nicht in einem schlichten Sinne, sondern sie sind das Ergebnis der gesellschaftlichen Konstruktion von Wirklichkeit.[10] Dieser Konstruktionscharakter von Singularitäten mindert nicht ihre realitätsprägende Kraft in Bezug auf den Erlebnisgehalt, den diese für das spätmoderne Subjekt haben. Im Gegenteil: Reckwitz betont die extrem hohe Relevanz des subjektiven Erlebens und der Affekte für die spätmoderne Gesellschaft. Die Logik der Singularitäten ist gekoppelt mit einer Intensivierung der Affekte und des Erlebens. Reckwitz formuliert zugespitzt:

> Das subjektive Erleben ist nichts Innerliches, sondern selbst ein Bestandteil sozialer *Praxis*, [...]. Affekte sind dabei keine Emotionen oder Gefühle im Innern von Subjekten, es geht vielmehr um Prozesse und Relationen der *Affizierung.*[11]

Präziser wäre wohl zu sagen, dass das subjektive Erleben *als* Innerliches ein Bestandteil sozialer Praxis ist. Denn was sollte ein subjektives Erleben ohne Innerlichkeit sein? Deutlich wird aber: die Spätmoderne ist wesentlich als eine Affektkultur zu begreifen.[12]

---

10 Vgl hierzu auch P.L. Berger / Th. Luckmann, Die gesellschaftliche Konstruktion der Wirklichkeit. Eine Theorie der Wissenssoziologie, 202004.

11 Reckwitz, Gesellschaft (s. Anm. 4), 71f, HiO.

12 An diesem Punkt berühren sich die Ausführungen von Reckwitz am stärksten mit dem resonanztheoretischen Entwurf von H. Rosa, Resonanz. Eine Soziologie der Weltbeziehung, 42016. Rosas Resonanzbegriff ist ebenfalls ein affekttheoretisch aufgeladener Wertbegriff. Resonanz wäre in der Perspektive von Reckwitz als eine erfüllende Singularisierungserfahrung zu begreifen. Vgl. zur theologischen Deutung der Resonanztheorie C. Cordemann, Rechtfertigung und Resonanz. Lutherische Theologie in Anschluss an Hartmut Rosa (in: Verstandenes verstehen. Luther- und Reformationsdeutungen in

Damit sind zwei zentrale Bestimmungen von Reckwitz' *Kulturbegriff* benannt. Reckwitz versteht Kultur in einem pointiert *wert- und affekttheoretischen* Sinne: »Die Kultureinheiten bilden [...] eine *Kultursphäre*, in denen soziale Prozesse der Valorisierung und der Affizierung stattfinden.«[13] Kultur ist in diesem Sinne für Reckwitz also ein expliziter Wertbegriff, so dass er die gesellschaftlichen Vorgänge der affektuösen Wertanreicherung gleichermaßen als Kulturalisierung oder auch als Singularisierung bezeichnen kann. Die Kultursphäre bezeichnet demnach die dynamisch-fluide Sphäre aller gesellschaftlichen Singularitäten.

Entscheidend an dieser Analyse ist, dass es keinen gesellschaftlichen Bereich gibt, der nicht von der Dynamik des Singularisierens erfasst wäre.[14] Alle Einheiten des Sozialen – Objekte, Subjekte, Räume, Zeiten und Kollektive – sind Gegenstände dieser Kulturalisierungsmaschine. Es gibt mithin keinen Standpunkt außerhalb dieser sozialen Dynamik. Die Entwicklung von der modernen Logik des Allgemeinen zur spätmodernen Logik der Singularitäten wird von Reckwitz für die zentralen gesellschaftlichen Felder in einem großen Bogen skizziert. Als besondere Singularisierungsmotoren benennt Reckwitz die postindustrielle Ökonomie der Singularitäten sowie die rasant wachsende Medientechnologie. Der u.a. in sozialen Netzwerken ausgetragene Wettbewerb um Aufmerksamkeit und Sichtbarkeit spielt in alle Lebensbereiche hinein. Ob in der Arbeitswelt, auf dem Felde des Politischen oder in der individuellen Lebensführung, es geht immer um den Ausweis und die Anerkennung von Einmaligkeit und Besonderheit. Dabei wird Singularität nicht in einem schlechthinnigen Sinne verstanden, sondern diese kann durchaus einen seriellen Charakter haben – vgl. etwa die sog. Influencer auf YouTube, bei denen man bis in die stereotype Sprache und Inszenierung hinein den Eindruck bekommen kann, immer nur Variationen desselben zu sehen.[15] Entscheidend ist nicht eine objektive Einzigartigkeit

---

Vergangenheit und Gegenwart, hg. v. N. SLENCZKA / C. CORDEMANN / G. RAATZ, 2018, 183–211) sowie C. CORDEMANN, Resonanztheoretische Betrachtungen zur Umformung des Rechtfertigungsglaubens. Luther und Herder als Prediger (in: Herder – Luther. Das Erbe der Reformation in der Weimarer Klassik [CHT 5], hg. v. M. MAURER / CH. SPEHR, 2019, 133–157).

13 RECKWITZ, Gesellschaft (s. Anm. 4), 76f, HiO.
14 Vgl. aaO., 57–64.
15 Vgl. aaO., 132–137.

– wie sollte so eine aussehen? –, sondern es geht allein darum, dass eine konkrete Performanz von einem Publikum als einzigartig *anerkannt* wird unbeschadet ihrer faktischen Serialität.

Schon allein die von Reckwitz skizzierte Allgegenwart singulärer Deutungsmuster in der Gesellschaft sollte es als selbstverständlich erscheinen lassen, dass sich die Kirche und die Theologie mit diesem Theorieentwurf befassen. Denn wenn die Analyse von Reckwitz etwas Zutreffendes beschreibt, dann können weder die Kirche noch die wissenschaftliche Theologie damit rechnen, sich diesem singularisierenden Blick auf die Wirklichkeit und den Menschen entziehen zu können – was z.B. schon bei der Wahl des Studiums eine Rolle spielt. Im Gegenteil: Kirche sowie Theologie und vermutlich in einem viel stärkeren Maß der christliche Glaube selbst werden immer schon in der Logik der Singularitäten wahrgenommen und sprechen ihre Botschaft in diese singularisierende Gesellschaft hinein. D.h. wenn die christliche Botschaft gehört werden will, muss sie für die Gesellschaft einen Singularitätswert haben, andernfalls droht sie durch das Raster der Relevanz zu fallen – für so wahr und wichtig wir sie auch halten. Die Gesellschaft der Singularitäten ist die Gesellschaft, in der sich Kirche und Theologie bewegen und wovon sie selbst ein Teil sind, ob sie das wollen oder nicht. Selbst in einer gegenkulturellen Inszenierung blieben sie wesentlich auf diese bezogen.

Das allein sollte schon genügen, sich dieser Gegenwartsdeutung auch theologisch zu widmen. Noch deutlicher wird dies, wenn man sieht, welchen funktionalen Status Reckwitz den Prozessen der Singularisierung in der spätmodernen Gesellschaft zumisst. Demnach kommt ihnen nicht weniger als die Funktion zu, eine »Antwort auf ein gesellschaftliches *Sinn- und Motivationsproblem*«[16] zu geben. Mit anderen Worten: genau die Sinnlücke, die die moderne Gesellschaft mit ihren Rationalisierungsprozessen geschaffen hat und die von Max Weber unter dem Begriff der *Entzauberung der Welt* reflektiert wurde, soll in der Spätmoderne durch die Prozesse der Singularisierung und Kulturalisierung wieder gefüllt werden. Wenn Singularisierung so als sinnstiftende Wiederverzauberung der Welt begriffen werden kann, kommt ihr in religionstheoretischer Perspektive eine eminent hohe Bedeutung zu. Sinn in seiner Unbedingtheitsdimension ist das

---

16 AaO., 86, HiO.

»Lebenselement der Religion«.[17] Die für die singularisierte Gesellschaft zentralen Werte von Einmaligkeit und Besonderheit können als solche *sinnstiftenden Unbedingtheitsprädikate* begriffen werden. In dieser Perspektive wäre die Religion der Gesellschaft mitten in ihren vermeintlich säkularen Vollzügen der Singularisierung zu suchen.[18]

Es liegt auf der Hand, dass Kirche und Theologie an dieser Gegenwartsdiagnose nicht vorbei gehen können. Welche Rolle kann insbesondere die lutherische Theologie in der Gesellschaft der Singularitäten einnehmen? Hat sie der spätmodernen Gesellschaft noch etwas zu sagen? Oder können die Gehalte der lutherischen Theologie getrost der Dogmengeschichte zur Verwahrung übergeben werden, weil sie zur Selbstdeutung spätmoderner Subjekte keinen substantiellen Beitrag mehr leisten können? Bevor ich auf diese Fragen eingehe, muss nun aber geklärt werden, was ich meine, wenn ich von lutherischer Theologie spreche.

III Bestimmungen des Lutherischen

a) Die Stichwortmethode

Ein immer wieder zu findender Versuch, das Wesen der lutherischen Theologie zu bestimmen, geht über für signifikant gehaltene *Stichwörter*, die sich idealer Weise direkt auf Luther zurückführen lassen. Zu nennen wäre etwa die Formel ›*simul iustus et peccator*‹, die Unterscheidungen von ›Gesetz und Evangelium‹ und von ›Geist und Buchstabe‹, das Flaggschiff von

---

17 U. BARTH, Was ist Religion? Sinndeutung zwischen Erfahrung und Letztbegründung (in: DERS., Religion in der Moderne, 2003, 3–27), 14.

18 Die letzte Kirchenmitgliedschaftsuntersuchung (KMU V) lässt den Sinn für die Religion der Gesellschaft vermissen. Ja, sie fällt hinter die seit Joachim Matthes zum Standard gehörende Differenzierung von Kirchen- und Religionssoziologie zurück und schränkt den Religionsbegriff auf den Kirchenbegriff ein, um dann zu umso weitreichenderen Folgerungen in Bezug auf eine vermeintlich religionslose Gesellschaft zu kommen. Vgl. zur Differenzierung von Religions- und Kirchenbegriff J. MATTHES, Religion und Gesellschaft. Einführung in die Religionssoziologie I (Rowohlts deutsche Enzyklopädie 279/280; Sachgebiet Soziologie), 1967, sowie J. MATTHES, Kirche und Gesellschaft. Einführung in die Religionssoziologie II (Rowohlts deutsche Enzyklopädie 312/313; Sachgebiet Soziologie), 1969.

Luthers Theologie ›Rechtfertigung allein aus Glauben‹ oder die Frage ›Wie bekomme ich einen gnädigen Gott?‹.

Und da fängt es schon an: eben diese Frage, die wir volkstümlich als Luthers Frage gelernt haben, hat Luther so nicht gestellt. Ebenso wenig wie er heute einen Apfelbaum pflanzen würde, wenn die Welt morgen unterginge – naja, vielleicht würde er es tun, aber gesagt hat er es jedenfalls nicht.

Aber auch für die anderen Beispiele gilt: mit welchem Recht wird in diesen Formeln »lutherische Theologie« zusammengefasst? Die Frage mag irritieren, aber sie ist doch berechtigt. Die WA umfasst 127 Bände und rund 80.000 Seiten. Ja, da kommen diese Formeln natürlich vor, auch immer wieder vor, aber eben auch sehr viele andere nicht minder relevante, die aber doch außer von intimen Lutherkennern in der außerakademischen Öffentlichkeit weitgehend vergessen sind. Luthers Theologie ist in sich selbst plural verfasst. Es ergibt sich keinesfalls von selbst, wie dieses Opus gedeutet werden muss. Ganz zu schweigen von der Frage, was *die* reformatorische Theologie insgesamt ausmacht.

Diese Beobachtung mag auf den ersten Blick trivial erscheinen, sie ist es aber nicht. Die Kritik etwa an der EKD-Denkschrift *Rechtfertigung und Freiheit*[19] zum 500. Reformationsjubiläum entzündete sich ja u. a. daran, dass die Reformation relativ schlicht über den Leisten der fünf Exklusivpartikel – *solus Christus, sola gratia, solo verbo, sola scriptura* und *sola fide* – geschlagen worden sei. Neben der kritischen Anfrage, wie plausibel es ist, ein soziokulturell so komplexes Phänomen wie die Reformation auf diese fünf Begriffe herunterzubrechen, stellte sich vor allem die Frage nach der Begründung der hermeneutischen Leitkategorien dieser Schrift überhaupt. Bestenfalls, so wurde angemerkt, sei diese sog. Grundlagenschrift eine binnentheologische Selbstvergewisserung. Thomas Kaufmann und Heinz Schilling bemerkten in der Tageszeitschrift *Die Welt* zu dem EKD-Text:

> 2017 die Reformation als historisches Schlüsseldatum zu würdigen verlangt mehr als eine im Wesentlichen dogmatische Selbstvergewisserung der Theologen. Vonnöten ist

---

19 Rechtfertigung und Freiheit. 500 Jahre Reformation 2017. Ein Grundlagentext des Rates der Evangelischen Kirche in Deutschland (EKD), hg. v. Kirchenamt der EKD, ⁴2015.

darüber hinaus eine Begründung der ›weltgeschichtlichen Bedeutung‹ jener Ereignisse auch für die Säkulargesellschaft.[20]

Das war noch einer der freundlicheren Sätze aus diesem Artikel.

Nun haben Schilling und Kaufmann neben zahlreichen Artikeln auch monographische Luther- und Reformationsdeutungen in den letzten Jahren vorgelegt. Heinz Schilling etwa veröffentlichte 2012 *Martin Luther. Rebell in einer Zeit des Umbruchs* und Thomas Kaufmann 2016 *Erlöste und Verdammte. Eine Geschichte der Reformation.* Beiden höchst lesenswerten Büchern ist die Stoßrichtung gleich: das Wirken Luthers und die Reformation insgesamt werden umfassend in den geistes-, kultur- und sozialgeschichtlichen Rahmen der Zeit eingezeichnet, so dass die Reformation als ein polyzentrisches, durch sehr divergente, z. T. in sich gegenläufige Impulse geprägtes Phänomen erkennbar wird. Deshalb wird in der Reformationsforschung statt von »Reformation« im Singular zunehmend von »Reformationen« im Plural gesprochen.

Während die historiographischen Kapitel in beiden Büchern sehr überzeugen und es schlicht Freude macht diese Bücher zu lesen, fallen die Passagen, mit denen eben jene »weltgeschichtliche Bedeutung« für die Säkulargesellschaft beschrieben werden soll, sehr unterschiedlich aus. Bei beiden Autoren werden in der Form eines Epilogs die Linien skizzenartig bis in die Gegenwart ausgezogen. Bei Thomas Kaufmann fällt der Epilog über drei Seiten sehr knapp aus. Unwillkürlich stellt man sich die Frage, wie diese Seiten zu den differenzierten 424 vorausgehenden Seiten passen, wenn Kaufmann hier etwa in der frühen Reformation eine »gegenüber der Judenheit dialogisch gesinnte, lautere, hörend-lernbereite [...] Kirche«[21] erblicken möchte oder gar einen Geist entdeckt, der »ökumenische Gemeinschaft sucht und schafft«.[22] Was genau er hier vor Augen hat, wird nicht deutlich. Interessant ist aber, dass Kaufmann hier faktisch an eine hermeneutische Deutungsfigur anschließt, die den konservativen »alten Luther« in einen Gegensatz zu dem im Vergleich dazu liberaleren »jungen Luther«

---

20 Th. Kaufmann / H. Schilling, Die EKD hat ein ideologisches Lutherbild, vom 24.05. 2014: https://www.welt.de/debatte/kommentare/article128354577/Die-EKD-hat-ein-ideologisches-Luther-Bild.html [zuletzt abgerufen am 04. 09. 2018].

21 Th. Kaufmann, Erlöste und Verdammte. Eine Geschichte der Reformation, 2016, 426.

22 AaO., 472.

bringt und vor allem bei Letzterem die zukunftsweisenden Impulse erblickt – ein Deutungsschema, das vornehmlich von der liberalen Lutherforschung gegenüber der konfessionalistischen Lutherdeutung stark gemacht wurde, die sich eher am »alten Luther« orientierte.

Heinz Schillings Epilog ist hier differenzierter. Er deutet Luther vornehmlich in der hermeneutischen Figur von Anstoß, Absichten und nicht intendierten Wirkungen, so dass er das Verhältnis von Luther und der Neuzeit durch eine »Dialektik von Scheitern und Erfolg«[23] bestimmt sieht. Ohne den Terminus zu erwähnen, schließt Schilling hier sachlich an Troeltschs Einordnung Luthers in den Altprotestantismus an. Luther sei ein Mensch gewesen, so Schilling, der in »seiner Mentalität, seinem Denken und Handeln [...] einer uns zutiefst fremden, vormodernen Welt« angehört, »in der die Menschen alltäglich Dämonen und Engel wirken sahen und alles Irdische in eine höhere transzendentale Realität einordneten.«[24] Gleichzeitig seien Anstöße von Luther und der Reformation ausgegangen, die – wenn auch nicht intendiert – wesentliche Momente im Aufbau der Neuzeit waren: die Konkurrenz der drei Partikularkirchen setzte einen Differenzierungsschub aus sich heraus, der langfristig, so Schilling, »die Wende hin zu Säkularität, Pluralität und Gewissensfreiheit«[25] förderte. Weiter nennt Schilling als indirekte Folgen der Reformation die Trennung von Staat und Kirche, ja, auch im Entstehen des Toleranzgedankens sieht er einen »Urenkel der Reformation«.[26] Also genau die Elemente werden von Schilling angeführt, die Troeltsch unter dem Begriff des Neuprotestantismus verhandelt hat.

Was ist nun lutherische Theologie? Der Blick auf die beiden Monographien von Thomas Kaufmann und Heinz Schilling zeigt jedenfalls schon, dass die Stichwortmethode zu kurz greift – unabhängig davon, ob man die Stichworte bei Luther selbst oder wie bei den *soli* späteren Phasen der lutherischen Theologie entnimmt. Denn die Auswahl der Stichworte folgt immer schon einer bewussten oder unbewussten Hermeneutik, die allererst auszuweisen wäre.

---

23 H. SCHILLING, Martin Luther. Rebell in einer Zeit des Umbruchs, 2012, 612.
24 AaO., 617.
25 AaO., 221.
26 AaO., 627.

So muss man fragen: Ist nur das »lutherisch«, was Luther selbst gesagt und gewollt hat? Und umgekehrt: Ist etwa der moderne Freiheitsbegriff deswegen »unlutherisch«, weil Luther ihn so noch nicht gemeint hat und er tatsächlich von lutherisch-konfessionellen Kreisen lange bekämpft worden ist? Wie steht es um die unbeabsichtigten Fernwirkungen der Reformation, die aber eben, auch wenn sie nicht intendiert waren, doch als ihre Wirkungen angesehen werden müssen? Es geht bei diesen Fragen mithin um das *Problem der Kontinuität* von dem gegenwärtigen Luthertum zur Ursprungsgestalt des reformatorischen Christentums.[27] Damit bin ich bei einem zweiten Aspekt.

b) Das Problem der Kontinuität

Ich will diese Frage ausgehend von einem Theologen bearbeiten, der einem nicht als erstes einfällt, wenn man an lutherische Theologie im engeren Sinne denkt: Hans-Joachim Birkner. Indem ich auf diesen Theologen zurückgreife, der einer liberalen Theologietradition zuzuordnen ist, mache ich, wie eingangs gesagt, deutlich, dass ich den Begriff des Lutherischen als eine weitstrahlige Deutungs- und Symbolisierungskultur begreife, der auch solche Theologien zuzurechnen sind, die nicht im engeren Sinne einen lutherisch-konfessionellen Standpunkt vertreten. Hans-Joachim Birkner gehört wahrscheinlich zu den weithin vergessenen – und wie natürlich hinzugefügt werden muss: zu Unrecht vergessenen – Theologen des letzten Jahrhunderts. Birkner, 1931 geboren, war von 1969 bis zu seinem Tode 1991 Professor für Systematische Theologie in Kiel und seit 1970 auch Leiter der dort ansässigen Schleiermacher-Forschungsstelle.[28] Als Schüler von Emanuel Hirsch und Wolfgang Trillhaas lag der Schwerpunkt seiner Forschung mit Arbeiten insbesondere zu Schleiermacher, Rothe und Troeltsch im Bereich des Neuprotestantismus.

---

27 Es sei hier nur angemerkt, dass sich diese Fragen in analoger Weise auch in Bezug auf unser gegenwärtiges Verhältnis zum Urchristentum als der Ursprungsgestalt des Christentums stellen.

28 Vgl. G. Raatz, Einleitung: Liberale Luther-, Reformations- und Protestantismusdeutungen von Albrecht Ritschl bis Ulrich Barth (in: Luther im Spiegel liberaler Theologie. Luther-, Reformations- und Protestantismusdeutungen im 20. Jahrhundert, hg. v. Dems. / C. Cordemann / St. Feldmann, 2017, 1–35), 23–26.

Neben den im Einzelnen nach wie vor lesenswerten Studien liegt Birkners theologiegeschichtliche Bedeutung darin, dass er in jenen Jahren – zusammen mit dem Praktischen Theologen Dietrich Rössler – entgegen dem theologiegeschichtlichen Mainstream der sog. Dialektischen Theologie die neuprotestantischen Fragehorizonte und methodischen Reflexionsstandards wachgehalten hat. Zu diesen Standards gehört u. a. auch eine reflektierte Geschichts- und Gegenwartshermeneutik in Bezug auf die eigenen theologischen Deutungstraditionen. Ein eindrückliches Dokument dieser Reflexionskultur ist der bereits 1971 von Birkner veröffentlichte Band *Protestantismus im Wandel*.[29] Dieser Band geht auf eine Radio-Vortragsreihe im Deutschlandfunk aus den Jahren 1969 bis 1970 zurück. Die Vorträge sind im besten Sinne als populärwissenschaftlich zu charakterisieren. Ich will im Folgenden nicht das in diesem Band entwickelte Verständnis vom Protestantismus in toto rekonstruieren. Mir geht es vielmehr darum, den hermeneutischen Gewinn seiner Frage nach dem Kontinuitätsproblem für uns herauszuarbeiten. Also der Frage danach, was uns – abgekürzt gesprochen – mit Luther verbindet, was uns aber auch von ihm trennt und warum das jeweils so ist.

Birkner thematisiert das Problem, ob und inwieweit wir uns als identisch mit der Theologie der Reformatoren begreifen können, unter der Aufnahme von zwei zentralen hermeneutischen Unterscheidungsfiguren: der Unterscheidung von Altprotestantismus und Neuprotestantismus sowie der Unterscheidung von protestantischem Prinzip und geschichtlichem Protestantismus.

Die *Unterscheidung von Altprotestantismus und Neuprotestantismus* geht, wie gerade bereits gesagt, auf Ernst Troeltsch zurück. Der affirmativ verstandene Begriff des Neuprotestantismus zeigt in sich einen Paradigmenwechsel in Bezug auf den Umgang mit der Ursprungserzählung des reformatorischen Christentums an. Für Luther etwa und ihm nachfolgend die lutherische Orthodoxie war die Orientierung am Alten charakteristisch. Dass die Wahrheit alt ist, kann nach Birkner als eine Grundüberzeugung

---

29 H.-J. Birkner, Protestantismus im Wandel. Aspekte, Deutungen, Aussichten, 1971. Die Kapitel VI–X dieses Bandes sind wieder abgedruckt in: Raatz / Cordemann / Feldmann, Luther (s. Anm. 28), 241–278. Zitiert wird hier nach der Originalpaginierung.

dieses Zeitalters bezeichnet werden.[30] Das humanistische Motto *ad fontes*
hatten sich auch die Reformatoren zu Eigen gemacht. So konnte die Heilige
Schrift als Hüterin und Quelle der alten biblischen Wahrheit von Luther gegen die Neuerungen der kirchlichen Tradition in Stellung gebracht werden.
Das Spätere, das Neue wurde als Abfall vom Alten und Wahren gedeutet.

Mit anderen Worten: das – ich betone – *Neue* der reformatorischen Entdeckung Luthers wurde *codiert* als Wiederentdeckung der schriftgemäßen
alten Wahrheit, die wiederum von den Neuerungen der kirchlichen Tradition überdeckt und verstellt worden sei. Bis in die Zeit der Aufklärung galt,
dass etwas Neues nur dann satisfaktionsfähig war, wenn es die Geltung beanspruchen konnte, Ausdruck, Wandlungsgestalt oder Wiederentdeckung
der alten Wahrheit zu sein.

Die Aufklärung mit ihrem Wahlspruch *sapere aude* – »habe Mut, dich
deines eigenen Verstandes zu bedienen« – hat hier zu einem fundamenta-
len Wandel geführt.[31] Der Weg aus der selbstverschuldeten Unmündigkeit
führte geradewegs über die Kritik der althergebrachten Wahrheiten und
Autoritäten. Jeder Wahrheitsanspruch – egal ob alt oder neu – hatte sich
vor dem Forum der allgemeinen Vernunft zu verantworten und zu plausi-
bilisieren.

An diesen Paradigmenwechsel knüpft der Neuprotestantismus an, wie
Birkner betont:

> Der moderne Protestantismus hat sich mit dieser Unterscheidung [sc. von Alt- und Neu-
> protestantismus; C. C.] zum Abstand und Unterschied von seiner eigenen Ursprungs-
> und Anfangsgeschichte bekannt. [...] Ihm ist die eigene Kontinuität als Problem aufge-
> geben.[32]

Der Altprotestantismus, dem die Reformation und die Orthodoxie zugeordnet werden, wird dabei einer mittelalterlichen Autoritätskultur zugeordnet. Demgegenüber wird der Begriff des Neuprotestantismus zu einer Ab-
breviatur der pluralen Entwicklungen des protestantischen Christentums
seit der Aufklärung, die in einem emphatischen Sinne als »neu« angesehen

---

30 Vgl. BIRKNER, Protestantismus (s. Anm. 29), 68.
31 Nicht erst I. KANTs berühmter Traktat *Was ist Aufklärung?* stellt die Formel *sapere aude*
an den Anfang. Dieser Wahlspruch der Aufklärung ziert jede Titelseite der acht Stücke
von A. F. W. SACK, Vertheidigter Glaube der Christen, 1748–1751.
32 BIRKNER, Protestantismus (s. Anm. 29), 69f.

werden. Der Neuprotestantismus ist von der Überzeugung getragen, dass die so erst mit der Neuzeit auftretenden Problemhorizonte eben nicht mehr im Sinne einer irgendwie gegebenen Autoritätskultur übersprungen oder beiseite geschoben werden können, sondern produktiv bearbeitet werden müssen, wenn das Christentum in der Moderne Bestand haben soll. Das neue Wissen um die Geschichtlichkeit allen Denkens und aller Kulturformen, die Erkenntnisse der Naturwissenschaften, das Bild vom Menschen in der Soziologie und Psychologie – um nur einiges zu nennen – können von der Theologie nicht ignoriert werden, wenn sie ihrer Zeit noch etwas zu sagen haben möchte.

Das so verstanden dezidiert neuzeitliche Christentum steht damit aber in einem gesteigerten Maße vor der Frage, in welchem Sinne es in Kontinuität zum »alten« reformatorischen Christentum steht, das noch unter den Voraussetzungen eines anderen Weltbildes entstanden ist. Die Debatte um das Wesen des protestantischen Christentums, wie sie maßgeblich im 19. Jahrhundert ausgetragen wurde,[33] ist eine Debatte um genau dieses Kontinuitätsproblem. Es gehört geradezu zum Wesen des protestantischen Christentums, dass es sein Wesen nicht einfach als gegeben ansehen kann, sondern dass es dieses in den wechselnden Zeitumständen immer wieder neu bestimmen und d.h. gestalten muss. Die hermeneutische Kunst der *Unterscheidung* von *Wesen und Erscheinung* bzw. von *Prinzip und Gestalt* gehört damit zu den nicht abschließbaren Grundaufgaben einer sich selbst bewussten protestantischen Theologie. Charakteristisch an den Versuchen solch einer Unterscheidungskunst ist, dass der Umgang etwa mit Luther und dem, was als das Wesentliche der lutherischen Theologie angesehen wird, sehr differiert je nach theologischem Standpunkt.

Die *Aufklärung* sah in Luther wesentlich einen Protagonisten der menschlichen Freiheit.[34] So konnte Gotthold Ephraim Lessing etwa Luther gegen den lutherischen Hamburger Hauptpastor Johann Melchior Goeze im Streit um die Reimarus-Fragmente in Stellung bringen, indem er betonte:

---

33 Zu erinnern ist an die Wesensbestimmungen u.a. von Carl Ullmann, Wilhelm Martin Leberecht De Wette, Julius Kaftan und natürlich von Adolf von Harnack, die von 1845 bis 1900 erschienen sind.

34 Vgl. BIRKNER, Protestantismus (s. Anm. 29), 89f.

Der wahre Lutheraner will nicht bei Luthers Schriften, er will bei Luthers Geiste ge-schützt sein; und Luthers Geist erfordert schlechterdings, daß man *keinen* Menschen, in der Erkenntnis der Wahrheit nach seinem eigenen Gutdünken fortzugehen, hindern muß.[35]

Ganz in diesem lessingschen Geiste kann auch Johann Gottfried Herder das reformatorische Christentum und Luther als Bahnbrecher der Freiheit deuten:

[Das] Principium [der Reformation sei] *Protestantismus gegen alle Knechtschaft der Un-wissenheit und des Aberglaubens. Geist* ist das Wesen des Lutherthums, wie Geist das Wesen des Christenthums ist; *freie Ueberzeugung, Prüfung, und Selbstbestimmung;* ohne diesen Geist der Freiheit ist oder wird alles Leichnam. Die Rechte, die *Luther* hatte, haben wir alle; lasset uns dieselben so aufrichtig, vest und groß wie Er üben [...].[36]

Die Kontinuität von Luther zum eigenen Gegenwartsbewusstsein wird da-mit durch die Unterscheidung von Geist und Buchstabe hergestellt. Wäh-rend der Buchstabe – die Schriften Luthers – die zeitbedingte Gestalt der reformatorischen Lehre darstelle, gehe der reformatorische Geist der Frei-heit über eben diese Gestalt hinaus. Der Geist ist das kontinuitätsstiftende Moment, während der Buchstabe für die Diskontinuität zum Gegenwarts-bewusstsein steht. Gleichzeitig ist klar, dass dieser Gegensatz von Buch-stabe und Geist kein absoluter, sondern nur ein relativer sein kann. Denn der Geist hat kein anderes Vehikel als den Buchstaben, aus dem er allererst zu erheben ist.

Dies wird schlagartig deutlich, wenn andere Bestimmungen des We-sens des Lutherischen neben die von Lessing und Herder gestellt werden. Werden in der aufklärungstheologischen Perspektive vor allem die Aspekte

35 G. E. LESSING, Anti-Goeze I (in: DERS., Werke in drei Bänden, Bd. III: Geschichte der Kunst, Theologie, Philosophie, 1982, 477–483), 479. Vgl. hierzu ausführlicher: N. SLENCZKA, Reformationshermeneutik. Die Reformation als Deutungsgeschehen (in: DERS. / CORDE-MANN / RAATZ, Verstandenes verstehen [s. Anm. 12], 9–55), 27–32.

36 Zitiert nach C. CORDEMANN, Art. Christliche Schriften (1794–1798) (in: Herder Hand-buch, 2016, hg. v. St. GREIF / M. HEINZ / H. CLAIRMONT, 368–378), 369. In der Flucht-linie dieser Deutung kommt Herder auch zu einer Würdigung des englischen Deismus, den er als eine selbstdenkende Bewegung im Geiste des reformatorischen Christentums begreift. Vgl. hierzu C. CORDEMANN, Herders christlicher Monismus. Eine Studie zur Grundlegung von Johann Gottfried Herders Christologie und Humanitätsideal (BHTh 154), 2010, 176–184.

lutherischer Theologie hervorgehoben, die in ihrer freiheitstheoretischen Valenz für das jeweilige Gegenwartsbewusstsein gedeutet werden, so kam es durch die Erfahrung des Ersten Weltkriegs zu einem Wandel der Lutherdeutung.[37]

Nun wurde die Gegenerfahrung der Unfreiheit des Menschen im Angesicht der Verborgenheit Gottes zur zentralen Auslegungskategorie des Wesens des Lutherischen. Als Markscheide kann hier Karl Holls Vortrag »Was verstand Luther unter Religion?«[38] anlässlich des Reformationsjubiläums 1917 angesehen werden. Slenczka hat hierzu kürzlich bemerkt, dass Holl hiermit »ein Thema wieder erinnerte, das zu vor – auch von Konservativen wie Theodosius Harnack! – zu den Skurrilitäten und bestenfalls zu den mittelalterlichen Resten der lutherischen Theologie gerechnet worden war«.[39]

Birkner fasst treffend die Pointe dieser Beobachtung zusammen, dass die Bezugnahme auf Luther und seine Theologie auf geradezu gegensätzliche Bestimmungen dessen führen kann, was für das Prinzip des Lutherischen und was für seine bloße geschichtliche Gestalt gehalten wird:

> Sinn und Absicht dieser Unterscheidung [sc. von Prinzip und geschichtlicher Gestalt, C.C.] ist es, zu verhindern, daß der Protestantismus mit einer einzelnen Phase oder einer einzelnen Gestaltung seiner Geschichte identisch gesetzt wird. [...] Sie erlaubt es, auf *ungeschichtliche* Kontinuitätsvorstellungen zu verzichten und *reaktionären* Kontinuitätsforderungen zu widerstehen.[40]

Konkret heißt das: Das Wesen des Luthertums ist nicht in einem schlichten Sinne durch den Rekurs auf die vermeintliche Ursprungsgestalt *der* Theologie des Reformators zu ergreifen. Denn: Es gibt diese eine Ursprungsgestalt nicht. Luthers Schrifttum ist in sich selbst plural. So waren etwa auch die innerlutherischen Streitigkeiten nach Luthers Ableben kein Zufall, sondern in der Theologie Luthers selbst begründet.

Die Konkordienformel kann in diesem Sinne als ein Dokument des Ringens um das Wesen des Lutherischen gelesen werden. Ein Wesen, das

---

37 Vgl. Slenczka, Reformationshermeneutik (s. Anm. 35), 40–45.
38 K. Holl, Was verstand Luther unter Religion? (in: Raatz / Cordemann / Feldmann, Luther [s. Anm. 28], 129–160). Holl hat diesen Vortrag 1921 dann umfassend ausgearbeitet. Vgl. K. Holl, Gesammelte Aufsätze zur Kirchengeschichte I, Luther, 1948, 1–110.
39 Slenczka, Reformationshermeneutik (s. Anm. 35), 40f.
40 Birkner, Protestantismus (s. Anm. 29), 75, HiO.

erst in diesem Ringen konstituiert wurde und das *nicht* etwa nur freigelegt wurde, als sei es vorher bloß verschüttet gewesen. Wesensbestimmung ist immer Wesensgestaltung, wie Troeltsch zutreffend formuliert hat. Wesensbestimmung ist ein hoch konstruktives Deutungsgeschehen, das erst im Akt des Deutens seinen Gegenstand hervorbringt.

Das gilt selbst dort, wie Birkner betont, wo die Protagonisten sich selbst als bloße Wiederhersteller des Alten begreifen. Hinter die Bedingungen neuzeitlichen Denkens, die sich der Neuprotestantismus aktiv zur Aufgabe gemacht hat, gibt es kein Zurück, selbst wenn man glaubt, diese Bedingungen überspringen zu können. Als dezidiert antimoderne, neoorthodoxe Absetzbewegungen charakterisiert Birkner die Erweckungsbewegung des ausgehenden 18. und beginnenden 19. Jahrhunderts sowie die sog. Dialektische Theologie des 20. Jahrhunderts. Beides waren Bewegungen, die sich mit einer prinzipiellen Absage an die Geschichte des neuzeitlichen Protestantismus verbanden bei gleichzeitiger Forderung zum Alten – Bibel, Reformation und Bekenntnis – und damit Wahren zurück zu kehren. Mit vormodernen Mitteln der orthodoxen Theologie sollten die Probleme gelöst werden, die dem Protestantismus erst in der neuzeitlichen Theologiegeschichte zugewachsen waren. Birkner charakterisiert dieses Unterfangen treffend als eine »Imitation des Altprotestantismus unter den Bedingungen des Neuprotestantismus«.[41] Imitation deshalb, weil der echte Altprotestantismus genau das als fraglose Vorgegebenheit des Glaubens noch voraussetzen konnte, was durch die neoorthodoxen Wendetheologien allererst gegen die kritischen Einsichten des Neuprotestantismus behauptet werden musste.

Der Gegensatz von Neuprotestantismus und Neoorthodoxie kann in Bezug auf das Kontinuitätsproblem so auf den Begriff gebracht werden: Während der Neuprotestantismus die Kontinuität zu Luther und der reformatorischen Theologie nur vermittels der nicht hintergehbaren Diskontinuitäten thematisieren kann, glaubt die Neoorthodoxie diese Diskontinuitäten im Sinn einer autoritativen Setzung überspringen zu können. Sprachlicher Nukleus, an dem sich diese autoritative Setzung anlagert, ist der Begriff der Offenbarung, der gegen alle menschlich-religiöse Selbstmächtigkeit in Stellung gebracht wird. Umgekehrt wird in neuprotestantischer Perspektive be-

---

41 AaO., 79f.

tont, dass Offenbarung immer Offenbarung für ein Bewusstsein ist. Mithin ist der Offenbarungsbegriff nicht gegen den Religionsbegriff in Stellung zu bringen, sondern muss selbst als ein religiöser Begriff verstanden werden.

Bei aller Differenz und Gegenläufigkeit von Neuprotestantismus und den Imitationen des Altprotestantismus steht es doch nicht in Frage, dass beides Formen von Protestantismus sind. Auch wenn der Rekurs auf die Reformation und lutherische Theologie signifikant zueinander in Widerspruch stehen, so wäre es doch etwa aus einer römisch-katholischen Perspektive unfraglich, dass beides Spielarten des Protestantismus sind.

Kann man etwas angeben, das bei aller Differenz als das gemeinsame protestantische Prinzip angesehen werden kann? Damit komme ich zu einem klassischen Versuch einer Bestimmung des Wesens des Protestantismus.

c) Die Unterscheidung von Formalprinzip und Materialprinzip

Das Formalprinzip des Protestantismus ist demnach die Heilige Schrift, während das Materialprinzip auf die Rechtfertigung allein aus Glauben rekurriert.[42] Die Stärke der Theorie des zweifachen Prinzips des Protestantismus liegt darin, dass sie in der Tat auf tradierte Identitätsmarker des Protestantismus setzt, die faktisch in jeder Deutung der Reformation und der Theologie Luthers eine zentrale Rolle spielen. Mit dem Schriftprinzip wird das *sola scriptura* aufgerufen, das die Reformatoren gegen das römisch-katholische Traditionsprinzip ins Feld geführt haben. Die Rechtfertigung allein aus Glauben wird als zentrale Lehre Luthers selbst dann gewusst, wenn man, wie Birkner bemerkt, »zu dieser Lehre im übrigen nur ein unsicheres Verhältnis hat.«[43]

Nun sind allerdings *beide* Prinzipien in der Neuzeit in die Krise geraten. So war es paradoxer Weise gerade die Hochschätzung der Bibel im Protestantismus, die zur Ausbildung der historischen Kritik der biblischen Schriften geführt hat. Das Vorurteil der Irrtumslosigkeit der Schrift hat nur umso deutlicher die Differenzen und Widersprüche in den biblischen Büchern ins Licht treten lassen, so dass die Bibel als ein menschliches Buch entdeckt werden konnte. Da mit dieser Erkenntnis zugleich klar wurde, dass sich der

---

42 Vgl. aaO., 90–97.
43 AaO., 91.

biblische Kanon selbst einem kirchlichen Normierungs- und Traditions-
prozess verdankt, war der Gegensatz der Autorität der alten Heiligen Schrift
gegen die Autorität der neuen kirchlichen Tradition so nicht mehr haltbar.[44] Wenn es ein Signum für ein gemeinsames protestantisches Schriftverständnis gibt, dann ist es, so Birkner, »der von kirchlicher Normierung und
Disziplinierung freigestellte Umgang mit der Bibel [...], dem die Orientierung nicht an einer formalen, sondern an der in ihren Inhalten begründeten
geschichtlichen Autorität der biblischen Schriften entspricht.«[45] Welches
aber die relevanten Inhalte sind, so wird man über Birkner hinausgehend
sagen müssen, ist nicht einfach gegeben, sondern verdankt sich der Leseperspektive.

Im Luthertum spielte hier als Leseperspektive eben die Rechtfertigung
allein aus Glauben als Materialprinzip eine zentrale Rolle. Selbst wo der
Terminus ›Materialprinzip‹ in gegenwärtigen Dogmatiken nicht mehr vorkommt, so kommt doch keine Dogmatik an der Rechtfertigungslehre als
dem zentralen Topos lutherischer Theologie vorbei. Gleichzeitig ist damit
über die tatsächliche Relevanz der Rechtfertigungslehre in der religiösen
Gegenwartskultur, ja selbst in der gegenwärtigen kirchlichen Religions-
praxis wenig gesagt. Ein gutes Indiz scheint mir zu sein, welche Rolle der
Rechtfertigungslehre aktuell zukommt, wenn man in die gegenwärtige ho-
miletische Literatur schaut. Dort wird die Rechtfertigungslehre und mit
ihr die Unterscheidung von Gesetz und Evangelium primär im Bereich
historischer Modelle der Predigtlehre diskutiert – mithin nicht mehr im
Bereich aktueller Predigtmodelle.[46] Sie bietet im Bereich der prinzipiellen

---

44 Vgl. den hierzu mittlerweile schon als klassisch einzustufenden Aufsatz von W. Pan-
nenberg, Die Krise des Schriftprinzips (1962) (in: Ders., Grundfragen systematischer
Theologie. Gesammelte Aufsätze, ³1979, 11–21).

45 Birkner, Protestantismus (s. Anm. 29), 94.

46 Den genauen Status der Rechtfertigungslehre in den aktuellen Homiletiken zu unter-
suchen, wäre eine eigene Aufgabe, die hier nicht geleistet werden kann. Vgl. hierzu
vorerst A. Grözinger, Homiletik (Lehrbuch praktische Theologie 2), 2008, 145–153;
W. Engemann, Einführung in die Homiletik, ²2011, 146f. 237–239. Bei Martin Nicol
wird die Rechtfertigungslehre der Dogmatik subsumiert und stellt einen Kontext für
die dramaturgische Erkundung des Predigttextes neben anderen Kontexten dar. Vgl. M.
Nicol, Einander ins Bild setzen. Dramaturgische Homiletik, ²2005, 94–99. Programmatisch verfolgt Wilhelm Gräb eine gegenwartshermeneutische Umformung der Recht-

Homiletik zwar so etwas wie den Referenzrahmen einer evangelischen Predigtlehre, der sich aber im Bereich der materialen und formalen Homiletik kaum abbildet. Die Rechtfertigungslehre kann insofern überspitzt formuliert als Prinzip ohne Gestalt in der aktuellen Homiletik betrachtet werden.

Diese sich in dieser Differenz ausdrückende Verlegenheit hat freilich Gründe. Denn genauso wie das Schriftprinzip ist das Materialprinzip des Protestantismus in die Krise gekommen. Die Gründe seien kurz erinnert. Sie betreffen die Voraussetzungen, unter denen die Rechtfertigungslehre entstanden ist, und damit zugleich den Wegfall ihrer polemischen Evidenz. Zu den Voraussetzungen der Rechtfertigungslehre gehört ihre Abkünftigkeit aus dem mittelalterlichen Bußsakrament. Das *sola fide* war eine mit Leben gefüllte Antithese gegen das katholische System kirchlich-sakramentaler Gnadenvermittlung, so wie sich das *sola gratia* konkret gegen die Idee wandte, man könnte mit religiösen Leistungen und Verdiensten sein Gottesverhältnis korrigieren. All das stand dem mittelalterlichen Menschen lebendig vor Augen. Die Rechtfertigung allein aus Glauben war in ihrer polemischen Evidenz sozialpsychologisch unmittelbar einleuchtend. Rückblickend muss der Erfolg von Luthers Rechtfertigungslehre als so nachhaltig eingeschätzt werden, dass er »eine Verwandlung von Frömmigkeit und Ethos bewirkt [hat], in deren Gefolge die Aussagen der Rechtfertigungslehre ihre polemische Evidenz verlieren mussten.«[47] Damit verlor aber auch die Rechtfertigungslehre selbst ihre unmittelbare Evidenz. Das gleiche gilt übrigens auch für den Sündengedanken, der in seiner lutherischen Radikalität dem mitteleuropäischen Gegenwartsbewusstsein – abgesehen von entsprechenden frömmigkeitlich geprägten Milieus – kaum noch zu vermitteln ist.

Wie mit dieser Diagnose umzugehen ist, daran scheiden sich die Geister. Es mehren sich auch im protestantischen Christentum diejenigen Stimmen, die sich von der Rechtfertigungslehre ganz verabschieden wollen. Sie habe ihre Funktion in der Geschichte des Protestantismus gehabt,

---

fertigungslehre in seiner Homiletik. Vgl. W. GRÄB, Predigtlehre. Über religiöse Rede, 2013. Vgl. auch seinen Ansatz der Rechtfertigung von Lebensgeschichten: W. GRÄB, Lebensgeschichten – Lebensentwürfe – Sinndeutungen. Eine praktische Theologie gelebter Religion, 1998.

47 BIRKNER, Protestantismus (s. Anm. 29), 96.

heute müsse der religiöse Gehalt des christlichen Glaubens aber andere Ausdrucksformen finden. Als kontinuitätstiftendes symbolisches Kapital tauge die Rechtfertigungslehre demnach nicht mehr.

In der Tat hat die Rechtfertigungslehre als Lehre aus besagten Gründen in ihrer klassischen Form ausgedient. Anders ist es m.E. mit dem darin transportierten Gehalt des Rechtfertigungsglaubens. Die *Differenz von Rechtfertigungslehre und Rechtfertigungsglauben* gehört seit Albrecht Ritschl zum Grundbestand neuprotestantischer Theoriebildung. Demnach ist die Rechtfertigungslehre die zeitbedingte Reflexionsgestalt des Rechtfertigungsglaubens. Es ist deutlich, dass diese Differenz die hermeneutische Funktion hat, gleichermaßen die Diskontinuität zur lehrhaften Gestalt der Theologie Luthers wie die Kontinuität zu ihrem existentiellen Gehalt zu betonen. Alle modernen Versuche, wenn sie sich nicht als bloße Repristination von Luther verstehen, arbeiten faktisch mit dieser Differenz, wenn ihnen an einer aktualisierenden Interpretation der reformatorischen Grundeinsicht Luthers gelegen ist und sie diese nicht aufgeben wollen.

Die aktuell am weitesten verbreitete Spielart der Reformulierung des Rechtfertigungsglaubens ist die anerkennungstheoretische. Sie geht auf Karl Holl zurück, hat aber in der Gegenwart durch die anerkennungstheoretischen Studien von Axel Honneth noch einmal Prägnanz gewonnen.[48] Allen Versuchen der Aktualisierung ist gemein, dass die Relevanz des Rechtfertigungsglaubens nicht einfach gegeben ist, sondern dass sich die Relevanz in der aktualisierenden Reformulierung erst erweisen muss. Es ist also nicht so, dass die Rechtfertigung allein aus Glauben deshalb relevant ist, weil sie für den Reformator relevant war und theologiegeschichtliche Gravität beanspruchen kann. Sondern umgekehrt: wenn es gelingt den Rechtfertigungsglauben unter den Bedingungen der Gegenwartskultur zu aktualisieren, kann er Geltung beanspruchen. D.h. für die akademische wie für die kirchliche Theologie bis hin zur Predigt und zum Religionsunterricht, dass man eine Idee davon haben muss, wie und in welchem Sinne die Rechtfertigung in unsere Lebenswelt hineinsprechen kann, so dass sie existentiell verfangen kann. Was sind gegenwärtige Erfahrungen des Gesetzes, auf die hin das Evangelium kommuniziert werden kann? Es bedarf für Theologie und Kirche einer sich fortwährend aktualisierenden Diagnostik,

---

48 Vgl. hierzu CORDEMANN, Rechtfertigung (s. Anm. 12), 193–197.

in welcher Zeit sie steht und auf welche Fragen sie mithin Antwort zu geben zumindest versuchen sollte.[49]

IV Ambivalenzen der spätmodernen Kultur

Der Durchgang durch die Versuche der Bestimmung dessen, was das Lutherische an der lutherischen Theologie ausmacht, hat deutlich gemacht, dass sich die Bestimmung des Lutherischen immer komplexen hermeneutischen Operationen verdankt. Dabei spielen konfessionelle Prägungen, persönliche Temperamente sowie jeweils zeitdiagnostische Überlegungen eine nicht zu unterschätzende Rolle. Das Lutherische ist nicht in einem substantiellen Sinne vorgegeben, sondern verdankt sich immer einer konkreten raum- und zeitbedingten Stellungnahme zur Tradition und ist insofern immer kontextuell, auch wenn es mit Allgemeinheitsanspruch auftritt. Es muss darum gehen, die eigene Gegenwart in ein begründetes Verhältnis der Kontinuität und Diskontinuität zu den Gehalten reformatorischer Theologie zu setzen.

Was ist nun aber das Kriterium, nach dem sich solch eine Stellungnahme vollziehen kann? Nimmt man die bis hierher gemachten Ausführungen ernst, dann heißt das, dass wir nicht von einem im Vorhinein festgestellten Wesensbegriff des Lutherischen ausgehen können. Sondern das, was wir als Lutherisch mit der Gegenwartskultur ins Gespräch bringen, verdankt sich einem Deutungsprozess, in dem sich das Lutherische im Gespräch mit der Gegenwartskultur immer wieder erst neu figuriert. Methodisch heißt das, dass wir erst im Durchgang durch einen konkreten Versuch einer gegenwartshermeneutischen Bestimmung des Lutherischen sehen können, wie das Lutherische hier verstanden wird und ob das so verstandene Lutherische der Gegenwartskultur – hier also der singularisierten Gesellschaft – etwas zu sagen haben könnte. Dass die lutherische Theologie der Gegenwartskultur etwas Substantielles zu sagen hat, setze ich dabei voraus. Ob und inwieweit meine aktualisierende Deutung der lutherischen

---

49 Die Ausbildung dieser gegenwartshermeneutischen Deutungskompetenz gehört zu den zentralen Zukunftsaufgaben pastoraler wie religionspädagogischer Aus-, Fort- und Weiterbildung. Vgl. hierzu das Plädoyer zur Stärkung dieser Kompetenz in der theologischen Ausbildung von F. WAGNER, Metamorphosen des modernen Protestantismus, 1999, 191–246.

Theologie dabei auf Zustimmung stößt, liegt dann nicht mehr in meiner Hand, sondern ist Sache des gegenwartshermeneutischen Diskurses. Also: Wie steht es um die Leistungskraft der lutherischen Theologie in einer Gesellschaft der Singularitäten?

Wir hatten gesehen, dass das spätmoderne Subjekt in der neuen Mittelklasse am Ziel der erfolgreichen Selbstverwirklichung orientiert ist.[50] Es geht gleichermaßen darum, sich selbst in seiner individuellen Persönlichkeit entfalten zu können und genau darüber soziale und wirtschaftliche Anerkennung zu bekommen. Der Mensch wird so zum Kurator seiner selbst. Alle Bereiche des eigenen Lebens werden zur Darstellung der eigenen individuellen Besonderheit: angefangen bei meinem Auftritt in den sozialen Netzwerken, über die Fragen, was ich esse und was ich nicht esse, ob ich meine Schuhe nur bei dem einen Schuhmacher in Mailand kaufe, bis hin dazu, mit welchen Möbeln ich meine Wohnung einrichte oder bewusst auf Eigentum verzichte. Auch der eigene Körper wird zum Gegenstand des kuratierten Selbst.

Es ist deutlich, dass der Imperativ erfolgreicher Selbstverwirklichung für das spätmoderne Subjekt selbst hochgradig ambivalent ist. Auf der einen Seite sind da diejenigen, die als die Sieger aus dem Wettkampf um das knappe Gut Aufmerksamkeit und um Valorisierung hervorgehen. Die Möglichkeiten individueller Selbstentfaltung waren besonders für die qualifizierte und mobilisierte Mittelklasse nie so hoch wie in der Gegenwart. Gleichzeitig stellt sich die Logik der Singularitäten mit ihrem Anspruch auf Besonderheit und Selbstentfaltung auch als »systematischer Enttäuschungsgenerator«[51] dar. Die psychischen Überforderungssymptome wie Burnout und Depression treten nicht zufällig in der Spätmoderne gehäuft auf oder vorsichtiger formuliert: sie werden häufiger diagnostiziert. Dies verschärft sich dadurch, dass die Spätmoderne »im Kern eine Kultur positiver Affekte [ist], die den negativen oder auch nur ambivalenten Erfahrungen keinen Raum gibt.«[52] Das macht auch ein Blick in die sozialen Netzwerke deutlich. Die öffentliche Selbstinszenierung ist wesentlich durch schöne, witzige und originelle Bilder und Posts geprägt. Verzicht ist in der singula-

50 Vgl. RECKWITZ, Gesellschaft (s. Anm. 4), 285–308.
51 AaO., 22.
52 AaO., 348.

risierten Gesellschaft grundsätzlich negativ geprägt, es herrscht ein Steigerungsimperativ, der sich mit dem Erreichten nicht zufrieden geben kann. Die Aufmerksamkeitsspirale fordert immer neue Begeisterungseffekte, die, einmal erreicht, sofort auf die Ebene einer Leistungserwartung beim Publikum herabsinken, so dass immer wieder neue Begeisterungseffekte kreiert werden müssen. Die hieraus folgende Steigerungslogik hat der japanische Wirtschaftswissenschaftler Noriaki Kano bereits in den späten 1970er Jahren beschrieben.[53]

Diese Fokussierung auf eine sich stetig steigernde Inszenierung der Positivkultur führt als Schatten mit sich, dass die Kultur der Spätmoderne kaum über »kulturelle Ressourcen zur Enttäuschungstoleranz und -bewältigung«[54] verfügt. Wer in diesem Steigerungsspiel unterliegt, sprich nicht in die Sichtbarkeit kommt und nicht den Status des Singulären durch ein Publikum zugesprochen bekommt, findet in dieser Kultur kaum eine Hilfe, um das produktiv zu verarbeiten. Grundsätzlich ist der Umgang mit den Kontingenzen des Lebens, also den Dimensionen, die sich der Selbstgestaltungsmöglichkeit des Subjekts entziehen, unterbelichtet. Scheitern gilt in einer Gesellschaft der Selbstgestaltung tendenziell als selbstverschuldet. Die unterschwellige Botschaft lautet dann: Du bist nicht gut genug. Interessanter Weise verweist Reckwitz auf »Gelassenheit« – religiös gesprochen: Gottvertrauen – und »Demut«[55] als in der Spätmoderne verlernte kulturelle Muster, um mit Misserfolg, Enttäuschungen und Unverfügbarkeitserfahrungen umzugehen. Damit bringt er dezidiert christlich-religiöse Selbstdeutungsmuster ins Spiel, die Potentiale haben, um mit den Negativerfahrungen umzugehen. Zugleich gilt aber, dass diese Potentiale für eine Gesellschaft der Singularitäten neu gehoben werden müssen, da sie offenbar von sich aus nicht mehr unmittelbar plausibel sind.

Diese gesellschaftliche Gesamtlage ist für die Kirche im Allgemeinen und für die lutherische Theologie im Besonderen als ambivalent zu bewerten.

---

53 Das sog. Kano-Modell zur Kundenzufriedenheit wird auch im Rahmen der Untersuchung zur Qualität von Gottesdiensten verwendet. Vgl. J. KAISER, Gottesdienste im Kano-Modell (in: Handbuch Gottesdienstqualität [Kirche im Aufbruch 22], hg. v. F. FENDLER / CH. BINDER / H. GATTWINKEL, 2017, 61–69).

54 RECKWITZ, Gesellschaft (s. Anm. 4), 347.

55 AaO., 348.

Zunächst ist man gewillt, die negative Seite der Singularisierung als hochgradig anschlussfähig für die christliche Botschaft anzusehen. Doch ganz so einfach ist es nicht. Ein Problem liegt darin, dass die klassischen Institutionen der Moderne und damit auch die Amtskirchen gesellschaftlich als in den Formen der Logik des Allgemeinen verhaftet angesehen werden. Der seit Ende der 1960er Jahre zu beobachtende Rückgang von Kirchlichkeit hängt wesentlich mit den von Reckwitz beschriebenen gesellschaftlichen Entwicklungen zusammen, in denen die Logik des Allgemeinen zugunsten der Logik der Singularitäten in den Status einer Hintergrundstruktur gedrängt wird. Unbeschadet der vielfachen kirchlichen Versuche, auf diese Entwicklungen zu reagieren – von Zielgruppengottesdiensten über Eventformate bis hin zur Bewegung von freshX –, scheint es den Volkskirchen schwer zu fallen, den Singularisierungsansprüchen der spätmodernen Gesellschaft gerecht zu werden. Entgegen der gesellschaftlichen Erwartung des Exzeptionellen scheinen vielfach gerade die Amtskirchen eine »Profanisierung der Religion«[56] zu betreiben, indem sie diese routinisiert und formalisiert. Erwartet wird aber anstatt »privatem Glauben und routinisierter Kirche« eine gelebte Religion, die sich »in kollektiven, außeralltäglich und singulär erlebten Performanzen und Ereignissen«[57] darstellt. Dieses Bedürfnis wird aber vielmehr durch den Eintritt in neue religiöse Gemeinschaften befriedigt, die ein Gegenstand der Wahl sind. Konversion wird so selbst ein Moment des kuratierten Selbst. Reckwitz sieht hier auch einen Grund für die zu beobachtende wachsende Attraktivität von Fundamentalismen aller Art. Sie sind zu begreifen als Kritik an der singularisierten westlichen Gesellschaft und darin zugleich selbst ein Phänomen der Singularisierung.

Die Volkskirchen stehen damit vor einer anspruchsvollen Aufgabe. Wie wollen sie die christliche Botschaft so kommunizieren und inszenieren, dass sie im Konzert der Singularitäten zwar wahrgenommen werden, aber gleichzeitig nicht das schrille Steigerungsspiel um Sichtbarkeit mitspielen, an dessen Ende sie, um »der Erkennbarkeit« willen, in die Proklamation gegenkultureller Eindeutigkeitspostulate abzurutschen drohen? Einst hatte Volker Drehsen treffend die Frage aufgeworfen, wie religionsfähig die Volks-

---

56 AaO., 410.
57 Ebd.

kirche sei.[58] In der Perspektive der Gegenwartsdiagnose von Reckwitz wird man fragen müssen, wie singularisierungsfähig die Volkskirche sein kann. Dies gilt gerade dann, wenn, wie oben festgestellt, die Singularisierung eine Antwort auf die Sinn- und Motivationsfrage der Spätmoderne ist und insofern eine hohe religionstheoretische Valenz aufweist. An dem produktiven Umgang mit den gesellschaftlichen Singularitäten entscheidet sich die Religionsfähigkeit der Kirche in der Spätmoderne. Es steht näherhin zur Debatte, ob die lutherische Theologie einen substantiellen Beitrag zur religiösen Selbstdeutung spätmoderner Subjekte zu leisten vermag. Solch ein substantieller Beitrag kann weder in einer kritiklosen Übernahme der gesellschaftlichen Singularisierungserwartungen liegen, noch in ihrer pauschalen Ablehnung. Es ist vielmehr ein Weg einzuschlagen, den schon Paul Tillich in seiner Theologie der Kultur der 1920er Jahre gewiesen hat: ein Weg jenseits von Kulturseligkeit und Offenbarungspositivismus.[59] Der Anschluss an die singularisierte und singularisierende Gegenwartskultur, von der – *nota bene* – die Kirche immer schon ein Teil ist, kann nur in einer kritisch-konstruktiven Korrelation vonstatten gehen.[60] In diesem Sinne will ich abschließend nach den Potentialen der lutherischen Theologie für die Selbstdeutung spätmoderner Subjekte in der singularisierten Gegenwartskultur fragen.

V Lutherische Theologie in der spätmodernen Gesellschaft

Nach den Potentialen zu fragen, heißt nach der Relevanz der lutherischen Theologie in der spätmodernen Gesellschaft der Singularisierung zu fragen. Nach der Relevanz zu fragen, heißt zugleich sowohl die Herausforderungen für lutherische Theologie zu benennen wie das Feld ihrer gegenwartshermeneutischen Aktualisierungen zu eröffnen. Dabei steht die lutherische

---

58 V. Drehsen, Wie religionsfähig ist die Volkskirche? Sozialisationstheoretische Erkundungen neuzeitlicher Christentumspraxis, 1994.

59 Vgl. hierzu C. Cordemann, Religion und Kultur. Paul Tillichs religionsphilosophische Grundlegung einer Theologie der Kultur (in: Paul Tillichs Theologie der Kultur. Aspekte – Probleme – Perspektiven [TillRes 1], hg. v. Ch. Danz / W. Schüssler, 2011, 94–127).

60 Den kritisch-konstruktiven Aspekt betont auch T. Grassmann, Die Gesellschaft der Singularitäten im Lichte reformatorischer Lehre. Anmerkungen zu einer anregenden gesellschaftlichen Gegenwartsanalyse (Deutsches Pfarrerblatt, 8/2018, 475–477).

Rede von Gott in der Spätmoderne wie alle christlich-religiöse Rede vor dem Problem, dass die Wirklichkeit Gottes nicht mehr selbstverständliche und unhinterfragte Voraussetzung des Lebens, Denkens und Fühlens ist. Gleichzeitig bietet gerade die Hochschätzung des individuellen Gottesverhältnisses, die sich im lutherischen *pro me* ausdrückt, sehr gute Anschlussmöglichkeiten für einen kritisch-konstruktiven Dialog mit der Kultur der Singularitäten.

Bruno Latour fasst in seinem lesenswerten Buch über die Möglichkeiten und Unmöglichkeiten religiöser Rede die Ausgangslage religiöser Kommunikation nüchtern zusammen:

> Als man in sehr weit zurückliegenden Zeiten von den Göttern sprach, gab es weder Gläubige noch Ungläubige. Die Anwesenheit der Götter verstand sich von selbst wie die Luft oder der Boden. Sie bildeten die allem Lebenden gemeinsame Textur, den Grundstoff aller Rituale, den unbestreitbaren Orientierungspunkt aller Existenz, das Tagesgespräch. So verhält es sich heute nicht mehr – jedenfalls nicht in den reichen westlichen Ländern. Die gemeinsame Textur unseres Lebens [...] – falls wir noch so etwas haben, dann ist es die *Nichtexistenz* von Göttern, die unser Gebet erhören und unsere Geschicke lenken.[61]

Es kann in der Gegenwart keine christlich-religiöse Rede von Gott mehr geben, die in ihrer Rede von Gott nicht dieses Bewusstsein von der geänderten Textur unseres Lebens in sich trägt. Das gilt auch für die gottesdienstliche Rede von Gott, die mancherorts daran krankt, dass in ihr eben zu selbstverständlich von Gott gesprochen wird. Gleichwohl kann kirchlich nicht auf die Rede von Gott verzichtet werden, wenn etwas Substantielles über das Menschsein gesagt werden soll.

Die lutherische Rede von Gott weist meines Erachtens einen Weg, der sowohl der spätmodernen Skepsis gegenüber der Rede von Gott begegnen als auch eine Erschließungskraft für das singularisierte Subjekt in seinem Selbstverhältnis haben kann. Ausgangspunkt meiner Überlegungen ist hier Luthers Auslegung des ersten Gebots im Großen Katechismus, wonach der Mensch keine anderen Götter neben Gott haben soll. Luther stellt die Frage, was es denn eigentlich heißt, einen Gott zu »haben«. Seine Antwort ist berühmt: »Worauf Du nu (sage ich) Dein Herz hängest und verlässest, das ist eigentlich Dein Gott.«[62] Mit dieser Antwort könnte der Blick dafür

---

61 B. LATOUR, Jubilieren. Über religiöse Rede, 2011, 13.
62 BSLK 560,22–24.

geschärft werden, dass es mit der Nichtexistenz von Göttern in der Spät-
moderne doch nicht so weit her ist, wie Latour meint. Vielleicht haben die
Götter der Spätmoderne nur ihren Aggregatzustand verändert. Gerhard Ebeling hat in seinem Aufsatz zu Luthers Auslegung des ersten Gebots betont,
dass Luthers Antwort gerade nicht auf eine theoretische Beantwortung der
Frage nach einem wie auch immer verstandenen substanzontologischen
Dasein Gottes abzielt, sondern auf das existentielle Gottesverhältnis des
Menschen.[63] Die Frage nach dem Sein Gottes kann nach Luther nicht los-
gelöst von der Frage nach dem Gottesverhältnis des Menschen beantwortet
werden. Natürlich steht für Luther die Existenz Gottes außer Frage, allein
das nutzt dem Menschen nichts, wenn Gott nicht zu *seinem* Gott wird, wie
Luther schon 1519 notiert hat: »Denn was hilft es dir, dass Gott Gott ist,
wenn er nicht für dich Gott ist?«[64] Das Wort »Gott« steht für die Instanz
im Leben eines Menschen, worauf dieser sich schlechthin verlässt und worauf er im Letzten vertraut. Diesen existentiellen Vertrauensvollzug begreift
Luther als Glauben. In diesem Sinne gehören Gott und Glaube »zuhauf«.[65]
Gott und Glaube sind korrelativ zu verstehen und legen sich wechselseitig aus. Mein Glaube sagt etwas über meinen Gott. Mein Gott sagt etwas
über meinen Glauben. Für die spätmoderne Gesellschaft der Singularitäten
heißt das, dass durchaus mit Göttern im Gegenwartbewusstsein zu rechnen ist, also mit solchen Größen, die faktisch als Gottinstanzen fungieren,
auch wenn sie nicht als solche bezeichnet werden. Wir hatten gesehen,
dass die Sinn und Motivation vergewissernden Ziele von Einmaligkeit und
Besonderheit verbunden mit dem Imperativ der erfolgreichen Selbstverwirklichung für das spätmoderne Subjekt diese Stellung einer Gottinstanz
einnehmen. Hieran hängt das singularisierte Selbst sein Herz.

---

63 Vgl. G. EBELING, »Was heißt einen Gott haben oder was ist Gott?«. Bemerkungen zu Lu-
    thers Auslegung des ersten Gebots im Großen Katechismus (in: DERS., Wort und Glaube,
    Bd. 2, Beiträge zur Fundamentaltheologie und zur Lehre von Gott, 1969, 287–304) sowie
    CH. AXT-PISCALAR, Was heißt einen Gott haben oder was ist Gott? Freiheitserfahrung
    im Lichte des ersten Gebots (in: Dimensionen christlicher Freiheit. Beiträge zur Gegen-
    wartsbedeutung der Theologie Luthers, hg. v. DERS. / M. LASOGGA, 2015, 55–80).
64 M. LUTHER, Ein Sermon von der Betrachtung des heiligen Leidens Christi (1519) (DDStA
    1, 27–43), 31.
65 BSLK 560,22.

Der lutherische Gottesbegriff kann hieran gleichermaßen konstruktiv wie kritisch anknüpfen. Grundsätzlich kann er die Betonung der Einmaligkeit und Besonderheit eines jeden Menschen würdigen und schöpfungstheologisch vertiefen. Paradigmatisch sei hier auf Luthers Auslegung des ersten Artikels des Glaubensbekenntnisses verwiesen, in der er eine strikte Individualisierung des Heilshandelns Gottes vornimmt. Auf die Frage, was es heiße an Gott den Schöpfer zu glauben, soll der Christenmensch antworten:

> Das meine und gläube ich, daß *ich* Gottes Geschepfe bin, das ist, daß er *mir* geben hat und ohn Unterlaß erhält Leib, Seele und Leben, Gliedmaße klein und groß, alle Sinne, Vernunft und Verstand und so fortan [...].[66]

Wenn Adolf von Harnack rund 370 Jahre später den »unendlichen Wert der Menschenseele«[67] betont, knüpft er damit sachlich an Luthers schöpfungstheologische Wertschätzung des Individuums vor Gott an. In dieser Perspektive kann die *creative economy*, die Reckwitz als einen zentralen Motor der Gesellschaft der Singularitäten ansieht, durchaus als Ausdruck der schöpferischen Kreativität des Menschen gewürdigt werden.[68]

Mit einer anderen Betonung wird aber sogleich auch das kritische Potential des Schöpfungsglaubens gegenüber der Singularisierung deutlich:

> Das meine und gläube ich, daß ich *Gottes* Geschepfe bin, das ist, daß *er* mir geben hat und ohn Unterlaß erhält Leib, Seele und Leben, Gliedmaße klein und groß, alle Sinne, Vernunft und Verstand und so fortan [...].

Die Pointe dieser Betonung liegt darin, dass es nach Luther gerade nicht der Mensch selbst ist, der sich selbst im Letzten kreiert und damit seinen Wert selbst schafft, sondern es ist Gott. Das ist auch der Sinn von Luthers Unterscheidung von Gott und Abgott in der Auslegung des ersten Gebots. Wir hatten gesehen: das, woran du dein Herz hängst, das ist dein Gott. Am Beispiel des Mammons macht Luther deutlich, was es heißt, sein Herz an einen falschen Gott zu hängen:

---

66 BSLK 648,12–16, Hervorhebungen von mir. Vgl. auch die Betonung des *pro me* im zweiten und im dritten Artikel: BSLK 652,40–46.654,50f.
67 A. von Harnack, Das Wesen des Christentums (1900), hg. v. C.-D. Osthövener, ²2007, 43.
68 Vgl. Reckwitz, Gesellschaft (s. Anm. 4), 114–117.

Wer Geld und Gut hat, der weiß sich sicher, ist fröhlich und unerschrocken, als sitze er mitten im Paradies, und wiederümb, wer keins hat, der zweifelt und verzagt, als wisse er von keinem Gott.[69]

Unschwer lässt sich diese Beschreibung auf die hoch ambivalente Singularitätskultur übertragen. Die Sieger im Wettkampf um die Güter der Valorisierung und der Aufmerksamkeit sehen sich durch ihren Erfolg bestätigt, während die Singularisierungsverlierer sich in ihrem persönlichen Selbstwert radikal in Frage gestellt sehen. Es fehlen die gesellschaftlichen Ressourcen, einen Standpunkt jenseits der Gesellschaft der Singularisierung einzunehmen, der als kritisches Korrektiv fungieren könnte.

Grundsätzlich kann der mit Luther verstandene Glaube an den Schöpfer die vielfältigen Bereiche der gesellschaftlichen Singularisierung als Ausdruck der schöpferischen Kreativität des Menschen wahrnehmen. Gleichzeitig kann er aber auch einen Kontrapunkt setzen, indem er Letztes von Vorletztem unterscheidet. Nicht der Mensch kreiert seinen Selbstwert, sondern *Gott allein ist der finale Singularisierer* der humanen Existenz. Wirklich einmalig und besonders wird der Mensch nur im Gegenüber zu Gott. Alle anderen Singularisierungsprätentionen verlieren demgegenüber ihren Letztgültigkeitsstatus. Das macht die humanen Singularisierungsversuche zu dem, was sie sein sollten: kreative Prozesse der Selbstgestaltung menschlichen Lebens, dessen unendlicher Wert selbst diesen Prozessen aber vorausliegt. Weder eine gelingende noch eine misslingende Singularisierung bestimmen den letzten Wert eines Menschenlebens. Dieser verdankt sich allein Gott. So auf sich und seine Singularisierungsbemühungen zu schauen, könnte für das spätmoderne Subjekt eine deutlich entlastende Wirkung haben. Die Rechtfertigung des menschlichen Daseins erfolgt aus lutherischer Perspektive nicht in den Werken gesellschaftlichen Performanzerfolges, sondern hat wesentlich einen diesen Werken vorauslaufenden Zuspruchscharakter.

Es ist im Kern also Luthers rechtfertigungstheologisch gefasster Gottesbegriff, der einen kritisch-konstruktiven Umgang mit den Selbstdeutungsprozessen der singularisierten Gesellschaft ermöglicht und der hier im Sinne der Logik der Singularitäten als ›Marke‹ des Protestantismus fungieren könnte.

69 BSLK 561,17–21.

Dabei gilt es, einen differenzierten Anschluss an Luthers reformatorische Entdeckung vorzunehmen. Der systematisch-theologische Kern der Rechtfertigungslehre liegt in Luthers Rechtfertigungsglauben, in dem ihm sein neues Verständnis der *iustitia Dei* als einer effektiven Gerechtigkeit aufgegangen ist. Der diese reformatorische Entdeckung voraussetzende, aus dem Bußsakrament stammende forensische Rahmen von Luthers Frage nach dem gnädigen Gott ist, wie gesehen, in der Spätmoderne so nicht mehr gegeben. Gleichzeitig ist zu beobachten, dass die Frage nach einem gnädigen Gott in der Gesellschaft der Singularitäten in verwandelter Form wiederkommt. Sie artikuliert sich in der Spätmoderne in Fragen wie: »Was muss ich tun, dass ich Anerkennung finde?« oder »Wie finde ich Sinn in dieser sinnlosen Welt?« oder »Wo finde ich die Resonanz, die mich erfüllt?«.[70] Es geht in der Gesellschaft der Singularitäten wesentlich um die Frage, was ein Mensch tun muss, um Anerkennung und Resonanz für seine Einmaligkeit und Besonderheit zu bekommen. In dem Maße, wie es dem spätmodernen Subjekt gelingt, sich selbst so zu kuratieren und zu inszenieren, dass es gesellschaftliche Anerkennung und Resonanz bekommt, in dem Maße erlebt es sein Leben als sinnvoll. Lutherisch betrachtet kann dies als das Gesetz verstanden werden, unter dem das singularisierte Selbst steht. Damit geht freilich eine Verschiebung im lutherischen Gesetzesbegriff einher. Als Gesetz wird nicht mehr unmittelbar die göttliche Forderung an den Menschen begriffen. Die spätmoderne Gesetzeserfahrung hat sich transformiert. Gesetz bezeichnet hier die unbedingte Forderung der Gesellschaft zur Singularisierung des eigenen Lebensentwurfs. In der Gesellschaft der Singularitäten gibt es kein Jenseits zu diesem Imperativ – weder im Erfolg noch im Misserfolg. Das Evangelium wäre so zu kommunizieren, dass sich das spätmoderne Subjekt von den Singularisierungsanforderungen befreit erlebt und gerade so die Freiheit bekommt, sein Leben in schöpferischer Kreativität zu gestalten. Rechtfertigung allein aus Glauben würde dann heißen, dass nicht die Valorisierung, also Wertsetzung der Gesellschaft den Wert eines Menschen ausmacht, sondern dass dieser allein durch den Akt göttlicher Singularisierung konstituiert wird. Alle anderen Formen der Sin-

---

70 Vgl. hierzu CORDEMANN, Rechtfertigung (s. Anm. 12); DERS., Resonanztheoretische Betrachtungen (s. Anm. 12).

gularisierung haben in Bezug auf den Menschen den Status des Vorletzten, aber nicht des Letzten.

In diesem Sinne wäre dann auch eine gegenwartsorientierte Christologie zu entfalten. Christus wäre urbildlich als der paradigmatische Mensch zu begreifen, der aus dem Geist göttlicher Singularisierung lebt. So können auch die Kreuzeserfahrungen von Misserfolg, Scheitern und Tod, für die die Gesellschaft der Singularitäten aus sich heraus keine Ressourcen zur Verarbeitung bereit hält, in der individuellen Aneignung Christi (im Sinne der *fides apprehensiva*) eine radikale Umwertung erfahren. Im Zuspruch des Evangeliums wird der Mensch von dem Glauben befreit, den Wert seiner eigenen Identität gestalten zu müssen. *Gottvertrauen* wäre dann die Grundhaltung der Freiheit eines Christenmenschen, der sich nicht mehr von den internalisierten Valorisierungsanforderungen der Gesellschaft abhängig macht.[71]

Die praktische Umsetzung der hier skizzierten Aktualisierung des lutherischen Rechtfertigungsglaubens ist keine einfache Sache. Theologie und Kirche stehen dabei nämlich vor der paradoxen Aufgabe, das Evangelium so zu kommunizieren, dass sich das spätmoderne Subjekt wie beschrieben von den Singularitätsanforderungen befreit weiß. Und *gleichzeitig* müssen sie es in einer Form tun, dass die Singularitätserwartungen der Gesellschaft an die Performanz erfüllt werden. Würden die gesellschaftlichen Singularitätserwartungen ignoriert werden, hätte das zur Folge, dass die singularisierte Gesellschaft ihrerseits Theologie und Kirche schlicht ignorieren würde. Praktisch heißt das, dass Theologie und Kirche mit der Logik der Singularitäten arbeiten müssen, normativ überspringen können sie diese nicht. Die sich hier eröffnende Spannung von Form und Gehalt, in der der Gehalt die ihn transportierende Form negiert, ist vermutlich die eigentliche Herausforderung für Theologie und Kirche in der Gegenwart. Vielleicht ist es aber auch die paradoxale Wahrheit des Glaubens selbst, dass er immer nur in gegenwartskulturellen Formen zu haben ist, die er zugleich sprengt.

---

71 Vgl. C. CORDEMANN, Glaube und Freiheit. Überlegungen zu Martin Luthers Freiheitsbegriff (in: Glaube, Recht und Freiheit. Lutheraner und Reformierte in Lippe [Museumshefte 18], hg. v. A. LANGE / L. KRULL / J. SCHEFFLER, 2017, 371–385) sowie die Beiträge in: CH. AXT-PISCALAR / M. LASOGGA (s. Anm. 63).

Ob mein skizzenartiger Versuch, Gegenwartskultur mit lutherischer Theologie in ein Gespräch zu bringen, zum Nachdenken bringt oder gar auf Zustimmung hoffen darf, kann ich nur dem Auditorium überlassen. Deutlich scheint mir aber zu sein, dass solch ein Gespräch, auch wenn es zu anderen Antworten als den hier skizzierten kommt, zu den bleibenden Aufgaben von Theologie und Kirche gehört. Wenn sich Lutherische Theologie nur als eine binnenkirchliche Selbstvergewisserung oder museale Pflege des Luthertums versteht, stellt sie sich selbst ins gesellschaftliche Abseits. Nur solange lutherische Theologie in einem sowohl kritischen als auch konstruktiven Diskurs mit dem spätmodernen Gegenwartsbewusstsein steht, kann sie darauf hoffen, Relevanz in einer Gesellschaft der Singularitäten zu entfalten.

Buchbesprechungen

ARMIN KOHNLE u. MANFRED RUDERSDORF (Hg.): Briefe und Akten zur Kirchenpolitik Friedrichs des Weisen und Johannes des Beständigen 1513 bis 1532. Reformation im Kontext frühneuzeitlicher Staatswerdung. Bd. 1: 1513–1527. Leipzig: Evangelische Verlagsanstalt, 2017. 566 S.

Der Erfolg der Reformation in Deutschland wäre ohne das maßgebliche Engagement der evangelischen Landesfürsten nicht möglich gewesen. Nachdem sich die reformationsgeschichtliche Forschung seit den 1960er Jahren stark auf Stadtreformationen und soziale Bewegungen kapriziert hatte, findet die Bedeutung der fürstlichen Politik und der Ausbildung der frühmodernen Territorialstaaten für die Reformation seit gut zwei Jahrzehnten wieder vermehrte Aufmerksamkeit. Ein deutliches Indiz dafür war die Nationale Sonderausstellung in Torgau 2015 zum Thema »Luther und die Fürsten«. Im Zentrum des wiedererwachten Interesses an den Fürsten stehen nicht von ungefähr die Wettiner und ihre Reichs-, Landes- und Kirchenpolitik. Drei große Editionsvorhaben unter dem Dach der Sächsischen Akademie der Wissenschaften zu Leipzig machen die einschlägigen Quellen für weitere Forschungen bequem zugänglich: Erfolgreich abgeschlossen werden konnten inzwischen

die sechsbändige Edition der *Politischen Korrespondenz des Herzogs und Kurfürsten Moritz von Sachsen* (1900–2006) sowie die vierbändige Edition der *Akten und Briefe zur Kirchenpolitik Herzog Georgs von Sachsen* (1905–2012). Mit dem hier anzuzeigenden Band werden nun die ersten Ergebnisse eines entsprechenden Editionsprojekts für die ernestinischen Kurfürsten Friedrich den Weisen und Johann den Beständigen vorgelegt. Das Projekt läuft seit 2014 und steht unter der Leitung von Armin Kohnle und Manfred Rudersdorf. Über den aktuellen Stand der Arbeit informiert eine gut gemachte, materialreiche Website (http://bakfj.saw-leipzig.de/).

Natürlich gilt das eigentliche Erkenntnisinteresse des Vorhabens der fürstlichen Kirchenpolitik im Zeichen der Reformation. Die Edition deckt daher nicht die gesamte lange, bereits 1486 beginnende Regierungszeit der beiden Brüder Friedrich und Johann ab, die die ernestinischen Lande gemeinsam regierten, während Friedrich der Weise als der Erstgeborene bis zu seinem Tod im Jahre 1525 die Würde des sächsischen Kurfürsten innehatte, die danach auf den 1532 verstorbenen Johann überging. Andererseits erschien es sinnvoll, nicht erst mit dem Ablassstreit zu beginnen, sondern auch die »vor-reformatorische« Kirchenpolitik noch mit einzubeziehen. Die pragmatische Lösung bestand darin, mit dem Jahr 1513 einzusetzen, in dem Friedrich und Johann mit der sogenannten Mutschierung eine interne Landesteilung vornahmen und in dem ihr Bruder Erzbischof Ernst von Magdeburg starb. Der vorliegende erste Band der auf vier Bände angelegten Edition deckt die Jahre 1513 bis 1517 ab, behandelt also sozusagen die Vorgeschichte der Reformation in Sachsen. Zusätzlich werden noch drei ältere Dokumente geboten, die von grundlegender Bedeutung für das Verständnis des Folgenden sind. Das ist zum einen das erste Testament Friedrichs des Weisen vom 19.3.1493 – auch die vier weiteren Testamente der beiden Fürsten werden abgedruckt, davon zwei im ersten Band. Zum anderen findet sich hier die Hofratsordnung von 1499, die die zentrale Regierungs- und Verwaltungsorganisation der beiden Ernestiner regelte, sowie das wieder aufgefundene Privileg, mit dem Papst Julius II. Kurfürst Friedrich 1505 gestattete, von Bischöfen und Klerikern Reliquien für seine berühmt gewordene Heiltumssammlung zu erbitten.

Die der Edition zugrunde liegende reiche Quellenüberlieferung liegt überwiegend im Thüringischen Hauptstaatsarchiv in Weimar, ferner im Sächsischen Hauptstaatsarchiv in Dresden. Kleinere Bestände finden sich in einem halben Dutzend weiterer Archive. Wie der Titel verrät, handelt es sich überwiegend um Briefe. Ausgewählt wurden nur solche Stücke, die Licht auf das werfen, was wir mit einem heutigen Begriff als »Kirchenpolitik« bezeichnen würden. Insgesamt enthält der vorliegende Band 658, in chronologischer Reihenfolge angeordnete Stücke, für die neben der Formalbeschreibung immer ein das gesamte Dokument erfassendes Regest geboten wird, vielfach gefolgt von einer teilweisen oder vollständigen Wiedergabe des Original-

textes. Im Apparat werden Sacherläuterungen und – in den wenigen Fällen, wo dies erforderlich ist – Anmerkungen zur Textkritik gegeben.

Den hier edierten Quellen lässt sich entnehmen, dass die ernestinischen Fürsten schon vor Beginn des Ablassstreits eine aktive Kirchenpolitik betrieben. Im eigenen Land versuchten sie, kirchliche Aufsichtsrechte an sich zu bringen und die Zuständigkeit kirchlicher Gerichte zugunsten der weltlichen Gerichtsbarkeit einzuschränken. Außerdem bemühten sie sich, die Observanzbewegung in den sächsischen Klöstern zu stärken, wobei sie im Falle von Frauenklöstern auch direkten Einfluss auf die Wahl von Äbtissinnen nahmen. Im Sinne territorialer und dynastischer Interessenpolitik gestalteten sich die Einwirkungen auf die sächsischen Bistümer Naumburg, Meißen und Merseburg, über die die Wettiner die Schutzherrschaft ausübten, sowie die Beziehungen zum Domkapitel in Halberstadt und zum Stiftskapitel in Quedlinburg. Einen weiteren Schwerpunkt bildet im Berichtszeitraum das Allerheiligenstift in Wittenberg und die Einführung seiner neuen Statuten im Jahr 1516. Das Stift bildete so etwas wie das religiöse Zentrum Kursachsens und eine Schnittstelle zur Wittenberger Universität, der es 1507 inkorporiert worden war. Eng verbunden mit der Geschichte des Allerheiligenstifts war die Heiltumssammlung Friedrichs des Weisen, deren Ausbau hier ebenfalls quellenmäßig greifbar wird. Die nachmals berühmten Protagonisten der Wittenberger und kursächsischen Reformation begegnen in dem Quellenkorpus der Jahre bis 1517 nicht (z.B. Luther) oder allenfalls ganz am Rande (z.B. Staupitz, Amsdorf). Eine Ausnahme bildet Andreas Karlstadt, der mehrfach in seiner Funktion als Archidiakon des Allerheiligenstifts, namentlich in den Verhandlungen über die Statuten, auftritt, vor allem aber in eigener Sache: im Streit mit dem Wittenberger Schosser um eine Mietzinszahlung, im Streit mit dem Kurfürsten um das Präsentationsrecht für die Pfarrei Uhlstädt bei Rudolstadt, im Streit mit dem Stiftskapitel und der Universität um seine Romreise 1515/16 und den ihm eigentlich untersagten Erwerb des juristischen Doktorgrades sowie im dadurch ausgelösten Streit mit dem Landesherrn, der ihn beinahe seine Stellung in Wittenberg gekostet hätte.

Die Edition ist technisch mustergültig gefertigt, die Kommentierung knapp, aber angemessen. Vor- und Rückverweise zwischen den einzelnen Stücken und ein Orts- und Personenregister erleichtern die Orientierung. Eine knappe, aber instruktive Einleitung des Arbeitsstellenleiters Stefan Michel führt in die historischen und politischen Kontexte ein. Vor allem für die Landesgeschichte ist schon der vorliegende erste Band eine reichhaltige Fundgrube, für die reformationsgeschichtliche Forschung ist er daneben und vor allem ein Präludium und eine Verheißung. Man darf auf die Folgebände gespannt sein.

Marburg   Wolf-Friedrich Schäufele

IRENE DINGEL, ARMIN KOHNLE, STEFAN RHEIN u. ERNST-JOACHIM WASCHKE (Hg.): Initia Reformationis. Wittenberg und die frühe Reformation. Leipzig: Evangelische Verlagsanstalt, 2017. 448 S. (Leucorea-Studien zur Geschichte der Reformation und der Lutherischen Orthodoxie; 33)

Die XII. Wittenberger Frühjahrstagung wandte sich den Anfängen der Reformation zu. Es ging den Veranstaltern darum, die Geschichte übergreifender politischer, theologischer sowie frömmigkeits- und me-

dienhistorischer Entwicklungen mit der des alltäglichen Lebens in Stadt und Universität Wittenberg zu verbinden. Mit dieser Zuspitzung gelang es, das grundlegende Werk zum Thema – Thomas Kaufmann, Der Anfang der Reformation, Tübingen 2012 – mit Gewinn zu flankieren.

Die sich auf die drei Sektionen zu Frömmigkeit und Kirchenkritik (I), Luthers Umfeld (II) sowie Beginn der Reformation und frühe Entfaltung (III) verteilenden Beiträge fügen sich in ebendiese Verbindung von allgemeinen geschichtlichen Entwicklungen und Mikrohistorie. *Christopher Spehr*, der die erste Sektion mit einem instruktiven Überblick über das Ablasswesen am Vorabend der Reformation eröffnet – mit Fokus auf die Entstehung des Ablasses im 11. Jahrhundert (18–21), die Genese der Ablasstheologie im 13. und 14. Jahrhundert (21–24) und die Pluralität der Ablässe im Spätmittelalter (21–24) –, thematisiert dabei etwa die Wirksamkeit des päpstlichen Ablasskommissars Raimund Peraudi in Wittenberg (30–31). *Livia Cárdenas* geht sodann am konkreten Beispiel des Wittenberger Heiltumsbuches, das alle Reliquien systematisch und summarisch erfasst, auf die Reliquienfrömmigkeit in Wittenberg ein. Sie bezeichnet das Heiltumsbuch pointiert als gleichsam »ästhetisch überhöhtes Kontobuch der Seelenrettungsökonomie« (51) und verweist auch auf die Bedeutung desselben für die reformatorischen Schriften Martin Luthers, der sich in seinem Abendmahlssermon von 1519 auf den ersten Seiten zweier Reliquiarholzschnitte des Heiltumsbuchs bediente (63). Hinzuweisen ist außerdem auf die zahlreichen Abbildungen aus dem Heiltumsbuch, etwa die der Wittenberger Schlosskirche (44). Anschließend nimmt sich *Wolf-Friedrich Schäufele* der Frage nach der im Spätmittelalter anhebenden Kritik der kirchlichen Missstände an, die in der Forschung immer wieder thematisiert wurde (67–70). Der Verfasser entbietet eine Phänomenologie und Genealogie der Kirchenkritik in Hoch- und Spätmittelalter, indem er auf die Gregorianische Reform des 11. Jahrhunderts als Wurzel der mittelalterlichen Kirchenkritik, das Große Abendländische Schisma (1378–1417), aber auch die Kirchenkritik, die der Ausdehnung und Verdichtung weltlicher Herrschaft erwuchs, sowie die Kritik des Humanismus eingeht. Vor diesem Hintergrund erörtert er das Verhältnis von Kirchenkritik und Reformation, die als »Vorläufer und Wegbereiter der Reformatoren des 16. Jahrhunderts« (81) erschienen. Schäufele verweist in diesem Kontext auf die Nachdrucke radikaler mittelalterlicher Kirchenkritik unter der Ägide Luthers, aber auch anderen Reformatoren wie Nikolaus von Amsdorf oder Otto Brunfels – ein Ansatz der im *Catalogus testium veritatis* des Matthias Flacius gleichsam klassisch ausgeprägt worden sei. *Rosemarie Aulinger* untersucht die Gravamina auf den Reichstagen 1521 bis 1530 mitsamt ihrer Vorgeschichte. Während bis 1523 bei den Verhandlungen stets die Beschwerden der Weltlichen gegen die Geistlichen im Vordergrund standen, seien 1526 erstmals Beschwerden von Geistlichen gegen Weltliche vorgebracht worden; 1530 präsentierten die Geistlichen ein Dokument mit ihren Klagen in Form von 124 Artikeln (99).

Einen für die Geschichte des Wittenberger Augustinerklosters wie für die Universitätsgeschichte zugleich bedeutenden Beitrag legt *Enno Bünz* mit seinem Aufsatz »Luther und seine Mitbrüder« vor, wobei gerade nicht Luther, sondern eben seine klösterlichen Mitbrüder im Mittelpunkt stehen – ein Desiderat. Auf Grundlage der älteren Forschung sowie Quellen kurfürstlicher, städtischer und akademischer Provenienz – die Überlieferung des

Klosterarchivs ist verloren (106) – rekonstruiert Bünz die Personengeschichte des Konvents sowie die enge Verbindung zur Universität Wittenberg (109–114). Von den zahlreichen wichtigen Erkenntnissen, die der Beitrag bietet, ist festzuhalten, dass einerseits nur ein geringer Teil der Ordensstudenten einen akademischen Grad an der Theologischen Fakultät erhalten hatte, andererseits, dass keineswegs alle Mitbrüder Luthers sich selbst der Reformation anschlossen, manche sich freilich auch explizit gegen Luther und die Reformation positionierten (114).

Die zweite Sektion »Luthers Umfeld« wird mit dem Beitrag von *Insa Christiane Hennen* eröffnet und widmet sich dem Stadtbild Wittenbergs in der Reformationszeit, anhebend mit einem Negativbefund: »nach derzeitigem Forschungsstand hat sich nämlich kein einziges Wohnhaus erhalten, das vor Mitte der 1530er Jahre erbaut wurde.« (122) In der Synthese archäologischer sowie historischer Detailforschung etwa durch die Auswertung der Rechnungen der Ratskämmerei, der Rechnungen des Gemeinen Kastens, der Schoßregister und später separat geführten Schoßbücher, aber auch der »Statuten« von 1504, gelingt Hennen gleichwohl eine Rekonstruktion der damaligen Stadtstruktur und Bebauungsdichte (134–142). Ein Ausblick auf die weitere Stadtentwicklung im 16. Jahrhundert rundet den Beitrag ab.

Die Quellengattung der Kämmereirechnungen erfährt besondere Berücksichtigung durch *Stefan Oehmig*, der die Situation Wittenbergs um 1517 aus dieser Quellengattung zu erschließen sucht. Kämmereirechnungen bildeten in Ermangelung anderer Überlieferung vielfach die wichtigsten Quellen zur Verwaltungs-, Wirtschafts-, Sozial- und Alltagsgeschichte, freilich auch für genealogische und andere personenge-

schichtliche Forschungen. Oehmig untersucht Einnahmen und Ausgaben und konstatiert vor diesem Hintergrund gleichsam
einen gewissen »Bauboom«, der freilich die
Universität und die Klöster, aber auch Bau-
vorhaben des Rates betraf (161f). Aufgrund
seiner Beobachtungen vermag der Verfasser
die ältere Forschung (Edith Eschenhagen)
auf den Prüfstand zu stellen (159).

Unter dem Titel »Verregnete Reformation« erörtert *Uwe Schirmer* Witterung,
Wetteranomalien und Klimatendenzen in
Mitteldeutschland zur Zeit der Reformation. Er kommt zu dem Ergebnis, dass die
63 Jahre zwischen 1485 (Leipziger Teilung)
und 1547 (Wittenberger Kapitulation) eine
Zeit relativ geringer Klimabelastung gewesen seien. Gleichwohl erschienen die
konstatierten Niederschlagsüberschüsse
von 1522 bis 1524 und von 1529 dazu geeignet, dass sich das Bild einer »verregne-
ten Reformation« verfestigte. In den 1530er
Jahren hingegen ließen gute und sehr gute
Getreide- und Weinerträge auf eine Wetter-
gunst schließen (221). Eine umfangreiche
Dokumentation von Wetterbeobachtungen
jener Jahre schließt den Beitrag ab (221–247).

Thomas Fuchs betrachtet Leipzig und
Wittenberg als Zentren von Buchproduk-
tion und -handel in den ersten Jahren der
Reformation (1517–1522). Während die
Kerngewerbe der Buchwirtschaft – Dru-
ckerei, Buchbinderei und Buchhandel – in
Leipzig bereits auf eine gewachsene Tradition zurückblickten, war in Wittenberg
zunächst lediglich ein Buchdrucker, Johannes Grunenberg, ansässig, der in geringem
Umfang für universitäre Belange arbeitete
(251). Erst mit dem Beginn der Publikation
von Luthers Flugschriften änderte sich die
Situation grundlegend, so dass sich in den
frühen 1520er Jahren weitere Drucker etablierten. Während in Leipzig bis 1522 160
Luther-Titel erschienen, waren es in Wit-

tenberg 208 (259). Standen in Leipzig 748
lateinische 272 deutschen Büchern gegenüber, bildeten in Wittenberg mit 221 gegenüber 171 die deutschen Drucke die Mehrzahl (260).

Heiner Lück lenkt den Blick auf die
Leucorea im Jahr 1517: Zunächst auf die
Gesamtuniversität, die Statuten, Organe
und personelle Struktur sowie Studenten-
schaft (266–272), sodann auf die einzelnen
Fakultäten, die Dekane, das Lehrpersonal
und die Lehrverpflichtungen, die Statuten sowie die Graduierungen (272–280).
Lück verwendet dabei zahlreiche, noch
unerschlossene und nicht ausgewertete
Quellen, wie etwa die Dekanatsbücher der
Juristischen, Medizinischen sowie Philosophischen Fakultät. Hinweise auf die konstitutive Verklammerung der Universität
mit Landesherrschaft, Kirche und Stadt
rahmen das Bild der *Leucorea* von 1517.
Im Ergebnis konstatiert Lück, dass 1517
für die Universität ein Normaljahr gewesen sei (283). *Ulrike Ludwig* untersucht die
Kollegien der *Leucorea* am Beginn der Reformation. Dabei kommt sie entgegen der
in der neueren universitätsgeschichtlichen
Forschungsliteratur vertretenen These der
Lockerung der Bursendisziplin als Folge der
evangelischen Bewegung, wobei Wittenberg
als Paradebeispiel genannt wird, zu einer
differenzierteren Einschätzung: Zumal an
der *Leucorea* gab es zum Beginn der 1520er
Jahre Bestrebungen, die Studenten zum ge-
meinschaftlichen und beaufsichtigten Wohnen in den Kollegien zu bringen (302). Mit
dem späteren Hildesheimer Domdechant
Johan Oldecop nimmt *Mirko Gutjahr* einen
vernachlässigten, doch problematischen
Augenzeugen der Reformation – eigentlich
der Jahre 1515 bis 1516 – in den Blick: Noch
vor dem 31. Oktober 1517 hatte er Wittenberg wieder verlassen (308). Oldecop ist der
Verfasser einer Chronik der Jahre zwischen

1500 und 1573 in mittelniederdeutscher Sprache, deren Urschrift jedoch verschollen ist (309). Seine Verfallsgeschichte der Reformation nimmt das Jahr 1516 als Schlüsseljahr an und zeichnet ein abstoßendes Charakterbild Luthers (327).

Die dritte Sektion »Beginn der Reformation und frühe Entfaltung« beginnt mit einem Beitrag von *Volker Leppin* zu Martin Luthers Berichten über reformatorische Entdeckungen, und damit einem Schibboleth der Reformationsgeschichtsforschung. Leppin untersucht drei Erinnerungskomplexe: Die Erinnerung von 1518, die der Tischredenüberlieferung zum sogenannten Turmerlebnis sowie des Selbstzeugnisses von 1545. Am Ende der Analysen steht das Ergebnis, dass ein historisch gesicherter Zugang aufgrund der Überlieferung kaum möglich sei, und sodann das Plädoyer für theologische Detailanalysen zu den Vorlesungen Luthers: Sie böten das Potential eines kritischen Korrektivs der zugespitzten Rückblicke des Reformators (350). *Johannes Schilling* untersucht die Verbreitung der Ablassthesen Luthers im Zusammenhang mit der Wahrnehmung von 1517 als Epochenjahr, was keine Erfindung der lutherischen Orthodoxie und der protestantischen Herrscher des frühen 17. Jahrhunderts gewesen sei (351). So sei das *annus mirabilis* schon früher freilich aus anderer Sicht als *annus horribilis* wahrgenommen worden. Schilling verweist gleich auf mehrere Beispiele, am ausführlichsten indes wird die Edition eines Berichts des vom Verfasser so bezeichneten »Papista Gothanus« dargeboten (355–358). Anschließend geht er auf den Widerspruch ein, welche die Thesen rasch erfahren sollten: Durch Johannes Tetzel, Johannes Eck, Silvester Prierias und Tommaso de Vio Cajetan.

Die frühe Wittenberger Flugschriftenpublizistik (1517–1521) – mithin noch vor Einsetzen des sogenannten »Flugschriftenbooms« – ist Thema des Beitrages von *Marcel Nieden*, der vor allem der Frage nachgeht, auf welche Weise sich die Publikationssprache in den frühen Wittenberger Flugschriften gewandelt hat (370). Nach einleitenden terminologischen Überlegungen und Eingrenzung des Quellenbestandes auf 96 gedruckte Flugschriften Wittenberger Autoren (vgl. dazu auch die Tabellen 386–390) rekonstruiert Nieden publikationssprachliche Profile der Verfasser – Martin Luther, Andreas Bodenstein (Karlstadt) sowie der übrigen Wittenberger Autoren. Bis 1519 blieben die Wittenberger der theologischen Diskurssprache Latein weitgehend verpflichtet, erst dann setzte sich die deutsche Sprache zunehmend durch – aus nachstehenden Gründen: Leserbedürfnisse, »laienkatechetische« Beweggründe, kontroverstheologische Instrumentalisierung durch bewusste Verzeichnung aufseiten der scholastischen Kritiker und eine neue Sicht des Laien. Dies bedeutete keinen Wechsel des Adressatenkreises, sondern seine Erweiterung (385).

Armin Kohnle nimmt das Verhältnis der ernestinischen Fürsten Friedrich der Weise und Johann der Beständige zu Luther in den ersten Jahren der Reformation in den Blick, waren diese doch entscheidend für die Entfaltung der Reformation insgesamt. Zunächst würdigt der Verfasser Friedrich den Weisen als spätmittelalterlichen Christ, indem er drei Deutungsansätze verfolgt: Einen individual-psychologischen, einen politisch-pragmatischen und einen frömmigkeitsgeschichtlichen (394–401). Dabei gelingt es Kohnle, einen allmählichen Wandel Friedrichs des Weisen zu erklären, dessen Christusfrömmigkeit den Weg der Annäherung an Luthers Kreuzestheologie geebnet habe (401), der gleichwohl kein überzeugter Anhänger des Reformators geworden sei (405). Die Frömmigkeit Johanns des Beständigen unterscheide sich wohl nicht grundsätzlich von der seines Bruders, gleichwohl zeichnete sich bei diesem bereits 1523 die Bereitschaft zur aktiven Reformationsförderung ab (408).

Abgeschlossen wird die Sektion durch den Beitrag von *Irene Dingel*, der unter dem pointierten Titel »Wie lutherisch war die Wittenberger Reformation?« firmiert und danach fragt, was gemeint sei, wenn das Adjektiv »lutherisch« gebraucht werde (411). Dingel negiert die in der Forschung bisweilen vorgetragene Annahme einer Konfessionalisierung in den 1520er Jahren und verweist überdies auf eine allmählich einsetzende, in der Konkordienformel von 1577 erst abgeschlossenen Konfessionsbildung (412). Der Gebrauch jenes Adjektivs zu Lebzeiten Luthers zeige mithin nach Dingel keine konfessions-, sondern vielmehr personenbezogene Qualifizierungen an (416). Indem die Verfasserin einzelne Protagonisten des Wittenberger Reformatorennetzwerks (Melanchthon, Bugenhagen, Nikolaus von Amsdorf, Justus Jonas, Johannes Agricola, Caspar Cruciger d. Ä. und Georg Rörer sowie Georg Major) beschreibt, vermag sie deutlich zu machen, dass »in der ersten Hälfte des 16. Jahrhunderts noch ein großes Spektrum unterschiedlicher reformatorischer Profile nebeneinander existieren konnte.« (421).

Sämtliche Beiträge haben gemeinsam, dass sie neben der Bearbeitung des jeweiligen Forschungsanliegens zahlreiche Forschungsdesiderate benennen und Wege für weitere Untersuchungen aufzeigen. Auch hierin liegt ein Verdienst des vorliegenden Bandes: Die Lutherstadt Wittenberg als Zentrum für quellenbasierte Reformationsforschung sichtbar werden zu lassen.

Essen   Daniel Bohnert

WOLFGANG GÜNTER: Reform und Reformation. Geschichte der deutschen Reformkongregation der Augustinereremiten (1432–1539). Münster: Aschendorff Verlag, 2018. 605 S. mit einem ausführlichen Quellenanhang (Reformationsgeschichtliche Studien und Texte; 168)

Der Verfasser, langjähriger Mitarbeiter im Tübinger Sonderforschungsbereich 8 »Spätmittelalter und Reformation«, entfaltet in 15 Kapiteln Entstehung, Aufstieg und Untergang der deutschen Reformkongregation der Augustinereremiten. Wer die Geschichte dieser Kongregation darstellen will, muss natürlich mit dem Gesamtkontext der Ordensgeschichte einsetzen. Dessen Entstehung schildert der Autor in konzentrierter Form, wobei mit der ungeklärten Armutsfrage das prinzipielle Konstruktionsproblem der Augustinereremiten als eines Bettelordens deutlich wird. Im Zusammenhang mit der Teilnahme am mittelalterlichen Wissenschaftsbetrieb bildete der Orden so eine doppelte Klassengesellschaft in seinen Konventen aus, von Gebildeten und Ungebildeten sowie Vermögenden und Unvermögenden. Früh setzte deshalb die Begleitmusik von Reforminitiativen ein. Hierfür stehen in den ersten Jahrzehnten des 15. Jahrhunderts im Vorfeld der Gründung der observanten Kongregation in besonderer Weise der Nürnberger Augustiner Konrad von Zenn und der in Nürnberg, Basel und Wien wirkende Dominikaner Johann Nider.

Den Versuch, eine dauerhaft existierende Reformkongregation in Deutschland auszubilden, beschreibt der Autor, vor allem im Vergleich mit den italienischen Verhältnissen, bis zum Beginn des Vikariats des Andreas Proles 1458, als einen zähen und nicht sonderlich erfolgreichen Prozess in der Kommunikation zwischen den Reformgesinnten, der Ordensleitung, dem Konzil, der Kurie und den Inhabern der weltlichen Macht vor Ort. Als moderner Leser ist man erstaunt über den fast flächendeckenden Konsens, im Kloster gar nicht nach den Maßstäben leben zu wollen, unter deren Auspicien man eintrat: der Augustinusregel und den Regensburger Ordenskonstitutionen von 1290.

Die Geschichte der Reformkongregation wurde im Wesentlichen von drei ihrer fünf Generalvikare zwischen 1432 und 1523 bestimmt: Andreas Proles in zwei Amtsperioden 1458–1467/1473–1503, Johann von Staupitz 1503–1520 und Wenzeslaus Linck 1520–1523. Alle drei stammten aus Sachsen, dessen Ordensprovinz sich zum Zentrum der Reformkongregation entwickelte. Ihr persönliches Profil prägte wesentlich das Schicksal der Kongregation. Proles war der eigentliche Baumeister einer starken Union von observanten Konventen, dem es gelang die Reformkongregation von Sachsen aus auf die anderen drei deutschen Provinzen (Bayern, Rhein-Schwaben und Köln einschließlich der Niederlande) auszudehnen. Sein Erfolgsgeheimnis war die Kooperation mit den jeweils zuständigen reformwilligen Landes- bzw. Stadtherren angesichts reformunfähiger konventualer Provinzen. Seine Bilanz lautete nach einem Beginn mit sechs Klöstern am Ende 27 Konvente. Johann von Staupitz, dessen Vikariat mit der Inkraftsetzung der unter Proles erarbeiteten observanten Reformkonstitutionen von 1504 begann, versuchte dieses Erbe ambitioniert weiterzuentwickeln. Er steuerte die Kongregation dabei allerdings durch zwei ordenspolitisch strategische Fehler in eine Glaubwürdigkeitskrise. Zum einen, indem er an der Ordensleitung vorbei die Privilegien der Lombardischen Reformkongregation für die deutsche zu übernehmen versuchte. Zum anderen, indem er

sich als Generalvikar der Reformkongregation im Sinne der Ordensverfassung unberechtigt zugleich zum Provinzialvikar der sächsischen Provinz wählen ließ, was den Widerstand seiner bedeutendsten Reformkonvente Nürnberg und Erfurt hervorrief. In die Krise hinein, in der die Kongregation immer noch um sieben Konvente wuchs, schlug die »causa Lutheri«. Als diese sich von einem Streit über das Wesen des Ablasses zu einem Streit um das Wesen der Kirche transformierte, resignierte Staupitz sein Amt als Generalvikar, denn Luthers Häresie wurde in römischer Sicht als aus der Mitte der Reformkongregation kommend wahrgenommen. Interessant ist G.s Verweis auf die Nichtteilnahme von Staupitz an der Leipziger Disputation im Sommer 1519, obwohl er sich zu diesem Zeitpunkt in der Stadt aufhielt. Sein Nachfolger Wenzeslaus Linck trat das Amt des Generalvikars unter dem Damoklesschwert dieses Häresievorwurfs an und ließ sich nach einem Jahr der Distanz auf die Seite Luthers und der Wittenberger Bewegung ziehen, aus der er selbst stammte. G. beschreibt dann Luthers Schrift *Von der Freiheit eines Christenmenschen* als den Todesstoß für die Reformkongregation, die von ihrer eigenen Führung mit der berühmten *convocatio* von Wittenberg Epiphanias 1522 und dem folgenden Triennalkapitel von Grimma Pfingsten desselben Jahres abgewickelt wurde. Er sieht darüber hinaus im speziellen Profil der Observanz mit ihrem schriftorientierten Theologiestudium eine der Voraussetzungen von Luthers reformatorischem Denken. Insofern trug die Kongregation im Rückblick den Keim ihres Untergangs bereits in sich. Die Jahre bis 1539 unter zwei weiteren Generalvikaren bilden nurmehr die Nachgeschichte eines langen Sterbens.

Als übergreifende Phänomene der Beobachtung sind zwei Aspekte hervorzuheben. Kongregationsextern der Einfluss des jeweiligen persönlichen Profils der Generalprioren, deren Hauptinteresse in der Wahrung der Einheit des Ordens lag, sowie einzelner päpstlicher Legaten wie des Kardinals Raimund Peraudi, die selbstständig Privilegien ausstellen konnten. Intern der Anspruch observant zu leben, der ein permanent von innen heraus gefährdeter war. Er konnte nur durch ein zeitlich in dichter Abfolge praktiziertes Visitationswesen gewährleistet und aufrecht erhalten werden. In der Umsetzung dieses Konzepts lag der Erfolg von Proles und Staupitz begründet.

G. pflegt die Sprache eines wissenschaftlich basierten historischen Narrativs, die sich spannend liest, ja die Lektüre zu einem Vergnügen macht. Die Quellennachweise und -zitate sind der Spiegel seiner langjährigen archivalischen Forschungen, die ihm ein sicheres Urteil erlauben, das er an den Stellen, an denen die Quellen fehlen, in der gebotenen Zurückhaltung ergänzt. In der den Band einleitenden Forschungsgeschichte kann er darauf hinweisen, dass die bisherigen Arbeiten zur Reformkongregation den bereits von Theodor Kolde 1879 benutzten Quellenbestand nie überschritten haben, weshalb es zwar in neueren Publikationen (Manfred Schulze, *Fürsten und Reformation. Geistliche Reformpolitik weltlicher Fürsten vor der Reformation*, Tübingen 1991; Ralph Weinbrenner, *Klosterreform im 15. Jahrhundert zwischen Ideal und Praxis. Der Augustinereremit Andreas Proles 1429–1503 und die privilegierte Observanz*, Tübingen 1996) zu konträren Bewertungen der Geschichte der Reformkongregation, besonders in Hinsicht auf die Person von Andreas Proles, kam, aber nicht zu der umfassenden Darstellung, die der Autor vor allem auf der Basis der von ihm erschlossenen vatikanischen Quellen bietet. Eine Auswahl von ihm benutzter

Schlüsselquellen zur Reformkongregation findet sich in einem entsprechenden Anhang von knapp 100 Seiten. Sie bildet eine freundliche Hilfestellung für alle diejenigen, die selbst im Zusammenhang mit der Kongregation forschen, denn auch im digitalen Zeitalter sind solche Quellen nicht selbstverständlich verfügbar. In drei Fällen sind Jahreszahlen »verschrieben«, was dem kundigen Leser aber keine Probleme bereitet, mit Ausnahme von S. 305, wo es im 1. Absatz statt »Mitte Oktober 1507« heißen muss: »Mitte Oktober 1506«, weil sonst die gesamte folgende Chronologie nicht verständlich ist.

Die Forschung kennt keine Schlusssteine aber Meilensteine. In Bezug auf die Geschichte der Augustinereremiten und ihrer observanten Reformkongregation im deutschsprachigen Raum lauten diese: Kolde 1879, Kunzelmann 1969–1976, Günter 2018.

Erfurt   Andreas Lindner

THOMAS KAUFMANN: Die Mitte der Reformation. Eine Studie zu Buchdruck und Publizistik im deutschen Sprachgebiet, zu ihren Akteuren und deren Strategien, Inszenierungs- und Ausdrucksformen. Tübingen: Mohr Siebeck, 2019. XX, 846 S. m. Abb. (Beiträge zur Historischen Theologie; 187)

Die Erkenntnis, dass die Reformation ohne die Erfindung des Buchdrucks nicht hätte stattfinden können, gehört mittlerweile zum reformationsgeschichtlichen Allgemeinwissen. Studien zur Reformation als Kommunikationsprozess oder als Medienereignis arbeiten heraus, wie neben den großen und kleinen Reformatoren sich auch einfache Laien, Handwerker und sogar Frauen als Autoren bzw. Autorinnen im früheren 16. Jahrhundert engagierten. Für diese häufig sozialgeschichtlich gesteuerten Ansätze rückten Flugschrift und Flugblatt als zentrale Medien in den Mittelpunkt, so dass eine vitale Erforschung meist volkssprachlicher Flugschriften in Ost- und Westdeutschland entstand.

Mit seiner nun vorgelegten Studie *Die Mitte der Reformation* ruft Thomas Kaufmann den historisch-theologischen Fachwissenschaften programmatisch ins Gedächtnis, dass das Medienereignis Reformation aus mehr Quellen und Faktoren besteht als die monolithische Vereinseitigung auf die frühreformatorischen Flugschriften nahelegt. Weder »der Komplexität der typographischen Überlieferung noch der Disparität der Handlungsanforderungen der ›Buchakteure‹« (5) – so K.s Bezeichnung für alle am Buchdruck und der Buchverbreitung Beteiligten – werde die Engführung auf die Flugschriften in der mediengeschichtlich orientierten Reformationsgeschichtsforschung gerecht. Vielmehr müsse die Breite der Drucküberlieferung der Reformatoren Berücksichtigung finden, reiche diese doch von den umfänglichen lateinischen Kommentaren über die Bibeldrucke bis hin zu den voluminösen volkssprachlichen und lateinischen Büchern einschließlich Editionen. Folglich vertieft er die von Bernd Moeller geprägte Formel »Ohne Buchdruck keine Reformation« und fragt sowohl nach den konkreten Handlungsvollzügen bestimmter »Buchakteure« als auch nach dem In- und Miteinander von Publikationsformen und Inhalten. Hinsichtlich der Bedeutung des Buchdrucks wird K. nicht müde zu betonen, dass für das Wirksamwerden der Reformation der Buchdruck das Entscheidende gewesen sei. Zugespitzt erblickt der streitbare Göttinger Kirchenhistoriker daher im »Zusammenspiel von ›Buchdruck und Reformation‹ selbst die ›Mitte der Reformation‹« (7).

Überzeugt davon, dass das in der Reformation zur Wirkung gelangte »Wort« spezifischen »kulturellen Bedingungen ihrer Artikulation, Literarisierung, typographischen Reproduktion und Performanz unterlag« (8), sucht K. mit seiner Studie eine lediglich an Autoren und ihren Texten haftende theologiegeschichtliche Engführung zu korrigieren. Die Reformation sei eben nicht nur ein ursprünglich ›religiöses‹ oder ›theologisches‹ Ereignis gewesen. Vielmehr plädiert K. für eine Geistes- und Theologiegeschichte der Reformation, welche den wirtschaftlichen und infrastrukturellen Produktionsbedingungen der gedruckten Texte, ihrer Materialität, den »Buchakteuren« usw., kurzum den oft nur als Kontext abgetanen sozialen, politischen, kulturellen und ökonomischen Sachverhalten und Phänomenen gerecht wird. Ob es bei einem derart multiperspektivischen Ansatz notwendig ist, sich explizit gegen die – besser eine – traditionelle kirchenhistorische Reformationsgeschichtsschreibung abzugrenzen, sei dahingestellt.

Aufgebaut ist die voluminöse, 846 Seiten umfassende Studie in drei Kapitel, die durch eine »Einleitung« (1–14) und einen die Interaktionen zwischen deutschen und englischen »Buchakteuren« reflektierenden »Anhang« (701–718) ummantelt werden und einzelne bereits an anderer Stelle publizierte Beiträge des Wissenschaftlers enthalten. Der Schwerpunkt der die »Buchakteure« mit ihren Erwartungen und Strategien in den Mittelpunkt rückenden Untersuchung liegt nicht nur aus quellenpragmatischen Gründen auf dem politisch-kulturellen Raum des deutschen Sprachgebietes. Auch zeitlich konzentriert sich K. auf das dritte Jahrzehnt des 16. Jahrhunderts, auf eine Zeit also, in der das Druckwesen im deutschen Sprachraum einem »beschleunigten Wandel« unterworfen war. Wie dieser Wandel bzw. Umbruch aussah, wird vornehmlich in Kapitel II und III entfaltet. Den Kapiteln vorangestellt sind die »vorreformatorischen« Dispositionen und Verhältnisse zum jeweiligen Gegenstand, die über die reformatorischen Transformationsprozesse bis zur typographischen Gestaltwerdung und Etablierung des »Neuen« verfolgt werden (11). Eingebettet wird das mikrologisch bearbeitete Material in ein makrohistorisches Panorama, das K. am Ende seiner Einleitung skizzenhaft erstellt (11–14).

Kapitel I beschreibt die »werdenden Reformatoren« im Horizont der zeitgenössischen Buchkultur als »Büchermenschen« (15–218) und betont, dass für diese Generation das gedruckte Buch elementarer Bestandteil ihres Lebens war. In Analogie zu den »digital natives« führt K. für sie den Begriff »printing natives« ein (15), die anders als frühere gelehrte Personengruppen mehr Zeit gehabt hätten, Texte zu lesen und eigene zu schreiben (16). Die folgende Annäherung (I.1.) an die Büchermenschen, die u. a. aus den erhaltenen Briefwechseln rekonstruiert werden, vertiefen eindrücklich die Haltung der Gelehrten zu Buch und Buchdruck. Insbesondere von Martin Luther sind zahlreiche Äußerungen erhalten, in denen er dem Buchdruck heilsgeschichtliche Bedeutung zumisst und ihn als höchste Gabe Gottes rühmt (21). Mit anderen Reformatoren sei er sich einig, dass der Buchdruck die Reformation ermöglicht habe, und erblicke in der Publikation der Bibel eine maßgebliche historische Zäsur. Luthers bekannte Klagen über die fehlerhafte Arbeit der Drucker, ihre Geldgier und Undankbarkeit trübten die wechselseitige Abhängigkeit keineswegs. Überhaupt wird in der Studie an zahlreichen Stellen auf Luther ausführlich Bezug genommen (u. a. in I.8.: »Von der Handschrift zum Druck«), so dass

K.s Werk nicht nur, aber auch eine famose mediengeschichtliche Lutherstudie bildet. Die Unterkapitel des I. Kapitels, die durch Perspektiven verschiedenster Akteure und Orte bereichert sind, lassen sich auch unabhängig voneinander als einzelne Beiträge studieren. So werden beispielsweise »der Besitz von Büchern und der Umgang mit ihnen« (I.2.), »Strukturen des [Buch-]Marktes« (I.3.), »Briefkorrespondenzen und Buchtransfer« (I.4.), »Typographische Infrastruktur im Zeichen der Reformation« (I.5.) oder »Johannes Oekolampad als exemplarischer ›Buchakteur‹« (I.6.) thematisiert. Immer wieder geht es um die Buchherstellung, um Luther als Autor, um »Autorschaft« allgemein und um publizistische Dynamiken im Zeichen der Reformation. Zum Thema gehören selbstverständlich die zahlreichen Zensurmaßnahmen und Bücherverbrennungen (I.11.) sowie die »Buchpolitische Identitätspflege« (I.12.).

Im II. Kapitel widmet sich K. unter der Überschrift »Die Reformation der Drucker« (219–449) den wissenschaftlich weiterführenden Fragen, wie die Buchdrucker, einzelne Druckorte und Produktionsprofile den mit der frühen Reformation ausgelösten »radikalen religiösen und kulturellen Umbruch« (396) gestalteten. Nach Beobachtungen (II.1.) u. a. zur Politisierung des Buchdrucks und der Drucker im »Spannungsfeld von Gesinnung und Geschäft, Konfession und Kapital« (221), zur Stadt als sozio-kulturellem Umfeld des Buchdrucks und zum Zusammenhang von reformatorischen Druckzentren und einer florierenden reformatorischen Bewegung vor Ort (225), welche durch statistische Erhebungen zur Druckproduktion fundiert werden, zeichnet K. anhand ausgewählter Buchdrucker und ihrer Familien den Umbruchprozess der Reformation nach. Dabei ermöglicht der findige Kirchenhistoriker eindrucksvolle

Einblicke in die Arbeitsweise beispielsweise der Familie Schönsperger in Augsburg und Zwickau (II.2.1), der Petri in Basel und Nürnberg (II.2.2), der Schott in Straßburg (II.2.3) oder der Lotter in Leipzig, Wittenberg und Magdeburg, erläutert ihre innovativen, teilweise klandestinen Strategien und entfaltet ihre Strukturen. Im Blick auf die »›protokonfessionelle[n]‹ richtungstheologische[n] Konsolidierungs- und Konzentrationsprozesse« (424–445) stellt K. fest, dass aufs Ganze gesehen bei den Buchdruckern »eine gewisse Tendenz zur ›konfessionellen‹ Vereindeutigung« vorherrschte (442). Bilanzierend hält K. schließlich fest: Den »Nukleus des frühreformatorischen Kommunikationsprozesses« bildete der ökonomische Impuls frühkapitalistischer Unternehmer (445).

Das III. Kapitel akzentuiert den Umbruchsprozess im Rahmen »literarischer und publizistischer Strategien, Gattungen und Ausdrucksformen« (451–699). K. nähert sich der akademischen Kommunikationskultur durch das publizistische Wirken Johannes Ecks, um dann die akademischen Formen von Disputationsthesen (ausführlich 466–475 zu Luthers 95 Thesen mit Argumenten für einen Wittenberger und gegen den Leipziger Urdruck), Thesensammlungen u.a. (III.2.1) zu analysieren. Außerdem werden noch die Leipziger Disputation (III.2.2), das Urteil der Pariser Fakultät (III.2.3) und die Zürcher Disputation als »Travestie akademischer Disputationen« (531) (III.2.4) in publizistischer Perspektive betrachtet. Es folgen Ausführungen über Editionen (III.3.) und über verschiedene Gattungen der Frömmigkeitsliteratur (III.4.), wobei K. bei seinen instruktiven Darstellungen über den *Freiheitstraktat* (III.4.1), das *Passional Christi und Antichristi* (III.4.2), die Wittenberger katechetischen Publikationen und Gebetsliteratur

(III.4.3) und die ersten reformatorischen Gesangbücher (III.4.4) den Innovationsgehalt der von Luther angestoßenen Postillen bedauerlicherweise übergeht.

Ein umfangreiches Quellen- und Literaturverzeichnis (719–777), Personen-, Orts- und Sachregister (779–822) und ein Register aller benutzten Drucke mit entsprechenden GW-, VD16- und ZV-Nummern (823–846) runden ein durch zahlreiche Abbildungen ausgestattetes Werk ab, das voll stupender Gelehrsamkeit, quellenbasierter Detailarbeit und dezidierter Forschungsmeinung ist. Die Vollendung seiner reformationsgeschichtlichen Trilogie – bestehend aus *Das Ende der Reformation* (2003; siehe LuJ 73, 2006, 209–211), *Der Anfang der Reformation* (2012; siehe LuJ 80, 2013, 314–316) und nun *Die Mitte der Reformation* – ist Thomas Kaufmann gelungen.

Jena   Christopher Spehr

EDWARD H. SCHROEDER: Gift and Promise: The Augsburg Confession and the Heart of Christian Theology, ed. by Ronald Neustadt and Stephen Hitchcock. Minneapolis: Fortress Press, 2016. xxiii, 206 p.

This work deserves close and careful attention. It was published with the 1517 anniversary in view while pointing toward other 500-year anniversaries, none more significant than that of its focal interest, the Augsburg Confession (AC) – in 2030.

Three lead-in chapters were penned by Edward Schroeder. They name *justification by faith alone in Christ* as the Gospel rediscovered by the Wittenberg Reformer – whom it ›cheered‹ without end (LW 54,194). This faith (AC 5) took hold in municipalities and among people, preachers, and princes across wide stretches of Northern Europe during the 1520s. The 1530 Diet of Augsburg afforded the Good news further public and political audibility. There princes, town officials and theologians – »a community of confessors« – lent it confessional and church-formative ecumenical profile. Though Luther's input remained substantial, he was unable to attend in person (still under imperial ban, he sojourned at Coburg castle). He wrote, doubted, prayed: would that God not allow the truth of grace to be surrendered to compromise or threat!

Like the Confession, *Gift and Promise* is the outcome of work by a committed group. In this book the influential and honoured teacher is aided and abetted by nine of his distinguished students. S. himself was professor emeritus at Christ Seminary-Seminex, and was founder of the Crossings Community. Over the years he taught »on all continents except Antarctica« (xviii).

It is to Christ and justification as the determinative centre of the *Confession* (AC 3 & 4) that S.'s opening papers clearly call. This life-giving heart of Christian theology is identified as the »hub« of the Confession. And this core and centre is firmly housed and held in Luther's reading of Scripture and his theology of the cross.

Because they affirm the word of the cross as at the centre of theology, the essays plumb the depths of human darkness, our sin, our death; *and* reach to the heights of God and our »more than half finished« Easter victory in Christ. – Readers of these incisive and energizing chapters will be nudged along by S.'s lively and communicative imagery. He speaks of the Reformer's ›Aha‹ moment(s) (both Luther and Melanchthon had such), and translates Luther in terms of the ›sweet swap‹ (or ›joyful exchange‹, ›terrific tradeoff‹) which constitutes our redemption in Christ. And S. would warn against what he calls »ladder theology« and all our hollow attempts at climbing up to God.

Here there is, it seems to this reviewer, an effective counter to the current trend of allowing doctrine to pale into abstraction (does not the »theology of the cross« itself fade into some sort of cliché?). S. however does not file away vital points of Lutheran faith and piety, he rather re-points and sharpens them. Indeed, in reality, in preaching they want to come to life again. Expressions like »the double dipstick« and the »remarkable duel« make for vivid reading; »God's new deal for sinners«, and »the law-gospel *discrimen*« gesture in the same direction.

When he writes that Christ died ›*as a sinner*‹ S. italicizes the word. God's incarnation thus includes Christ's descent into *our* deep and damning guilt. Luther's very radical understanding of the law is furthermore shown more clearly by comparison with Anselm's atonement theology. »Rebels« like us go down to death and crucifixion, and justly so. But with Christ! Anselm on the other hand appears not only »law shy« but also »Easter shy«; whereas the Christ with whom we die brings us the victory of life. Accordingly the Easter language of the Reformer is pointed and joyously hyperbolic: »All the hold death still has on us is by a small toe« (LW 28,120). On such a footing S. can take on modern theologians (e.g. Douglas Hall) who in this regard can look more like Anselm than Luther (54–58).

An appropriate visual illustration of the AC as a wagon wheel is twice presented (ix.59). The editors explain its theological import and focus: »The hub is justification by faith alone ([AC] 3 and 4). The spokes articulate that doctrinal hub in various contexts. The rim is the proper distinction between law and gospel that is necessary for the gospel to be heard and trusted.« (ix) – The contributions to this book all relate to the wheel. Each author deals with their »spoke« (»articulating« concerns of the particular pertinent AC articles). Titles (and authors) are all hub-related. Following on S.'s opening chapters, they are listed as: »The Trinity as Gospel« (*Arthur Repp*); »Sin« (*Kathryn Kleinhans*); »Church, Ministry, and the Main Thing« (*Marcus Felde*); »The Promise of Baptism for the Church Today« (*Steve Albertin*) [in Jesus, in baptism our »last chapter happened *first*« 107]; »Christology at the Table« (*Marcus Lohrmann*); »On the Other Hand: God's Care for the Creation and its Dilemmas« (*Marie Failinger*); »The Ethics of Augsburg: Ethos under Law, Ethos under Grace. Objective Ethos« (*Michael Hoy*); »A Lutheran Confessional Exploration of Gospel Praxis« (*Steven Kuhl*); »Mission« (*Jukka Kääriäinen*). Brief notice can only be given to sample pieces here: to the ›first‹ and ›last‹ of the list, and to the contributions of Kleinhans and of *Failinger*.

AC 1 is the subject of the ›first‹ essayist, *Arthur Repp*. He brings the mystery of ›the hidden God‹ into view, and moves beyond it. Concerning God Luther wrote: »He is present everywhere, but he does not wish that you grope for him everywhere«. Instructive recourse to ancient church developments reveals how in Jesus our salvation is played out »within the Trinity itself«. In this way Repp follows through on Oswald Bayer's profound word: »The triune nature of God can be comprehended only as an unfolding of the pure gospel« (Oswald Bayer, *Martin Luther's Theology*, Grand Rapids, Mich. 2008, 335). The Confession sees orthodox teaching and the Good News united in that 16th century moment! That is truly remarkable – and reformatory.

The writer of the ›last‹ essay also knows of the ›unknown‹ God. He simply heads his piece »Mission«, and observes that the word does not appear in the *Book of Concord* index. Kääriäinen proceeds to contextualize Robert Bertram's motto saying: »*Promissio*

is the secret of *mission*«. God makes the moves. An »oddly humble« engagement would thus befit Christian missionaries in our day (this includes interreligious dialogue and »[...] offering the story of Jesus, especially the narrative of his paradoxical experience of God's presence and absence on the cross, as a contribution and letting it speak for itself« [194]). Particularly careful reading of this essay will be well rewarded. Its cited contemporary authors include Gerrish, Lesher, Dinoia, Oleksa. To consult them would help to deepen conviction as to the editors' view, namely that »Kääriäinen's Augsburg perspective on mission is a significant contribution to current discussions in missiology« (x).

Under the heading of her monosyllabic topic *Kathryn Kleinhans* engages the reality of our »default settings« as humans born »according to nature« (AC 2). Dr. Kleinhans discloses the »givenness of sin in human experience« (with »nature reinforced by nurture«) – until, from the perspective of faith in Christ crucified, we glimpse Adam's and our own »happy fault« now atoned and forgiven. And in that famous Bride/Bridegroom »sweet swap« text from *The Freedom of a Christian* (cited 79) »the doctrines of sin and redemption« appear as »congruent«. Grace does not come cheap! Sin has cost the *cross*! But *Christians* live life not forever paralyzed by the fear of making bad choices. Here Kleinhans brings Bonhoeffer's witness to »guilt bearing« into play. So too Luther's famous strong words to mild Melanchthon in melancholy mood: »Be a sinner and sin boldly, but believe and rejoice in Christ even more boldly [...] Pray boldly – you too are a mighty sinner.«

Professor and attorney *Marie Failinger* wrestles with the Christian vocation of citizenship and with issues of secular law. Along these fault lines too occur glimpses of God's masks. Difficulties rooted in God's »twofold governance« are named. »Luther and the Augsburg Confession seem to require that Christians obey the secular law as a good governance of God *even when they profoundly disagree with it*, and at the same time require them to *stand against their rulers* if the law commands them to sin« [emphasis original]. Failinger's close engagement with the ambiguities and importance of affirmative action in the USA might also be appreciated by people involved in ongoing »closing the gap«-type struggles around the world. And the cited opinion of U.S. Justice Blackmun may yet prove useful: »in order to get behind racism, we must take account of race. There is no other way. And in order to treat some people equally, we must treat them differently« (135).

To this book *Catherine Lessmann*, lay theologian and chair of the Lutheran School of Theology, St Louis, adds a cordial »Afterword« – written prior to Ed Schroeder's recent death. Now mourned by many, his person and teaching evince gratitude and admiration across a wide cohort of disciples and friends. But, Lessmann intimates, all such »last words« yield only to *God's* life-changing »final words«: the Promise and Gift of Christ.

As may be noted, not all authors cited in this book find mention in the index. Moltmann and Panikkar are in, not so Jüngel, Levinas and Menninger? And if Braaten, Bayer and Grane, why not Jenson, Gritsch, Gerrish and… Bonhoeffer!

Adelaide/Australien   Maurice Schild

MARTIN LUTHER: AUFBRUCH IN EINE NEUE WELT. Essays, hg. v. Landesamt für Denkmalpflege und Archäologie Sachsen-Anhalt, Landesmuseum für Vorgeschichte, Stiftung Luthergedenkstätten in Sachsen-Anhalt, Stiftung Deutsches Historisches Museum, Stiftung Schloss Friedenstein Gotha, Minneapolis Institute of Art, The Morgan Library & Museum. Hg.: Harald Meller, Colin B. Bailey, Martin Eberle, Kaywin Feldman, Ulrike Kretzschmar u. Stefan Rhein. Konzeption: Ingrid Dettmann u.a. Redaktion: Anne-Simone Rous; Fachlektorat: Martin Treu u.a. Dresden: Sandstein, 2016. 495 S., Ill. (Ausstellungsprojekt: »Here I stand …«: Lutherausstellungen USA 2016–2017) [Seitengleiche engl. Ausgabe: MARTIN LUTHER AND THE REFORMATION: ESSAYS. Dresden: Sandstein, 2016]

MARTIN LUTHER: SCHÄTZE DER REFORMATION, hg. v. Landesamt für Denkmalpflege und Archäologie Sachsen-Anhalt, Landesmuseum für Vorgeschicht, Stiftung Luthergedenkstätten in Sachsen-Anhalt, Stiftung Deutsches Historisches Museum, Stiftung Schloss Friedenstein Gotha, Minneapolis Institute of Art, The Morgan Library & Museum. Redaktion deutsch: Ralf Kluttig-Altmann; Übersetzungen ins Deutsche: Martin Baumeister u.a. Ausstellungskatalog zu »Here I stand …«: Lutherausstellungen USA 2016–2017. Dresden: Sandstein, 2016. 503 S., Ill. [Seitengleiche engl. Ausgabe: Martin LUTHER: TREASURES OF THE REFORMATION. Dresden: Sandstein, 2016]

Neben den drei nationalen und den zahlreichen größeren und kleineren regionalen Reformationsausstellungen rund um das Jubiläumsjahr 2017 in Deutschland (vgl. die Rezensionen von Martin Treu in LuJ 85, 2018, 421–431) lohnt sich der Blick auf ein besonders groß angelegtes Ausstellungsprojekt deutscher und nordamerikanischer Museen und Bibliotheken. Unter dem Sammelnamen »Here I stand …« vereinte es drei unterschiedliche Präsentationen im Minneapolis Institute of Art (»Martin Luther: Art and the Reformation«), im The Morgan Library and Museum, New York (Word and Image: Martin Luther's Reformation) sowie an der Emory University, Atlanta (»Law and Grace: Martin Luther, Lucas Cranach, and the Promise of Salvation«). Die gemeinsamen, sowohl in Deutsch und Englisch erschienenen Begleitbände für alle drei Präsentationen enthalten in *sieben Abteilungen* über 40 wissenschaftliche Beiträge (Essaybd.) und einen überaus detailreich illustrierten, in *acht Abteilungen* gegliederten Katalog. Den größten Gewinn dürften jene Leser erzielen, die beide Bände nebeneinander legen, die jeweiligen Abteilungen miteinander vergleichen und die moderne Luther- und Reformationsdeutung deutsch- und englischsprachlicher Forscher und Forscherinnen (u. a. *Peter Blickle, Ingrid Dettmann, Hartmut Lehmann, Thomas Kaufmann, Stefan Laube, Volker Leppin, Natalie Krentz, Stefan Michel, Stefan Rhein, Peter von der Osten-Sacken, Jan Scheunemann, Heinz Schilling, Johannes Schilling, Luise Schorn-Schütte, Christopher Spehr, Andreas Tacke, Martin Treu, Christiane Andersson, Mary Jane Haemig, Susan C. Karant-Nunn, Robert Kluth, Robert Kolb, Andrew Pettegrew, Louis D. Nebelsick, Austra Reinis, Andrew Spicer*) mit der großen Zahl von Abbildungen der Sachzeugen und ihren Objektbeschreibungen gemeinsam ansehen. Es versteht sich von selbst, dass eine Rezension einer solch umfangreichen Veröffentlichung nur Aspekte aufnehmen kann.

Der Abt. I im Essayband »Der Vorabend der Reformation« lassen sich die Abt. I bis III im Katalogband zuordnen (»Fundsache Luther«, »Weltliche Macht und höfische Kunst«, »Vorreformatorische Frömmigkeit«), mit denen die Essays zur großen Welt der beginnenden Frühen Neuzeit und Luthers kleiner Welt in der Mansfeldischen Heimat ausgesprochen breit illustriert und auch ergänzt werden. Besonders eindrucksvoll und weiterführend ist der Katalogabschnitt zur Frömmigkeit gestaltet. Weil alle Objekte mit ihren jeweiligen Ausstellungsorten dokumentiert werden, ist im Katalog zuweilen ein Bildthema doppelt dargestellt und vertieft, so z.B. das weitverbreitete und vielfach variierte Motiv der »Gregorsmesse« mit zwei Abbildungen und einem Text, der die enge Verbindung solcher Andachtsbilder zum Ablass hervorhebt, dessen hoher Rang in der Frömmigkeit des Spätmittelalters zurecht mit weiteren Exponaten (Reliquienkult, Ablassbriefe) illustriert wird (Katalogbd., 94–96.123–132).

Abt. II bis IV im Essayband (»Der Aufbruch der Reformation«, »Die reformatorische Bewegung«, »Kulturelle Folgen der Reformation«) können weithin mit den Katalog-Abt. IV bis VI (»Luther als Mönch, Gelehrter und Prediger«, »Luthers Theologie«, »Luther in Wittenberg«) verbunden werden. Eines der in der gelehrten und breiteren Öffentlichkeit am intensivsten diskutierten Lutherthemen der letzten 40 Jahre betraf bekanntermaßen den Thesenanschlag von 1517 und seine Rezeption. Zur Darstellung des Forschungsstandes von vor drei Jahren im Essaybd. (Martin Treu, 92–97) gehören eine der zahlreich im Katalogbd. vorhandenen, erklärenden Randspalten sowie die Abbildungen des Leipziger Plakatdruckes und der Baseler Flugschriftenversion (154–156), außerdem eine der schematischen Darstellungen (zu ihnen siehe unten) im Essaybd. (439). Der Nürnberger Druck von 1517 gehörte nicht zu den nach den USA ausgeliehenen Exponaten und ist folglich nicht abgebildet. Dafür ist großformatig zweimal der Leipziger Druck zu sehen, was sich im Nachhinein als gar nicht so abwegig erweist. Ging man noch 2016 davon

aus, dass es 1517 einen Wittenberger Erstdruck der Thesen gegeben hatte, dem dann
die drei bekannten folgten, war es gerade
eine Notiz am rechten oberen Teil eines der
Leipziger Thesendrucke (Essaybd., 96), die
über lange Zeit Luther selbst zugeschrieben wurde, kurze Zeit nach dem Jubiläum
jedoch durch Ulrich Bubenheimer zweifels-
frei Luthers Erfurter Freund und Kollegen
Johannes Lang zugeordnet werden konnte.
Da sich dieses Exemplar in Luthers Brief an
Lang von Anfang November 1517 befunden
haben dürfte, kann man nunmehr mit sehr
hoher Wahrscheinlichkeit davon ausgehen,
dass es sich bei dem abgebildeten Leipziger
Plakatdruck um ein Exemplar des Erst-
drucks der Thesen handelt, der sichtlich
in großer Eile erfolgte, wie es das völlige
Durcheinander der Thesenbezifferung andeutet. Lang hatte in aller Kürze vermerkt,
dass am 31. Oktober 1517 das Papsttum
erstmalig bekämpft worden sei, was wiederum Rückschlüsse auf einen wirklichen
Thesenanschlag zulässt. Übrigens sind alle
95 Thesen in ihrer lateinischen Fassung
fortlaufend auf dem stabilen Schuber für
beide Bände in sehr dekorativer Weise wiedergegeben.

Die Essays der genannten Teile widmen
sich außerdem übergreifenden Themen wie
der Reformation überhaupt, wobei auch ihre
süddeutschen und schweizerischen Varianten Berücksichtigung finden. Karl V. wird
als persönlicher Gegner Luthers gewürdigt
und dessen Brief an Karl, ein Geschenk des
amerikanischen Bankiers Pierpont Morgan
an Kaiser Wilhelm II., der ihn der Wittenberger Lutherhalle übergab, besprochen.
Auch »Luther und die deutsche Sprache«
sowie das Medienereignis Reformation,
die Stadt Wittenberg, der Lutherhaushalt,
Luthers Kollegenkreis, der evangelische
Gottesdienst sowie Luthers Frauenbild und
das lutherische Eheverständnis werden the-

matisiert. Breiten Raum nimmt der Paradigmenwechsel in der Kunst ein. Bildende
Kunst und Musik, Luther- und Marieniko-
nographie, aber auch die Veränderungen im
Begräbniswesen sowie die evangelische *ars
moriendi* werden in ausführlichen Beiträgen
gewürdigt. In den Ausführungen über die
materielle Gestaltung des Gottesdienstes
ist bei der Beschreibung und der Bildunter-
schrift zur Skizze eines monumentalen lutherischen Altars ein Fehler unterlaufen.
Dieser Altar von Christoph Walter war nicht
für die Dresdener Frauenkirche bestimmt,
sondern wurde in der Kreuzkirche realisiert,
später in die Annenkirche versetzt und fand
in der ersten Hälfte des 20. Jahrhunderts etwas verkleinert seinen endgültigen Platz in
der Stadtkirche St. Johannis zu Bad Schan-
dau (256.258).

Im Katalogteil erfahren diese Beiträge
wiederum eine sorgfältige Bebilderung. Hier
werden Luthers akademische Prägung, die
Entwicklung seines Porträts, sowie seine
theologischen Grundentscheidungen zur
Rechtfertigungslehre zusammen mit Cranachs reformatorischem Gesetz-und-Gna-
denbild, dem Abendmahlsverständnis, der
Bibelübersetzung und der Musik ins Bild gesetzt. Ebenso geschieht das in Bezug auf den
Lutherhaushalt, Katharina von Bora und
den Kollegenkreis. Auf besonderes Interesse
dürften die Ausführungen über Luthers
Verhältnis zur Archäologie stoßen. Die Abt.
VII des Katalogteils widmet sich der Luthermemoria (»Luthers Vermächtnis«, »Auf
Luthers Spuren«). Ihre Entsprechung im
Essaybd. findet sich in den Abschnitten VI
und VII (»Luther in den Vereinigten Staaten
von Amerika«, »Mythos Luther«).

Übrigens ist auch der Essayband reich
und themenbezogen bebildert und wartet
außerdem mit 17 schematischen, informa-
tionsdichten Darstellungen zur Reformationsgeschichte, ihrer Rezeption oder beson-

deren Themen (z. B. Zweireichelehre – s. u.) im Stil der Geschichtsatlanten auf. Neben der »Welt um 1500« oder der Darstellung des Ablasshandels unter Kardinal Albrecht von Mainz gibt es eine Übersicht »Bekannte und unbekannte Lutherorte«, zu Luther vor Kaiser und Reich unter der Überschrift »Mönch gegen Kaiser«, zur Stadt Wittenberg in Form eines Modells, zum Thema »Netzwerke der Reformation« anhand des Briefverkehrs wichtiger Zeitgenossen von Luther und Melanchthon über Erasmus von Rotterdam, Künstlern wie Dürer und Cranach sowie den Mächtigen in Kirche und Reich, zu den kriegerischen Konflikten oder zum Thema »Gesetz und Gnade« anhand von Cranachs berühmter Bildtafel (Essaybd., 28 f. 38. 46 f. 105 f. 189 f. 205 f. 240 f). Diese Kurzdarstellungen – nicht alle können hier genannt werden – bieten einerseits gute Orientierung und angemessene Information, stehen aber auch in der Gefahr, Themen zu stark zu verkürzen. Das ist z. B. der Fall bei der bereits genannten »Zweireichelehre«, wo auf zwei kurzen Spalten (322) zunächst eine Identität von Zweireiche- und Zweiregimentenlehre hergestellt, der ganze Komplex auf seine Begriffsgeschichte im 20. Jahrhunderts (Emanuel Hirsch/Karl Barth) reduziert und sachlich auf das Verhältnis von Religion und Politik in der Reformationszeit verengt wird. Insofern hat sie als Einzelaspekt den richtigen Platz innerhalb der Abt. V »Polemik und Konflikte« (302–367). Die gleichnamige Abt. VII des Katalogteils (296–357) ergänzt die Ausführungen etwa zur europäischen Politik, Juden und Türken und Bildpolemik um Exponate zum Bauerkrieg. So können viele Felder von Luthers Auseinandersetzung nach Außen und Innen betrachtet werden. Was allerdings das Thema »Zweireichelehre« angeht, so hätte der Versuch einer schematischen Visualisierung der beiden Reiche Gottes (geistliches bzw. welt-

liches Reich) in ihrem Verhältnis zu Gottes Regierweisen (geistliches bzw. weltliches Regiment) und deren Konkretisierung mit Hilfe von Luthers Dreiständevorstellung und Ekklesiologie zeigen können, dass es sich bei der Zweireichelehre usw. um ein Modell von Luthers grundsätzlicher Unterscheidung von Geistlichem und Weltlichem in Welt und Kirche handelt, bei welcher beide Elemente schöpfungstheologisch verbunden und trinitarisch aufgehoben sind. Leider hat die Disposition des Bandes für ein solch übergeordnetes theologisches Thema keinen Raum gelassen.

Abschließend sei gesagt, dass den Leihgebern des Ausstellungsprojekts, den Autoren der Essays sowie den Beschreibern der einzelnen Objekte mit beiden Bänden ein großer Wurf gelungen ist und entsprechender Dank gebührt. Darstellungen und Bildmaterial bilden geradezu einen interdisziplinären Thesaurus für die lutherische Reformationsgeschichte und ihre Rezeption und sollten für Forschung und Lehre nicht ungenutzt bleiben. Leider ist die an Bildmaterial reiche Internetfassung des Ausstellungsprojekts nicht mehr im Netz auffindbar.

Leipzig/Schönbach   Michael Beyer

GERHARD MÜLLER: Argument und Einsicht. Studien zur Kirchengeschichte Bayerns und zur Geschichtsschreibung der Reformation, hg. v. Rudolf Keller. Nürnberg: Verein für bayerische Kirchengeschichte, 2019. XII, 339 S. (Arbeiten zur Kirchengeschichte Bayerns; 98)

Gerhard Müllers 90. Geburtstag am 10. Mai 2019 bot dem Verein für bayerische Kirchengeschichte den willkommenen Anlass, dem ehemaligen Erlanger Professor seine Arbeiten zur Kirchengeschichte Bayerns gesammelt zu widmen. Der von Rudolf Keller herausgegebene und mit einem den Jubilar würdigenden Vorwort versehene Band enthält insgesamt neunzehn Aufsätze, überwiegend Wiederabdrucke, sowie eine »Bibliographie Gerhard Müller 2003–2018« (315–322), die die älteren Schriftenverzeichnisse fortsetzt und von der bis in die Gegenwart beständigen Arbeit des Geehrten zeugt.

Die Bavarica, die freilich oft mehr als solche sind, behandeln die Reformation im Fürstentum Brandenburg-Ansbach-Kulmbach und die Theologen Andreas Osiander und Wilhelm Löhe. Hans Meiser, dem bayerischen Landesbischof, lässt M. in mehreren Beiträgen Gerechtigkeit widerfahren und mahnt mit Recht zu besonnenem Urteil gegenüber einem Amtsträger in bis dahin unbekannten herausfordernden Zeiten.

Für die Luther- und Reformationsforschung von besonderem Interesse sind die Beiträge »Walther von Loewenichs Beitrag zur Lutherforschung« (291–300; zuerst in Luther 49, 1978, 1–15), zum 75. Geburtstag des Geehrten, sowie dessen Würdigung in einer Gedenkrede »Protestantismus und Aufklärung« (301–311), in der Müller im Anschluss an Loewenichs Arbeiten Grundfragen dieser Beziehung erörtert. Und der Nachruf auf Wilhelm Maurer (312–314, zuerst im LuJ 50, 1983, 16–19) lässt sowohl dessen als auch M.s eigene Prägung in der Kirchengeschichte erkennen.

Unveröffentlicht war bisher ein Beitrag »Kardinal Lorenzo Campeggio als päpstlicher Legat am Kaiserhof 1530–1532« (16–33), aus dem hervorgeht, welch schwierigen Stand der Legat in Deutschland hatte, weil er sich der Vorgaben aus Rom nicht sicher sein konnte, sowie ein Vortrag, den M. am Reformationstag 2005 vor der Evangelisch-Theologischen Fakultät in Tübingen gehalten hat: »Zur Erforschung der Reformation.

Wandel der Schwerpunkte und Methoden« (34–50). Aus persönlicher Perspektive skizziert er die Entwicklung »Von der Geistesgeschichte zur Sozialgeschichte« und plädiert für einen Methodenpluralismus. Unter dem Stichwort »Rezeption« fasst er die Aufnahme und Konzentration vorhandener Tradition durch die Reformation. Die Forschung der letzten Jahrzehnte hat s. E. zur Erkenntnis von Kontinuität und Differenz erheblich beigetragen – ein Urteil, dem man nur zustimmen kann. Bemerkungen zur Reformation als Kommunikationsprozess, der in Differenzierungen führte, beenden die mit ausgewählten Literaturhinweisen versehene Übersicht.

Dass das Buch ein von Bernhard Schneider erarbeitetes Register der Personen, Orte, Sachen und Begriffe enthält, dürfte seine Benutzung fördern.

Gerhard Müller hat mit dem Buch nicht nur selbst ein schönes Geschenk erhalten, seine Leser können nun auch konzentriert einen Teil der Früchte seiner Lebensarbeit zur Kenntnis nehmen und an und mit ihnen weiterdenken und -forschen.

Kiel   Johannes Schilling

Dietz Bering: Luther im Fronteinsatz. Propagandastrategien im Ersten Weltkrieg. Göttingen: Wallstein Verlag, 2018. 230 S. m. 7 Abb.

Die Fachliteratur zum Ersten Weltkrieg ist Legion. Kaum ein anderes historisches Jubiläum hat in den letzten Jahren eine solche Fülle von Publikationen hervorgerufen, wie die Ereignisse zwischen 1914 und 1918. Während die Beschäftigung mit dem Ersten Weltkrieg unter Historikern, Literaturwissenschaftlern, Politologen und anderen Fachwissenschaftlern auf großes Interesse stieß, schien die Thematik in der Theologie und Kirchengeschichte kaum eine Rolle zu spielen. Von wenigen Tagungsbänden und Studien zu Kriegspredigten abgesehen (z.B. Matthieu Arnold/Irene Dingel [Hg.], *Predigt im Ersten Weltkrieg – La prédication durant la »Grande Guerre«*, Göttingen 2017; Joachim Negel/Karl Pinggéra [Hg.], *Urkatastrophe. Die Erfahrung des Krieges 1914–1918 im Spiegel zeitgenössischer Theologie*, Freiburg u.a. 2016; Notger Slenczka [Hg.], *Faszination und Schrecken des Krieges* [Beihefte zur BThZ 33], Leipzig 2015), wurde das Thema zwar nicht ignoriert, aber doch durch ein anderes historisches Jubiläum, die Reformationsdekade, signifikant überlagert. Umso erfreulicher, dass unter Kirchenhistorikern und Systematischen Theologen die kirchen- und theologiegeschichtlich bedeutende Umbruchszeit seit 1918 jetzt verstärkt in den Fokus rückt und die Entwicklungen während des Ersten Weltkrieges hierdurch Berücksichtigung erfahren.

Aus ideengeschichtlicher Perspektive leistet die jüngste Studie des Kölner Historikers und Sprachwissenschaftlers Dietz Bering (Jahrgang 1935) nun einen hilfreichen Beitrag zum Thema Erster Weltkrieg. Unter dem sprechenden Titel »Luther im Fronteinsatz« untersucht er die propagandistische Instrumentalisierung Martin Luthers während des Krieges und verknüpft so die Forschungsfelder Kriegsideologie und Lutherrezeption miteinander. Anhand zahlreicher deutscher Kriegspredigten, Frontzeitungen, Kirchenzeitungen und anderer Quellen analysiert B. die Anverwandlung Luthers als Ideengeber und Person für Kriegszwecke und interpretiert ihn vor dem ereignis- und mentalitätsgeschichtlichen Horizont der Kriegsjahre. Zwar sind die Ergebnisse über den »Deutscheste[n] aller Zeiten« (94), den »Heroe[n] der Menschheit« (ebd.) oder den »Führer der Nation« (164) für den Lutherforscher nichts Neues, doch ermöglicht die

aus 58 Publikationen generierte Zusammenstellung von insgesamt 3826 Charakterisierungen tiefgründige Differenzierungen des Lutherbildes im Ersten Weltkrieg. Es gelingt B., die deutschen Propagandastrategien anhand des zunehmend krisenhaften Kriegsverlaufs darzustellen, mittels der Verzweckung Luthers zu pointieren und so prägende Lutherdeutemuster zu identifizieren, die auch nach 1918 populär blieben. Obwohl eine historisch präzisere Kontextualisierung der zahlreichen Zitate dem Wissenschaftsgehalt der Arbeit zugutegekommen wäre, kann das gebotene Narrativ überzeugen.

Aufgebaut ist die im feuilletonistischen Stil verfasste und gut lesbare Studie in vier Kapitel. In der Hinführung »Deutschland auf der Suche nach sich selbst« (I.) handelt B. über »Luther als Galionsfigur« (9–29). Eindrücklich wird die rigorose Inanspruchnahme Luthers als »Durchhaltevorbild« (10) zur Stabilisierung der Fronten und zur moralischen Unterstützung der zu Hause Gebliebenen geschildert sowie die Modellierung Luthers zur Figur des (vermeintlichen) Heilsbringers nachgezeichnet. In dieser Hinsicht kommt dem »Hammer« des Thesenanschlages nicht nur symbolische Bedeutung zu, sondern Luther selbst wird in der nationalistischen Weltkriegsideologie zum Hammer gesteigert, der als *Des Herrgotts Hammer* (so der Titel einer Publikation von 1917) zu einem kämpferisch »aggressiven Kraftzentrum« (13) ausgestaltet wird. Dass das Bild Luthers als kämpfender Nationalist bereits in den Freiheitskriegen 1813–1815 ventiliert und zum Lutherjubiläum 1883 verdichtet worden war, wird von B. zwar erwähnt (19.170), hätte aber mittels eines Vergleichs zwischen 1917 und dem 19. Jahrhundert noch deutlicher akzentuiert werden dürfen. Für den Ersten Weltkrieg wird Luther nach B. vor allem als »Retter und Richtschnur« (23), als *das* Vorbild« (ebd.) von Tapferkeit, Unbeirrbarkeit und Unerschütterlichkeit, als geistig-moralische »Leitlinie« des deutschen Volkes (25) und als eine »Gründerfigur des Deutschen Reiches« (29) beschworen. Insgesamt gerinnt der Reformator, so die einleitende Bilanz, zur Inkarnation und zum Konzentrat des deutschen (Kriegs-)Wesens.

Im II. Kapitel verdeutlicht B., wie die »Ideen von 1914« als »von Luther gestützt« interpretiert werden, und wie deren Ausdifferenzierung im Horizont des Kriegsverlaufs zwischen 1914 und 1916 entfaltet wird (31–99). Die Kriegseuphorie von 1914 mitsamt dem Gefühl deutscher Einigkeit lässt Luther in der Kriegspropaganda zum »Einheitsstifter« (38) und »Schöpfer der deutschen Sprache« (41) sowie zur »Verkörperung des Deutschtums« (55) werden, dessen Charakterfestigkeit und Kampfgeist für die Soldaten als Vorbild dienen soll. Im Gegenüber zu den »Feinden« wird die »deutsche Freiheit« (u. a. von Ernst Troeltsch) als in Luther wurzelnd interpretiert (59 f) und die »deutsche Innerlichkeit« (u. a. von Rudolf Eucken mit seiner »These vom Weltkrieg als der Weltbewährungsprobe deutscher Innerlichkeit«; 70) auf den Reformator zurückgeführt. Neben der Bedeutung der Bildung für die deutschen Truppen (73–79) rückt der ins militärisch-kriegerische gewandelte – besser verfälschte – »Glaube Luthers« (85) in den Fokus, um schließlich die Sakralisierung des Kriegs an verschiedenen Beispielen (wie etwa die zu Pfingsten 1918 in der Feldzeitung *Der Drahtverhau* vorgenommene Gleichsetzung der deutschen Luftwaffe mit dem über den Jüngern schwebenden Heiligen Geist) darzustellen (87–94).

Der vielfältige politisch-religiöse Missbrauch des historischen Luthers, den B. anhand ausgewählter Lutherschriften für die verschiedenen Inanspruchnahmen des Reformators vorführt, wird im III. Kapitel, das sich der Krise des Krieges in den Jahren 1917 und 1918 widmet, noch einmal gesteigert (101–167). Propagandistisch wird 1917 der militärische »Vaterländische Unterricht« als neue kriegsideologische Instanz eingeführt. Der Krieg wird jetzt angesichts der zahlreichen Zersetzungserscheinungen im Heer und in der Heimat insbesondere von Theologen und Pfarrern aus dem Geist Luthers heraus gerechtfertigt und Luthers Obrigkeitslehre unter das Diktat des Gehorsams gestellt, wofür B. u. a. Lutherforscher wie Gustav Kawerau, Emanuel Hirsch, Karl Müller oder Hans von Schubert mit ihren unterschiedlichen Obrigkeitskonzeptionen heranzieht. »Männlichkeit« wird zur zentralen Schlüsselqualifikation, die den »Mann Luther« auszeichnet (137–142), der schließlich – wegen der Führungsschwäche Kaiser Wilhelms II. – zum »Ersatzkaiser« stilisiert wird (162–167). Dass Luther in den Frontzeitungen und beim »Vaterländischen Unterricht«, von dem Reformationsjubiläum 1917 einmal abgesehen, nur relativ selten thematisiert wird und diese Quellen für die Fragestellung wenig ergiebig sind, hätte B. zumindest stärker problematisieren müssen, um dem verallgemeinernden Anspruch der Untersuchung gerecht zu werden.

Im abschließenden IV. Kapitel bietet B. einen »Kritische[n] Blick aufs Ganze« (169–176), der einerseits konträre Stimmen aus Theologie und Kirche zum Krieg anführt (z. B. Otto Baumgarten), andererseits die zuvor entfalteten Linien noch einmal bündelt und mit dem historischen Luther vergleicht. Es überrascht hierbei, dass die antijudaistischen Aussagen des historischen Luthers von den Weltkriegsideologen gerade *nicht* instrumentalisiert wurden (175).

Ein umfangreicher Anmerkungsapparat (177–202), ein Literaturverzeichnis (215–225), ein Personenregister (227–229) sowie ein »Prädikatorenregister« (205–213), das allerdings ohne Quellenbelege auskommt und somit für die Forschung nur von geringem Nutzen ist, runden ein aufschlussreiches Werk ab, dessen angeführte Schriftsteller und Theologen allesamt besser hätten kontextualisiert werden dürfen. So ist es B. z. B. entgangen, dass »Willi Reeg«, Verfasser von *Des Herrgotts Hammer* (1917), das Pseudonym für den Naumburger Lehrer und Sozialdemokrat Ernst Heinrich Bethge (1878–1944) war. Ungeachtet dieser Monenda ist B. in seinem abschließenden Urteil zuzustimmen: »Nur Verfälschungen und Weglassen konnten aus Luther einen Kriegshelden machen.« (174).

Jena   Christopher Spehr

Jochen Klepper: Katharina von Bora. Fragment eines Luther-Romans. Mit einem Nachwort hg. v. Matthias Luserke-Jaqui. Zell: Rhein-Mosel-Verlag, 2017. 146 S.

Bei dem hier anzukündigenden Band dürfte es für die meisten Leser zweckmäßig sein, die Lektüre mit dem Nachwort zu beginnen. In knappster Form führt der Herausgeber, der mehrfach zum Thema »Luther in der Belletristik« publiziert hat (vgl. LUTHER 3, 2017, 232f), in die dramatischen Umstände der Entstehung des Werks ein.

Jochen Klepper (1903–1942), Journalist, Dichter und Theologe, hatte 1937 mit seinem historischen Roman *Der Vater* über den preußischen Soldatenkönig Friedrich Wilhelm I. einen überraschend großen Erfolg erzielt. Die damit gewonnene materielle Unabhängigkeit benötigte der Schriftsteller, da ihm das nationalsozialistische Regime de facto Berufsverbot erteilt hatte. Neben seiner kritischen Einstellung nahmen ihm die braunen Herrscher auch seine Ehe mit einer nach dem damaligen Sprachgebrauch Nicht-Arierin übel. K.s Weige-

rung, sich von seiner Frau scheiden zu lassen, führte 1943 zum Selbstmord des Paars.

Die Rekonstruktion der Entstehung von K.s Romanfragment beruht weitgehend auf der Auswertung seiner Tagebücher von 1932 bis 1943, die gedruckt unter dem Titel *Unter dem Schatten Deiner Flügel* seit 1956 vorliegen. Es handelt sich dabei um eine Auswahl, die die Schwester des Dichters herausgab. Eine kritische Edition fehlt. Ab 1935 finden sich erste Vorüberlegungen zu einem Roman über Luther und seine Frau. In dem Zusammenhang studiert K. die einschlägige Literatur und unternimmt Reisen, u. a. nach Wittenberg, um sich mit der Umwelt seiner Protagonisten vertraut zu machen.

Im Ergebnis liegt ein Text von 135 Druckseiten vor, der gradlinig die Flucht der Katharina von Bora in der Osternacht 1523 aus dem Kloster Marienthron bei Nimbschen über Grimma nach Torgau erzählt. K.s eigene Erfindung stellt die Rolle der Katharina dar, die ursprünglich in die Fluchtplanungen der acht anderen Nonnen nicht einbezogen war und sich ihnen in der Nacht spontan anschloss. Ebenfalls eine Erfindung des Dichters sind die beiden Dienstknaben der Äbtissin, die auch in den Ablauf der Flucht verwickelt waren. Schließlich öffnet die 84-jährige Gastmeisterin den Nonnen eine Gartenpforte, wodurch sie zum Wagen des Fluchthelfers Leonhard Koppe gelangen.

Historisch korrekt wird über die reformatorischen Bemühungen des ehemaligen Augustinerpriors Wolfgang von Zeschau berichtet, dessen beide Nichten in Marienthron lebten und von dort flüchteten. Richtig ist auch, dass die Nonnen *zwischen* Heringstonnen versteckt werden, wenn man auf dieses Detail einer späteren Torgauer Chronik nicht verzichten will. *In* solchen Tonnen, wie es das Nachwort will

(139), wäre bei etwa 50 Litern Fassungsvermögen kein Platz gewesen.

K.s Sprache ist für heutige Leser nicht leicht zugänglich, wie hier ein kleiner Auszug verdeutlichen soll: »Die Aprilnacht war kühl. Ein schlankes Reis von Sternen, stieg das goldene Bild der Jungfrau empor: nicht fern der Wolkenpforte, die der Sonne des neuen Morgens sich auftun sollte, damit der Tag der Tage anbräche, die Wiederkehr des Osterlamms und Ankunft des Bräutigams. Das edle Kreuz des Schwanes trat glänzend aus der Finsternis der Osternacht.« (5)

Der letzte Satz bringt das Sternbild des Schwans Deneb mit Luthers Symboltier zusammen. Mit Vorliebe benutzt K. dessen Übersetzung, auch wenn 1523 Psalter und Propheten noch nicht vorlagen. Gern verwendet der Dichter auch andere altertümliche Worte und Redewendungen.

Ein Problem liegt im fragmentarischen Charakter des Textes. Der geplante Roman sollte den Titel *Das ewige Haus* tragen. Das überlieferte erste Kapitel ist in sich abgeschlossen und chronologisch erzählt. Hinweise auf spätere Verknüpfungen finden sich nur in der Entgegensetzung von Schwarzem Kloster in Wittenberg und der Peterskirche in Rom (88) sowie der Vorahnung von Katharinas eigenem Tod in Torgau (102).

Der Herausgeber hat am Schluss seine Absicht klar benannt. Es ging ihm um eine »Leseausgabe, die dem Ziel dient, den Text wieder bekannt zu machen« (145). Das ist vollständig gelungen. Gleichzeitig dürfte vor Augen geführt worden sein, wie dringlich eine kritische Edition von Nöten ist. Da der schriftliche Nachlass K.s in Marburg überliefert ist, sollte ein solches Projekt durchaus möglich sein; vielleicht auch im Zusammenhang mit einer Neuausgabe der Tagebücher.

Wittenberg   Martin Treu

DIE LUTHER-GESELLSCHAFT 1918–2018. Beiträge zu ihrem hundertjährigen Jubiläum, hg. v. Johannes Schilling u. Martin Treu. Leipzig: Evangelische Verlagsanstalt, 2018. 352 S. m. Abb.

Das feierliche Gedenken der eigenen Institution sachgerecht zu gestalten und öffentlich zu dokumentieren stellt die dafür Verantwortlichen und dazu Beitragenden vor nicht unerhebliche Herausforderungen. Schließlich gilt es, anlässlich eines singulären Jubiläumsdatums in kritisch-reflektierter Weise und in bleibender Form vor einem breiteren Publikum Rückschau zu halten, sich auf ein Erbe zu besinnen, das auch seine Probleme mit sich brachte und bringt, Erreichtes zu bilanzieren, über Ausstehendes nachzudenken. Mit dem nötigen Fingerspitzengefühl ist dabei schulmeisterliche Überhebung über Vergangene und Vergangenes genauso zu meiden wie naiv-festive Euphorie. Dass und wie es bei aller Herausforderungsqualität gelingen und zudem lohnen kann, das Eigene mit seiner Geschichte gleichermaßen würdig wie historisch sensibel zu feiern und den Anlass der Feier zur selbstbewussten erinnernden Präsentation des so Gefeierten zu nutzen, veranschaulicht der hier anzuzeigende Band – und zwar mustergültig.

Mit ihm legt die Luther-Gesellschaft zu ihrem hundertjährigen Bestehen fünfzehn Studien zu ihrer Geschichte, zu den sie prägenden und bewegenden Persönlichkeiten, Diskursen, Ereignissen und Einrichtungen vor. Nicht durchgängig extra für den Band verfasst, sondern teilweise auf ältere Gelegenheiten zurückgehend (5, dazu vertiefend 178f) und entsprechend ausgereift, werten die Beiträge keineswegs nur, aber auch und vor allem bisher wenig gesichtetes Archivmaterial aus. Darin ist sicher ein impulsversprechendes Verdienst gerade im Rahmen wissenschaftlicher Rezeption zu sehen. Bei-gegeben sind dem Band neben dem Vorwort der Herausgeber (5 f) ein Anhang mit ausge-wählten Quellen aus der Gründungsphase der Gesellschaft (335–342), ein Namensre-gister (343–349), ein Abbildungsnachweis (350) und ein Autorenverzeichnis (351). Zu-dem ist der Aufsatzteil gespickt mit zahlrei-chen durchgängig erfreulich hochwertigen Schwarz-Weiß-Abbildungen. Die Aufsätze selbst lassen sich gemäß ihres historischen Zugriffs in zwei Gruppen teilen.

Die erste Gruppe folgt der Geschichte der Luther-Gesellschaft entlang leitender Persönlichkeiten, die sie ins Leben riefen, erhielten, etablierten, repräsentierten und weiterentwickelten. Den Auftakt macht der Beitrag von *Stefan Rhein* mit dem Titel »Wittenberg und die Anfänge der Luther-Gesellschaft« (9–33). Er umfasst zeitlich die Jahre von der Gründung über den span-nungsvollen Vorsitz Rudolf Euckens bis zum Ende der Amtszeit seines Nachfolgers Wilhelm von Hegel 1925. Die damit behan-delte Orientierungs- oder Findungsphase in-mitten divergierender Interessen und Ziel-vorstellungen war längst nicht beendet, als mit Karl Holl ein schwerlich zu überschät-zender Luther-Forscher die Präsidentschaft antrat: *Mareile Lasogga* beleuchtet die Zeit, in der Holl von 1925 bis zu seinem Tod im Jahr darauf an der Spitze der Gesellschaft stand (34–43) – eine zwar kurze, für die in-haltlich-thematische Ausrichtung der for-cierten Arbeit der Gesellschaft an und mit Luther gleichwohl wichtige Zeitspanne. Gewichtiger noch sollte freilich der theo-logische Einfluss durch den langjährigen Präsidenten Paul Althaus werden (44–82), der sich mit seiner Wahl vermutlich gegen Emanuel Hirsch durchsetzte (49; 53 f). Nicht minder ausgewiesen als sein Vorgänger Holl, umfasste seine von *Notger Slenczka* vorgestellte Amtszeit 37 Jahre, »die durch

(scheinbar) verheißungsvolle und verführe-rische politische Umbrüche, Katastrophen, Verbrechen geprägt sind wie keine andere Epoche der deutschen Geschichte« (44–46).

Im Anschluss widmet sich *Andreas Pawlas* mit Theodor Knolle der Person, die die Geschicke der Luther-Gesellschaft in den ersten bewegten Dekaden ihres Be-stehens hinter und öfter neben den Präsi-denten kontinuierlich und entscheidend bis 1955 mitbestimmt hat (83–128). Da-mit ist eindrücklich daran erinnert, dass das vielfältige Engagement und die Aus-richtung der Gesellschaft nie eins zu eins in den Ideen und Initiativen ihrer Ersten Präsidenten aufgingen, ganz im Gegenteil. Die Vorstellungsreihe setzt dann *Hartmut Hövelmann* mit seinem Beitrag zu Walther von Loewenich fort, der 1964 Althaus be-erbte und dessen Präsidentschaft bis 1975 dauerte (129–139), bevor Loewenicks Nach-folger *Gerhard Müller* in einem bestechen-den Selbstporträt »Meine Präsidentenjahre (1975–1983)« schildert (140–149) und dabei die archivalischen Quellen zur Geschichte der Gesellschaft korrigierend auszuwerten hilft (149 m. Anm. 4). Auf Müller folgte von 1983 bis 1999 Reinhard Schwarz, mit dem nach 56 Jahren der Vorsitz von Erlangen nach München wechselte und dem eben-falls *Hartmut Hövelmann* einen Aufsatz widmet (150–162). Das Lutherjubiläum 1983, die Wiedervereinigung, die erste Prä-senz der Gesellschaft auf einem Kirchentag, der Schritt ins Internet, die Initiierung der Verlegung der Geschäftsstelle nach Witten-berg – solche für den weiteren Weg der Ge-sellschaft wichtige Ereignisse fielen in jene Jahre. Nicht zuletzt die kooperative Art und Weise, wie diese Ereignisse gemeistert wurden, führte die Luther-Gesellschaft bei allen Herausforderungen letztlich »ohne nennenswerten Einbruch der Mitglieder-zahlen« (161) an die Schwelle zum neuen

Jahrtausend. Der seit 1999 amtierende Erste Präsident *Johannes Schilling* übernimmt es schließlich, die Geschichte der Gesellschaft bis ins Jubiläumsjahr 2018 zu schreiben und darüber ein konzises Bild von ihrem aktuellen Zustand sowie ihren jüngsten Verdiensten zu zeichnen (163–183).

Nachdem so die Jahre 1918 bis 2018 entlang verantwortlicher Akteure diachron durchmessen worden sind, behandelt die zweite Gruppe der Beiträge bestimmte Sachthemen, um die Arbeit, die Strukturen und die Funktionsweise der Gesellschaft im Wandel der Zeiten und Mentalitäten geschichtlich zu profilieren. *Michael Lapp* beleuchtet »Die Bezirksarbeit der Luther-Gesellschaft« (184–211), *Jan Scheunemann* ihren Zustand und ihre Anstrengungen während der deutsch-deutschen Teilung (212–245). *Christopher Spehr* und *Hellmut Zschoch* stellen mit dem *Lutherjahrbuch* und der *Zeitschrift LUTHER* die ihrem Zuständigkeitsbereich obliegenden Periodika der Gesellschaft vor (246–270.271–309). Der zunehmende und bis heute beachtliche Rang der Organe in der und für die Luther- sowie Reformationsforschung im Großen wie im Kleinen wird dabei genauso deutlich wie die wissenschaftlich und gesellschaftlich bedingten Akzentverschiebungen, die

die publizierten Beiträge widerspiegeln. *Michael Beyer* gibt einen Überblick über »Die ›Lutherbibliographie‹ zwischen 1926 und 2018« und ihr Entwicklungspotential im digitalen Zeitalter (310–320), *Andreas Pawlas* über »Die Luther-Gesellschaft auf dem Kirchentag« (321–326). Den Abschluss des Bandes bildet der Beitrag von *Martin Treu*, der die Gesellschaft als fördernde Institution mit Martin-Luther-Preis und zeitweise auch -Stipendium zur Geltung bringt.

So bieten die versammelten Studien ein rundum gelungenes, passagenweise geradezu liebevolles Panorama der spannungsreichen, wechselvollen Geschichte einer Institution und ihrer (Kärrner-)Arbeit an Luther und an der wissenschaftlichen Erschließung sowie gesamtgesellschaftlichen Popularisierung seines Lebens und Werks. Darüber hinaus gewähren sie ebenso gehaltvolle wie punktuelle Einblicke in rund hundert Jahre deutsche Geschichte mit ihren kulturellen, politischen, wirtschaftlichen und wissenschaftlichen Höhen und Tiefen. Und so bleibt dem Rezensenten nur, sich mit Nachdruck dem Wunsch der Herausgeber anzuschließen: »Möge das Buch seinen Weg machen« (6).

Mainz   Christian Volkmar Witt

Lutherbibliographie 2019

Bearbeitet von Michael Beyer

Ständige Mitarbeiter

Professor Dr. Knut Alfsvåg, Stavanger (Norwegen); Professor Dr. Matthieu Arnold, Strasbourg (Frankreich); Professor Dr. Ľubomír Batka, Bratislava (Slowakei); Professor Dr. Christoph Burger, Amsterdam (Niederlande); Professor Dr. Zoltán Csepregi, Budapest (Ungarn); Professor Dr. Jin-Seop Eom, Kyunggi-do (Südkorea); Pfarrer Dr. Luka Ilić, Ravensburg (Deutschland); Professor Dr. Pilgrim Lo, Hong Kong (China); Kaisu Leinonen Th.M., Helsinki (Finnland); Professor Dr. Ricardo W. Rieth, São Leopoldo (Brasilien); Professor Dr. Maurice E. Schild, Adelaide (Australien); Prof. Dr. Karl Schwarz, Wien (Österreich); Librarian Rev. Robert E. Smith, Fort Wayne, IN (USA); Studienlektor Lars Vangslev PhD, København (Dänemark), Dozent Dr. Martin Wernisch, Praha (Tschechien) sowie Eike H. Thomsen M. Ed., Leipzig (Deutschland).

Herrn Dipl.-Theol. Steffen Hoffmann (Universitätsbibliothek Leipzig); Herrn Armin Rudolph (Deutsche Nationalbibliothek in Leipzig) sowie Herrn Dr. Matthias Meinhardt (Leiter der Reformationsgeschichtlichen Forschungsbibliothek Wittenberg) danke ich für ihre Unterstützung herzlich.

LuB online

Die »Lutherbibliographie« wird seit 2011 unter der Bezeichnung »LuB online« als ein gemeinsames Projekt weiterentwickelt. Partner des Projekts sind seitens der Universität Leipzig die Theologische Fakultät, Institut für Kirchengeschichte: Abt. Spätmittelalter und Reformation und die Fakultät für Mathematik und Informatik, Institut für Informatik, Betriebliche Informationssysteme. Weitere Partner sind die Luther-Gesellschaft e. V., Lutherstadt Wittenberg, sowie die Stiftung Luthergedenkstätten in Sachsen-Anhalt, Lutherstadt Wittenberg. »LuB online« dient der Sammlung und Aufnahme der Titel sowie der Erarbeitung der jeweils aktuellen Bibliographie für das Lutherjahrbuch und soll zukünftig alle Titel der Lutherbibliographie seit ihren Anfängen öffentlich zugänglich machen.

Korrespondenzadresse

Pfarrer Dr. Michael Beyer, Schönbach, Kirchweg 14, D-04680 Colditz; Tel. 0049-(0)34381-53676; Mobile 0049-(0)1746112191; E-Mail: michaelbeyer@t-online.de – c/o Universität Leipzig, Theologische Fakultät, Institut für Kirchengeschichte, Abt. Spätmittelalter und Reformation, Martin-Luther-Ring 3-327, D-04109 Leipzig; E-Mail: mbeyer@uni-leipzig.de.

ABKÜRZUNGSVERZEICHNIS

1 Verlage und Verlagsorte

ADVA	Akademische Druck- und Verlagsanstalt	BR	Bratislava
		CV	Calwer Verlag
AnA	Ann Arbor, MI	DA	Darmstadt
B	Berlin	dtv	Deutscher Taschenbuch Verlag
BL	Basel	EPV	Evangelischer Presseverban
BP	Budapest	EVA	Evangelische Verlagsanstalt

332

EVW	Evangelisches Verlagswerk	NY	New York, NY
F	Frankfurt, Main	P	Paris
FR	Freiburg im Breisgau	PB	Paderborn
GÖ	Göttingen	Phil	Philadelphia, PA
GÜ	Gütersloh	PO	Portland, OR
GVH	Gütersloher Verlagshaus	PR	Praha
HD	Heidelberg	PUF	Presses Universitaires de France
HH	Hamburg	PWN	Pánstwowe Wydawníctwo Naukowe
L	Leipzig	Q&M	Quelle & Meyer
LO	London	S	Stuttgart
LVH	Lutherisches Verlagshaus	SAV	Slovenská Akadémia Vied
M	München	SH	Stockholm
MEES	A Magyarországi Evangélikus Egyház Sajtóosztálya	StL	Saint Louis, MO
		TÜ	Tübingen
MP	Minneapolis, MN	UMI	University Microfilm International
MRES	A Magyarországi Református Egyház Zsinati Irodájának Sajtóosztálya	V&R	Vandenhoeck & Ruprecht
		W	Wien
MS	Münster	WB	Wissenschaftliche Buchgesellschaft
MZ	Mainz	WZ	Warszawa
NK	Neukirchen-Vluyn	ZH	Zürich
NV	Neukirchener Verlag		

2 Zeitschriften, Jahrbücher, Reihen

AG	Amt und Gemeinde (Wien)	Cath	Catholica (Münster)
AGB	Archiv für Geschichte des Buchwesens (Frankfurt, Main)	ChH	Church history (Chicago, IL)
		CJ	Concordia journal (St. Louis, MO)
AKThG	Arbeiten zur Kirchen- und Theologiegeschichte (Leipzig)	CThQ	Concordia theological quarterly (Fort Wayne, IN)
AKultG	Archiv für Kulturgeschichte (Münster; Köln)	CTM	Currents in theology and mission (Chicago, IL)
ALW	Archiv für Liturgiewissenschaft (Regensburg)	DLZ	Deutsche Literaturzeitung (Berlin)
		DPfBl	Deutsches Pfarrerblatt (Essen)
ARG	Archiv für Reformationsgeschichte (Gütersloh)	DTTK	Dansk tidsskrift for teologi og kirke (Århus)
BEDS	Beiträge zur Erforschung der deutschen Sprache (Leipzig)	EÉ	Evangélikus Élet (Budapest)
BGDS	Beiträge zur Geschichte der deutschen Sprache und Literatur (Tübingen)	EHSch	Europäische Hochschulschriften: Reihe …
BiKi	Bibel und Kirche: die Zeitschrift zur Bibel in Forschung und Praxis (Stuttgart)	EP	Evanjelickì Posol spod Tatier (Liptovsky Mikuláš)
BlPfKG	Blätter für pfälzische Kirchengeschichte und religiöse Volkskunde (Otterbach)	EvD	Die Evangelische Diaspora (Leipzig)
		EvTh	Evangelische Theologie (München)
BlWKG	Blätter für württembergische Kirchengeschichte (Stuttgart)	GTB	Gütersloher Taschenbücher [Siebenstern]
BPF	Bulletin de la Societé de l'Histoire du Protestantisme Fançais (Paris)	GuJ	Gutenberg-Jahrbuch (Mainz)
		GWU	Geschichte in Wissenschaft und Unterricht (Offenburg)
BRGTh	Beiträge zur Reformationsgeschichte in Thüringen (Jena)	HCh	Herbergen der Christenheit (Leipzig)
BThZ	Berliner theol. Zeitschrift (Berlin)	HThR	The Harvard theological review (Cambridge, MA)
BW	Die Bibel in der Welt (Stuttgart)	HZ	Historische Zeitschrift (München)
		IL	Igreja Luterana (Porto Alegre)

ITK — Irodalomtörténeti Közlemények (Budapest)

JBKRG — Jahrbuch für badische Kirchen- und Religionsgeschichte (Stuttgart)

JBrKG — Jahrbuch für Berlin-Brandenburgische Kirchengeschichte (Berlin)

JEH — Journal of ecclesiastical history (London)

JEKGR — Jahrbuch für Evangelische Kirchengeschichte des Rheinlandes (Bonn)

JGPrÖ — Jahrbuch für Geschichte des Protestantismus in Österreich (Wien)

JHKV — Jahrbuch der Hessischen Kirchengeschichtlichen Vereinigung (Darmstadt)

JLH — Jahrbuch für Liturgik und Hymnologie (Kassel)

JNKG — Jahrbuch der Gesellschaft für Niedersächsische Kirchengeschichte (Blomberg/Lippe)

JWKG — Jahrbuch für Westfälische Kirchengeschichte (Lengerich/Westf.)

KÅ — Kyrkohistorisk Årsskrift (Uppsala)

KD — Kerygma und Dogma (Göttingen)

KI — Keresztyén igaszag (Budapest)

KR — Křestanská revue (Praha)

LF — Listy filologické (Praha)

LiKu — Liturgie und Kultur (Hannover)

LK — Luthersk kirketidende (Oslo)

LKWML — Lutherische Kirche in der Welt (Erlangen)

LP — Lelkipásztor (Budapest)

LQ — Lutheran quarterly N. S. (Milwaukee, WI)

LStRLO — Leucorea-Studien zur Geschichte der Reformation und der Lutherischen Orthodoxie (Leipzig)

LThJ — Lutheran theological journal (Adelaide, South Australia)

LThK — Lutherische Theologie und Kirche (Oberursel)

Lu — Luther: Zeitschrift der Luther-Gesellschaft (Göttingen)

LuB — Lutherbibliographie (in LuJ)

LuBu — Luther-Bulletin (Amsterdam)

LuJ — Lutherjahrbuch (Göttingen)

MD — Materialdienst des Konfessionskundlichen Institutes (Bensheim)

MDEZW — Materialdienst der Evangelischen Zentralstelle für Weltanschauungsfragen (Berlin)

NAKG — Nederlands archief voor kerkgeschiedenis (Leiden)

NTT — Norsk teologisk tidsskrift (Oslo)

NZSTh — Neue Zeitschrift für systematische Theologie und Religionsphilosophie (Berlin)

PBl — Pastoralblätter (Stuttgart)

PL — Positions luthériennes (Paris)

Pro — Protestantesimo (Roma)

PTh — Pastoraltheologie (Göttingen)

QFIAB — Quellen und Forschungen aus italienischen Archiven und Bibliotheken (Berlin)

QFSG — Quellen und Forschungen zur sächsischen Geschichte (Leipzig)

QFTZR — Quellen und Forschungen zu Thüringen im Zeitalter der Reformation (Köln)

RE — Református Egyház (Budapest)

RHE — Revue d'histoire ecclésiastique (Louvain)

RHEF — Revue d'histoire de l'Eglise de France (Thurnhout)

RHPhR — Revue d'histoire et de philosophie religieuses (Strasbourg)

RoJKG — Rottenburger Jahrbuch für Kirchengeschichte (Sigmaringen)

RSz — Református szemle (Kolozsvár, RO)

RuYu — Ru-tu yun-ku (Syngal bei Seoul)

RW — Rondom het woord (Hilversum)

SCJ — The sixteenth century journal (Kirksville, MO)

SStLu — Schriften der Stiftung Luthergedenkstätten in Sachsen-Anhalt

STK — Svensk teologisk kvartalskrift (Lund)

SVRG — Schriften des Vereins für Reformationsgeschichte (Gütersloh)

TA — Teologinen aikakauskirja / Teologisk tidskrift (Helsinki)

TE — Teológia (Budapest)

ThLZ — Theologische Literaturzeitung (Leipzig)

ThR — Theologische Rundschau (Tübingen)

ThRe — Theologische Revue (Münster)

ThSz — Theológiai szemle (Budapest)

ThZ — Theologische Zeitschrift (Basel)

TTK — Tidsskrift for teologi og kirke (Oslo)

US — Una sancata (München)

Vi — Világosság (Budapest)

VIEG — Veröffentlichungen des Instituts für Europäische Geschichte Mainz

ZBKG — Zeitschrift für bayerische Kirchengeschichte (Nürnberg)

ZEvE — Zeitschrift für evangelische Ethik (Gütersloh)

ZEvKR — Zeitschrift für evangelisches Kirchenrecht (Tübingen)

ZHF	Zeitschrift für historische Forschung (Berlin)	ZSRG	Zeitschrift der Savigny-Stiftung für Rechtsgeschichte: Kanonistische Abteilung (Wien; Köln)
ZKG	Zeitschrift für Kirchengeschichte (Stuttgart)	ZThK	Zeitschrift für Theologie und Kirche (Tübingen)
ZKTh	Zeitschrift für katholische Theologie (Wien)	ZW	Zeitwende (Gütersloh)
ZRGG	Zeitschrift für Religions- und Geistesgeschichte (Köln)	Zw	Zwingliana (Zürich))
		ZZ	Zeitzeichen (Berlin)

3 Umfang der Ausführungen über Luther

L"   Luther wird wiederholt gestreift.
L 2-7   Luther wird auf diesen Seiten ausführlich behandelt.
L 2-7+"   Luther wird auf diesen Seiten ausführlich behandelt und sonst wiederholt gestreift.
L*   Die Arbeit konnte nicht eingesehen werden.

SAMMELSCHRIFTEN

01 **500 Jahre Reformation**/ hrsg. von Günter Frank. Ubstadt-Weiher; Weil am Rhein: Regionalkultur, 2019. 160 S.: Ill. (Fragmenta Melanchthoniana; 7) – Siehe Nr. 461. 594. 605. 627. 775. 832. 1228. 1284. 1296. 1301.

02 Aubert, Philippe; Kaufmann, Roland: **Paroles protestantes**: théologiens, grandes dates, éthique. Lyon: Olivétan, 2019. 134 S.: Ill. – Siehe Nr. 156. 174.

03 **Barfuß ins Himmelreich?**: Martin Luther und die Bettelorden in Erfurt; Textband und Katalog zur Ausstellung im Stadtmuseum Erfurt 2017/ hrsg. im Auftrag der Landeshauptstadt Erfurt, Stadtverwaltung, von Karl Heinemeyer; Anselm Hartinger. Dresden: Sandstein, 2017. 335 S.: Ill. – Siehe Nr. 88. 161. 183. 191. 791.

04 **Befreiung vom Mammon = Liberation from mammon**/ hrsg. von Ulrich Duchrow; Hans G. Ulrich. B; MS: LIT, 2015. 269 S.: Ill. (Die Reformation radikalisieren; 2) – Siehe Nr. 332. 335. 341. 357.

05 **Bekennen und Bekenntnis im Kontext der Wittenberger Reformation**/ hrsg. von Daniel Gehrt; Johannes Hund; Stefan Michel. GÖ: V&R, 2019. 313 S.: Ill. (VIEG, Beiheft; 128: Abteilung für Abendländische Religionsgeschichte) – Siehe Nr. 147. 272. 274. 600. 670. 937. 949. 957. 961. 990. 1031. 1060.

06 **Benno von Meissen – Sachsens erster Heiliger**: ein Schatz nicht von Gold; Albrechts-burg Meissen, 12. Mai bis 5. November 2017; Katalog zur Sonderausstellung/ im Auftrag der Staatlichen Schlösser, Burgen und Gärten hrsg. von Claudia Kunde; André Thieme. Petersberg: Imhof, 2017. 656 S.: Ill. – Siehe Nr. 123. 482. 491. 616f. 622. 769. 806.

07 **Die Bibel Martin Luthers**: ein Buch und seine Geschichte/ hrsg. von Margot Käßmann; Martin Rösel. L: EVA; S: Deutsche Bibelgesellschaft, 2016. 239 S.: Ill.; Kt. Noten. [Vollständige Aufnahme von LuB 2017, Nr. 05] – Siehe Nr. 367. 383. 390f. 401. 403. 413f. 418. 434. 574.

08 **Das Bild der Reformation in der Aufklärung**/ hrsg. von Wolf-Friedrich Schäufele; Christoph Strohm. GÜ: GVH, 2017. 397 S.: Ill. (SVRG; 218) – Siehe Nr. 994. 997–999. 1001. 1004. 1008. 1013. 1018–1020. 1022. 1024. 1026. 1030.

09 **Borna in der Reformationszeit**: Begleitband zur Sonderausstellung des Museums der Stadt Borna vom 31. Oktober 2017 bis 31. Januar 2018/ hrsg. vom Museum der Stadt Borna und Geschichtsverein Borna; Redaktion: Gabriele Kämpfner; Thomas Bergner …; Texte Susanne Baudisch …; Vorwort: Matthias Weismann. Borna: Museum; Geschichtsverein, ©2018; Borna: Druckhaus, [2019]. 80 S.: Ill., Kt. (Schriftenreihe des Museums Borna und des Geschichtsvereins Borna; 7/ 2018) – Siehe Nr. 2. 74. 83f. 86. 101. 152. 190. 764. 773. 868. 1280.

010 **Buchdruck und Reformation in der Schweiz**/ hrsg. von Urs B. Leu; Christian Scheidegger. ZH: TVZ, Theol. Verlag, 2018. IX, 445 S.: Ill., Faks. (Zw; 45) – Siehe LuB 2019, Nr. 22. 669. 674. 682. 685. 687.

011 **Een door God geschonken gave:** Luthers erfenis in de Nederlandse protestantse kerkmuziek (Eine von Gott geschenkte Gabe: das Erbe Luthers in der niederländischen protestantischen Kirchenmusik)/ hrsg. von Els Boon; Sebastiaan 't Hart; Annemarie Houkes. Utrecht: Meinema, 2017. 176 S.: Ill. (Jaarboek voor de geschiedenis van het Nederlands protestantisme na 1800; 25) – Siehe LuB 2018, Nr. 553; LuB 2019, Nr. 824. 875. 894. 1090. 1120.

012 **Eckpunkte der lutherischen Reformation und ihre Folgen**/ hrsg. von Dietrich Meyer. Dresden: Neisse, 2018. 203 S: Ill. (Schriftenreihe der Akademie Herrnhut; 4) – Siehe Nr. 337. 540. 580. 625. 729. 821. 916.

013 **Egyetemes és református:** a Második Helvét Hitvallás mai üzenetei (Allgemein und reformiert: aktuelle Botschaften der Confessio Helvetica Posterior)/ hrsg. von Ferenc Szűcs. BP: Kálvin, 2017. 244 S. – Siehe Nr. 430. 731.

014 **En 500 après Martin Luther:** réception et conflits d'interprétation (1517–2017)/ hrsg. von Stéphane-Marie Morgain. Turnhout: Brepols, 2018. 298 S. (Bibliothèque de la RHE; 104) – Siehe Nr. 410. 663f. 686. 940. 955. 1016f. 1027. 1094. 1101. 1105. 1131. 1136. 1141f. 1192.

015 **Folyamatosság és változás:** egyházszervezet és hitélet a veszprémi püspökség területén a 16–17. században (Kontinuität und Umwandlung: Kirchenorganisation und religiöses Leben in der Diözese Veszprém im 16.–17. Jh.)/ hrsg. von Balázs Karlinszky; Tibor László Varga. Veszprém: Veszprémi Főegyházmegyei Levéltár, 2018. 291 S. (A Veszprémi Egyházmegye múltjából; 32) – Siehe Nr. 962. 993.

016 **From Wittenberg to the world:** essays on the Reformation and its legacy in honor of Robert Kolb/ hrsg. von Charles P. Arand; Erik H. Herrmann; Daniel L. Mattson. GÖ: V&R, 2018. 358 S.: Ill. (Refo500 academic studies; 50) [Auch als Online-Ressource] – Siehe Nr. 269. 279. 310. 321. 365. 393. 466. 470. 497. 503. 597. 609. 652. 837. 963. 1292.

017 **Das Gebet in den Konfessionen und Medien der Frühen Neuzeit**/ hrsg. von Johann Anselm Steiger. L: EVA, 2018. 251 S.: Ill. – Siehe Nr. 460. 595.

018 **Geschichte der Liturgie in den Kirchen des Westens:** rituelle Entwicklungen, theologische Konzepte und kulturelle Kontexte/ hrsg. von Jürgen Bärsch; Benedikt Kranemann ... Bd. 1: **Von der Antike bis zur Neuzeit.** MS: Aschendorff, 2018. 667 S. – Siehe Nr. 450. 897.

019 **Geschichte der Liturgie in den Kirchen des Westens:** rituelle Entwicklungen, theologische Konzepte und kulturelle Kontexte/ hrsg. von Jürgen Bärsch; Benedikt Kranemann ... Bd. 2: **Moderne und Gegenwart.** MS: Aschendorff, 2018. 604 S. – Siehe Nr. 1087. 1147.

020 **Gezähnte Geschichte:** die Briefmarke als historische Quelle/ hrsg. von Pierre Smolarski; René Smolarski; Silke Vetter-Schultheiß; Beiträge von Christian Rohr ... Druckausgabe und Online-Ressource. GÖ: V&R unipress, 2019. 513 S.: Ill. (Post – Wert – Zeichen; 1) – Siehe Nr. 132. 1132. 1153. 1172.

021 **Humanismus und Reformation**/ hrsg. von Günter Frank. Ubstadt-Weiher; HD; Neustadt a. d. W.; BL: Regionalkultur, 2016. 248 S.: Ill. (Fragmenta Melanchthoniana; 6) – Siehe Nr. 139. 148f. 587. 591. 598. 606f. 799.

022 **Introduction à l'histoire de la théologie**/ hrsg. von Pierre-Olivier Léchot. Genève: Labor et Fides, 2018. 631 S. – Siehe Nr. 582. 953. 1025. 1044.

023 **Johannes Block:** der pommersche Reformator und seine Bibliothek/ hrsg. von Jürgen Geiß-Wunderlich; Volker Gummelt. Druckausgabe und Online-Ressource. L: EVA, 2018. 283 S.: Ill. (HCh: Sonderbd.; 22) – Siehe Nr. 6 f. 568. 635. 641. 680. 825. 828.

024 Junghans, Reinhard: **Geschichte als Argumentationsfeld für die Gegenwart:** Arbeiten zur Luther- und Müntzerrezeption. L: EVA, 2018. 240 S.: Ill. (HCh: Sonderbd.; 23) – Siehe Nr. 876f. 1010f. 1123–1126. 1283.

025 [Károli, Gáspár]: **Újszövetség és Zsoltárok könyve:** Károli Gáspár fordításának revideált kiadása (1908) a mai magyar helyesíráshoz igazítva, jubileumi kiadás, színes melléklettel (Neues Testament und Psalmen:

eine revidierte Ausgabe der Gáspár-Károli-Übersetzung [1908], angepasst an die heutige Rechtsschreibung, zum Reformationsjubiläum mit farbiger Beilage]/ hrsg. von Judit P. Vásárhelyi. BP: Kálvin, 2017. 440 S. – Siehe Nr. 827. 841.

026 **Kotimatkalla 2017:** Suomen Luterilaisen Evankeliumiyhdistyksen vuosikirja (Auf der Heimfahrt 2017: Jahrbuch der Luth. Evangeliumsvereinigung in Finnland)/ hrsg. von Elina Takala. Helsinki: Sley-Media Oy, 2017. 224 S.: Ill. – Siehe Nr. 572. 867.

027 **Kulturelle Wirkungen der Reformation = Cultural impact of the Reformation:** Kongressdokumentation Lutherstadt Wittenberg August 2017/ hrsg. von Klaus Fitschen; Marianne Schröter; Christopher Spehr; Ernst Joachim Waschke unter Mitarb. von Mathias Sonnleitner; Katrin Stöck. Druckausgabe und Online-Ressource. Bd. 1. L: EVA, 2018. 639 S.: Ill. (LStRLO; 36) – Siehe Nr. 257 f. 336. 339. 419. 445. 467. 469. 474. 490. 561. 577. 604. 628. 760. 863. 871 f. 878. 891. 909. 923. 958. 971 f. 975. 988. 1032. 1042. 1059. 1061. 1063. 1069. 1089. 1137. 1169. 1225. 1230. 1238.

028 **Kulturelle Wirkungen der Reformation = Cultural impact of the Reformation:** Kongressdokumentation Lutherstadt Wittenberg August 2017/ hrsg. von Klaus Fitschen; Marianne Schröter; Christopher Spehr; Ernst Joachim Waschke unter Mitarb. von Mathias Sonnleitner; Katrin Stöck. Druckausgabe und Online-Ressource. Bd. 2. L: EVA, 2018. 565 S: Ill., Farbtaf. (LStRLO; 37) – Siehe Nr. 21. 91. 121. 151. 181. 278. 287 f. 382. 405. 411. 478. 498. 556. 689. 714. 771. 830. 836. 846. 905. 907. 948. 970. 976. 1009. 1067. 1086. 1114. 1135. 1149. 1177. 1198. 1224. 1277.

029 **Luterilaisuuden ytimessä:** (Im Kern des Luthertums: Festschrift für Professor Antti Raunio zum 60. Geburtstag)/ hrsg. von Matti Kotiranta. Helsinki: Suomalainen teologinen kirjallisuuseura, 2018. 254 S.: Ill. – Siehe Nr. 250. 293. 313. 480. 1129. 1295.

030 **Lutero e i 500 anni della Riforma**/ hrsg. von Andrea Aguti; Luigi Alfieri; Guido Dall'Olio; Luca Renzi. Pisa: ETS, 2018. 218 S. – Siehe Nr. 579. 583. 633. 723. 859. 864. 900. 1033. 1039. 1052. 1095. 1205.

031 **Luther und die Reformation in internationalen Geschichtskulturen:** Perspektiven für den Geschichtsunterricht/ hrsg. von Roland Bernhard; Felix Hinz; Robert Maier. Druckausgabe und Internetressource (PDF; open access). GÖ: V&R unipress, 2017. 406 S.: Ill. (Eckert: die Schriftenreihe; 145) – Siehe: <https://www.vr-elibrary.de/doi/pdf/ 10.14220/9783737007528>. – Siehe Nr. 78. 562. 569. 688. 1084 f. 1092 f. 1144. 1175. 1182. 1184. 1186. 1207. 1252.

032 **Luther 2017 unterrichten:** neuere kirchenhistorische Forschungserkenntnisse und didaktische Überlegungen zu Martin Luther und der Reformation aus katholischer, evangelischer und religionspädagogischer Perspektive. Druckausgabe und Online-Ressource. Rundbrief – Verband der katholischen Religionslehrer und Religionslehrerinnen an den Gymnasien in Bayern (KGRB Rundbrief) (2016) Nr. 2. Buxheim: KRGB, 2016. 44 S.: Ill. – Siehe: <http://www.krgb.de/index.php/compo nent/attachments/download/99>. – Siehe Nr. 215. 221. 225.

033 **Luther im Spiegel liberaler Theologie:** Luther-, Reformations- und Protestantismusdeutungen im 20. Jahrhundert/ mit einer Einleitung von Georg Raatz hrsg. von Georg Raatz; Claas Cordemann; Stephan Feldmann. Kamen: Spenner, 2017. VIII, 358 S. (Theol. Studien-Texte; 25) – Siehe Nr. 896. 1056. 1066. 1068. 1074. 1081. 1088. 1115. 1118. 1181.

034 **Luther imagines 17**/ hrsg. von Kay Ehling; Beiträge von Alexander Demandt ... Begleitbuch zur Ausstellung Luther imagines 17, 5. Juli 2017 – 1. April 2018. M: Staatliche Münzsammlung München, 2017. 200 S.: Ill. – Siehe Nr. 98. 145. 167. 182. 517. 756. 978. 980. 1047. 1049.

035 [Luther, Martin]: Martin Luther: **Sermon von Ablass und Gnade = Sermon on Indulgences & Grace. 95 Theses**/ hrsg. von Howard Jones; Martin Keßler; Henrike Lähnemann; Christina Ostermann. Dreisprachige Ausgabe: Frühneuhochdt./Lat./ Engl. Oxford: Taylor Institution Library, 2018. LXXVII, 50 S.: Ill., 17 F[aks.] S. (Treasures of the Taylorian: series one, Reformation pamphlets; 2) – Siehe Nr. 14 f. 35. 40. 176. 387.

036 **Luther, Rosenzweig und die Schrift:** ein deutsch-jüdischer Dialog/ hrsg. von Micha Brumlik; Geleitwort: Margot Käßmann. HH: CEP Europäische Verlagsanstalt, 2017. 259 S. – Siehe Nr. 370. 392. 394. 402. 415. 427. 703. 1154. 1185.

037 **Luther & Cranach:** Martin Luther | Lucas Cranach & Söhne/ Redaktion: Ronald Hartung. Video-DVD. Erfurt: tv.art, 2016. 2 DVD: 26; 25 min. im Behältnis & Beilage (Cover-Einlagebl.) – Siehe Nr. 1256. 1261.

038 **Luther:** Zankapfel zwischen den Konfessionen und »Vater im Glauben«?: historische, systematische und ökumenische Zugänge/ hrsg. von Mariano Delgado; Volker Leppin. S: Kohlhammer; Fribourg: Academic, 2016. 422 S.: Ill. (Studien zur christlichen Religions- und Kulturgeschichte; 21) – Siehe Nr. 548. 563. 626. 684. 815. 843. 849. 870. 883. 898. 904. 910. 964. 992. 1029. 1034. 1041. 1057. 1075. 1078. 1080. 1146.

039 **Lutherdekade und Reformationsjubiläum in Sachsen:** eine Dokumentation der Evangelisch-lutherischen Landeskirche Sachsens/ hrsg. von der Evang.-luth. Landeskirche Sachsens; Redaktion: Michael Seimer; Gestaltung: Anne Konstanze Lahr. Begleit-DVD mit erweitertem Material. Meißen: Offsetdruckerei Richter, 2018. 322 S.: Ill., Kt., 1 DVD. (500 Jahre Reformation – Luther 2017) – Siehe Nr. 268. 342. 344. 435 f. 463. 751.

040 **Die Luther-Gesellschaft 1918–2018:** Beiträge zu ihrem hundertjährigen Jubiläum/ hrsg. von Johannes Schilling; Martin Treu. L: EVA, 2018. 351 S.: Ill. – Siehe Nr. 1116 f. 1138 f. 1148. 1157 f. 1165. 1168. 1171. 1223. 1233. 1282. 1297. 1303.

041 **A lutheri reformáció 500 éves öröksége** (Das 500jährige Erbe der luth. Reformation)/ hrsg. von Tibor Fabiny. BP: Luther, 2018. 250 S.: Ill. . – Siehe Nr. 172. 305. 359. 384. 437. 440. 444. 499. 741. 834. 932. 1012.

042 **LuJ:** Organ der internationalen Lutherforschung/ im Auftrag der Luther-Gesellschaft hrsg. von Christopher Spehr. 85. Jahrgang = **1517:** Luther zwischen Tradition und Erneuerung = **1517:** Luther between tradition and renewal: Hauptvorträge und Seminarberichte des 13. Internationalen Kongresses für Lutherforschung, Wittenberg 30. Juli bis 4. August 2017. GÖ: V&R, 2018.

524 S.: Ill. – Siehe Nr. 178. 198. 239. 245. 251 f. 255. 263. 273. 303. 320. 366. 381. 386. 404. 412. 429. 442. 468. 506. 533. 535. 544. 571. 623. 692. 738. 874. 1071. 1082. 1210. 1221. 1232. 1279. 1290.

043 **Luthers Tod:** Ereignis und Wirkung/ hrsg. von Armin Kohnle. L: EVA, 2019. 386 S.: Ill., Noten. (SStLu; 23) – Siehe Nr. 80. 138. 162. 179. 184. 203 f. 296. 489. 584. 599. 766. 873. 880. 901. 908. 925. 1051.

044 **Mach's Maul auf!:** Reformation im Weserraum/ hrsg. von Heiner Borggrefe … unter Mitarbeit von Alina Menkhoff. Begleitband zur Ausstellung im Weserrenaissance-Museum Schloss Brake, Lemgo vom 3. September 2017 bis 7. Januar 2018. Dresden: Sandstein, 2017. 199 S.: Ill. – Siehe Nr. 9. 185. 234. 477. 484. 733. 767. 780. 792.

045 **Maria zwischen den Konfessionen:** verehrt, geliebt, vergessen/ hrsg. von Katja Schneider im Auftrag der Stiftung Luthergedenkstätten in Sachsen-Anhalt. Petersberg: Imhof, 2019. 287 S.: Ill., Noten. – Siehe Nr. 481. 483. 486 f. 492–495. 502. 504. 508 f. 545. 549.

046 **Matthias Flacius Illyricus:** biographische Kontexte, theologische Wirkungen, historische Rezeption = biografski konteksti, teološki utjecaji i povijesna percepcija = biographical contexts, theological impact, historical reception/ hrsg. von Irene Dingel; Johannes Hund; Luka Ilić; unter Mitarbeit von Marion Bechtold-Mayer. GÖ: V&R, 2019. 378 S.: Ill. (VIEG: Beiheft; 125: Abteilung für Abendländische Religionsgeschichte) [Auch als Online-Ressource] – Siehe Nr. 592 f. 852. 924. 928. 936. 942. 946. 950. 959. 973. 991.

047 **Der Meister von Meßkirch:** katholische Pracht in der Reformationszeit/ hrsg. von der Staatsgalerie Stuttgart; Elsbeth Wiemann; Beiträge von Jürgen von Ahn … M: Hirmer, 2017. 384 S.: Ill. – Siehe Nr. 732. 748 f. 757–759.

048 **Memoria Lutheri/** hrsg. von Hans-Gert Roloff; Anne Wagniart. Dresden: Neisse, 2018. 641 S.: Faks. (Lutherbibliothek 2017: Reihe 1: Texte aus dem 16. Jahrhundert; 1) – Siehe Nr. 1. 25–31. 38. 44–46. 48. 1293 f. 1299.

049 **Az Ószövetség és a reformáció:** tanulmányok a héber nyelvű Ószövetség és a pro-

testantizmus kapcsolatának múltjából és jelenéből (Das Alte Testament und die Reformation: Studien zum Verhältnis des hebräischen Alten Testaments und des Protestantismus in Geschichte und Gegenwart)/ hrsg. von Zoltán Kustár; Áron Németh. Debrecen: Debreceni Református Hittudományi Egyetem, 2018. 320 S. (Acta Debreceni Teológiai Tanulmányok; 11) – Siehe Nr. 364. 380. 407. 431. 1235.

050 **The Oxford illustrated history of the Reformation/** hrsg. von Peter Marshall. Oxford; NY, NY: Oxford University, 2017. X, 303 S.: Ill., Kt. – Siehe Nr. 159. 567. 677. 835. 914.

051 **Philosophieren mit Jugendlichen:** Anregungen aus dem Projekt »DenkWege zu Luther«/ von Gerd B. Achenbach; Dorothea Höck; Matthias Kasparick … Redaktion: Carsten Passin. Druckausgabe und Online-Ressource. Lutherstadt Wittenberg: Evang. Akademie Sachsen-Anhalt; Neudietendorf: Evang. Akademie Thüringen, 2017. 69 S.: Ill. (DenkWege-zu-Luther.de) – Siehe: <http://www.denkwege-zu-luther.de/papers/dwl2017_philosophieren_mit_jugendlichen_web.pdf>. – Siehe Nr. 135. 479. 1155.

052 **Profil und Wirkung des Heidelberger Katechismus:** neue Forschungsbeiträge anlässlich des 450jährigen Jubiläums = **The Heidelberg Catechism:** origins, characteristics, and influences/ hrsg. von Christoph Strohm; Jan Stievermann. GÜ: GVH, 2015. 415 S.: Faks. (SVRG; 215).Siehe Nr. 929f. 954. 981. 1023.

053 **Protestantismes, convictions et engagements:** actes du colloque de l'Hôtel de Ville de Paris 22 et 23 septembre 2017/ hrsg. von Patrick Cabanel. Lyon: Olivétan, 2019. 240 S. – Siehe Nr. 154. 456. 575. 750. 890.

054 **Protestantismus, Antijudaismus, Antisemitismus:** Konvergenzen und Konfrontationen in ihren Kontexten/ hrsg. von Dorothea Wendebourg; Andreas Stegmann; Martin Ohst. Tagung … vom 5. bis zum 7. Oktober 2015 in Berlin. TÜ: Mohr Siebeck, 2017. IX, 556 S. – Siehe Nr. 409. 695. 698f. 701. 704. 707. 709. 716f. 719–722. 724–726. 728.

055 **Reformaatio vai restauraatio:** tradition aarteita ja tulkinnan kompastuskiviä (Reformation oder Restauration: Schätze der Tradition und Probleme der Interpretation)/ hrsg. von Timo Eskola; Jari Lankinen. Helsinki: Suomen teologinen instituutti, 2017. 244 S. (Iustitia; 33) – Siehe Nr. 501. 541. 708. 1099. 1111.

056 **A reformáció aktualitásai** (Aktualitäten der Reformation)/ hrsg. von István Berszán. Kolozsvár: Egyetemi Műhely; Bolyai Társaság, 2018. 340 S. (Egyetemi Füzetek; 38) – Siehe Nr. 1003. 1189. 1217.

057 **A reformáció emlékezete:** protestáns és katolikus értelmezések a 16.–18. században (Reformationsmemoria: evang. und kath. Deutungen im 16.–18. Jh.)/ hrsg. von Orsolya Száraz; unter Mitw. von Gergely Tamás Fazakas; Mihály Imre. Debrecen: Debreceni Egyetemi, 2018. 353 S.: Ill. (Loci memoriae Hungaricae; 7) – Siehe Nr. 20. 284. 441. 817. 842. 860. 920. 965–967. 996. 1000.

058 **A reformáció könyvespolca:** reprezentatív kiadványok Magyarországon a reformáció korából (Das Bücherregal der Reformation: repräsentative Drucke in Ungarn aus der Zeit der Reformation)/ hrsg. von Judit P. Vásárhelyi. BP: OSZK; Argumentum, 2017. 148 S.: Ill. (A Magyar Könyvszemle és a MOKKA-R Egyesület füzetei; 9) – Siehe Nr. 10. 19. 439. 453. 851.

059 **Reformatio baltica:** Kulturwirkungen der Reformation in den Metropolen des Ostseeraums/ hrsg. von Heinrich Assel; Johann Anselm Steiger; Axel E. Walter. B; Boston: De Gruyter, 2018. 1052 S.: Ill., Noten. (Metropolis: Texte und Studien zu Zentren der Kultur in der europäischen Neuzeit; 2) – Siehe Nr. 462. 465. 511. 514. 570. 754. 781. 788. 796f. 801. 809. 822. 826. 829. 831. 838. 850. 855. 861f. 869. 899. 919. 922. 931. 941. 943. 945. 952. 956. 974. 977. 979. 986f. 1006. 1015. 1058. 1079. 1178.

060 **Reformation:** Themen, Akteure, Medien: Beiträge zur Ausstellung »Im Aufbruch, Reformation 1517–1617« vom 7. Mai – 19. November 2017 in Braunschweig/ hrsg. vom Landeskirchenamt Wolfenbüttel; Birgit Hoffmann; Heike Pöppelmann; Dieter Rammler. Wendeburg: Krebs, 2018. 564 S.: Ill. (Quellen und Beiträge zur Geschichte der Evang.-Luth. Landeskirche in Braunschweig; 26) [Aufsatzband zu LuB 2017, Nr. 017] – Siehe Nr. 16. 102f. 116. 146. 260. 308. 464. 500. 601. 624. 644. 694. 752. 765. 768. 770. 783. 800. 839. 944.

061 **Reformation. Theologie. Schule:** Beiträge der Melanchthon-Schule Steinatal zum Reformationsjubiläum/ hrsg. von Uwe Schäfer. Kromsdorf; Weimar: Jonas, 2018. 151 S.: Ill. – Siehe Nr. 210. 314. 360. 369. 373. 376. 378. 399. 416. 671. 710. 777. 786. 1214. 1250.

062 **Reformation und Bauernkrieg/** hrsg. von Werner Greiling, Thomas T. Müller, Uwe Schirmer. Konferenz »Reformation und Bauernkrieg« vom 28. bis 30. Juni 2017 im Bauernkriegsmuseum Kornmarktkirche zu Mühlhausen/Thüringen. W; Köln; Weimar: Böhlau, 2019. 474 S.: Ill., Farbtaf. (QFTZR; 12) [Auch als Online-Ressource] – Siehe Nr. 639. 647. 650. 653. 655. 659. 660f. 730. 1055.

063 **Das Reformationsjubiläum – Bilanz und Ausblick/** Texte: Margot Käßmann; Armin Kohnle; Christoph Strohm ... GÜ: GVH, Verlagsgruppe Random House, 2018. S. 401–480. (EvTh; 78 [2018], Themenheft) – Siehe Nr. 193. 264. 1208. 1287.

064 **Ritter, Bauern, Lutheraner:** Katalog zur Bayerischen Landesausstellung 2017, Veste Coburg und Kirche St. Moriz, 9. Mai bis 5. November 2017/ hrsg. von Peter Wolf; Evamaria Brockhoff; Fabian Fiederer ...; Haus der Bayerischen Geschichte. Museums- und Lizenzausgabe. Augsburg: Bayerisches Staatsministerium für Bildung und Kultur, Wissenschaft und Kunst, Haus der Bayerischen Geschichte. DA: Theiss, 2017. 392 S.: Ill., Noten. (Veröffentlichungen zur Bayerischen Geschichte und Kultur; 66) – Siehe Nr. 99. 350. 534. 543. 746. 762. 803. 915. 1140.

065 **Sabbat und Sabbatobservanz in der Frühen Neuzeit/** hrsg. von Anselm Schubert. GÜ: GVH, 2016. 294 S. (SVRG; 217) – Siehe Nr. 667. 1007.

066 **Szavak és hallgatások az imádságban** (Worte und Schweigen im Gebet)/ hrsg. von Lajos Szabó. BP: Luther, 2018. 437 S.: Ill. – Siehe Nr. 454. 459.

067 **Teológia és nyilvánosság:** az Evangélikus Hittudományi Egyetem oktatóinak tanulmánykötete (Theologie und Öffentlichkeit: Studienband der Dozierenden an der Evang.-Luth. Theol. Universität)/ hrsg. von Gábor Viktor Orosz. BP: Evangélikus Hittudományi Egyetem; Luther, 2019. 275 S. – Siehe Nr. 259. 333. 363. 425. 438.

068 **Thomas Müntzer:** keine Randbemerkung der Geschichte/ hrsg. vom Landkreis Mansfeld-Südharz; Landeszentrale für Politische Bildung des Landes Sachsen-Anhalt; Fotografien: Janos Stekovics; Fachberatung: Adrian Hartwig; Beiträge von Siegfried Bräuer ... Wettin-Löbejün: Stekovics, 2017. 352 S.: Ill. (stekos historische bibliothek; 7) – Siehe Nr. 201. 642f. 646. 648. 651. 654. 656–658. 662. 1028.

069 **Tinte, Thesen, Temperamente:** ein Lesebuch auf den Spuren von Martin Luther/ hrsg. von Christoph Morgner. Gießen: Brunnen, 2016. 140 S.: Ill. [Auch als Online-Ressource] – Siehe Nr. 93. 119. 180. 188. 196. 199. 202. 235. 297. 340. 347. 368. 398. 451f. 519. 536. 588. 637. 715. 753. 776. 906. 1119.

070 **Usko, elämä ja yhteys:** luterilaisuuden mahdollisuudet tänään ja huomenna: piispa Simo Peura 60 vuotta (Glauben, Leben und Gemeinschaft: die Aussichten des Luthertums heute und morgen: Festgabe für Bischof Simo Peura)/ hrsg. von Jaakko Olavi Antila. Helsinki: Kirjapaja, 2017. 239 S.: Ill. – Siehe Nr. 247. 253. 319. 1122. 1163.

071 **»La vie tout entière est pénitence...«:** les 95 thèses de Martin Luther/ hrsg. von Matthieu Arnold; Karsten Lehmkühler; Marc Vial. Strasbourg: Presses Universitaires de Strasbourg, 2018. 370 S. – Siehe Nr. 168. 243. 261. 280. 309. 507. 550. 557. 612f. 618–620. 634. 1191. 1196. 1213.

072 Weiß, Ulman; Bubenheimer, Ulrich: **Schätze der Lutherbibliothek auf der Wartburg:** Studien zu Drucken und Handschriften/ hrsg. von Grit Jacobs. Regensburg: Schnell & Steiner; Eisenach: Wartburg, 2016. 148 S.: Ill. – Siehe Nr. 3. 23.

073 **Weiterbauen, weiterdenken:** neue Häuser für Martin Luther; die musealen Erweiterungen in Wittenberg, Eisleben und Mansfeld/ hrsg. von Matthias Noell; Fotografie von Tomasz Lewandowski. M: Hirmer, 2017. 144 S.: Ill. – Siehe Nr. 89. 122. 131. 150. 205.

074 **Yksin uskosta, yksin armosta:** uskonpuhdistuksen merkitys nykyajalle (Allein aus Gnade, allein aus Glauben: die Bedeutung der Reformation für die Gegenwart)/ hrsg. von Leevi Launonen; Elina Rautio. Keuruu: Aikamedia, 2017. 313 S. – Siehe Nr. 311. 505. 666. 882. 884. 889. 895. 1112. 1121

1 Quellenkunde

1 **Anhang:** Drucke der vorgelegten Memorialliteratur zu Luthers Tod im 16. und 17. Jahrhundert. In: 048, 632–637.

2 Baudisch, Susanne: **Luthers Aschermittwochbrief.** In: 09, 14 f: Ill., Faks. [unpag S. 81].

3 Bubenheimer, Ulrich: **Die Lutherbibel des Hallenser Schultheißen Wolfgang Wesemer:** ein Stück Kulturgeschichte von den Einzeichnungen der Wittenberger Reformatoren bis zur Ausstellung auf der Wartburg. In: 072, 98–146: Ill.

4 Claus, Helmut: **Einblattdrucke mit Texten Luthers und Melanchthons.** GuJ 93 (2018), 156-[170]: Faks.

5 **Erinnerungsraum der Reformation:** Luthers Frühschriften; Weltdokumenterbe in Thüringen/ Redaktion: Sascha Salatowsky; Vorwort: Bodo Ramelow. Kranichfeld: Hahndruck, 2016. 26 S.: Ill., Faks. Kt. (500 Jahre Reformation – Luther 2017)

6 Geiß-Wunderlich, Jürgen: **Eine Büchersammlung der Lutherzeit:** Aspekte der Erforschung von Blocks Gelehrtenbibliothek. In: 023, 13–21.

7 Geiß-Wunderlich, Jürgen: **Pommern, Livland, Finnland – und zurück:** der Wanderprediger und Reformator Johannes Block im Spiegel seiner Büchersammlung. In: 023, 125–178: Ill., Faks.

8 Guitman, Barnabás: **Wittenbergi peregrinuslevelek a bártfai városi levéltárból** (Peregrinerbriefe aus Wittenberg im Stadtarchiv Bartfeld). Lymbus (BP 2017), 117–150.

9 Haberland, Detlef; Lüpkes, Vera: **Theologische und religiöse Druckproduktion im Weserraum.** In: 044, 166–172: Ill.

10 Komorová, Klára: **Luther műveinek 16. századi kiadványai a szlovák könyvtárakban és possessoraik** (Publikationen von Luthers Werken aus dem 16. Jh. in slowakischen Bibliotheken und ihre Besitzer). In: 058, 9–24.

11 Kovács, Eleonóra: **A Soproni Levéltár reformációs projektje** (Das Reformationsprojekt des Stadtarchivs Ödenburg). Soproni szemle 72 (Sopron 2018) Heft 3, 297–299.

12 Kovács, Eleonóra: **A Magyar Nemzeti Levéltár »Reformáció MNL« projektje:** a projekt módszertani szempontból (Das Reformationsprojekt des Ungarischen Nationalarchivs: methodische Aspekte). Levéltári szemle 67 (BP 2017) Heft 5, 5–15.

13 Kovács, Eleonóra: **A megyei levéltárak forrásfeltáró tevékenysége a Reformáció MNL projektben** (Quellenerschließung in den Komitatsarchiven während des Reformationsprojekts des Ungarischen Nationalarchivs). Turul 90 (BP 2017) Heft 3, 128–136.

14 Lähnemann, Henrike: **How to read the Sermon** [von Ablass und Gnade]. In: 035, LVII-LXI: Ill.

15 Lähnemann, Henrike; Ostermann, Christina: **The Taylorian copies** [Sermon von Ablass und Gnade]. In: 035, XXXIX-LVI: Ill.

16 Liersch, Helmut: **Die Marktkirchen-Bibliothek Goslar – Reformation live!** In: 060, 291–312: Ill., Faks.

17 Márkusné Vörös, Hajnalka: **Forrásfeldolgozás másként:** a Magyar Nemzeti Levéltár »Utazás Wittenbergbe« vetélkedőjének tanulságai (Quellenverarbeitung anders: Erfahrungen beim Wettbewerb des Ungarischen Nationalarchivs »Reise nach Wittenberg«). Magyar református nevelés (BP 2018) Heft 1, 17–25.

18 **MNL projekt a reformáció 500. évfordulóján** (Ein Projekt des Ungarischen Nationalarchivs zum 500. Jubiläum der Reformation). Archivum 21 (Eger 2018), 5–8.

19 Ősz, Sándor Előd: **A budapesti könyvtárakban Őrzött Kálvin-kötetek** (In Budapester Bibliotheken aufbewahrte Calvindrucke). In: 058, 34–52.

20 Ősz, Sándor Előd: **Luther-kötetek a régi kolozsvári könyvtárakban** (Lutherdrucke in alten Bibliotheken Klausenburgs). In: 057, 79–90.

21 Ososiński, Tomasz: **Hermann Kyrieleis and his forgeries of Luther's manuscripts:** a case from the Polish National Library. In: 028, 373–384: Faks.

22 Schmitt, Lothar: **Zürcher Buchholzschnitte zwischen Inkunabelzeit und früher Reformation:** ein Überblick. Zw 45 (2018), 81–172: Faks.

23 Weiß, Ulman: **Die »Luther-Bibliothek« auf der Wartburg.** In: 072, 10–97: Ill.

24 Barwich, Beate: **Die Wittenbergisch Nachtigall:** von Hans Sachs. LiKu 3 (2012) Heft 2, 76–79.

25 Bugenhagen, Johannes: **Leichenpredigt auf Luther:** Wittenberg 22. Februar 1546. In: 048, 197–224: Faks.

26 Cochlaeus, Johannes: **Schriften gegen Luther, Auszüge, mit deutscher Übersetzung.** In: 048, 523–627.

27 **Doctor Martin Luthers christlicher Abschid vnd Sterben M.D.XLvj:** drei Fassungen. In: 048, 77–112: Faks.

28 Draconites, Johannes: **Oratio de pia morte Doctoris Martini Lutheri (1546), mit deutscher Übersetzung.** In: 048, 487–521.

29 Jonas, Justus; Coelius, Michael: **Totenpredigten auf Luther:** gehalten in Eisleben am 19. und 20. Februar 1546 von Justus Jonas und Michael Coelius. In: 048, 113–185: Faks.

30 Jonas, Justus; Coelius, Michael: **Vom christlichen Abschied [...] D. Martini Lutheri:** Bericht durch Justum Jonam / Michaelem Celium [...]. In: 048, 303–334.

31 Luther, Katharina: **Katharina Luther, geb. von Bora, über Martin Luther (2. April 1546).** In: 048, 629–631.

32 Luther, Martin: **A német lovagrend lovagjaihoz** (*An die Herren deutschen Ordens, ...* <ungar.>)/ übers. von Mária Hegyessy. In LuB 2018, Nr. 031, 479–496.

33 Luther, Martin: **Felelet Henrik angol királynak** (*Antwort deutsch auf König Heinrich von England Buch* <ungar.>)/ übers. von Antal Bancsó. In: LuB 2018, Nr. 031, 435–478.

34 Luther, Martin: **Auslegung aus dem Geist Jesu Christi:** die Anfänge von Luthers christologischer Schrifthermeneutik in seiner ersten Psalmenvorlesung (*Dictata super Psalterium* <dt.> [Auszug])/ übers. und bearb. von Michael Beyer. Lu 90 (2019), 4–11: Ill.

35 Luther, Martin: **95 Theses** (*Disputatio pro declaratione virtutis indulgentiarum* <lat./engl.>)/ Transskription, Übersetzung und Kommentar: Howard Jones. In: 035, 32–50: Ill.

36 [Luther, Martin]: **Maarten Luther.** Zweisprachige, lat./niederländ. Ausgabe. Bd. 1:

Theologische antropologie: de mens voor God (Theol. Anthrologie: der Mensch vor Gott <lat./niederl.>)/ Redaktion: Markus Matthias; aus dem Latein. übers. von Jan Bloemendal; Roel Braakhuis; Krista Mirjam Dijkerman; Markus Matthias; Pieter Oussoren; Max Stoudt; Peter Verbaan. Eindhoven: Damon, 2017. 712 S.

37 [Luther, Martin]: **Maarten Luther.** Zweisprachige, lat./niederländ. Ausgabe. Bd. 2: Soteriologie: de christelijke vrijheid in het geloof in Christus (Soteriologie: die christliche Freiheit im Glauben an Christus <lat./niederl.>)/ Redaktion: Markus Matthias; aus dem Latein. übers. von Johan A. Antonides; Jan Bloemendal; Roel Braakhuis; Willem Maarten Dekker; Krista Mirjam Dijkerman; Hans Lam; Markus Matthias; Carel van der Meij; Max Staudt; Peter Verbaan. Eindhoven: Damon, 2018. 639 S.

38 [Luther, Martin]: **Martin Luthers Testament 1542.** In: 048, 65–75: Faks.

39 Luther, Martin: **Ein Sendbrief vom Dolmetschen = An open letter on translating/** übers. von Howard Jones; eingel. von Henrike Lähnemann. Zweisprachige Ausgabe: Frühneuhochdt./Engl. Oxford: Taylor Institution Library, 2017. XXIII, 47, 20 S.: Ill. (Treasures of the Taylorian: series one Reformation pamphlets; [1])

40 Luther, Martin: **Facsimiles of the »Sermon von Ablass und Gnade«** (*Ein Sermon von Ablass und Gnade* [BL 1518; L 1518]). In: 035, F1-F17.

41 Luther, Martin: **Sermon von Ablass und Gnade = Sermon on indulgences and grace/** Transskription, Übers. und Komm.: Howard Jones. In: 035, 1–31: Ill.

42 Luther, Martin: **Von der Freiheit eines Christenmenschen/** hrsg. und komm. von Dietrich Korsch. 2., verb. Aufl. L: EVA, 2018. 170 S.: Ill. (Große Texte der Christenheit; 1)

43 Luther, Martin: **Erklerung D. Mart. Lutheri von der frage, die Notwehr belangend** (*Die Zirkulardisputation über das Recht des Widerstandes gegen den Kaiser* [Auszug <dt.>, Thesen 51–70], 1547)/ Vorreden Philippi Melanthonis vnd Doct. Johan.

Bugenhagen Pomers, Pastors der Kirchen zu Wittemberg. Wittemberg: Hans Lufft, 1547. Online-Ausgabe. MZ: Universitätsbibliothek, 2018. (VD 16 L 5967) – Siehe: <https://visualcollections.ub.uni-mainz.de/urn/urn:nbn:de:hebis:77-vcol-18963>.

44 Melanchthon, Philipp: **Melanchthons Mitteilung an die Hörer der Universität Wittenberg anno 1546:** zum Tod Luthers. In: 048, 187–195: Faks.

45 Melanchthon, Philipp: **Oratio in funere viri D. Martini Lutheri 1546:** in zwei Fassungen, mit den deutschen Übersetzungen von Johann Funck und Caspar Creutzinger. In: 048, 225–301: Faks.

46 Melanchthon, Philipp: **Philipp Melanch-**

thons Historia Lutheri (1546) mit der deutschen Übersetzung von Matthias Ritter (1554). In: 048, 335–408.

47 **Ökumenisches Lesebuch Reformation:** Texte und Kommentare/ hrsg. von Voker Leppin; Dorothea Sattler; Texteinl. von Michael Beintker ... Druckausgabe und Online-Ressource. L: EVA; PB: Bonifatius 2017. 328 S.

48 **Trauergedichte auf Martin Luther – in Auswahl – von: Johannes Walter, Hans Sachs, Johannes Stigel, Philipp Melanchthon, Johann Stolsius, Johannes Pollicarius Cygnaeus, Georg Fabricius, Joachim Camerarius, Leonhard Ketner, David Zöpfel.** In: 048, 409–485.

3 Volkstümliche Ausgaben und Übersetzungen der Werke Luthers sowie der biographischen Quellen

a) Auswahl aus dem Gesamtwerk

49 **Igaz ember hitből él:** reformációi olvasókönyv a reformáció első évszázadából (Der Gerechte wird aus Glauben leben: ein Reformationslesebuch aus dem Reformationsjahrhundert)/ hrsg. von Mónika Miklya Luzsányi. Kiskunfélegyháza: Parakletos, 2017. 214 S.

50 Luther, Martin: **Dåbens teolog:** hos Martin Luther og i vækkelsesbevægelserne (Theologie der Taufe: bei Martin Luther und in den Erweckungsbewegungen <dän.>)/ übers. von Finn B. Andersen. Taschenbuch und Online-Ressource. København: Books on demand, 2018. 82 S. (Luther-serien) (Den store Lutherserie)

51 [Luther, Martin] Luther, Márton: **Biztonságban Isten kezében** (Geborgen in Gottes Hand)/ übers. von József Szabó. 3. Aufl. BP: Arany Forrás, 2017. 391 S.: Ill. (Lelki élet)

52 [Luther, Martin] Luther, Martti: **Jalokivikokoelma: teksti vuoden joka päiväksi** (Edelsteinsammlung: ein Text für jeden Tag des Jahres [Lutherworte <finn.>])/ hrsg. von Teemu Haataja. Vihti: Kustannus, 2017. 318 S.

53 Luther, Martin: **Judenfeindliche Schriften.** Bd. 2/ übertr. aus dem Frühneuhochdt. durch Karl-Heinz Büchner; Bernd P. Kam-

mermeier; Reinhold Schlotz. Aschaffenburg: Alibri, 2017. 317 S.: Ill. ([Luthers judenfeindliche Schriften; 2])

54 Luther, Martin: **Judenfeindliche Schriften.** Bd. 3/ übertr. aus dem Frühneuhochdt. durch Karl-Heinz Büchner; Bernd P. Kammermeier; Reinhold Schlotz. Aschaffenburg: Alibri, 2018. 322 S.: Ill. ([Luthers judenfeindliche Schriften; 3])

55 **Zuversicht in Gottes Gnade:** Martin Luther/ hrsg. von Arnold Martin von Seggern. Bendorf: Logo Buchversand, s.a. 23 S.: Ill., Noten. (Augenfreundliche Reihe; 129)

b) Einzelschriften und Teile von ihnen

56 [Luther, Martin] Luther, Márton: **A hitoktatásról** (Über die Katechese). LEHE 2 (2016) Heft 5, 11.

57 [Luther, Martin] Luther, Márton: **Asztronómia** (Astronomie). LEHE 2 (2016) Heft 2, 11.

58 Luther, Martin: **Vom unfreien Willen** (De servo arbitrio <dt.>). Oerlinghausen: Betanien 2016. 341 S.

59 Luther, Martin: **Vom unfreien Willen** (De servo arbitrio <dt.>). 2. Aufl. Oerlinghausen: Betanien 2017. 341 S.

343

60 Luther, Martin: **Martti Lutherin esipu-
heet Raamattuun** (*Bibelvorreden* <finn.>)/
zsgest. und übers. von Pekka Kinnunen;
hrsg. von Pekka Tuomikoski. [Tupos]:
Wanhat Kirjat Oy, 2018. 157 S.

61 [Luther, Martin] Luther, Márton: **Dolgozik
a test** (Der Körper arbeitet). LEHE 2 (2016)
Heft 4, 11.

62 [Luther, Martin]: **D. Martin Luther:** der
kleine Katechismus/ geschrieben und ill.
von Kurt Wolff. [Neuausgabe der Ausgabe
GÖ, 1947]. GÖ: V&R, 2017. 79 S.: Ill.

63 [Luther, Martin] Luther, Márton: **Nyilvánosság** (Öffentlichkeit). LEHE 3 (2017) Heft
1, 11.

64 [Luther, Martin] Luther, Márton: **Szaba-
dulás** (Befreiung). LEHE 2 (2016) Heft 3,
11.

65 [Luther, Martin]: **Luther megmondja:** vá-
logatás Luther asztali beszélgetéseiből
(Luther sagt Bescheid: eine Auswahl aus
Luthers *Tischreden* <ungar.>)/ hrsg. von

Judit Miklós-Székács. BP: Luther, 2018.
245 S.

66 **Neuordnung der gottesdienstlichen Lesungen und Predigttexte:** Entwurf zur
Erprobung/ hrsg. im Auftrag der Kirchen-
ämter von EKD, UEK und VELKD von
der Geschäftsführung Perikopenrevision
(EKD – UEK – VELKD); Christine Jahn.
Perikopentexte: Lutherbibel, rev. Text
1984. Hannover: VELKD, Vereinigte Evangelisch-Lutherische Kirche Deutschlands
[2014]. 632 S.: Noten.

67 **Perikopenbuch:** nach der Ordnung gottesdienstlicher Texte und Lieder; mit Einfüh-
rungstexten zu den Sonn- und Feiertagen/
hrsg. von der Liturgischen Konferenz für
die Evang. Kirche in Deutschland; Einlei-
tungstexte zu den Proprien: Ilsabe Alper-
mann … Revidierter Text der Lutherbibel, 2017. Bielefeld: Luther; L: EVA, 2018.
XXXVII, 862 S.

4 Ausstellungen, Bilder, Bildbiographien, Denkmäler, Lutherstätten

68 **1517:** aux origines de la Réforme; Luther,
Calvin; fondateurs des protestantismes
européens. Musée Jean Calvin, Noyon, exposition du 20 mai au 17 décembre 2017/
Texte: Hubert Bost; Philippe Kaenel; Marie Thérèse Mourey; Jean Claude Colbus;
Redaktion: Sabine Lefebvre-Mazet. Franzö-
sisch – Deutsch. Noyon: Musées de Noyon,
Musée Jean Calvin, 2017. 78 S.: Ill.

69 Albrecht, Thorsten: **»Neue evangelische
Kunst«:** Kirchen und ihre Ausstattung im
Dritten Reich in der Hannoverschen Lan-
deskirche unter dem Konsistorialrat Fried-
rich Fischer. JNKG 115 (2017), 198–255: Ill.
L 238 f+".

70 **»Auf den Spuren von Martin Luther in
Borna«:** Reformation in Borna/ hrsg. von
der Stadtverwaltung Borna; Redaktion: Ga-
briele Kämpfner; Annemarie Engelmann;
Gert Schreiber. Flyer. Borna: Durckhaus
Borna, s. a. 1 Faltbl.: Ill. Kt.

71 Bast, Eva-Maria; Thissen, Heike: **Leipziger
Geheimnisse:** Spannendes aus der Sach-
senmetropole mit Kennern der Stadtge-
schichte. Überlingen: Bast Medien, 2018.
189 S.: Ill. L 97–99. (Geheimnisse der Heimat) (Leipziger Volkszeitung) [26. Geheim-

nis: Relief – Reformator Martin Luther am
Boden; vgl. unten, Nr. 144]

72 Békesi, Sándor: **A bőség zavara:** az »Ige-
idők; a reformáció 500 éve« című kiállítás
a Magyar Nemzeti Múzeumban (Eine Verlegenheit aus Überfülle: die Ausstellung
»Zeit-Worte: 500 Jahre Reformation« im
Ungarischen Nationalmuseum). Confessio
41 (BP 2017) Heft 2, 114–118.

73 **Bewegte Reformation:** Texte der Ausstel-
lung; eine Ausstellung im öffentlichen
Raum im Rahmen des Projekts format
R+ – Die gesellschaftliche Aktualität der
Reformation/ Kuratorium »Bewegte Refor-
mation«: Johannes Bilz; André Fleck; Ger-
hard Lindemann; Simona Schellenberger;
Gestaltung der Ausstellung und Begleit-
material: Andy Weinhold. Meißen: Evang.
Akademie, 2015. 16 S.: Ill.

74 Beyer, Michael: **Ein großformatiges Lutherbild im Bornaer Museum:** zur Über-
lieferungsgeschichte eines Gemäldes von
Leonhard Gey. In: 09, 67–70: Ill.

75 Bittera, Éva; Kardos, Judit; Rosta, József:
Slusszkulcs a mai Európához: a Magyar
Nemzeti Múzeum Ige-idők: a reformáció
500 éve című kiállításáról (Ein Zündschlüs-

sel zum heutigen Europa: die die Ausstellung »Zeit-Worte: 500 Jahre Reformation« im Ungarischen Nationalmuseum). Budapest 40 (BP 2017) Heft 10, 13–15.

76 Brumme, Sven: **Lutherbäume als Denkmale:** eine enthnobotanische Betrachtung für Sachsen im Jubiläumsjahr 2017. Denkmalpflege in Sachsen: Jahrbuch (2017, gedruckt 2018); Mitteilungen des Landesamtes für Denkmalpflege Sachsen, 77–88.

77 **Building for Luther 1998–2018:** Wittenberg – Eisleben – Mansfeld; special exhibition in the Augusteum, 27.05 – 04.11.2018; English guidebook/ Gesamtleitung: Stefan Rhein; Idee: Karin Lubitzsch; Projektleitung/Konzeption: Jutta Strehle; Kuratorinnen; Jutta Strehle; Doreen Zerbe; Kataloghrsg.: Matthias Noell. Lutherstadt Wittenberg: Augusteum / Lutherhaus, [2018]. 78 S.: Ill. (Stiftung Luthergedenkstätten in Sachsen-Anhalt)

78 Claußen, Susanne: **Martin Luther im bibliorama:** eine Vergegenwärtigung mit den Mitteln des Mediums Ausstellung. In: 031, 341–356: Ill.

79 Danielisz, Dóra: **Történelmi alámerülés:** a Lutherstadt Eisleben-i Szent Péter és Pál-templom felújítása (Ein historisches Untertauchen: die Renovierung der Peterskirche in Lutherstadt Eisleben). Metszet 3 (BP 2017), 26–29.

80 Dilly, Heinrich: **Luthers Totenbildnis:** zur Geschichte eines starken Bildbegehrens. In: 043, 209–229: Ill.

81 Ehling, Kay: **Luther imagines 17.** Numismatisches Nachrichtenblatt: Organ der Deutschen Numismatischen Gesellschaft 67 (2018) Nr. 2, 69 f: Ill.

82 Ehling, Kay: **Luther imagines 17:** Luther-Bilder im Medium der Kunstmedaille. Aviso: Zeitschrift für Wissenschaft und Kunst in Bayern (2017) Nr. 4, 30–32: Ill. – Siehe: <https://www.stmwk.bayern.de/kunst-und-kultur/magazin-aviso.html>.

83 Engelmann, Annemarie: **Die Gedenktafel am Lutherhaus und ihre Geschichte.** In: 09, 52–54: Ill.

84 Engelmann, Annemarie: **Das verkannte Lutherhaus.** In: 09, 55–57: Ill.

85 **L'été 2017 au Musée du Désert.** Flyer. Mialet, le Mas Soubeyran: Musée du Désert, 2017. 1 Faltbl.: Ill., Kt.

86 Freytag, Susan: **Die Restaurierung des Gemäldes »Martin Luther« aus der Kirche zu Altmörbitz.** In: 09, 65 f: Ill.

87 **Gottes Wort in der Sprache des Volkes:** Luthers Bibel und andere Bibelübersetzungen in Drucken des 15. und 16. Jahrhunderts: Katalog der gemeinsamen Ausstellung der Bibliothek der Stiftung Staatl. Görres-Gymnasium Koblenz, der Stadtbibliothek Koblenz, der Bibliothek des Bischöflichen Priesterseminars Trier und des Bistumsarchivs Trier/ bearb. von Hans-Joachim Cristea. Druckausgabe und Internetressource (PDF). Trier: Bibliothek des Bischöflichen Priesterseminars, 2017. 144 S.: Ill. – Siehe: <https://www.bps-trier.de/download/Katalog_Gottes_Wort_Open_Access.pdf>.

88 Hartinger, Anselm: **Vom Regelgehorsam zur verantworteten Freiheit:** Luther und die Bettelmönche im Reformationsjahr in Erfurt ausstellen; eine Problemskizze. In: 03, 14–21.

89 Hauser, Susanne: **Kulturlandschaft und Luthergedenken.** In: 073, 33–42: Ill.

90 **Heidi – das Gäste- und Freizeitmagazin der Dübener Heide/** hrsg. von Alexander Schütz. Bad Düben: Heide-Druck, 2017. 64 S.: Ill. L". (Heidi 9 [2017/18] Nr. 18, Herbst/ Winter)

91 Hennen, Insa Christiane: **Außenräume – Innenräume:** Stadtgestalt und bildkünstlerische Ausstattungen in Wittenberg zwischen 1486 und 1586. In: 028, 452–463: Ill.

92 **Highlights im Reformationsjubiläum:** Veranstaltungen/ Veranstaltungskalender mit Kalligraphie-Porträt von Petra Beiße. Lutherstadt Wittenberg: Luther 2017 – 500 Jahre Reformation, Geschäftsstelle der EKD: Staatliche Geschäftsstelle »Luther 2017«, s.a. 1 Faltbl.: Kalligraphie-Portr. (500 Jahre Reformation – Luther 2017) – Vgl. die Online-Darstellung: <https://www.luther2017.de/de/jubilaeum/reformationsjubilaeum/index.html>.

93 Hobrack, Michael: **Wittenberg zwischen gestern und heute.** In: 069, 133–140: Ill.

94 Höchner, Marc: »**Luther und die Deutschen«:** Sonderausstellung auf der Wartburg. Heimat Thüringen 24 (2017) Heft 1/2, 24–26: Ill. [Vgl. LuB 2017, Nr. 120]

95 **Ige-idők:** a reformáció 500 éve; kiállítás a Magyar Nemzeti Múzeumban, 2017. ápri-

lis 26 – november 5. (Zeit-Worte: 500 Jahre Reformation; Ausstellung im Ungarischen Nationalmuseum, 26. April – 5. November 2017)/ Texte von Pál Ács ...; hrsg. von Erika Kiss; Zsuzsanna Zászkaliczky. BP: Magyar Nemzeti Múzeum 2018. 70 S.: Ill.

96 Jork, Frank Michael: **Auf Luthers Spuren:** ein Spaziergang durch die Lutherstadt auf den Spuren des Reformators. 3. Aufl. Monatskalender, Wandkalender 2019, DIN A3 hoch. Unterhaching: Calvendo, 2018. 14 S.: Ill. (CALVENDO Orte)

97 Juhos, Rózsa: **Aktualität des Lutherischen Freiheitsverständnisses:** Jubiläumsausstellung im Ungarischen Nationalmuseum. Neues Museum 18 (W 2018) Heft 3, 24–29.

98 **Katalog:** Medaillen und Münzen/ von Kay Ehling. In: 034, 132–195: Ill.

99 **Katalog** [Ritter, Bauern, Lutheraner]/ mit Beiträgen von Fabian Fiederer ... In: 064, 114–367: Ill.: Noten.

100 Keller, Claudia: **Alter Held, neuer Ärger:** das Berliner Luther-Denkmal soll an seinen historischen Standort vor der Marienkirche in Mitte zurückkehren; der Siegerentwurf für die Anlage ist in der Evangelischen Kirche umstritten – wie der Reformator selbst. Online-Ressource. Der Tagesspiegel (2016) vom 25. Juli: Ill. – Siehe: <https://www.tagesspiegel.de/kultur/luther-denkmal-alter-held-neuer-aerger/13920452.html>.

101 Kolster, Manuela: **Der Lutherweg in Sachsen.** In: 09, 71–76: Ill.: Kt.

102 Krabath, Stefan: **Archäologie des Glaubens:** archäologische Quellen des Mittelalters und der frühen Neuzeit zu religiös geprägter Sachkultur in Niedersachsen. In: 060, 397–434: Ill.

103 Kuper, Gaby; Rammler, Dieter; Wendt-Sellin, Ulrike: **Im Aufbruch:** Reformation 1517–1617 – Bilanz einer Ausstellung. In: 060, 499–525: Ill.

104 **Luther entdecken ...:** Bildungsangebote in Luthers Geburtshaus und Luthers Sterbehaus in Eisleben/ Kontakt/Ansprechpartner: Stiftung Luthergedenkstätten in Sachsen-Anhalt; Kathrin Meukow. Flyer. Lutherstadt Eisleben: [Stiftung Luthergedenkstätten in Sachsen-Anhalt], s.a. 10 S. auf 1 Faltbl.: Ill.

105 **Luther in Laach:** Ausstellung; Begleitbroschüre Maria Laach, Koblenz, Berlin, Speyer/ Texte: Augustinus Sander; Redak-

tion. Denise Bernhardt; Annette Gerlach ... Druckausgabe und Online-Ressource. Maria Laach: Benediktinerabtei Maria Laach; Koblenz: Landesbibliothekszentrum Rheinland-Pfalz, 2017. 57 S.: Ill. Faks. (500 Jahre Reformation – Luther 2017) – Siehe auch: <https://www.edoweb-rlp.de/resource/edoweb:7015062/data>.

106 **Luther war hier:** Reisen mit Luther durch Sachsen-Anhalt/ Jan Scheunemann; Kerstin Bullerjahn; hrsg. von Harald Meller; Alfred Reichenberger; Fotos: Juraj Lipták. Halle (Saale); Landesamt für Denkmalpflege und Archäologie Sachsen-Anhalt – Landesmuseum für Vorgeschichte, 2017. 333 S.: Ill. [Vgl. LuB 2018, Nr. 036]

107 **LUTHERBASE:** [audiovisuelle Zeitreise zu ausgewählten Reformationsstätten in Deutschland]/ NFP media rights Verwaltungs GmbH; Alexander Thies. Internetressource. Halle: NFP media rights, s.a. – Siehe: <http://www.lutherbase.de/index.html>.

108 **Luthers Idee wird zu Stein:** die Reformation in der Architektur/ Text: Elke Linda Buchholz; Konzept und Redaktion: Kerstin Haseloff. Bonn: Deutsche Stiftung Denkmalschutz, 2016. 39 S.: Ill., Kt. [Enthält unten, Nr. 1247]

109 **Lutherstadt Wittenberg:** der Stadtführer/ Text: Volkmar Joestel; Fotogr., Layout: Janos Stekovics. Wettin-Löbejün: Stekovics, 2013. 62 S.: Ill., Kt. (STEKO-Stadtführer; 14)

110 **Die Luther-Tour in Deutschland – »Ein Mann, ein Wort macht Weltgeschichte« = The Luther-tour in Germany – »A man, a word make world history«:** Einführung = Introduction/ Europäischer Tourismusverbund »Stätten der Reformation«; Friedhelm Mötzing; Walter Beyer. Flyer und Online-Ressource. [Friedrichroda]: ETV – Europäischer Tourismusverbund »Stätten der Reformation«, s.a. 1 Faltbl.: Ill. (500 Jahre Reformation – Luther 2017) – Siehe: <http://www.luthertour.eu/de/>.

111 **Der Lutherweg in Sachsen-Anhalt:** auf Luthers Spuren im Ursprungsland der Reformation: Tourentipps/ hrsg. von Investitions- und Marketinggesellschaft Sachsen-Anhalt. Online-Ressource. Magdeburg: Investitions- und Marketinggesellschaft Sachsen-Anhalt, [2017]. 2 unpag. S. (13,07 MB): Ill., Kt. – Siehe: <https://www.

luther-erleben.de/fileadmin/user_upload/broschueren/img.2017_FB_lutherweg.2017_750x630mm_dt_web.pdf>.

112 Mányoki, János: **Gyűjteményeink és kincseik** (Unsere Sammlungen und ihre Schätze). Bivio 4 (BP 2018), 5–19.

113 **Martin Luther und Torgau:** Martin Luther 1483–1546/ Torgau-Informations-Center. Flyer. Torgau, Elbe: Torgau-Informations-Center, s. a. 1 Faltbl. (12 S.: Ill., Kt.)

114 **Menschen um Martin Luther**/ Texte: Andreas Pawlas; Zeichnungen: Werner Fritz Zganiacs. 2. Aufl., erw. mit Zeichnungen und Textpassagen aus: »Illustrirte Zeitung, Leipzig, Luther-Nummer zum 400jährigen Geburtstag von Martin Luther«, erschienen am 20. October 1883. Norderstedt: Kadera, 2017. 70 S. 18 unpag. S.: Ill.

115 **Messe, Macht und Seelenheil:** Luthers Lehre in Sachsen und Schweden; Museum Schloss Lützen, 16.7. – 12.11.2017. Flyer. [Lützen: Museum Schloss Lützen 2017]. 1 Faltbl.: Ill. – Ausstellungsvideo siehe: <https://www.youtube.com/watch?v=O8OoDDnACyM>.

116 Methuen, Charlotte: **Eine visuelle Kirchengeschichte:** Überlegungen zu Kontext, Bezugsquelle und Wirkungsgeschichte des Bilderzyklus der Kirchenväter und -lehrer in der Brüdernkirche zu Braunschweig. In: 060, 131–150: Ill.

117 Meyer-Rebentisch, Karen: **Zum Umgang mit nationalsozialistischer Kunst in der Lübecker Lutherkirche von 1937:** ein Praxisbericht. JNKG 115 (2017), 257–276: Ill. L 266 f.

118 **»Mi úgymond mennyi polgárok vagyunk ...«:** válogatás a magyarországi protestantizmus történeti emlékeiből a Magyar Nemzeti Levéltárban (»Wir sind sozusagen Himmelsbürger ...«: eine Auswahl aus den historischen Denkmälern des ungarischen Protestantismus im Ungarischen Nationalarchiv)/ hrsg. von Eleonóra Kovács; Dorottya Szabó. BP: Magyar Nemzeti Levéltár, 2018. 163 S.: Ill.

119 Morgner, Christoph: **Der Besuch lohnt:** Lutherstätten besichtigen. In: 069, 109–111.

120 **Museen und Ausstellungen 2018 bis 2010:** Informationen für Reiseveranstalter / Bustouristik / Gruppen/ hrsg. von der Stiftung Luthergedenkstätten in Sachsen-Anhalt;

Konzeption und Redaktion: Carola Schüren; Kerstin Kiehl. [Lutherstadt Wittenberg]: Stiftung Luthergedenkstätten in Sachsen-Anhalt, 2018. 19 S.: Ill. Kt.

121 Nispel, Isabelle: **Das Wittenberger Collegium Augusteum in der Universitätslandschaft des Heiligen Römischen Reiches im 16. Jahrhundert.** In: 028, 421–434: Ill., Kt.

122 Noell, Matthias: **Weiterbauen, Weiterdenken:** zu einer Typologie baulicher Erweiterungen der Denkmale. In: 073, 11–19: Ill.

123 **Objekte:** Bennos Heiligsprechung 1523 – ein Dorn im Auge Luthers/ Objektbeschreibungen: Rainer Grund; Claudia Kunde; Peter Dähnhardt; Susanne Ansorg. In: 06, 316–393: Ill. L 325. 343–349.

124 Orbeck, Mathias: »**Gedächtnisstütze« für Reformatoren:** Ausstellung im Rathaus zeigt Siegerentwürfe für neues Luther-Melanchthon-Denkmal. Leipziger Volkszeitung 125 (2019) Nr. 129 (5. Juni), 18: Ill. (Leipzig).

125 Parsons, N. T.: **A magyarok és a reformáció:** az Ige-Idők – A reformáció 500 éve című kiállítás alkalmából (Die Ungarn und die Reformation: aus Anlass der Ausstellung »Zeit-Worte: 500 Jahre Reformation«). Magyar szemle 27 (BP 2018) Heft 1 f., 100–111.

126 Philipp, Kevin: **Ein Pilgerweg zum Jubiläum.** Jahrbuch der Dübener Heide 24 (2017), 63–65: Ill.

127 Reformation und Kunst/ Kulturförderverein Schaddelmühle; Lutherweg. Internetressource: 2017 ff. Startseite mit Artikelarchiv. – <https://reformation-und-kunst.de/>.

128 **Reformationsjubiläum 2017 – Lutherstadt Wittenberg ist gerüstet.** Jahrbuch der Dübener Heide 24 (2017), 62: Ill. (500 Jahre Reformation – Luther 2017)

129 **Reformationsroute:** Luther in Marburg/ hrsg. von Marburg Stadt und Land Tourismus; Kestin Weinbach; Richard Laufner; Texte: Gesa Coordes. Flyer und Online-Ressource. Marburg: Marburg Stadt und Land Tourismus, [2017]. 1 Faltbl.: Ill., Kt. – Download über: <https://www.marburg.de/kultur-tourismus/kultur/stadtgeschichte-museen-luther-brueder-grimm-/>.

130 **Reformation – Luther in Marburg** (Reformationsroute: Luther in Marburg <engl.>)/ veröffentlicht vom Rat der Universitätsstadt Marburg; Kestin Weinbach; Richard

Laufner; Texte: Gesa Coordes. Flyer. Korbach: Bing & Schwarz, [2017]. 1 Faltbl.: Ill., Kt. – Download der dt. Fassung: <https://www.marburg.de/kultur-tourismus/kultur/stadtgeschichte-museen-luther-brueder-grimm-/>.

131 Rhein, Stefan: **Bauen für Luther:** ein Bericht über die Zukunft des Vergangenen. In: 073, 20–28: Ill.

132 Richter, Thomas: **Bilder der Reformation auf deutschen Briefmarken:** philatelistisch-historische Anmerkungen zur Geschichtspolitik von Bundesrepublik und DDR. In: 020, 139–159: Ill.

133 **Ritter, Bauern, Lutheraner:** Kurzführer zur Bayerischen Landesausstellung 2017, Veste Coburg und Kirche St. Moriz, 9. Mai bis 5. November 2017 = Brief guide to the 2017 Bavarian State Exhibition, Coburg Castle and the Church St. Moriz, May 9 to November 5, 2017/ Texte: Peter Wolf; Redaktion: Evamaria Brockhoff; Übersetzung: Krister G. E. Johnson. Augsburg: Bayerisches Staatsministerium für Bildung und Kultus, Wissenschaft und Kunst; Haus der Bayerischen Geschichte, 2017. 66 S.: Ill.

134 Rossié, Beate: **Kirchliche Kunst in der Zeit des Nationalsozialismus – Charakteristika, Zusammenhänge, zeitspezifische Beispiele.** JNKG 115 (2017), 171–188: Ill. L 175 f.

135 Schilke, Cordula: **Interaktive Wanderausstellung im Rahmen der Lutherdekade »Mensch Martin – Hut ab«.** In: 051, 58 f: Ill. [Mit Online-Zusatzmaterial: **Beschreibung der Ausstellung** – <http://www.denkwege-zu-luther.de/papers/philosophieren_online_cs.pdf>].

136 Seehase, Hans: **Die von Witzlebensche Fürstenschule Roßleben/Unstrut 1946–1968:** der Aufbau des Sozialismus und das erzwungene Ende der dörflichen Schul-Kirchengemeinde. HCh 40/41 (2016/17 [gedruckt 2018]), 211–226: Ill. L 212.

137 **Die Sixtina des Nordens:** Panorama Museum/ hrsg. vom Panorama Museum Bad Frankenhausen; Fotos: Roland Dreßler; Dieter Leistner. Flyer. Bad Frankenhausen: Panorama Museum; Bonn: VG Bild-Kunst, 2018. 1 Faltbl.: 12 S.: Ill. (Thüringen entdecken)

138 Slenczka, Ruth: **Das Wittenberger Luthergrab als Erinnerungsort.** In: 043, 231–250: Ill.

139 Soltani, Christina: **[...] ein großes Bild der ganzen Zeit – Hans Adolf Buhlers Entwürfe für die Wandbilder der Gedächtnishalle des Melanchthonhauses in Bretten.** In: 021, 167–186: Ill.

140 Spindler, Hans-Joachim: **Auf den Spuren Martin Luthers.** Mitteilungen: Mitgliedermagazin der Deutschen Burgenvereinigung (2017) Nr. 123 (Dez.), 38–40.

141 **St. Anna Augsburg:** Museum Lutherstiege/ hrsg. von Museum Lutherstiege in der St. Anna Kirche Augsburg. Flyer. s. a. 1 Faltbl.: Ill., Kt. – Siehe: <http://www.st-anna-augsburg.de/sites/st-anna-augsburg.de/files/dokumente/lutherstiege_flyer.pdf>.

142 Steiger, Johann Anselm: **Gedächtnisorte der Reformation:** sakrale Kunst im Norden (16.–18. Jahrhundert). Teilbd. 1: **A-K;** Teilbd. 2: **L-Z.** Regensburg: Schnell & Steiner 2016. 461 S.: Ill.; S. 477–923: Ill.

143 Stüber, Gabriele; Kuhn, Andreas: **Wie sah Martin Luther aus?:** Wanderausstellung zum Reformationsjubiläum und Lutherbilder in der Evangelischen Kirche der Pfalz. BlPfKG 83 (2016), 163–178: Ill.

144 Thissen, Heike: **Reformator Luther am Boden.** Leipziger Volkszeitung 125 (2019) Nr. 32 (7. Februar), 16: Ill. [Vgl. oben, Nr. 71]

145 Wallraff, Martin: **Luther und Rom:** (unscheinbare) Memoriae im Weichbild der Stadt. In: 034, 43–54.

146 Wegner, Martina: **Der Kachelofen im 16. Jahrhundert – Träger von Kunst, Kultur und Konfession.** In: 060, 435–450: Ill.

147 Weigel, Maria Lucia: **Bekenntnisbilder – Bekenntnisse im Bild.** In: 05, 259–278: Ill.

148 Weigel, Maria Lucia: **Reformatoren im Bildnis – 1. Projektvortrag 9.12.2014 »Vorstellung des Projektes und erste Funde:** Martin Luther im Bildnis«. In: 021, 77–92: Ill.

149 Weigel, Maria Lucia: **Reformatoren im Bildnis – 2. Projektvortrag 21.6.2015 »Luther mit dem Schwan und Melanchthon im Bildnis«.** In: 021, 93–110: Ill.

150 Wendland, Ulrike: **Kooperative Denkmalpflege im Welterbe:** Substanzerhaltung und Stadtentwicklung in den Lutherstädten Eisleben und Wittenberg. In: 073, 29–32: Ill.

151 Wriedt, Markus: **Ein Statement zum Forschungsprojekt »Das Ernestinische Wittenberg«.** In: 028, 397–400.

152 Zimmermann, Almut: **Martin Luther –
Mut und Demut, einem Denkmal auf der
Spur.** In: 09, 58–61: Ill.

153 **Zur Bedeutung der Luther-Bäume/**
Schreib-Akademie an der DPFA Dresden;
Kati Püschel; Chris Hertler; Manuela

Breninek … Online-Ressource. Dresden:
DPFA 2017. 2 S.: Ill. (Wir erzählen unsere
Geschichte [Beitrag zum Schreibwettbe-
werb von koalpha]) – Siehe: <https://koal-
pha.de/site/assets/files/2190/zur_bedeu-
tung_der_luther-baeume.pdf>.

B DARSTELLUNGEN

1 Biographische Darstellungen

a) Das gesamte Leben Luthers

154 Arnold, Matthieu: **Martin Luther, la pro-
clamation du Dieu qui fait grâce.** In: 053,
46–53.

155 Arnold, Matthieu: **Pourquoi la Réforme.** In:
La grande histoire du Christianisme/ hrsg.
von Laurent Testot. Auxerre: Sciences Humaines, 2018, 121–130. (La petite bibliothèque de sciences humaines)

156 Kaufmann, Roland: **Martin Luther (1483–
1546).** In: 02, 11–13: Ill.

157 Kittelson, James M.: **Uskon puolesta:**
Martti Lutherin elämäntyö (Luther the
reformer: the story of the man and his ca-
reer <finn.>)/ übers. von Mervi Pöntinen. 2.
Aufl. Kauniainen: Perussanoma Oy, 2017.
375 S.: Ill.

158 Köhler, Joachim: **Luther!:** Biographie eines
Befreiten. 2., korr. Aufl. L: EVA, 2017. 405
S.: 16 unpag. S.: Ill.

159 Roper, Lyndal: **Martin Luther.** In: 050, 42–
75: Ill.

160 Schilling, Heinz: **Martin Luther:** ein Rebell
in einer Zeit des Umbruchs; eine Biographie. 4., aktual. Aufl. M: Beck, 2016. 728
S.: Ill., Kt.

b) Einzelne Lebenphasen und Lebensdaten

161 Bauer, Antje: **Die Studienzeit Martin Luthers bis zum Klostereintritt.** In: 03, 42–45.

162 Birkenmeier, Jochen: **»Den Würmern einen
guten feisten Doktor zu verzehren geben«:**
die Entstehung und Entwicklung der Berichte über Luthers Tod. In: 043, 141–157:
Ill.

163 Brecht, Martin: **»dass das Leben der Gläubigen Buße sei«:** zum Verständnis von Martin Luthers erster Ablassthese. DPfBl 116
(2016), 557–560.

164 Brinkel, Joachim: **Über den Rückweg Martin Luthers nach seiner Disputation in
Leipzig.** Jahrbuch der Dübener Heide 24
(2017), 56–61: Ill.

165 Bubenheimer, Ulrich: **Andreas Karlstadts
und Martin Luthers frühe Reformations-
diplomatie:** Thesenanschläge des Jahres
1517, Luthers »Asterici« gegen Johann Eck
und Wittenberg antirömische Polemik
während des Augsburger Reichstags 1518.
BlPfKG 85 (2018), 265–302: Faks. = Ebernburg-Hefte 52 (2018), 31–68: Faks.

166 Ehmann, Johannes: **Die Heidelberger Disputation (1518) – eine historische und
theologische Einführung.** JBKRG 12 (2018),
173–183.

167 Ernesti, Jörg: **1517:** Panorama eines Jahres.
In: 034, 15–22.

168 Hamm, Berndt: **Intériorisation et orien-
tation vers l'extérieur:** la réorientation
réformatrice opérée par Luther jusqu'en
1518. In: 071, 121–165.

169 Hasselhorn, Johannes; Gutjahr, Mirko:
Tatsache!: die Wahrheit über Luthers Thesenanschlag. L: EVA, 2018. 146 S.: Ill. [Rez.
siehe unten, Nr. 175]

170 Hertel, Peter: **Luthers Thesenanschlag in
Wittenberg.** Online-Ressource. Deutsch-
landfunk/ Deutschlandradio (31.10.2017).
[Köln]: Deutschlandradio [2017]. Text: Ill. –
<https://www.deutschlandfunk.de/vor-
500-jahren-luthers-thesenanschlag-in-
wittenberg.871.de.html?dram:article_
id=399408>.

171 Hövelmann, Hartmut: **»Meinen Leib können sie zertrümmern, mein Gewissen aber
nicht bezwingen«:** Martin Luthers Gebet
auf dem Reichstag zu Worms 1521. Lu 89
(2018), 139–142.

172 Ittzés, Gábor: **Reformáció és ünnep:** hogyan lett október 31-e a reformáció kezdetének évfordulója? (Reformation und Fest: Wie wurde 31. Oktober zum Jahrestag des Reformationsbeginns?). In: 041, 143–166.

173 Junkkaala, Timo: **Oikein väärin ymmärretty Luther** (Der sehr missverstandener Luther). Kauniainen: Perussanoma Oy 2017. 256 S.

174 Kaufmann, Roland: **31 octobre 1517:** Martin Luther et ses 95 thèses. In: 02, 51–53: Ill.

175 Kaufmann, Thomas: **Nichts neues in Wittenberg:** Gab es Luthers Thesenanschlag 1517 – oder nicht?: eine Erwiderung auf das Buch »Tatsache!« von Benjamin Hasselhorn und Mirko Gutjahr. Rotary: Magazin für Deutschland und Österreich (2018) Oktober, 60 f: Ill. – Siehe: <https://rotary.de/gesellschaft/nichts-neues-in-wittenberg-a-13156.html>. [Rez. zu oben, Nr. 169]

176 Keßler, Martin: **Theological and historical background** [95 Thesen, Sermon von Ablass und Gnade]. In: 035, IX-XXXVIII: Ill.

177 Kinnunen, Pekka; Tala, Pirkko; Tala, Yrjö: **Raamatusta en luovu:** Martti Luther ihmisenä ja uskonpuhdistajana (Die Bibel gebe ich nicht auf: Martin Luther als Mensch und Reformator). Oulu: Suomen Rauhanyhdistysten Keskusyhdistys ry, 2017. 256 S.: Ill.

178 Klitzsch, Ingo: **Der »frühe« Luther im Spiegel seiner Tischreden** [Seminarbericht]. LuJ 85 (2018), 364–366.

179 Kohnle, Armin: **Einleitung:** Luthers Tod – Ereignis und Wirkung. In: 043, 15–31: Ill.

180 Kuhlgatz, Thomas: **Luther und seine Krankheiten.** In: 069, 94–98.

181 Lang, Thomas: **Zwischen Haupthoflager, Jagdschloss und geistlichem Zentrum:** die ernestinische »Residenzenlandschaft« und ihre Rolle in der frühen Reformationszeit. In: 028, 477–487.

182 Leppin, Volker: **Der Thesenanschlag:** Entstehung und Bestreitung einer Legende. In: 034, 23–32.

183 Lindner, Andreas: **Mönch und Theologiestudent:** Martin Luthers Erfurter Klosterzeit. In: 03, 46–53.

184 Lück, Heiner: **Luthers Testamente.** In: 043, 69–88: Ill.

185 Lüpkes, Vera: **Martin Luthers Ablass.** In: 044, 145–151: Ill.

186 Mai, Klaus-Rüdiger: **Ein Gründungstag des modernen Europas?:** über Luthers Thesenanschlag, ein bemerkenswertes Buch und eine Rezension, die keine ist. Rotary: Magazin für Deutschland und Österreich (2018) November, Text: Ill. (Forum) – Siehe: <https://rotary.de/gesellschaft/ein-gruendungstag-des-modernen-europas-a-13297.html>. [Kontra-Rez. zu oben, Nr. 175; vgl. oben, Nr.169]

187 **Martin Luther – Biographie und Theologie/** hrsg. von Dietrich Korsch; Volker Leppin. 2., durchgesehene und verbesserte Aufl. TÜ: Mohr Siebeck, 2017. VIII, 335 S. (Spätmittelalter, Humanismus, Reformation; 53) – Für den Nachweis der Einzeltitel siehe LuB 2011, Nr. 029.

188 Morgner, Christoph: **Von Luder zu Luther: Stationen eines außergewöhnlichen Lebens.** In: 069, 15–21.

189 Scheible, Heinz: **Luthers »Entführer« hieß Sternberg, nicht Steinberg.** Lu 90 (2019), 53–60.

190 Schreiber, Gert: **Luthers möglicher Reiseweg zwischen Wurzen und Altenburg.** In: 09, 44–51: Ill., Kt.

191 Seiler, Jörg: **Tiefenbohrungen unter Anfechtung:** Martin Luther im Rückblick auf seine Erfurter Klosterzeit In: 03, 178–187.

192 Stolberg, Michael; Walter, Tilmann: **Martin Luthers viele Krankheiten:** ein unbekanntes Konsil von Matthäus Ratzeberger und die Problematik der retrospektiven Diagnose. ARG 109 (2018), 126–151: Ill.

193 Strohm, Christoph: **Luthers Heidelberger Disputation am 26. April 1518.** EvTh 78 (2018), 427–435.

194 Szakács, Tamás: **Luther ortodox paradoxonjai a Heidelbergi disputációban** (Luthers orthodoxe Thesen in der Heidelberger Disputation). LP 94 (2019) Heft 1, 7–11.

195 Szigeti, Jenő: **Luther és Werbőczi találkozója** (Das Treffen von Luther und Werbőczi). In: Ders.: Egyház és művelődés: tanulmányok a protestáns vallásosság történetéből (Kirche und Bildung: Studien zur evangelischen Frömmigkeitsgeschichte)/ hrsg. von Tibor Faragó. Szeged: Szegedi Tudományegyetem Bölcsészettudományi Kar Néprajzi és Kulturális Antropológiai Tanszék, 2018, 32–41. (Szegedi vallási néprajzi könyvtár; 59; A vallási kultúrakutatás könyvei; 38)

196 **Tabellarischer Lebenslauf.** In: 069, 22 f.

197 Ufer, Joachim: **Johannes Oekolampads Flugschrift »Canonici indocti Lutherani«**

(1519): die erste Veröffentlichung, in der sich Anhänger Luthers als »Lutherani« bekennen. BlPfKG 85 (2018), 303–322: Ill. = Ebernburg-Hefte 52 (2018), 69–88: Ill.

198 Wengert, Timothy J.: **The Ninety-Five Theses as a literary and theological event.** LuJ 85 (2018), 37–60.

199 Werth, Jürgen: **Luther und die Wartburg – die Wartburg und ich.** In: 069, 112–116.

c) Familie

200 Fege, Jürgen: **Dr. med. Paul Luther, Sohn Martin Luthers:** Professor der Heilkunde in Jena kehrt zu sächsischen Wurzeln zurück (28. Januar 1533 bis 8. März 1593). Ärzteblatt Sachsen 30 (2019) Heft 1, 35 f: Ill. – Siehe: <http://www.aerzteblatt-sachsen.de/pdf/sax1901_035.pdf>.

201 Knape, Rose-Marie: **Zur historischen Kulturlandschaft Mansfeld- Südharz.** In: 068, 21–71: Ill.

202 Koch, Ursula: **»Herr Käthe«.** In: 069, 38–42.

203 Kramer, Sabine: **Die Folgen von Luthers Tod für seine Witwe und Familie.** In: 043, 103–118: Ill.

204 Spehr, Christopher: **Die Wittenberger Reformatorenkinder:** Lebensläufe im Dienst des theologischen Erbes der Väter In: 043, 119–139: Ill.

205 Tietz, Jürgen: **Geh' aus mein Herz:** zu Luthers Welt in Luthers Häusern. In: 073, 43–55: Ill.

d) Volkstümliche Darstellungen seines Lebens und Werkes, Schulbücher, Lexikonartikel

206 Klein, Jochen: **500 Jahre Reformation:** Verteilheft zum Reformationsjubiläum. Lychen: Daniel, s. a. 16 unpag. S.: Ill. – Siehe: <https://www.daniel-verlag.de/webdisk/files/Reformation_sonja.pdf>.

207 **Alles Luther Oder was?:** Präsentationsfolien. Elektronische Ressource: PDF. Eschenburg: Verbreitung der Heiligen Schrift, s. a. [2018?]. 18 S.: Ill. (gottes wort. schule) – Siehe: <https://www.gotteswort.schule/file.php?file_id=2506>.

208 **Alles Luther oder was?:** sein(e) dein(e) Zeit, Angst, Entdeckung, Mut, Projekt? Eschenburg: Verbreitung der Heiligen Schrift, s. a. [2018?]. 23 S.: Ill. – Siehe: <https://www.gotteswort.schule/file.php?file_id=2497>.

209 **Dictionary of Luther and the Lutheran traditions/** hrsg. von Timothy J. Wengert. Ada: Baker Academic, 2017. 850 S.

210 Diehl, Leonie; Lux, Jana: **Wie Martin Neues entdeckte und Altes veränderte.** In: 061, 11–16: Ill.

211 Eder, Manfred: **Kirchengeschichte:** 2000 Jahre im Überblick. Aktualisierte Neuausgabe der 3. Aufl. Ostfildern: Matthias Grünewald, 2017. 255 S.

212 Fabiny, Tibor: **Luther Márton végrendelete** (Martin Luthers letzter Wille [Auszug]). Lyukasóra 26 (BP 2017) Heft 8, 34–37.

213 Kohnle, Armin: **Luther (Luder) , Martin.** (2019). Online-Ressource. In: Sächsische Biografie/ hrsg. vom Institut für Sächsische Geschichte und Volkskunde; wissenschaftliche Leitung: Joachim Schneider; Martina Schattkowsky ... Projektmitarbeit: Frank Metasch ... Online-Ressource. Dresden: Institut für Sächsische Geschichte und Volkskunde (ISGV), s. a. – <http://saebi.isgv.de>. - <http://saebi.isgv.de/biografie/Martin_Luther_(1483-1546)>.

214 **Martin Luther und die Schmuggler von Wittenberg/** verantwortlich für den Inhalt: Wilfried Haldenwang; Bild und Layout: Bodo Lehmann. 2. Aufl. Dillenburg: Brockhaus, 2017. 31 S.: Ill. (Martin Luther erleben) (VdHS – Verbreitung der Heiligen Schrift) – Siehe: <https://www.gotteswort.schule/file.php?file_id=2572>.

215 Mokry, Stephan: **Katholische Perspektiven auf Luther und die Reformation.** In: 032, 5–7: Ill.

216 Paál, Vince: **Az első modern médiaesemény** (Das erste moderne Medienereignis). Lyukasóra 26 (BP 2017) Heft 8, 90f.

217 Sághy, Ildikó: **Dr. Luther Márton élete:** sola scriptura (Dr. Martin Luthers Leben: Sola Scriptura). Lyukasóra 26 (BP 2017) Heft 8, 8 f.

218 Sághy, Ildikó: **»... Másként nem tehetek!«** (»... Ich kann nicht anders!«). Lyukasóra 26 (BP 2017) Heft 8, 1.

219 Sormunen, Eino: **Uskon mies:** Martti Lutherin elämä (Ein Mann des Glaubens: das Leben Martin Luthers. [1937])/ sprachlich

überarb. von Maria Laulumaa. Helsinki: Luther-Kirjat Oy, 2017. 120 S.: Ill.

220 Sormunen, Eino: **Uskon mies:** Martti Lutherin elämä (Ein Mann des Glaubens: das Leben Martin Luthers. [1937]). [Lammi]: [Arto Forsström], 2017. 112 S.: Ill.

221 Träger, Johannes: **Evangelische Perspektiven auf Luther und die Reformation.** In: 032, 7–10: Ill.

222 Virág, Jenő: **Dr. Luther Márton önmagáról** (Dr. Martin Luther über sich selbst). Lyukasóra 26 (BP 2017) Heft 8, 10–27.

223 Virág, Jenő: **A Luther-rózsa** (Die Lutherrose). Lyukasóra 26 (BP 2017) Heft 8, 28–33.

224 Vogt, Fabian: **Luther für Neugierige:** das kleine Handbuch des evangelischen Glaubens; mit einem Essay zur Aktualität Luthers. 7. Aufl., Online-Ressource (Epub). L: EVA 2017. 195 S.: Ill.

225 Witten, Ulrike: **Religionsdidaktische Annäherungen oder Warum sollen sich junge Menschen im Religionsunterricht mit der Reformation und Martin Luther befassen und in welchen didaktischen Szenarien ist dies denkbar?** In: 032, 11 f.

226 Ziegler, Petra: **Überzeugt im Glauben, kraftvoll im Handeln:** Persönlichkeiten aus dem Evangelischen Namenkalender. S: Verlag und Buchhandlung der Evang. Gesellschaft, 2012. 127 S.: Ill. L 23. [Auch als Online-Ausgabe]

2 Luthers Theologie und einzelne Seiten seines reformatorischen WIrkens

a) Gesamtdarstellungen seiner Theologie

227 Greengrass, Mark: **Christendom destroyed:** Europe 1517–1648. LO: Allen Lane, 2014. XXIX, 721 S., [8] Bl.: Ill., Kt. (The Penguin history of Europe; 5)

228 Greengrass, Mark: **Christendom destroyed:** Europe 1517–1648. LO: Penguin Books, 2015. XXIX, 721 S., [8] Bl.: Ill., Kt.

229 Greengrass, Mark: **Das verlorene Paradies:** Europa 1517–1648 (Christendom destroyed <dt.>)/ aus dem Engl. von Michael Haupt. DA: Theiss, 2018. 781 S.: Ill., Kt. [Auch als Online-Ausgabe]

230 Greengrass, Mark: **La cristianità in frantumi:** Europa 1517–1648 (Christendom destroyed <ital.>). Bari: Laterza, 2017. XV, 819 S., [8] Bl.: Ill., Kt.

231 Kern, Udo: **Dialektik der Vernunft bei Martin Luther.** B; MS: LIT, 2014. 415 S. (Rostocker theol. Studien; 27)

232 Körtner, Ulrich H. J.: **Luthers Provokation für die Gegenwart:** Christsein – Bibel – Politik. L: EVA, 2018. 167 S.: Ill.

233 Lampe-Densky, Sigrid: **Reformation – verdrängt, verhindert, verweigert:** Erneuerung und Befreiung in den frühen Jahren des 16. Jahrhunderts. B; MS: LIT, 2017. 308 S. (Theol. Orientierungen; 27)

234 Mellies, Horst-Dieter: **Die Glaubenslehren der Reformatoren:** ein Überblick. In: 044, 63–75: Ill.

235 Morgner, Christoph: **Marksteine evangelischer Verkündigung.** In: 069, 24–28.

236 Rodgers, Robert E. L.: **The five points of Lutheranism?:** a tentative proposal based upon the experiential theology of Dr. Martin Luther. Sárospataki füzetek 22 (Sárospatak 2018) Heft 2, 157–171.

237 Rosenau, Hartmut: **Von der Freiheit eines Christenmenschen:** Grundzüge und Aktualität reformatorischer Theologie. B; MS: LIT, 2017. 173 S. (Kieler theol. Reihe; 15)

238 Voegelin, Eric: **Luther und Calvin:** die große Verwirrung/ hrsg. von Peter J. Opitz; aus dem Englischen von Nils Winkler; Anna E. Frazier. M: Fink, 2011. 114 S.

b) Gott, Schöpfung, Mensch

239 Alfsvåg, Knut: **Luther and the apophatic tradition** [Seminarbericht]. LuJ 85 (2018), 331–336.

240 Arand, Charles P.: **The incarnation's embrace of creation.** LThJ 50 (2016), 177–189.

241 Arand, Charles P.; Herrmann, Erik H.: **Living in the promises and places of God:** a theology of the world. CJ 41 (2015) Nr. 2, 101–110.

242 Blázy, Árpád: **Luther kontra Augustinus:** a concupiscentia értelmezése egy szócikkfordítás alapján (Luther gegen Augustin:

die Deutung der Konkupiszenz aufgrund einer Lexikonartikelübersetzung]. LP 94 (2019) Heft 2, 60–63.

243 Causse, Jean-Daniel: **L'impossible certitude d'une contrition authentique:** Luther et la mise en question de la transparence de l'homme à lui-même. In: 071, 287–296.

244 Ehmann, Johannes: **Zwischen Verdrängen und Vergessen … – kirchengeschichtliche Bemerkungen.** JBKRG 12 (2018), 161–171: Ill. L 170f.

245 Gregersen, Niels Henrik: **Luther's theology of creation:** nordic interpretations [Seminarbericht]. LuJ 85 (2018), 353–355.

246 Guðmundsdóttir, Arnfríður: **Talking about a gracious God:** speaking of God out of experience. Dialog: a journal of theology 54 (2015), 233–240.

247 Haapakangas, Marjut: **Saako Jumalaa rakastaa?** (Darf man Gott lieben?). In: 070, 41–52.

248 Haudel, Matthias: **Gotteslehre:** die Bedeutung der Trinitätslehre für Theologie, Kirche und Welt. GÖ: V&R, 2015. 333 S. L 105–112. (UTB; 4292) [Auch als Online-Ressource]

249 Haudel, Matthias: **Gotteslehre:** die Bedeutung der Trinitätslehre für Theologie, Kirche und Welt. 2., veränd. und erg. Aufl. GÖ: V&R 2018. 333 S. L 105–112. (UTB; 4292) [Auch als Online-Ressource]

250 Jolkkonen, Jari: **Martti Luther ja kristillisen elämän uudistuminen** (Martin Luther und die Erneuerung des christlichen Lebens). In: 029, 57–71.

251 Kärkkäinen, Pekka: **Luther's theological psychology and the Spirit.** LuJ 85 (2018), 154–171.

252 Karimies, Ilmari: **Luther on the concept of knowledge.** [Seminarbericht]. LuJ 85 (2018), 363f.

253 Mannström, Tuija: **»Tätä on olla Jumala, ei vastaanottaa, vaan antaa hyvää«** – luterilaisen jumalakuvan juuria Lutherin teologiassa (»Gott sein ist: Nicht empfangen, sondern geben« – Die Wurzel des luth. Gottesbildes in der Theologie Luthers), 28–40.

254 Müller, Rinja Hildegard: **Alterität und ihr Anderes:** Fallstudien zum Selbst-, Welt- und Gottesverhältnis bei Friedrich D. E. Schleiermacher und Martin Luther. B; Bern; W: Lang, 2018. 255 S. (Beiträge zur rationalen Theologie; 23) – Zugl.: Halle-Wittenberg, Univ., Theol. Fak., Diss., 2017.

255 Paulson, Steven D.: **Deus Absconditus in Luther's early sermons.** LuJ 85 (2018), 198–240.

256 Seben, Glória: **A Jóisten, a »rossz« Isten és az ördög:** Luther Márton istenképe (Guter Herr, »böser« Gott und Teufel: Luthers Gottesbild). LP 94 (2019) Heft 3, 94–97.

257 Sodeika, Tomas: **Die Geburt der Religionswissenschaft aus dem Geiste der Reformation.** In: 027,223–231.

258 Surace, Valentina: **»Luther qui genuit Heidegger«:** deconstruction of subjectivity. In: 027, 273–280.

259 Szentpétery, Péter: **Isten nyilvános rejtettségéről** (Über die öffentliche Verborgenheit Gottes). In: 067, 95–108.

260 Theilemann, Wilfried: **Viel des Unheimlichen ist, doch nichts ist unheimlicher als der Mensch.** In: 060,367–379.

261 Vial, Marc: **»L'homme ne peut pas vouloir naturellement que Dieu soit Dieu«:** parler du péché à la suite de Luther. In: 071, 297–311.

c) Christus

262 Arand, Charles P.: **The scientist as a theologian of the cross.** CJ 43 (2017) Nr. 3, 17–35.

263 Hinlicky, Paul R.; Mattes, Mark C.; Rosebrock, Matthew D.: **Martin Luther's theology of beauty and desire.** [Seminarbericht]. LuJ 85 (2018), 367f.

264 Oberdorfer, Bernd: **Theologie des Kreuzes aus evangelischer Perspektive in ökumenischer Absicht.** EvTh 78 (2018), 436–448.

265 Weltler, Sándor: **A diadalmas szent kereszt: Luther Márton – a kereszt teológusa I** (Das siegreiche heilige Kreuz: Luther – ein Kreuzestheologe I). KI 120 (2018) Heft 4, 15–23.

266 Weltler, Sándor: **A diadalmas szent kereszt: Luther Márton – a kereszt teológusa II** (Das siegreiche heilige Kreuz: Luther – ein Kreuzestheologe II). KI 121 (2019) Heft 1, 14–22.

d) Kirche, Kirchenrecht, Bekenntnisse

267 Abraham, Martin: **Das Gott-Mensch-Projekt:** was Kirche ist und wozu es sie gibt.

NK: NV, 2018. 199 S. [Vgl. LuB 2008, Nr. 874].

268 **Die Barmer Theologische Erklärung in der Auslegung durch das lutherische Bekenntnis :** Kundgebung der 26. Landessynode der Evangelisch-Lutherischen Landeskirche Sachsens. (2012). In: 039, 168–173 = Amtsblatt der Evangelisch-Lutherischen Landeskirche Sachsens (2012) Nr. 9/10, B 41-B 46.

269 Dingel, Irene: **Reformation and confessional identity as a two-phase model?:** the process of differentiation in the development of Lutheranism. In: 016, 249–262.

270 Karle, Isolde: **Kompetenz statt Weihe:** der »Unterricht der Visitatoren« als Vorform praktisch-theologischer Theoriebildung. EvTh 77 (2017), 462–472.

271 **Kirche sein heute – eine Selbstvergewisserung:** zum Reformationsgedenken 2017/ von einer Arbeitsgruppe im Auftrag des Rates der Evang. Michaelsbruderschaft erarb. und hrsg.; Geleitwort: Michael Bünker; Vorwort: Ernst Hofhansl. Kloster Kirchberg, Sulz am Neckar: Evang. Michaelsbruderschaft, 2017. 34 S.: Ill. (Evang. Michaelsbruderschaft: Rundbrief; 3 [2017] Beiheft) – Siehe: <https://www.michaelsbruderschaft.de/Messen_inDeutschland/pdf/Kirche-sein-heute.pdf>.

272 Koch, Ernst: **Bekenntnis bei Martin Luther (1528 – 1538 – 1544).** In: 05, 71–96.

273 Korsch, Dietrich; Lehmann, Roland M.: **Ekklesiologie beim frühen Luther** [Seminarbericht]. LuJ 85 (2018), 390–393.

274 Ohst, Martin: **Reformatorische Lehrbekenntnisse in ihren kirchengeschichtlichen Kontexten:** ein Nachwort. In: 05, 279–305.

275 Pőcze, István: **Szenvedés és kereszt Luther teológiai gondolkodásában és egyházképében** (Leiden und Kreuz in Luthers theologischem Denken und Kirchenbild). In: Érték, minőség és versenyképesség: a 21. század kihívásai = Hodnota, kvalita a konkurencieschopnost': vyzvy 21. storočia (Wert, Qualität und Konkurrenzfähigkeit: Herausforderungen des 21. Jh.)/ hrsg. von József Bukor; Alfréd Somogyi. Sekcia teologických vied: reformácia kedysi a dnes (Sektion Theologie: Reformation damals und heute). Komárno: Selye János Egyetem, 2017, 94–101.

276 Schrage, Eltjo: **Luther und das Kirchenrecht.** In: Honos alit artes: studi per il settantesimo compleanno di Mario Ascheri (Honos alit artes: Studien zum 70. Geburtstag von Mario Ascheri)/ hrsg. von Paola Maffei; Gian Maria Varanini. Online-Ressource. Bd. 1: La formazione del diritto comune: giuristi e diritti in Europa (secoli II–XVIII) (Die Bildung des Gewohnheitsrechts: Juristen und Rechte in Europa [3.–19. Jh.]). Firenze: Firenze University, 2014, 407–416. (Reti medievali e-book; 19 I)

277 Voigt, Karl Heinz: **Kirchliche Minderheiten im Schatten der lutherischen Reformation vor 1517 bis nach 2017:** 1648: »Kein anderes Bekenntnis soll angenommen oder geduldet werden«. Druckausgabe und Online-Ressource. GÖ: V&R unipress 2018. 382 S. (Kirche – Konfession – Religion; 73)

e) Sakramente, Beichte, Ehe

278 Breul, Wolfgang: **Die Ehe im frühneuzeitlichen Protestantismus:** von der Bejahung der Leiblichkeit zu ihrer Krise. In: 028, 151–161.

279 Burnett, Amy Nelson: »**Instructed with the greatest diligence concerning the holy sacrament**«: communion preparation in the early years of the Reformation. In: 016, 47–66.

280 Dieter, Theodor: **Les thèses 5 à 7, centre des 95 thèses de Luther sur le »pouvoir des indulgences«.** In: 071, 189–209.

281 Kék, Emerencia: **Luther tanítása a gyónásról és annak mai gyakorlata az evangélikus egyházban** (Luthers Beichtlehre und ihre heutige Praxis in der evang. Kirche). In: Erkölcsteológiai tanulmányok XVIII (Moraltheol. Studien XVIII)/ hrsg. von Mihály Laurinyecz. BP: Jel, 2017, 54–83. (Erkölcsteológiai tanulmányok; 18)

282 Kühner-Graßmann Claudia: **Es gibt keine gravierenden Unterschiede? – Ein Plädoyer für die Kindertaufe.** nthk: Netzwerk Theologie in der Kirche [nach 2015]. – Siehe: <http://nthk.de/blog/bibel-und-bekenntnis/es-gibt-keine-gravierenden-unterschiede.html>.

283 Lexutt, Athina: **Das ist mein Leib: Grundzüge des Verständnisses Luthers vom**

Herrenmahl. Theologie der Gegenwart 61 (2018), 29–49.

284 Magyar, Balázs Dávid: **Kálvin János (és Luther Márton?) házassági és családi életre vonatkozó elgondolásainak recepciója Tarpai Szilágyi András Libellus repudii et divortii Christiani (1667) című művében** (Eine Rezeption von Johannes Calvins [und Martin Luthers?] Gedanken über Ehe und Familie in András Tarpai Szilágyis »Libellus repudii et divortii Christiani«, 1667). In: 057, 121–135.

285 Magyar, Balázs Dávid: **Kálvin János a házasságról, családról és szexualitásról** (Johannes Calvin über Ehe, Familie und Sexualität). BP: Universitas, 2018. 438 S.

286 Pfuch, Tilman: **Luthers Beichtgebet?:** zur Entstehung und Wirkungsgeschichte der Offenen Schuld nach EG 799. HCh 40/41 (2016/17 [gedruckt 2018]), 89–108.

287 Schmidt-Funke, Julia A.: **»appetitus ad mulierem est creatio Dei«:** zum Problem der Keuschheit im Protestantismus. In: 028, 183–193.

288 Witt, Christian Volkmar: **Luthers Reformation der Ehe als kulturgeschichliche Zäsur.** In: 028, 163–171.

f) Amt, Seelsorge, Diakonie, Gemeinde, allgemeines Priestertum

289 Bakker, Henk: **»We are all equal« (Omnes sumus aequales):** a critical assessment of early Protestant ministerial thinking. Perspectives in religious studies 44 (Waco, TX 2017), 353–376.

290 Härle, Wilfried: **Von Christus beauftragt:** ein biblisches Plädoyer für Ordination und Priesterweihe von Frauen. L: EVA; PB: Bonifatius, 2017. 182 S. – Auch als Online-Ressource. L: EVA, 2017. 240 S. (epub).

291 Härle, Wilfried: **Kristus uzdevumā:** bībelē balstīti argumenti par labu sieviešu ordinācijai (Von Christus beauftragt: ein biblisches Plädoyer für Ordination und Priesterweihe von Frauen <lett.>)/ übers. von Ilze Ķezbere-Herle; hrsg. von Valda Lutiņa; Berater: Dace Balode; Elmar Ernst Rozitis. Rīga: Lutiņa, 2017. 159 S.

292 Heikkinen, Jouko M. V.: **Kesytetty kuolema:** Martti Luther opastaa kuolemaan iloisesti (Gezähmter Tod: Luther als Lehrer des freudigen Todes). Rovaniemi: Väylä, 2017. 504 S.

293 Kopperi, Kari: **Diakonia ja hengellinen elämä** (Diakonie und das geistliche Leben). In: 029, 75–94.

294 Pawlas, Andreas: **Luther zu Simonie und Ämterkauf in seiner Genesisvorlesung.** Lu 90 (2019), 43–52.

295 Roser, Traugott: **Eine neue Ars moriendi:** zwölf Beobachtungen zu Sterben und Sterbebegleitung in der Tradition Martin Luthers. Lu 90 (2019), 12–28.

296 Schwillus, Harald: **Von der Ars moriendi zu den reformatorischen Sterbebüchern.** In: 043, 33–48: Ill.

297 Sons, Rolf: **Luther als Seelsorger.** In: 069, 71–75.

298 Sons, Rolf: **Sielunhoidon sydämessä:** Luther ja vapauttava usko (Martin Luther als Seelsorger: die Freiheit neu entdecken <finn.>)/ übers. von Anne Leu. Kauniainen: Perussanoma Oy, 2017. 300 S.

299 Tubán, József: »**Pásztorát tőled kapta néped«:** a lelkészi hivatal/hivatás teológiai tartalma és alkalmazása a lelkészi eskü tükrében I (»Du gibst deinem Volk einen Hirten«: der theol. Inhalt des Pfarrerberufs und dessen Anwendung im Spiegel des Pfarrereides I). KI 120 (2018) Heft 4, 9–14.

300 Tubán, József: »**Pásztorát tőled kapta néped«:** ... II (»Du gibst deinem Volk einen Hirten«: ... II). KI 121 (2019) Heft 1, 5–13.

g) Gnade, Glaube, Rechtfertigung, Werke

301 Allen, Michael: »**It is no longer I who live«:** »Christ's faith and Christian faith.« Journal of Reformed theology 7 (Leiden 2013), 3–26.

302 Bäder-Butschle, Ivo: **Brüchige Fundamente:** eine Revision der Rechtfertigungslehre. B; MS: LIT, 2017. IX, 227 S. (Studien zur systematischer Theologie und Ethik; 67)

303 Beyer, Michael; Bubenheimer, Ulrich: **Ablass, Luther und Karlstadt** [Seminarbericht]. LuJ 85 (2018), 340–348.

304 Bruder, Benedikt: **Versprochene Freiheit:** der Freiheitsbegriff der theologischen Anthropologie in interdisziplinärem Kontext. Druckausgabe und Internetressource (PDF). B; Boston, MA: De Gruyter, 2013. XVI, 501 S. (Theol. Bibliothek Töpelmann;

159) – Zugl.: Erlangen, Nürnberg, Univ.,
Diss., 2010.

305 Csepregi, András: **A szívekbe írt törvény:**
az Isten kétféle kormányzásában részt vevő
keresztény ember lehetőségei Luther teológiájában (Gesetz im Herzen: die Möglichkeiten des Christenmenschen in zweierlei
Reichen Gottes nach Luthers Theologie).
In: 041, 77–92.

306 Forsbeck, Rune: **Martin Luther, reformation
och Politik** (Martin Luther Refomation und
Politik). Nya Argus 210 (Helsingfors 2017)
Nr. 4. – Siehe: <http://www.kolumbus.fi/
nya.argus/2017/4/martin_Luther_reforma
tion_och_politik.html>.

307 **Die Grautöne mehr beachten:** Gespräch
mit dem Leipziger Theologieprofessor Ro-
chus Leonhardt über die Bewertung von
Lügen im Privaten bei Martin Luther und
in der neueren evangelischen Theologie/
Interviewpartner: Kathrin Jütte; Reinhard
Mawick. ZZ 19 (2018) Heft 2, 38–41: Ill.

308 Grünwaldt, Klaus: **Hier stehe ich – ich
kann nicht anders:** Martin Luther und das
Gewissen. In: 060, 353–365.

309 Hermann, Christian: **Une théologie pasto-
rale:** les indulgences comme sujet des Flugschriften de Luther. In: 071, 211–238.

310 Herrmann, Erik H.: **Conflicts on righteousness and imputation in early Lutheranism:**
the case of Georg Karg (1512–1576). In: 016,
93–107.

311 Karkkainen, Veli-Matti: **Usko ja teot –
vanhurskauttaminen ja pyhitys:** sittenkin
samoilla linjoilla? (Glaube und Werke –
Rechtfertigung und Heiligung: immer noch
auf der gleichen Linie?). In: 074, 33–45.

312 Karimies, Ilmari: **In your light we see the
light:** Martin Luther's understanding of
faith and reality between 1513 and 1521.
Helsinki: Helsingin yliopiston, 2017. 297
S. – Zugl.: Helsinki, Univ., Theol. Fak.,
Diss. 2017. – Siehe: <https://helda.hel-
sinki.fi/handle/10138/172669>.

313 Kärkkäinen, Pekka: **Henki, usko ja kuule-
minen Lutherin Galatalaiskirjeen tulkin-
noissa** (Geist, Glaube und Hören in Luthers
Auslegungen des Galaterbriefs). In: 029,
28–40.

314 Korsch, Dietrich: **Martin Luther und die
Freiheit:** neun Thesen zum Verständnis
seiner Schrift Von der Freiheit eines Christenmenschen (1520). In: 061, 95–112: Ill.

315 Lexutt, Athina: **»Damit allein tröste ich
mich, darauf baue ich, da steht meine
Hoffnung, da will ich mich lassen finden«:**
Martin Luther und die Hoffnung. EvTh 78
(2018), 246–263.

316 Matthias, Markus: **Vrij van vrijheid:** Luthers ontdekking van de dialectiek van
vrijheid (Frei von Freiheit: Luthers Entdeckung der Dialektik der Freiheit) In: Vrijheid: essays over de moeilijkheid vrijheid
te begrijpen (Freiheit: Essays zur Schwierigkeit, Freiheit zu verstehen)/ hrsg. von
Markus Matthias; mit Beiträgen von Stevo
Akkerman ... Eindhoven: Damon, 2017,
79–104.

317 Pohlig, Matthias: **Die Reformation und das
Problem des religiösen Entscheidens.** ARG
109 (2018), 316–260.

318 Polke, Christian: **Lebensformen:** vom
»Stoff« der Ethik. ZThK 115 (2018), 329–
360.

319 Raunio, Antti: **Toisia varten olemisen eti-
ikka – onko luterilaisella etiikalla annet-
tavaa ajankohtaiseen eettiseen keskuste-
luun?** (Die Ethik des Seins für andere – Hat
die luth. Ethik der aktuellen ethischen Diskussion etwas zu geben?). In: 070, 177–191.

320 Rittgers, Ronald K.: **A significant silence
in Luther's early theology of suffering:** new
evidence for an initial reformational Umbruch. LuJ 85 (2018), 241–261.

321 Rosin, Robert: **Looking around with new
eyes:** a certain modesty as a way to see. In:
016, 309–325.

322 Söding, Thomas: **Vergebung der Sünden:**
soteriologische Perspektiven des Neuen
Testaments. ZThK 115 (2018), 402–424.

323 Stjerna, Kirsi: **»Jotta ihminen uskoisi«:**
Luther Pyhän Hengen missiosta (»Damit
der Mensch glauben würde«: Luther zur
Mission des Heiligen Geistes). In: Jotta
maailma uskoisi – ekumenia lähetysteh-
tävän edistäjänä: Veli-Matti Kärkkäisen
60-vuotisjuhlakirja (Damit die Welt glauben würde – Ökumene als Förderer der
Mission: Festschrift für Veli-Matti Kärkkäinen zum 60. Geburtstag)/ hrsg. von
Leevi Launonen; Anna Lehtinen. Helsinki:
Aikamedia, 2018, 72–89.

324 Szakács, Tamás: **A tudomány időfogalma
és a páli megigazulás:** kauzalitás a modern
fizikában és Pálnál I (Der wissenschaftliche
Zeitbegriff und die paulinische Rechtferti-

gung: Kausalität in der modernen Physik und bei Paulus I). KI 117 (2018) Heft 1, 29–39.

325 Szakács, Tamás: **A tudomány időfogalma és a páli megigazulás:** ... (Der wissenschaftliche Zeitbegriff ... II). KI 118 (2018) Heft 2, 17–27.

326 Tingle, Elizabeth C.: **Idulgences after Luther:** pardons in counter-reformation France, 1520–1720. LO: Pickering & Chatto, 2015. 256 S.

327 Tingle, Elizabeth C.: **Idulgences after Luther:** pardons in counter-reformation France, 1520–1720. Online-Ressource. Milton Park, Abingdon, UK; NY, NY: Routledge, 2016. XIII, 217 S.: Ill., Kt. (Religious cultures in the early modern world; 21)

328 Tingle, Elizabeth C.: **Idulgences after Luther:** pardons in counter-reformation France, 1520–1720. Taschenbuchausgabe. LO; NY: Routledge, 2017. XIII, 217 S.: Ill. Kt. (Religious cultures in the early modern world; 21) [Auch als Online-Ressource]

h) Sozialethik, politische Ethik, Geschichte

329 Balogh, Attila: **Odd Langholm (2009):** Luther Márton tanainak szöveghű elemzése a kereskedelemről és az árakról (Odd Langholm [2009]: textgetreue Analyse von Luthers Lehre über Handel und Preise). Köz-gazdaság: tudományos füzetek 13 (BP 2018) Heft 3, 76–77.

330 Békefy, Lajos: **A reformáció hatása a modern, posztmodern világra:** kálvini gazdaságszemléleti, gazdaságetikai sajátosságok, befolyásuk egészen a mai Kínáig (Auswirkungen der Reformation auf die moderne postmoderne Welt: calvinistische ökonomische und wirtschaftsethische Merkmale und ihr Einfluss bis zum heutigen China). Kultúra és közösség (BP 2017), 5–18.

331 Benedictis, Angela de; Schorn-Schütte, Luise: **Wissensbestände / »archivi del sapere« der Frühen Neuzeit:** juristisch-theologische Debatten im 16./17. Jahrhundert. HZ 308 (2019), 1–45.

332 Crüsemann, Frank: **Gott und Menschen handeln – wie ist das Verhältnis?** In: 04, 95–118.

333 Csepregi, Zoltán: **»Nyilvános teológia«-e az Asztali beszélgetések?:** nyilvánosságszerkezet – autenticitás – olvasói elvárások (Sind die Tischreden eine »öffentliche Theologie«?: Öffentlichkeitsstruktur – Authentizität – Erwartungen der Leser). In: 067, 109–121.

334 Czine, Ágnes: **A reformáció hatása a jogi gondolkodásra, különös figyelemmel Kálvin büntetőjogot érintő munkásságára** (Die Auswirkung der Reformation auf das Rechtsdenken, mit besonderer Berücksichtigung von Calvins Werken über das Strafrecht). Magyar jog 65 (BP 2018) Heft 1, 9–15.

335 Duchrow, Ulrich: **Luthers Stellung zum Individualismus des modernen Geldsubjekts.** In: 04, 142–186.

336 Foresta, Patrizio: **Konzil, Naturrecht und Widerstand im juristischen Gutachten der kursächsischen Juristen und des Johann von der Wyck (1530/31).** In: 027, 481–490.

337 Frambach, Hans: **Reformation und ihre Impulse für die Ökumene.** In: 012, 125–143.

338 Heckel, Martin: **Luthers Haltung zur Obrigkeit.** Juristen Zeitung 72 (2017) Heft 23, 1129–1139.

339 Heckel, Martin: **Luthers Haltung zur Obrigkeit.** In: 027, 59–69.

340 Hirschler, Horst: **Luther und die Politik.** In: 069, 99–103.

341 Kessler, Rainer: **Individuelles Fehlverhalten und institutionelle Fehlentwicklungen.** In: 04, 119–141.

342 Knittel, Thomas: **Toleranz und Intoleranz in der Theologie Martin Luthers.** (2014). In: 039, 190–194. 196 = Amtsblatt der Evang.-Luth. Landeskirche Sachsens (2014) Nr. 8–10, B 21-B 25. [B 24 im Wiederabdruck ausgefallen]

343 Laborczi, Pál: **Az érett középkortól napjainkig és tovább:** gondolatok Zsugyel János írása kapcsán (Vom Spätmittelalter bis zur Gegenwart: Gedanken zu János Zsugyels Artikel). LK 93 (2018) Heft 6, 225–230.

344 Lindemann, Gerhard: **Das Thema »Toleranz« – Chancen und Grenzen in Bezug auf die Reformation und Martin Luther:** Impulsreferat auf dem Ideentag »Toleranz – Lutherdekade Themenjahr 2013« am 12. Januar 2012 im Evangelisch-Lutherischen Landeskirchenamt Sachsens. (2012). In: 039, 165–167 = Amtsblatt der Evange-

lisch-Lutherischen Landeskirche Sachsens (2012) Nr. 7/8, B 33-B 35.

345 Mangeloja, Esa: Martti **Luther taloudellisena ajattelijana** (Martin Luther als Wirtschaftsdenker). Kansantaloudellinen aikakauskirja 114 (Helsinki 2018) Nr. 1, 84–99. – Siehe: <https://urly.fi/19cr>.

346 Mennecke, Ute: **War der Dreißigjährige Krieg ein Religionskrieg?** JEKGR 67 (2018), 37–60. L 43–45.

347 Morgner, Christoph: **Gewinn um jeden Preis?:** Martin Luther und das Wirtschaftsleben. In: 069, 76–82.

348 Pawlas, Andreas: **Kampf der Korruption:** theologische Ansätze und Anfragen in Geschichte und Gegenwart. L: EVA, 2017. 421 S.

349 Pawlas, Andreas: **Mit Luther in die Moderne?!:** gesammelte Aufsätze. Bd. 2. Print on demand und Internetressource. Saarbrücken: Fromm, 2018. 472 S.

350 Pfister, Silvia: **Konfession und Endzeiterwartung:** Herzog Johann Friedrich II. von Sachsen, Wilhelm von Grumbach und das Geschichtsdenken Martin Luthers. In: 064, 92–97.

351 Raunio, Antti: **Ecclesia ja politia Jumalan lahjoina:** kirkon ja valtion suhde Lutherin teologiassa (Ecclesia und politia als Gottesgaben: das Verhältnis zwischen Kirche und Staat in Luthers Theologie) In: Filosofina historiassa: juhlakirja professori Matti Kotirannan täyttäessä 60 vuotta 9. marraskuuta 2018 (Als Philosoph in der Geschichte: Festschrift für Matti Kotiranta zum 60. Geburtstag)/ hrsg. von Teuvo Laitila; Ilkka Huhta. Tampere: Luther-Agricola Seura, Helsinki, 2018, 89–114. (Studia missiologica et oecumenica Fennica; 62)

352 **Reformation in Kirche und Staat:** von den Anfängen bis zur Gegenwart/ hrsg. von Uwe Niedersen. [Nachdruck der Ausgabe Dresden; Torgau, 2017]. B: Duncker & Humblot, 2018. 406 S.: Ill., Kt., Noten. – Siehe die enthaltenen Aufsätze: LuB 2017, Nr. 054.

353 **Reformation. Macht. Politik:** Fürchtet Gott, ehrt den König! – Das Magazin zum Themenjahr 2014 – Reformation und Politik/ hrsg. von der Evang. Kirche in Deutschland; Thies Gundlach. Druckausgabe und Online-Ressource. F: Hansisches Druck- und Verlagshaus, 2013. 113 S.: Ill.

(EKD – Das Magazin zum Themenjahr 2014; [6]) – Siehe: <https://www.reformation-und-politik.de/download/20131118_reformation_und_politik.pdf>.

354 Saarinen, Risto: **Luther, aneet ja rajaton jakamistalous** (Luther, Ablass und unbegrenzte kollaborative Wirtschaftsformen). Kanava 46 (Helsinki 2018) Nr. 3, 33–37.

355 Sarnyai, Csaba Máté; Mitev, Ariel Zoltán; Ivicz, Mihály Zsolt: **Luther tanainak hatása a vállalati társadalmi felelősségvállalásra** (Die Auswirkung von Luthers Lehre auf die gesellschaftliche Verantwortung von Unternehmen) In: Folyamatos megújulás: Reformáció(k) tegnap és ma = A Károli Gáspár Református Egyetem 2016-os évkönyve (Fortwährende Erneuerung: Reformation[en] gestern und heute = Jahrbuch der Reformierten Gáspár-Károli-Universität 2016)/ hrsg. von Enikő Sepsi; Kornélia Deres; Árpád Olivér Homicskó. BP: Károli Gáspár Református Egyetem; L'Harmattan, 2017, 223–237. (Studia Caroliensia)

356 Schmoeckel, Mathias: **Das Recht der Reformation:** die epistemologische Revolution der Wissenschaft und die Spaltung der Rechtsordnung in der Frühen Neuzeit. TÜ: Mohr Siebeck, 2014. XVIII, 311 S.

357 Ulrich-Eschemann, Karin: **Luthers »Entdeckung« der Kinderrechte.** In: 04, 254–268.

358 Zsugyel, János: **Közgazdasági gondolatok Luther Márton életművében** (Ökonomische Gedanken in Luthers Lebenswerk). Credo 24 (BP 2018) Heft 1 f, 62–75.

359 Zsugyel, János: **Közgazdasági gondolatok Luther Márton életművében** (Ökonomische Gedanken in Luthers Lebenswerk). In: 041, 211–229.

i) Gottes Wort, Bibel, Predigt, Sprache

360 **Die emotionale Seite der Lutherbibel/** von Paula Arnhold … In: 061, 57 f.

361 **Die Apokryphen der Lutherbibel:** Einführungen und Bibeltexte/ hrsg. von Christfried Böttrich; Martin Rösel; Beiträge von Matthias Albani … S: Deutsche Bibelgesellschaft; L: EVA, 2017. 384 S.

362 Augst, Gerhard: **»Das Wort sie sollen lassen stan«?:** die Revision der Lutherbibel im Spannungsfeld von Sprachwandel und

Sprachkunstwerk. Der Deutschunterricht: Beiträge zu seiner Praxis und wissenschaftlichen Grundlegung 70 (2018) Heft 2, 70–81.

363 Bácskai, Károly: **A lelki ház ablakai:** Bibliatanulmány 1Pt 2,11–3,12 alapján (Fenster am geistlichen Hause: Bibelarbeit über 1Pt 2,11–3,12). In: 067, 72–82.

364 Balogh, Csaba: **Az igaz hitből él?:** hitvita és exegézis Habakuk 2,4b reformáció korabeli magyarázataiban (Lebt der Gerechte aus dem Glauben?: Glaubensstreit und Exegese in den Auslegungen von Hab 2,4b in der Reformationszeit). In: 049, 105–124.

365 Batka, L'ubomír: **Luther's exposition of Psalms 1–25 at Coburg (1530).** In: 016, 21–45.

366 Beutel, Albrecht: **Sola scriptura?:** zum Verhältnis von biblischer Exegese und theologischer Theoriebildung beim jungen Luther. LuJ 85 (2018), 110–129.

367 Beutel, Albrecht: **Thesen und Testament:** Beginn der Reformation, ältere Bibelübersetzungen und Septembertestament. In: 07, 55–75: Ill.

368 Bormuth, Karl-Heinz: **»Dem Volk aufs Maul schauen«:** Martin Luther und die deutsche Sprache. In: 069, 48–51.

369 **In welcher Art und Weise Martin Luther übersetzte/** von Dennis Bothe ... In: 061, 50–53.

370 Brumlik, Micha: **Dialog zwischen Übersetzern:** Franz Rosenzweigs Aufsatz »Die Schrift und Luther«. In: 036, 61–82.

371 Dalferth, Ingolf U.: **Wirkendes Wort:** Bibel, Schrift und Evangelium im Leben der Kirche und im Denken der Theologie. L: EVA, 2018. XXIII, 362 S.

372 Erikson, Leif: **Uskoiko Luther Raamattuun koska hän uskoi Kristukseen – vai päinvastoin?** (Hat Luther an die Bibel geglaubt, weil er an Christus glaubte – oder umgekehrt?). Perusta 44 (Helsinki 2017) Nr. 4, 211–223.

373 Fanelli, Julian; Ide, Julian; Schneider, Cosima: **Luthers Weg zur Bibelübersetzung.** In: 061, 47–49.

374 Förster, Hans: **Der Versucher und die Juden als seine Vortruppen:** Überlegungen zum Einfluss der Rezeptionsgeschichte auf die Übersetzung einiger wirkungsgeschichtlich problematischer Passagen des Neuen Testaments. ZThK 115 (2018), 229–259.

375 Gause, Ute: **Reformation und Körperlichkeit am Beispiel von Luthers Genesisvorlesung.** EvTh 78 (2018), 41–48.

376 Glitzenhirn, Lennart; Saleski, Erik; Sostmann, Justin: **Luthers Übersetzungsintention.** In: 061, 54–56.

377 Göttert, Karl-Heinz: **Luthers Bibel:** Geschichte einer feindlichen Übernahme. Druckausgabe und Internetressource (epub). Fischer: FISCHER E-BOOKS, 2017. 507 S: Ill. bzw. 512 S.: Ill.

378 Guntermann, Anna; Nierula, Johanna: **Die revidierte Lutherbibel in der Evangelischen Kirche von Kurhessen-Waldeck:** Bischof Prof. Dr. Martin Hein äußert sich zur Verteilung neuer Altarbibeln an die Kirchengemeinden. In: 061, 90–92: Ill.

379 Hauschildt, Friedrich: **Ertrag einer Debatte:** Neues von Notger Slenczka zum Verhältnis von Altem und Neuem Testament. ZZ 19 (2018) Heft 7, 17–19: Ill. [Rez. zu unten, Nr. 417]

380 Hausmann, Jutta: **Luther Márton és az Ószövetség** (Martin Luther und das Alte Testament)/ übers. von Kinga Szűcs. In: 049, 11–20.

381 Herrmann, Erik H.: **Luther's divine Aeneid:** continuity and creativity in reforming the use of the Bible. LuJ 85 (2018), 85–109.

382 Hörisch, Jochen: **Anschluss verloren? Medien nach Gutenberg und der Protestantismus:** nicht 95, sondern 7 Thesen. In: 028, 65–75.

383 Holznagel, Franz-Josef: **Luther und die deutsche Sprache.** In: 07, 170–192: Ill., Kt., Noten.

384 Horváth, Géza: **Luther bibliafordítása(i) és hatása az újfelnémet nyelv kialakulására** (Luthers Bibelübersetzung[en] und deren Wirkung auf die Entwicklung des Neuhochdeutschen). In: 041, 167–186.

385 Jähnichen, Traugott; Maaser, Wolfgang: **Biblische Hermeneutik als Basis der Ethik Martin Luthers.** EvTh 77 (2017), 451–461.

386 Jørgensen, Ninna: **Luther's preaching within the framework of liturgical tradition.** LuJ 85 (2018), 172–197: Ill.

387 Jones, Howard: **Language and style** [Sermon von Ablass und Gnade]. In: 035, LXII-LXXVII.

388 Jones, Howard: **The vocabulary of righteousness in Martin Luther's New Testament translations.** Oxford German studies

47 (Phil 2018, online 2019) Nr. 4, 381–416. – Siehe: <https://www.tandfonline.com/doi/full/10.1080/00787191.2019.1548122>.

389 Juntunen, Sammeli: **Reformaatiossa on kyse Jumalan sanasta.** (In der Reformation geht es um Gottes Wort). Perusta 44 (Helsinki 2017) Nr. 4, 198–205.

390 Kähler, Christoph: **Luther war doch genauer!:** Erfahrungen bei der Revision der Lutherbibel. In: 07, 214–231: Ill.

391 Käßmann, Margot: **Luthers Bibel.** In: 07, 7–14: Ill.

392 Kasten, Christoph: **Mit Luther gegen Luther:** Franz Rosenzweig, Siegfried Kracauer und die Bibel auf Deutsch. In: 036, 181–244.

393 Klän, Werner: **God's word is the place where God dwells:** impetuses for a confessional-Lutheran conversation about ways to read Holy Scripture. In: 016, 263–290.

394 Klapheck, Elisa: **Luther als Targum:** Rosenzweig, Luther und die rabbinische Übersetzungskunst. In: 036, 127–154.

395 Kocher, Ursula; Karrer, Martin: **Wenn das Alte zum Neuen wird – Die Revision der Lutherbibel.** BUW output: Forschungsmagazin / reseach bulletin / der Bergischen Universität Wuppertal 13 (2015) Sommersemester, 18–23: Ill. [Vgl. LuB 2016, Nr. 291]

396 Körtner, Ulrich H. J.: **Arbeit am Kanon:** Studien zur Bibelhermeneutik. Druckausgabe und Online-Ressource. L: EVA, 2015. 269 S.

397 Kratz, Reinhard G.: **»Damit Gott sei alles in allem«:** Überlegungen zum Verhältnis von Altem und Neuem Testament. ZThK 115 (2018), 377–401.

398 Lämmer, Stefan: **Luthers Umgang mit der Bibel.** In: 069, 43–47.

399 Lesch, Jürgen-Peter: **Luther und seine Bibel:** ein Bericht über die Revision der Lutherbibel. In: 061, 59–85: Ill.

400 Liess, Kathrin: **Die »kleine Biblia«:** Luthers Psalmenauslegungen und die neuere Psalmen- und Psalterexegese. EvTh 78 (2018), 389–400.

401 Lippold, Ernst: **Luthergetreu oder zeitgemäß?:** die Revisionen der Lutherbibel. In: 07, 193–213: Ill.

402 Lühe, Irmela von der: **Franz Rosenzweig: »Die Schrift und Luther«:** Grenzgänge zwischen Philologie und Religion. In: 036, 83–102.

403 Michel, Stefan: **»Luthers Sanhedrin«:** Helfer und Mitarbeiter an der Lutherbibel. In: 07, 117–135: Ill.

404 Michel, Stefan: **Martin Luther und seine Bibelübersetzung** [Seminarbericht]. LuJ 85 (2018), 369–372.

405 Miletto, Gianfranco: **Die Hebraistik in Wittenberg (1502–1813):** Andreas Sennert, Theodor Dassov und Christoph Wichmannshausen. In: 028, 239–247.

406 Mittler, Elmar: **Der Wettlauf um die Vollbibel in der frühen Reformationszeit:** süddeutsche Übersetzer und Drucker in Konkurrenz zu Luther und Wittenberg. JBKRG 12 (2018), 11–50: Ill.

407 Németh, Áron: **»Midőn tehát zsidóul mondatik...«:** Ószövetség-használat és héber filológiai érvelés a 16. század magyar református hitvallásaiban (»Wenn also auf jüdisch gesagt wird...«: Bibelbenutzung und hebräisch-philologische Argumentation in den ungarisch-reformierten Bekenntnissen des 16. Jahrhunderts). In: 049, 201–235.

408 Noblesse-Rocher, Annie: **Les »lieux« de Nombres 20,1–13 dans quelques commentaires du XVIe siècle** In: Nombres 20,1–13: les eaux de Mériba/ hrsg. von Matthieu Arnold; Gilbert Dahan; Annie Noblesse-Rocher. P: Cerf, 2019, 131–147. L 132. 145–147. (Études d'histoire de l'exégèse; 14)

409 Null, Ashley: **The Jews in English Reformation polemic.** In: 054, 119–143.

410 Parmentier, Élisabeth: **L'herméneutique biblique de Martin Luther:** à partir de l'histoire du fruit défendu, le sens du péché. In: 014, 43–55.

411 Pleizier, Theo: **Using the Bible as a Protestant religious practice.** In: 028, 335–343.

412 Reinis, Austra: **The impact of Luther's postils and exegetical works on Reformation and counter-Reformation preaching** [Seminarbericht]. LuJ 85 (2018), 381–383.

413 Rösel, Martin; Jahr, Hannelore: **»Eine kleine Biblia«:** die Beigaben zur Lutherbibel. In: 07, 94–116: Ill.

414 Rösel, Martin: **»Nützlich und gut zu lesen«:** die Apokryphen der Lutherbibel. In: 07, 136–150: Ill.

415 Rosenzweig, Franz: **Die Schrift und Luther.** (1926). In: 036, 15–48.

416 Schäfer, Uwe: **Die Wiederentdeckung der Bibel durch Martin Luther:** spätmittel-

alterlicher Bibelgebrauch und reformatorisches Schriftverständnis. In: 061, 25–46: Ill.

417 Slenczka, Notger: **Vom Alten Testament und vom Neuen:** Beiträge zur Neuvermessung ihres Verhältnisses. Druckausgabe und Online-Ressource. L: EVA, 2017. 506 S. [Rez. siehe oben Nr. 379]

418 Spehr, Christopher: »**Dem Volk aufs Maul schauen**«: Luther als Dolmetscher. In: 07, 76–93: Ill.

419 Stengel, Friedemann: **Sola scriptura im Kontext:** Schriftprinzip oder Streitprinzip? In: 027, 191–202. [Vgl. LuB 2018, Nr. 536]

420 Stöcklein, Heike: **Illustrierte Offenbarung:** Holzschnittillustrationen der Johannes-Apokalypse in deutschen Bibeln. Druckausgabe und Online-Ressource. L: EVA, 2019. 325 S.: Ill. (AKThG; 52) – Zugl.: MS, Westfälische Wilhelms-Universität, Diss., 2018.

421 Tanskanen, Topias: **Apokryfit ja Luther** (Die Apokryphen und Luther). Perusta 44 (Helsinki 2017) Nr. 6, 338–343.

422 Tubán, József: **Formai és tartalmi kritériumok az igehirdetésben I** (Formale und inhaltliche Kriterien in der Predigt I). KI 117 (2018) Heft 1, 4–7.

423 Tubán, József: **Formai és tartalmi kritériumok az igehirdetésben II** (Formale und inhaltliche Kriterien in der Predigt II). KI 118 (2018) Heft 2, 5–11.

424 Vankó, Zsuzsanna: »**Ilyen nagy megtiszteltetésben van részünk, hogy Istent hallgathatjuk …**«: Luther Márton az igehirdetésről (»Es ist uns eine große Ehre, Gott zu hören …«: Luther über das Predigen). Sola Scriptura 20 (BP 2018), Heft 3 f, 20–23.

425 Varga, Gyöngyi: »**Tágas térre állítottad lábamat**«: Isten, Izrael és a tér az Ószövetség világában (»Du stellst meine Füße auf weiten Raum«: Gott, Israel und der Raum in der Welt des Alten Testaments). In: 067, 30–44.

426 **Vom Dolmetschen und »verdeutschen«:** Martin Luther als Bibelübersetzer; Mitarbeiterhilfe – Oktober 2016/ Werkstatt Bibel mobil im Amt für missionarische Dienste der Ev. Kirche von Westfalen; Sven Körber. Dortmund: Werkstatt Bibel mobil, 2016. 4 S. – Siehe: <https://www.amd-westfalen.de/fileadmin/dateien/dateien_zeipelt/WBm-Material/Handout-Luther-als-Uebersetzer.pdf>.

427 Wengst, Klaus: »**Ehrfurcht vor dem Wort«, das nicht Besitz wird:** Warum »die Schrift« anders gelesen werden sollte, als Luther sie gelesen hat. In: 036, 103–126.

428 Wick, Peter: **Martin Luther und der Jakobusbrief.** EvTh 77 (2017), 417–426.

429 Zschoch, Hellmut: **Luthers frühe Predigten** [Seminarbericht]. LuJ 85 (2018), 401–404.

430 Zsengellér, József: **A kanonikus Szentírás:** a reformátori felfogás a kánonról és az apokrif irodalomról (Die kanonische Schrift: die reformatorische Auffassung über Kanon und Apokryphen). In: 013, 63–80.

431 Zsengellér, József: **Az ószövetségi kánon és a reformáció** (Der alttestamentliche Kanon und die Reformation). In: 049, 39–75.

k) Gottesdienst, Gebet, Spiritualität, Kirchenlied, Musik

432 Bärsch, Jürgen **Kleine Geschichte des christlichen Gottesdienstes.** Regensburg: Pustet 2015. 204 S.: Ill. [Auch als Online-Ressource]

433 Bärsch, Jürgen: **Kleine Geschichte des christlichen Gottesdienstes.** 2., durchges. Aufl. Regensburg: Pustet 2017. 204 S.: Ill. [Auch als Online-Ressource)

434 Dahlgrün, Corinna: »**Ein feste Burg**«: Luther als Sprachkünstler – Psalmen und Lieder. In: 07, 151–169: Ill., Noten.

435 Daniel, Thilo: **Kernlieder und Kerntexte** »**Ein feste Burg ist unser Gott**«. (2012). In: 039, 176–177 = Amtsblatt der Evangelisch-Lutherischen Landeskirche Sachsens (2012) Nr. 2, B 8-B 12.

436 Daniel, Thilo: **Vom Himmel hoch da komm ich her:** »**Ein Kinderlied auf die Weihnacht**« – Kernlied der Landeskirche. (2012). In: 039, 178–182 = Amtsblatt der Evangelisch-Lutherischen Landeskirche Sachsens (2012) Nr. 20/21, B 178-B 182.

437 Ecsedi, Zsuzsanna: **Luther és az éneklő egyház:** cantionale (Luther und die singende Kirche: ein Cantionale). In: 041, 131–142.

438 Finta, Gergely: **Zenés áhítatok, templomi koncertek az egyház nyilvános szolgálatában:** Deák téri tapasztalatok (Musikandachten und Kirchenkonzerte im öffentlichen Dienst der Kirche: Erfahrungen am Budapester Deákplatz). In: 067, 195–204.

439 H. Hubert, Gabriella: **Graduál-énekeskönyv mint reformációs műfaj** (Das Gradualgesangbuch als reformatorische Gattung). In: 058, 64–71.

440 H. Hubert, Gabriella: **Luther és az éneklő egyház:** adiaphoron (Luther und die singende Kirche: ein Adiaphoron). In: 041, 123–129.

441 H. Hubert, Gabriella: **A reformáció gyülekezeti énekeinek emlékezete a 16.–18. századi énekeskönyvi kánonban** (Das Gedenken an die Kirchenlieder der Reformation im Gesangbücherkanon des 16.–18. Jahrhunderts). In: 057, 228–235.

442 Haemig, Mary J.: **Promises and pleas:** Luther on prayer. LuJ 85 (2018), 262–279.

443 Hafenscher, Károly: **Luther, Kálvin és az istentisztelet** (Luther, Calvin und der Gottesdienst). Credo 24 (BP 2018) Heft 1 f, 17–28.

444 Hafenscher, Károly: **Luther, Kálvin és az istentisztelet** (Luther, Calvin und der Gottesdienst). In: 041, 187–201.

445 Heidrich, Jürgen: **Zur Frühgeschichte des Liedes »Ein feste Burg ist unser Gott« im 16. Jahrhundert.** In: 027, 284–295.

446 Heinonen, Reijo E.: **Agricolan ekumeeninen linja:** reformaation suuntaa näyttävät ensivalinnat Suomen Turussa (Agricolas ökumenische Linie: erste Reformationsentscheidungen in Turku, Finnland). Vartija 129 (Helsinki 2017) Nr. 4, 215–225.

447 Hofmann, Andrea: **Psalmenrezeption in reformatorischem Liedgut:** Entstehung, Gestalt und konfessionelle Eigenarten des Psalmliedes, 1523–1650. 2., korr. Aufl. L: EVA, 2017. 341 S. (AKThG; 45) – Zugl.: HD, Univ., theol. Diss., 2013.

448 Kemper, Hans-Georg: **Der Mensch – ein Nichts und ein Gott:** Selbsterkenntnis im geistlichen Lied; Luther, Greiffenberg, Herder, Goethe und Trakl. Österreich-Studien 9 (Szeged 2018) Heft 1, 41–79.

449 Konrad, Ulrich: **»aller bewegung des Menschlichen hertzens eine Regiererin«:** Martin Luthers Musikanschauung. Aviso: Zeitschrift für Wissenschaft und Kunst in Bayern (2017) Nr. 4, 20–23; Ill. – Siehe: <https://www.stmwk.bayern.de/kunst-und-kultur/magazin-aviso.html>.

450 Kranemann, Benedikt: **Liturgien unter dem Einfluss der Reformation.** In: 018, 425–479.

451 Lippold, Ernst: **Martin Luther und seine Lieder.** In: 069, 52–58.

452 Noack, Axel: **Beten lernen mit Martin Luther.** In: 069, 64–70.

453 P. Vásárhelyi, Judit: **A reformáció zsoltárkönyve:** Psaltérium-kiadások Európában (Der Psalter der Reformation: Psalterdrucke in Europa). In: 058, 72–84.

454 Percze, Sándor: **Az Istenben elrejtett élet:** az énnel való szembenézés a pusztai szerzetesek lelkiségében és Luther teológiájában (Leben in Gott verborgen: Auseinandersetzung mit dem Ich in der Frömmigkeit der Wüstenmönche und in Luthers Theologie). In: 066, 109–130.

455 **Protestáns műzenei antológiák I:** Korálfeldolgozások a lutheri reformáció első évszázadából (Antologien der evangelischen Kunstmusik I: Choralbearbeitungen aus dem ersten Jahrhundert der lutherischen Reformation)/ hrsg. von Gábor Bence; Zsuzsa Ecsedi; András Soós. 2. Aufl. BP: Liszt Ferenc Zeneművészeti Egyetem Egyházzenei Kutatócsoport; Magyar Egyházzenei Társaság, 2018. 129 S.: Noten. (Egyházzenei füzetek: 3: Egyházi kórusművek; 33).

456 Schächtl, Katharina: **Pourquoi chanter?:** à la découverte de ce qu'est l'Évangile. In: 053, 120–127.

457 Schäfer, Christiane: **»Sammelt die besten, kernhaften, kräftigen und begeisterten Gesänge …«:** Überlegungen zum »Deutschen Evangelischen Kirchen-Gesangbuch: in 150 Kernliedern« (1854). LiKu 9 (2018) Heft 3, 28–36.

458 Schneider, Matthias: **Kirchenlieder – mit Begleitung auf der Orgel.** LiKu 9 (2018) Heft 2, 26–31. L 27 f.

459 Sefcsik, Zoltán: **A belső szobához vezető utak egyike:** a bencés lelkiség vizsgálata lutheri teológiai hagyományunk szemszögéből (Der Weg zur inneren Kammer: Untersuchung der Benediktinerfrömmigkeit aus Sicht der luth. theol. Tradition). In: 066, 133–167.

460 Steiger, Johann Anselm: **»Ein almechtig, gewaltig und sieghaftig ding«:** zu Martin Luthers Theologie des Gebetes. In: 017, 141–160.

461 Stössel, Hendrik: **Die Reformation und ihre Musik.** In: 01, 61–71.

462 Tenhaef, Peter: **Auswirkungen der Reformation in Gelegenheitsmusiken des Ostseeraums.** In: 059, 221–236.

463 Tost, Claudia: **Ein feste Burg ist unser Gott:** Andacht zu EG 362 (Kernlied Nr. 3). (2014). In: 039, 197–199 = Amtsblatt der Evangelisch-Lutherischen Landeskirche Sachsens (2014) Nr. 10, B 26-B 28.

464 Waczkat, Andreas: »**Musik war der Herzschlag der Reformation**«: Martin Luther und das musikalisch verkündete Wort. In: 060, 337–351: Ill.

465 Werbeck, Walter: **Choralbearbeitung:** Orte, Formen, Funktionen. In: 059, 163–175.

l) Katechismus, Konfirmation, Schule, Universität

466 Arand, Charles P.: »**I am God's creature!**«: Luther's confession of the first article of the creed. In: 016, 229–248.

467 Bernhard, Jan-Andrea: **Abecedaria und Schulfibeln – vom Humanismus zur Reformation:** die Bedeutung der Abecedaria für die Popularisierung des reformatorischen Denkens im Europa des 16. Jahrhunderts. In: 027, 123–132: Ill.

468 Dingel, Irene: **Von der Disputation zum Gespräch.** LuJ 85 (2018), 61–84.

469 Friesen, Norman: **The catechism and the textbook:** education and Luther's »Der kleine Katechismus«. In: 027, 143–153: Ill.

470 Kalme, Guntis: **Exploring Luther's »for me« kind of creed.** In: 016, 109–122.

471 Karasszon, István: **Egyetem és reformáció** (Universität und Reformation). Confessio 42 (BP 2018) Heft 1, 80–89.

472 Kodácsy-Simon, Eszter: **Freedom and responsibility in the education: through the works of Martin Luther.** Hungarian educational research journal (HERJ) 7 (Debrecen 2017), 162–173.

473 Kodácsy-Simon, Eszter; Seresné Busi, Etelka: **Merünk-e dicsérni?:** a bátorító visszajelzések teológiai olvasatai és pedagógiai szempontjai (Ob man zu loben wagt?: theologische Deutungen und pädagogische Aspekte der ermutigenden Rückmeldungen). LP 93 (2018) Heft 5, 180–183.

474 Koerrenz, Ralf: **Freiheit als Leitmotiv protestantischer Bildung.** In: 027, 75–84.

475 Ludwig, Ulrike: **Das landesherrliche Stipendienwesen an der Universität Wittenberg unter den ernestinischen Kurfürsten von Sachsen:** Norm und Praxis. L: EVA, 2019. 576 S. (LStRLO; 35) [Auch als Online-Ausgabe]

476 Mommer, Peter: **Luther als Ausleger der Zehn Gebote.** EvTh 77 (2017), 406–416.

477 Sachweh, Jannik; Fuchs, Andreas L.: »**gude scholen uptorichten**«: Auswirkungen der Reformation auf das Schulwesen im Weserraum. In: 044, 133–143: Ill.

478 Vidauskytė, Lina: **Orality and literacy after the Reformation.** In: 028, 345–353.

479 Ziegler, Sylvia: **Reformation und Bildung.** In: 051, 45–47: Ill. [Mit Online-Zusatzmaterial: Ergänzende Zitate und Hinweise – <http://www.denkwege-zu-luther.de/papers/philosophieren_online_sz.pdf>]

m) Weitere Einzelprobleme

480 Anttila, Miikka: **Kauneus Luther-tutkimuksen teemana** (Schönheit als Thema der Lutherforschung). In: 029, 41–56.

481 Coscarelli-Larkin, Luisa: **Der protestantische Rosenkranz – die christliche Gebetskette in frühneuzeitlichen Porträts lutherischer Geistlicher.** In: 045, 194–199: Ill.

482 Dähnhardt, Peter: **Der Teufel in Meißen:** die Flugschriftenkontroverse um die Heiligenerhebung Bischof Bennos. In: 06, 256–263: Ill.

483 Dornheim, Stefan: **Maria in der Götzenkammer.** In: 045, 232–239: Ill.

484 Großmann, G. Ulrich: **Weserrenaissance und Reformation.** In: 044, 103–117: Ill.

485 Klein, Rebekka A.: **Theologie als transdisziplinäres Wissen:** wissenschaftstheoretische Impulse im reformatorischen Denken. EvTh 77 (2017), 437–450.

486 **Kontinuitäten und Umdeutungen (Kat.-Nr. 84–94)/** Beiträge von Stefan Rhein ... In: 045, 214–231: Ill.

487 Kühne, Hartmut: **Maria im Luthertum des 16. Jahrhunderts – Kontinuitäten und Abbrüche, Traditionen und Umdeutungen.** In: 045, 184–193: Ill.

488 Kurzmann, Frank Alexander: **Die Rede vom Jüngsten Gericht in den Konfessionen der Frühen Neuzeit.** B; Boston, MA: De Gruyter, 2019. IX, 337 S. (Arbeiten zur Kir-

chengeschichte; 141) – Zugl.: HH, Univ., Diss., 2016/17.

489 Leppin, Volker: **Schmerz und Trost**: Beobachtungen zu Luthers Umgang mit dem Tod. In: 043, 49–68.

490 Lies, Jan Martin: **Autoritätenkonflikt und Identitätssuche**: die Entstehung einer neuen Streitkultur im Zuge der Reformation. In: 027, 181–190.

491 **Luther und Maria (Kat.-Nr. 73–83)**/ Beiträge von Stefan Rhein … In: 045, 200–213: Ill.

492 Magirius, Heinrich: **Das Baldachingrab des Bischofs Benno im Meißner Dom.** In: 06, 142–147: Ill. L 146.

493 **Maria als Himmelskönigin und Heilsbringerin (Kat.-Nr. 1–20)**/ Beiträge von Stefan Rhein … In: 045, 48–79: Ill. L 75.

494 **Maria zwischen Bildersturm und Götzenkammer (Kat.-Nr. 95–100)**/ Beiträge von Stefan Rhein … In: 045, 248–255: Ill.

495 **Marienfrömmigkeit Kurfürst Friedrichs des Weisen (Kat.-Nr. 45–65)**/ Beiträge von Stefan Rhein … In: 045, 144–171: Ill., Noten.

496 **Marienverehrung in Luthers Thüringer Umgebung (Kat.-Nr. 66–72)**/ Beiträge von Stefan Rhein … In: 045, 172–181: Ill.

497 Martikainen, Jouko: **Luther – mystikoista suurin** (Luther – der größte aller Mystiker). Perusta 44 (Helsinki 2017) Heft 4, 82–89.

498 Mattes, Mark: **Luther's theological aesthetics.** In: 016, 291–308.

499 Neugebauer, Anke: **Ahnenarchäologie unter den ernestinischen Wettinern.** In: 028, 489–502: Ill., Farbtaf., 540.

500 Orosz, Gábor Viktor: **Asztalközösség**: ízelítő a gasztroteológia tárgyköréből (Tischgemeinschaft: eine Kostprobe aus der Gastrotheologie). In: 041, 203–210.

501 Otte, Hans: **Eine evangelische Klosterlandschaft entsteht**: die Frauenklöster der welfischen Territorien in der Reformationszeit. In: 060, 251–278.

502 Rankinen, Jari; Eskola, Timo; Marjokorpi, Santeri: **Paavi – Antikristusko?** (Papst – Antichrist?). In: 055, 158–189.

503 Rhein, Stefan: **Von Hymnen, Liedern, Dramen und Epigrammen – Maria in Dichtun-**

gen der Reformationszeit. In: 045, 240–247: Ill., Noten.

504 Robinson, Paul: **»One foot already out of the grave«**: Luther preaches the resurrection. In: 016, 193–205.

505 Schilling, Johannes: **Martin Luther und Maria – vom Kult zur Verehrung.** In: 045, 16–25: Ill.

506 Stjerna, Kirsi: **Entäs naiset?** (Und die Frauen?). In: 074, 63–72.

507 Stjerna, Kirsi; Wiberg Petersen, Else Marie: **Luther on women**: new paradigms for Luther research [Seminarbericht]. LuJ 85 (2018), 394–398.

508 Vogel, Lothar: **Le lit de mort comme lieu théologique**: la compréhension du purgatoire de Luther en 1515–1518. In: 071, 105–119.

509 **Wallfahrten zu Maria (Kat.-Nr. 34–44)**/ Beiträge von Stefan Rhein … In: 045, 114–129: Ill.

510 Wegmann, Susanne: **Der Quell der Gnade – Maria als Fürbitterin der Menschheit.** In: 045, 38–47: Ill.

511 Wieckowski, Alexander: **Maria in evangelisch-lutherischer Theologie und Frömmigkeit = Mary in Protestant-Lutheran theology and piety** [CD-Booklet-Beitrag]. In: MAGNIFICAT: Marienmusik aus dem evangelischen Dom St. Marien zu Wurzen/ Jugendkantorei des Wurzener Domes; Dirigent und Orgel: Johannes Dickert; Orgel und Truhenorgel: Willy Wagner; Produzent: Klaus-Jürgen Kamprad. Audio-CD. [Altenburg]: querstand bei Kamprad, 2019. 1 CD & Beilage (Booklet), 2–7: Ill. (VKJK; 1903)

512 Wolfschmidt, Gudrun: **Weltbild, Sternwarten und astronomische Uhren**: Kulturgeschichte der Astronomie im Ostseeraum. In: 059, 237–259: Ill.

513 Zimmerling, Peter: **»Mitten im Gelärm das innere Schweigen bewahren«**: Aspekte mystischer Spiritualität im Protestantismus/ mit einer Laudatio von Wolfgang Max; hrsg. von der Evang. Akademie Baden und dem Freundeskreis der Evang. Akademie Baden. Karlsruhe: Evang. Akademie Baden 2015. 93 S. (Herrenalber Forum; 79)

3 Beurteilung der Persönlichkeit und ihres Werkes

514 Aubert, Annette G.: **Martin Luther's images and collective memory.** Fides et historia 48 (Quincy MA 2016) Nr. 2, 68–75.

515 Bader, Günter: **Reformation – Renaissance – Reconnaissance.** In: 059, 867–880.

516 Ball, Philip: **Luther`s legacy.** New scientist 236 (LO 2017) Nr. 3149, 32–35.

517 Beck, Andreas J.: **Luther, catholique:** les interprétations du cardinal Walter Kasper et de Wolfgang Thönissen. PL 66 (2018), 125–140.

518 Demandt, Alexander: **Reformation ohne Luther?** In: 034, 33–42.

519 Eugen Drewermann: **»Luther wollte mehr«:** der Reformator und sein Glaube; im Gespräch mit Jürgen Hoeren. 2. Aufl. FR; BL; W: Herder 2017. 320 S.

520 Frauer, Hans-Dieter: **Als die Welt ins Wanken geriet.** In: 069, 11–14.

521 Geißler, Heiner: **Was müsste Luther heute sagen?** 3., ungek. Aufl. B: Ullstein, 2017. 285 S.

522 Geißler, Heiner: **Was müsste Luther heute sagen?** 5. Aufl. B: Ullstein 2017. 285 S.

523 Geißler, Heiner: **Was müsste Luther heute sagen?** 1. Taschenbuchausgabe. B: Ullstein-Taschenbuch, 2016. 285 S.

524 Keller, Claudia: **Martin Luther Superstar:** im Herbst beginnt das Reformationsjubiläum, bei dem besonders der Mensch Luther im Mittelpunkt stehen soll; der wird allerdings sehr unterschiedlich betrachtet. Online-Ressource. Der Tagesspiegel (2016) vom 10. Mai: Ill. – Siehe: <https://www.tagesspiegel.de/kultur/500-jahre-reformation-martin-luther-superstar/13570250.html>.

525 Keller, Claudia: **Warnung vor dem falschen Luther-Bild:** bitte ohne Hammer; Wissenschaftler warnen davor, zum Reformationsjubiläum falsche Bilder von Luther zu verbreiten und ihn für politische Botschaften zu instrumentalisieren. Online-Ressource. Der Tagesspiegel (2016) vom 26. Juni: Ill. – Siehe: <https://www.tagesspiegel.de/wissen/reformationsjubilaeum-2017-warnung-vor-dem-falschen-luther-bild/13795498.html>.

526 Krumenacker, Yves: **Luther et le catholicisme:** des rapports complexes. RHEF 103 (2017), 201–217.

527 Langer, Horst: **Die Wittembergisch nachtigall, die man yetz höret überall (Hans Sachs):** zum Luther-Bild in literarischen Texten der Reformationszeit. Informationen aus dem Ralf-Schuster-Verlag: Aufsätze, Rezensionen und Berichte aus der germanistischen Forschung 11 (2019), 45–70.

528 **»Luther als Nationalheld zu sehen, gehört ad acta gelegt«:** 500 Jahre Reformation; ein Gespräch mit dem Kirchenhistoriker Thomas Kaufmann über Martin Luthers Fluch und Segen. Online-Ressource. Der Tagesspiegel (2017) vom 2. Januar: Ill. – Siehe: <https://www.tagesspiegel.de/kultur/experten-interview-zum-lutherjahr-2017-luther-als-nationalheld-zu-sehen-gehoert-ad-acta-gelegt/19196986.html>.

529 Niggl, Günter: **»... und doch ist und bleibt er außerordentlich für seine und für künftige Zeiten«:** Martin Luther und die Reformation im Urteil Goethes. Jahrbuch des Freien Deutschen Hochstifts (2018), 46–80.

530 Ohst, Martin: **Der Segen der Kirchenspaltung.** BUW output: Forschungsmagazin / reseach bulletin / der Bergischen Universität Wuppertal 13 (2015) Sommersemester, 12–17: Ill.

531 Roeck, Bernd: **Der Morgen der Welt:** Geschichte der Renaissance. M: C.H. Beck, 2017. 1304 S.: Ill., 32 unpag. S.: Taf. L 732–740. 784–792+". (Historische Bibliothek der Gerda-Henkel-Stiftung) [Auch als E-book]

532 Roeck, Bernd: **Der Morgen der Welt:** Geschichte der Renaissance. 2.–4. Aufl. M: C.H. Beck, 2018. 1304 S.: Ill., 32 unpag. S.: Taf. L 732–740. 784–792+". (Historische Bibliothek der Gerda-Henkel-Stiftung)

533 Scherr, Johannes: **Germania:** zwei Jahrtausende deutschen Lebens. [1879]. Elektronische Ressource. Neuausgabe, 2. Aufl. B: epubli, 2019. 456 S.: Ill. L".

534 Schilling, Johannes: **Martin Luther – Doctor Evangelii:** Martin Luther – teacher of the gospel. LuJ 85 (2018), 17–36.

535 Schubert, Anselm: **Eine Frage der Freiheit:** das dialektische Erbe der Reformation. In: 064, 22–28.

536 Thönissen, Wolfgang; Sander, Augustinus: **Luther:** katholische Wahrnehmungen [Seminarbericht]. LuJ 85 (2018), 398–401.

537 Werbick, Jürgen: **Der gnädige Gott?:** Martin Luther und wir Katholiken. In: 069, 89–93.

538 Witt, Christian Volkmar: **Die Bühne wird eröffnet:** das Rheinland am Vorabend der Reformation. JEKGR 67 (2018), 19–36.

---

4 **Luthers Beziehungen zu früheren Strömungen, Gruppen, Persönlichkeiten und Ereignissen**

539 Greschat, Katharina: **Frühe Kirche, konfessionelle Identität und Ketzer:** Aspekte reformatorischer Kirchengeschichtsschreibung und ihre Wirkung. EvTh 77 (2017), 427–436.

540 Hoeren, Jürgen; Humpert, Winfried: **Hieronymus von Prag:** der Philosoph im Schatten von Jan Hus/ mit einer Einführung von Eugen Drewermann. Konstanz: Südverlag, 2016. 112 S.: Ill., Kt.

541 Joestel, Volkmar: **Luther, Karlstadt und Müntzer:** ihre gemeinsamen Wurzeln in der Mystik. In: 012, 38–58: Ill.

542 Karimies, Ilmari: **Keskiajan augustinolaisen teologian näkyminen Lutherin usko- ja todellisuuskäsityksessä** (Die augustinische Theologie des Mittelalters in Luthers Sicht auf Glauben und Wirklichkeit). In: 055, 7–24.

543 Krzenck, Thomas: **Johannes Hus:** Theologe, Kirchenreformer, Märtyrer. Gleichen; ZH: Muster-Schmidt, 2011. 204 S.: Ill. (Persönlichkeit und Geschichte; 170)

544 Kühne, Hartmut: **»… was allein ynn den pfarkirchen ist ym brauch gewesen«:** vorreformatorische Frömmigkeitspraxis im Spiegel eines Lutherdrucks von 1530. In: 064, 35–41: Ill.

545 Leppin, Volker: **Die Verbindung von Augustinismus und Mystik im späten Mittelalter und in der frühen reformatorischen Bewegung.** LuJ 85 (2018), 130–153.

546 Marton, József: **Reformációs előzmények I** (Voraussetzungen der Reformation I). Druckausgabe und Online-Ressource. Keresztény szó: Catholic cultural magazine 28 (Cluj 2017) Nr. 5. – Siehe: <https://keresztenyszo.verbumkiado.ro/archivum/2017/majus/12.html>.

547 Marton, József: **Reformációs előzmények II** (Voraussetzungen der Reformation II). Keresztény szó 28 (Cluj 2017) Nr. 7. – Siehe: <https://keresztenyszo.verbumkiado.ro/archivum/2017/julius/tartalom.html>.

548 Mieth, Dietmar: **Meister Eckhart und Luther:** ein Annäherungs- und Differenzierungsversuch. In: 038, 52–74.

549 Noll, Thomas: **Maria in Kunst und Frömmigkeit des späten Mittelalters.** In: 045, 28–37: Ill. L 31.

550 Rapp, Francis: **La critique des indulgences avant 1517:** mises en garde et mises en cause. In: 071, 57–68. L 57. 60. 68.

551 **Reformation im östlichen Europa:** die Böhmischen Länder/ Konzept, Texte, Bildauswahl: Tanja Krombach; Marco Bogade. Potsdam: Deutsches Kulturforum östliches Europa, [2017]. 23 S.: Ill., Kt.

552 Richter, Manfred: **Oh sancta simplicitas!:** über Wahrheit, die aus der Geschichte kommt; ein Essay zum Ökumenismus. B; MS: LIT 2018. 477 S.: Ill. (Theol. Orientierungen; 34)

553 Rügert, Walter: **Jan Hus:** auf den Spuren des böhmischen Reformators. Konstanz: Südverlag, 2015. 112 S.: Ill.

554 Rügert, Walter: **John Wyclif, Jan Hus, Martin Luther:** Wegbereiter der Reformation. Konstanz: Südverlag, 2017. 112 S.: Ill., Noten.

555 Schäufele, Wolf-Friedrich: **Die Selbsthistorisierung der Reformation mittels der Konzeption evangelischer Wahrheitszeugen.** ZKG 128 (2017), 156–170.

556 Thönissen, Wolfgang: **Les indulgences pour les défunts:** pénitence et indulgence au Moyen Âge. In: 071, 21–41. L 37. 41.

557 Thomsen, Eike: **Johannes Hus als Vorläufer Luthers und populärer Märtyrer:** eine Idee des 16. Jahrhunderts? In: 028, 81–91: Ill., Farbtaf., 535.

558 Wernisch, Martin: **Selbstverständnis und Fremdwahrnehmung des Hussitismus durch die Jahrhunderte.** HCh 40/41 (2016/17 [gedruckt 2018]), 67–87.

5 Beziehungen zwischen Luther und gleichzeitigen Strömungen, Gruppen, Persönlichkeiten und Ereignissen

a) Allgemein

559 Andrews, Robert M: **Luther's Reformation and sixteenth-century Catholic reform:** broadening a traditional narrative. Australasian Catholic record 94 (Melbourne 2017), 427–439.

560 Bauer, Joachim; Michel, Stefan: **Alternative Predigt?:** Beobachtungen zur kursächsischen Predigerlandschaft neben Luther, Karlstadt und Müntzer bis 1525. Mühlhausen: Thomas-Müntzer-Gesellschaft, 2018. 54 S. (Thomas-Müntzer-Gesellschaft: Veröffentlichungen; 25)

561 Beims, Klaus-Dieter: **Wittenberger Gelehrte:** Lebens- und Karrierewege. In: 027, 86–94.

562 Buck, Thomas Martin: **The long European Reformation:** historisch-didaktische Reflexionen zu einem aktuellen frühneuzeitlichen Thema. In: 031, 19–54.

563 Burger, Christoph: **Der Bettelmönch wird Ehemann:** Wahrnehmungen und Polemik im 16. Jahrhundert. In: 038, 29–51.

564 Emich, Birgit: **Geschichte der Frühen Neuzeit studieren.** 2., vollst. überarb. Aufl., rev. Ausgabe. Konstanz: UTB; Konstanz: UVK, 2019. 300 S.: Ill. (UTB. S) [Vgl. LuB 2008, Nr. 550; LuB 2011, Nr. 445]

565 **Fliegende Blätter:** die Sammlung der Einblattholzschnitte des 15. und 16. Jahrhunderts der Stiftung Schloss Friedenstein, Gotha/ Stiftung Schloss Friedenstein, Gotha; zsgest. von Bernd Schäfer; Ulrike Eydinger; Matthias Rekow. Bd. 1: **Katalog.** Bd. 2: **Abbildungen.** S: Arnoldsche Art, 2016. 447 S.: Ill.; 597 S.: Ill.

566 Gaál, Botond: **A reformáció lényege:** újkori modellváltás a keresztyén gondolkodás történetében (Das Wesen der Reformation: ein neuzeitlicher Modellwechsel in der Geschichte des christlichen Denkens). Debrecen: Debrecen-nagytemplomi Református Egyházközség, 2017. 156 S.: Ill.

567 Gregory, Brad S.: **The radical Reformation.** In: 050, 115–150: Ill.

568 Gummelt, Volker: **Die Einflussnahme Wittenbergs auf die Reformation im Ostseeraum:** ein Überblick. In: 023, 81–91.

569 Hasberg, Wolfgang: **Mythos Reformation:** Epochenwende im Licht der Dunkelheitsmetapher. In: 031, 57–110: Ill.

570 Holm, Bo Kristian: **Theologisch-soziale Formationen der lutherischen Wirkungsgeschichte.** In: 059, 921–932.

571 Jensen, Gordon A.: **Religious colloquies of the 1520s and 1530s** [Seminarbericht]. LuJ 85 (2018), 358–363.

572 Koskenniemi, Johannes: **Euroopan ensimmäinen bestseller** (Der erste Bestseller in Europa). In: 026, 71–81.

573 Kotzula, Stefan: **Kirchengeschichte in Daten & Fakten.** 5., vollst. überarb. und stark erw. Aufl./ Bildredaktion und begleitende Texte: Dirk Klingner. L: St. Benno, 2017. 289 S.: Ill.

574 Leppin, Volker: **»Wie kriege ich einen gnädigen Gott?«:** zur Entwicklung der Reformation in Deutschland. In: 07, 34–54: Ill.

575 Lienhard, Marc: **De Luther au protestantisme.** In: 053, 54–59.

576 Marshall, Peter: **Reformaatio** (Reformation: a very short introduction <finn.>)/ übers. von Tapani Kilpeläinen. Tampere: niin & näin, 2017. 157 S.

577 Methuen, Charlotte: **Competing Reformations:** past and present. In: 027, 43–57.

578 Oehmig, Stefan: **Jüterbog und der Beginn der Reformation:** von Johannes Tetzels Ablasskampagne 1517 zu Thomas Müntzers Predigten 1519; ein Essay. Heimatjahrbuch für den Landkreis Teltow-Fläming 24 (2017), 19–34: Ill.

579 Ricca, Paolo: **Che cosa è stata, propriamente, la Riforma protestante?** (Was eigentlich war die protestantische Reformation?). In: 030, 169–176.

580 Tschiche, Wolfram: **Die Reformation und die paradoxen Folgen der Säkularisierung.** In: 012, 11–37.

581 Ujvári, László: **A Wittenberg-galaxis** (Die Wittenberg-Galaxis). Fórum: társadalomtudományi szemle 20 (Šamorín 2018) Heft 1, 129–143.

582 Vogel, Lothar: **Le temps des Réformes (v. 1500–v. 1565).** In: 022, 151–236. L 162–193 +".

583 Welker, Michael: **Europa reformata:** la Riforma come rivoluzione liberatrice della cultura (Europa reformata: die Reformation als befreiende Revolution der Kultur). In: 030, 203–215.

b) Wittenberger Freunde, Philipp Melanchthon

584 Beyer, Michael: **Wie stirbt ein Reformator?:** Berichte zu Philipp Melanchthon, Justus Jonas und Johannes Bugenhagen. In: 043, 251–264.

585 Dubrau, Erhard: **Die Freundschaft Martin Luthers mit dem Pretzscher Adligen Hans Löser.** Jahrbuch der Dübener Heide 24 (2017), 34–39: Ill.

586 Fónyad, Pál: **Studenten aus Ungarn und Siebenbürgen bei Melanchthon.** LKWML 66 (2019), 133–147.

587 Frank, Günter: **Melanchthons Kindheit in Bretten.** In: 021, 49–57.

588 Frauer, Hans-Dieter; Morgner, Christoph: »**Ich habe von Martin Luther das Evangelium gelernt«:** Philipp Melanchthon – der Lehrer Deutschlands. In: 069, 104–108.

589 Gößner, Andreas: **Der Kaiser als Reformator gegen das Papsttum:** Ludwig der Bayer aus der Sicht Philipp Melanchthons. ZBKG 85 (2016), 85–141. [Mit Anhang, 108–141: Edition des lateinischen und deutschen Textes der Oratio »De Ludovico Bavaro« nach den Ausgaben des 16. Jahrhunderts.]

590 Grosse, Sven: **Melanchthon als Theologe des lutherischen Bekenntnisses.** LKWML 66 (2019), 25–42.

591 Hirth, Reinhard: »**Chronicon Carionis – Philippicum?«.** In: 021, 7–25.

592 Hofer, Gianfranco: **Flacius' contacts in Switzerland and with Italy.** In: 046, 229–242.

593 Ilić, Luka: **Peregrinatio academica and life pilgrimage of Matthias Flacius Illyricus:** from Labin to Wittenberg. In: 046, 11–20.

594 Kobler, Beate: **Die Entstehung des negativen Melanchthonbildes.** In: 01, 127–143.

595 Kühlmann, Wilhelm: **De praecatione:** zur Theorie des Gebets bei Celtis, Erasmus, Melanchthon und Abraham Scultetus. In: 017, 93–115.

596 Lackner, Pál: **Predigt zum Gedenken an Philipp Melanchthon und das Augsburger Bekenntnis.** LKWML 66 (2019), 13–16.

597 Lumpp, David: **Promise, liberty, and persecution:** exploring Philip Melanchthon's contextual theology. In: 016, 123–141.

598 [Melanchthon, Philipp] **Philipp Melanchthon »Vorrede zu Elementale geometricum von Johannes Vögelin«/** übers. von Gerhard Weng; bearb. und erw. von Ulrich Reich. In: 021, 69–76: Ill.

599 Mundhenk, Christine: **Abschied vom Wagenlenker:** Melanchthons Schriften zu Luthers Tod. In: 043, 159–175.

600 Peters, Christian: **Philipp Melanchthon und das Bekenntnis.** In: 05, 97–113.

601 Rammler, Dieter: **Eine neue Idee von Stadt? –** Bugenhagens Ordnung der Fürsorge. In: 060, 89–107:

602 Rhein, Stefan: **Vor 500 Jahren:** Melanchthon kommt!; die Antrittsrede »Über die Neugestaltung des Universitätsstudiums« vom 28. August 1518. Lu 89 (2018), 72–76.

603 Schmidt, Günter R.: **Evangelische Katholizität nach Philipp Melanchthon.** LKWML 66 (2019,) 43–53.

604 Schmoeckel, Mathias: **Archäologie der Privatautonomie:** Melanchthon und die Ursprünge der Vertragsfreiheit. In: 027, 419–430.

605 Schneider, Martin: **Das Kreuz mit der Schlange – Melanchthons Wappen und Briefsiegel.** In: 01, 35–46.

606 Schneider, Martin: **Michael Stifel und Philipp Melanchthon:** zwei Freunde Luthers und das Ende einer Beziehung. In: 021, 59–68: Ill.

607 Stössel, Hendrik: **Theologia eminens practica:** zur Christologie Philipp Melanchthons. In: 021, 27–48.

608 Wasmuth, Jennifer: **Philipp Melanchthon als Theologe der Ökumene.** LKWML 66 (2019), 73–84.

609 Wengert, Timothy: **Justifying the variata:** observations on Melanchthon's 1540 edition of the Augsburg confession. In: 016, 207–225.

c) Altgläubige

610 Appold, Kenneth G.: **Taking a stand for Reformation:** Martin Luther and Caritas Pirckheimer. LQ 32 (2018), 40–59.

611 Bergholz, Thomas: **Reformatorische und antireformatorische Bewegungen in Koblenz im 16. Jahrhundert:** Johannes Dietenberger und der literarische Kampf gegen Luther. JEKGR 67 (2018), 1–17: Ill., Faks.

612 Burger, Christoph: **Deux prédicateurs d'indulgences dans les milieux proches de Luther:** Johannes von Paltz et Hermann Rab. In: 071, 83–101. L 81. 86. 97–101.

613 Decot, Rolf: **L'indulgence de Saint-Pierre, Albert de Mayence et Martin Luther.** In: 071, 167–187.

614 **Dialog der Konfessionen:** Bischof Julius Pflug und die Reformation; Sonderausstellung, Zeitz, 5. 6 – 1. 11. 2017; DIE Ausstellung zur ÖKUMENE/ Hrsg.: Vereinigte Domstifter zu Merseburg und Naumburg und des Kollegiatstifts Zeiz; Abt. Öffentlichkeitsarbeit/Marketing; Kerstin Wille; Kathleen Prescher. Flyer. Zeitz: Transmedial, [2017]. 29 S.: Ill., Kt. [Vgl LuB 2018, Nr. 09]

615 Kovács, Lajos: **Loyolai Ignác és a reformátorok** (Ignatius von Loyola und die Reformatoren). Jel-kép (BP 2017) Sonderheft 2, 15–18.

616 Kunde, Claudia: **Erhoben zur Ehre der Altäre:** das Benno-Fest im Juni 1524 auf dem Meißner Burgberg. In: 06, 228–247: Ill. L 230. 244f.

617 Kunde, Holger: **Alles mit Gewalt und Unrecht:** die Zerstörung des Benno-Grabmals im Meißner Dom infolge der Reformation. In: 06, 272–279: Ill.

618 Leppin, Volker: **La pénitence, objet de contestation:** comment les premiers critiques de Luther ont compris la poenitentia. In: 071, 239–254.

619 Lienhard, Marc: **Martin Luther et les indulgences de 1520 à 1546.** In: 071, 273–284.

620 Noblesse-Rocher, Annie: **Cajetan et Luther commentateurs du Psaume 6, premier psaume de la pénitence.** In: 071, 254–271.

621 Ondrejcsák, Eszter: **II. Gyula pápa vagy Luther kezdte a veszekedést?:** egyéni és közösségi megbocsátás (Wer hat den Streit begonnen: Papst Julius II. oder Luther?: individuelle und gemeinschaftliche Vergebung). Új misszió (Miskolc 2018) Heft 1, 8 f.

622 Pilvousek, Josef: **Ein Schatz nicht von Gold.** In: 06, 28–33: Ill.

623 Saarinen, Risto; Kohli, Candace L.: **Luther and ecumenism** [Seminarbericht]. LuJ 85 (2018), 387–390.

624 Schildt, Gerhard J.: **Die Reformation in Deutschland und ihre nationalen Beweggründe.** In: 060, 451–461.

625 Schmidt, Bernward: **Luthers Nachbarn, Luthers Gegner:** altgläubige Kontroverstheologen. In: 012, 59–74: Ill.

626 Sievernich, Michael: **Martin Luther und Ignatius von Loyola.** In: 038, 75–93.

627 Stössel, Hendrik: **Das Amt des Papstes und die Reformation.** In: 01, 73–89.

628 Wegener, Lydia: **»Eyn konygin von gnaden«:** die Neukonzeption des Marienbildes in altgläubigen Salveregina-Flugschriften des 16. Jahrhunderts. In: 027, 372–379.

d) Humanisten

629 Buzzi, Franco: **Erasmo e Lutero** (Erasmus und Luther). Milano: Jaca, 2014. X, 291 S. (Buzzi, Franco: La porta della modernità [secoli XVI-XVIII]; 1) (Figure del pensiero moderno)

630 Buzzi, Franco: **Erasmo e Lutero** (Erasmus und Luther). 1. Nachdruck der Originalausgabe Milano, 2014. Milano: Jaca, 2017. X, 291 S. (Buzzi, Franco: La porta della modernità [secoli XVI-XVIII]; 1) (Figure del pensiero moderno)

631 Feulner, Rüdiger: **Christus Magister:** gnoseologisch-didaktische Erlösungsparadigmen in der Kirchengeschichte der Frühzeit und des Mittelalters bis zum Beginn der Reformation mit einem theologiegeschichtlichen Ausblick in die Neuzeit. W: LIT, 2016. 418 S. L 363–365+". (Orientalia – patristica – oecumenica; 11)

632 Krampe, Laura-Marie: **»Ich wünsche nur, wir wären eins in Christo«:** die Reformationsentscheidungen des Humanisten und Juristen Dr. Christoph Scheurl II. ARG 109 (2018), 351–372.

633 Lange, Albert de: **Martin Lutero e l'umanesimo del Rinascimento italiano:** Battista

Mantovano e Lorenzo Valla (Martin Luther un der italienische Renaissancehumanismus: Battista Mantuanus und Lorenzo Valla)/ aus dem Dt. übers. von Luana Bonopera. In: 030, 83–122.

634 Martin, Philippe: **Vivre et penser la crise des indulgences des années 1510–1530 en milieu catholique.** In: 071, 69–82. L 76. 78–82.

635 Merisalo, Outti: **Die Humanismusrezeption im Königreich Schweden im 16. Jahrhundert.** In: 023, 63–71.

636 Saltzwedel, Johannes: **Wie frei ist der Mensch?:** ein Briefwechsel zwischen Martin Luther und Erasmus von Rotterdam. In: Das Christentum: die Geschichte einer Religion, die die Welt verändert hat/ hrsg. von Eva-Maria Schnurr. M: Deutsche Verlags-Anstalt; HH: SPIEGEL, 2018, 166–168. [Auch als Online-Ressource]

637 Winkler, Eberhard: **Luther und Erasmus.** In: 069, 59–63.

e) Thomas Müntzer und Bauernkrieg

638 Arnold, Matthieu: **Martin Luther et les séditieux de son temps:** l'exhortation à la paix (1525). PL 67 (2019), 190–202.

639 Beyer, Michael: **Die drei Bauernkriegsschriften Martin Luthers von 1525.** In: 062, 241–258.

640 Blickle, Peter: **Der Bauernkrieg:** die Revolution des Gemeinen Mannes. Online-Ressource der 4., aktual. und überarb. Aufl. (2012). M: Beck, 2016. 143 S.: Ill. (Beck'sche Reihe; 2103: C. H. Beck Wissen) [Vgl. LuB 2018, Nr. 948 (5. Aufl.)]

641 Blickle, Peter: **Christoph Schappeler in Memmingen:** eine Theologie für eine ethische Erneuerung der Politik. In: 023, 109–121.

642 Bräuer, Siegfried: **Müntzers Griff nach dem Zentrum der evangelischen Gemeinde:** die Allstedter Gottesdienstreform (1523/24). In: 068, 123–139: Ill.

643 Britsche, Frank: **Thomas Müntzer im Spiegel ostdeutscher Schulbücher zwischen 1945 und 1990.** In: 068, 267–276: Ill.

644 Bubenheimer, Ulrich: **Thomas Müntzer in seinem vor- und frühreformatorischen Umfeld in Braunschweig,** 45–66: Ill. In: 060, Faks.

645 Bubenheimer, Ulrich: **Thomas Müntzer und Wittenberg.** Mühlhausen: Thomas-Müntzer-Gesellschaft 2014. 64 S. (Thomas-Müntzer-Gesellschaft: Veröffentlichungen; 20)

646 Dammaschke, Marion: **Thomas Müntzer – »Bortig von Stolbergk«:** Lebensstationen des radikalen Reformators. In: 068, 75–95: Ill.

647 Dietmann, Andreas: **Die Prediger Jakob Strauß und Wolfgang Stein im Bauernkrieg.** In: 062, 175–197.

648 Goertz, Hans-Jürgen: **Gegenwart Gottes und Veränderung der Welt:** die »Fürstenpredigt« Thomas Müntzers auf dem Schloss zu Allstedt. In: 068, 141–161: Ill.

649 Hahn, Hans: **Luther und Müntzer:** zwei Reformatoren, ein Revolutionär? Oxford German studies 47 (LO 2018) Nr. 2, 169–183. – Abstract siehe: <https://www.tandfonline. com/doi/full/10.1080/00787191.2018.145 2703>.

650 Hahnemann, Ulrich: **Die Einwohner von Frankenhausen vor, im und nach dem Bauernkrieg 1525.** In: 062, 71–90. L".

651 Hartke, Adrian: **Thomas Müntzer – Seelwärter von Allstedt (März 1523-August 1524).** In: 068, 97–122: Ill.

652 Hendrix, Scott: **Martin Luther's Bauernkrieg.** In: 016, 81–92.

653 Joestel, Volkmar: **Karlstadt und der Bauernkrieg in Ostthüringen.** In: 062, 199–224.

654 Mai, Klaus-Rüdiger: **Vom Fluch der Reform.** In: 068, 209–223: Ill.

655 Mandry, Julia: **Die Reflexionen der thüringischen, sächsischen und hessischen Fürsten über die Aufständischen im Bauernkrieg.** In: 062, 149–171. L 167 f.

656 Mokry, Stephan: **Thomas Müntzer: Mystiker, Befreiungstheologe, Reformkatholik – Versuch einer katholischen Perspektive.** In: 068, 225–233: Ill.

657 Müller, Ulrike: **»Gott hat mir befohlen, dass ich alle Stend soll reformieren«:** von der Einkehr zum Aufstand oder: Thomas Müntzer, Dorothee Sölle und die (un)erforschlichen Wege der Mystik. In: 068, 187–207: Ill.

658 Reichel, Maik: **»Dran, dran, dieweil das Feuer heiß ist. Lasset Euer Schwert nit kalt werden …«:** Thomas Müntzer und der Bauernkrieg. In: 068, 163–185: Ill.

659 Scheunemann, Jan: **Der Bauernkrieg und Thomas Müntzer:** Aspekte der politischen, wissenschaftlichen und populären Rezeption im Kontext der deutschen Teilung. In: 062, 331–357: Ill.

660 Schirmer, Uwe: **Die Ursachen des Bauernkrieges in Thüringen:** eine sozial-, verfassungs- und reformationsgeschichtliche Spurensuche. In: 062, 21–70.

661 Vogler, Günter: **Bauernkrieg und bäuerlicher Widerstand:** eine persönliche Sicht auf Forschung und Erinnerungskultur. In: 062, 397–433: Ill.

662 Winterhager, Friedrich: **Ottilie Müntzer, geb. von Gersen – eine Aristrokratin an der Seite Thomas Müntzers.** In: 068, 234–247: Ill. L".

663 Woimbée, Grégory: **Interprétation de la liberté de conscience:** la guerre des paysans (1525). In: 014, 57–77.

f) »Schwärmer« und Täufer

664 Blough, Neal: **Luther, le père involontaire de la dissidence et notamment de l'anabaptisme?** In: 014, 95–110.

665 Dejeumont, Catherine: **2 Pierre 1,19–21, Luther et les non conformistes religieux.** In: 2 Pierre 1, 19–21: inspiration de l'Écriture, liberté de l'exégèse?/ hrsg. von Matthieu Arnold; Gilbert Dahan; Annie Noblesse-Rocher. P: Cerf, 2018, 139–157. (Études d'histoire de l'exégèse; 13)

666 Kauppinen, Risto: **Anabaptistit – reformaation reformaattorit** (Täufer – Reformatoren der Reformation). In: 074, 47–62.

667 Rothkegel, Martin: **Die Sabbater:** täuferischer Sabbatarismus in Mähren im 16. Jahrhundert. In: 065, 114–166.

668 Salvadori, Stefania: **Der Augustinkommentar des Andreas Bodenstein von Karlstadt zwischen der Stilisierung einer Bekehrungsgeschichte und der (Wieder-) Entdeckung der biblisch-patristischen Quellen.** BlPfKG 85 (2018), 241–264 = Ebernburg-Hefte 52 (2018), 7–30.

g) Schweizer und Oberdeutsche

669 Bernhard, Jan-Andrea: **»Raget von Plant, Bürger zů Chur, hat das Buoch zu Genff koufft«:** Buchhandel, Buchdruck und Reformation in den Drei Bünden. Zw 45 (2018), 317–363: Faks.

670 Bernhard, Jan-Andrea: **Reformierte Bekenntnistexte des 16. Jahrhunderts.** In: 05, 53–69.

671 Brandau, Robert: **Der umstrittene Reformator:** Leben und Werk Johannes Calvins (1509–1564). In: 061, 122–139: Ill.

672 Buckwalter, Stephen E.: **Martin Bucer – Reformator am Oberrhein und in Europa.** BlPfKG 83 (2016), 217–233: Ill. = Ebernburg-Hefte 50 (2016), 7–23: Ill.

673 Campi, Emidio: **Die schweizerische Reformation – ein theologisches Profil.** BlPfKG 84 (2017), 235–252: Ill. = Ebernburg-Hefte 51 (2017), 7–24: Ill.

674 Christ-von Wedel, Christine: **Buchdruck in der Reformationszeit in Basel:** mit besonderer Berücksichtigung von Flugschriften aus den Jahren 1521 und 1522. Zw 45 (2018), 173–202: Ill.

675 **A companion to the Swiss Reformation/** hrsg. von Amy Nelson Burnett; Emidio Campi. Leiden: Brill, 2016. XIX, 661 S.: Ill., Kt. (Brill's companions to the Christian tradition; 72)

676 **Die schweizerische Reformation:** ein Handbuch (A companion to the Swiss Reformation <dt.>)/ hrsg. von Amy Nelson Burnett; Emidio Campi; im Auftrag des Schweizerischen Evang. Kirchenbundes bearb. und hrsg. von Martin Ernst Hirzel; Frank Mathwig. ZH: TVZ, Theol. Verlag, 2017. 740 S.: Ill.

677 Eire, Carlos: **Calvinism and the reform of the Reformation.** In: 050, 76–114: Ill.

678 Gamper, Rudolf: **Joachim Vadian – 1483/84–1551:** Humanist, Arzt, Reformator, Politiker/ mit Beiträgen von Rezia Krauer; Clemens Müller. ZH: Chronos, 2017. 391 S.: Ill. L".

679 Gamper, Rudolf: **Joachim Vadians Konzilsgedicht »Freu dich, Hierusalem«:** eine Entgegnung auf die päpstliche Einladung zum Konzil von Trient. Zw 42 (2015), 83–108.

680 Gramper, Rudolf: **Die Bibliothek Joachim Vadians (1483/84–1551) und die Anfänge**

der Reformation in St. Gallen. In: 023, 93–108: Ill.

681 Kaufmann, Thomas: **Eine andere Schweizer Stimme:** Huldrych Zwingli wurde bewundert; wer war der Reformator Zürichs? ZZ 20 (2019) Heft 5, 40–42: Ill.

682 Leu, Urs B.: **Reformation als Auftrag:** der Zürcher Drucker Christoph Froschauer d. Ä. (ca. 1490–1564). Zw 45 (2018), 1–80: Ill., Faks.

683 Mikkola, Sini: **By the grace of God:** female agency in the rhetoric of Katharina Schütz Zell and Martin Luther. The scolar and feminist online 15 (NY, NY 2018) Nr. 1, 1–15. – Siehe: <http://sfonline.barnard.edu/women-and-community-in-early-modern-europe-approaches-and-perspectives/by-the-grace-of-god-womens-agency-in-the-rhetoric-of-katharina-schutz-zell-and-martin-luther>.

684 Opitz, Peter: **Zwinglis Wahrnehmung Luthers.** In: 038, 94–108.

685 Schlüter, Sabine: **Buchdruck und Reformation in Bern.** Zw 45 (2018), 203–232: Ill., Faks.

686 Vial, Marc: **Luther, Calvin, Zwingli:** les séquelles contemporaines d'un ancien conflit. In: 014, 79–93.

687 Würgler, Andreas: **Buchdruck und Reformation in Genf (1478–1600):** ein Überblick. Zw 45 (2018), 281–310: Faks. L".

h) Juden

688 Albers, Helene: **Luthers Judenfeindschaft – ein blinder Fleck im Geschichtsschulbuch?** In: 031, 315–339: Ill.

689 Bartolucci, Guido: **Johannes Frischmuth (1619–1687) and the development of Lutheran Christian hebraism.** In: 028, 257–264.

690 Bultmann, Christoph: **Die Debatte über Luthers Betrachtung der Juden:** zur Frage von Edition und Rezeption der Schrift »Von den Juden und ihren Lügen« (1543) im Lichte einiger Ausführungen von Philipp Jakob Spener (1702), Johann Georg Walch (1747) und Johann Franz Buddeus (1730). Kirche und Israel: Neukirchener theologische Zeitschrift 33 (2018), 32–46.

691 Bultmann, Christoph: **Das Wittenberger christlich-jüdische Kontroversgespräch 1526 und Luthers Betrachtung der Juden:**

Bemerkungen im Anschluss an die Orientierung zum Reformationsjubiläum »Die Reformation und die Juden« (2014). In: Religionen in Bewegung: interreligiöse Beziehungen im Wandel der Zeit/ hrsg. von Michael Gabel, Jamal Malik, Justyna Okolowicz. MS: Aschendorff, 2016, 143–195. 282–298. (Vorlesungen des Interdisziplinären Forums Religion der Universität Erfurt; 12)

692 Burnett, Stephen G.: **Luther and the Jews to 1523** [Seminarbericht]. LuJ 85 (2018), 348–352.

693 Campenhausen, Axel Freiherr von: **Luther und die Juden.** Lebendige Gemeinde München: Informationsbrief (2018) Nr. 2 (Juli), 6f.

694 Dahling-Sander, Christoph: **Martin Luther, die Juden und wir?** In: 060, 381–396.

695 Friedrich, Martin: **Franz Delitzsch gegen August Rohling.** In: 054, 223–238.

696 Gailus, Manfred: **Luthers böse Schriften:** der Reformator war nicht nur Antijudaist sondern Antisemit; so wurde er auch in der NS-Zeit rezipiert. Online-Ressource. Der Tagesspiegel (2017) vom 18. Juli. – Siehe: <https://www.tagesspiegel.de/wissen/hass-auf-juden-luthers-boese-schriften/20071254.html>.

697 Gailus, Manfred: **Luther's evil writings:** the reformer was not only anti-Jewish, but also antisemitic; so he was understood in the Nazi era, to (Luthers böse Schriften <engl.>)/ Kommentar von Joe Keysor vom 31.12.2017. Online-Ressource. Contemporary church history quarterly 23 (2017) Nr. 3 (1. September). – Siehe: <https://contemporarychurchhistory.org/2017/09/luthers-evil-writings/>.

698 Garrone, Daniele: **Calvin und die Juden.** In: 054, 97–117.

699 Gerber, Simon: **Judenfeindschaft nach 1800 – unter besonderer Berücksichtigung von Rühs und Fries.** In: 054, 205–222.

700 Gräfe, Thomas: **Drei Sammelbände zu Luthers »Judenschriften« und ihrer Langzeitwirkungen in Kirche, konfessionellen Milieus und Gesellschaft.** Zukunft braucht Erinnerung: das Online-Portal zu den historischen Fragen unserer Zeit/ Arbeitskreis Zukunft braucht Erinnerung; Redaktion: Stefan Mannes; Thomas Tröndle; Julia Radke ... B, 2018 (Aktualisierung 2018). –

<https://www.zukunft-braucht-erinne rung.de/luthers-judenschriften/>. [Rez. zu LuB 2016, Nr. 047; LuB 2019 Nr. 054]

701 Haanes, Vidar L.: **Norwegian Lutheranism and the Jews**. In: 054, 505–521.

702 Heinrichs, Wolfgang: **Neuerscheinungen zum Reformationsjubiläum über Martin Luthers Antijudaismus**. Theologische Beiträge 48 (2017), 306–310. [Rez. zu LuB 2016, Nr. 32; LuB 2017 Nr. 56]

703 Homolka, Walter: **Martin Luther als Symbol geistiger Freiheit?**: der Reformator und seine Rezeption im Judentum. In: 036, 49–60.

704 Kaufmann, Thomas: **Einige Beobachtungen zum Judenbild deutscher Humanisten in den ersten beiden Jahrzehnten des 16. Jahrhunderts**. In: 054, 55–77.

705 Kirn, Hans-Martin: **The freedom of a Christian – servitude of the Jews?** Nederlands theologisch tijdschrift: journal for theology and the study of religion 72 (Amsterdam 2018), Nr. 2, 137–151.

706 Kirn, Hans-Martin: **Martin Luther – precursor of modern antisemitism?** In: Hebrew texts in Jewish, Christian and Muslim surroundings/ hrsg. von Klaas Spronk; Eveline Staalduine-Sulman. Druckausgabe und Online-Ressource. Leiden: Brill, 2018, 188–197. (Studia Semitica Neerlandica; 69)

707 Kirn, Hans-Martin: **Die spätmittelalterliche Kirche und das Judentum**. In: 054, 3–23.

708 Laato, Antti: **Martti Luther ja Toledot Jeshu traditio** (Martin Luther und die Toledot Jeschu Tradition). In: 055, 214–225.

709 Lausten, Martin Schwarz: **Das dänische Luthertum und die Juden**. In: 054, 487–503.

710 Le Carpentier, Marie: **Der Schandfleck an Luther(s Kirche)**. In: 061, 119–121: Ill.

711 Léchot, Pierre-Olivier: **Antisémitisme et »Sola Scriptura«**: les liaisons dangereuses de Luther. Évangile & liberté: penser, critiquer et croire en toute liberté (2017) Nr. 312 (Octobre), 12–18: Ill.

712 **Martin Luther:** Volksheld, Antisemit, Hassprediger/ Text: Bernd P. Kammermeier; Reinhold Schlotz; Michael Schmidt-Salomon. Aschaffenburg: Alibri, [2015?]. 11 S.: Ill.

713 **Martin Luther:** Volksheld, Antisemit, Hassprediger/ Text: Bernd P. Kammermeier; Reinhold Schlotz; Michael Schmidt-Salomon. Druckausgabe und Online-Ressource. Oberwesel: gbs, Giordano-Bruno-Stiftung, 2017. 11 S.: Ill. – Siehe: <https://www. giordano-bruno-stiftung.de/sites/gbs/files/ download/2017luther-broschuere-web. pdf>.

714 Morgenstern, Matthias: **Reformation und Kabbala:** gegenseitige Wahrnehmungen zwischen Vereinnahmung, Dämonisierung und Faszination. In: 028, 229–237.

715 Morgner, Christoph: **Martin Luther und die Juden**. In: 069, 83–88.

716 Nottmeier, Christian: **Der späte theologische Liberalismus:** Harnack, Rade, Naumann. In: 054, 333–359.

717 Ohst, Martin: **Antisemitismus als Waffe im weltanschaulichen und politischen Kampf:** Adolf Stoecker und Reinhold Seeberg. In: 054, 275–308.

718 Paas, Steven: **Luther on Jews and Judaism:** a review of his »Judenschriften«. W; ZH: LIT, 2017. 99 S. (Theol. Orientierungen; 32)

719 Saarinen, Risto: **Das schwedisch-finnische Luthertum und die Juden**. In: 054, 523–535.

720 Scheliha, Arnulf von: **Das junge nationale Luthertum nach dem Ersten Weltkrieg und die Juden**. In: 054, 361–375.

721 Schulze, Manfred: **Im Konsens mit der Tradition:** Judenfeindschaft bei Johannes Eck. In: 054, 25–53.

722 Slenczka, Notger: **Der völkische Antisemitismus des späten 19. und des frühen 20. Jahrhunderts am Beispiel Paul de Lagardes**. In: 054, 309–331.

723 Stefani, Piero: **Lutero e gli ebrei** (Luther und die Juden). In: 030, 177–190.

724 Stegmann, Andreas: **Der Berliner Antisemitismusstreit 1879/80**. In: 054, 239–274.

725 Strohm, Christoph: **Martin Bucer und die Juden**. In: 054, 79–96.

726 Wallmann, Johannes: **Luthertum und Zionismus in der Zeit der Weimarer Republik**. In: 054, 377–406.

727 Wallmann, Johannes: **Martin Luthers Judenschriften**. Bielefeld: Luther, 2018. 205 S. (Studienreihe Luther; 18)

728 Wendebourg, Dorothea: **Die Bekanntheit von Luthers Judenschriften im 19. und frühen 20. Jahrhundert**. In: 054, 147–179.

729 Wendebourg, Dorothea: **Martin Luther und die Juden**. In: 012, 75–89.

i) Künstler, Kunst, Bilderfrage

730 Ahn, Jürgen von: **Schubladendenken in der Kunstgeschichte?**: der Bauernkrieg in der zeitgenössischen Kunst. In: 062, 277–300: Ill.

731 Békési, Sándor: **A képtilalom reformátori öröksége** (Das reformatorische Erbe des Bilderverbotes). In: 013, 125–140.

732 **Bilderstreit und Bildersturm**/ Benjamin D. Spira; P[eter] S[cholz]; E[lsbeth] W[iemann]; H[ans-]M[artin] Kaulbach. In: 047, 312–325: Ill.

733 Bischoff, Michael: **Protestantischer Ritenwandel und visuelle Kultur.** In: 044, 77–101: Ill.

734 Bothe, Rolf: **Kirche, Kunst und Kanzel:** Luther und die Folgen der Reformation. Köln; Weimar; W: Böhlau, 2017. 277 S.: Ill. [Auch als Online-Ressource]

735 Eckert, Willehad Paul: **Reformation.** In: Lexikon der christlichen Ikonographie. Sonderausgabe in acht Bänden. Bd. 3: Allgemeine Ikonographie: Laban-Ruth; mit 270 Abbildungen. DA: WB, 2015, 517–521: Ill. (LCI)

736 Fischer, Sören: **»Gesetz und Gnade« von Wolfgang Krodel d. Ä.:** ein Meisterwerk der Reformation im Kamenzer Sakralmuseum St. Annen. Sächsische Heimatblätter 64 (2018) Heft 4 [1050 Jahre Hochstift Meißen], 470–473: Ill.

737 Harasimowicz, Jan: **Sichtbares Wort:** die Kunst als Medium der Konfessionalisierung und Intensivierung des Glaubens in der Frühen Neuzeit. Regensburg: Schnell & Steiner 2017. 360 S.: Ill. (Kunst und Konfession in der Frühen Neuzeit; 1 = Arts and confession in the early modern period; 1)

738 Heal, Bridget: **Luther, Cranach, and the Reformation of the image** [Seminarbericht]. LuJ 85 (2018), 356–358.

739 Kaufmann, Thomas: **Luther schreibt Cranach.** Jahrbuch des Freien Deutschen Hochstifts (2016), 13–27.

740 Máger, Ágnes: **Cranach és Luther:** a Cranach festőcsalád és a reformáció (Cranach und Luther: die Malerfamilie Cranach und die Reformation). Miskolci keresztény szemle 13 (Miskolc 2017) Heft 2, 67–73.

741 Marosi, Ernő: **A lutheri reformáció mint művészettörténeti probléma** (Die lutherische Reformation als kunstgeschichtliches Problem). In: 041, 41–60.

742 Marosi, Ernő: **A lutheri reformáció mint művészettörténeti probléma:** a stílustörténettől a képtörténetig (Die lutherische Reformation als kunstgeschichtliches Problem: von der Stilgeschichte zur Bildgeschichte). Credo 23 (BP 2017) Heft 1 f, 5–17.

743 Marx, Werner: **Lucas Cranach der Ältere:** Hofmaler, Geschäftsmann, Gevatter Luthers. Mitteilungsblatt des Fördervereins Versöhnungskirche Leipzig-Gohlis 9 (2017) Nr. 4, 11–13: Ill.

744 Mezei, Emese: **A lutheránus ikonográfia kialakulása és emlékei a XVI. században:** (oltár)képek az evangélikus templomokban és hétköznapokban II (Entstehung und Erinnerung an die lutherische Ikonographie im 16. Jahrhundert: [Altar-]Bilder in lutherischen Kirchen und im Alltag– Zum Ansehen, zum Zeugnis, zum Gedächtnis, zum Zeichen II). KI 118 (2018) Heft 2, 12–16. [Teil I siehe: LuB 2018, Nr. 1052]

745 Mezei, Emese: **Az első médiakampány képei:** a politika művészeti leképezése Luther Márton korában (Bilder der ersten Medienkampagne: die künstlerische Darstellung der Politik zu Luthers Zeit). Hitel (BP 2019) Heft 2, 43–53.

746 Münch, Birgit Ulrike: **Karsthansens Kritik:** der »gemeine man« in der Druckgrafik der Reformationszeit. In: 064, 50–55: Ill.

747 Noll, Thomas: **Lucas Cranachs d. Ä. »Schmerzensmann«, Wittenberger Stadtkirchenretabel, »Kindersegnung«, »Christus und die Ehebrecherin«, »Gesetz und Evangelium«.** ARG 109 (2018), 152–209: Ill.

748 **Reformatorische Agitationskunst**/ Benjamin D. Spira; P[eter] S[cholz]; H[ans-]M[artin] Kaulbach. In: 047, 297–311: Ill.

749 **Reformatorische Lehrbilder**/ Benjamin D. Spira; P[eter] S[cholz]; E[lsbeth] W[iemann]; H[ans-]M[artin] Kaulbach, T[imo] T[rümper]. In: 047, 332–350: Ill.

750 Saint-Martin, Isabelle: **Art et protestantisme au miroir de la diversité.** In: 053, 132–144.

751 Schmidt, Frank: **»Gesetz und Gnade« – eine neue Bildfindung der Reformation**

[Cranachaltar, Weimar. St. Peter und Paul, Mitteltafel]. In: 039, 78–81: Ill.

752 Schmieglitz-Otten, Juliane: **Zwischen Macht und Frömmigkeit:** die Celler Schlosskapelle als »Gesamtkunstwerk« der Reformationszeit. In: 060, 313–336: Ill.

753 Schneider, Theo: **Martin Luther und seine Botschaft:** ein Bild als Wegweiser. In: 069, 29–37: Ill.

754 Steiger, Johann Anselm: **Bildmediale Gedächtnisorte der Reformation im Ostseeraum.** In: 059, 19–49: Ill.

755 Steiger, Johann Anselm: **Scriptura et pictura:** das reformatorische Bild- und Inschriftenprogramm in der Schloßkapelle zu Winsen (Luhe). JNKG 115 (2017), 67–80: Ill. L ".

756 Teget-Welz, Manuel: **Luther-Imago:** Cranach im Dienst des Reformators. In: 034, 55–66.

757 **Traditionelle Ikonographie und neuer Glaube**/ Benjamin D. Spira; P[eter] S[cholz]. In: 047, 326–331: Ill.

758 Trümper, Timo: **Das Verbot der »ärgerlichen Bilder« und der Gothaer Tafelaltar:** Kunst in Zeiten der Reformation. In: 047, 106–111: Ill.

759 [Wiemann, Elsbeth]: **Lucas Cranach d. Ä. oder d. J. ...:** der gute Hauptmann unter dem Kreuz, 1539. In: 047, 234 f: Ill.

760 Wohlberedt, Astrid: **Die nackte Brust der Sünde:** Christus und die Ehebrecherin in den Bildern der Cranach-Werkstatt. In: 027, 359–370: Ill., Farbtaf., 614f.

j) Territorien und Orte innerhalb des Deutschen Reiches

761 Amberger, Hannes: **Die Reichweite einer »Fürstenreformation« im Herzogtum Pfalz-Zweibrücken im Spiegel der Kirchenordnungen von 1533, 1539 und 1557.** JEKGR 64 (2015), 1–43. L".

762 Axmann, Rainer: **Zur Geschichte der Reformation in der Pflege Coburg.** In: 064, 62–66.

763 Baar-Cantoni, Regine: **Die Wirkungsgeschichte der Heidelberger Disputation im südwestdeutschen Raum.** JBKRG 12 (2018), 185–206: Ill., Kt.

764 Baudisch, Susanne: **Das digitale Stadtmodell »Borna in der Reformationszeit«.** In: 09, 5-13: Ill., Kt.

765 Bei der Wieden, Brage: **Die Söldnerführer und die Religion.** In: 060, 279–289: Ill.

766 Berndorff, Lothar: **Ein folgenreicher Erbfall:** Martin Luthers Vermächtnis an die Mansfelder Kirche. In: 043, 89–101.

767 Borggrefe, Heiner: **Aufbruch in die Neuzeit:** Fürsten, Handwerker und die Politik der Reformation. In: 044, 17–39: Ill.

768 Brandes, Detlef: **Antonius Corvinus – Reformator im Herzogtum Calenberg-Göttingen.** In: 060, 235–250: Ill.

769 Bünz, Enno: **Die Wettiner, die Reformation und das Bistum Meißen (1485–1581).** In: 06, 264–271: Ill.

770 Butt, Arne: **»Aus göttlichem befehlich und unsers fürstlichen ampts halben«:** die Fürstenreformation im Herzogtum Braunschweig-Lüneburg. In: 060, 183–205.

771 Cordes, Jan-Christian: **»Des lutersschen Handels halven«:** die Reformation in den norddeutschen Hansestädten Hamburg, Lübeck und Lüneburg als obrigkeitliche Herausforderung. In: 028, 465–475.

772 Ehmann, Johannes: **Reformatorische Bewegungen im Südwesten des Reichs (1518–1557):** von Luthers Heidelberger Disputation bis zum Augsburger Frieden und seinen Nachwirkungen. Druckausgabe und Online-Ressource. L: EVA, 2018. 284 S.: Ill. (Ehmann, Johannes: Geschichte der Evangelischen Kirche in Baden; 1)

773 Engelmann, Annemarie: **Wendejahre in Borna 1510–1530.** In: 09, 16–43: Ill.

774 Fahron, Lutz: **Hans Kolhase und das liebe Geld:** wie die Müllerfamilie in Stangenhagen den Kopf ihres Hausvorstandes rettete. Heimatjahrbuch für den Landkreis Teltow-Fläming 24 (2017), 60–64: Ill.

775 Frank, Günter: **Friedrich Myconius als Historiograph der Reformation.** In: 01, 91–101.

776 Frauer, Hans-Dieter: **»Hier ist offensichtlich Gott am Werk«:** die Reformation in Württemberg. In: 069, 129–132.

777 Fröhlich, Max; Vanourek, Celine: **Johann Rhau-Grunenberg:** ein hessischer Drucker für die Reformation. In: 061, 93 f.

778 Goyer, Hanna: **Der Moment der Entscheidung?:** die Einführung der Reformation in Nürnberg als Ergebnis von Minimalentscheidungen. ARG 109 (2018), 331–350.

779 Graf, Gerhard; Koch, Ernst; Michel, Stefan: **Ein wenig bearbeitetes Forschungsgebiet:** die Reformation auf dem Land: Bericht von einem kirchengeschichtlichen Oberseminar aus Leipzig im Juli 2016. HCh 40/41 (2016/17 [gedruckt 2018]), 45–66: Kt. L".

780 Haberland, Detlef: **Buchdruck und Reformation im Weserraum.** In: 044, 119–131: Ill.

781 Holze, Heinrich: »**Mit unbesiegbarer Kraft griff das bereits durchgebrochene Licht um sich ...**«: historiographische Beobachtungen zu Joachim Stüter und der Rostocker Reformation. In: 059, 345–357.

782 Huber, Wolfgang: **Theologische Entschiedenheit, politische Vorsicht und Konzilianz:** zur Rolle des Rates bei der Reformation in der Reichsstadt Nürnberg. ZBKG 85 (2016), 56–63.

783 Jünke, Wolfgang A.: **Konfessionelle Minderheiten in Braunschweig nach 1528.** In: 060, 109–130.

784 Kampmann, Jürgen: **Die Schweinfurter Kirchenordnung von 1543.** ZBKG 85 (2016), 1–21.

785 Koch, Ernst: **Unzeitige Reformation?:** zu einer frühreformatorischen Kirchenordnung in Thüringen. ARG 109 (2018), 53–82. L".

786 Koch, Sophie; Merle, Fabian; Weitzel, Jaqueline: **Bibel für alle:** ein Bildungsprojekt Philipps von Hessen. In: 061, 87–89: Ill.

787 Kühn, Helga-Maria: **Katharina und Erich I., 1496–1524:** eine Fürsten-Ehe auf Augenhöhe. Hannover: Wehrhahn 2016. 157 S.: Ill. L 99–101. (Quellen und Darstellungen zur Geschichte Niedersachsens; 138)

788 Kuhl, Uta: **Die Gottorfer Schlosskapelle als früher protestantischer Kirchenraum im Ostseeraum:** zu Vorbildern und zur Wirkungsgeschichte. In: 059, 313–328: Ill.

789 **Die Leucorea:** Wissenschaft in Wittenberg/ hrsg. von Stiftung LEUCOREA; Texte: Heiner Lück; Stiftung LEUCOREA. Halle (Saale): Universitätsverlag Halle-Wittenberg, 2018. 80 S.: Ill., Kt.

790 Lies, Jan Martin: **Politikberatung im 16. Jahrhundert am Beispiel der Korrespondenz zwischen Martin Bucer und Philipp dem Großmütigen von Hessen.** BlPfKG 83 (2016), 251–320: Ill. = Ebernburg-Hefte 50 (2016), 41–110: Ill. L".

791 Lindner, Andreas: **Die Bettelorden und die Einführung der Reformation in Erfurt.** In: 03, 172–177.

792 Lüpkes, Vera: **Das gesprochene Wort:** Luthers Freunde, Kommilitonen und Studenten verbreiten seine reformatorischen Gedanken. In: 044, 41–61: Ill.

793 Muche, Eberhard H.: »**Nicht Gewalt. Das Wort, das Wort muß es tun!**«: Martin Luthers Beziehungen zur Stadt Eilenburg. Teil 1. Der Sorbenturm: Eilenburger Lesebuch; Almanach des Eilenburger Geschichts- und Museumsvereins und der Stadt Eilenburg 12 (2015), 75–92: Ill.

794 Muche, Eberhard H.: »**Nicht Gewalt. Das Wort, das Wort muß es tun!**«: Martin Luthers Beziehungen zur Stadt Eilenburg. Teil 2. Der Sorbenturm: Eilenburger Lesebuch; Almanach des Eilenburger Geschichts- und Museumsvereins und der Stadt Eilenburg 13 (2016), 96–102: Ill.

795 Muche, Eberhard H.: »**Nicht Gewalt. Das Wort, das Wort muß es tun!**«: Martin Luthers Beziehungen zur Stadt Eilenburg. Teil 3. Der Sorbenturm: Eilenburger Lesebuch; Almanach des Eilenburger Geschichts- und Museumsvereins und der Stadt Eilenburg 14 (2017), 82–87: Ill.

796 North, Michael: **Säkularisation – Rebellion – Migration – Innovation:** die vielfältigen ökonomischen Auswirkungen der Reformation im Ostseeraum. In: 059, 101–118.

797 Olesen, Jens E.: **Fürstenkontakte und Familienbeziehungen im Reformationszeitalter:** König Christian II. von Dänemark und seine Schwester, Kurfürstin Elisabeth von Brandenburg. In: 059, 735–749.

798 **Quellentexte zur Winsener Pfarrkirche St. Marien – Mittelalter und Reformation/** hrsg. von Jürgen Klahn; Wilfried Mertens. 2., neu durchges. und erg. Auflage. Winsen: Heimat- und Museumsverein Winsen (L.) und Umgebung, 2015. 232 S. L". (Winsener Schriften; 15)

799 Schneider, Martin: **Wie das »reine Licht evangelischer Lehre« im Kraichgau zu leuchten begann:** die Rezeption und allmähliche Umsetzung informatorischer Lehre im Kraichgau durch Ritter, Bauern und Bürger zwischen 1518 und 1530. In: 021, 127–141: Ill.

800 Steinführer, Henning: **Zur Geschichte der Reformation in der Stadt Braunschweig – ein Überblick.** In: 060, 67–87: Ill., Kt.

801 Thiessen, Hillard von: **Reformation und Gemeinwohl:** die Wirkung der Reformation auf das Normengefüge norddeutscher Handelsstädte am Beispiel Lübecks und Rostocks. In: 059, 261–273.

802 Thomsen, Eike: »**last uns das wort gern hoeren und annemen**«: Stadt und Universität Leipzig im Zuge der einsetzenden Reformation (1539–1593). Leipziger Almanach (2017/2018), 15–41: Ill.

803 Thurnwald, Andrea K.: **Kirchenstuhl und Katechismus:** der Wandel von Liturgie und Sachkultur in Franken. In: 064, 42–49: Ill.

804 Unterburger, Klaus: **Die Reformation in Regensburg:** Strukturen, Entwicklungen, Besonderheiten. ZBKG 85 (2016), 73–84.

805 Volkmar, Christoph: **Die Reformation der Junker:** Landadel und lutherische Konfessionsbildung im Mittelelberaum. GÜ: GVH, 2019. 359 S.: Ill., Kt. (Quellen und Forschungen zur Reformationsgeschichte; 92) – Zugl.: L, Univ., Fak. für Sozialwiss: und Phil., Habil., 2017.

806 Weiß, Dieter J.: **Die Kirchenpolitik der bayerischen Herzöge im konfessionellen Zeitalter:** Reliquienverehrung und katholische Reform. In: 06, 414–423: Ill.

807 Wiegand, Peter: **Der päpstliche Kollektor Marinus de Fregeno († 1482) und die Ablasspolitik der Wettiner:** Quellen und Untersuchungen. L: Leipziger Universitätsverlag, 2015. 428 S.: Ill., Kt. (Quellen und Materialien zur sächsischen Geschichte und Volkskunde; 5)

808 »**Wir sind frei in allen Dingen ...**«: Frauen am Lutherweg; Sachsen/ hrsg. von Kerstin Schimmel ...; Texte: Simona Schellenberger ... Radebeul: NOTschriften, 2016. 175 S.: Ill., Kt.

k) Länder und Orte außerhalb des Deutschen Reiches

809 Altnurme, Riho: **Die Gründung der evangelischen Kirche in Estland in schwedischer Zeit.** In: 059, 633–642.

810 Amjad-Ali, Charles: **Deconstructing historical prejudice:** Luther's treatment of the Turks (Muslims). Tikkun 32 (Berkeley, CA 2017) Nr. 3, 39–43.

811 Asproulis, Nikolaos: **The encounter between eastern Orthodoxy and Lutheranism:** a historical and theological assessment. The ecumenical review 69 (July 2017), 215–224.

812 Csepregi Zoltán: **Der Königsboden unter Osmanenherrschaft?:** Türkenmission in Siebenbürgen?; fruchtbare Missverständnisse in Melanchthons und Bullingers Briefwechseln. Zeitschrift für siebenbürgische Landeskunde 40 (2017), 13–28.

813 Csepregi, Zoltán: **A reformáció kezdetei II. Lajos Magyar Királyságában** (Die Anfänge der Reformation im Königreich Ungarn Ludwigs II.). Levéltári közlemények 88 (BP 2017) Heft 1, 9–27.

814 Csermelyi, József: **Hans von Weispriach és a nyugat-magyarországi reformáció** (Hans von Weispriach und die Reformation in Westungarn). Egyháztörténeti szemle 19 (Miskolc 2018) Heft 1, 5–38.

815 Delgado, Mariano: **Luther im Spanien des 16. Jahrhunderts:** »Die deutsche Ketzerei« als Übel aller Übel. In: 038, 182–204.

816 Fazakas, Gergely Tamás: »**Post tenebras lux**«: a világosság–sötétség antithetonja és a kálvini reformáció magyarországi nyelvhasználata (»Post tenebras lux«: das Licht-Finsternis-Antitheton und der Sprachgebrauch der calvinischen Reformation in Ungarn). Alföld 69 (Debrecen 2018) Heft 3, 41–50.

817 Fazakas, Gergely Tamás: **A tudatlanság homálya és az evangélium világossága:** a reformáció emlékezete mint antithetikus beszédmód a kora újkorban (Das Finsternis der Unwissenheit und das Licht des Evangeliums: Reformationsmemoria als antithetische Redeweise in der frühen Neuzeit). In: 057, 171–196.

818 Fekete, Károly: **A reformáció korának oktatástörténeti hatása** (Der erziehungsgeschichtliche Einfluss des Reformationszeitalters). Gerundium 9 (Debrecen 2018) Heft 1, 161–166.

819 Flemmig, Stephan: **Zwischen dem Reich und Ostmitteleuropa:** die Beziehungen von Jagiellonen, Wettinern und Deutschem Orden (1386–1526). 2 Bde. Jena, 2017. XI, 453 S.; S. 457–805. L 602 f. – Jena, Friedrich-Schiller-Univ., Habil. 2017.

377

820 Flemmig, Stephan: **Zwischen dem Reich und Ostmitteleuropa:** die Beziehungen von Jagiellonen, Wettinern und Deutschem Orden (1386–1526). L: Sächsische Akademie der Wissenschaften zu Leipzig; S: Steiner [Vertrieb], 2019. 706 S. (Quellen und Forschungen zur sächsischen und mitteldeutschen Geschichte; 44)

821 Flogaus, Reinhard: **Zwischen Instrumentalisierung, Desillusionierung und Pseudomorphose:** zum Verhältnis von Reformation und Orthodoxie im 16. Jahrhundert. In: 012, 91–124.

822 Gilmanov, Wladimir: **Glaube und Politik:** Herzog Albrecht im hermeneutischen Konflikt der Reformationszeit. In: 059, 119–133.

823 Gyulai, Éva: **Wittenberg Miskolcon – az első reformátorok** (Wittenberg in Miskolc – die ersten Reformatoren) In: Reformatio nostra – Protestáns szellemi műhelyek: tanulmányok (Reformatio nostra – Werkstätte des evangelischen Geistes: Studien)/ hrsg. von Eva Gyulai; Réka Tasi. Miskolc: MTA Miskolci Területi Bizottsága, 2018, 4–43.

824 Hage, Jan: **Luther en de kerkmuziek in Nederland** (Luther und Kirchenmusik in den Niederlanden). Jaarboek voor de geschiedenis van het Nederlands protestantisme na 1800 25 (Utrecht 2017), 85–102.

825 Heininen, Simo: **Michael Agricola, der Reformator Finnlands.** In: 023, 73–79.

826 Heininen, Simo: **Michael Agricola und die finnische Sprache.** In: 059, 849–854.

827 Heltai, János: **A Biblia szerepe a magyar reformációban** (Die Rolle der Bibel in der ungarischen Reformation). In: 025, 7–19.

828 Kala, Tiina: **Die frühe Reformationszeit in Dorpat:** mit besonderer Berücksichtigung der Quellenlage und der Forschungstraditionen. In: 023, 41–61. L".

829 Kivimäe, Jüri: **Books and preachers:** the microcosm of Reval in the age of Reformation. In: 059, 655–668.

830 Kovács, Miklós: **Der ungarische Buchdrucker und Reformator Benedek Abádi.** In: 028, 269–285.

831 Lewandowska, Liliana: **Danzig inmitten konfessioneller Lehrstreitigkeiten im 17. Jahrhundert.** In: 059, 511–521.

832 Makovitzky, Josef: **Vielfältige Beziehungen – Wittenberg und die Reformation in Ungarn:** die besondere Rolle von Philipp Melanchthon. In: 01, 145–158.

833 Makovitzky, Josef Georg: **Wittenberg und die Reformation in Ungarn.** Kaleidoscope 8 (BP 2017) Heft 15, 19–41.

834 Mányoki, János: **Luther és az iszlám** (Luther und der Islam). In: 041, 61–76.

835 Marshall, Peter: **Britain's reformations.** In: 050, 186–226: Ill.

836 Martin, Jan J.: **William Tyndale as remembered by the Church of Jesus Christ of latter-day saints.** In: 028, 93–103: Ill.

837 Mattson, Daniel L.: **What did Luther know about Islam, and why did he want to know it?** In: 016, 143–171: Ill.

838 Meller, Katarzyna: **Diversity multiplied:** Lutheran sources of the cultural changes in the first half of the 16th century in Poland; axiological perspective. In: 059, 503–510.

839 Menzel, Ulrich: **Die Reformation und die Türkenfrage.** In: 060, 463–498: Ill., Faks.

840 Ősz, Sándor Előd: **Wittenbergben vásárolt Kálvin-kötetekről:** kísérlet a peregrináció-kutatás továbbfejlesztésére (In Wittenberg gekaufte Calvindrucke: ein Versuch, die Peregrinationsforschung weiterzuentwickeln). Gerundium 8 (Debrecen 2017) Heft 1, 114–126.

841 P. Vásárhelyi, Judit: **A Biblia és magyar fordításai a Károli-Biblia előtt** (Die Bibel und ihre ungarischen Übersetzungen vor der Károlibibel). In: 025, 12–14.

842 Petneházi, Gábor: **Incesztus és bűnbocsánat:** Luther (és Melanchthon) egyik exempluma, magyarországi és európai előfordulásai és a műfaj kora újkori használata (Inzest und Vergebung: Luthers [und Melanchthons] Beispiel, dessen Vorkommen in Ungarn und Europa sowie die Anwendung des Genres in der frühen Neuzeit). In: 057, 100–120.

843 Ptaszyński, Maciej: **Luther in Polen im 16. Jahrhundert:** Luthertum ohne Luther?. In: 038, 241–256.

844 Ptaszyński, Maciej: **Lutherus incombustus:** Bücherverbrennungen in Polen im Spiegel der konfessionellen Geschichtsschreibung. ZKG 128 (2017), 171–185.

845 Ptaszyński, Maciej: **Märtyrer der Reformation?:** die ersten Prediger in Polen. ARG 109 (2018), 210–230.

846 Quatrale, Marta: **Between Jacopo Moronessa's »Il modello di Martino Lutero« and

counter-reaction in the work of Pietro Paolo Vergerio: a case of programmatic re-use of Italian Anti-Lutheran sources. In: 028, 385–392.

847 Rasmussen, Tarald: **Reformasjonen i Norden** (Die Reformation im Norden). In: LuB 2018, Nr. 054, 111–138. L".

848 **Reformátorok nyomában:** fejezetek a magyarországi reformáció századából (Auf den Spuren der Reformatoren: ein Kapitel aus dem ungarischen Reformationsjahrhundert)/ hrsg. von Judit Balogh; Dénes Dienes; István Szabadi. Sárospatak: Hernád, 2017. 186 S.

849 Reinhardt, Volker: **Bilder Luthers in Italien:** Ansätze zu einer Systematisierung. In: 038, 149–160: Ill.

850 Ronchi De Michelis, Laura: **The Reformation in Muscovy in the 16th century:** knowledge, relationship, polemics. In: 059, 681–691.

851 Saktorová, Helena: **Reformációs irodalom Thurzó György nádor könyvtárában** (Reformatorische Literatur in Palatin György Thurzós Bibliothek). In: 058, 25–33.

852 Salvadori, Stefania: **Ad gloriam Dei et patriae salutem:** Vergerio and Flacius between experience of exile and bond with homeland. In: 046, 261–279.

853 Schmugge, Ludwig: **Die Causa Lutheri in der Pönitentiarie:** Was Supplikanten über die Reformation in Deutschland berichten. QFIAB 96 (2017, gedruckt 2018), 159–174.

854 Selderhuis, Herman: **Luther in den Niederlanden.** In: 038, 229–240.

855 Spārītis, Ojārs: **Sacred architecture of early Protestantism and confessionalization in Latvia:** from cathedral and parish church to family mausoleum. In: 059, 601–617. L 610.

856 Szabadi, István: **Wittenberg neveltjei és a Tiszántúl reformációja** (Wittenbergs Absolventen und die Reformation jenseits der Theiß). Gerundium 8 (Debrecen 2017) Heft 1, 96–101.

857 Székely, Attila: **Jeles hazai reformátorok** (Hervorragende Reformatoren Ungarns). Somogy 45 (Kaposvár 2017) Heft 2, 55–61.

858 Szögi, László: **A magyar protestáns peregrináció a 16.–18. században** (Die protestantische Peregrination aus Ungarn im 16.–18. Jahrhundert). Gerundium 8 (Debrecen 2017) Heft 1, 71–78.

859 Venturelli, Aldo: **Italia reformata?:** osservazioni di un lettore (Italien reformatorisch?: Wahrnehmungen eines Lesers). In: 030, 191–202. [Rez. zu LuB 2016, Nr. 019]

860 Verók, Attila: **Luther és Honterus emlékezete az erdélyi szászoknál a kora újkorban** (Das Gedenken an Luther und Honterus bei den Siebenbürger Sachsen in der frühen Neuzeit). In: 057, 71–78.

861 Viiding, Kristi: **Das Verhältnis von Reformation und Humanismus in Est- und Livland im 16. Jahrhundert.** In: 059, 643–654. L 648.

862 Walter, Axel E.: **Zwölf Bücher aus der Universitätsbibliothek Vilnius:** die Wechselwirkungen der Reformation im südöstlichen Ostseeraum (Herzogtum Preußen, polnisch-litauische Adelsrepublik, Livland, Herzogtum Kurland) im Spiegel historischer Buchbestände. In: 059, 961–1026: Ill.

863 Yakovenko, Yekaterina: **Bible translations as the legacy of the Reformation:** cognitive and contrastive aspects. In: 027, 389–396.

6 Luthers Wirkung auf spätere Strömungen, Gruppen, Persönlichkeiten und Ereignisse

a) Allgemein

864 Alfieri, Luigi: **Lutero e il concetto moderno di libertà** (Luther und das moderne Freiheitskonzept). In: 030, 23–40.

865 Anttonen, Veikko: **The impact of the Reformation on the formation of mentality and the moral landscape in the Nordic countries.** Temenos: Nordic journal of comparative religion 54 (LO 2018) Nr. 1, 143–178. – Siehe: <https://journal.fi/temenos/article/view/73112/35011>

866 Anttonen, Veikko: **A reformáció hatásai a gondolkodásmód és erkölcs kialakulására a skandináv térség országaiban** (Die Auswirkungen der Reformation auf Denkweise

und Moral in den skandinavischen Ländern). Gerundium 9 (Debrecen 2018) Heft 1, 167–178.

867 Arkkila, Reijo: **Martti Luther ja Suomen evankelinen herätysliike** (Martin Luther und die finnische Evangelische Erweckungsbewegung). In: 026, 93–101.

868 Breinl, Marie: **Zwischen den Zeilen:** ... die Bibel von 1576 zwischen Randnotiz und Restaurierung. In: 09, 62–64: Ill.

869 Czaika, Otfried: **Prolegomena zur frühneuzeitlichen Geschichte Skandinaviens:** zur Periodisierungsdiskussion frühneuzeitlicher Geschichte und Quellenlage. In: 059, 881–906.

870 Delikostantis, Konstantinos: **Martin Luther in der Orthodoxen Kirche.** In: 038, 136–148.

871 Dewhurst, Ruth: **Luther's noble art of music:** the evolution of sixteenth-century congregational singing into twenty-first-century crowd harmonics. In: 027, 337–344.

872 Dicke, Klaus: **Entwicklungslinien protestantischer Staatslehre zwischen Gehorsam und Widerstand.** In: 027, 469–479.

873 Flügel, Wolfgang: **Luthers Tod und der tote Luther in der protestantischen Erinnerungskultur.** In: 043, 315–339: Ill.

874 Hockenbery Dragseth, Jennifer: **Luther and modernity** [Seminarbericht]. LuJ 85 (2018), 372–377.

875 Jansen, Hans: **Het lutherse kerklied in het negentiende- en twintigste-eeuwse calvinistische Nederland** (Das lutherische Kirchenlied in den calvinistischen Niederlanden des 19. und 20. Jahrhunderts). Jaarboek voor de geschiedenis van het Nederlands protestantisme na 1800 25 (Utrecht 2017), 43–64.

876 Junghans, Reinhard: **Aufstieg und Niedergang des kommunistischen Müntzerbildes** (The rise and decline of Thomas Müntzer <dt.>). In: 024, 168–200: Ill.

877 Junghans, Reinhard: Die deutschsprachige protestantische Katechismusliteratur (1750–1850). In: 024, 132–152: Ill.

878 Krüger, Malte Dominik: **Ist der Protestantismus eine denkende Religion?,** In: 027, 213–221.

879 Laine, Esko M.: »**Oi terve tänne tultuas**«: välitilinpäätös reformaation muistovuodesta kolmelta vuosisadalta (Zwischenbericht über das Gedenken in drei Jahrhunderten der Reformation). TA 122 (2017) Nr. 4, 356–362.

880 Laube, Stefan: **Materie, die nicht vergeht?:** über das Weiterleben Martin Luthers in den Dingen. In: 043, 297–314: Ill.

881 Lehmann, Hartmut: **Reformationsjubiläen 1617 bis 2017.** In: Historische Jubiläen/ hrsg. von Martin Sabrow. L: AVA, Akademische Verlagsanstalt, 2015, 43–56. (Helmstedter Colloquien; 17)

882 Leinonen, Markku: **Uskonpuhdistus sivistystekona** (Reformation als Bildungsakt). In: 074, 125–157.

883 Leppin, Volker: **Luther zwischen den Konfessionen:** Grundlagen in Reformation und Konfessionalisierung. In: 038, 13–26.

884 Luoma, Markku: **Yhtenäiskirkosta kansalaisyhteiskuntaan** (Von der Gesamtkirche zur Bürgergesellschaft). In: 074, 159–177.

885 Luserke-Jaqui, Matthias: **Luther und die Literatur der Moderne:** Jochen Klepper, Feridun Zaimoglu, Christian Lehnert. Lu 89 (2018), 96–119.

886 **Lutheranism 101/** hrsg. von Scott A. Kinnamann; Laura L. Lane; Beiträge: Rose E. Adle ... 2. Aufl. StL: Concordia, 2015. 309 S. [Auch als Online-Ressource]

887 **Kaikki mitä olet halunnut tietää luterilaisuudesta**(Lutheranism 101 <finn.>)/hrsg. von Scott A. Kinnamann; Laura L. Lane; Beiträge: Rose E. Adle ...; übers. von Kirsi Nisula. Kauniainen: Perussanoma Oy, 2017. 379 S.: Ill.

888 **Lutherland Thüringen/** hrsg. von der Thüringer Staatskanzlei; Redaktion: Steffen Raßloff; Thomas A. Seidel. 3. Aufl. Erfurt: Thüringer Staatskanzlei, 2015. 107 S.: Ill., Kt. (500 Jahre Reformation – Luther 2017) [Auch als Online-Ressource]

889 Mäkelä-Tulander, Kaisa: **Kutsuttu palvelemaan:** kristillisen auttamistyön perusteet (Zum Dienen eingeladen: Grundlagen der christlichen Hilfe). In: 074, 209–225.

890 Maissen, Thomas: **Causes et conséquences de la Réforme en Allemagne et en Europe.** In: 053, 60–70. L 60–65.

891 Miczka, Tadeusz; Zeler, Bogdan: **Polish evangelical culture.** In: 027, 397–404.

892 Nottmeier, Christian: **Adolf von Harnack und die deutsche Politik 1890–1930:** eine biographische Studie zum Verhältnis von

Protestantismus, Wissenschaft und Politik. 2., durchges. und um ein Nachwort erg. Aufl. TÜ: Mohr Siebeck, 2017. XVII, 608 S. (Beiträge zur historischen Theologie; 124) – B, Humboldt-Univ., Diss., 2002. [Auch als Online-Ressource]

893 Oberkrome, Willi: **»Ewiger Deutscher« und »verborgener Gott«**: Etappen nationalistischer und völkischer Lutherrezeption im 19. und 20. Jahrhundert. JBKRG 12 (2018), 113–143.

894 Procee, Geert: **Musica sacra**: twee eeuwen kerkmuziek in de Evangelisch-Lutherse Gemeente Utrecht (Musica sacra: zwei Jahrhunderte Kirchenmusik in der Evangelisch-Lutherischen Gemeinde Utrecht). Jaarboek voor de geschiedenis van het Nederlands protestantisme na 1800 25 (Utrecht 2017), 65–84.

895 Puolimatka, Tapio: **Uskonpuhdistus tieteen kehityksen vauhdittajana** (Reformation als Beschleuniger der wissenschaftlichen Entwicklung). In: 074, 227–246.

896 Raatz, Georg: **Einleitung**: Liberale Luther-, Reformations- und Protestantismusdeutung von Albrecht Ritschl bis Ulrich Barth. In: 033, 1–35.

897 Raschzok, Klaus: **Lutherische Liturgie vom 17. bis zum 19. Jahrhundert.** In: 018, 575–646.

898 Rasmussen, Tarald: **Luther in Skandinavien.** In: 038, 269–280.

899 Raunio, Antti: **Lutheran impact in the nordic socio-ethical culture.** In: 059, 933–946.

900 Renzi, Luca: **La Riforma di Lutero e la cultura tedesca** (Luthers Reformation und die deutsche Kultur). In: 030, 155–167.

901 Rhein, Stefan: **Poetischer Abschied von Luther**: Erkundungen. In: 043, 177–208: Ill., Noten.

902 Richter, Cornelia; Armbruster, Ann-Kathrin: **Frei sein – um zu leben!**: essayistische Facetten der Wirkungsgeschichte von Luthers Freiheitsbegriff. Lu 90 (2019), 29–42.

903 Scheutz, Martin: **Geteilte Mäntel, ein Hauch von Fasching und ein neuer Martinskult**: die Verehrung des Martin in der Frühen Neuzeit. AKultG 98 (2016), 95–133: Ill. L 125–131+". – Siehe: <https://homepage.univie.ac.at/martin.scheutz/website/wp-content/uploads/2018/09/145_Scheutz_Heiliger-Martin.pdf>.

904 Schmidt, Georg: **Der »deutsche« Luther.** In: 038, 163–181.

905 Selderhuis, Herman J.: **Konfessionelle Kulturen und normative Konkurrenzen**: Divergenzen, Karikaturen und Realitäten. In: 028, 19–31.

906 Siebald, Martin: **Martin Luther in Amerika.** In: 069, 122–128.

907 Sinner, Rudolf von: **Reformatorische Theologie zwischen Migration und Mission in und aus Brasilien.** In: 028, 33–49.

908 Steffens, Martin: **Das Luthersterbehaus**: die älteste und zugleich jüngste Gedenkstätte des Reformators. In: 043, 341–359: Ill.

909 Sträter, Udo: **Reformatio – Consociatio – Unio**: 3xhammer.de?; Reflexionen eines Rektors der Martin-Luther-Universität Halle-Wittenberg zum Jubeljahr 2017. In: 027, 25–41.

910 Thönissen, Wolfgang: **Tridentinum, Zweites Vatikanum und Luther**: imlipizite Rezeption. In: 038, 396–409.

911 Toivo, Raisa Maria: **Pitkä reformaatio ja monet reformaatiot** (Lange Reformation und viele Reformen). TA 122 (2017) Nr. 4, 337–344.

912 Veen, Mirjam van: **Luther en calvinistisch Nederland** (Luther in den calvinistischen Niederlanden). Utrecht: Boekencentrum, 2017. 159 S.: Ill.

913 Volp, Ulrich: **1617 – 1717 – 1817 – 1917**: Überlegungen zum Kontext der Geschichte des Reformationsgedenkens in der Pfalz. BlPfKG 84 (2017), 9–24: Ill.

914 Walsham, Alexandra: **Reformation legacies.** In: 050, 227–268: Ill.

915 Weschenfelder, Klaus: **Die Lutherveste**: Luthermemoria in Coburg zwischen Volk und Fürst. In: 064, 98–107: Ill., Noten.

916 Wieckowski, Alexander: **Die Reformationsfeiern in der Oberlausitz**: Streifzüge durch drei Jahrhunderte in Stadt und Land (1717–2017). In: 012, 145–202: Ill.

917 Wieckowski, Alexander: **Die Reformationsfeiern in der Oberlausitz**: Streifzüge durch drei Jahrhunderte in Stadt und Land (1717–2017). HCh 40/41 (2016/17 [gedruckt 2018]), 109–146: Ill.

918 Wijngaarden, Martin L. van: **Niederländisch-lutherisches Abendmahlsgerät.** LKWML 65 (2018), 196–212: Ill. L".

b) Orthodoxie und Gegenrefomation

919 Arend, Stefanie: **Eine überkonfessonielle Perspektive für das nachreformatorische Jahrhundert:** Andreas Tschernings Lob der Buchdruckerey (1640) und seine »Sprüche des Ali« (1641/1646). In: 059, 359–374.

920 Báthory, Orsolya: **Pázmány Péter Peniculus papporuma** (Péter Pázmánys Peniculus papporum). In: 057, 283–292.

921 Benz, Stefan: **Kontinuität und Kontingenz:** Strategien im Umgang mit dem Mittelalter um 1600. QFIAB 95 (2015, gedruckt 2016), 213–248.

922 Betz, Andreas: **Politische Aspekte in den öffentlichen Reden Paul Tarnows (1562–1633).** In: 059, 405–416.

923 Bohnert, Daniel: **Exportschlager Theologie?:** Examen und Ordination in den 1590er Jahren. In: 027, 95–103.

924 Bollbuck, Harald: **Kritik, Exegese, Berufung:** Matthias Flacius Illyricus und die Praxis der Magdeburger Zenturien. In: 046, 135–158.

925 Bräuer, Siegfried: **Sterben ist kein Kinderschertz:** Cyriacus Spangenbergs Hecastus-Übersetzung für die Mansfelder Schule. In: 043, 265–295.

926 Bunners, Christian: **Johann Crüger als Gesangbuchherausgeber.** LiKu 3 (2012) Heft 2, 41–47.

927 Chemnitz, Martin: **Handbuch der vornehmsten Hauptteile der christlichen Lehre:** durch Fragen und Antworten aus Gottes Wort einfach und gründlich erklärt; zu Anfang zur Unterrichtung der Pastoren in der Visitation des Fürstentums Braunschweig erstellt ... Neuhochdt. Wiedergabe des Drucks Magdeburg, 1579/ mit einer Einf. von Wolfhart Schlichting; [ins Neuhochdt. übertr. von Tilman Pfuch]. Neuendettelsau: Freimund, ©2018. 203 S.: Cover-Porträt. (Bibliothek luth. Klassiker; 1)

928 Christman, Robert: **The controversy over original sin with an eye toward its origins in the synergistic controversy.** In: 046, 103–118.

929 Dingel, Irene: **Die lutherische Kritik am Heidelberger Katechismus.** In: 052, 226–241.

930 Ehrenpreis, Stefan: **Beobachtungen zur Rolle des Heidelberger Katechismus im** frühneuzeitlichen Erziehungs- und Schulwesen. In: 052, 308–319.

931 Eickmeyer, Jost: **Historiographie und »linker« Spiritualismus:** zur Verschränkung von Hanse-Geschichte, Politik und Böhmismus bei Johann Angelius Werdenhagen (1581–1652). In: 059, 291–311.

932 Fabiny, Tibor: **Luther paradox teológiája és Hamlet, a wittenbergi teológus** (Luthers paradoxe Theologie und Hamlet, der Theologe in Wittenberg). In: 041, 93–121.

933 Fabiny, Tibor: **Luther és Hamlet, a wittenbergi diák** (Luther und Hamlet, der Student in Wittenberg). Bárka 25 (Békéscsaba 2017) Heft 5, 58–72.

934 Fluegge, Glenn K.: **Johann Gerhard's transitional concept of theology.** ARG 109 (2018), 231–260.

935 Gay, Jean-Pascal: **Negotiating the conflicting religious claims of gallican historiography:** Louis Maimbourg's Histoire du Luthéranisme (1680) und Histoire du Calvinisme (1682). ZKG 128 (2017), 198–211.

936 Gehrt, Daniel: **Matthias Flacius as professor of theology in Jena and his educational enterprise in Regensburg.** In: 046, 35–65.

937 Gehrt, Daniel: **Private confessions?:** inner-Lutheran controversies and confessions of faith in the name of lay nobility. In: 05, 115–158.

938 Gerhard, Johann: **Von der Heiligen Schrift/** aus dem Lateinischen übers. und mit zusätzlichen Anm. vers. von Heinrich Martin Wigant Kummer. Mängelexemplar (falsches Register). Neuendettelsau: Freimund, 2019. 748 S.: Cover-Porträt & Beilage (korrektes Register). (Bibliothek luth. Klassiker; 2)

939 Gotthard Axel: **Der liebe vnd werthe Fried:** Kriegskonzepte und Neutralitätsvorstellungen in der Frühen Neuzeit. Köln; Weimar; W: Böhlau 2014. 964 S. (Forschungen zur kirchlichen Rechtsgeschichte und zum Kirchenrecht; 32) [Auch als Online-Ausgabe]

940 Graber, Anne-Cathy: **Ignace de Loyola et Martin Luther:** par grâce, obéir à Dieu et obéir aux hommes?. In: 014, 113–128.

941 Greverė, Eglė: **Reflexionen der Rhetorik Martin Luthers in der Übersetzung des**

Neuen Testaments von Johannes Bretke (**1579–1590**). In: 059, 537–551.

942 Großhans, Hans-Peter: **Hermeneutik als Schlüssel zur Wahrheit:** die Clavis Scripturae Sacrae des Matthias Flacius Illyricus. In: 046, 175–189.

943 Gruhl, Reinhard: **Protestantische Kalenderdichtung in Rostock:** die Fasti Ecclesiae Christianae des Nathan Chytraeus. In: 059, 385–403.

944 Hoffmann, Birgit: **Martin Chemnitz – Stratege und Vermittler der Reformation im Fürstentum Braunschweig-Wolfenbüttel.** In: 060, 207–234: Ill.

945 Illg, Thomas: **Heinrich Müller als Rezipient der Frömmigkeitsliteratur Johann Arndts.** In: 059, 417–429: Ill.

946 Johnston, Wade: **Adiaphora and confession:** Flacius' Magdeburg writings produced in exile. In: 046, 21–34.

947 Kirn, Hans-Martin: **Geschichte des Christentums** IV, 1: **Konfessionelles Zeitalter.** S: Kohlhammer, 2018. 358 S. (Theol. Wissenschaft: Sammelwerk für Studium und Beruf; 8.1) [Auch als Online-Ausgabe]

948 König, Christopher: **Inszenierte Männlichkeit:** Maskulinität und männliche Rollenbilder in den Reformationsdramen. In: 028, 173–182.

949 Kolb, Robert: **The Formula of Concord and the Book of Concord:** the path to consensus and definition within the Wittenberg circle. In: 05, 177–192.

950 Kolb, Robert: **Scripture or pope?:** the exegetical basis of Matthias Flacius' understanding of authority in the church. In: 046, 119–133.

951 Kovács, Krisztián: **A mittenwaldi oltárképtől a Máté-passióig:** teológiai implikációk Paul Gerhardt Ó, Krisztusfő, te zúzott énekében (Vom Altarbild in Mittenwald bis zur Matthäuspassion: theologische Implikationen in Paul Gerhardts Lied »O Haupt voll Blut und Wunden«). Studia Universitatis Babes-Bolyai Theologica Reformata Transylvanica 63 (Cluj 2018) Heft 2, 21–34.

952 Laine, Tuija: **Finnish primary religious books from the seventeenth century.** In: 059, 855–865.

953 Léchot, Pierre-Olivier: **La théologie protestante à l'âge des confessions (1565–1685).**

In: 022, 237–315. L 239–242. 270–272. 307–309 +''.

954 Leppin, Volker: **Ablehnung, Aneignung und Brechung:** zur Gestalt des mittelalterlichen Erbes im Heidelberger Katechismus. In: 052, 23–53.

955 Lienhard, Marc: **Les débats intra-luthériens après l'Intérim.** In: 014, 33–42.

956 Lundberg, Mattias: **Korporative Identitäten in nicht-liturgischen Schulgesängen während der Reformationszeit in Schweden:** einige repertoire- und institutionshistorische Beobachtungen. In: 059, 769–782: Noten.

957 Mager, Inge: **Die Rezeption der Zwei-Reiche-Vorstellung in der lutherischen Orthodoxie bis zu Johann Gerhard.** In: 05, 193–206.

958 Mahling, Lubina: **Paul Eber und die Sorben:** Versuch einer kulturgeschichtlichen Einordnung des niedersorbischen Gothaer Katechismus. In: 027, 505–513.

959 Marnef, Guido: **The building of a Lutheran church in Antwerp (1566–1567).** In: 046, 67–79.

960 Marquard, Reiner: **»Ich will mich in dir versenken«:** die Lehre von der unio mystica in der Matthäus-Passion von Johann Sebastian Bach. Bach-Jahrbuch 104 (2018), 155–169.

961 Michel, Stefan: **Lutherische Bekenntniskonzepte in Mitteldeutschland vor der Konkordienformel:** die Mansfelder Bekenntnisse (1559,1562,1565) und die Reußisch-schönburgische Konfession (1567). In: 05, 159–175.

962 Monok, István: **A németújvári iskola könyvtárának teológiai arculata** (Das theologische Profil der Schulbibliothek in Güssing). In: 015, 269–278.

963 Muller, Richard A.: **Lutheran natural theology in the early modern era:** a preliminary glance. In: 016, 173–192.

964 Nüssel, Friederike: **Gottes erwähltes Werkzeug zur Reformation der Kirche:** zum Lutherbild in der lutherischen Orthodoxie. In: 038, 109–123.

965 Oláh, Róbert: »**Kalauznak calumnia minden dolga«:** Pósaházi János válasza Pázmány Péternek a reformáció kezdetéről (Jedes Ding im Kalauz ist eine calumnia: János Pósaházis Antwort an Péter Pázmány

über die Anfänge der Reformation). In: 057, 293–305.

966 P. Vásárhelyi, Judit: **A reformáció százéves évfordulója a heidelbergi egyetemen** (Das Reformationszentenar an der Universität Heildelberg). In: 057, 13–25.

967 Papp, Ingrid: **Lutheránus prédikátorok és a sérthetetlen szent könyv** (Luth. Prediger und das unverletzbare heilige Buch). In: 057, 90–99.

968 Petkūnas, Darius: **The second Reformation in German-speaking lands.** Klaipėda: Klaipėdos universiteto leidykla, 2018. 702 S.: Ill.

969 Petzoldt, Martin: **Bach-Kommentar:** theologisch-musikwissenschaftliche Kommentierung der geistlichen Vokalwerke Johann Sebastian Bachs/ hrsg. von Norbert Bolin unter Mitarb. von Jochen Arnold; Michael Beyer. Bd. 3: **Fest- und Kasualkantaten/** musikwiss. Beratung: Norbert Bolin; theol. Beratung: Jochen Arnold. S: Internationale Bachakademie; Kassel; BL; LO; NY; PR: Bärenreiter 2018. 912 S. L". (Schriftenreihe der Internationalen Bachakademie Stuttgart; 14 III)

970 Pfuch, Tilman: **Luther und die Ernestiner in den Gutachten der Theologischen Fakultät Wittenberg zwischen 1560 und 1660.** In: 028, 411–419.

971 Reinert, Jonathan: **Passionsauslegung über konfessionelle Grenzen hinweg:** zur »lutherischen« Postille Johann Spangenbergs und ihrer »katholischen Korrektur« durch Johann Craendonch. In: 027, 115–122.

972 Roth, Christine: **Das Lied »Ein feste Burg« im Schaffen des Michael Praetorius:** von der Aktualisierung musikalischer Traditionen. In: 027, 345–353.

973 Schäufele, Wolf-Friedrich: **Matthias Flacius Illyricus und die Konzeption der Zeugenschaft im Catalogus testium veritatis.** In: 046, 159–174.

974 Schmidt, Christian: **Der geküsste Papst:** Ritual- und Zeremoniellparodien in Heinrich Kielmanns Tetzelocramia zum Reformationsjubiläum 1617 in Stettin. In: 059, 475–489.

975 Schollmeyer, Franz: »**Der vnbestandt jn dahin zwingt, das er zu beiden seiten hinkt«:** das Symbol vom Hinken in lutherischen Flugschriften zum Konkordienwerk. In: 027, 105–113.

976 Sinkevych, Nataliia: »**Religiosae Cryptae« (1675) by Johannes Herbinius:** the description of Kiev and its »sacral space« in early modern multiconfessional discourse. In: 028, 287–297.

977 Sittig, Claudius: **Daniel Fridericis Newe Comoedia Von dem alten und Jungen Tobia (1637) und das protestantische Schultheater im frühneuzeitlichen Rostock.** In: 059, 431–444.

978 Sommer, Benjamin: **Licht gegen Finsternis:** das Reformationsjubiläum 1617 am Vorabend des Dreißigjährigen Krieges. In: 034, 67–78.

979 Stegmann, Andreas: **Die Rostocker Theologie des 16. und 17. Jahrhunderts und ihre Bedeutung für das Luthertum im Ostseeraum.** In: 059, 375–384.

980 Steguweit, Wolfgang: **Hilaria Evangelica:** numismatisches Reformationsgedenken der Ernestiner aus dem Hause Sachsen im Jahre 1717. In: 034, 79–92.

981 Strohm, Christoph: »**Deutsch-reformierte« Theologie?:** die kurpfälzische Reformation im Rahmen der frühneuzeitlichen Konfessionalisierung. In: 052, 113–135.

982 **Der Synergistische Streit (1555–1564)/** hrsg. von Irene Dingel; bearb. von Kęstutis Daugirdas; Jan Martin Lies; Hans-Otto Schneider. GÖ: V&R, 2019. X, 820 S.: Ill. L". (Controversia et confessio; 5)

983 Szabó, András: **1617 – a reformáció századik évfordulója Magyarországon** (1617 – die Jahrhundertfeier der Reformation in Ungarn). Egyháztörténeti szemle 19 (Miskolc 2018) Heft 1, 64–69.

984 Szabó, Ferenc: **Két reformátor:** Luther Márton és Pázmány Péter (Zwei Reformatoren: Martin Luther und Péter Pázmány). Egyházfórum 32 (Pécs 2017) Heft 3, 12–19.

985 Szabó, Ferenc: **Reformáció és katolikus megújulás:** válogatott Pázmány-tanulmányok (Reformation und kath. Erneuerung: ausgewählte Pázmány-Studien). BP: Szent István Társulat, 2018. 220 S.: Ill.

986 Urbański, Piotr: **Johannes Micraelius und die lutherische polemische Theologie im Stettin des 17. Jahrhunderts.** In: 059, 463–474.

987 Vind, Anna: **Lutherus triumphans:** examples of the reception of Luther in 16th and 17th century Denmark. In: 059, 83–99.

988 Voigt-Goy, Christopher: **Adiaphora und Toleranz.** In: 027, 443–450.

989 Voigt-Goy, Christopher: **Reformationsdeutung in John Foxes Acts and Monuments – das Beispiel Martin Luther.** ZKG 128 (2017), 186–197.

990 Walter, Peter: **»Confessio« im römisch-katholischen Kontext:** Beobachtungen zum Sprachgebrauch im 16. Jahrhundert. In: 05, 29–51.

991 Wengert, Timothy J.: **Matthias Flacius's attacks on Andreas Osiander from 1552.** In: 046, 207–226.

992 Wolf, Jean-Claude: **Vernunft und Verstand bei Jacob Böhme.** In: 038, 283–308.

993 Zvara, Edina: **Esterházy Pál protestáns könyvei** (Pál Eszterházys protestantische Bücher). In: 015, 279–291.

c) Pietismus und Aufklärung

994 Beutel, Albrecht: **Die reformatorischen Wurzeln der Aufklärung:** ein Beitrag zur frühneuzeitlichen Transformationsgeschichte des Protestantismus. In: 08, 9–35.

995 Beutel, Albrecht: **Von der Nutzbarkeit des Glaubens:** die Umrisse einer funktionalen Religionstheorie bei Justus Möser. ZThK 115 (2018), 260–294.

996 Bitskey, István: **Vita a reformáció évfordulójáról 1717-ben** (Streit über das Reformationsjubiläum im Jahre 1717). In: 057, 41–48.

997 Bitzel, Alexander: **Johann Lorenz von Mosheims Erneuerung der Predigt vor dem Hintergrund der reformatorischen Homiletik.** In: 08, 319–331.

998 Breul, Wolfgang: **Vom schnellen Ende der »ersten Liebe«:** die Reformation in Gottfried Arnolds »Unparteiischer Kirchen- und Ketzerhistorie«. In: 08, 235–251.

999 Campi, Emidio: **Der Rückgriff auf Zwinglis Reformation in der schweizerischen Frühaufklärung.** In: 08, 145–165.

1000 Csepregi, Zoltán: **Félúton a felekezeti identitás megteremtése (1617) és elbúcsúztatása között (1817):** ünneplés és ünneprontás a 18. században (Unterwegs zwischen Erschaffung [1617] und Verabschiedung der konfessionellen Identitäten [1817]: Feier und Spaßbremse im 18. Jahrhundert). In: 057, 59–67.

1001 Fleischer, Dirk: **Identität durch Erinnerung:** der Reformationsbegriff in Geschichtsdarstellungen der Aufklärungszeit. In: 08, 345–369.

1002 Fogarasi, György: **Kísértet, elmélet:** Coleridge és Luther (Versuch, Theorie: Coleridge und Luther). Filológiai közlöny 64 (BP 2018) Heft 1, 65–87.

1003 Fogarasi, György: **Kísértet, elmélet:** Coleridge és Luther (Versuch, Theorie: Coleridge und Luther). In: 056, 209–237.

1004 Friedeburg, Robert von: **Rezeption und Bewertung der Reformation auf den britischen Inseln.** In: 08, 203–220. L 212 f.

1005 Fues, Wolfram Malte: **Die annullierte Literatur:** Nachrichten aus der Romanlücke der deutschen Aufklärung. Druckausgabe und Online-Ressource. Köln; Weimar; W: Böhlau, 2017. 398 S.

1006 Gudmundsson, David: **Sermons and prayer books in the Swedish army during the »Age of Greatness«.** In: 059, 825–835.

1007 Hartlapp, Johannes: **Zinzendorf und der Sabbat.** In: 065, 225–264.

1008 Heal, Bridget: **Reformatorische Bildwerke in der Kunst der Aufklärung.** In: 08, 279–299: Ill.

1009 Jeyaraj, Daniel: **Cultural impact of German Reformation on Christians in India.** In: 028, 51–63.

1010 Junghans, Reinhard: **Die Lutherrezeption Johann Gottfried Herders:** eine Untersuchung mit besonderer Berücksichtigung seiner theologischen Schriften und rezeptionstheoretischen Überlegungen. (1992). In: 024, 18–47: Ill.

1011 Junghans, Reinhard: **Die Theologie Herders in seiner Katechismusarbeit.** (1995). Erweiterte Fassung. In: 024, 48–82: Ill.

1012 Kamp, Salamon: **Luther, Bach és a zene** (Luther, Bach und die Musik). In: 041, 11–40.

1013 Keßler, Martin: **Die Berufung auf Luther und die Reformation im Fragmentenstreit.** In: 08, 60–97

1014 Kirn, Hans-Martin; Ritter, Adolf Martin: **Geschichte des Christentums IV, 2: Pietismus und Aufklärung.** S: Kohlhammer, 2019. 373 S.: Kt. (Theol. Wissenschaft. Sammelwerk für Studium und Beruf; 8.2) [Auch als Online-Ausgabe]

1015 Koefoed, Nina Javette: **Emotions, obligations, and identities within the Lutheran household:** from Luther's Small Catechism to cultural and social responsibilities in the 18th century household in Denmark. In: 059, 751–768.

1016 Michon, Hélène: **Pascal et Luther:** penseurs de l'angoisse?. In: 014, 145–156.

1017 Molac, Philippe: **Johann Georg Hamann, passeur, rénovateur ou inspirateur?** In: 014, 219–228. L 221. 224. 227.

1018 Ortmann, Volkmar: **Die Reformation als Ereignis, Epoche oder Periode?:** die Veränderungen in der protestantischen Perspektive um die Mitte des 18. Jahrhunderts. In: 08, 332–433.

1019 Pohlig, Matthias: **Humanismus als Aufklärung?:** Erasmus und Melanchthon im 18. Jahrhundert. In: 08, 300–318.

1020 Schäufele, Wolf-Friedrich: **Das Bild der Reformation in den Enzyklopädien der europäischen Aufklärung.** In: 08, 36–59.

1021 Sparn, Walter: **»Ô Luther, toi le grand homme méconnu!«:** Lessing avec Luther – et en dépassant Luther – contre les luthériens. PL 66 (2018), 253–266.

1022 Stengel, Friedemann: **Seele, Unsterblichkeit, Auferstehung:** Luther im Aufklärungsdiskurs. In: 08, 98–130.

1023 Stievermann, Jan: **Old creeds in a new world:** the Heidelberg Catechism and the struggle for German-Reformed identity in mid-eighteenth century Pennsylvania. In: 052, 343–387. L".

1024 Strohm, Christoph: **Luther-Rezeption bei dem Juristen Christian Thomasius.** In: 08, 252–277.

1025 Tétaz, Jean-Marc: **Des Lumières au néo-protestantisme:** la transformation de la théologie protestante à l'époque moderne. In: 022, 365–448. L 367. 369. 387. 394. 431. 437 f.

1026 Unterburger, Klaus: **Der Rekurs auf die Reformation in der katholischen Aufklärung.** In: 08, 221–234.

1027 Vallin, Philippe: **Bossuet, l'Histoire des variations (1688) et les inculturations catholiques de la variation doctrinale.** In: 014, 157–178. L 157 f. 161. 171–173.

1028 Vogler, Günter: **Gottfried Arnolds Bild von Thomas Müntzer und seine Kritiker:** ein Beitrag zur Rezeptionsgeschichte. In: 068, 249–265: Ill.

1029 Voigt-Goy, Christopher: **Luther in der Aufklärung.** In: 038, 124–135.

1030 Voigt-Goy, Christopher: **Luther in der »Halleschen Aufklärung«:** Siegmund Jacob Baumgarten und Johann Salomo Semler. In: 08, 131–144.

1031 Witt, Christian: **Historisierung als apologetische Strategie:** Fallstudien zum lutherischen Bekenntnis im 18. Jahrhundert. In: 05, 207–232.

d) 19. und 20. Jahrhundert bis 1917

1032 Achtelstetter, Laura: **»Sag, wie hältst du's mit der Reformation?«:** die Reformation im Staatsdenken Carl Ludwig von Hallers und Friedrich Julius Stahls als antagone Grenzpunkte der altkonservativen Reformationsrezeption. In: 027, 561–570.

1033 Aguti, Andrea: **Barth su Lutero** (Barth über Luther). In: 030, 9–21.

1034 Bauer, Joachim: **Kampf gegen Rom. Kampf gegen Frankreich:** Luther auf dem Wartburgfest 1817. In: 038, 309–331.

1035 Bauer, Joachim: **Das Luther-Jahrhundert:** Luther als Nationalheld des 19. Jahrhunderts. Lu 89 (2018), 77–95.

1036 Beckmann, Klaus: **Union ohne Altes Testament?:** Erwägungen zur »Abschaffung des Alten Testaments« im Jahre 1818. BlPfKG 85 (2018), 99–106.

1037 Beecher-Stowe, Harriet: **Sunny memories of foreign lands.** Online-Ressource (pdf); Print on demand. Teilband 2. HH: tradition, 2011. 324 S.: Ill. (TREDITION CLASSICS)

1038 Beecher-Stowe, Harriet: **Erinnerungen an Deutschland:** ein heiterer Reisebericht aus dem August des Jahres 1853; reich illustriert (Sunny memories of foreign lands <dt.> [Auszug aus der Ausgabe Toronto 1929)/] hrsg., aus dem Engl. übers., mit Anm. und einem Nachwort vers. von Nadine Erler. Barnstorf: 28 Eichen, 2019. 124 S.: Ill. L 88–117+".

1039 Benedetti, Andrea: **La rilettura di Lutero in chiave patriottico-nazionalista da parte del Romanticismo tedesco** (Die Relecture Luthers seitens der deutschen Romatik unter national-patriotischem Aspekt). In: 030, 41–58.

1040 Benedict, Hans-Jürgen: **Freiheit, Leiblichkeit, Schönheit:** fürs Reformationsjubiläum kann die evangelische Kirche von

Heinrich Heine lernen. ZZ 17 (2016) Heft 6, 43–45: Ill.

1041 Bischof, Franz Xaver: **Luther in der Wahrnehmung Döllingers.** In: 038, 348–361.

1042 Böhm, Sebastian: **Luthers Kant-Kritik und Hegels Übergang von der Vorstellung zum Begriff.** In: 027, 255–263.

1043 Brakelmann, Günter: **Lutherfeiern im Epochenjahr 1917.** Bielefeld: Luther, 2017. 306 S. (Studienreihe Luther; 16)

1044 Chalamet, Christophe: **La théologie protestante au XXe siècle.** In: 022, 495–576. L 497. 516. 524. 539. 553.

1045 Conrad, Joachim: **Die Hugenottengemeinde Ludweiler-Warndt – ein Sonderfall der saarländischen Kirchengeschichte.** JEKGR 67 (2018), 61–95: Ill., Faks. L 80–84.

1046 Dobberahn, Friedrich Erich: »**Schauerliche kirchliche Pseudoprophetie« – Kriegsliturgien und Kriegsgesangbücher im ersten Kriegsjahr 1914/1915.** JEKGR 67 (2018), 143–190: Faks. L 180–188.

1047 Ehling, Kay: **Der deutscheste der Deutschen:** Luther im Krieg 1917. In: 034, 115–128.

1048 Ehling, Kay: **Ein »verworrener Quark« – Goethe und das Dritte Evangelische Jubelfest in Weimar 1817.** AKultG 97 (2015), 395–426.

1049 Ehling, Kay: **Ein »verworrener Quark«:** Goethe und das Dritte Evangelische Jubelfest in Weimar 1817. (2015). In: 034, 93–114.

1050 Falcke, Heino: **Predigt am Reformationsfest 1983 in der Augustinerkirche zu Erfurt über Psalm 46.** PTh 107 (2018) 8 [Göttinger Predigtmeditationen], 428–430.

1051 Fitschen, Klaus: **Die »traurige Wahrheit«** über Luthers Tod: Kontroversen im ausgehenden Kulturkampf. In: 043, 361–369: Ill.

1052 Gentili, Carlo: **Nietzsche e Lutero** (Nietzsche und Luther). In: 030, 135–153.

1053 Goór, Judit: **Luther, a kazánfűtő:** Madách Imre, Az ember tragédiája című művéről a reformáció 500. évfordulóján (Luther, der Heizer: über Imre Madáchs »Tragödie des Menschen« zum 500. Reformationsjubiläum). KI 119 (2018) Heft 3, 29–38.

1054 Goór, Judit: **Luther, a kazánfűtő:** Madách Imre, Az ember tragédiája című művéről a reformáció 500. évfordulóján (Luther, der Heizer: über Imre Madáchs »Tragödie des Menschen« zum 500. Reformationsjubi-

läum) In: XXV. Madách Szimpózium (25. Madách-Symposium)/ hrsg. von Zsuzsanna Máté; Emőke Varga. Szeged; Balassagyarmat: Madách Irodalmi Társaság, 2018, 48–62.

1055 Greiling, Werner: **Vorbild oder Schreckgespenst?**: zur Rezeption des Bauernkrieges in der Volksaufklärung. In: 062, 301–330.

1056 Harnack, Adolf: **Die Ausgänge des Dogmas im Protestantismus, 1889/1922.** (1889. 1922). In: 033, (63) 65–87.

1057 Helmer, Christine: **Luther und Schleiermacher:** die Moderne und ihre theologischen Weiterungen. In: 038, 332–347.

1058 Karimies, Ilmari: **The appeal to Luther in the conflicts between the Finnish pietist movements in the 19th and early 20th century.** In: 059, 947–960.

1059 Kauhaus, Hanna: **Freiheit der Wissenschaft und Bildung durch Wissenschaft:** Friedrich Schleiermachers Universitätsidee und ihre reformatorischen Wurzeln. In: 027, 167–176.

1060 Klän, Werner: **Bekenntnisrenaissance im 19. Jahrhundert.** In: 05, 233–257.

1061 Lang, Stefan: **Performative Vernunft.** In: 027, 245–253.

1062 Magos, István: »**Az igazság ismeretében mindig továbbmehetünk«**: harmadik centenáriumi reformációs ünnepségek Észak-Magyarországon (»In Kenntnis der Wahrheit kann man immer weitergehen«: trizentenarische Reformationsfeste in Nordungarn). Sola Scriptura 20 (BP 2018) Heft 3 f, 24–43.

1063 Menzel, Stefan: »**Eine feste burgk ist unser got«:** Otto Kade, die »Inventio« des Luther-Codex und der deutsche Kulturprotestantismus. In: 027, 317–326.

1064 Neumann, Rainer: »**Luther der deutsche Volksmann«:** das Reformationsjubiläum 1917 in Greifswald. HCh 40/41 (2016/17 [gedruckt 2018]), 147–181: Ill.

1065 Normann, Lars: »**Ich weiß, woran ich glaube« – Auf den Spuren von Ernst Moritz Arndt (1769–1860).** JEKGR 64 (2015), 83–110. L''.

1066 Otto, Rudolf: **Rettung aus Verlorenheit nach Luther:** justificatio per fidem, 1898. (1898. 1932). In: 033, (193) 195–212.

1067 Pisano, Libera **The roots of German philosophy:** Heinrich Heine's reading of Martin Luther. In: 028, 249–256.

1068 Ritschl, Albrecht: **Festrede am vierten Se-cultartage der Geburt Martin Luthers**, 10. November **1883**. (1887). In: 033, 37–62.

1069 Schmidt, Thomas: **Ein' feste Burg ist unser Gott?**: der Choral in der Instrumentalmusik des 19. Jahrhunderts zwischen sakralem Andachtstopos und konfessionellem Statement. In: 027, 307–315.

1070 Stüber, Gabriele: **Martin Luther auf der Bühne**: zur Wirkungsgeschichte eines Volksschauspiels in Worms, Ludwigshafen und Neustadt an der Haardt. BlPfKG 84 (2017), 127–143: Ill.

1071 Svinth-Værge Põder, Christine: **Karl Holl 1917**: Luther in der Theologie und in der Deutung des Weltgeschehens des frühen 20. Jahrhunderts [Seminarbericht]. LuJ 85 (2018), 377–380.

1072 Tóth, Orsolya: **Andalgók, merengők, ábrándozók és rajongók**: megjegyzések Kölcsey Ferenc A vadászlak című elbeszéléséhez (Lustwandelnde, Verträumte, Phantasten und Schwärmer: Bemerkungen zu Ferenc Kölcseys Erzählung »Die Jagdhütte«). Irodalomtörténet 98 (BP 2017) Heft 2, 147–175.

1073 Tóth, Orsolya: **Egykor és most**: tanulmányok a 19. századi magyar irodalomból (Damals und jetzt: Studien zur ungarischen Literatur des 19. Jh.). Pécs: Kronosz, 2017. 226 S.

1074 Troeltsch, Ernst: **Luther und die moderne Welt, 1908**. (1908). In: 033, (89) 91–127.

1075 Weiß, Otto: **Das Luther-Bild von Heinrich Suso Denifle**. In: 038, 362–377.

1076 Zelle, Ilse: **Karl Knaake – Begründer der Weimarer Lutherausgabe**: Hintergründe zu Person und Werk. B; MS: LIT, 2017. II, 141 S. (Persönlichkeit im Zeitgeschehen; 5)

e) 20. und 21. Jahrhundert: 1918-2017

1077 Arand, Charles P.: **The 500th anniversary of the Reformation**: Lutherans & science. CJ 43 (2017) Nr. 3, 7–10.

1078 Arnold, Matthieu: **Die Entwicklung der Lutherbiographie in Frankreich während des XX. Jahrhunderts**: ökumenische Perspektiven. In: 038, 257–268.

1079 Assel, Heinrich: **Das Erbe der Lutherrenaissance heute**: konfessionskulturelle Potentiale einer paradigmatischen Reformationstheorie. In: 059, 51–82: Ill.

1080 Assel, Heinrich: **Gewissensreligion – Volkskirche – simul iustus et peccator**: Innovationen in Lutherrenaissance und Erlanger Theologie. In: 038, 378–395.

1081 Barth, Ulrich: **Aufgeklärter Protestantismus und Erinnerungskultur, 2004**. (2004). In: 033, (329) 331–355.

1082 Batka, L'ubomír; Schwambach, Claus; Wilson, Sarah H.: **Vom Umgang mit Luther 2017**: drei Statements zur Podiumsdiskussion. LuJ 85 (2018), 313–330.

1083 Becker, Peter von: **Der Hosenteufel ist auch dabei**: Kampf zwischen Gut und Böse; geistvolle, lehrreiche, dämonisch-amüsante Lektüren über Martin Luther, den Teufel und die Reformation. Online-Ressource. Der Tagesspiegel (2017) vom 29. Juni: Ill. – Siehe: <https://www.tagesspiegel.de/kultur/buecher-ueber-martin-luther-der-hosenteufel-ist-auch-dabei/19976440.html>.

1084 Bernhard, Roland: **»Sensation statt reflektiertes Geschichtsbewusstsein« – Deutungsmuster zu Hexenverfolgungen im Kontext von Katholizismus und Protestantismus in aktuellen österreichischen Geschichtsschulbüchern**. In: 031, 135–166. L".

1085 Bernhard, Roland; Hinz, Felix: **Sinnbildung statt Sinnstiftung durch historisches Denken**: Umgang mit religiösen Konflikten wie der Reformation im Geschichtsunterricht. In: 031, 371–399: Ill.

1086 Beyer, Michael: **Luthertage, Lutherspiel, Lutherdenkmal, Lutherkarte**: Memoria und Folklore im Leipziger Land in der Reformationsdekade 2008 bis 2017. In: 028, 129–136.

1087 Bieritz, Karl-Heinrich: **Liturgische Bewegungen im deutschen Protestantismus im 20. Jahrhundert**. In: 019, 125–164.

1088 Birkner, Hans-Joachim: **Protestantismus im Wandel**: Aspekte, Deutungen, Aussichten, 1971. (1971). In: 033, (241) 243–255. L".

1089 Bloch, Brandon: **Justifying democracy**: Johannes Heckel, Ernst Wolf, and the recasting of Luther's theology of resistance in postwar Germany. In: 027, 451–460.

1090 Breij, Mieke: **»Nun freut euch lieben Christen gmein«**: ee kerkmuzikale idealen van Maarten Kooy en Dolf Hendrikse in de tweede helft van de twintigste eeuw (»Nun freut euch lieben Christen gmein«: die kirchenmusikalischen Ideale von Maarten

Kooy und Dolf Hendrikse in der zweiten Hälfte des 20. Jh.). Jaarboek voor de geschiedenis van het Nederlands protestantisme na 1800 25 (Utrecht 2017), 103–120.

1091 Brjanzew, Wolfgang: **Basisorientiert – evangeliumsbezogen – ökumenisch:** die Gestaltung des Reformationsjubiläums in Baden; ein kurzes Resümee des Landeskirchlichen Beauftragten für die Reformationsdekade. JBKRG 12 (2018), 363–370: Ill.

1092 Cajani, Luigi: **Die protestantische Reformation in italienischen Geschichtslehrbüchern.** In: 031, 187–208.

1093 Cha, Yongku: **Die Reformation in aktuellen koreanischen Schulbüchern.** In: 031, 279–293.

1094 Chavel, Frédéric: **L'évolution du rapport entre les Églises de confession luthérienne et l'héritage de Luther, éclairée par le document Du conflit à la communion.** In: 014, 241–254.

1095 Dall'Olio, Guido: **Una scintilla dimenticata:** Mario Rossi e Lutero (Ein vergessener Funke: Mario Rossi und Luther). In: 030, 59–82.

1096 **Deutscher Evangelischer Kirchentag 2017:** Berlin – Wittenberg und Kirchentage auf dem Weg/ Hrsg.: Reformationsjubiläum 2017 e. V.; Hartwig Bodmann; Ulrich Schneider; Redaktion: Christof Vetter. 4. Aufl.: Online-Version. Lutherstadt Wittenberg: Reformationsjubiläum 2017 e.V., 2017. 18 S.: Ill. (r reformation 2017) (500 Jahre Reformation – Luther 2017) – <https://r2017.org/fileadmin/downloads/r2017_KTAW-online.pdf>.

1097 Donáth, László: **Minden rendben?** (Alles in Ordnung?). Egyházfórum 32 (Pécs 2017) Heft 3, 9–11.

1098 Eckert, Siegfried: **2017:** Zweitausendziebzehn; Reformation statt Reförmchen. GÜ: GVH, 2014. 272 S. [Auch als Online-Ressource]

1099 Eskola, Timo: **Kahden korin teologia – uskon ja rakkauden distinktion pitkä tie Lundista Helsinkiin** (Theologie der zwei Körbe – ein langer Weg der Unterscheidung von Glaube und Liebe von Lund nach Helsinki). In: 055, 39–132.

1100 Falcke, Heino: **Ansprache bei der Abschlussversammlung des Evangelischen Kirchentages Erfurt 1983.** PTh 107 (2018) 8 [Göttinger Predigtmeditationen], 424–427.

1101 Famerée, Joseph: **Yves Congar, lecteur de Luther.** In: 014, 189–201.

1102 Ferrario, Fulvio: **Il futuro della Riforma** (Die Zukunft der Reformation). Torino: Claudiana, 2016. 195 S. (Piccola biblioteca teologica; 121)

1103 **Flop oder top?:** kurz vor dem Reformationstag im Jubiläumsjahr 2017 ist es Zeit für eine erste Bilanz der Luther- respektive Reformationsdekade …/ Texte: Christoph Markschies; Stephan Dorgerloh; Joachim Frank; Felix Reich; Interview mit Margot Käßmann. ZZ 18 (2017) Heft 10, 22–39: Ill.

1104 Fugmann, Gernot: **»Gott nicht in den Weg treten«:** Christian Keyßer und seine biographisch geprägten Leitgedanken in Neuguinea und Deutschland. ZBKG 85 (2016), 211–252. L 227. 244. 250.

1105 Gautier, Bruno: **Théologie de la contradiction.** In: 014, 179–187.

1106 **Gelebte Reformation – Barmer Theologische Erklärung:** Begleitbuch zur Ausstellung/ hrsg. von Martin Engels; Antoinette Lepper-Binnewerg im Auftrag der Evang. Kirche im Rheinland; Übersetzungen Englisch: Casey Butterfield. NK: Neukirchener Theologie, 2016. 136 S.: Ill.

1107 **Gemeindeinfo:** gelebte Gastfreundschaft bei den Kirchentagen auf dem Weg/ Hrsg.: Reformationsjubiläum 2017 e. V.; Hartwig Bodmann; Ulrich Schneider; unter Mitarb. von Matthias Breitenkamp … Lutherstadt Wittenberg: Mundschenk Druck + Medien, [2017]. [30] S.: Ill. (r reformation 2017) (500 Jahre Reformation – Luther 2017)

1108 Geréb, Zsolt: **Fél évszázados a nyugati keresztyén egyház reformációja** (500 Jahre Reformation in der Westkirche). Korunk 28 (Cluj 2017) Heft 9, 3–12.

1109 Giehl, Bernd: **Die fremde Botschaft:** Annäherung an den christlichen Glauben. [Wismar]: Persimplex, 2013. 285 S. L 24–27. 44–53. 248–257+".

1110 Gräb-Schmidt, Elisabeth: **Kapitalismus als Religion?:** zur Ambivalenz der Religion und ihrer Kritik bei Karl Marx und Walter Benjamin. ZThK 115 (2018), 449–473.

1111 Häggblom, Albert: **Luther och missionen i Ingemar Öbergs Luther-tolkning** (Luther und die Mission in Ingemar Öbergs Luther-Deutung). In: 055, 133–157.

1112 Hämäläinen, Juha: **Reformaation perintö suomalaisessa sosiaalityössä** (Das Erbe

389

der Reformation in der finnischen Sozialarbeit). In: 074, 199–207.

1113 Hammann, Konrad: **Umbruch:** der Verlag J. C. B. Mohr (Paul Siebeck) um und nach 1918. ZThK 115 (2018), 295–328.

1114 Hennecke, Susanne: **Von der Subjektivität des Glaubens zum weiblichen Selbstbewusstsein und darüber hinaus:** zur Rezeption reformatorischer Motive im Kontext der zweiten Frauenbewegung. In: 028, 205–214.

1115 Hirsch, Emanuel: **Die Reformation und Bildung und Auflösung des altevangelischen Kirchentums, 1939.** (1939). In: 033, (213) 215–239.

1116 Hövelmann, Hartmut: **Reinhard Schwarz (1983–1999)** [Präsidentenjahre, Luther-Gesellschaft]. In: 040, 150–162: Portr.

1117 Hövelmann, Hartmut: **Walther von Loewenich (1964–1975)** [Präsidentenjahre, Luther-Gesellschaft]. In: 040, 129–139: Portr.

1118 Holl, Karl: **Was verstand Luther unter Religion?, 1917.** (1917). In: 033, (129) 132–160.

1119 Holmer, Reinhard: **Martin Luther in der DDR.** In: 069, 117–121.

1120 Holwerda, Klaas: **Zingen en bidden in huis en kerk:** het Liedboek van 1973 en het Liedboek van 2013 (Zu Hause und in der Kirche singen und beten: das Liederbuch von 1973 und von 2013). Jaarboek voor de geschiedenis van het Nederlands protestantisme na 1800 25 (Utrecht 2017), 135–150.

1121 Jääskeläinen, Jouko: **Kaksi regimenttiä perintönä satavuotiaalle Suomelle** (Die zwei Regimente als Erbe für das hundertjährige Finnland). In: 074, 179–197.

1122 Jukko, Risto: **Luterilaisuus ja uskontojen vuoropuhelu – mitä sanottavaa Lutherilla on tämän päivän kristityille?** (Luthertum und interreligiöser Dialog – Was hat Luther heutigen Christen zu sagen?). In: 070, 109–118.

1123 Junghans, Reinhard: **Die Lutherbiographie Gerhard Ritters im Wandel der Zeiten.** In: 024, 83–131.

1124 Junghans, Reinhard: **Das Müntzerbild in den Geschichtslehrbüchern des »Dritten Reiches« im Vergleich mit denen der ausgehenden Weimarer Republik.** In: 024, 201–215.

1125 Junghans, Reinhard: **Die Müntzerrezeption in den Geschichtslehrbüchern der DDR.** In: 024, 216–232: Ill.

1126 Junghans, Reinhard: **Wirkungsgeschichte und/oder Rezeptionsgeschichte.** In: 024, 11–17.

1127 Junkermann, Ilse: **Zeitansagen eines »kirchenleitenden Libero«:** zur politischen Predigt in der DDR am Beispiel von zwei Predigten von Propst i. R. Dr. Heino Falcke/Erfurt. PTh 107 (2018) 8 [Göttinger Predigtmeditationen], 431–441.

1128 Karttunen, Tomi: **Maallinen ja hengellinen:** Luther ja Bonhoeffer – mitä on esivaltauskollisuus tänään? (Zeitlich und geistlich: Luther und Bonhoeffer – Was ist Obrigkeitstreue heute?). Reseptio: ulkoasiain osaston teologisten asiain tiedotuslehti (Helsinki 2017) Nr. 2, 27–36.

1129 Karttunen, Tomi: **Todellisuus »eettisenä sakramenttina«:** Dietrich Bonhoeffer luterilaisen etiikan uudelleenajattelijana (Wirklichkeit als »ethisches Sakrament«: Dietrich Bonhoeffer als Neudenker der luth. Ethik). In: 029, 95–113.

1130 Ketola, Mikko: **Reformaation juhlavuoden vietto Suomessa vuonna 1967?** (How was the Reformation jubilee celebrated in Finland in 1967?). TA 122 (2017) Nr. 4, 291–305.

1131 Koch, Kurt Kardinal: **Les implications personnelles des Papes Jean-Paul II et Benoît XVI dans le dialogue avec les luthériens.** In: 014, 267–283.

1132 Könne, Christian: **Briefmarken im Geschichtsunterricht der Schule:** didaktische Konzepte und das Angebot in den Schulbüchern, 71–97. L 88. In: 020, 94.

1133 Kopperi, Kari: **Luther teologian innoittajana – tulevaisuuden näkökulma** (Luther als Inspirator – Zukunftsperspektiven). In: 070, 219–231.

1134 Kovács, Krisztián: **Jó reggelt, Wittenberg!:** igetanulmány Reformáció ünnepére a Máté 10,26–33 alapján (Guten Morgen, Wittenberg!: eine Bibelarbeit zum Reformationsfest über Mt 10,26–33). Igazság és élet 11 (Debrecen 2017) Heft 4, 621–630.

1135 Kraaz, Miriam Tabea: **Personalisierung und Symbolisierung der Reformation:** Martin Luther als Gelehrter im medialen Raum. In: 028, 137–146.

1136 Kraege, Jean-Denis: **Gerhard Ebeling, lecteur de Luther.** In: 014, 229–239.

1137 Lademann, Arne: **Theologiegeschichtliche Abgrenzungen und religionsphilosophi-**

scheTypologie: Emanuel Hirschs Parteinahme für Luthers Rechtfertigungslehre in
den frühen 1920er Jahren. In: 027, 571–582.

1138 Lapp, Michael: **Die Bezirksarbeit der Luther-Gesellschaft.** In: 040, 184–211: Ill.

1139 Lasogga, Mareile: **Karl Holl (1866–1926).**
In: 040, 34–43: Portr.

1140 Laubach, Thomas: **Erschöpfte Freiheit?:**
von den Möglichkeiten und Grenzen der
Autonomie im 21. Jahrhundert. In: 064,
108–112.

1141 Lemaitre, Nicole: **Luther chez les histo-
riens français depuis Lucien Febvre.** In:
014, 15–31.

1142 Lesoing, Bertrand: **L'héritage luthérien
dans l'œuvre de Louis Bouyer.** In: 014,
203–215.

1143 [Luther, Martin]: **Thesenlesen:** Luthers Thesen neu gelesen/ kommentiert von Thomas
Kaufmann; Eckart von Hirschhausen, Johanna Rahner ... Online-Ressource, Sammel-
Link. Deutschlandfunk/ Deutschlandradio
(19.6.–30.10.2017). [Köln]: Deutschlandradio [2017]. – <https://www.deutschland
funk.de/tag-fuer-tag-thesenlesen.3272.de.
html>.

1144 Maier, Robert: **Das Thema »Reformation«
in aktuellen russischen Schulbüchern.** In:
031, 211–235: Ill.

1145 Markschies, Christoph: **Reformationsjubiläum 2017 und der jüdisch-christliche Dialog.** L: EVA, 2017. 128 S. (Studien zu Kirche
und Israel: Kleine Reihe; 1)

1146 Melloni, Alberto: **Luther in der italienischen Geschichtsforschung des 20. Jahrhunderts.** In: 038, 205–228.

1147 Meyer-Blanck, Michael: **Lutherische Liturgie im 20. Jahrhundert.** In: 019, 365–398.

1148 Müller, Gerhard: **Meine Präsidentenjahre
(1975–1983).** In: 040, 140–149: Portr.

1149 Naumann, Isabell: **The hearer of the
WORD and God's order:** cultural and theo-
logical-anthropological implications of the
Magnificat (Lk 1,46–55) in reference to women and poverty in Oceania and Asia. In:
028, 355–364.

1150 Neumann, Horst: **Luther neu entdecken
im 21. Jahrhundert.** (2003). B: Sola-Gratia,
2017. 33 S.

1151 Oberdorfer, Bernd: **Gruppenbild in Albe:**
wie Lutheraner und Katholiken in Lund
gemeinsam das Reformationsjubiläum be-
gingen. EvTh 77 (2017), 75–80.

1152 Ohly, Lukas: **Zwei-Reiche-Lehre und Widerstand gegen die Staatsgewalt:** Entfaltung einer Bemerkung Bonhoeffers. EvTh
78 (2018), 264–279.

1153 Onken, Björn: **Deutschlandpolitik der frühen sechziger Jahre im geschichtskultu-
rellen Gewand:** die Briefmarkendauerserie
»Bedeutende Deutsche« der Deutschen
Bundespost. In: 020, 103–121: Ill. L 112f.

1154 Palmer, Gesine: **»Wenn erst einmal die
Regel gesichert ist …«** – Rosenzweigs
Luther-Rezeption jenseits von »Buchver-
götzung« und »Wortverwaltung«. In: 036,
155–180.

1155 Passin, Carsten: **Anläßlich Luther:** Betrachtungen zu Buße und Vergebung,
Wertevermittlung und false legends. In:
051, 41–44: Ill. [Mit Online-Zusatzmaterial: War Luther vogelfrei? – <http://www.
denkwege-zu-luther.de/papers/passin_lu
ther_vogelfrei.pdf> u. a.]

1156 Pawlas, Andreas: **Karl Holl, Lutherrenaissance und neue Sittlichkeit:** einige Anmerkungen zu Holls Besinnung auf Luthers
Impulse zum Umgang mil dem Zinsphäno-
men im Vergleich zu Calvins Anregungen.
KD 64 (2018), 138–160.

1157 Pawlas, Andreas: **Die Luther-Gesellschaft
auf dem Kirchentag.** In: 040, 321–326.

1158 Pawlas, Andreas: **Mit Luther durch aufge-
wühlte Zeiten – Theodor Knolle und die
Luther-Gesellschaft.** In: 040, 83–128: Portr.

1159 **A Pázmány Péter Katolikus Egyetem Hittudományi Karával kapcsolatos esemé-
nyek a reformáció 500. évfordulója alkalmából** (Ereignisse an der Theol. Fakultät
der Kath. Péter-Pázmány-Universität aus
Anlass des 500. Reformationsjubiläums).
TE 52 (2018) Heft 1 f, 98–100.

1160 Portman, Anneli: **Reformaation jäljet ny-
ky-Suomessa** (Spuren der Reformation im
heutigen Finnland). TA 122 (2017) Nr. 4,
245–355.

1161 **Reformáció 500 a Miskolci Belvárosi Evan-
gélikus Gyülekezetben** (Reformation 500
in der Ev.-Lutherischen Kirchengemeinde
Miskolc-Innenstadt). Miskolc: Miskolci
Evangélikus Egyházközség, 2017. 48 S.:
Ill.

1162 **Reformationsjubiläum 2017:** Rückblicke;
inkl. DVD mit Filmmaterial/ hrsg. von
Staatliche Geschäftsstelle »Luther 2017«;
Geschäftsstelle der EKD »Luther 2017 –

500 Jahre Reformation«; Projekt- und Redaktionsleitung: Nina Mütze. L: EVA, 2018. 363 S.: Ill. und 1 DVD mit Filmmaterial. (500 Jahre Reformation – Luther 2017)

1163 **Reformationssommer 2017/** hrsg. von Reformationsjubiläum 2017 e. V.; Redaktion: Cathrine Schweikardt; Christof Vetter. 1. Aufl.: 30.000 Exemplare. Lutherstadt Wittenberg: Reformationsjubiläum, 2017; B: Laserline, [2016]. 22 S.: Ill. (r reformation 2017) (500 Jahre Reformation – Luther 2017)

1164 Reuss, András: **Az elmúlt ötszáz év után** (Nach den vergangenen 500 Jahren). LP 93 (2018) Heft 2, 59–61.

1165 Rhein, Stefan: **Wittenberg und die Anfänge der Luther-Gesellschaft.** In: 040, 9–33: Ill.

1166 Rhein, Stefan: **Wittenberg und die Anfänge der Luther-Gesellschaft.** Lu 89 (2018), 143–158.

1167 Roose, Hanna: **Das »Priestertum aller Gläubigen« als Erbe der Reformation im Spiegel aktueller religionspädagogischer Diskurse.** EvTh 77 (2017), 473–482.

1168 Scheunemann, Jan: **»Aber wirklich aufbauen dürfen wir drüben doch nicht.«:** die Luther-Geselschaft während der deutschen Teilung. In: 040, 212–245.

1169 Schneider, Verena: **Wirkungen des Protestantismus auf Einstellungen und Wertorientierungen:** USA und Deutschland im Vergleich. In: 027, 591–603.

1170 Schwinge, Gerhard: **Ein badischer Landespfarrer während des Nationalsozialismus:** Pfarrer Lic. Erwin Mülhaupt im Kirchspiel Haag und sein Gemeindeblatt »Der Lutherbote«. JBKRG 12 (2018), 297–310: Ill.

1171 Slenczka, Notger: **Paul Althaus und die Luther-Gesellschaft (1927–1964).** In: 040, 44–82: Portr.

1172 Smolarski, Pierre: **Erinnern und Tradition auf Briefmarken:** über Hegemonie und Mnemosyne; zur Einführung. In: 020, 101–104.

1173 Sojka, Jerzy: **Windhoek – Warschau – Wittenberg:** das Jubiläum der Reformation weltweit; Eindrücke, Entdeckungen, Ergebnisse – aus Sicht der lutherischen Diaspora. LKWML 66 (2019), 119–132.

1174 Springhart, Heike: **Gerta Scharffenorth (1912–2014):** beherzt und mutig für Frie-

den und Versöhnung den Glauben ins Leben ziehen. JBKRG 12 (2018), 311–326: Ill. L 320 f.

1175 Štimac, Zrinka: **Religion – Sprache – Politik:** Reformation in ausgewählten Schulbüchern Südosteuropas. In: 031, 255–276.

1176 Stjerna, Kirsi: **Gender questions and current challenges for Luther and Reformation studies** In: Reformaatio 500 vuotta (500 Jahre Reformation)/ hrsg. von Piia Latvala; Olli Lampinen. Helsinki: Suomen kirkkohistoriallinen seura, 2017, 213–218. (Suomen kirkkohistoriallisen seuran vuosikirja; 106)

1177 Stückrad, Juliane: **»Wie es luthert!«:** ethnographische Erkundungen in Eisenach, 117–128: Ill., Farbtaf. In: 028, 535 f.

1178 Svinth-Værge Põder, Christine: **Reformationstheorien der Lutherrenaissance:** Voraussetzungen und Grundlinien der Lutherauslegungen bei Karl Holl und Rudolf Hermann. In: 059, 907–920.

1179 Szentpétery, Péter: **Wittenbergi szent tér a reformáció ötszázadik évében:** az evangélikus templom szentségéről (Wittenbergs heiliger Raum im fünften Reformationsjahrhundert: über die Heiligkeit des evang. Gotteshauses). Vallástudományi szemle 14 (BP 2018) Heft 1, 15–25.

1180 Thönissen, Wolfgang: **Christus nicht ohne Kirche:** unter welcher Voraussetzung Katholiken 2017 mitfeiern können. ZZ 16 (2015) Heft 10, 8–11: Ill.

1181 Tillich, Paul: **Der Protestantismus als kritisches und gestaltendes Prinzip, 1929.** (1929). In: 033, (161) 163–192.

1182 Tode, Sven: **»Paradisus hereticorum«:** Darstellung und Vermittlung der Reformation in polnischen Schulgeschichtsbüchern. In: 031, 237–253: Ill.

1183 **Das war #Reformationssommer 2017/** Reformationsjubiläum 2017 e.V.; Hartwig Bodmann; Ulrich Schneider; Internetseite: ALEKS & SHANTU. Online-Ressource: Website. Lutherstadt Wittenberg: Reformationsjubiläum 2017 e.V., 2017. (r reformation 2017) (500 Jahre Reformation – Luther 2017) – <https://r2017.org/>.

1184 Watanabe, Shinn: **Darstellungen der Reformation in japanischen Geschichtsschulbüchern von der Meiji-Zeit bis zur Gegenwart.** In: 031, 295–312.

1185 Wiese, Christian: **Franz Rosenzweigs und Martin Bubers Kritik des protestantischen Neo-Marcionismus im Kontext der Zeit.** In: 036, 245–284.

1186 Wilschut, Arie: **Die Reformation in niederländischen Geschichtsschulbüchern.** In: 031, 167–186.

7 Luthers Gestalt und Lehre in der Gegenwart

1187 **Auf einen Blick:** Reformationsjubiläum 2017; Rückblicke/ hrsg. von Staatliche Geschäftsstelle »Luther 2017«; Geschäftsstelle der EKD »Luther 2017 – 500 Jahre Reformation.« L: EVA, 2018. 56 S.: Ill. (500 Jahre Reformation – Luther 2017)

1188 Balázs, Imre József: **Lutheránus Zen Alaszkában** (Luth. Zen in Alaska). Irodalmi szemle 61 (BR 2018) Heft 7 f, 95–104.

1189 Balázs, Imre József: **Lutheránus Zen Alaszkában** (Luth. Zen in Alaska). In: 056, 185–194.

1190 Barth, Hans-Martin: **Die Reformation geht weiter:** Luthers Theologie für das 21. Jahrhundert. DPfBl 117 (2017), 512–515.

1191 Birmelé, André: **L'actualité de la pensée de Luther.** In: 071, 327–343. L 327–336+".

1192 Birmelé, André: **Les données méthodologiques majeures du dialogue entre catholiques et luthériens.** In: 014, 255–266. L 259.

1193 Block, Johannes: **Von Angesicht zu Angesicht:** Impulse des Reformationssommers in der Lutherstadt Wittenberg für den Weg der Kirche im 21. Jahrhundert. PTh 107 (2018), 457–468.

1194 Bolla, András: **Luther és a vallásszabadság modern értelmezése** (Luther und die moderne Deutung der Religionsfreiheit). LP 93 (2018) Heft 8 f, 310–312.

1195 Brenner, János: **A Luther-év után:** egy katolikus reminiszcenciái (Nach dem Lutherjahr: Reminiszenzen eines Katholiken). Magyar szemle 27 (BP 2018) Heft 1 f, 94–99.

1196 Bühler, Pierre: **Indulgences et justification:** était-il nécessaire de proclamer une indulgence plénière à l'occasion du jubilé de la miséricorde? In: 071, 313–326. L 320–324+".

1197 **Chrismon spezial:** das evangelische Magazin; zum Reformationstag am 31. Oktober 2018; »Wir müssen laut werden«; Martin Schulz und Iris Berben .../ hrsg. von Heinrich Bedford-Strohm; geschäftsführender Hrsg.: Arnd Brummer. F: Hansisches Druck- und Verlagshaus, 2018. 24 S.: Ill. (Chrismon spezial: Regional Ost).

1198 Christophersen, Alf: **Nur wer vergessen kann, hat Zukunft:** die Präsenz des Religiösen in einer »säkularen Kultur«. In: 028, 517–525.

1199 Costanza, Christina; Dieckmann, Detlef: **Aussetzen können.** PTh 107 (2018) 8 [Göttinger Predigtmeditationen], 515–520.

1200 Crüsemann, Marlene: **Treu sein und widerstehen.** PTh 107 (2018) 8 [Göttinger Predigtmeditationen], 521–526.

1201 Csepregi, András: **A törvény harmadik haszna:** hitvallási iratainkban, egyházvezetési gyakorlatunkban, gyülekezeteink és intézményeink életében és a társadalommal való kommunikációnkban (Der dritte Gebrauch des Gesetzes: in unseren Bekenntnisschriften, in der Kirchenleitungspraxis, im Leben unserer Gemeinden und Anstalten und in unserer Kommunikation mit der Gesellschaft). LP 93 (2018) Heft 8 f, 326–327.

1202 Csohány, János: **A reformáció öröksége** (Das Erbe der Reformation). Egyháztörténeti szemle 19 (Miskolc 2018) Heft 1, 120–126.

1203 Dalferth, Ingolf U.: **God first:** die reformatorische Revolution der christlichen Denkungsart. L: EVA, 2018. 297 S.: Ill. [Auch als Online-Ausgabe]

1204 Fazakas, Gergely Tamás: **50+1 kérdés a reformáció 501. évében** (50+1 Fragen im 501. Reformationsjahr). Református Tiszántúl 26 (Debrecen 2018) Heft 1, 14–15.

1205 Garota, Daniele: **Lutero e noi** (Luther und wir). In: 030, 123–134.

1206 Haberer, Johanna: **Netzwerk des Glaubens.** PTh 107 (2018) 8 [Göttinger Predigtmeditationen], 473–477.

1207 Hinz, Felix: **Konfessionskritische Deutungsmuster der Reformation in aktuellen deutschen Lehrplänen und Schulgeschichtsbüchern:** Sachsen-Anhalt und Bayern im Vergleich. In: 031, 111–134.

1208 Käßmann, Margot: **Reformationsjubiläum 2017:** Rückblick, Ernte und neue Herausforderungen. EvTh 78 (2018), 407–414.

1209 Kodácsy-Simon, Eszter: »**Mit jelent**« a Kis káté tanítása napjainkban? (»Was ist das?«: die Lehre des Kleinen Katechismus heute). LP 93 (2018) Heft 8 f, 296–302.

1210 Korsch, Dietrich: **Die Subjektivität des Glaubens und die Objektivität der Sittlichkeit:** Luther lesen nach Kant. LuJ 85 (2018), 280–295.

1211 Kunter, Katharina: **Trauermarsch und weiße Rose:** Kann man aus der Geschichte lernen? Ja, schon: und Traditionen für höchst durchsichtige politische Ziele missbrauchen. Chrismon: das evang. Magazin (2018) Nr. 12, 46 f: Ill.

1212 Kurschus, Annette: **Das Wittenberger Zeugnis 2017:** Aufbruch zu einer Weltgemeinschaft reformierter, unierter und lutherischer Kirchen? MD 69 (2018), 025 f.

1213 Lehmkühler, Karsten: **Conclusions.** In: 071, 345–350.

1214 Meyreiß, Alea: **Die Reformatoren und unsere/die Schule.** In: 061, 140–143: Ill.

1215 Muttersbach, Peter: **Was haben Freikirchen mit der Reformation zu tun?** Freikirchenforschung 27 (2018), 111–123.

1216 Neumann, Horst: **Lasst uns froh und Luther sein!** Flyer. Sottrum: Luth. Stunde, 2018. 4 S.: Ill.

1217 Orbán, Gyöngyi: **Luther ámenjei** (Luthers Amen). In: 056, 265–274.

1218 **Over God en de wereld ... en de literatuur** (Über Gott und die Welt – und die Literatur)/ Marino Camarasa interviewt Andreas Wöhle. OPHEF: Vereniging voor Theologie en Maatschappi (Gorinchem 2018) Nr. 2, 28–33.

1219 Oxen, Kathrin: **Tore der Freiheit.** PTh 107 (2018) 8 [Göttinger Predigtmeditationen], 504–508.

1220 **Reformáció ma:** válogatás a Confessio 2017-es számaiból (Reformation heute: Auswahl aus dem Jahrgang 2017 der Zeitschrift Confessio)/ hrsg. von Áron Csoma. BP: Kálvin, 2018. 224 S. (Confessio füzetek; 1)

1221 Rieth, Ricardo W.: **Luther's translation into languages and cultures of the 21st century** [Seminarbericht]. LuJ 85 (2018), 383–386.

1222 Schilling, Johannes: **Im neuen Jahrhundert:** die Luther-Gesellschaft seit 1999. Lu 89 (2018), 159–172.

1223 Schilling, Johannes: **Im neuen Jahrhundert – Die Luther-Gesellschaft seit 1999.** In: 040, 163–183: Portr.

1224 Schreiber, Gerhard: **Semper reformandum?:** geschlechtliche Vielfalt als Herausforderung und Chance für den Protestantismus. In: 028, 215–223.

1225 Schröter, Marianne: »**Kulturelle Wirkungen der Reformation**«: methodologische Überlegungen zu einem kulturtheoretischen Forschungsprogramm. In: 027, 21–23.

1226 Schweiker, William: »**The future of Reformations past**«. EvTh 79 (2019), 88–101.

1227 Stamm, Irmgard: **Proteste gegen Protestanten.** JBKRG 12 (2018), 283–295: Ill. L 283.

1228 Stössel, Hendrik: **Begegnung mit Martin Luthers** »**Freiheit eines Christenmenschen**«. In: 01, 47–60.

1229 Stüber, Gabriele: **200 Jahre Union zwischen Lutheranern und Reformierten in der Pfalz:** Angebote des Zentralarchivs der Evangelischen Kirche der Pfalz zum Jubiläum 2018. BlPfKG 85 (2018), 87–98: Faks.

1230 Suchanek, Andreas: **Die Idee eines ethischen Kompasses.** In: 027, 553–560.

1231 Szentpétery, Péter: **Reformátori törekvések az egyházban vallásfilozófiai megközelítéssel:** a lutheri reformáció lelkiségről és aktualitásáról (Reformatorische Bestrebungen in der Kirche aus religionsphilosophischer Sicht: über die luth. Reformationsfrömmigkeit und deren Aktualität). In: Reformáció egykor & most (Reformation damals und heute)/ hrsg. von László Khaled A.; Imre Gusztin. BP: Wesley Teológiai Szövetség: Názáreti Egyház Alapítvány, 2018, 10–21. (WTSz tanulmánykötet)

1232 Tietz, Christiane: **Der »garstige Graben« zwischen Geschichte und Gegenwart:** systematisch-theologische Überlegungen zum verantwortbaren Umgang mit Luthers Theologie heute. LuJ 85 (2018), 296–312.

1233 Treu, Martin: **Der Martin-Luther-Preis für den akademischen Nachwuchs und das Martin-Luther-Stipendium.** In: 040, 327–333.

1234 Varga, Erzsébet Teréz: **Kálvin János és a reformáció jelentősége a mai közgazdasági gondolkodásban** (Die Bedeutung von

Calvin und der Reformation für das heutige ökonomische Denken). Köz-gazdaság: tudományos füzetek 13 (BP 2018) Heft 3, 57–66.

1235 Varga, Gyöngyi: **Az Ószövetség a mai protestáns gyermek- és ifjúsági katechézisben** (Das Alte Testament in der heutigen evangelischen Kinder- und Jugendkatechese). In: 049, 279–290.

1236 Vikström, John: **Lutherin jalanjälkiä hyvinvointiyhteiskunnassa** (Luthers Fußstapfen in der Wohlfahrtsgesellschaft). Reseptio: ulkoasiain osaston teologisten asiain tiedotuslehti (Helsinki 2017) Nr. 2, 7–13.

1237 Volkmar, Simon: **Lutherisches Schriftprinzip im 21. Jahrhundert:** Impulse von Hermann Sasse. EvTh 79 (2019), 130–144.

1238 Westphal, Euler Renato: **The secular state as clericalism of the layperson:** a theological approach. In: 027, 461–468.

1239 Wieckowski, Alexander: **Nachruf auf Dr. h. c. Ralf Thomas (1932–2018).** Sächsische Heimatblätter 65 (2019) Heft 1, 8 f.: Portr.

1240 Wieger, Madeleine: **31 octobre 2017 – et après?** PL 66 (2018), 239–242.

8 Romane, Schauspiele, Filme, Tonträger, Varia

1241 **26 starke Sprüche von Martin Luther/** hrsg. von Irmtraut Fröse-Schreer. Postkarten-Aufstellbuch mit 26 farbigen Grußkarten zum Heraustrennen, 3. Aufl. Gießen: Brunnen, 2017. 26 S.: Ill., Spiralbindung.

1242 **500 Jahre Reformation:** sechszehn sächsische Orte, ein polnischer und ein tschechischer Ort; ihre Bedeutung in der Zeit der Reformation und die Nachwirkung bis ins Jahr 2017/ mit Roland Kühnke; Alexander Schubert; Martin Hoferick; Regie: Ulrich Liebeskind. L: Mitteldeutscher Rundfunk (MDR), [2017]. 99 Bildschirm-S.: Ill., interaktive Kt. (Reportagen im MDR) – <https://reportage.mdr.de/martin-luther-sachsen#5184>.

1243 **ANNO LUTHERI:** Martin Luther und die Reformation auf 95 Spielkarten/ Evang. Jugend in Sachsen: Landesjugendpfarramt; Text: Johannes Bartels. Nach der Spielidee von ANNO DOMINI mit freundlicher Genehmigung von Fata Morgana Spiele und ABACUSSPIELE. [Dresden: Landesjugendpfarramt, 2016]. 1 Faltbl.; 95 Spielkt. im Papierbehältnis. – Vgl. <https://www.kajak-oldenburg.de/anno-lutheri/2016/04/>.

1244 Beinert, Claudia; Beinert, Nadja: **Die Mutter des Satans;** ein Luther-Roman. M: Knaur Taschenbuch, 2018. 446 S. [Auch als Online-Ressource]

1245 **Besuchen Sie Luther mit Bus & Bahn; auf einen Blick:** Ihr Wegbereiter durchs Reformationsjahr; luther-ticket.de/ hrsg. von Deutsche Bahn AG, Marketing (GNM). F: Deutsche Bahn AG, [2017]. 1 Faltkt.: Ill., Kt. – Vgl. <https://www.zugreiseblog.de/bahn-luther-ticket/>.

1246 Cs. Szabó, Sándor: **Luther II:** az igazság és az élet, 1518–1546 (Luther II: die Wahrheit und das Leben, 1483–1517). BP: Harmat, 2018. 564 S.: Ill.

1247 **DENKMAL. EIN WORT DER REFORMATION/** Deutsche Stiftung Denkmalschutz. Plakat. Bonn: Deutsche Stiftung Denkmalschutz, 2016. 1 Bl. (DIN A 1). In: oben, Nr. 108; siehe auch: <https://www.denkmalschutz.de/service/informationsmaterial/broschueren/per-post-anfordern/luthermedien.html>.

1248 Ehrt, Rainer: **Bruder Luther 2017.** Monatskalender. Hannover: Luth. Verlagshaus, 2016. [12] Bl.: Ill.

1249 **Enchiridion-Echo:** Antworten auf Lieder des Erfurter Gesangbuches von 1524/ Komposition: Thomas König; Texte: Martin Luther; Solisten: Martina Rüping ...; Leitung: Dietrich Ehrenwerth; Tonaufnahme: Bernhard Kutter. Erfurt: Augustinerkantorei Erfurt, [2017]. 1 CD im Schuber & Beilage (1 Booklet, 8 unpag. S.: Ill.). – Siehe: <https://augustiner-kantorei.de/blog/2017/01/in-jesus-namn-heben-wir-an/>.

1250 Grow, Alexander: **Luthers letzte Chance:** ein reformatorisches Theaterstück. In: 061, 17–23: Ill.

1251 Halbach, Silke: **Die Reformatorin:** das Leben von Argula von Grumbach; historischer Roman. Ilmenau: Kern 2015. 479 S.

1252 Janus, Richard: **Die Darstellung der Reformation in aktuellen historischen Roma-**

nen und Konsequenzen für die Kirchenge-
schichtsdidaktik. In: 031, 357–367.

1253 Jeney Zoltán új műve a Reformáció 500.
évfordulójára: beszélgetés Farkas Zoltán
zenetörténésszel (Zoltán Jeneys neue Komposition zum 500. Reformationsjubiläum:
Gespräch mit dem Musikologen Zoltán
Farkas). Confessio 42 (BP 2018) Heft 1,
90–92.

1254 Kostamo, Eila: **Luther!**: musiikkidraaman
teksti ja esseekertomus reformaattorista
(Luther!: der Text des Musikdramas und
eine Erzählung über den Reformator). Tampere: Sanasato, 2017. 176 S.

1255 **Leipziger Disputation/** amarcord; Calmus
Ensemble; mit Anna Kellnhofer; Isabel
Schicketanz. Audio-CD. S: Carus, 2019. 1
CD & Beilage (Booklet, 31 S.: Ill., Noten).
(Carus; 83.492) – Siehe: <https://www.you
tube.com/watch?v=BhAzaH_SCPA>.

1256 **Lucas Cranach & Söhne:** Leben, Werk, Wir-
kungsstätten/ Redaktion: Ronald Hartung.
Video-DVD. Erfurt: tv.art, 2014. 1 DVD (25
min). [In oben, Nr. 037]

1257 **Luther Márton élete:** digitális oktatási se-
gédanyag a Luther című rajzfilmhez (Martin Luthers Leben: digitales Unterrichts-
material zum Zeichentrickfilm Luther)/
hrsg. von Edit Birkás-Sztrókay; Eszter Kodácsy-Simon; Balázs Mesterházy. BP: Luther, 2018.

1258 **Der Luther Maßstab:** der offizielle Luther
Zollstock – der Weg Martin Luthers/ Bernd
Rogaischus; zollvision.de. Darstellung in
der elektron. Ressource. Köthen: Zollvi-
sion, s.a. 1 Zollstock (dt./engl.) & Beilage (1
Freibrief in Geschenkrolle). (500 Jahre Reformation – Luther 2017) – Siehe: <https://
luther-massstab.de/der-weg-martin-lu-
thers/>.

1259 **Die Lutherdekade – Reformation im Heute/**
Themenkatalog mit Kalligraphie-Porträt
von Petra Beiße. Lutherstadt Wittenberg:
Luther 2017 – 500 Jahre Reformation,
Geschäftsstelle der EKD: Staatliche Geschäftsstelle »Luther 2017«, s.a. 1 Faltbl.:
Kalligraphie-Portr. (500 Jahre Reformation – Luther 2017) – Siehe: <https://www.
schweinfurt-evangelisch.de/sites/default/
files/ltr_dekadenflyer.pdf>.

1260 **Ein Mann mit Namen Martin:** ein Schatz
wird geöffnet; Martin Luther und die Ereignisse der Reformation (A man named

Martin <dt.>)/ Texte und Sprecher: ameri-
kan. Fachwissenschaftler: Robert Kolb ...;
übersetzt von Judith Karpe; im Auftrag der
Medienmission Luth. Stunde. Video in 5
Teilen. Lizenz von International Lutheran
Laymans League, St. Louis, USA: Int'l LLL,
©2015. Sottrum: Lutherische Stunde, s.a. 1
DVD (1 h 23 min).

1261 **Martin Luther/** Redaktion: Ronald Hartung. Video-DVD. Erfurt: tv.art, 2016. 1
DVD, 26 min. [In oben, Nr. 037]

1262 **Martin Luther in Eilenburg/** Amateurfilm-
gemeinschaft Eilenburg e.V.; Regie: Peter
Paschke; Gerd Spindler; Darsteller: Andreas Flegel ... Video. Eilenburg:Amateur-
filmgemeinschaft Eilenburg e.V., [2017]. 1
DVD-R. – Siehe: <https://www.lvz.de/Re
gion/Eilenburg/500-Jahre-Reformation-Ei
lenburger-praesentieren-Film-ueber-Mar
tin-Luther>.

1263 **Mitten im Leben 1517/** Calmus Ensemble
Leipzig; Lautten Compagney; Wolfgang
Katschner; Produzent; Tobias Hoff. Lieder
von Luther u. a. S: Carus, 2016. 1 CD & Beilage (Booklet). (Carus [LC 03989]; 83.477)

1264 Preisendörfer, Bruno: **Als unser Deutsch
erfunden wurde:** Reise in die Lutherzeit. 9.
Aufl. B: Galiani Berlin, 2017. 472 S.: Ill.

1265 Preisendörfer, Bruno: **Als unser Deutsch
erfunden wurde:** Reise in die Lutherzeit.
1. Aufl. dieser Ausgabe. Köln: Kiepenheuer
& Witsch, 2017. 472 S.: Ill. [Auch als elektronische Ressource bei E-Books im Verlag
Kiepenheuer & Witsch 2016]

1266 Röhrig, Tilman: **Die Flügel der Freiheit:**
historischer Roman/ gelesen von Wolfgang
Berger. Hörbuch; Neuausgabe der Ausgabe
FR, 2016. L; F: Deutsche Nationalbibliothek, 2017. 6 CD. [Vgl. LuB 2018, Nr. 1608]

1267 Röhrig, Tilman: **Die Flügel der Freiheit:**
historischer Roman. Ungekürzte Taschenbuchausgabe. M: Piper, 2018. 477 S. (Piper;
31209) [Vgl. LuB 2017, Nr. 1239]

1268 Röther, Christian: **Johann Tetzel:** der
Schurke der Reformation. Online-Ressource. Deutschlandfunk/ Deutschlandradio (28.6.2017). [Köln]: Deutschlandradio,
[2017]. Text: Ill. – <https://www.deutsch
landfunk.de/johann-tetzel-der-schurke-
der-reformation.886.de.html?dram:arti
cle_id=387523>.

1269 Rogge, Bernhard: **Das Lutherbüchlein:**
kurze Darstellung des Lebens von Dr. Mar-

tin Luther. (1917). Hörbuch. Harsewinkel: Bild und Medien, s. a. 3 CD. (BM16–428)

1270 Roth-Beck, Meike: **Von Martin Luthers Wittenberger Thesen**/ mit Bildern von Klaus Ensikat. 2. Aufl. B: Kindermann, 2017. 43 S.: Ill. [Vgl. LuB 2016 Nr. 866]

1271 Scheib, Asta: **Sturm in den Himmel:** die Liebe des jungen Luther. M: dtv, 2018. 384 S. (dtv; 21745)

1272 Stetter, Moritz: **Luther** (Luther <finn.>) übers. von Marjukka Mäkelä. Comic. Helsinki: Arktinen banaani, 2017. 166 S.: Ill.

1273 Szilasi, László: **Luther kutyái** (Luthers Hunde). BP: Magvető, 2018. 288 S.

1274 Szilasi, László: **Luther kutyái** (Luthers Hunde [Ausschnitt]). Forrás 10 (Kecskemét 2018) Heft 4, 4–9.

1275 Szilasi, László: **Luther kutyái** (Luthers Hunde [Ausschnitt]). Csillagszálló 13 (BP 2018) Heft 4, 48–49.

1276 **Terra X – Der große Anfang:** 500 Jahre Reformation/ Moderation: Harald Lesch; Regie: Andreas Sawall; Redaktion: Georg Graffe. Bildtonträger. HH: Studio Hamburg Enterprises; Burgwedel: tonpool Medien, 2017. 1 DVD-Video (135 min) & Bonus-Doku (**Petra Gerster auf den Spuren des Reformators** [45 min.]).

1277 Wipfler, Esther: **Die vielen Gesichter Martin Luthers im Kino:** ein Beitrag über das Verhältnis der evangelischen Kirche zum Medium Film. In: 028, 105–115.

C FORSCHUNGSBERICHTE, SAMMELREZENSIONEN, BIBLIOGRAPHIEN

1278 Arnold, Matthieu: **Quelques ouvrages récents relatifs à Martin Luther et à la Réformation (XXIX).** PL 66 (2018), 319–329.

1279 Assel, Heinrich: **Lutherforschung der letzten drei Dekaden** [Seminarbericht]. LuJ 85 (2018), 336–340.

1280 Baudisch, Susanne: **Quellen und Literatur zur Reformationszeit in Borna.** In: 09, 77–79.

1281 Bertók, Rózsa: **Protestáns etikák – katolikus kritikák** (Prot. Ethiken – kath. Kritiken). Vallástudományi szemle 13 (BP 2017) Heft 4, 115–126.

1282 Beyer, Michael: **Die »Lutherbibliographie« zwischen 1926 und 2018.** In: 040, 310–320.

1283 **Die deutschsprachigen Katechismusausgaben von Herder:** eine Bibliographie/ zsgest. von Reinhard Junghans. In: 024, 153–167.

1284 Frank, Günter: **Rückblick auf das Reformationsjahr 2017 anlässlich der Verleihung des Internationalen Melanchthonpreises 2018 der Stadt Bretten.** In: 01, 19–22.

1285 H. Hubert, Gabriella: **Magyar evangélikus bibliográfia 2017** (Ungar. luth. Bibliographie 2017). Magyar evangélikus bibliográfia 6 (BP 2018), 1–212.

1286 Hofmann, Andrea: **Neue Literatur zum Reformationsjubiläum.** AKultG 99 (2017), 457–461.

1287 Kohnle, Armin: **Luther und kein Ende:** eine nicht ganz unpolemische Betrachtung neuer Lutherbiographien. EvTh 78 (2018), 415–426.

1288 Krumenacker, Yves: **L'année Luther:** le cinq centième anniversaire de la Réforme. RHEF 104 (2018), 369.

1289 Lehmann, Hartmut: **500 Jahre Reformation:** Neuerscheinungen aus Anlass des Jubiläums. HZ 307 (2018), 85–131.

1290 **Lutherbibliographie 2018**/ bearb. von Michael Beyer mit Knut Alfsvåg ... sowie Eike H. Thomsen. LuJ 85 (2018), 435–524.

1291 Purschwitz, Anne: **Jude oder preußischer Bürger?:** die Emanzipationsdebatte im Spannungsfeld von Regierungspolitik, Religion, Bürgerlichkeit und Öffentlichkeit (1780–1847). Druckausgabe und Online-Ressource. GÖ: V&R, 2018. 483 S.: Ill.; 118 S. Zusatzmaterial (PDF). (Bürgertum: N. F., Studien zur Zivilgesellschaft; 16) – Zugl. Halle-Wittenberg, Univ., Diss. 2010. – Mit: **Digitales Zusatzmaterial: Bibliographie zur Judenfrage 1780–1848.**

1292 **Robert Kolb bibliography:** 2017–1968/ zsgest. von Ruth A. Mattson. In: 016, 327–355.

1293 Roloff, Hans-Gert; Wagniart, Anne: **Das Luther-Bild in Texten des 16. Jahrhunderts.** In: 048, 16–18.

1294 Roloff, Hans-Gert: **Das Projekt Lutherbibliothek 2017:** Plan und Ziel der Herausgeber. In: 048, 7–15.

1295 Saarinen, Risto: **Suomalaisen Luther-tutki-muksen sanoma:** meta-analyysi (Die Botschaft der finn. Lutherforschungen: eine Meta-Analyse). In: 029, 15–27.

1296 Scheible, Heinz: **Laudatio für Dr. Helmut Claus bei der Verleihung des Internationalen Melanchthonpreises 2018 der Stadt Bretten.** In: 01, 11–17.

1297 Spehr, Christopher: **Das LuJ und seine Herausgeber.** In: 040, 246–270.

1298 Varga, Szabolcs: **A Reformáció emlékév eredményei a magyar egyháztörténet-írásban** (Ergebnisse des Reformation-Gedenkjahres in der Kirchengeschichtsschreibung Ungarns). Vigilia 83 (BP 2018) Heft 1, 67–68.

1299 **Vorwort zu** [Memoria Lutheri] **Bd 1.** In: 048, 19–64.

1300 Weismann, Christoph: **Die Katechismen des Johannes Brenz. Bd. 2: Bibliographie 1528–2013.** B: de Gruyter, 2016. XX, 1215 S. (Spätmittelalter und Reformation; 22)

1301 Wolf, Martin: **Grußwort zur Verleihung des Internationalen Melanchthonpreises 2018 der Stadt Bretten an Dr. Helmut Claus.** In: 01, 7–9.

1302 Wriedt, Markus: **Neuerscheinungen zu Leben und Werk Martin Luthers aus Anlass des Reformationsjubiläums im Jahre 2017.** ThR 113 (2017), 91–112.

1303 Zschoch, Hellmut: **»Luther und wir« – im Spiegel der Zeitschrift »Luther« seit 1919.** In: 040, 271–309: Ill.

Kongress für Lutherforschung 2022 – Vorankündigung

Vom 14. bis 19. August 2022 findet an der California Lutheran University in Thousand Oaks, ca. 70 Kilometer nördlich von Los Angeles, der 14. Internationale Kongress für Lutherforschung unter dem Titel »Word and World – Wort und Welt. Luther across borders« statt. Er stellt die alte Frage nach der Bedeutung des Wortes in Luthers Theologie neu, indem er sie konsequent kontextualisiert. An den vier Kongresstagen geht es um das Wort Gottes im Verhältnis zu Sprache, Kirche, Gesellschaft und Kreativität. Jeder dieser Themenblöcke wird zunächst in einem Hauptvortrag historisch verankert und in seinen Kontext im Reformationsjahrhundert gestellt. Darauf bieten weitere Hauptvorträge jeweils eine grundsätzliche Reflexion der Bedeutung des Themas in Luthers Theologie und schließlich eine Kontextualisierung in der vielfältigen Gegenwart. So werden historische, systematische und praktische Perspektiven auf das Wort Gottes bei Luther in eine produktive Spannung gesetzt, die, fünf Jahre nach dem großen Jubiläum, neu über Grundlagen und Möglichkeiten der reformatorischen Theologie nachdenken lässt. Außer den Hauptvorträgen werden zahlreiche Seminare angeboten, die ausdrücklich die aktive Teilnahme aller Beteiligten voraussetzen und die Möglichkeit zum gemeinsamen Quellenstudium eröffnen. Wie üblich können an einem Vormittag auch in Short Papers eigene laufende Forschungsprojekte vorgestellt werden. Die Anmeldung wird voraussichtlich ab Juni 2020 über eine entsprechende Homepage möglich sein.

The fourteenth International Congress for Luther Research will take place August 14-19, 2022, at California Lutheran University, some 50 miles north of Los Angeles (Thousand Oaks), under the theme »Word and World – Wort und Welt. Luther across borders.« It will address anew the old question of the significance of the Word in Luther's theology. The four plenary sessions of the Congress will deal with God's Word in relationship to language, the church, society, and human creativity. Each of these aspects of the theme will be historically anchored in a plenary lecture and placed in its context in the century of the Reformation. Further plenary lectures will each provide fundamental reflection on the significance of the topic of the theme in Luther's theology and will then contextualize it in the diverse situations of the present. This is to set the historical, systematic, and practical perspectives on the Word of God in Luther's thought in a productive tension, which, five years after the great anniversary observances, will lead to new consideration of the foundations and possibilities of reformational theology. In addition to the plenary addresses a number of seminars will be offered, which presume active participation by all who attend the Congress, without exception, and which will open the possibility for studying source materials together. The presentation of short papers on topics related to the current research of participants is again scheduled for the Wednesday morning of the Congress. It is expected that registration for the Congress will be possible beginning in June 2020 on the homepage of the Fourteenth Congress.